대승기신론소기회본
大乘起信論疏記會本

┋ **동국대학교 불교기록문화유산아카이브사업단(ABC)**
┋ 본서는 문화체육관광부 지원으로 동국대학교 불교학술원에서 간행하였습니다.

한글본 한국불교전서 신라 17
대승기신론소기회본

2017년 10월 20일 초판 1쇄 발행
2023년 5월 15일 초판 3쇄 발행

지은이 원효
옮긴이 은정희
발 행 동국대학교출판문화원

출판등록 제2020-000110호(2020년 7월 9일)
주소 04626 서울시 중구 퇴계로36길2 신관1층 105, 106호
전화 02-2260-4714
팩스 02-2268-7851
Homepage http://dgpress.dongguk.edu
E-mail abook@jeongjincorp.com

편집디자인 동국대학교출판부
인쇄처 네오프린텍(주)

© 2017, 동국대학교(불교학술원)

ISBN 978-89-7801-590-5 93220

값 27,000원

이 책의 무단 전재나 복제 행위는 저작권법 제98조에 따라 처벌받게 됩니다.

한글본 한국불교전서 신라 17

대승기신론소기회본
大乘起信論疏記會本

원효 元曉
은정희 옮김

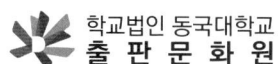
학교법인 동국대학교
출판문화원

대승기신론소기회본 大乘起信論疏記會本 해제

은 정 희
전 서울교대 윤리교육과 교수

1. 원효의 생애와 저술

1) 생애[1]

신라에 불교가 공식적으로 전래된 지 1백여 년 만에 나타난 우리나라 역사상 가장 탁월한 불교사상가이자 학자이며 사회지도자였던 원효元曉는 신라 26대 진평왕 39년(617)에 현재의 경북 경산군 자인면에 해당하는 당시 압량군押梁郡 불지촌佛地村의 밤나무 밑에서 설잉피공薛仍皮公의 손자요 담내내말談捺乃末의 아들로 태어났다. 『삼국유사三國遺事』 권4 「의해

---

[1] 원효가 우리나라에서뿐만 아니라 중국과 일본에서도 높이 평가되었으며 많이 연구되었다는 것은 잘 알려진 사실이다. 때문에 원효의 전기를 다루고 있는 사료 역시 한·중·일 삼국에서 다수 확인된다. 그 상세한 목록에 대해서는 후쿠시 지닌(福士慈稔), 『元曉著述이 韓·中·日 三國佛教에 미친 影響』 제2장 「元曉傳 硏究」, 원광대학교대학원, 2001 참조.

義解 5」'원효불기조元曉不羈條'[2]에 의하면 그의 어머니가 원효를 잉태할 때 유성이 품으로 들어오는 꿈을 꾸고 임신하였으며, 그를 낳을 때에는 오색의 구름이 땅을 덮었다고 한다. 그의 아명兒名은 서당誓幢 또는 신당新幢이며, 1915년 경주시 월성군 내동면 암곡리 고선사터에서 발견된 서당화상탑비誓幢和尙塔碑의 단석斷石 비편碑片에서도 그를 서당화상이라 하였으니, '당'이란 속어로 털이라는 뜻이며 따라서 '서당'은 새털이라는 의미라 한다. 이는 그의 어머니가 그를 잉태하고 달이 찼을 때 집 근처의 밤나무 밑을 지나다가 갑자기 해산하게 되어 창황 중에 남편의 털옷을 그 밤나무에 걸고 그 밑에 자리를 마련하여 아기를 낳은 데서 얻어진 이름이라고 한다.

『송고승전宋高僧傳』 권5 「당신라국황룡사원효전唐新羅國黃龍寺元曉傳」[3]에서는 그의 나이 10여 세에 벌써 출가하여 스승을 따라 학업을 배웠다고 한다. 그는 남달리 영특하여 나중에 불법의 오의奧義를 깨달음에 있어서는 특정한 스승에 의존하지 않았던 것 같다.

고려 의천義天(1055~1101)의 『대각국사문집大覺國師文集』 권17 「고대산경복사비래방장예보덕성사영孤大山景福寺飛來方丈禮普德聖師影」[4]에 따르면, 원효는 의상義湘(625~702)과 함께 고구려 고승으로서 백제 땅 전주 고대산으로 옮겨 간 보덕화상普德和尙의 강하에서 『열반경』과 『유마경』 등을 배웠다고 한다. 『삼국유사』 권5 「피은避隱 8」 '낭지승운조朗智乘雲條'[5]에는 원효가 반고사磻高寺에 있을 때 영취산靈鷲山 혁목암赫木庵의 낭지가 그로 하여금 「초장관문初章觀文」과 「안신사심론安身事心論」을 쓰게 하였으므로, 원효가 그 글을 지어 낭지에게 전달하면서 그 글 끝에 "서쪽 골의 사미 원효는 동

---

2 『삼국유사』 권4(H6, 348a).
3 『송고승전』 권5(T50, 730a).
4 『대각국사문집』 권17(H4, 559a).
5 『삼국유사』 권5(H6, 363c).

쪽 봉우리의 상덕 고암(智通) 앞에 머리 숙여 예배합니다.(西谷沙彌稽首禮。東岳上德高岩前。)"라고 하여 자신을 사미라 낮추고 상대방인 낭지를 상덕으로 높이고 있으니, 이로 보아 원효가 낭지에게 사사하였거나 단순히 학덕 높은 노화상으로 존경하였던 것으로 짐작된다. 지통은 『추동기錐洞記』를 쓴 고승인데 고승인 낭지에게 사사했다고 한다. 이것은 낭지의 제자 고암에게 쓴 편지이지만, 실은 낭지를 지칭한다. 또 『삼국유사』 권4 「의해 5」 '석혜공전釋惠空傳'[6]에는 원효가 혜공에게 문학한 사실을 보이고 있다. 즉 당대의 신승神僧 혜공이 그 만년 항사사恒沙寺에 있을 때, 원효가 제경소를 찬술하면서 어려운 문제가 있을 때에는 언제나 혜공에게 가서 질의하였다는 것이다. 이 이상의 기록이 공무한 상태여서 확언할 수는 없으나, 그의 저술에 나타나는 인용문을 통하여 그가 불교학 전반에 걸쳐서뿐만 아니라, 『논어』나 『노자』, 『장자』 등 유가서와 도가서에도 정통하고 있음을 볼 때, 광범위한 분야에 걸친 그의 수학경력을 짐작할 수 있다.

  원효는 34세에 의상과 함께 당唐의 현장玄奘(602~664)에게 유식학을 배우려고 요동에까지 갔다가 그곳 순라군에게 첩자로 몰려 여러 날 갇혀 있다가 겨우 놓여나와 돌아왔다. 45세에 두 번째로 역시 의상과 함께 이번에는 해로海路로 입당하기 위해 백제 땅이었던 항구로 가는 도중, 비오는 밤길인지라 어느 땅막(土龕)에서 자게 되었다. 아침에 깨어 땅막 아닌 오래된 무덤임을 알고도 부득이 또 하룻밤을 더 지내다가 귀신의 동티를 만나 심법心法을 크게 깨치게 되었다. "곧 마음이 일어나므로 갖가지 현상이 일어나고, 마음이 멸하니 땅막과 무덤이 둘이 아님을 알았다.(則知心生故種種法生。心滅故龕墳不二。)"[7]는 것이다. 그리하여 원효는 더 이상 입당 유학의 필요성을 느끼지 않아 의상 혼자 배를 타고 당으로 들어가고 원효는 곧바

---

6 『삼국유사』 권4(H6, 345b).
7 『송고승전』 권4 「당신라국의상전唐新羅國義湘傳」(T50, 729a).

로 되돌아와 이후 저술과 대중교화에 몰두하였다.

원효는 염정무이染淨無二, 진속일여眞俗一如라는 그의 학문적 이론을 당시의 신라 사회에서 대중과 함께 몸소 실행에 옮겼던 드문 실천가였다. 당시 신라 사회는 원광圓光과 자장慈藏의 교화에 큰 영향을 입었으나, 불교의 수용 면에서 왕실을 중심으로 하는 귀족층과 일반 서민층 사이에는 아직도 괴리가 있었다. 이러한 때에 혜공, 혜숙惠宿, 대안大安 등이 대중 속으로 깊이 파고들어가 대중들에게까지 불교를 일상생활화시킴으로써 유익한 의지처가 되게 하였다.

원효 역시 이들의 뒤를 이어 당시의 승려들이 대개 성내의 대사원에서 귀족생활을 하고 있었던 것에 반하여 지방의 촌락, 가항街巷 등을 두루 돌아다니며 무애박을 두드리고 "모든 것에 걸림 없는 사람이 한 길로 생사를 벗어났도다.(一切無礙人。一道出生死)"라는 『화엄경』의 구절로 노래[8]를 지어 부르면서 가무와 잡담 중에 불법을 널리 알려 일반 서민들의 교화에 힘을 기울였다. 그가 이처럼 서민 대중의 교화에 나선 것은 입당 포기 후 심법을 깨달은 후이며, 요석공주와의 실계失戒로 스스로 소성거사小姓居士라 칭하던 때 이후로 보인다. 또 그가 스스로 소성거사라 부른 것은 실계로 인한 속죄의 한 방법이었다기보다는 오히려 대중교화의 방편이었던 것으로 짐작된다. 이는 대중교화의 선구자인 혜공이 등에 삼태기를 지고 가항에서 대취大醉 가무한 것이나, 대안이 특이한 옷차림으로 장판에서 동발銅鉢을 치면서 "대안, 대안"을 외친 경우와 같은 것으로 볼 수 있기 때문이다. 그러기에 그는 대중교화의 행각을 마친 뒤에는 다시 소성거사가 아닌 원효 화상으로 돌아가 신문왕 6년(686) 3월 30일 70세로 혈사穴寺에서 생애를 마쳤던 것이다.

---

[8] 60권본 『화엄경』 권5(T9, 429b).

2) 저술

원효는 그의 70년의 생애 가운데 101종 209권에 달하는[9] 방대한 분량의 불교학 관계 저술을 지었으나 안타깝게도 현존하고 있는 것은 19부 22권뿐이다. 그나마도 온전한 모습으로 있는 것은 12종에 불과하다. 원효의 저술 전부를 그 내용의 성격에 따라 분석하는 일은 원효의 불교 사상을 전관全觀함에 있어 매우 필요한 일이다. 이에 본장에서는 원효의 저술 전체에 대한 성격을 현존하는 저술들과 관련지어 개관하고,[10] 원효 저술 관계에 대한 몇 가지 목록을 정리한 도표를 첨부한다.

원효 저술 전체의 성격 개관

원효의 저술을 분야별로 나누어 보면 『해심밀경』·『능가경』·『유가사지론』·『섭대승론』·『중변분별론』·『잡집론』·『성유식론』·『광백론』 등 유식계통의 경론서에 대한 연구서가 20부 62권으로 가장 많고 유식학을 논구함에 필수적인 『인명론』·『판비량론』 등 불교 논리학에 해당되는 논서에 대한 연구서가 5부 5권, 『대혜도경』·『금강경』·『삼론』·『중관론』·『장진론』·『성실론』 등 반야와 중관부의 경론에 대한 연구서가 9부 27권, 『대승기신론』에 대한 연구서가 9부 10권, 『금강삼매경론』·『대승관경』 등 선禪 관련이 4부 15권, 『사분율』·『범망경』·『보살영락본업경』·『발심수행장』 등 계율사상에 대한 것이 11부 34권, 『무량수경』·『아미타경』·『미륵상생경』·『유심안락도』·『반주삼매경』 등 정토사상에 대한 것이 16부 18권, 화엄계가 5부 15권, 법화계가 4부 4권, 열반계가 2부 7권, 『유마경』에 대한 것이 2부

---

9 이하의 〈표4〉에 의거한다.
10 해당 부분은 졸고 「元曉 著述의 道場과 성격 분석」, 『원효학연구』 1, 원효학회, 1996, pp.95~120에 수록된 내용을 요약한 것이다.

4권, 『승만경』에 대한 것이 2부 2권, 그밖에 『방광경』에 대한 것이 1부 1권, 『십문화쟁론』 1부 2권, 『대승육정참회』 1부 1권, 기타 12부 12권 등이다.

이상과 같은 분야별 구분에 의하면 원효의 교학은 유식계에 비중을 가장 많이 두고 있음을 알 수 있다. 깨닫지 못한 우리 범부들이 현재의 미오迷汚한 심성으로부터 장차 깨달음에 이르기 위해서는 우선 미오한 현실심에 대한 분석이 선행되지 않으면 안 되며, 이는 유식의 심식설心識說에서 주로 다루고 있는 주제이다. 원효는 그의 대표적 저술인 『기신론소』와 『대승기신론별기』(이하 『별기』) 중에서도 특히 심생멸문에 대한 설명 부분에서 심식 문제에 대하여 가장 많이 언급하고 있다. 우리의 현실심이 미망에 허덕이고 있는 이유는 번뇌에서 벗어나지 못하고 있기 때문인데, 원효는 이 번뇌 문제를 『이장의』에서 주로 다루고 있다. 이 현실심의 분석에 있어서 필연적으로 수반되는 것은 논리학이다. 이에 대한 관심으로는 『판비량론』 등의 저술과 『기신론소』나 『이장의』, 그밖에 유식 관계 저술 중에서 언급하고 있는 인명논리 등에서 충분히 나타내고 있다.

이처럼 심식에 대한 철저한 분석을 하고 난 다음에는 이제 깨달음에로 향하는 실천 수행의 길에 들어가야 하는데, 여기에서 원효는 수행자 각자의 근기에 맞추어 대략 세 가지의 관문을 제시한 것으로 볼 수 있다.

먼저 선적禪的인 방법에 의한 수행문의 제시이다. 그는 『금강삼매경론』에서 선적 수행의 이론을 치밀하게 논구하고 있다. 『기신론소』에서는 수행신심분修行信心分 중 지관문止觀門의 설명 부분에서 사마타奢摩他의 아홉 가지 심주心住와 네 가지 비발사나毘鉢舍那에 대한 소개 및 진여삼매에 들어가는 다섯 가지 조건들을 상세히 언급하고 있다.

둘째로는 계율에 의한 수행 방법의 제시이다. 그의 『보살계본지범요기』, 『보살영락본업경소』, 『범망경보살계본사기』, 『발심수행장』, 그리고 『기신론소』와 『별기』에서의 시각始覺의 4단계와 육염심六染心 및 3단계의 발취도상發趣道相 등에 대한 언급이 이에 해당된다.

마지막으로 염불에 의한 왕생정토의 수행 방법을 제시하였다.『미륵상생경종요』·『무량수경종요』·『아미타경종요』·『유심안락도』·『미타증성가』등 정토계의 연구물과『기신론소』에서의 마지막 염불에 의한 왕생정토의 언급 등이 그것이다. 수행을 함에 있어 먼저 전제되는 것은 수행인의 철저한 자기 부정, 즉 참회이다. 원효는『대승육정참회』에서 진실한 참회에 대하여 언급하고 있다. 그리하여 수행인들이 각기 근기에 맞는 수행 절차를 밟은 후 도달하게 되는 심원心源의 경지에 대해서는『대품반야경종요』·『화엄경소』·『법화경종요』·『열반경종요』등의 연구물을 통해 충분히 언급하고 있다.

이상의 현실심의 분석과 수행 실천의 주장에 있어서 원효는 화쟁和諍이라는 특유한 방법론으로 이론을 전개하는데, 이것을 그의『십문화쟁론』에서 마무리지었다. 결국 원효는 어리석은 우리 범부들로 하여금 깨달음의 해탈을 얻도록 하기 위하여 먼저 인간의 현실심을 철저히 분석하고, 분석이 끝난 후에는 각자의 근기에 따른 수행의 실천을 유도하고 있으니, 처음부터 원효의 사상은 '현실심의 분석을 위한 심식 연구→수행 실천→깨달음'이라는 윤리적 목표에 있었다고 말해도 지나치지 않을 것이다. 이것은 그의 정토계 관련 연구물이 유식 관계 다음으로 많은 분량을 차지하고 있는 것에서도 확인될 수 있다.

원효 저술 관계 목록들

와야마 히로시게(和山博重)의「新羅撰述佛書書目について」[11]에 의하면 신라 시대 불교 관계 다작 저술가로 원효를 위시하여 원측圓測, 의적義寂, 경흥憬興, 둔륜遁倫, 태현太賢 등을 들 수 있는데, 이들의 찬술 전적은 다음 〈표1〉과 같다.

---

11 『文獻報國』8~6, 朝鮮總督府圖書館 編, 1942, pp.16~17.

⟨표1⟩ 신라 시대 찬술 전적

저자	經疏		律疏		論疏		기타		계		현존	
	部數	卷數										
원효	36	75~86	7	20~23	26	49~50	12	14~15	81	158~174	20	29
원측	5	15~22	—	—	9	34~44	1	1~3	15	50~69	3	16
의적	18	41~49	1	2~3	4	7~8	3	27	26	77~87	1	3
경흥	23	67~98	2	4	12	96~115	1	4	38	171~221	3	11
둔륜	13	18	1	2	2	26~50	2	14	18	60~84	1	48
태현	20	33~46	2	3~4	23	33~41	1	1~2	46	70~96	5	14

원효의 저술에 대해 지대한 관심을 가지고 조직적으로 정리·보존하는 작업에 착수한 의천義天(1055~1101)의 『신편제종교장총록新編諸宗教藏總錄』(1090)을 비롯하여 국내외의 역대 전적 목록에 나타난 원효의 저술 부수는 다음 ⟨표2⟩와 같다.[12]

⟨표2⟩ 역대 전적 목록상의 원효 저술

목록명	찬술자 및 연대	原名	원효 저술 부수
義天錄	義天, 1090	『新編諸宗教藏總錄』3권	44부 88권
永超錄	永超, 1014~?	『東域傳燈目錄』1권	40부 102권
圓超錄	圓超, 914	『華嚴宗章疏幷因明錄』1권	15부 37권
安遠錄	安遠, 914	『三論宗章疏』1권	5부 6권
平祚錄	平祚, 914	『法相宗章疏』1권	9부 33권
榮穩錄	榮穩, 914	『律宗章疏』1권	2부 3권
謙順錄	謙順, 1790	『諸宗章疏錄』3권	17부 30권
興隆錄	興隆, ?	『佛典疏抄目錄』2권	40부 91권

12 『대정장』권55 목록부目錄部 참조. 이범홍, 「元曉의 著述書에 대하여」, 『철학회지』10, 영남대학교, 1984, p.48 참조.

藏俊錄	藏俊, 1176	『注進法相宗章疏』1권	8부 13권
三論錄	?	『三論宗經論章疏目錄』1권	1부 1권
凝然錄	凝然(1240~1321)	『花嚴宗經論章疏目錄』1권	27부 47권
長西錄	長西(1184~1228)	『淨土依憑經論章疏目錄』1권	5부 5권
文雄錄	文雄(1700~1763)	『蓮門類聚經籍錄』2권	5부 7권
玄智錄	景耀(1734~1794)	『淨土眞宗敎典志』3권	4부 4권
諸師錄	?	『諸師製作目錄』1권	6부 3권
釋敎錄	?	『釋敎諸師製作目錄』3권	16부 39권
密宗錄	宗左衛門, 1734	『密宗書籍目錄』1권	2부 4권
鳳潭錄	僧濬(1654~1738)	『扶桑藏外現存目錄』1권	11부 19권
高山錄	?	『高崎聖敎目錄』2권	19부 33권
奈良錄	石田茂作, 1930	『奈良朝現在一切經疏目』	70부 164권

원효 관련 연구업적 가운데 저술 부문에 관한 중요한 논고를 정리해보면 〈표3〉[13]과 같다. 이 표에 의하면 원효 저술은 70여 부 90여 권으로부터 100여 부 240여 권에 이르기까지 다양한데, 이는 유사한 명칭의 전적들에 대한 기준에 따라 부수가 다르기 때문이다.

〈표3〉 원효 저술관著述觀

발표연도	저자	저술명	원효 저술관
1942	和山博重	「新羅撰述佛書書目について」, 『文獻報國』 8~6, 朝鮮總督府圖書館 編	81부 158(174)권
1952	八百谷孝保	「新羅僧元曉傳攷」, 『大正大學學報』 38, 大正大學: 東京	82부 92(115)권
1959	민영규	「新羅章疏錄長編」, 『(白性郁博士頌壽記念)佛敎學論文集』, 동국대학교	78부 92(94)권
1962	조명기	『신라불교의 이념과 역사』, 신태양사	98부 213(239)권

---

13 권수미상본은 1권으로 계산한 최소치이며, 괄호 안은 최대치이다.

1976	동국대학교 불교문화연구소	『韓國佛教撰述文獻總錄』, 동국대학교출판부	86부 181(197)권
1977	蔡印幻	『新羅佛教戒律思想研究』, 國書刊行會:東京	98부 208(233)권
1983	이범홍	「元曉의 著述書에 대하여」, 『철학회지』 10, 영남대학교	72부 126(149)권

다음으로 의천『신편제종교장총록』, 조명기『신라불교의 이념과 역사』, 동국대 문교문화연구소『한국불교찬술문헌총록』 등을 참고하여 원효의 저술과 현존 여부 등을 전체적으로 정리하면 〈표4〉와 같다.

〈표4〉 원효 저술 목록

部號	서명	권수	存失	번역 관계
1	四分律羯磨疏	4	失	
2	佛制比丘六物圖	1	失	
3	成實論疏	10 혹은 16	失	
4	二諦章	1	失	
5	大慧度經宗要	1	存	동국역경원, 『대혜도경종요』, 한글대장경 156, 동국대학교, 1976
6	金剛般若經疏	3 혹은 2	失	
7	般若心經疏	1	失	
8	大慧度經樞要	2	失	
9	華嚴綱目	1	失	
10	華嚴經疏	10	序, 卷三 存	김지견, 『華嚴經疏卷三』, 국역원효성사전서 3, 보련각, 1987
11	華嚴經宗要	1	失	
12	華嚴經入界品抄	2	失	
13	一道章	1	失	
14	大乘觀行	1 혹은 3	失	
15	梵網經宗要	1	失	
16	梵網經疏	2	失	
17	梵網經略疏	1	失	

18	梵網經菩薩戒本私記	2	卷上 存	심재열 역, 『梵網經菩薩戒本私記』, 同著 『元曉思想』 2 倫理觀, 홍법원, 1984 釋慧隱 역, 『梵網經菩薩戒本私記卷上』, 국역원효성사전서 4, 보련각, 1988 한명숙 역, 『범망경보살계본사기상권』, 한글본 한국불교전서 신라 13, 동국대학교 출판부, 2016
19	菩薩戒本持犯要記(梵網經持犯要記)	1	存	심재열 역, 『菩薩戒本持犯要記』, 同著 『元曉思想』 2 倫理觀, 홍법원, 1984 張空波 역, 『菩薩戒本持犯要記』, 국역원효성사전서 4, 보련각, 1988
20	菩薩瓔珞本業經疏	3	序, 卷下 存	심재열 역, 『瓔珞本業經疏』, 同著 『元曉思想』 2 倫理觀, 홍법원, 1984 김상조 역, 『瓔珞本業經疏』, 국역원효성사전서 3, 보련각, 1987
21	無量義經宗要	1	失	
22	法華經宗要	1	存	동국역경원, 『법화경종요』, 한글대장경 156, 동국대학교, 1976
23	法華經方便品料簡	1	失	
24	法華經要略	1	失	
25	法華略述	1	失	
26	阿彌陀經疏	1	存	조명기, 『佛說阿彌陀經疏』, 국역원효성사전서 4, 보련각, 1988 정목 역해, 『都露阿彌佛』, 경서원, 2001
27	阿彌陀經義疏	1	失	
28	阿彌陀經通讚疏	1	失	
29	無量壽經宗要	1	存	동국역경원, 『무량수경종요』, 한글대장경 156, 동국대학교, 1976 김운학 역, 『無量壽經宗要』, 『遊心安樂道』, 삼성미술문화재단, 1979 조명기, 『兩卷無量壽經宗要』, 국역원효성사전서 1, 보련각, 1987 정목 역해, 『(원효의)무량수경종요』, 비움과소통, 2015
30	無量壽經私記	1	失	
31	無量壽經料簡	1	失	
32	無量壽經疏	1	失	
33	無量壽經古迹記	1	失	

34	彌勒上生經宗要	1	存	심재열 편, 『彌勒三部經宗要』, 원각사, 1972 동국역경원, 『미륵상생경종요』, 한글대장경 156, 동국대학교, 1976 심재열 역, 『彌勒三部經』, 보련각, 1980 石川良昱 譯, 『彌勒上生經宗要』, 國譯一切經 和漢撰述部 經疏部 12, 大東出版社: 東京, 1981 김상조, 『彌勒上生經宗要』, 국역원효성사전서 2, 보련각, 1987
35	彌勒上下生經疏	3	失	
36	遊心安樂道	1	存	동국역경원, 『유심안락도』, 한글대장경 155, 동국대학교, 1975 김운학 역, 『遊心安樂道』, 삼성미술문화재단, 1979 혜봉 역주, 『유심안락도』, 운주사, 2015
37	維摩經宗要	1	失	
38	維摩經疏	3	失	
39	金剛三昧經論疏	3 혹은 6	失	
40	金剛三昧經論	3	存	성낙훈 역, 『金剛三昧經論』, 한국의 사상 대전집 1, 동화출판공사, 1972 이기영 역, 『金剛三昧經論』, 대양서적, 1972 동국역경원, 『금강삼매경론』, 한글대장경 155, 동국대학교, 1975 이기영 역, 『金剛三昧經論』, 『한국의 불교사상』, 삼성출판사, 1981 김달진 역, 『金剛三昧經論』, 원효전집 1, 열음사, 1986 한길로 역, 『金剛三昧經論上中下』, 국역원효성사전서 2·3, 보련각, 1987 은정희·송진현 역주, 『원효의 금강삼매경론』, 일지사, 2000 조용길·정통규 공역, 『금강삼매경론』, 동국대학교출판부, 2002 각성 번역·강해, 『금강삼매경론』, 현음사, 2006 김호귀 역, 『금강삼매경론』, 한국학술정보, 2010
41	金剛三昧經論記	3	失	
42	般舟三昧經疏	1	失	
43	般舟三昧經略記	1	失	
44	般舟三昧經略議	1	失	

45	三論宗要	1	失	
46	中觀論宗要	1	失	
47	掌珍論宗要	1	失	
48	掌珍論料簡	1	失	
49	涅槃經宗要	1 혹은 2	存	동국역경원, 『열반경종요』, 한글대장경 156, 동국대학교, 1976 이영무 역, 『校訂國譯涅槃經宗要』, 대성문화사, 1984 이영무 역, 『涅槃經宗要』, 국역원효성사전서 1, 보련각, 1987 가은 역, 『(교정국역)열반경종요』, 원효사 상실천승가회, 2004 김호귀 역주, 『涅槃經宗要』, 石蘭, 2005
50	涅槃經疏	5	失	
51	勝鬘經疏	2 혹은 3	失	
52	金光明經疏	8	失	
53	金光明經義記	1	失	
54	不增不減經疏	1	失	
55	方廣經疏	1	失	
56	解深密經疏	3	序 存	이영무 역, 『解深密經疏』, 국역원효성사전서 3, 보련각, 1987
57	瑜伽抄	5	失	
58	瑜伽論疏中實	4	失	
59	成唯識論宗要	1	失	
60	梁攝論疏抄	4	失	
61	攝大乘論世親釋論略記	4	失	
62	攝大乘論疏	4	失	
63	中邊分別論疏	4	卷三 存	이종익 역, 『中邊(分別論)疏』, 국역원효성사전서 4, 보련각, 1988 박인성 역, 『중변분별론소』, 주민, 2005
64	辯中邊論疏	4	失	
65	雜集論疏	5	失	
66	因明論疏	1	失	
67	因明入正理論記	1	失	

68	正理記	1	失	
69	楞伽經疏	7 혹은 8	失	
70	楞伽經料簡	1	失	
71	楞伽經宗要	1	失	
72	入楞伽經疏	7 혹은 8	失	
73	楞伽宗要論	1	失	
74	寶性論宗要	1	失	
75	寶性論料簡	1	失	
76	淸辯護法空有諍論	1	失	
77	廣百論宗要	1	失	
78	廣百論撮要	1	失	
79	廣百論旨歸	1	失	
80	判比量論	1	일부存	富貴原章信,『判比量論』, 神田喜一郞, 1967 : 京都 신현숙,『원효의 인식과 논리:판비량론의 연구』, 민족사, 1996 김성철,『원효의 판비량론 기초 연구』, 지식산업사, 2003 김상일,『(괴델의 불완전성 정리로 풀어본)원효의 판비량론』, 지식산업사, 2003 김상일,『元曉의 判比量論 비교 연구: 원효의 논리로 본 칸트의 이율배반론』, 지식산업사, 2004
81	大乘起信論疏	2	存	성낙훈 역,『大乘起信論疏』, 한국의 사상 대전집 1, 동화출판공사, 1972 동국역경원,『대승기신론소』, 한글대장경 156, 동국대학교, 1976 이기영 역,『大乘起信論疏·別記』,『한국의 불교사상』, 삼성출판사, 1981 김탄허 역,『懸吐譯解 起信論』, 화엄학연구소, 1981 장공파,『大乘起信論疏幷別記』, 국역원효성서전서 5, 보련각, 1988 김무득 역주,『大乘起信論과 疏와 別記』, 경서원, 1991 원순 역해,『큰 믿음을 일으키는 글: 大乘起信論, 원효소·별기』, 法供養, 2010 오형근 역,『대승기신론소병별기』, 대승, 2013 최세창 역주,『대승기신론소·별기』, 운주사, 2016

82	起信論別記	1	存	
83	大乘起信論宗要	1	失	
84	大乘起信論料簡	1	失	
85	大乘起信論大記	1	失	
86	大乘起信論私記	1	失	
87	起信論一道章	1	失	
88	起信論二障章	1	失	
89	二障章	1	存	은정희 역주, 『이장의』, 소명출판, 2004
90	大乘六情懺悔	1	存	동국역경원, 『대승육정참회』, 한글대장경 155, 동국대학교, 1975
91	十門和諍論	2	단편存	張無垢, 『十門和諍論』, 국역원효성서전서 5, 보련각, 1988 박태원, 『(원효의)십문화쟁론: 번역과 해설 그리고 화쟁의 철학』, 세창, 2013
92	發心修行章	1	存	동국역경원, 『발심수행장』, 한글대장경 155, 동국대학교, 1975 김탄허, 『發心修行章講義』『초발심자경문』, 불서보급사, 1987 심재열 역, 『發心修行章』, 『初發心自警文』, 보성문화사, 1988
93	初章光文	1	失	
94	六現觀義發菩提心義淨義合	1	失	
95	調伏我心論	1	失	
96	安身事心論	1	失	
97	求道譬喩論	1	失	
98	證性歌	1	失	
99	無碍歌	1	失	
100	劫義	1	失	
101	道身章	1	失	

2. 『대승기신론』과 주석서들

『대승기신론』(이하『기신론』)은 인도에서 그 당시 대립하고 있던 양대 불교사상, 즉 중관파와 유가행 유식파의 사상을 지양·화합시켜 진(眞)과 속(俗)이 전혀 별개의 것이 아니라 우리 인간들이 염오한 현실 생활(俗) 가운데에서 깨달음의 세계로 끊임없이 추구하고 수행함에 의하여 완성된 인격(眞)을 이루어 갈 수 있으며, 한편 깨달음의 단계(眞)에 이른 사람은 아직 염오한 단계(俗)에 있는 중생을 이끌어 갈 의무가 있는 것임을 주장함으로써 진속일여(眞俗一如)의 사상을 잘 나타낸 논서이다.

1) 『기신론』의 성립 문제

『기신론』은 산스크리트 원본이 전해지지 않으며, 구역(舊譯)이라 불리는 양(梁) 진제(眞諦) 역본(開皇年間, 550년경)[14]과 신역(新譯)이라 불리는 당 실차난타(實叉難陀)의 역본[15]의 2종의 한역만이 전해진다. 때문에 『기신론』이 6세기 중엽 처음 중국에 등장했을 때에 "마명보살 지음. 양나라 때 서인도 삼장법사 진제 한역.(馬鳴菩薩造. 梁西印度三藏法師眞諦譯.)"이라 하였으나, 인도 찬술인가 중국 찬술인가의 문제, 그 저자가 인도 카니슈카왕(ⓈKaniṣka) 재세 시의 불교시인 마명인가에 대한 문제, 과연 진제가 역출한 것인가 등에 대해 여러 가지 논란이 제기되어 왔다.

수(隋)나라 때에 법경(法經) 등이 편찬한 『중경목록(衆經目錄)』 권5 「중경의혹(衆論疑惑)」 5에 "『대승기신론』 1권.【사람들이 진제가 번역했다고 하나 『진제록』을 살펴보면 이 논이 없다. 그러므로 의혹부에 포함시킨다.】 (大乘起信論一卷.【人云眞諦譯. 勘

---

14 『대승기신론』 1권, T32, No.1666.
15 『대승기신론』 2권, T32, No.1667.

眞諦錄無此論。故入疑。])"¹⁶라고 한 것을 통해서도 예전부터『기신론』의 진제 역출에 대해 의문이 있었음을 확인할 수 있으나,『기신론』의 찬술 문제가 본격적으로 논의된 것은 근대 일본 불교학계의 논쟁을 통해서이다. 1902년에 모치즈키 신코(望月信亨)¹⁷와 마에다 에운(前田慧雲)¹⁸의 논문이 발표된 이래 중국 찬술이라고 보는 입장, 또는 인도 찬술이라고 보는 입장을 뒷받침하는 많은 자료와 논점들이 제기되어 왔으나, 이 문제는 논의 성립에 관한 결정적인 증거가 아직까지 발견되지 않았기 때문에 여전히 단정할 수 없는 상황이다.¹⁹

중국 찬술을 지지하는 입장에서는 앞서 말한 바와 같이 역출자인 진제에 대해 진위 여부가 의심스럽다는 점을 비롯해서 인도불교 후대의 교리 전개에『기신론』의 전파 흔적이 전혀 보이지 않고 티베트역 문헌도 전혀 발견되지 않는다는 점 등을 근거로 제시한다. 반면에 인도 찬술을 지지하는 입장에서는『기신론』의 세부적인 내용들은 인도 대승불교 사상을 대표하는 주요 경론들이 성립한 후에, 그리고 나아가 그들 교리의 상당한 발달을 전제하기 때문에 중국에서 찬술되었다고 보기 어렵다는 점과 실차난타가 한역한 두 번째 역출본이 있다는 것은 범본을 전제한다고 보아야 한다는 점 등을 제시한다. 가시와기 히로오(柏木弘雄)는『기신론』이론과 인도불교 사상과의 밀접성에 대해 "『기신론』의 이론의 골격 및 거기에 포함된 여러 가지 교리가 인도불교의 사상이라고 말할 수 있으며, 또는

---

16 『중경목록』권5(T55, 142a).
17 望月信亨, 「起信論の作者に就いて」, 『宗粹雜誌』6卷1號, 宗粹雜誌社編, 1902.
18 前田慧雲, 「大乘起信論の著者に就ての疑」, 『哲学雑誌』17卷180號, 1902.
19 『기신론』찬술 문제에 관한 제논의에 대해서는 柏木弘雄, 『大乘起信論の研究: 大乘起信論の成立に関する資料論的研究』, 春秋社, 1981; 竹村牧男, 『大乘起信論讀釈』, 山喜房佛書林, 1993; 平川彰 編, 『如来蔵と大乘起信論』, 春秋社, 1990; 高崎直道・柏木弘雄 校註, 『仏性論・大乘起信論(旧・新二訳)』「眞諦譯 大乘起信論(P本) 解題」, 大蔵出版, 2005 등 참조.

인도불교 사상의 직접적인 연장선상에서 성립한 것이라고 하는 데까지는 양해될 수 있다고 생각한다. 5~6세기경까지 전개된 인도의 제교설을 다각적으로 집약하고, 이러한 이론과 실천의 교설을 통괄하여 한 논의 시종始終이 대승의 수승함을 주장하는, 그러면서도 간결한 체계로서 조립된 논술을 6세기 중엽의 중국불교 사상에서의 조직력과 문제의식 중에 상정하는 것은 곤란한 것이 아닐까. 『기신론』의 현존 텍스트(진제본)에서 중국불교 사상의 고유한 요소의 편린을 발견할 수 없을 것이다."[20]라고 하였다.

이처럼 『기신론』의 성립을 둘러싼 여러 문제들이 아직 해결되지 않았으나, 한 가지 분명한 점은 『기신론』의 이론 면에서 볼 때, 『기신론』은 중관과 유식 계통을 비롯한 대승불교의 주요 경론이 성립·발달한 뒤에야 비로소 성립한 것이라는 점이다.

2) 『기신론』의 주석서들

『기신론』이 진제에 의해 역출되어 중국에 유통된 6세기 중엽 이래, 한국·중국·일본에서는 다수의 주석서들이 저술되었다. 모치즈키 신코의 『大乘起信論之硏究』에 의하면,[21] 이들 삼국에서 찬술된 『기신론』 관계 저술은 장소목록章疏目錄이나 승전僧傳을 포함하여 176종에 이른다고 한다. 방대한 『기신론』 고주석서 가운데 현존하는 주요 저술들은 다음과 같다.[22]

---

20 柏木弘雄, 「眞諦譯 大乘起信論(P本) 解題」, 高崎直道·柏木弘雄 校註 『仏性論·大乘起信論(旧·新二訳)』, 大蔵出版, 2005, pp.350~351.
21 望月信亨, 『大乘起信論之硏究』第二編 「大乘起信論註釋書解題」, 金尾文淵堂, 1922 참조.
22 이밖에 한·중·일 삼국에서 찬술된 『기신론』 고주석서들의 목록에 대해서는 柏木弘雄, 「眞諦譯 大乘起信論(P本) 解題」, 高崎直道·柏木弘雄 校註 『仏性論·大乘起信論(旧·新二訳)』, 大蔵出版, 2005, pp.387~399 참조.

① 수, 담연曇延(516~588),『대승기신론의소大乘起信論義疏』, 2권 혹은 3권, X45, No.755. 상권만 전한다.

② 수, 혜원慧遠(523~592),『대승기신론의소大乘起信論義疏』, 2권, T44, No.1843.

③ 신라, 원효(617~686),『대승기신론별기大乘起信論別記』, 1권, T44, No.1845.

④ 신라, 원효,『기신론소起信論疏』, 2권, T44, No.1844.

⑤ 당, 법장法藏(643~712),『대승기신론의기大乘起信論義記』, 2권 혹은 3권, T44, No.1846.

⑥ 당, 법장,『대승기신론별기大乘起信論別記』, 1권, T44, No.1847.

⑦ 찬자 미상,『석마하연론釋摩訶衍論』, 10권, T32, No.1668.

⑧ 신라, 태현太賢(753년경),『대승기신론내의약탐기大乘起信論內義略探記』1권, T44, No.1849.

⑨ 신라, 견등見登(생몰 미상) 보補,『대승기신론동이략집大乘起信論同異略集』, 2권, X45, No.759.

⑩ 당, 담광曇曠(700~780?),『대승기신론광석大乘起信論廣釋』, 5권, T85, No.2814. 권3~5의 3권이 전한다.

⑪ 당, 담광,『대승기신론약술大乘起信論略述』, 2권, T85, No.2813.

⑫ 당, 종밀宗密(780~841),『대승기신론소大乘起信論疏』, 4권, 縮藏, 論疏部, 調8

⑬ 송宋, 자선子璿(965~1038),『기신론소필삭기起信論疏筆削記』, 20권, T44, No.1848.

⑭ 명明, 지욱智旭(1653년 지음)『대승기신론열망소大乘起信論裂網疏』, 6권, T44, No.1850.

이 가운데 담연의『대승기신론의소』가 현존하는 가장 오래된 주석서로 추정되며, 혜원의 『대승기신론의소』, 원효의 『대승기신론별기』와 『기신론소』, 법장(643~712)의 『대승기신론의기』의 3부는 일찍부터 3대소로 불리며 중시되었다. 혜원은 『승만경』·『능가경』의 경설을 참조하여 주석하였고, 원효는 여기에 『섭대승론』을 더하였으며, 법장은 『화엄경탐현기』·『화엄오교장』·『망진환원관妄盡還源觀』을 참조하였다. 아직 필자의 연구 범위에 미치지 않은 혜원의 것은 이후로 미루고, 원효와 법장의 해석 비교에 대해서는 3장에서 언급하겠다.

3. 『소기회본』의 내용과 특징

원효는 『기신론』에 대해 무려 8종(혹은 9종)의 연구서를 낼 정도로 심취했던 것 같다. 그러나 현존하는 것은 『기신론소』와 『별기』의 2종뿐이다. 이들 간의 저술연대를 살펴보면 650년 중반 이후에 『별기』─『이장의』─『기신론소』의 순서로 쓰여진 것 같다. 『기신론소』는 『별기』와 합본되어 『만속장경』에 『대승기신론소기회본』(이하 『소기회본』)이라는 제명으로 수록되어 있고, 우리나라에서는 19세기 후반 중국 난징(南京)의 금릉각경처金陵刻經處에서 간행한 『소기회본』을 복각한 판본이 지금 해인사에 간직되어 있으며, 『한국불교전서』 권1에 수록되어 있는 『대승기신론소기회본』은 해인사 소장본을 저본으로 한 것이다. 우리나라 강원에서 널리 쓰이고 있는 것도 이 『소기회본』인데, 이는 『기신론소』를 위주로 하여 『기신론소』와 중첩되는 『별기』의 내용은 생략한 것이다. 원효가 『별기』를 집필한 후에 다시 『기신론소』를 집필하였으나, 『별기』와 『기신론소』의 내용이 단절적인 것은 아니며 『기신론소』는 『별기』를 토대로 그 내용을 보다 강화한 것이라고 볼 수 있다. 때문에 이 두 본을 합본 편집한 이 『소기회본』은 『기신론』에 대한 원효의 이해의 진면목을 파악하는 데 적합할 것이다. 이들 3종이 수록되어 있는 주요 전적들은 다음과 같다.

① 『대승기신론별기』

　『대정신수대장경』 44, pp.226a~240c.

　『한국불교전서』 1, pp.677c~697c.

　『원효전집』, pp.239~253(佛敎學同人會 編, 동국역경원, 1973).

　『원효대사전집』, pp.463~506(趙明基 編, 寶蓮閣, 1978).

　『한국의 불교사상』, pp.441~482(李箕永 譯, 三省出版社, 1981).

② 『기신론소』

　『대정신수대장경』 44, pp.202a~226a.

　『한국불교전서』 1, pp.698a~732c.

　『원효전집』, pp.213~237.

　『원효대사전집』, pp.389~462.

　『한국의 불교사상』, pp.441~482.

　『한국의 사상대전집』 1, pp.431~454(同和出版社, 1972).

③ 『대승기신론소기회본』

　『만속장경』 45, pp.200b~241b.

　『한국불교전서』 1, pp.733a~789b.

　『한국고승집』, 신라 시대1, pp.325~624(佛敎學硏究會 編, 景仁文化社, 1974).

　『원효사상』 1 世界觀 付錄, pp.1~100(李箕永 著, 弘法院, 1967).

1) 『소기회본』의 구조와 내용

　원효 『소기회본』의 특징을 논하기에 앞서 『기신론』의 구조를 간단히 소개한다. 『기신론』은 인연분因緣分, 입의분立義分, 해석분解釋分, 수행신심분, 권수이익분勸修利益分의 다섯 부분으로 구성되어 있다. 인연분에서는 이 논서를 짓게 된 여덟 가지 이유를 말하고, 입의분에서는 『기신론』의 대의,

즉 일심一心, 이문二門, 삼대三大를 제시하였다. 일심이란 중생심衆生心이며, 이문은 중생심의 양면인 심진여문心眞如門과 심생멸문心生滅門이다. 삼대란 진여문의 본체인 체대體大와 생멸문의 상대相大 그리고 그 작용인 용대用大이다.

해석분은 앞서 입의분에서 제시한 일심이문을 구체적으로 논술한 것으로 『기신론』에서 가장 핵심적인 부분이다. 이 부분은 다시 바른 뜻을 드러냄(現示正義), 그릇된 집착을 다스림(對治邪執), 도에 발심하여 나아가는 상을 분별함(分別發趣道相)의 셋으로 나누어진다.

먼저 바른 뜻을 드러내는 부분에서는 일심 즉 중생심을 일심 중의 청정한 면인 심진여문과 물든 면인 심생멸문의 둘로 크게 나누었다. 심진여문에서는 번뇌가 없다는 뜻으로 여실공, 번뇌가 없기 때문에 갖가지 청정한 모습이 갖추어져 있다는 뜻인 여실불공 등을 말하여 마음의 청정한 면을 묘사하였다. 심생멸문에서는 청정한 여래장심이 물든 염오심(생멸심)과 화합해서 여래장심과 생멸심이 같지도 않고 다르지도 않은 알라야식(ⓢālaya-vijñāna)이라는 것을 내세운다. 이 알라야식에는 깨달은 면인 각과 무명의 훈습으로 물들어 있어 깨닫지 못한 면인 불각의 두 가지 뜻이 있어 여기에 훈습에 의한 염정연기가 전개됨을 밝힌다.

다음으로 그릇된 집착을 다스리는 부분에서는 인집과 법집의 이집을 대치하는 것을 말한다. 마지막으로 도에 발심하여 나아가는 상을 분별하는 곳에서는 신성취발심信成就發心, 해행발심解行發心, 증발심證發心의 세 가지 발심을 말한다.

수행신심분에서는 앞서 해석분에서 발취도상이 부정취중생不定聚衆生 중의 승인勝人을 위한 설명임에 비하여 여기서는 부정취중생 중의 열인劣人을 위하여 사신四信, 오행五行 및 타력염불을 설한다.

마지막 권수이익분에서는 이 논을 믿고 닦으면 막대한 이익이 있으리라는 것을 말하였다.

〈표5〉『대승기신론』의 구조

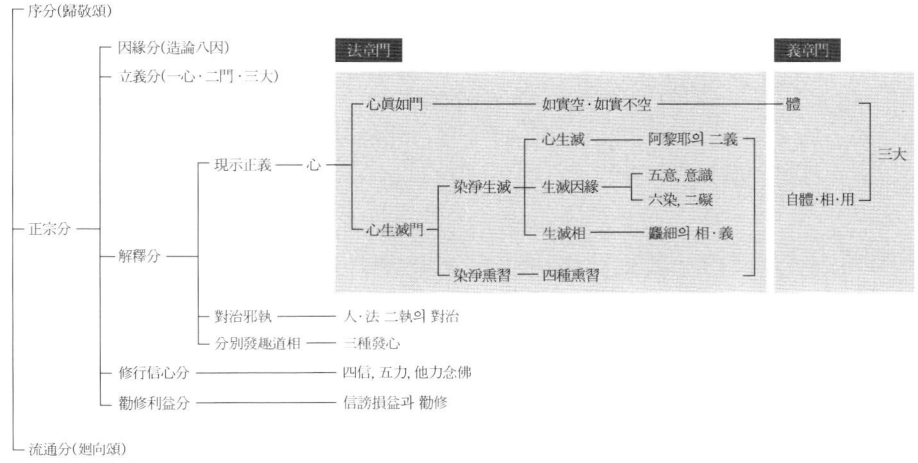

다음으로 원효『소기회본』의 구성을 간략히 살펴보면 다음과 같다.[23]

1. 종체를 나타냄
2. 제명을 해석함
3. 글에 따라 뜻을 나타냄
    1) 삼보에 귀경함과 논을 지은 대의를 서술함
    2) 논의 체를 정립함
        (1) 인연분
        (2) 입의분
        (3) 해석분
        (4) 수행신심분

---

[23] 본서의 목차는 원효의『기신론』분과에 따른 것으로, 보다 상세한『소기회본』의 구성에 대해서는 목차를 참조하기 바란다.

(5) 권수이익분
　3) 총결하여 회향함

2) 원효 기신론관의 특징

원효와 법장 해석의 비교

『기신론』의 성격에 대해 법장은 여래장연기종설如來藏緣起宗說로 판석한다. 이에 비해 원효는 이 논서가 중관과 유식사상의 지양·종합이라고 하였다. 『기신론』의 출현 시기와 일심이문의 구조로 볼 때, 법장설보다는 원효설이 훨씬 타당성을 갖는다고 할 수 있다. 가츠마타 슌쿄(勝友俊敎)는 단순히 교리 판석의 입장에서 주장한 법장설을 더 발전시켜 대승불교 후기에 중관·유식의 두 학파뿐만 아니라 제3의 학파로서 여래장연기종학파가 있었을 것이라고 주장한다. 그런데 다카사키 지키도(高崎直道)는 「華嚴敎學 如來藏思想」이라는 논문에서 한역을 잘 사용하지 않는 인도나 서양 학자들은 여래장연기종학파를 알지 못하며, 일부 일본학자들이 여래장사상을 또 하나의 특색 있는 체계로 고찰하는 것은 그들이 화엄교학을 통해 오래 전부터 익혀 온 생각에 근거한다고 주장한다. 그는 법장이 지론종地論宗 남도파南道派에서 화엄교학을 이어받았으며, 그들은 여래장계통의 중요한 논서로 알려진 『보성론』을 한역한 늑나마제勒那摩提를 그 조祖로 삼고 있음을 상기시키면서 화엄교학이야말로 여래장사상을 최대로 평가·소개한 장본인이며, 화엄교학의 성기설은 여래장사상을 구극화究極化한 것이라 할 수 있다고 하였다. 가시와기 히로오는 「起信論のテキスト及硏究」에서 『기신론』 자체의 의도와 『기신론』 안에 담겨 있는 하나하나의 교설의 취지가 반드시 화엄교학의 『기신론』 이해와 동일하지 않음은 익히 지적되고 있는 사실이라고 한다.[24] 이를 통해 볼 때 가츠마타 슌쿄의 설은 그 근거가 희박하다.

　법장은 『기신론』의 분과分科와 어구語句 해석에서 원효의 창안을 그대로 답습하면서도 유독 원효의 중관·유식의 지양·종합설을 따르지 않고 여래장연기종설을 주장한다. 이는 화엄종이 계승한 지론종 남도파에서 여래장 내지 진성眞性을 말하고 이 지론종 남도파의 학설을 대성하여 화엄교학 확립에 큰 공헌을 한 혜원이 그의 『대승의장大乘義章』에서 여래장연기, 진성연기를 말한 데 기인한다. 결론적으로 화엄교학의 관견管見에 입각한 법장의 여래장연기설보다는 그러한 선입견 없이 『기신론』의 구조와 내용 자체에 따라 중관·유식의 지양·종합설이라 판단한 원효설이 더 객관성을 가진다.

　그렇다면 원효의 중관·유식설과 법장의 여래장연기종설은 그 내용에 있어 어떤 차이가 있는가? 두 설은 내용의 핵심에 있어서는 별 차이가 없다. 원효는 진여·생멸 이문二門과 각·불각 이의二義의 차이점에 대해, 이문 중 진여문에는 염법과 정법을 낳게 하는 생의生義가 없고 염정법을 포괄하는 섭의攝義만 있음에 비해, 생멸문의 각과 불각의 뜻에는 섭의와 생의가 다 있다고 한다. 법장이 생멸문 중 알라야식의 이의성만을 언급하여 염정법을 포괄하는 섭의를 간과한 데 반해, 원효는 진여와 생멸 이문을 알라야식의 이의성, 나아가 『기신론』 전체에 대한 대전제로 봄으로써 염정법에 대한 섭의와 생의를 다 살려 『기신론』 본문에 더 충실한 태도를 보인다. 생멸·진여 이문은 생멸문에서의 알라야식이 가지는 이의성을 더욱 극명하게 드러낸다. 또 바꾸어서 일심에 이어지는 진여·생멸 이문의 전제성前提性·상징성이 알라야식의 각·불각 이의성을 통해 구체적이고 실천적으로 전개됨으로써 이문의 지양·종합이라는 『기신론』의 특성을 더욱

---

24 졸고 「大乘起信論觀에 있어서의 元曉와 法藏의 차이」, 『중국학보』 31권, 1991, pp.100~101 참조.

잘 드러낸다고 할 수 있다. 이는 나아가 인간 마음의 진·속, 염·정의 이면성에서 어떻게 속俗·염染이 이루어졌고, 어떻게 이를 극복하여 진眞·정淨으로 나아갈 수 있는가에 대한 근원적인 고찰이 된다.

원효 기신론관의 특징

원효의 『기신론』 해석의 특징은 다음과 같이 세 가지로 규정할 수 있다.
첫째, 원효는 『기신론』의 성격을 중관사상과 유식사상의 지양·종합이라고 판석한다. 즉 『기신론』은 마음의 청정한 면만을 주로 찬탄하고 강조해 온 중관사상과 마음의 염오한 면을 주로 밝혀 온 유식사상을 잘 조화시켜 진속불이의 뜻을 밝힌 것이라 본 것이다. 이는 『기신론』이 일심을 심진여문과 심생멸문의 둘로 크게 나눈 후, 심진여문에서는 마음의 청정한 면을 묘사하고 심생멸문에서는 마음의 염정연기를 밝히고 있는 데서 매우 타당한 견해라 할 수 있다.
둘째, 원효는 위의 중관·유식의 지양·종합이라는 성격을 더욱 드러내는 구체적인 전개로서 삼세·알라야식설을 주장한다. 이것은 알라야식이 각의와 불각의의 이의를 가진 진망화합식眞妄和合識이라는 것을 전제로 한다는 점에서 설득력이 있다. 삼세三細란 무명이 본래의 청정한 마음 즉 진여를 훈습하여 불각심이 처음으로 일어난 무명업상無明業相, 이 무명업상 즉 극미한 동념動念에 의하여 소연경상所緣境相을 볼 수 있게 되는 전상轉相, 그리고 이 전상에 의하여 경계를 나타내는 현상現相 등 세 가지 미세한 마음이다. 알라야식은 오늘날의 무의식에 해당하는 심층의식으로서 우리가 물든 의식으로 전개하는 데 최초의 기점이 되는 것이다. 그러나 한편 이 전개된 염오심이 다시 청정심으로 환멸하고자 할 때, 마지막 귀결처가 되는 곳 또한 알라야식이다. 원효는 삼세가 바로 이 알라야식임을 창안하였는데, 이 주장을 법장 역시 그대로 수용하였다.

알라야식이 삼세라는 주장이 『기신론』 본문에 명시되어 있지는 않으나 『기신론』의 내용 중에서 충분히 입증할 수 있다.[25]

원효가 이의의 화합식인 알라야식에 삼세라는 미세심을 배대한 것은 유식에서 알라야식이 막연한 잠재심으로 묘사되고 있는 데 반해, 『기신론』의 알라야식은 세 가지 미세심으로 구체화되었음을 밝힌 것이다. 또 유식의 알라야식은 이숙식異熟識으로서 윤회의 주체일 뿐, 깨달음의 정법淨法을 낼 수 없는 생멸식이지만 『기신론』의 알라야식은 화합식으로서 그중의 불각, 즉 생멸분인 업상·전상·현상의 염오분이 제멸되면 바로 그 자리가 불생불멸분, 즉 자성청정심이 되어 각의 상태가 되는 것이다. 이처럼 원효가 삼세라고 하는 환멸의 구체적 단계를 제시한 것은 심원心源, 즉 깨달음의 경지로 환멸해 가는 수행의 측면에서 보다 실천적인 입장을 취한 것이라 할 수 있다.

셋째, 원효는 수행에 의해 삼세에서 염오심을 제거하여 청정심에 이르게 되면 나타나는 지정상智淨相과 부사의업상不思議業相이라는 본각의 성격을 자리自利와 이타利他의 두 가지 면에 배대시킨다. 원효는 지정상이란 자신의 이익을 성취하는 것으로서 해탈한 뒤에 번뇌장煩惱障과 소지장所知障의 두 번뇌를 모두 멀리 여의어 아무런 장애가 없는 청정한 법신을 얻은 경지이며, 부사의업상이란 타인의 이익을 성취하는 것으로서 이미 자신의 이익을 성취하였으면 자연히 세간에 자재한 위력과 행위를 나타내어 중생을 이롭게 하는 것이라고 하였다. 한편 『기신론』에서는 수행심신분의 지관문을 설명할 때, 지止를 닦으면 범부가 세간에 집착함을 대치하고 관觀을 닦으면 이승이 대비를 일으키지 않는 협열심을 대치할 수 있다고 하며, 이 지·관의 이문이 갖추어지지 않으면 보리에 들어갈 수 없다고

---

[25] 이에 대해서는 졸고 「원효의 삼세·아라야식설의 창안」, 『한국의 사상가 10人─원효』, 예문서원, 2002, pp.112~139 참조.

단언한다. 지정상은 지문에, 부사의업상은 관문에, 다시 지정상은 심진여문에, 부사의업상은 심생멸문에 배대할 수 있다. 원효는 진여문에 의해 지행을 닦음으로써 세간에 대한 집착을 벗어나 무분별지를 얻고(자리행), 생멸문에 의해 관행을 닦음으로써 대비심을 일으켜 후득지를 이룰 수 있다고 보았다(이타행).

 깨달음을 얻은 이가 깨친 자리에서 홀로 안주하는 것이 아니라 중생의 이익을 위하여 중생에게 회향하는 이타행, 즉 부주열반不住涅槃 사상이야말로 원효가 그의 많은 저술에서 한결같이 주장하는 것이다. 이는 석가 이후 원효에까지 면면히 이어지는 불교의 가장 핵심적인 가르침이라 할 수 있다.

차례

대승기신론소기회본大乘起信論疏記會本 해제 / 5
일러두기 / 48

대승기신론소기회본 제1권 大乘起信論疏記會本 卷一 49

제1편 종체를 나타냄 51

제2편 제명을 해석함 61

제1장 대승을 해석함 61
제1절 경에 의하여 설명함 61
제2절 논에 의하여 밝힘 67
 1. 일곱 가지를 밝힘 67
  1) 첫 번째 일곱 가지 67
  2) 두 번째 일곱 가지 70

제2장 기신을 해석함 73

제3장 논을 해석함 75

제3편 글에 따라 뜻을 나타냄 76

제1장 삼보에 귀경함과 논을 지은 뜻을 서술함 76
제1절 삼보에 귀경함 77
 1. 능귀의 상 78

2. 소귀의 덕 79
  1) 불보를 찬탄함 79
  (1) 심덕을 찬탄함 79
    ① 업용을 찬탄함 79
    ② 지체를 찬탄함 80
  (2) 색덕을 찬탄함 81
    ① 색의 본체의 신묘함을 찬탄함 81
    ② 색의 작용의 수승함을 찬탄함 82
  (3) 사람을 들어 찬탄을 끝맺음 83
  2) 법보를 찬탄함 85
  (1) 부처를 들어 그 법을 취함 85
  (2) 바로 법보의 체상을 나타냄 86
  3) 승보를 찬탄함 88
  (1) 덕을 들어 사람을 취함 88
  (2) 행덕을 찬탄함 89
제2절 논을 지은 대의를 서술함 91
  1. 아래로 중생을 교화함 92
  1) 의혹을 제거함 92
  (1) 법을 의심하는 것 93
  (2) 교문을 의심하는 것 93
  2) 사집을 버림 95
  2. 위로 불도를 넓힘 95

제2장 논의 체를 정립함 96
제1절 교설을 허락함을 전체적으로 표시함 97
제2절 수를 들어 장을 엶 98
제3절 장에 의하여 각각 해석함 99
  1. 인연분 99
  1) 장의 이름을 말함 99
  2) 인연을 나타냄 100
  (1) 문답하여 곧바로 나타냄 100

① 질문함 …… 101
　　② 답변함 …… 101
　　　가. 전체적으로 나타냄 …… 102
　　　나. 각각 해석함 …… 102
　　　　가) 총상인 …… 102
　　　　나) 별상인 …… 103
　　　다. 총결함 …… 106
　(2) 문답하여 의심을 제거함 …… 107
　　① 질문함 …… 108
　　② 답변함 …… 109
　　　가. 간략하게 답함 …… 109
　　　나. 자세히 해석함 …… 109
　　　　가) 부처님이 세상에 계실 때 설법자와 청법자가 모두 수승함을 밝힘 …… 110
　　　　나) 여래가 돌아가신 뒤에 중생의 근기와 받아 이해하는 연이 일정하지 않음
　　　　　을 나타냄 …… 115
　　　다. 간략하게 답을 맺음 …… 117
2. 입의분 …… 117
1) 앞글을 맺어 뒷글을 일으킴 …… 119
2) 바로 설명함 …… 119
　(1) 법장문 …… 120
　　① 체의 면에서 총체적으로 세움 …… 120
　　② 문에 의하여 각각 세움 …… 121
　(2) 의장문 …… 123
　　① 대의 뜻을 밝힘 …… 124
　　② 승의 뜻을 밝힘 …… 125
3. 해석분 …… 125
1) 앞글을 맺어 뒷글을 일으킴 …… 126
2) 바로 해석함 …… 126
　(1) 수를 들어 총괄적으로 표시함 …… 126
　(2) 수에 의하여 장을 엶 …… 126
　(3) 장에 의해 각각 해석함 …… 127

① 현시정의분을 해석함 127
　가. 바로 뜻을 해석함 127
　　가) 법장문을 해석함 127
　　　(가) 총괄적으로 해석함 127

대승기신론소기회본 제2권 大乘起信論疏記會本 卷二 139

　(나) 각각 해석함 141
　　㉮ 진여문 144
　　　ㄱ. 진여를 해석함 144
　　　　ㄱ) 간략히 표시함 145
　　　　ㄴ) 자세히 해석함 146
　　　　　(ㄱ) 진여의 체를 나타냄 146
　　　　　　㉠ 진실성으로 진여를 나타냄 147
　　　　　　㉡ 분별성에 대하여 진여의 절상을 밝힘 147
　　　　　　㉢ 의타성에 나아가 진여의 이언을 나타냄 148
　　　　　　　A. 의타성법에 의해 말을 여의고 생각을 끊은 것을 밝힘 148
　　　　　　　B. 말을 여의고 생각을 끊은 뜻에 의해 평등진여를 나타냄 149
　　　　　　　C. 평등하여 말을 여의고 생각을 끊은 까닭을 해석함 149
　　　　　(ㄴ) 진여의 이름을 해석함 150
　　　　　　㉠ 이름을 세운 뜻을 나타냄 150
　　　　　　㉡ 바로 이름을 풀이함 151
　　　　　　㉢ 이름을 맺음 151
　　　　ㄷ) 문답하여 의심을 제거함 151
　　　ㄴ. 진여의 상을 해석함 153
　　　　ㄱ) 수를 들어 전체적으로 나타냄 153
　　　　ㄴ) 수에 의하여 장을 엶 153
　　　　ㄷ) 장에 의하여 각각 해석함 153

　　　　　(ㄱ) 공을 해석함 …… 154
　　　　　　　㉠ 간략히 설명함 …… 155
　　　　　　　㉡ 자세히 풀이함 …… 155
　　　　　　　㉢ 총결함 …… 161
　　　　　(ㄴ) 불공을 해석함 …… 161
　　　　　　　㉠ 공문을 표시함 …… 162
　　　　　　　㉡ 불공을 나타냄 …… 162
　　　　　　　㉢ 공과 불공이 차이가 없음을 밝힘 …… 162
　㈏ 생멸문 …… 163
　　ㄱ. 바로 자세히 풀이함 …… 163
　　　ㄱ) 심생멸 …… 163
　　　　(ㄱ) 체라는 점에서 전체적으로 밝힘 …… 164
　　　　　㉠ 체를 나타냄 …… 165
　　　　　㉡ 상을 분별함 …… 167
　　　　　㉢ 이름을 세움 …… 177
　　　　(ㄴ) 뜻에 의하여 각각 풀이함 …… 177
　　　　　㉠ 간략히 공능을 밝힘 …… 178
　　　　　㉡ 자세히 체상을 나타냄 …… 183
　　　　　　A. 수를 물어 문제를 제기함 …… 184
　　　　　　B. 수에 의하여 이름을 열거함 …… 184
　　　　　　C. 각각 풀이함 …… 184
　　　　　　　A) 각의 뜻을 풀이함 …… 184
　　　　　　　　(A) 간략히 풀이함 …… 185
　　　　　　　　　Ⓐ 본각을 밝힘 …… 185
　　　　　　　　　　a. 본각의 체를 밝힘 …… 186
　　　　　　　　　　b. 본각의 뜻을 풀이함 …… 186
　　　　　　　　　Ⓑ 시각을 풀이함 …… 186
　　　　　　　　(B) 자세히 풀이함 …… 192
　　　　　　　　　Ⓐ 시각을 풀이함 …… 192
　　　　　　　　　　a. 전체적으로 '만'과 '불만'의 뜻을 나타냄 …… 192
　　　　　　　　　　b. 따로 시각의 차별을 풀이함 …… 193

a) 사상을 밝힘 195
　　　b) 글을 풀이함 203
　　　　(a) 첫 번째 위 : 불각 203
　　　　(b) 두 번째 위 : 상사각 204
　　　　(c) 세 번째 위 : 수분각 206
　　　　(d) 네 번째 위 : 구경각 207
　　c. 시각이 본각과 다르지 않음을 전체적으로 밝힘 213
　　　a) 구경각상을 거듭 밝힘 214
　　　　(a) 바로 구경상을 나타냄 214
　　　　(b) 각이 아닌 것을 들어서 각인 것을 나타냄 214
　　　　(c) 경계에 대하여 지혜를 나타냄 216
　　　b) 시각이 본각과 다르지 않음을 밝힘 216

대승기신론소기회본 제3권 大乘起信論疏記會本 卷三 221

　　ⓑ 본각을 자세히 밝힘 223
　　　a. 수염본각 : 지정상과 부사의업상 223
　　　　a) 총괄하여 나타냄 224
　　　　b) 이름을 나열함 225
　　　　c) 상을 분별함 225
　　　　　(a) 지정상을 분별함 225
　　　　　　ⓐ 주장 226
　　　　　　　ⅰ. 곧바로 밝힘 226
　　　　　　　ⅱ. 거듭 나타냄 227
　　　　　　ⓑ 실례 228
　　　　　　ⓒ 적용 229
　　　　　(b) 부사의업상을 해석함 229
　　　b. 성정본각 : 여실공경 · 인훈습경 · 법출리경 · 연훈습경 231

　　　　　a) 총괄하여 나타냄 233
　　　　　b) 따로 설명함 233
　　　　　　(a) 여실공경 234
　　　　　　(b) 인훈습경 234
　　　　　　(c) 법출리경 235
　　　　　　(d) 연훈습경 235
　　　B) 불각을 해석함 238
　　　　(A) 근본불각을 설명함 238
　　　　　Ⓐ 불각이 본각에 의하여 성립됨을 밝힘 239
　　　　　Ⓑ 본각도 불각에 의지함을 나타냄 239
　　　　(B) 지말불각을 나타냄 241
　　　　　Ⓐ 삼세상을 밝힘 241
　　　　　　a. 총괄하여 나타냄 242
　　　　　　b. 각각 풀이함 243
　　　　　　　a) 무명업상 243
　　　　　　　b) 능견상 245
　　　　　　　c) 경계상 246
　　　　　Ⓑ 육추상을 밝힘 249
　　　　　　a. 총괄하여 나타냄 250
　　　　　　b. 각각 풀이함 251
　　　　　　　a) 지상 251
　　　　　　　b) 상속상 259
　　　　　　　c) 집취상 260
　　　　　　　d) 계명자상 261
　　　　　　　e) 기업상 261
　　　　　　　f) 업계고상 262
　　　　(C) 본말의 불각을 총괄하여 맺음 262
　ⓒ 동상과 이상을 밝힘 263
　　A. 총괄하여 나타냄 265
　　B. 이름을 열거함 265
　　C. 상을 분별함 265

　　　　A) 동상을 밝힘 265
　　　　　(A) 실례를 인용함 265
　　　　　(B) 실례를 적용함 265
　　　　　(C) 인용하여 증명함 266
　　　　B) 이상을 밝힘 267
　ㄴ) 생멸인연 268
　　(ㄱ) 생멸이 인연에 의하는 뜻을 밝힘 269
　　　㉠ 총괄하여 나타냄 269
　　　㉡ 각각 풀이함 270
　　　　A. "마음에 의하여"라는 것을 풀이함 270
　　　　B. "의가 전변하기 때문"이라는 것을 풀이함 271
　　　　　A) 의가 전변함을 간략히 밝힘 273
　　　　　B) 전변하는 상을 자세히 밝힘 274
　　　　　C) 마음에 의한다는 뜻을 결론 맺어 밝힘 282
　　　　　　(A) 간략히 말함 282
　　　　　　(B) 자세히 해석함 283
　　　　　　　ⓐ 모든 법이 없지 않지만 있는 것이 아님을 밝힘 283
　　　　　　　ⓑ 모든 법이 있지 않지만 아주 없지는 않음을 밝힘 288
　　　　C. "의식이 전변하기 때문"이라는 것을 풀이함 288

대승기신론소기회본 제4권 大乘起信論疏記會本 卷四 291

　　(ㄴ) 생멸의 소의인 인연의 체상을 밝힘 293
　　　㉠ 인연의 매우 깊음을 간략히 밝힘 293
　　　　A. 매우 깊음을 나타냄 294
　　　　B. 매우 깊은 뜻을 해석함 295
　　　　C. 매우 깊은 뜻을 결론지음 296
　　　㉡ 인연의 차별을 자세히 나타냄 296

A. 심성인의 체상을 밝힘 …… 297
　　　B. 무명연의 체상을 나타냄 …… 297
　　　C. 염심의 제연의 차별을 밝힘 : 육염심 …… 299
　　　　A) 총체적으로 해석함 …… 300
　　　　B) 각각 해석함 …… 300
　　　　　(A) 집상응염 …… 301
　　　　　(B) 부단상응염 …… 302
　　　　　(C) 분별지상응염 …… 303
　　　　　(D) 현색불상응염 …… 304
　　　　　(E) 능견심불상응염 …… 305
　　　　　(F) 근본업불상응염 …… 305
　　　D. 무명을 다스려 끊는 지위를 나타냄 …… 306
　　　E. 상응과 불상응의 뜻을 해석함 …… 307
　　　F. 지애와 번뇌애의 뜻을 구별함 …… 311
　　　　A) 두 가지 번뇌를 나눔 …… 312
　　　　B) 까닭을 풀이함 …… 313
　ㄷ) 생멸상 …… 315
　　(ㄱ) 생멸의 추세의 상을 밝힘 …… 315
　　　㉠ 바로 추세를 밝힘 …… 316
　　　　A. 총체적으로 나타냄 …… 316
　　　　B. 각각 풀이함 …… 316
　　　㉡ 사람에 대하여 분별함 …… 317
　　(ㄴ) 추세의 생멸의 뜻을 나타냄 …… 318
　　　㉠ 생하는 원인을 밝힘 …… 319
　　　㉡ 멸하는 뜻을 나타냄 …… 325
　　　　A. 바로 밝힘 …… 325
　　　　B. 문답하여 의심을 제거함 …… 326
　　　　　A) 질문함 …… 327
　　　　　B) 답변함 …… 328
　　　　　　(A) 주장 …… 329
　　　　　　(B) 실례 …… 329

           (C) 적용 330
  ㄴ. 말에 의하여 거듭 나타냄 333
    ㄱ) 수를 들어 전체적으로 표시함 334
    ㄴ) 수에 의하여 이름을 열거함 334
    ㄷ) 훈습의 뜻을 전체적으로 밝힘 335
    ㄹ) 훈습의 상을 각각 나타냄 337
      (ㄱ) 염법훈습 337
        ㉠ 질문함 338
        ㉡ 답변함 338
          A. 간략히 밝힘 339
          B. 자세히 말함 340
      (ㄴ) 정법훈습 342
        ㉠ 질문함 343
        ㉡ 답변함 343
          A. 간략히 밝힘 343
            A) 진여의 훈습을 밝힘 344
            B) 망심의 훈습을 밝힘 344
          B. 자세히 밝힘 345
            A) 망심훈습 345
              (A) 분별사식훈습 346
              (B) 의훈습 346
            B) 진여훈습 347
              (A) 수를 들어 총괄적으로 나타냄 350
              (B) 수에 의해 이름을 열거함 350
              (C) 상을 분별함 350
                ⓐ 각각 밝힘 350
                  a. 자체상훈습 350
                    a) 곧바로 밝힘 351
                    b) 의심을 제거함 351
                  b. 용훈습 352
                    a) 총체적으로 표시함 354

　　　　b) 이름을 열거함 354
　　　　c) 특징을 분별함 354
　　　　　(a) 차별연을 밝힘 354
　　　　　　ⓐ 합하여 밝힘 355
　　　　　　ⓑ 펼쳐서 해석함 355
　　　　　(b) 평등연을 밝힘 355
　　　Ⓑ 합하여 풀이함 356
　　　　a. 전체적으로 나타냄 357
　　　　b. 각각 풀이함 357
　　　　　a) 미상응을 밝힘 357
　　　　　b) 이상응을 밝힘 358
　ㅁ) 훈습이 다함과 다하지 않음의 뜻을 밝힘 359

대승기신론소기회본 제5권 大乘起信論疏記會本 卷五 361

　나) 의장문을 해석함 363
　　(가) 체상의 이대를 전체적으로 풀이함 363
　　(나) 용대의 뜻을 따로 풀이함 367
　　　㉮ 전체적으로 밝힘 368
　　　　ㄱ. 과에 대하여 인을 듦 369
　　　　ㄴ. 인을 드러내어 과를 나타냄 369
　　　㉯ 각각 해석함 370
　　　　ㄱ. 전체적으로 표시함 373
　　　　ㄴ. 개별적으로 해석함 374
　　　　　ㄱ) 개별적인 작용을 바로 나타냄 374
　　　　　　(ㄱ) 응신을 밝힘 374
　　　　　　(ㄴ) 보신을 밝힘 375
　　　　　ㄴ) 분별을 거듭 나타냄 378

ㄷ. 문답하여 의심을 제거함 …… 378
나. 생멸문에서 진여문에 들어감을 나타냄 …… 379
　가) 전체적으로 나타냄 …… 380
　나) 각각 해석함 …… 380
　다) 총괄하여 맺음 …… 381
② 사집을 대치함 …… 381
가. 전체적으로 표시하여 수를 듦 …… 382
나. 수에 의하여 이름을 열거함 …… 382
다. 이름에 의하여 상을 분별함 …… 383
　가) 인아견을 밝힘 …… 383
　　(가) 전체적으로 나타냄 …… 386
　　(나) 각각 풀이함 …… 387
　나) 법아견을 밝힘 …… 388
라. 망집을 끝까지 다 여읨 …… 389
③ 도에 발심하여 나아가는 상을 분별함 …… 390
가. 대의를 전체적으로 나타냄 …… 390
나. 각각 분별함 …… 390
　가) 수를 들어 장을 엶 …… 391
　나) 수에 의하여 이름을 열거함 …… 391
　다) 이름에 의하여 상을 분별함 …… 392
　　(가) 신성취발심 …… 392
　　　㉮ 믿음을 성취시키는 행실을 밝힘 …… 393
　　　　ㄱ. 질문함 …… 394
　　　　ㄴ. 답변함 …… 395
　　　　　ㄱ) 묻는 바에 바로 답함 …… 395
　　　　　　(ㄱ) 처음 물음에 답함 …… 395
　　　　　　(ㄴ) 두 번째 물음에 답함 …… 396
　　　　　　(ㄷ) 세 번째 물음에 답함 …… 397
　　　　　ㄴ) 열악한 자를 들어 수승한 자를 나타냄 …… 399
　　　㉯ 행실을 닦아 믿음이 성취되어 발심하는 상을 나타냄 …… 400
　　　　ㄱ. 바로 밝힘 …… 403

ㄴ. 문답하여 의심을 제거함 404
　ⓒ 발심하여 얻는 공덕을 찬탄함 404
　　ㄱ. 수승한 덕을 나타냄 406
　　ㄴ. 미세한 허물을 나타냄 407
　　ㄷ. 권교를 회통함 407
　　ㄹ. 실행을 찬탄함 408
(나) 해행발심 408
(다) 증발심 410
　㉮ 지위에 의하여 증발심을 밝힘 410
　　ㄱ. 지위를 나타냄 412
　　ㄴ. 증득의 뜻을 밝힘 412
　　ㄷ. 덕을 찬탄함 413
　　ㄹ. 상을 나타냄 413
　㉯ 제10지의 성만의 공덕을 밝힘 413
　　ㄱ. 수승한 덕을 바로 나타냄 414
　　ㄴ. 문답하여 의심을 제거함 419
　　　ㄱ) 첫 번째 문답 421
　　　　(ㄱ) 도리를 세움 421
　　　　(ㄴ) 그른 것을 들음 422
　　　　(ㄷ) 옳은 것을 나타냄 422
　　　ㄴ) 두 번째 문답 423

대승기신론소기회본 제6권 大乘起信論疏記會本 卷六 427

4. 수행신심분 429
1) 사람을 들어 대의를 간략히 나타냄 429
2) 법에 의하여 행상을 자세히 분별함 430
　(1) 두 가지로 물음 430

(2) 두 가지로 답함 430
① 신심에 대해 답함 431
② 수행에 대해 답함 431
　가. 수를 들어 전체적으로 나타냄 432
　나. 수에 의하여 문을 엶 432
　다. 문에 의하여 각각 풀이함 433
　　가) 간략히 밝힘 : 시문·계문·인문·진문 433
　　　(가) 네 가지 수행을 밝힘 436
　　　(나) 수행자의 장애를 제거하는 방편을 보임 436
　　　　㉮ 제거할 장애를 밝힘 437
　　　　㉯ 제거하는 방법을 보임 437
　　　　　ㄱ. 모든 장애를 제거하는 방편을 전체적으로 밝힘 437
　　　　　ㄴ. 네 가지 장애를 따로 제거함 437
　　나) 자세히 밝힘 : 지관문 438
　　　(가) 지관을 간략히 밝힘 438
　　　(나) 지관을 자세히 밝힘 447
　　　　㉮ 각각의 닦음을 밝힘 447
　　　　　ㄱ. 지를 밝힘 447
　　　　　　ㄱ) 지를 닦는 방법을 밝힘 449
　　　　　　　(ㄱ) 진여삼매에 들어갈 수 있는 사람을 밝힘 449
　　　　　　　(ㄴ) 진여삼매에 들어갈 수 없는 사람을 구별함 456
　　　　　　ㄴ) 지를 수행하여 얻는 수승한 공능을 밝힘 456
　　　　　　ㄷ) 마구니 짓을 분별함 458
　　　　　　　(ㄱ) 마구니 짓을 간략히 밝힘 458
　　　　　　　　㉠ 마구니의 유혹을 밝힘 459
　　　　　　　　㉡ 대치함을 나타냄 460
　　　　　　　(ㄴ) 마구니 짓을 자세히 풀이함 462
　　　　　　　　㉠ 마구니 짓의 차별을 자세히 나타냄 465
　　　　　　　　㉡ 대치를 밝힘 474
　　　　　　　　㉢ 진위를 간별함 475
　　　　　　　　　A. 안팎을 들어서 사·정을 분별함 476

　　　　　　B. 이·사에 대하여 진위를 간별함 476
　　　　ㄹ) 지를 닦아 얻는 이익 478
　　　ㄴ. 관을 닦음 480
　　　　ㄱ) 관을 닦는 뜻을 밝힘 482
　　　　ㄴ) 관을 닦는 방법을 나타냄 482
　　　　ㄷ) 닦기를 권장함을 총결함 482
　　㉴ 쌍운(지·관을 함께 닦음)을 나타냄 483
　　　ㄱ. 함께 수행함을 전체적으로 나타냄 484
　　　ㄴ. 수행의 모양을 각기 밝힘 484
　　　　ㄱ) 이치에 따라 지관을 함께 수행함을 밝힘 484
　　　　ㄴ) 장애에 대하여 지관을 함께 수행함을 나타냄 485
　　　ㄷ. 총결함 485
3) 불퇴전의 방편을 나타냄 486
(1) 처음 배우는 이가 물러나 떨어짐을 두려워함을 밝힘 488
(2) 퇴전하지 않는 방편을 나타냄 488
5. 권수이익분 490
1) 앞에서 말한 것을 총결함 491
2) 이익을 들어 수행을 권장함 491
3) 논을 믿고 수지하는 복이 수승함 492
4) 훼방의 죄가 무거움 493
5) 증거를 듦 494
6) 권장함을 결론지음 495

제3장 총결하여 회향함 495

찾아보기 / 497

일러두기

1 '한글본 한국불교전서'는 문화체육관광부의 지원을 받아 동국대학교 불교학술원에서 수행하고 있는 '불교기록문화유산아카이브(ABC)사업'의 결과물을 출간한 것이다.

2 이 책은 『한국불교전서』(동국대학교출판부 간행) 제1책에 수록된 『대승기신론소기회본大乘起信論疏記會本』을 저본으로 번역하였다.

3 번역문에 이어 원문을 병기하고 간단한 표점 부호를 삽입하였다.

4 원문의 교감 사항은 번역문의 각주와 별도로 원문 아래 부분에 제시하였다.
　㉑은 『한국불교전서』 편찬자가 교감한 내용이다.
　㉭은 번역자가 교감한 내용이다.

5 약물은 다음과 같다.
　『　』: 경명
　「　」: 분 또는 편명
　T : 『대정신수대장경大正新脩大藏經』
　H : 『한국불교전서韓國佛敎全書』
　Ⓢ : 산스크리트어

대승기신론소기회본 제1권
| 大乘起信論疏記會本* 卷一 |

마명보살이 논을 지음
馬鳴菩薩造論

양나라 천축삼장 진제가 한역함
梁天竺三藏眞諦譯

해동사문 원효가 소를 지음【『별기』를 병기하였다.】
唐海** 東沙門元曉疏【幷別記】

---

* ㉮ 저본은 해인사에 소장된 목판본이다. 갑본은 『속장경續藏經』 제1편 71투套 4책册 이다.
** ㉮ 갑본에는 '海' 앞에 '唐'이 있다. ㉯ 저본에는 '唐'이 없기 때문에 편집 원칙에 의거하면 본문에는 '唐'이 없어야 한다. 『韓國佛敎全書』 편찬자가 갑본에 따라 '唐'을 집어넣은 것 같다.

소 이 논을 해석하려 함에 대략 세 가지 문이 있으니, 처음은 종체宗體[1]를 나타냈고, 다음은 제명題名을 해석했으며, 세 번째는 글에 따라 뜻을 나타냈다.

將釋此論。略有三門。初標宗體。次釋題名。其第三者依文顯義。

---

1 종체宗體 : 경전의 핵심이 되는 근본 정신이다.

제1편 종체를 나타냄

처음은 종체宗體를 나타냈다. 저 대승大乘의 체體 됨이 고요하고 적막하며, 깊고 그윽하다. (이 대승의 체가) 깊고 또 깊으나 어찌 만상萬像의 밖을 벗어났겠으며, 고요하고 또 고요하나 오히려 백가百家의 말 속에 있다. 만상의 밖을 벗어나지 않았으나 오안五眼[2]으로 그 몸을 볼 수 없으며, 백가의 말 속에 있으나 사변四辯[3]으로 그 모양을 말할 수 없다.

크다고 말하고 싶으나 안이 없는 것에 들어가도 남김이 없고, 작다고 말하고 싶으나 밖이 없는 것을 감싸고도 남음이 있다.[4] 유有로 이끌려고 하나 진여眞如도 이를 써서 공空하고, 무無에 두려고 하나 만물이 이(대승의 체)를 타고 생기니, 무엇이라고 말해야 될지 몰라 억지로 이름하여 대승이라 한다.

---

2 오안五眼 : 모든 법의 사事·이리理를 관조하는 다섯 가지 눈. 곧 육안肉眼·천안天眼·법안法眼·혜안慧眼·불안佛眼을 말한다. ① 육안은 육신이 가지고 있는 눈이다. ② 천안은 색계色界의 천인이 가진 눈으로 선정을 닦아 이를 얻으면 원근·내외·주야를 막론하고 잘 볼 수 있게 된다. ③ 법안은 보살이 중생을 제도하기 위하여 일체의 법문을 조견하는 지혜이다. ④ 혜안은 이승二乘의 사람이 진공무상眞空無相의 이치를 조견하는 지혜를 말한다. ⑤ 불안은 앞의 네 가지 눈의 작용을 모두 갖춘 불타의 눈이다.

3 사변四辯 : 사무애변四無礙辯·사무애지四無礙智·사무애해四無礙解라고도 한다. 마음의 방면으로는 지智 또는 해해解라고 하고, 입의 방면으로는 변辯이라고 한다. 법무애法無礙는 온갖 교법에 통달한 것, 의무애義無礙는 온갖 교법의 요의要義를 아는 것, 사무애辭無礙는 여러 가지 말을 알아 통달하지 못함이 없는 것, 요설무애說樂說無礙는 온갖 교법을 알아 기류機類가 듣기 좋아하는 것을 말하는 데 자재한 것이다.

4 "안이 없는 것에 들어가도 남김이 없고"는『莊子』「天下篇」제33 "지극히 작은 것은 그 안이 없다.(至小無內)"에서, "밖이 없는 것을 감싸고도 남음이 있다."는 "지극히 큰 것은 그 밖이 없다.(至大無外)"에서 따온 말이다.『中庸』제12장 주자朱子의 주석에도 이 말이 나온다.

第一標宗體者。然夫大乘之爲體也。蕭焉空寂。湛爾沖玄。玄之又玄之。豈出萬像之表。寂之又寂之。猶在百家之談。非像表也。五眼不能見其軀。在言裏也。四辯不能談其狀。欲言大矣。入無內而莫遣。欲言微矣。苞無外而有餘。引之於有。一如用之而空。獲之於無。萬物乘之而生。不知何以言之。強號之謂大乘。

별기 그 체가 텅 비었음이여, 태허太虛와 같아서 사사로움이 없으며, (그 체가) 넓음이여, 큰 바다와 같아서 지극히 공변됨이 있다. 지극히 공변됨이 있기 때문에 동動과 정靜이 뒤따라 이루어지며, 사사로움이 없기 때문에 염정染淨이 이에 융합된다. 염정이 융합되므로 진속眞俗이 평등하며, 동정動靜이 이루어지므로 승강乘降이 가지런하지 않다. 승강이 가지런하지 않으므로 감응感應의 길이 통하며, 진속이 평등하므로 생각하는 길이 끊어졌다. 생각하는 길이 끊어졌기 때문에 (이 대승을) 체득體得한 이는 그림자와 울림을 타면서도 방소方所가 없고, 감응의 길이 통하기 때문에 (이 대승을) 구하는 이는 명상名相을 초월하면서도 돌아가는 데가 있다. 타는 바의 영향影響은 나타낼 수도 없고 설명할 수도 없다. 이미 명상을 초월하였으니 무엇을 초월하고 어디로 돌아가겠는가? 이를 이치가 없는 지극한 이치라 하며, 그러하지 않으면서 크게 그러한 것이라고 이르는 것이다.

別記。其體也。曠兮其若太虛而無其私焉。蕩兮其若巨海而有至公焉。有至公故。動靜隨成。無其私故。染淨斯融。染淨融故。眞俗平等。動靜成故。昇降參差。昇降差故。感應路通。眞俗等故。思議路絶。思議絶故。體之者。乘影響而無方。感應通故。祈之者。超名相而有歸。所乘[1]影響。非形非說。既超名相。何超何歸。是謂無理之至理。不然之大然也。

---
1) 갑본에 '乘'을 '垂'라 하였다. 옝 '乘'이 맞다. 이하에서는 저본의 글자가 타당할 경우 어느 것이 타당한지의 여부를 별도로 밝히지 않는다.

소 스스로 두구대사杜口大士[5]와 목격장부目擊丈夫[6]가 아닐진대 누가 말이 떠난 중에서 대승을 논할 수 있으며, 생각이 끊어진 데서 깊은 믿음을 일으킬 것인가? 그러므로 마명보살馬鳴菩薩이 무연대비無緣大悲[7]로써 저 무명無明[8]의 헛된 바람이 마음 바다를 요동시켜 떠다니기 쉬움을 불쌍히 여기고, 이 본각本覺[9]의 참된 성품이 긴 꿈에서 잠들어 깨어나기 어려움을 가엾게 여기어, 이에 동체지력同體智力[10]으로 이 논을 지어서 여래如來의 깊은 (뜻을 담은) 경經[11]의 오묘한 뜻을 찬술하여, 배우는 자로 하여금 한

---

5 두구대사杜口大士 : '두구'란 법의 현묘함을 언설로 표현할 수 없기 때문에 입을 다물어 버림을 이른다. 『註華嚴經題法界觀門頌』권하(T45, 702b)에서 "마갈엄실비야두구摩竭掩室毘耶杜口"라 하였는데, '마갈엄실'이란 불타가 마갈타국摩竭陀國에서 성도한 처음 삼칠일 동안 입을 열어 설법하지 않음이 마치 방문을 닫아 걸은 듯하였으니, 이는 불법의 깊은 뜻은 결코 언설로 전달할 수 없음을 나타낸 것이고, '비야두구'란 유마거사(淨名)가 비야리성에서 병이 나자 여러 보살이 모여 각기 불이법문不二法門을 말할 때 문수보살이 이에 대해 유마에게 물었으나 유마는 묵연히 말이 없었으니, 불이법문은 결코 말로써 나타낼 수 없음을 표시한 것이다. '대사'는 보살의 이칭이다.
6 목격장부目擊丈夫 : 『莊子』「田子方」제21에서 나온 말이다. 공자孔子가 온백설자溫伯雪子를 만나서 한마디도 하지 않자, 제자 자로子路가 그 이유를 물었다. 이에 공자가 "저와 같은 사람은 서로의 눈이 마주치기만 하여도 도가 있음을 아니, 말로써 나타내지 않아도 된다.(若夫人者. 目擊而道存矣. 亦不可以容聲矣.)"라고 한 것을 이른다.
7 무연대비無緣大悲 : 세 가지 자비 중 하나. 중생연자비衆生緣慈悲란 친소親疎 각별한 중생을 반연하여 자비를 일으키는 것이다. 법연자비法緣慈悲란 무아無我의 이치를 깨달아 중생은 환화幻化와 같은 줄 알고서 자비를 행하는 것이다. 무연자비無緣慈悲란 법상法相과 중생상衆生相을 보지 않고, 제일의제第一義諦에 머물러 평등하게 자비를 일으키는 것이다. 대개 자비는 범부·이승도 일으키지만, 그들은 중생연·법연으로써 하는 것이며, 평등무연은 일으키지 못한다. 그러므로 부처의 자비, 즉 무연자비만을 대자대비大慈大悲라 한다.
8 무명無明 : ⓢ avidyā. 진여가 한결같이 평등한 것을 알지 못하고 현상의 차별적인 여러 모양에 집착하여 현실세계의 온갖 번뇌와 망상을 이루는 근본이 되는 것. 『大乘起信論』에 따르면, 이 무명이 진여에 훈부熏付하여 알라야식을 내고, 알라야식에 의하여 모든 만법이 생긴다.
9 본각本覺 : 근본 각체覺體. 온갖 유정有情·무정無情에 통한 자성의 본체로서 갖추어 있는 여래장 진여. 곧 우주 법계의 근본 본체인 진여의 이체理體이다.
10 동체지력同體智力 : 불·보살이 법성法性의 한결같은 이치를 달관하고 중생과 자기가 같은 몸이라고 알고 있는 데서 중생의 괴로움을 그대로 자기의 괴로움인 줄 여겨 가엾게 여기는 마음을 말한다. 동체대비同體大悲라고도 한다.

두루마리의 책을 잠시 열어서 삼장三藏[12]의 뜻을 두루 탐구하게 하고, 도를 배우는 사람으로 하여금 온갖 경계를 길이 쉬어서 드디어 일심一心[13]의 근원에 돌아가게 하려는 것이다.

> 自非杜口大士。目擊丈夫。誰能論大乘於離言。起深信於絶慮者哉。所以馬鳴菩薩。無緣大悲。傷彼無明妄風。動心海而易漂。愍此本覺眞性。睡長夢而難悟。於是同體智力堪造此論。贊述如來深經奧義。欲使爲學者暫開一軸。徧探三藏之旨。爲道者永息萬境。遂還一心之原。

별기 그 논이 세우지 않는 것이 없으며, 깨뜨리지 않는 것이 없다.[14] 그런데 『중론』[15]과 『십이문론』[16] 같은 것들은 모든 집착을 두루 깨뜨리며 또한 깨뜨린 것도 깨뜨리되, 깨뜨리는 것(能破)과 깨뜨림을 당한 것(所破)을 다시 인정하지 않으니, 이것을 보내기만 하고 두루 미치지 않는[17] 논이라고

---

11 경經 : ⑤ sūtra의 의역어. 수다라修多羅로 음사하고, 계경契經·직설直說·성교聖敎·법본法本·선어교善語敎 등으로 의역한다. 부처님이 설한 교법과 그것을 기록한 불교 성전이다. 부처님의 설법은 실로 꽃을 꿰어 화환을 만드는 것같이 온갖 이치를 꿰어 흩어지지 않는다는 뜻이다.
12 삼장三藏 : ⑤ tri-piṭaka. 불교 전적의 총칭. 경장經藏이란 부처님이 말씀하신 법문을 모은 전적이고, 율장律藏이란 부처님이 제정하신 일상 생활에서 지켜야 할 규칙을 말한 전적이고, 논장論藏이란 경에 의한 의리를 밝혀 논술한 전적이다.
13 일심一心 : 우주만유의 근본 원리이고 절대무이絶對無二인 심성心性을 가리킨다. 『大乘起信論』에서의 일심에는 두 가지 뜻이 있다. 하나는 심진여心眞如와 심생멸心生滅의 두 문을 합한 중생심衆生心으로서의 일심이고, 다른 하나는 심생멸 중의 화합식和合識인 미세념에서 생멸분을 제거한 불생불멸분, 즉 심원心源으로서의 일심이다
14 "세우지 않는 것이 없으며"란 유가행 유식학파의 유有 사상을 가리키고, "깨뜨리지 않는 것이 없다"란 중관학파의 공空 사상을 말한다.
15 『중론中論』 : ⑤ Madhyamaka-śāstra. 용수龍樹 지음, 구마라집鳩摩羅什 한역. 『십이문론十二門論』·『백론百論』과 함께 삼론종三論宗의 소의론所依論이다. 가장 철저한 중도中道를 주장하여 공空과 가假를 깨뜨리고 다시 중도에 집착하는 견해도 깨뜨려 팔불중도八不中道, 즉 무소득無所得의 중도를 말하는 내용이다.
16 『십이문론十二門論』 : 용수 지음, 구마라집 한역. 십이장단十二章段을 베풀어 온갖 것이 다 공하다는 사상을 말한다.

말한다. 또 『유가사지론』[18]과 『섭대승론』[19] 같은 것들은 깊고 얕은 이론들을 온통 다 세워 법문法門을 판별하였으되, 스스로 세운 법을 모두 버리지 아니하였으니, 이것을 주기만 하고 빼앗지는 않는[20] 논이라고 말한다.

이제 이 『대승기신론』(이하 『기신론』)은 지혜롭기도 하고(智) 어질기도 하며(仁), 깊기도 하고(玄) 넓기도 하여(博),[21] 세우지 않는 바가 없으면서 스스로 버리고, 깨뜨리지 않는 바가 없으면서 도리어 인정하고 있다. 도리어 인정한다는 것은 저 가는 자가 가는 것이 다하여 두루 세움을 나타내며, 스스로 버린다는 것은 이 주는 자가 주는 것을 다하여 빼앗는 것을 밝힌 것이니,[22] 이를(『기신론』) 모든 논의 조종祖宗이며 모든 쟁론을 평정하는 주인이라고 말한다.

> 別記。其爲論也。無所不立。無所不破。如中觀論十二門論等。徧破諸執。亦破於破。而不還許能破所破。是謂往而不徧論也。其瑜伽論攝大乘等。通立深淺判於法門。而不融遣自所立法。是謂與而不奪論也。今此論者。旣智旣仁。亦玄亦博。無不立而自遣。無不破而還許。而還許者。顯彼往者往極

---

17 "보내기만 하고 두루 미치지 않는"다는 것은 공에만 집착하여 유를 전혀 인정하지 않는 것을 말한다.
18 『유가사지론瑜伽師地論』: 미륵彌勒 보살 설설, 당 현장玄奘 한역. 유가의 관행觀行을 닦는 이의 소의所依, 소행所行, 소섭所攝의 경계인 17지地를 밝힌 것으로 본지분本地分·섭결택분攝決擇分·섭석분攝釋分·섭이문분攝異門分·섭사분攝事分의 다섯으로 나뉘어 있다. 법상종法相宗에서 중요시된다.
19 『섭대승론攝大乘論』: 무착無著 보살 지음, 양 진제眞諦 한역. 줄여서 『攝論』이라고도 한다. 일종의 불교통일론으로 섭론종의 근본경전이다. 만유萬有는 필경 유심唯心에 돌아간다는 이론과 이에 의한 종교적 실천을 말하여 대승의 교리가 소승의 교리보다 수승한 이유를 주장한다. 『瑜伽師地論』·『顯揚聖敎論』 등과 함께 유식사상의 계열에 속한다.
20 "주기만 하고 빼앗지는 않는"다는 것은 유에만 집착하여 공을 전혀 인정하지 않는 것을 말한다.
21 '공'·'유'를 '지智'·'인仁'과 '현玄'·'박博'에 각각 배대하고 있다.
22 여기서 '간다(往)', '빼앗는다(奪)'는 것은 공 사상을 나타내며, '세운다(立)', '준다(與)'는 것은 유 사상을 나타낸다.

而偏立。而自遣者。明此與者窮與而奪。是謂諸論之祖宗。羣諍之評主也。

소 서술한 바는 넓지만 간략하게 말할 수 있으니, 일심一心에서 이문 二門[23]을 열어 마라백팔摩羅百八[24](『능가경』)의 넓은 가르침을 총괄하였으며, 현상의 물든 것에서 본성의 깨끗함을 보여 유사십오踰闍十五[25](『승만경』)의 깊은 뜻을 널리 종합하였다. 그 밖에 곡림일미鵠林一味[26](『열반경』)의 종지와 취산무이鷲山無二[27](『법화경』)의 취지와 『금광명경』[28]과 『대승동성경』[29]의 삼

---

23 이문二門 : 여러 가지 법의法義를 총괄하여 두 가지로 나눈 것. 『大乘起信論』에서는 심진여문心眞如門과 심생멸문心生滅門으로 나뉜다.

24 마라백팔摩羅百八 : 『楞伽經』 전체의 내용을 가리킨다. 즉, 부처가 마라야산정摩羅耶山頂의 능가성楞伽城에서 여러 비구·보살과 문답한 백팔의百八義를 일컫는다.

25 유사십오踰闍十五 : 『勝鬘經』의 가르침을 뜻한다. 부처가 급고독원給孤獨園에 계실 때 사위국舍衛國 파사닉波斯匿 왕의 딸로서 아유사국阿踰闍國에 시집간 승만勝鬘 부인이 석존께 자기 사상을 여쭙고 부처님이 이를 기쁘게 받아들이셨다는 내용이다. 전체 15장으로 이루어져 있다.

26 곡림일미鵠林一味 : 『大般涅槃經』의 가르침을 뜻한다. '곡림'은 학림鶴林·쌍림雙林이라고도 하는데, 인도 구시나게라拘尸那揭羅 성밖 니련선하尼連禪河가에 있는 사라쌍수娑羅雙樹 숲이다. 석존께서 이 숲에서 입멸하실 때, 숲이 모두 말라서 흰빛으로 변하여 마치 흰 학들이 모여 있는 것같이 되었다고 전한다. 원효가『涅槃宗要』(H1, 524a)의 대의에서 "이『大般涅槃經』은 곧 불법의 큰 바다요 방등方等의 비밀창고여서 그 가르침의 깊은 뜻은 참으로 헤아려 알기 어렵다.……여러 경전의 부분을 통괄하여 온갖 물의 흐름을 바다의 일미로 귀납시켜서 부처님 뜻의 지극히 공정함을 열어 보여 백가의 서로 다른 쟁론들을 화회하였다.(今是經者。斯乃佛法之大海。方等之祕藏。其爲敎也。難可測量。……統衆典之部分。歸萬流之一味。開佛意之至公。和百家之異諍。)"라고 하여『大般涅槃經』이 일미인 뜻을 밝혔다.

27 취산무이鷲山無二 : '취산'은 Ⓢ Gṛdhrakūṭa의 의역어로 기사굴산耆闍崛山이라고도 한다. 중인도 마갈타국 왕사성王舍城 동북쪽에 있는 이 취산에서 석존이『法華經』을 설하였다.『法華經』「方便品」(T9, 8a) 게송에 "시방의 수없는 세계에는 오직 일승법만 있는 것, 이승도 없고 삼승도 없나니.(十方佛土中。唯有一乘法。無二亦無三。)"라 하였고, 이 게송의 본문(T9, 7a)에서는 "부처님은 일대사인연을 위하여 세상에 오는 것이니,……중생으로 하여금 부처의 지견을 열게 하고 보여 주며 깨닫게 하고 들어가게 하기 위하여(開示悟入) 세상에 나타나는 것이다. 여래는 다만 일불승을 위하여 중생에게 법을 말하고 그 외에 이승이나 삼승은 없느니라.(諸佛世尊。唯以一大事因緣故。出現於世。……諸佛世尊。欲令衆生開佛知見。使得淸淨故。出現於世。欲示衆生佛之知見故。出現於世。欲令衆生悟佛知見故。出現於世。欲令衆生入佛知道故。出現於世。

신三身[30]의 지극한 결과(極果)와 『화엄경』[31]과 『보살영락경』[32]의 사계(四階)[33]의

如來但以一佛乘教爲衆生說法。無有餘乘若二若三。)"라고 하였으니, '취산무이'란 『法華經』이 부처를 이룰 수 있는 유일한 교법이라는 뜻이다.

28 『금광명경金光明經』: 『法華經』・『仁王經』과 함께 호국삼부경護國三部經 중 하나. 『金鼓經』이라고도 한다. 부처님이 기사굴산에서 신상보살信相菩薩을 위하여 부처님 수명이 한량없음을, 견뢰지신堅牢地神을 위하여 찬탄하는 게송을, 그 밖에 사천왕四天王・대변천신大辯天神・공덕천功德天 등을 위하여 이 경이 미묘하여 여러 경 가운데 왕인 까닭을 설한다. 옛부터 나라를 수호하는 미묘한 경전으로 존숭되었다. 5종의 역본이 있다. ① 『金光明經』, 북량北涼 담무참曇無讖 역. 4권 19품. ② 『金光明帝王經』, 양梁 진제眞諦 역. 7권(혹은 6권) 22품. ③ 『金光明經更廣壽量大辯陀羅尼經』, 후주後周 사나굴다闍那崛多(혹은 야사굴다耶舍崛多) 역. 5권 20품. ④ 『合部金光明經』, 수隋 보귀寶貴의 합유본合糅本. 8권 24품. ⑤ 『金光明最勝王經』, 당 의정義淨 역. 10권 31품. 이 중 제2 진제 역본에 『三身分別品』이 있고, 제4 『合部金光明經』에도 이 품을 넣고 있어 원효가 본 것은 제2본 또는 제4본일 것이다. 제5본은 원효 사후에 한역된 것이므로 제외된다.

29 『대승동성경大乘同性經』: 당 의정 한역. 2권. 방등부方等部에 속하며, 줄여서 『同性經』이라고도 한다. 부처가 대마라야정묘산정大摩羅耶精妙山頂에 있을 때, 능가대성楞伽大城의 비비사나毘毘沙那 나찰왕이 부처를 공양하고 법을 물어 보살의 수기를 받는다. 이 경에서 부처는 여래의 십지十地 대승동성大乘同性의 법문을 설한다.

30 삼신三身: 불신佛身을 그 성질상 셋으로 나눈 것. ① 법신法身. '법'은 영겁토록 변치 않는 만유의 본체, '신'은 적취積聚의 뜻으로 본체에 인격적 의미를 붙여 법신이라 하니, 빛깔도 형상도 없는 이불理佛을 말한다. ② 보신報身. 인因에 따라서 나타난 불신으로 아미타불과 같다. 곧 보살위의 곤란한 수행을 견디고 정진 노력한 결과로 얻은 영구성이 있는 유형有形의 불신을 말한다. ③ 응신應身. 보신불을 보지 못하는 이를 제도하기 위하여 나타나는 불신으로 역사적 존재로 인정받는 석가모니불과 같다. 『金光明經』과 『大乘同性經』의 '삼신의 지극한 결과'라 한 것은 『合部金光明經』 권1 「三身分別品」(T16, 362c)에서는 화신化身・응신・법신을 말하고, 『大乘同性經』 권하(T16, 651c)에서는 보신・응신・법신을 말한다. 이 중에 아미타여래 등처럼 정토성불淨土成佛의 신은 보신, 용보건여래踊步揵如來 등처럼 예토성불穢土成佛의 신은 응신, 무색無色・무현無現・무착無著으로서 볼 수도 없고 언설도 없고 주처도 없으며 내지 생도 없고 멸도 없고 비유도 없는 것을 법신이라 하였다.

31 『화엄경華嚴經』: 『大方廣佛華嚴經』을 줄인 이름. 크고 방정하고 넓은 이치를 깨달은 부처님의 꽃같이 장엄한 경이란 뜻. 동진東晉 불타발타라佛馱跋陀羅가 한역한 60권본, 당 실차난타實叉難陀가 한역한 80권본, 당 반야般若가 한역한 40권본이 있다. 80권 『華嚴經』은 39품을 7처 9회에서 설하였다.

32 『보살영락경菩薩瓔珞經』: 『菩薩瓔珞本業經』・『瓔珞經』・『瓔珞本業經』・『本業經』이라고도 한다. 보살이 수행할 계차인 본업영락의 사십이현성四十二賢聖 행위行位를 밝힌 것으로 예로부터 『梵網經』과 함께 대승계大乘戒의 근거로 중시되었다.

깊은 인연과 『대품반야경』[34]과 『대방등대집경』[35]의 넓고 호탕한 지극한 도리와 『대방등대집일장경』[36]과 『대방등대집월장경』[37]의 은밀한 현문玄門에 이르기까지 모든 이러한 것 가운데 여러 경전의 핵심을 하나로 꿰뚫은 것은 오직 이『기신론』뿐이다. 그러므로 아래 문장에서 "여래의 광대하고 깊은 법의 한량없는 뜻을 총섭하려 하기 때문에 이 논을 설해야 한다."[38]라고 말한 것이다.

> 所述雖廣。可略而言。開二門於一心。總括摩羅百八之廣誥。示性淨於相染。普綜踰闍十五之幽致。至如鵠林一味之宗。鷲山無二之趣。金鼓同性三身之極果。華嚴瓔珞四階之深因。大品大集曠蕩之至道。日藏月藏微密之玄門。凡此等輩中衆典之肝心。一以貫之者。其唯此論乎。故下文言。 為欲總攝如來廣大深法無邊義故。應說此論。

---

[33] 사계四階 :『華嚴經』에서는 십주十住·십행十行·십회향十廻向·십지十地·무구지無垢地·묘각지妙覺地의 사십이현성의 범명梵名을 열거한 다음에 십신十信의 이름을 말하였고,『菩薩瓔珞本業經』「賢聖名字品」에서는 십신·십주·십행·십회향·십지·등각等覺·묘각妙覺의 52위를 말하였으나 대개 십신을 생략하여 대수大數만을 셈하여 사계四階라 한다.

[34] 『대품반야경大品般若經』: 8천 송 반야를 한역한『小品般若經』계통이 아니라 2만 5천 송 반야를 한역한 것을『大品般若經』이라 한다. 후진 때 구마라집이 한역한『摩訶般若波羅蜜經』27권이 있다.

[35] 『대방등대집경大方等大集經』:『大集經』이라고도 한다. 북량 담무참 등 한역. 60권. 부처님이 성도한 지 16년 만에 그때 대중이 보살의 법장法藏을 받을 만한 근기가 된 것을 보고, 욕계欲界와 색계의 중간에 대도량大道場을 열고 시방의 불·보살과 천룡天龍·귀신을 모아서 깊고 미묘한 대승 법문을 설한 것이다.

[36] 『대방등대집일장경大方等大集日藏經』:『大方等大集經』「日藏分」을 말한다. 수隋 나련제야사那連提耶舍 한역. 10권. 부처님이 왕사성 죽원竹園에서 부정한 인연, 사마타 등의 일을 설한 것으로 13품으로 이루어져 있다.

[37] 『대방등대집월장경大方等大集月藏經』:『大方等大集經』「月藏分」을 말한다. 수 나련제야사 한역. 10권. 서방세계에서 온 월장보살을 위하여 마왕의 내핍來逼, 아수라의 귀불귀불歸佛, 부처의 본사本事, 마왕의 참회, 일체 귀신의 귀경歸敬, 제천의 호지護持 등을 설한 것으로 20품으로 이루어져 있다.

[38] 『大乘起信論疏記會本』권1(H1, 738b).

이 논의 뜻이 이미 이러하여 펼쳐 보면 무량무변無量無邊한 뜻으로 종지宗旨를 삼고, 합해 본다면 이문일심二門一心의 법으로 요체를 삼는다. 이문二門의 안에 만 가지 뜻을 받아들이면서도 어지럽지 아니하며, 한량없는 뜻이 일심一心과 같아서 혼융混融되어 있으니, 그러므로 개합開合(펼침과 합함)이 자재하며 입파立破(세움과 깨뜨림)가 걸림이 없어서, 펼쳐도 번잡하지 않고 합하여도 협착狹窄하지 않으며, 세워도 얻음이 없고 깨뜨려도 잃음이 없으니, 이것이 마명馬鳴의 뛰어난 술법이며 『기신론』의 종체다.

> 此論之意。旣其如是。開則無量無邊之義爲宗。合則二門一心之法爲要。二門之內。容萬義而不亂。無邊之義。同一心而混融。是以開合自在。立破無礙。開而不繁。合而不狹。立而無得。破而無失。是爲馬鳴之妙術。起信之宗體也。

그러나 이 논의 의취意趣가 심원하여 종래에 주석하는 사람들 중 그 종지를 갖춘 사람이 적으니, 이는 진실로 각자 익힌 바를 벗어나지 못한 채 문장에 이끌려서, 마음을 비워 종지를 찾지 못하였기 때문이다. 그러므로 논주論主의 뜻에 가깝지 아니하니, 어떤 이는 근원을 바라보면서 지류支流에서 헤매고, 어떤 이는 잎사귀를 잡고서 줄기를 잃으며, 어떤 이는 옷깃을 끊어서 소매에 붙이며, 어떤 이는 가지를 잘라서 뿌리에 두르기도 한다. 이제 바로 『기신론』의 글에 따라 (이 논이 의거한) 찬술된 경본經本[39]을 끌어다 해당시켰으니 뜻을 같이하는 이는 취사하기 바란다. 종체를 드러냄을 마친다.

---

[39] 『大乘起信論疏記會本』에서 "경본"이라 할 때는 『楞伽經』을 지칭하나, 여기서는 원효가 인용한 다양한 경론들을 가리킨다. 제1권 각주 205 참조.

然以此論意趣深邃。從來釋者尟具其宗。良由各守所習而牽文。不能虛懷而尋旨。所以不近論主之意。或望源而迷流。或把葉而亡幹。或割領而補袖。或折枝而帶根。今直依此論文。屬當所述經本。庶同趣者消息之耳。標宗體竟。

제2편 제명을 해석함

제1장 대승을 해석함

소 다음은 제명題名을 해석한 것이다. "대승"이라는 말에서 '대大'는 법에 해당하는 이름이니 널리 감싸는 것으로 뜻을 삼고, '승乘'은 비유에 의해 붙인 이름이니 운반하는 것으로 공능을 삼는다. 총설은 그러하나 그 중에 분별한다면 두 가지 문이 있으니, 먼저는 경에 의하여 설명하고, 뒤에는 논에 의하여 밝힐 것이다.

次釋題名。言大乘者。大是當法之名。廣苞爲義。乘是寄喩之稱。運載爲功。總說雖然。於中分別者則有二門。先依經說。後依論明。

제1절 경에 의하여 설명함

경에 의하여 설명하자면 『허공장경』[40]에서 말했다.

依經說者。如虛空藏經言。

---

[40] 『허공장경虛空藏經』: 『大方等大集經』「虛空藏品」의 다른 이름. 북량 담무참 한역. 부처가 묘보장엄당妙寶莊嚴堂에서 허공장보살의 질문에 응하여 사법四法·팔법八法으로 육도六度를 완성하는 것, 공덕지功德智·염불念佛·염법念法·염승念僧 등을 설한 것이다. 이역별행본으로 당나라 때 불공不空이 한역한 『大集大虛空藏菩薩所問經』이 있다.

'대승'이란 무량無量, 무변無邊, 무애無崖하기 때문에 일체에 널리 두루함을 말한 것이니, 비유하자면 허공이 광대하여 모든 중생衆生을 받아들이는 것과 같기 때문이며, 성문聲聞[41]·벽지불辟支佛[42]과 함께하지 않기 때문에 '대승'이라 이름하는 것이다. 다음 '승乘'이란 사섭법四攝法[43]에 바르게 머무르는 것으로써 바퀴(輪)를 삼고, 십선업十善業[44]을 잘 깨끗이 닦는 것으로 바퀴살(輻)을 삼으며, 공덕功德의 자량資糧을 깨끗이 하는 것으로 속바퀴(轂)를 삼으며, 견고하고 순수하고 한결같은 뜻으로 관할輨轄(수레의 굴대가 빠지게 않게 꽂는 빗장)과 강섭釭鑷(바퀴통의 구멍에 끼우는 철관)을 삼으며, 모든 선禪과 해탈[45]을 잘 성취하는 것으로 끌채(轅 : 수레의 앞 양쪽에 대는 긴 채)를 삼으며, 사무량四無量[46]으로 잘 길들여진 말을 삼으며, 선지식善知識[47]

---

41 성문聲聞 : ⑤ śrāvaka. 삼승의 하나. 부처님의 교법에 의하여 3생 60겁 동안에 사제四諦의 이치를 관하고 스스로 아라한이 되기를 이상으로 하는 소승의 다른 이름이다.
42 벽지불辟支佛 : ⑤ pratyeka-buddha. 연각緣覺·독각獨覺이라고도 한다. 꽃이 피고 잎이 지는 등의 외연外緣에 의하여 스승 없이 혼자 깨닫는 이를 말한다.
43 사섭법四攝法 : 고통 세계의 중생을 구제하려는 보살이 중생을 불도에 이끌어 들이기 위한 네 가지 방법이다. 보시섭布施攝은 상대편이 좋아하는 재물이나 법을 보시하여 친절한 정의로 감동케 하여 이끌어 들이는 것이다. 애어섭愛語攝은 부드럽고 온화한 말로 친하게 이끌어 들이는 것이다. 이행섭利行攝은 동작·언어·의념意念에 선행善行으로 중생을 이익케 하여 이끌어 들이는 것이다. 동사섭同事攝은 상대연의 근성根性을 따라 변신하여 친하며 행동을 같이하여 이끌어 들이는 것이다.
44 십선업十善業 : 몸(身)·입(口)·뜻(意)으로 십선을 행하는 것이니, 즉 제계制戒이다. 불살생不殺生·불투도不偸盜·불사음不邪淫·불망어不妄語·불양설不兩舌·불악구不惡口·불기어不綺語·불탐욕不貪慾·부진에不瞋恚·불사견不邪見을 닦는 것이다.
45 모든 선禪과 해탈 : 사선정四禪定과 팔해탈八解脫을 가리킨다. 모두 선바라밀의 개별적 실천행에 속한다.
46 사무량四無量 : 한없는 중생을 불쌍히 여기는 네 가지 마음. 무한한 중생을 상대하고 무한한 복과福果를 얻으므로 무량이라고 한다. 자무량심慈無量心은 무진無瞋을 체로 하여 중생에게 한량없는 즐거움을 주려는 마음, 비무량심悲無量心은 무진을 체로 하여 남의 고통을 벗겨 주려는 마음, 희무량심喜無量心은 희수喜受를 체로 하여 다른 이로 하여금 고통을 여의고 낙을 얻어 희열케 하려는 마음, 사무량심捨無量心은 무탐無貪을 체로 하여 중생을 평등하게 보아 원怨·친親의 구별을 두지 않으려는 마음이다.
47 선지식善知識 : ⑤ kalyāṇamitra. 지식知識·선우善友·친우親友·선친우善親友·승우勝友라고도 한다. ① 부처님이 말씀한 교법敎法을 말하여 다른 이로 하여금 고통세계를

으로 수레를 모는 사람을 삼고, 때와 때가 아닌 것을 아는 것으로 발동
發動을 삼으며, 무상無常·고苦·공空·무아無我[48]의 소리로써 채찍을 삼으
며, 칠각지七覺支[49]의 보배로운 끈으로써 가슴걸이(鞅)를 삼으며, 오안五
眼을 맑게 함으로써 말 모는 끈(素帶)을 삼으며, 넓고 두루함(弘普)·정직함
(端直)·대비大悲로써 깃발과 깃대를 삼으며, 사정근四正勤[50]으로써 바퀴굄

벗어나 이상경理想境에 이르게 하는 이. ② 노소·남녀·귀천을 가리지 않고 모두 불연
佛緣을 맺게 하는 이.

48 무상無常·고苦·공空·무아無我 : 무상(S anitya)이란 물물·심心의 모든 현상이 한 찰
나에도 생멸, 변화하여 상주하는 모양이 없는 것이다. 고(S duḥkha)란 마음과 몸을 괴
롭게 하여 편안치 않게 하는 상태이다. 즉, 무상한 인간은 언젠가 병들고 늙고 죽지 않
을 수 없음을 예상하여 불안에 떠는 것을 말한다. 공(S śūnya)이란 실체가 없고 자성
이 없는 것이다. 공의 종류는 매우 많으나 크게 두 가지로 나누면 실답지 않은 자아를
실재라고 인정하는 미집迷執을 부정하도록 하는 아공我空과, 자아와 세계를 구성하
는 요소에 대하여 항상 있는 것이라고 인정하는 미집을 부정하도록 가르치는 법공法空
두 가지가 있다. 무아(S anātman)란 영구불변하는 상일常一의 체로서 주재主宰의 작
용이 있는 것을 아我라고 하는데, 인신人身에 이 아가 있다고 고집하는 것을 인아人我,
모든 만법에 이 아가 있다고 고집하는 것을 법아法我라 한다. 그러나 인신人身은 오온
五蘊의 가화합假和合이어서 상일의 아체我體가 없고 만법 또한 모두 인연으로 생기는
것이므로 역시 상일의 아체가 없으니 이것이 무아이다.

49 칠각지七覺支 : S sapta-bodhyaṅgāni. 열반에 이르기 위하여 닦는 도행의 종류인 삼십
칠도품三十七道品(四念處·四正勤·四如意足·五根·五力·七覺支·八正道) 중 여섯
번째 과科. 불도를 수행하는 데 지혜로써 참과 거짓, 선과 악을 살펴서 골라내고 알아
차리는 일곱 가지가 있다. ① 택법각분擇法覺分은 지혜로 모든 법을 살펴서 선한 것은
골라내고 악한 것은 버리는 것이다. ② 정진각분精進覺分은 갖가지 수행을 할 때에 쓸
데없는 고행은 그만두고 바른 도에 전력하여 게으르지 않는 것이다. ③ 희각분喜覺分
은 참된 법을 얻어서 기뻐하는 것이다. ④ 제각분除覺分은 그릇된 번뇌나 견해를 끊어
버릴 때에 참되고 거짓됨을 알아서 올바로 선근을 기르는 것이다. ⑤ 사각분捨覺分은
바깥 경계에 집착하던 마음을 여읠 때에 거짓되고 참되지 못한 것을 추억追憶하는 마
음을 버리는 것이다. ⑥ 정각분定覺分은 선정에 들어서 번뇌와 망상을 일으키지 않는
것이다. ⑦ 염각분念覺分은 불도를 수행함에 있어서 잘 생각하여 정定과 혜慧가 고르
게 되는 것이다.

50 사정근四正勤 : S catvāri-prahāṇāni. 삼십칠도품 중 두 번째 과. 선법을 더욱 자라게 하
고 악법을 멀리 여의려고 부지런히 수행하는 네 가지 법이다. 즉, 이미 생긴 악을 없애
려고 부지런히 행함, 아직 생기지 않은 악은 미리 방지하려고 부지런히 행함, 이미 생
긴 선을 더욱 더 자라게 하려고 부지런히 행함, 아직 생기지 않은 선은 생기도록 부지
런히 행함을 말한다.

목(軔)【수레 뒤턱 나무 진(軫)과 같다. 수레바퀴를 버티는 나무다.}을 삼으며, 사념처
四念處[51]로써 평탄하고 곧은 길(不直)을 삼으며, 사신족四神足[52]으로써 속히
나아가게 하며, 수승한 오력五力[53]으로써 대오를 살피며, 팔성도八聖道[54]로
써 곧바로 나아가게 하며, 모든 중생에 대한 장애障礙 없는 지혜의 밝음으
로써 수레(軒)를 삼으며, 주착主着함이 없는 육바라밀六波羅蜜[55]로써 살반

---

51 사념처四念處 : ⓢ catvāri-smṛty-upasthānāni. 삼십칠도품 중 첫 번째 과. 소승의 수행자
가 삼현위三賢位에서 오정심관五停心觀 다음에 닦는 관법觀法이다. 신념처身念處란
육신이 부정하다고 관하는 것이다. 수념처受念處란 우리의 마음에 낙이라고 하는 것,
곧 음행·자녀·재물 등은 참된 낙이 아니고 모두 고통이라고 관하는 것이다. 심념처心
念處란 우리의 마음은 항상 그대로 있는 것이 아니고 늘 변화, 생멸하는 무상한 것이라
고 관하는 것이다. 법념처法念處란 위의 세 가지를 제외하고 다른 만유에 대하여 실로
자아인 실체가 없으며, 또 나에게 속한 모든 사물을 나의 소유물이라고 하는 데 대해서
도 모두 일정한 소유자가 없다고 무아관無我觀을 닦는 것이다.
52 사신족四神足 : ⓢ catvāra-ṛddhipādāḥ. 삼십칠도품 중 세 번째 과. 사여의족四如意足·
사여의분四如意分이라고도 한다. 사정근 다음에 닦는 행품行品으로 네 가지의 선정禪
定을 말한다. 앞의 사념처 중에서 참된 지혜를 닦고 사정근 중에서 바른 정진을 닦아
정진과 지혜가 많아짐으로써 정력定力이 다소 약해졌으나 이제 네 가지 정定을 얻어
마음을 다잡았기 때문에 정혜定慧가 균등해져 원하는 바를 다 얻게 되므로 여의족 또
는 신족이라 한다. 여의란 뜻대로 얻는다는 뜻이다. 이 정을 얻는 수단에 욕欲·정진精
進·심心·사유思惟의 넷이 있으므로 일어나는 원인에 의하여 욕신족·정진신족·심신
족·사유신족의 네 가지 정으로 나눈다. 욕신족은 수승한 선정을 얻으려고 간절히 원하
는 것, 정진신족은 쉬지 않고 한결같이 나아가는 것, 심신족은 악행을 끊임없이 그침으
로써 선력善力을 일으키는 것, 사유신족은 이치를 사유하는 힘으로 일어나는 것이다.
53 오력五力 : ⓢ pañca-balāni. 삼십칠도품 중 다섯 번째 과. 깨달음에 이르게 하는 다섯
가지 힘이다. 신력信力은 불법을 믿고 다른 것을 믿지 않는 것, 정진력精進力은 선을
짓고 악을 버리기에 부지런한 것, 염력念力은 사상을 바로 가지고 사특한 생각을 버리
는 것, 정력定力은 선정을 닦아 어지러운 생각을 없게 하는 것, 혜력慧力은 지혜를 닦
아 사제四諦를 깨닫는 것이다.
54 팔성도八聖道 : ⓢ āryāṣṭāṅgika-mārga. 삼십칠도품 중 여덟 번째 과. 팔정도八正道라고
도 한다. 불교를 실천 수행하는 중요한 종목을 여덟 가지로 나눈 것으로, 정견正見·정
사유正思惟·정어正語·정업正業·정명正命·정정진正精進·정념正念·정정正定을 말
한다. 이것이 중정中正·중도中道의 완전한 수행법이므로 정도, 성인의 도이므로 성도
라 한다. 부처님이 최초의 법문 가운데 팔성도를 말하였으며, 사제四諦·십이인연十二
因緣과 함께 불교의 근본교의이다.
55 육바라밀六波羅密 : ⓢ ṣaṭ-pāramitā. 생사의 고해를 건너 이상경인 열반의 저 언덕에 이
르는 여섯 가지 방편. 보살이 수행하는 여섯 가지 바라밀법이다. 단나檀那(보시)바라

야薩般若[56]에 회향廻向하며, 걸림이 없는 사제四諦[57]로써 피안彼岸[58]에 건너 이르니, 이것이 곧 '대승'이 된다.[59]

> 大乘者。謂無量無邊無崖故。普徧一切。喩如虛空廣大容受一切衆生故。不與聲聞辟支佛共故。名爲大乘。復次乘者。以正住四攝法爲輪。以善淨十善業爲輻。以淨功德資糧爲轂。以堅固淳至專意爲輮轄釘[1)]鑷。以善成就諸禪解脫爲轅。以四無量爲善調。以善知識爲御者。以知時非時爲發動。以無常苦空無我之音爲驅策。以七覺寶繩爲鞦靷。以淨五眼爲索帶。以弘普端直大悲爲旒幢。以四正勤爲軔。【軔也。枝木輪也】以四念處爲平直。以四神足爲速進。以勝五力爲鑿陣。以八聖道爲直進。於一切衆生無障礙慧明爲軒。以無住六波羅密廻向薩般若。以無礙四諦度到彼岸。是爲大乘。
>
> 1) 옙 '釘'은 '釭'인 것 같다.

이를 풀이하면 위에서부터 20구로써 비유를 들어 법에 견주어, '승乘'의 뜻을 나타냈다.

밀은 자비로 널리 사랑하는 행위, 시라尸羅(지계)바라밀은 불교 도덕에 계합하는 행위, 찬제羼提(인욕)바라밀은 여러 가지로 참는 것, 비리야毘梨耶(정진)바라밀은 항상 수양에 힘쓰고 게으르지 않는 것, 선나禪那(선정)바라밀은 마음을 고요하게 통일하는 것, 반야般若(지혜)바라밀은 삿된 지혜와 나쁜 소견을 버리고 참된 지혜를 얻는 것이다.

56 살반야薩般若 : ⑤ sarvajñā. 일체지一切智로 번역한다. 불과佛果에서 일체법을 증득하는 지혜이다.
57 사제四諦 : ⑤ catvāry-ārya-satyāni. 고苦·집集·멸滅·도道의 네 가지 진리. 사성제四聖諦라고도 한다. '제'는 불변여실不變如實의 진상이란 뜻이다. 고제란 현실의 상을 나타낸 것이니, 현실의 인생은 고통이라고 관하는 것이다. 집제란 고의 이유·근거 혹은 원인이니, 고의 원인은 번뇌인데 특히 애욕과 업을 말한다. 이상의 2제는 유전하는 인과이다. 멸제란 깨달음의 목표이니, 곧 열반이다. 도제란 열반에 이르는 방법이니, 곧 실천하는 수단이다. 이상의 2제는 오悟의 인과이다.
58 피안彼岸 : ⑤ pāramitā의 의역어. 도피안到彼岸이라고도 한다. 모든 번뇌에 얽매인 고통의 세계인 생사의 고해를 건너서 이상경인 열반의 저 언덕에 도달하는 것이다.
59 『大方等大集經』 권17(T13, 114c).

解云。上來以二十句擧喩況法以顯乘義。

또 (『허공장경』의) 그다음 글에서 "이 '승乘'은 모든 부처가 받아들이는 것이며, 성문과 벽지불이 본 것이며, 모든 보살이 탄 것이며, 제석帝釋[60]과 범천梵天[61]과 세상을 보호하는 사천왕四天王[62]들이 마땅히 경례敬禮해야 할 것이며, 모든 중생이 마땅히 공양해야 할 것이며, 모든 지혜로운 자가 마땅히 찬탄해야 할 것이며, 모든 세상 사람이 마땅히 돌아가야 할 것이며, 일체의 모든 마라魔羅[63]가 깨뜨릴 수 없는 것이며, 모든 외도外道[64]가 측량할 수 없는 것이며, 모든 세상의 지혜 있는 이가 함께 경쟁할 수 없는 것이다."[65]라고 하였다. 이를 풀이하면 위에서부터 10구로써 사람에 대비시켜 '대승'을 나타낸 것이다.

---

60 제석帝釋 : ⓢ Śakra-devānām-indra. 수미산須彌山 꼭대기 도리천忉利天의 왕. 선견성善見城에 머물며 사천왕과 32천을 통솔하고 불법과 불법에 귀의하는 사람을 보호하며 아수라의 군대를 정벌한다고 한다.
61 범천梵天 : ⓢ Brahman. 색계 초선천初禪天의 주인. 색계 대범천의 높은 누각에 거주하며 제석과 함께 정법을 옹호한다. 부처님이 세상에 나올 적마다 제일 먼저 설법을 청한다고 한다.
62 사천왕四天王 : 욕계欲界 육천六天의 제1인 사왕천四王天의 주인으로서 수미須彌의 사주四洲를 수호하는 신이다. 호세천護世天이라고도 하며 수미산 중턱 4층급을 주처主處로 한다. 지국천왕持國天王은 건달바犍闥婆·부단나富單那 2신을 지배하여 동주를 수호하며 다른 주도 겸한다. 증장천왕增長天王은 구반다鳩槃茶·폐려다薜荔多 2신을 지배하여 남주를 수호하며 다른 주도 겸한다. 광목천왕廣目天王은 용龍·비사사毗舍闍 2신을 지배하여 서주를 수호한다. 다문천왕多聞天王은 야차夜叉·나찰羅刹 2신을 지배하여 북주를 수호한다.
63 마라魔羅 : ⓢ māra. 우리의 수행을 방해하는 마군을 말하며, 말라末羅로도 음사한다.
64 외도外道 : ⓢ tīrttika. 불교 이외의 모든 교학敎學을 가리킨다. 제경론에 16종외도·20외도·30종외도·96종외도 등 다양한 산법이 보이며, 부처님 당시의 6종외도가 대표적이다. tīrttika는 신성하고 존경할 만한 은둔자라는 뜻이나, 불교에서 보면 모두 다른 교학이므로 외도라 한다.
65 『大方等大集經』 권17(T13, 115a).

又下文云。此乘諸佛所受。聲聞辟支佛所觀。一切菩薩所乘。釋梵護世所應敬禮。一切衆生所應供養。一切智者所應讚歎。一切世間所應歸趣。一切諸魔不能破壞。一切外道不能測量。一切世間[1]不能與競。解云。上來以十句對人顯大乘也。

1) ㉠『大方等大集經』권17(T13, 115a)에 따르면 '間'은 '智'이다.

제2절 논에 의하여 밝힘

논에 의하여 밝히자면 일곱 가지와 세 가지가 있으니, 세 가지 '대大'의 뜻은 아랫글에서[66] 설명할 것이며, 일곱 가지라 말한 것은 여기에 두 종류의 일곱 가지가 있다.

依論明者。有七有三。三種大義。下文當說。言七種者。有二種七。

1. 일곱 가지를 밝힘

1) 첫 번째 일곱 가지

첫 번째는『대법론』[67]에서 말했다.

一者。如對法論云。

---

[66]『大乘起信論疏記會本』권1(H1, 739c).
[67]『대법론對法論』:『大乘阿毘達磨雜集論』의 별칭. 안혜安慧 편집, 현장 한역. 16권. 무착無着 보살이 짓고 현장이 한역한『大乘阿毘達磨集論』에 대한 해석이다.『大乘阿毘達磨雜集論』은 대승아비달마(곧 大乘論 : 六度 또는 諸法皆空 등의 뜻을 부연하고 아울러 대승경을 注解한 諸論)의 요항要項을 집해한 것으로『顯揚聖敎論』과 함께『瑜伽師地論』의 강요綱要를 기술한 것이다.

일곱 가지의 대성大性과 상응하기 때문에 대승이라고 말하니, 무엇이 일곱 가지인가? 첫째는 경대성境大性이니, 보살도菩薩道는 백천 등의 한량없는 제경諸經의 광대한 교법을 따르는 것으로 경계를 삼기 때문이요, 둘째는 행대성行大性이니, 일체의 자리自利·이타利他[68]의 광대한 행실을 바로 행하기 때문이요, 셋째는 지대성智大性이니 광대한 보특가라補特伽羅[69]와 법이 무아無我임을 깨달아 알기 때문이요, 넷째는 정진대성精進大性이니, 삼대겁아승기야三大劫阿僧祇耶[70] 동안에 한량없는 실천하기 어려운 행실을 방편方便[71]으로 부지런히 닦기 때문이요, 다섯째는 방편선교대성方便善巧大性이니, 생사와 열반涅槃[72]에 집

---

68 자리이타自利利他 : 자기를 위하여 자기의 수양을 주로 하는 것은 자리, 다른 이의 이익을 목적으로 행동하는 것은 이타라고 한다. 대승보살이 닦는 행과 자리만을 행하는 소승 성문·연각의 행이 다름을 구별한 것이다. 자리·이타를 완전하고 원만하게 수행한 이를 불타라 한다.

69 보특가라補特伽羅 : Ⓢ pudgala의 음사어. 삭취취數取趣로 의역한다. 유정有情 또는 중생의 아我를 말한다. 중생은 번뇌와 업의 인연으로 자주 육취六趣에 왕래하므로 삭취취라 한다. "보특가라와 법이 무아"라 함은 인무아와 법무아를 뜻한다.

70 삼대겁아승기야三大劫阿僧祇耶 : 보살이 발심한 뒤 수행을 완성하여 불과佛果에 이르기까지 필요한 시간. 삼아승기겁三阿僧祇劫이라고도 한다. 아승기야(Ⓢ asaṃkhay)는 헤아릴 수 없이 많은 수를 뜻하고, 대겁은 대·중·소 3겁 가운데 가장 긴 시간의 단위이니 삼대겁아승기야는 아승기수의 대겁이 세 차례 지나는 것을 뜻한다.

71 방편方便 : Ⓢ upāya, prayoga. 세 가지 뜻이 있다. ① '방'은 방법, '편'은 편리니 일체 중생의 기류근성機類根性에 계합하는 방법·수단을 편리하게 쓰는 것이다. ② '방'은 중생의 방역方域, '편'은 교화하는 편법이니 모든 기류의 방역에 순응하여 교화하는 편법을 쓰는 것이다. 곧 중생을 제도하기 위하여 여러 가지 수단 방법을 강구하는 것을 말한다. ③ 진리를 증득하기 위하여 그 전에 닦는 가행加行을 말한다. 여기서는 세 번째 가행의 뜻이다. 앞의 두 가지는 upāya의 번역어이고, 세 번째는 prayoga(가행)의 구역을 채택한 것이다.

72 열반涅槃 : Ⓢ nirvāṇa의 음사어. 불교의 최고 이상. 멸滅·적멸寂滅·멸도滅度·원적圓寂으로 의역한다. 모든 번뇌의 속박에서 해탈하고 진리를 궁구하여 미혹한 생사를 초월하여 불생불멸의 법을 체득한 경지이다. 소승에서는 몸과 마음이 모두 없어지는 것을 이상으로 하므로 심신이 있고 없음에 따라 유여의有餘依·무여의無餘依의 두 가지 열반을 세우고, 대승에서는 적극적으로 삼덕三德(法身德·般若德·解脫德)과 사덕四德(常·樂·我·淨)을 갖춘 열반을 말하여 실상實相, 진여眞如와 같은 뜻으로 본체 혹은 실재의 의미로도 쓴다.

착하지 않기 때문이요, 여섯째는 증득대성證得大性이니, 여래의 모든 힘과 무외無畏와 불공불법不共佛法[73] 등의 한량없는 무수한 큰 공덕을 얻기 때문이요, 일곱 번째는 업대성業大性이니 생사의 때가 다하도록 일체의 보리菩提[74]를 이루는 것 등을 나타내어 광대한 모든 불사佛事를 세우기 때문이다.[75] 【이 중에서 앞의 다섯 가지는 원인이고, 뒤의 두 가지는 결과다.】

由與七種大性相應。故名大乘。何等爲七。一境大性。以菩薩道緣百千等無量諸經廣大敎法爲境界故。二行大性。正行一切自利利他廣大行故。三智大性。了知廣大補特伽羅法無我故。四精進大性。於三大劫阿

---

[73] 여래의 모든 힘과 무외無畏와 불공불법不共佛法 : '모든 힘'은 십력十力으로 ① 처비처지력處非處智力, ② 업이숙지력業異熟智力, ③ 정려해탈등지등지력靜慮解脫等持等至智力, ④ 근상하지력根上下智力, ⑤ 종종승해지력種種勝解智力, ⑥ 종종계지력種種界智力, ⑦ 변취행지력遍趣行智力, ⑧ 숙주수념지력宿住隨念智力, ⑨ 사생지력死生智力, ⑩ 누진지력漏盡智力을 말한다. '무외'란 사무소외四無所畏로 부처가 설법할 적에 두려운 생각이 없는 지력智力의 네 가지를 말한다. ① 정등각무외正等覺無畏는 일체 모든 법을 평등하게 깨달아 다른 이의 힐난을 두려워하지 않는 것, ② 누영진무외漏永盡無畏는 온갖 번뇌를 다 끊었노라고 하여 외난外難을 두려워하지 않는 것, ③ 설장법무외說障法無畏는 보리菩提를 장애하는 것을 말하되 악법은 장애되는 것이라고 말해서 다른 이의 비난을 두려워하지 않는 것, ④ 설출도무외說出道無畏는 고통세계를 벗어나는 요긴한 길을 표시해서 다른 이의 비난을 두려워하지 않는 것이다. '불공불법'이란 성문·연각과 공통하지 않고 부처님만이 지니는 공덕법으로 대승에서는 ① 신무실身無失, ② 구무실口無失, ③ 염무실念無失, ④ 무이상無異想, ⑤ 무부정심無不定心, ⑥ 무부지이사無不知已捨, ⑦ 욕무감欲無減, ⑧ 정진무감精進無減, ⑨ 염무감念無減, ⑩ 혜무감慧無減, ⑪ 해탈무감解脫無減, ⑫ 해탈지견무감解脫知見無減, ⑬ 일체신업수지혜행一切身業隨智慧行, ⑭ 일체구업수지혜행一切口業隨智慧行, ⑮ 일체의업수지혜행一切意業隨智慧行, ⑯ 지혜지과거세무애智慧知過去世無碍, ⑰ 지혜지미래세무애智慧知未來世無碍, ⑱ 지혜지현재세무애智慧知現在世無碍의 18가지를 말한다.
[74] 보리菩提 : ⓢ bodhi의 음사어. 도道·지智·각覺이라 의역한다. 불교 최고의 이상인 불타정각의 지혜, 곧 불과佛果를 뜻한다. 또한 불타정각의 지혜를 얻기 위하여 닦는 도, 곧 불과에 이르는 길을 말한다.
[75] 『大乘阿毘達磨雜集論』 권11(T13, 743c).

僧祇耶。方便勤修無量難行行故。五方便善巧大性。不住生死及涅槃故。
六證得大性。得如來諸力無畏不共佛法等無量無數大功德故。七業大
性。窮生死際。示現一切成菩提等。建立廣大諸佛事故。【此中前五是因。
後二是果也。】

2) 두 번째 일곱 가지

두 번째는 『현양성교론』[76]에서 말했다.

二者。顯揚論云。

대승의 성질이란 보살승菩薩乘이 일곱 가지의 대성大性과 함께 상응
하기 때문에 대승이라고 말하였으니, 무엇이 일곱 가지인가? 첫째는
법대성法大性이니, 십이분교十二分敎[77] 중에 보살장菩薩藏[78]이 포섭하

---

76 『현양성교론顯揚聖敎論』: 무착 지음, 당나라 현장 한역. 법상종 11논의 하나로 『瑜伽師地論』의 추요樞要를 취하여 만든 것이다.
77 십이분교十二分敎: 부처님의 일대 교설을 그 경문의 성질과 형식으로 구분하여 열두 가지로 나눈 것. 십이부경十二部經이라고도 한다. ① 수다라修多羅는 산문체의 경전으로 계경契經·법본法本으로 의역한다. ② 기야祇夜는 산문체의 경문 뒤에 그 내용을 운문으로 노래한 것이다. 중송重頌·응송應頌으로 의역한다. ③ 수기授記는 경 중에 말한 뜻을 문답·해석한 것, 또는 제자가 미래에 성불할 것을 예언한 것이다. ④ 가타伽陀는 풍송諷頌·고기송孤起頌으로 의역한다. 4언, 5언 또는 7언의 운문이다. ⑤ 우다나優陀那는 무문자설無問自說로 의역한다. 남이 묻지 않는데 부처님이 스스로 말씀한 경이다. ⑥ 니다나尼陀那는 연기·인연으로 의역한다. 경 중에 부처님을 만나 법을 들은 인연들을 말한 것이다. ⑦ 아바다나阿波陀那는 비유로 의역한다. 경전 중에서 비유로써 은밀한 교리를 명백하게 설한 것이다. ⑧ 이제왈다가伊帝曰多伽는 본사本事로 의역한다. 부처님이나 제자들의 과거세의 인연을 말한 것이다. ⑨ 사타가闍陀伽는 본생本生으로 의역한다. 부처님 자신이 과거세에 행한 보살행을 말한 것이다. ⑩ 비불략毘佛略은 방광方廣·방등方等으로 의역한다. 방정方正·광대한 진리를 말한 것이다. ⑪ 아부타달마阿浮陀達摩는 미증유법未曾有法·희유법稀有法로 의역한다. 부처님이 여러 가지 신통력부사의神通力不思議를 나타내는 것을 말한 것이다. ⑫ 우파제사優波提舍는

는 방편이 뛰어나고 광대한(方便廣大)[79] 가르침을 말하며, 둘째는 발심대성發心大性이니, 이미 무상정등각심無上正等覺心[80]을 발하였음을 말하며, 셋째는 승해대성勝解大性이니, 앞에서 말한 법대성法大性의 경지에 대하여 수승殊勝한 신해信解[81]를 일으킴을 말하며, 넷째는 의요대성意樂大性이니, 이미 수승한 해행解行[82]의 경지를 초과하여 정승의요지淨勝意樂地[83]에 들어감을 말하며, 다섯째는 자량대성資糧大性이니, 복福과 지혜 두 가지의 큰 자량資糧[84]을 성취하였기 때문에 무상정등보리無上正等菩提를 잘 증득함을 말하며, 여섯째는 시대성時大性이

논의論議로 의역한다. 교법의 의리를 논의 문답한 경문을 말한다.
[78] 보살장菩薩藏 : 보살이 닦는 행법과 그 증과證果를 밝혀 설명한 대승 경전. 성문장의 대對가 된다. 『大乘阿毘達磨雜集論』 권11(T31, 744a) 참조.
[79] 『소』에서 "방편이 뛰어나고 광대한(方便廣大)"이라 한 것이 『顯揚聖敎論』 권8(T31, 520c)에는 "방광方廣"으로 되어 있다.
[80] 무상정등각無上正等覺 : 아뇩다라삼먁삼보리阿耨多羅三藐三菩提([S] anuttara-samyak-sambodhi)의 의역어. '아뇩다라'는 무상, '삼먁삼보리'는 정등각 또는 정변지正遍智로 번역한다. 범부·외도·성문·연각·보살에 대하여 부처님의 지혜는 가장 수승하고 그 위가 없고 진실하고 평등한 바른 이치를 깨달아 증득하였으므로 이같이 이른다.
[81] 신해信解 : 교법에 대한 청정한 믿음으로 말미암아 뛰어난 이해가 나타나는 것이다.
[82] 해행解行 : 지해知解와 수행을 아울러 일컫는 말. 즉, 불교의 인식적 부문, 곧 수행하는 사람이 지력智力에 의하여 이론 교의를 요해하는 것을 '해解'라 하고, 실천적 부문, 곧 그 요해한 것을 몸소 실천에 옮기는 것을 '행行'이라 한다. 이 둘은 수행하는 이가 반드시 갖추어야 할 것이므로 예부터 '해'를 눈에, '행'을 발에 비유한다. 바른 길을 걸어가려면 눈과 발이 서로 떨어지지 않고 반드시 함께하여야 하므로 지목知目·행족行足이라 한다. 여기서는 십해十解, 곧 십주十住·십행十行의 경지를 말한다.
[83] 정승의요지淨勝意樂地 : 십지 중 초지인 극희지極喜地([S] pramuditā-bhūmi). 구역에서는 환희지歡喜地라 한다. 보살이 이미 초아승기겁의 행을 채워 처음으로 성성聖性을 얻어 견혹見惑을 깨뜨리고 이공二空의 이치를 증득하여 큰 환희를 내므로 환희지라 한다.
[84] 자량資糧 : 자재資財와 식량食糧. 보살 수행의 차제인 오위五位 가운데 십주·십행·십회향의 30위에서 초주初住로부터 제10회향의 주심住心까지를 자량위라 하며, 이에 대하여 제10회향의 만심滿心과 난위煖位·정위頂位·인위忍位·세제일위世第一位의 사가행四加行을 수행함을 가행위라 한다. 이 자량위는 불과에 이르는 자량이 될 육바라밀 가운데 복행福行인 앞의 다섯 가지 바라밀과 지행智行인 여섯 번째 바라밀을 닦아 모으는 단계이다.

니, 삼대겁아승기야에 무상정등보리無上正等菩提를 잘 증득함을 말하며, 일곱째는 성만대성成滿大性이니, 곧 무상정등보리를 말한다. 이렇게 성취 만족된(所成滿) 보리 자체를 여타의 성취 만족한(能成滿) 것 자체에 비하면 오히려 더불어 같은 것도 없는데, 하물며 무엇이 이보다 더 뛰어나겠는가.[85]

大乘性者。謂菩薩乘與七大性共相應故。說名大乘。云何爲七。一法大性。謂十二分敎中菩薩藏所攝方便廣大之敎。二發心大性。謂已發無上正等覺心。三勝解大性。謂於前所說法大性境起勝信解。四意樂大性。謂已超過勝解行地。入淨勝意樂地。五資糧大性。成就福智二種大資糧故。能證無上正等菩提。六時大性。謂三大劫阿僧企耶時能證無上正等菩提。七成滿大性。謂卽無上正等菩提。自體[1)]所成滿菩提自體。比餘成滿自體。尙無與等。何況超勝。

1) ⓔ『顯揚聖敎論』 권8(T31, 520c)에 따르면 '自體'는 '此'이다.

『유가사지론』과 『보살지지경』[86]에서도 모두 이 설과 같다.[87]

瑜伽地持。皆同此說。

『유가사지론』에서 "이 중에서 법대성法大性에서 시대성時大性에 이르기

---

85 『顯揚聖敎論』 권8(T31, 520c).
86 『보살지지경菩薩地持經』: 『菩薩地持論』・『地持論』・『菩薩戒經』이라고도 한다. 북량 담무참 한역. 『瑜伽師地論』 「本地分」 중 「菩薩地」 35~50권의 동본이역이며, 대승보살의 수행 방법과 방편을 자세히 설명하였다.
87 일곱 가지 대성의 명칭이 『瑜伽師地論』 권46(T30, 548c)에서는 법대성・발심대성・승해대성・증상의요대성增上意樂大性・자량대성・시대성・원증대성圓證大性, 『菩薩地持經』 권8(T30, 937b)에서는 법대法大・심대心大・해대解大・정심대淨心大・중구대衆具大・시대時大・득대得大로 약간 차이가 있다.

까지의 이러한 여섯 가지는 모두 원증대성圓證大性⁸⁸의 원인이고, 원증대성은 앞의 여섯 가지 대성大性의 결과이다."⁸⁹라고 하였다.

이를 풀이하면, 이러한 두 종류의 일곱 가지 대성大性이 그 수는 같지만 그것을 세운 뜻은 다르니, 세운 뜻은 찾아보면 알 수 있을 것이다. 대승을 해석함을 마친다.

> 瑜伽論云。此中若法大性。乃至若時大性。如是六種。皆是圓證大性之因。圓證大性。是前六種大性之果。解云。如是二種七種大性。其數雖同。建立意別。建立之意。尋之可知。釋大乘竟。

제2장 기신을 해석함

"기신"이라고 말한 것은 이 『기신론』의 글에 의하여 중생의 믿음을 일으키기 때문에 '기신(믿음을 일으킨다)'이라고 말하였다. '신信'은 결정코 그러하다고 여기는 말이니, 이치가 실제로 있음을 믿으며, 닦아서 얻을 수 있음을 믿으며, 닦아서 얻을 때 무궁한 덕이 있음을 믿는 것을 말한다.

이 중에서 '이치가 실제로 있음을 믿으며'라는 것은 체대體大를 믿는 것이니, 일체의 법이 그 실체를 얻을 수 없음을 믿기 때문에 곧 평등법계平等法界가 실제로 있음을 믿는 것이다. '닦아서 얻을 수 있음을 믿으며'라는 것은 상대相大를 믿는 것이니, 본성의 공덕功德을 갖추어 중생을 훈습熏習⁹⁰하기 때문에 곧 상대로 훈습하면 반드시 마음의 근원으로 돌아가게

---

88 원증대성圓證大性 : 일곱째의 성만대성成滿大性을 말한다.
89 『瑜伽師地論』 권46(T30, 548c).
90 훈습熏習 : ⑤ vāsanā. 몸과 입으로 표현하는 선악의 말이나 행동, 또는 뜻으로 일어나는 선악의 생각 등이 일어나는 그대로 없어지지 않고 반드시 어떠한 인상이나 세력이

됨을 믿는 것이다. '무궁한 공덕의 작용이 있음을 믿는 것'이라는 것은 용대用大를 믿는 것이니, 하지 않는 바가 없기 때문이다.

> 言起信者。依此論文。起衆生信。故言起信。信以決定謂爾之辭。所謂信理實有。信修可得。信修得時有無窮德。此中信實有者。是信體大。信一切法不可得故。卽信實有平等法界。信可得者。是信相大。具性功德熏衆生故。卽信相熏必得歸原。信有無窮功德用者。是信用大。無所不爲故。

만일 사람이 이 세 가지 믿음을 잘 일으킨다면, 불법에 들어가서 모든 공덕을 내고, 모든 마경魔境에서 벗어나 무상도無上道에 이를 수 있을 것이다. 이는 『화엄경』의 게송에서 "믿음은 도의 으뜸이요 공덕의 어머인지라 일체의 모든 선근善根을 증장하며 일체의 모든 의혹을 없애서, 무상도無上道를 개발함을 나타내도. 믿음은 여러 마경을 벗어나 무상해탈도無上解脫道를 나타내어, 모든 공덕의 깨지지 않는 종자로 무상보리수無上菩提樹를 내노라."[91]라고 한 것과 같으니, 믿음은 이와 같은 한량없는 공덕이 있다. 이 논에 의해 발심하게 되므로 '기신'이라고 말하는 것이다.

> 若人能起此三信者。能入佛法生諸功德。出諸魔境。至無上道。如經偈云。信爲道元功德母。增長一切諸善根。除滅一切諸疑惑。示現開發無上道。信能超出衆魔境。示現無上解脫道。一切功德不壞種。出生無上菩提樹。信有如是無量功德。依論得發心。故言起信。

자기의 심체에 머무는 작용이다. 이를 마치 향이 옷에 배어드는 것 같은 데 비유한 것이다.
91　60권본 『華嚴經』 권6(T9, 433a).

제3장 논을 해석함

이른바 "논"이라는 것은, 결정적으로 궤범이 될 만한 글을 건립하여 매우 깊은 법상法相의 도리를 판단하여 설명하는 것이니, 이 결판決判의 뜻에 의하여 '논'이라고 말하는 것이다.

> 所言論者。建立決了可軌文言。判說甚深法相道理。依決判義。名之爲論。

총괄하여 말하자면, '대승'은 논의 종체宗體요, '기신'은 논의 수승한 기능이니, 체용體用을 함께 들어서 제목을 나타내기 때문에 '대승기신론'이라고 말하는 것이다.

> 總而言之。大乘是論之宗體。起信是論之勝能。體用合擧。以標題目。故言大乘起信論也。

제3편 글에 따라 뜻을 나타냄

소 세 번째는 글을 해석함이니, 글에 세 부분이 있다. 처음 세 줄의 게송은 (삼보三寶[92]에) 귀경하는 것과 (논을 지은) 뜻을 서술하는 것이고, "논하기를(論曰)" 이하는 논의 체를 바르게 세운 것이고, 맨 나중의 한 게송은 총결하여 회향한 것이다.

第三消文。文有三分。初三行偈。歸敬述意。論曰以下。正立論體。最後一頌。總結迴向。

제1장 삼보에 귀경함과 논을 지은 뜻을 서술함

처음 세 줄의 게송 가운데는 곧 두 가지의 뜻이 있으니, 앞의 두 게송은 바로 삼보에 귀경하는 것이요, 뒤의 한 게송은 『기신론』을 지은 뜻을 서술하는 것이다.

初三偈中。卽有二意。前之二頌。正歸三寶。其後一偈。述造論意。

---

92 삼보三寶 : 불보佛寶·법보法寶·승보僧寶를 말한다. 불보란 여러 부처님을 말하니, 깨달았다는 뜻이다. 법보란 부처님이 말씀한 교법이니, 모범 된다는 뜻이다. 승보란 교법대로 수행하는 이이니, 화합이란 뜻이다.

제1절 삼보에 귀경함

논 온 시방十方[93]에서
가장 수승한 업業과 변지徧知를 갖추시고,
색色이 걸림이 없이 자재自在하신
구세救世의 대비大悲하신 이와

歸命盡十方。最勝業徧知。色無礙自在。救世大悲者。

저 신체상身體相의
법성진여法性眞如의 바다와
한량없는 공덕을 갖춘 이의
여실한 수행 등에 귀명하옵나니,

及彼身體相。法性眞如海。無量功德藏。如實修行等。

소 처음 귀경 중에 두 가지가 있으니, "귀명" 두 자는 능귀能歸의 상相(귀의하는 주체의 모습), "온 시방" 이하는 소귀所歸의 덕(귀의해야 할 대상의 덕)을 나타낸다.

初歸敬中有二。歸命二字。是能歸相。盡十方下。顯所歸德。

---

[93] 시방十方 : 동·서·남·북·사유四維(곧 동북·동남·서북·서남)·상·하의 열 군데이다.

1. 능귀의 상

능귀能歸의 상相이란 공경하여 따르는 뜻이 '귀'의 뜻이며, 향하여 나아가는 뜻이 '귀'의 뜻이다. '명'은 목숨(命根)을 이름이니, 이 목숨이 몸의 모든 기관을 통어統御한다. 한 몸의 요체로는 오직 이 명命이 주가 되며, 온갖 산 것이 중하게 여김이 이보다 앞서는 것이 없다. 이 둘도 없는 명命을 들어서 무상無上의 존귀함(즉 삼보)을 받들어 신심의 지극함을 나타내었기 때문에 '귀명'이라고 말한 것이다. 또한 '귀명'이란 근원에 돌아가는 뜻이니, 왜냐하면 중생의 육근六根[94]이 일심一心에서부터 일어나 스스로의 근원을 등지고 육진六塵[95]에 흩어져 달려 나가는 것인데, 이제 목숨을 들어 육정六情[96]을 총섭하여 그 본래의 일심의 근원에 돌아가기 때문에 '귀명'이라고 말하는 것이며, 이 귀명의 대상인 일심은 곧 삼보이기 때문이다.

> 能歸相者。敬順義是歸義。趣向義是歸義。命謂命根。總御諸根。一身之要。唯命爲主。萬生所重。莫是爲先。擧此無二之命。以奉無上之尊。表信心極。故言歸命。又復歸命者還源義。所以者。衆生六根。從一心起。而背自原。馳散六塵。今擧命總攝六情。還歸其本一心之原。故曰歸命。所歸一心。卽是三寶故也。

---

94 육근六根 : 육식六識의 소의所依(의지하는 대상)가 되어 육식을 일으켜 대경對境을 인식하게 하는 근원. 안근眼根·이근耳根·비근鼻根·설근舌根·신근身根·의근意根의 육관六官이다. '근'은 증상增上의 뜻이다. 안근은 안식의 발생에 대해 증상의 뜻이 있어 색경色境을 인식하고, 의근은 의식의 발생에 대해 증상의 뜻이 있어 법경法境을 인식하므로 근이라 한다.
95 육진六塵 : 육경六境을 말한다. 육식으로 인식하는 대경對境이니, 즉 색경色境·성경聲境·향경香境·미경味境·촉경觸境·법경法境이다. 이 육경은 육근을 통해 몸속에 들어가서 우리의 정심淨心을 더럽히고 진성眞性을 덮어 흐리게 하므로 진塵이라 한다.
96 육정六情 : 육근六根과 같다.

2. 소귀의 덕

"온 시방" 이하는 소귀의 덕을 나타냈으니, 이 중에서 마땅히 삼보의 뜻을 설명해야 하는데, 그 뜻은 (이하에서) 따로 말한 것과 같다. 이제 우선 글을 해석함에 있어 글 가운데 세 가지가 있으니, 불佛·법法·승僧을 말한다.

盡十方下。顯所歸德。此中應說三寶之義。義如別說。今且消文。文中有三。謂佛法僧。

1) 불보를 찬탄함

불보 안에 또한 세 가지 뜻이 있으니, 먼저 심덕心德을 찬탄하였고, 다음에는 색덕色德을 찬탄하였으며, 제3구는 사람을 들어 찬탄을 끝맺었다.

寶之內亦有三意。先歎心德。次歎色德。第三句者。擧人結歎。

(1) 심덕을 찬탄함

심덕을 찬탄하는 중에 용用과 체體를 찬탄하였다.

歎心德中。歎用及體。

① 업용을 찬탄함

처음 "온 시방에서 가장 수승한 업"이라고 말한 것은 업의 작용을 찬탄하는 것이니, 팔상八相[97] 등을 나타내어 중생을 교화한 업을 이르는 것이다. 즉, 시방계十方界를 다하고 삼세三世[98]의 시기에 두루하여 모든 교화할 수 있는 것을 따라 모든 불사佛事[99]를 일으켰기 때문에 '온 시방에서 가장 수승한 업'이라고 말한 것이다.

이는 『대법론』에서 "업대성業大性이란 생사의 시기가 다할 때까지 일체의 보리를 이루는 것들을 나타내어 광대한 모든 불사佛事를 건립하기 때문이다."[100]라고 한 것과 같으니, 『대법론』에서는 '삼세'를 들었고, 여기(『기신론』)에서는 '시방'을 나타냈다.

> 初言盡十方最勝業者。是歎業用。謂現八相等化衆生業。盡十方界。徧三世際。隨諸可化。作諸佛事。故言盡十方最勝業。如對法論云。業大性者。窮生死際。示現一切成菩提等。建立廣大諸佛事故。彼擧三世。此顯十方也。

② 지체를 찬탄함

"변지"라고 말한 것은 지체智體를 찬탄한 것이다. 업용業用이 시방에 두

---

97 팔상八相 : 불·보살이 이 세상에 출현하여 중생을 제도하려고 일생 동안에 나타내어 보이는 여덟 가지 상. 여러 가지 설이 있으니, 예를 들면 ① 강도솔상降兜率相, ② 탁태상託胎相, ③ 출생상出生相, ④ 출가상出家相, ⑤ 항마상降魔相, ⑥ 성도상成道相, ⑦ 전법륜상轉法輪相, ⑧ 입열반상入涅槃相 등이 있다.
98 삼세三世 : ⑤ trayo 'dhvanaḥ. 과거·현재·미래. 또는 전세·현세·내세. 세世는 격별隔別·천류遷流의 뜻이니, 현상계의 사물은 잠깐도 정지하지 않고 생기면 반드시 멸한다. 이 사물의 천류하는 위에 삼세를 임시로 세운다. 곧 불교에서는 시간의 실체를 인정하지 않고 법法의 위에 세운 것이다. 현재는 어떤 법이 생겨서 지금 작용하고 있는 동안이고, 과거는 법이 멸했거나 또 작용을 그친 것이며, 미래는 법이 아직 나지 않고 작용을 하지 않은 것이다.
99 불사佛事 : 부처님의 능사能事인 교화를 가리킨다. 선림禪林에서는 여러 가지 일에 의탁하여 불법을 열어 보이는 것이다.
100 『大乘阿毘達磨雜集論』 권11(T31, 744a).

루한 까닭은 그 지체智體가 두루하지 않은 바가 없기 때문이며, 지체가 두루하기 때문에 '변지'라고 말한 것이다.

이는 『섭대승론』에서 "마치 허공이 일체의 물질 세계에 두루하여 생生·주住·멸滅[101]의 변이가 없는 것처럼, 여래如來의 지혜도 그러하여 일체의 아는 바에 두루하여 전도되는 것도 없고 변이되는 것도 없기 때문이다."[102]라고 한 것과 같다. 심덕을 찬탄함을 마친다.

言徧智者。是歎智體。所以業用周於十方者。由其智體無所不徧故也。智體周徧。故言徧智。如攝論云。猶如虛空。徧一切色際。無生住滅變異。如來智亦爾。徧一切所知。無倒無變異故。歎心德竟。

(2) 색덕을 찬탄함

다음에는 색덕을 찬탄함이니, 이 중에도 두 가지가 있다. "색이 걸림이 없이"라는 것은 색의 본체의 신묘함을 찬탄하는 것이요, "자재하신"이라고 말하는 것은 색의 작용의 수승함을 찬탄하는 것이다.

次歎色德。於中亦二。色無礙者。歎色體妙。言自在者。歎色用勝。

① 색의 본체의 신묘함을 찬탄함

처음 색의 본체(色體)라고 한 것은, 여래의 색신色身이 만행萬行으로 이루어진 것이며 불가사의不可思議한 훈습으로 이루어진 것이어서, 신묘한

---
101 생生·주住·멸滅 : 생주이멸生住異滅을 생략해서 말한 것. 만유의 온갖 법이 생멸 변이하는 모양을 말하는 명목이니, 즉 생상生相·주상住相·이상異相·멸상滅相이다.
102 『攝大乘論釋』 권6(T31, 196c).

색이 있다고 하더라도 장애되는 것이 없어서 한 가지 상相, 한 가지 호好[103]가 한계가 없기 때문에 색이 걸림이 없다고 말한 것이다. 이는 『화엄경』에서 "허공의 변제邊際를 찾는 것은 오히려 가능하지만 부처님의 한 터럭 구멍은 한계가 없다. 부처님의 덕은 이처럼 불가사의하므로 여래의 깨끗한 지견知見[104]이라 이름한다."[105]라고 한 것과 같다. 질애質礙는 없지만 방소方所에 나타나는 뜻이 있기 때문에 색色이면서 걸림이 없다고 이름하게 된 것이다.

> 初言色體者。如來色身。萬行所成。及不思議熏習所成。雖有妙色。而無障礙。一相一好無際無限。故言導色無礙。如華嚴經言。求空邊際猶可得。佛一毛孔無崖限。佛德如是不思議。是名如來淨知見故。雖無質礙。而有方所示現之義。故得名色而無礙也。

② 색의 작용의 수승함을 찬탄함

"자재"라고 말한 것은 그 색의 작용을 찬탄하는 것으로, 오근五根이 서로 작용하고 십신十身이 서로 작용하는 것(十身相作)[106] 등을 이름하니, 그러므로 "색이 (걸림이 없이) 자재하신"이라고 말한 것이다. 오근이 서로

---

103 한 가지~가지 호好 : 용모·형상. 상(Ⓢ lakṣaṇa)은 몸에 드러나게 잘생긴 부분이고, 호(Ⓢ vyañjana)는 상 중의 세상細相이다. 이 상호가 모두 완전하여 하나도 모자람이 없는 것을 불신佛身이라 하며, 불신에는 삼십이상과 팔십종호가 있다.
104 지견知見 : 사리를 증지證知하는 견해이다.
105 60권본『華嚴經』권1(T9, 400a).
106 십신十身이 서로 작용하는 것(十身相作) : 십지 중 제8 부동지不動地 보살이 중생신衆生身·국토신國土身·업보신業報身·성문신聲聞身·연각신緣覺身·보살신菩薩身·여래신如來身·지신智身·법신法身·허공신虛空身 등 십신으로 자기 몸을 짓고 또 자기 몸으로 십신을 지어 서로 융통 무애함을 이른다. 십신이란 불·보살의 몸을 그 공덕에 의하여 열 가지로 나눈 것이다.

작용한다는 것은 『대반열반경』[107]의 팔자재八自在[108] 중에서 말한 것과 같고,[109] 십신이 서로 작용하는 것은 『화엄경』「십지품十地品」에서 설한 것과 같다.[110] 색덕을 찬탄함을 마친다.

言自在者。歎其色用。謂五根互用。十身相作等。故言色自在。五根互用者。如涅槃經八自在中說。十身相作者。如華嚴經十地品說。歎色德竟。

(3) 사람을 들어 찬탄을 끝맺음

"구세의 대비하신 이"라는 것은 세 번째 구절로 사람을 들어 찬탄을 끝맺은 것이다. 부처는 대장자大長者와 같아서 중생을 자식으로 여기는지라 삼계三界[111]의 화택火宅[112]에 들어가 모든 불타는 고통을 구원하기 때

---

107 『대반열반경大般涅槃經』: ⑤ Mahā-parinirvāna-sūtra. 석존의 입멸入滅에 대해 설한 경전. 여기에 소승과 대승의 두 가지가 있다. 소승의 『大般涅槃經』은 주로 역사적으로 기록한 것으로 입멸 전후에 걸쳐 유행遊行·발병發病·순타純陀의 공양, 최후의 유훈遺訓, 멸후의 비탄, 사리 8분分 등이 주요 내용이다. 대승의 『大般涅槃經』은 교리를 주로 하고 열반이란 사실에 불타론佛陀論의 종극, 불교의 이상을 묘사하였다. 즉, 법신이 상주한다는 근저에서 불성의 본구本具와 보편을 역설하며, 적극적으로 열반을 상락아정常樂我淨이라 하여 소승의 소극적 열반론에 반대하는 태도를 보인다.
108 팔자재八自在 : 팔대자재아八大自在我를 말한다. 상락아정의 열반 사덕四德 중 아덕我德(妄執의 我를 여읜 眞我)에 여덟 가지의 대자재한 뜻이 있다. 즉, ① 일신이 다신이 됨을 보인다.(能示一身爲多身) ② 일진신이 대천계에 가득 참을 보인다.(示一塵身滿大千界) ③ 큰 몸이 가볍게 올라가 멀리 이른다.(大身輕擧遠到) ④ 무량의 형류로 나타나서 일토에 상거한다.(現無量類常居一土) ⑤ 제근이 호용된다.(諸根互用) ⑥ 일체의 법을 얻어도 법상이 없음과 같다.(得一切法如無法相) ⑦ 1게의 뜻을 설하는 데 무량한 겁이 걸린다.(說一偈義 經無量劫) ⑧ 몸이 모든 곳에 두루하여 허공과 같다.(身遍諸處 猶如虛空)
109 남본『大般涅槃經』권21(T12, 746c).
110 60권본『華嚴經』권26(T9, 565b).
111 삼계三界 : ⑤ trayodhātavaḥ. 생사유전이 쉴 새 없는 미계迷界를 셋으로 분류한 것. 욕계에서 욕은 탐욕이니, 욕계란 특히 식욕·음욕·수면욕이 치성한 세계이다. 색계란 욕계와 같은 탐욕은 없으나 미묘한 형체가 있는 세계이다. 무색계無色界란 색계와 같

문에 '구세'라 말하였으니, 이 구세의 덕이 바로 대비인 것이다. 자타自他를 떠난 자비[113]인 무연無緣의 자비가 모든 자비 가운데 수승하기 때문에 '대비'라 말하였으며, 부처의 경지에서 갖는 만 가지 덕 가운데 여래는 오직 대비만으로 힘을 삼기 때문에 그것만을 들어서 부처를 나타내었다. 이는 『증일아함경』[114]에서 "범인과 성인의 힘에 여섯 가지가 있으니, 어떤 것이 여섯 가지인가? 어린아이는 우는 것으로써 힘을 삼기 때문에 말하고자 하는 것이 있으면 반드시 먼저 울 것이고, 여인은 성내는 것으로 힘을 삼기 때문에 성을 내고 난 후에 말하고, 사문沙門[115]과 바라문婆羅門[116]은 참는 것으로 힘을 삼기 때문에 항상 남에게 겸손할 것을 생각한 뒤에 스스로 말하고, 국왕은 교만한 것으로 힘을 삼기 때문에 이런 큰 세력을 부림으로써 스스로 말하고, 아라한阿羅漢[117]은 한결같은 정진으로 힘을 삼

은 미묘한 몸도 없는 순전한 정신적 존재의 세계이다.
112 화택火宅 : ⓢ ādīptāgāra. 『法華經』 7비유의 하나. 삼계가 시끄러운 것을 불타는 집에 비유한 것으로, 곧 고뇌로 가득 찬 이 세계를 말한다.
113 자타自他를 떠난 자비 : 동체대비同體大悲를 말한다.
114 『증일아함경增壹阿含經』 : ⓢ Ekottarikāgama-sūtra. 사아함의 하나. 동진東晉 승가제바僧伽提婆 한역. 51권. 1법에서 10법까지의 법수法數에 따라 편찬하였다. 십념十念, 오계五戒, 안반安般(數息觀), 삼보, 사제, 육중六重, 팔난八難, 결금結禁, 대애도열반大愛道涅槃 등의 사항에 관하여 52품으로 설하였다.
115 사문沙門 : ⓢ śramaṇa의 음사어. 식심息心·공로功勞·근식勤息으로 의역한다. 부지런히 모든 좋은 일을 닦고 나쁜 일을 일으키지 않는다는 뜻. 외도·불교도를 불문하고 처자 권속을 버리고 수도 생활을 하는 이를 총칭한다. 후세에는 오로지 불문에 출가한 이를 말한다.
116 바라문婆羅門 : ⓢ brāhmaṇa의 음사어. 인도 사성四姓의 하나. 정행淨行·정지淨志·범지梵志로 의역한다. 사성의 최고에 있는 종족으로 승려의 계급이다. 바라문교의 전권을 장악하여 임금보다 윗자리에 있으며 신의 후예라 자칭한다. 그들의 생활에는 범행梵行, 가주家住, 임서林棲, 유행遊行의 네 시기가 있다. 어렸을 때는 부모 밑에 있다가 좀 자라면 집을 떠나 스승을 모시고 베다(Veda)를 학습하고, 장년에 이르면 다시 집에 돌아와 결혼하여 살며, 늙으면 집안 살림을 아들에게 맡기고 산 숲에 들어가 고행 수도한 뒤에 다시 나와 사방으로 다니면서 세상의 모든 일을 초탈하여 남들이 주는 시물施物로써 생활한다고 한다.
117 아라한阿羅漢 : ⓢ arhat의 음사어. 소승의 교법을 수행하는 성문 사과四果의 가장 윗

아 스스로 말하며, 모든 부처와 세존世尊은 대비로써 힘을 삼아 널리 중생을 이익되게 하기 때문이다."[118]라고 한 것과 같다. 이에 모든 부처는 특히 대비로써 힘을 삼기 때문에 사람(佛人)을 표시하려 함에 '대비한 이'라고 이름 붙인 것임을 알아야 한다. 이상의 세 구절로 불보를 찬탄함을 마친다.

救世大悲者者。是第三句擧人結歎。佛猶大長者。以衆生爲子。入三界火宅。救諸焚燒苦。故言救世。救世之德。正是大悲。離自他悲。無緣之悲。諸悲中勝。故言大悲。佛地所有萬德之中。如來唯用大悲爲力。故偏擧之。以顯佛人。如增一阿含云。凡聖之力有其六種。何等爲六。小兒以啼爲力。欲有所說。要當先啼。女人以瞋恚爲力。依瞋恚已。然後所說。沙門婆羅門以忍爲力。常念下於人。然後自陳。國王以憍慢爲力。以此豪勢而自陳說。阿羅漢以專精爲力。而自陳說。諸佛世尊以大悲爲力。弘益衆生故。是知諸佛偏以大悲爲力。故將表人名大悲者。上來三句歎佛寶竟。

2) 법보를 찬탄함

(1) 부처를 들어 그 법을 취함

이 아래 두 구절은 다음에 법보法寶를 나타낸 것이다. "저 신체상의"란 것은 앞에서 말한 여래의 몸이 곧 보신불報身佛[119]임을 말하는 것이니, 바

자리. 응공應供·살적殺賊·불생不生·이악離惡이라 의역한다.
118 『增一阿含經』 권31(T2, 717b).
119 보신불報身佛 : 삼신三身의 하나. 보신([S] saṃbhoga-kāya)을 말한다. 인위因位에서 지은 한량없는 원顯과 행行의 과보로 나타난 만덕이 원만한 불신이다. 보통 두 가지로 나누는데, 자기만이 증득한 법열法悅을 느끼고 다른 이와 함께하지 않는 자수용보신自受用報身과, 다른 이도 같이 이 법열을 받을 수 있는 몸을 나타내어 중생을 제도하

로 법계法界로써 자기 몸을 삼기 때문에 '저 신체상의'라고 말한 것이다. 이는 부처를 들어 그 법을 취하였다.

> 此下二句。次顯法寶。及彼身體相者。謂前所說如來之身。卽是報佛。正用法界以爲自體。故言彼身之體相也。此是擧佛而取其法。

(2) 바로 법보의 체상을 나타냄

(두 구절 중) 아래 구절은 바로 법보法寶의 체상을 낸 것이다. "법성"이라고 말한 것은 열반을 말하는 것이니, 열반은 법의 본성이기 때문에 '법성'이라고 이르는 것이다. 이는 『대지도론』[120]에서 "법을 열반이라 이름하니 희론戱論[121]할 수 없는 것이며, 법성을 본분종本分種이라 이름하니, 누런 돌에는 금의 성질이 있고 흰 돌에는 은銀의 성질이 있는 것과 같이 모든 법 가운데에는 열반의 성질이 있다."[122]라고 한 것과 같기 때문에 '법성'이라고 말한 것이다.

> 下句正出法寶體相。言法性者。所謂涅槃。法之本性。故名法性。如智度論云。法名涅槃無戱論。法性名本分種。如黃石金性。白石銀性。如是一切法中有涅槃性。故言法性。

는 타수용보신他受用報身이다.
120 『대지도론大智度論』: 용수 지음, 구마라집 한역. 100권. 모든 법이 다 공하다는 이치를 밝힌 『摩訶般若波羅蜜經』을 자세히 풀이한 것이다.
121 희론戱論 : 희롱의 담론. 부질없이 희롱하는 아무 뜻도 이익도 없는 말이다. 여기에 사물에 집착하는 미혹한 마음으로 하는 여러 가지 옳지 못한 언론인 애론愛論과 여러 가지 치우친 소견으로 하는 의론인 견론見論이 있다.
122 『大智度論』 권32(T25, 298b).

"진여"라고 말한 것은 보낼 것이 없음을 '진眞'이라 하고 세울 것이 없음을 '여如'라고 하니, 아래 글에서 "이 진여의 체는 보낼 만한 것이 없으니 일체법이 다 참되기 때문이며, 또한 세울 만한 것도 없으니, 모든 법이 다 같기(如) 때문이다. 그러니 일체법은 말할 수도 없고 생각할 수도 없기 때문에 진여라고 이름하는 것임을 알아야 할 것이다."[123]라고 말한 것과 같다.

> 言眞如者。無遣曰眞。無立曰如。如下文云。此眞如體無有可遣。以一切法悉皆眞故。亦無可立。以一切法皆同如故。當知一切法不可說不可念故名爲眞如。

"바다"라고 말한 것은 비유에 부쳐 법을 나타낸 것이다. 간략히 설명하자면 바다에는 네 가지 뜻이 있으니 첫째는 매우 깊음이요, 둘째는 광대함이요, 셋째는 온갖 보배가 다함이 없음이요, 넷째는 온갖 형상이 비치어 나타남이다. 진여의 큰 바다도 또한 그러함을 알아야 할 것이니, 왜냐하면 모든 잘못을 영원히 끊기 때문이며, 만물을 포용하기 때문이며, 갖추지 않은 덕이 없기 때문이며, 나타내지 않는 형상이 없기 때문이다. 그리하여 "법성진여의 바다"라고 말하니, 이는 『화엄경』에서 "비유하면 깊은 대해에 진귀한 보배가 한이 없으며, 그중에 중생의 형류상形類相을 모두 나타내는 것과 같이 매우 깊은 인연의 바다에 공덕의 보배가 한이 없으며, 청정한 법신 중에 어떤 형상이든 나타내지 않음이 없기 때문이다."[124]라고 한 것과 같다. 법보를 찬탄함을 마친다.

---

[123] 『大乘起信論疏記會本』권2(H1, 744a).
[124] 60권본『華嚴經』권60(T9, 788a).

所言海者。寄喩顯法。略而說之。海有四義。一者甚深。二者廣大。三者百
寶無窮。四者萬像影現。眞如大海當知亦爾。永絶百非故。苞容萬物故。無
德不備故。無像不現故。故言法性眞如海也。如華嚴經言。譬如深大海。珍
寶不可盡。於中悉顯現衆生形類像。甚深因緣海。功德寶無盡。淸淨法身
中。無像而不現故。歎法寶竟。

3) 승보를 찬탄함

(1) 덕을 들어 사람을 취함

이 아래 두 구절은 승보僧寶를 찬탄한 것이다. "한량없는 공덕을 갖춘 이(無量功德藏)"라 말한 것은 덕을 들어 사람을 취하는 것이니, 지상보살地上菩薩[125]이 한 가지 행을 닦음에 따라 만 가지 행이 모여 이루어짐을 말한다. 그 하나하나의 행이 모두 법계와 같아서 한량이 없는지라 공을 쌓아 얻은 바이니, 그러므로 '한량없는 공덕'이라 하며, 이러한 공덕이 모두 보살에 속하여 사람(그 보살)이 덕을 잘 가지고 있기 때문에 '갖춘 이(藏)'라고 이르는 것이다.

> 此下二句。歎其僧寶。言無量功德藏者。擧德取人。謂地上菩薩。隨修一行。
> 萬行集成。其一一行皆等法界。無有限量。積功所得。以之故言無量功德。
> 如是功德。總屬菩薩。人能攝德。故名爲藏。

---

125 지상보살地上菩薩 : 보살 수행의 단계인 52위五十二位 중 초지初地 이상의 지위에 있는 보살이다.

(2) 행덕을 찬탄함

다음에 "여실한 수행 등(如實修行等)"이라 말한 것은 바로 행덕行德을 찬탄한 것이다. 『보성론』[126]에 의하면 정체지正體智[127]에 의하여 여실행如實行이라고 이름하며, 후득지後得智[128]에 의하여 변행徧行이라고 이름하였으니,[129] 이제 이 가운데 『기신론』에서 '여실한 수행(如實修行)'[130]이라 말함은 정체지를 든 것이요, 다음에 '등等'이라고 말한 것은 후득지를 취한 것이다. 만약 『법집경』[131]에 의하여 설명한다면 만 가지 행의 시종始終을 총괄하여 통틀어 두 구절에 포함시킬 수 있으니, 여실수행과 불방일不放逸[132]을 말한다.

저 경(『법집경』)에서 "여실수행이란 보리원菩提願을 발함을 말하며, 불방일이란 보리원을 만족시킴을 말한다. 또한 여실수행이란 보시布施[133]를 수

---

126 『보성론寶性論』: 『究竟一乘寶性論』의 약칭. 견혜堅慧 지음, 후위後魏 늑나마제勒那摩提 한역. 4권. 여래장의 자성이 청정한 뜻을 밝힌 것이다. 처음에 게송이 있고 다음에 게송에 대한 뜻을 차례로 풀이하였다.
127 정체지正體智 : 근본지根本智·근본무분별지根本無分別智·무분별지·여리지如理智라고도 한다. 바로 진리에 계합하여 능연能緣과 소연所緣의 차별이 없는 절대의 참 지혜이다. 모든 지혜의 근본이며, 후득지後得智를 내는 근본이 된다.
128 후득지後得智 : 여량지如量智·권지權智·속지俗智라고도 한다. 근본지에 의하여 진리를 깨달은 뒤에 다시 분별하는 얕은 지혜를 일으켜서 의타기성依他起性의 속사俗事를 요了知하는 지혜이다. 진제 역 『攝大乘論釋』 권12(T31, 238c)와 『十八空論』(T31, 864b)에서는 무분별후지無分別後智라고 하였다.
129 『究竟一乘寶性論』 권2(T31, 825a) 참조.
130 여실한 수행(如實修行) : 실답게 수행함. '실實'은 진여이니 진여를 증득한 위에서 닦는 수행이다. 또한 '실'은 부처님의 교법이니, 여법수행如法修行·여설수행如說修行과 같다. 교법대로 수행하여 법을 위반하지 않는 것이다.
131 『법집경法集經』: 원위元魏 보리유지菩提留支 한역. 6권. 부처가 허공계虛空界 법계法界 차별주처差別住處 최상누각묘보대最上樓閣妙寶臺에 있을 때 모든 보살과 성문이 각기 승묘勝妙의 법집法集을 설하고 부처가 다 찬인讚印하는 내용이다.
132 불방일不放逸 : Ⓢ apramāda. 심소心所의 하나. 11대선지법十一大善地法의 하나. 나쁜 짓을 막고 마음을 한 경계에 집중하여 모든 착한 일을 닦는 정신 작용이다.
133 보시布施 : Ⓢ dāna의 의역어. 단나檀那로 음사한다. 육바라밀의 하나. 재시財施, 법

행하는 것을 말하며, 불방일이란 보답을 구하지 않음을 말하니, 이와 같이 깨끗한 계율을 가져서 불퇴不退[134]를 성취하며, 혹은 인욕행忍辱行[135]을 닦아서 무생인無生忍[136]을 얻으며, 일체의 선근을 구하되 피로하거나 싫증을 내지 아니하고 일체의 지은 일을 버리며, 선정禪定[137]을 닦되 선정에 안주하지 않으며, 지혜를 충분히 채웠으되 모든 법을 희론하지 아니한다."[138]라고 하고 그 차례대로 여실수행과 불방일을 자세히 설명하고 있다.

次言如實修行等者。正歎行德。依寶性論。約正體智名如實行。其後得智名爲徧行。今此中言如實修行。擧正體智。次言等者。取後得智。若依法集經說。總括萬行始終。通爲二句所攝。謂如實修行。及不放逸。如彼經言。如實修行者。謂發菩提願。不放逸者。謂滿足菩提願。復次如實修行者。謂修行布施。不放逸者。謂不求報。如是持淨戒。成就不退。或修忍辱行。得無

시法施, 무외시無畏施 세 종류가 있다. 재시는 자비심으로써 다른 이에게 조건 없이 물건을 주는 것, 법시는 다른 이에게 교법을 말하여 선근을 자라게 하는 것, 무외시는 계를 지녀서 남을 침해하지 아니하며 또 두려워하는 마음이 없게 하는 것이다.

134 불퇴不退 : Ⓢavinivartanīya의 의역어. 불퇴전不退轉이라고도 한다. 한번 도달한 수행의 단계로부터 뒤로 물러나거나 수행을 퇴폐하는 일이 없는 것이니, 그 지위를 불퇴위라 한다. 여기에 지위상의 불퇴, 수행상의 불퇴, 향상심의 불퇴, 주처住處上의 불퇴 등이 있다.

135 인욕忍辱 : Ⓢkṣānti의 의역어. 육바라밀 또는 10바라밀(육바라밀에 方便·願·力·智바라밀을 더한 것)의 하나. 욕됨을 참고 안주한다는 뜻이니, 온갖 모욕과 번뇌를 참고 원한을 일으키지 않는 것이다.

136 무생인無生忍 : 인공지人空智를 말한다. 오온이 화합하여 이루어진 몸을 마치 실아實我가 있는 듯이 생각하는 아집을 공한 것이라고 관하는 지혜이다.

137 선정禪定 : 육바라밀의 하나. '선'은 Ⓢdhyāna의 음사어인 선나禪那의 줄임말이고, '정定'은 의역어이다. 정려靜慮·기악棄惡·사유수思惟修로도 번역한다. 진정한 이치를 사유하고 생각을 고요히 하여 산란치 않게 하는 것을 말하니, 마음을 한곳에 모아 고요한 경지에 드는 일이다. 조용히 앉아 선악을 생각지 않고 시비에 관계하지 않고 유무有無에 간섭하지 않아서 마음을 안락 자재한 경계에 소요逍遙케 하는 것이다.

138 『法集經』권4(T17, 635c).

生忍。求一切善根而不疲倦。捨一切所作事。修禪定不住禪定。滿足智慧不
戱論諸法。如其次第。如實修行及不放逸。乃至廣說。

이제 『기신론』에서 '여실수행'이라고 말한 것은 곧 '보리원을 발함(發菩提
願)'에서 '지혜를 충분히 채웠으되(滿足智慧)'까지를 포함하며, 다음에 '등'이
라는 것은 불방일을 취하는 것이니, 곧 '보리원을 만족시킴(滿足菩提願)'에
서 '모든 법을 희론하지 아니한다(不戱論諸法)'까지이다.[139]

이상으로 삼보에 귀경하는 것을 마친다.

今言如實修行者。卽攝發菩提願。乃至滿足智慧。次言等者。取不放逸。卽
是滿足菩提願。乃至不戱論諸法也。歸敬三寶竟在前。

제2절 논을 지은 대의를 서술함

논 중생으로 하여금
의혹을 제거하고 잘못된 집착을 버리게 하여
대승의 바른 믿음을 일으켜
불종佛種[140]이 끊이지 않게 하기 위한 까닭이다.

爲欲令衆生。除疑捨邪執。起大乘正信。佛種不斷故。

---

139 이상을 일목요연하게 도표화하면 다음과 같다.

如實修行	發菩提願	修行布施	持淨戒	修忍辱行	求一切善根 而不疲倦	修禪定	滿足智慧
不放逸	滿足菩提願	不求報	成就不退	得無生忍	捨一切所作事	不住禪定	不戱論諸法

140 불종佛種 : 불과佛果를 내는 종자이니, 보살의 수행을 말한다.

소 다음은 이 논을 지은 대의를 서술한 것이다. 논을 지은 대의는 두 가지를 벗어나지 않으니, 앞의 반 게송은 하화중생下化衆生(아래로 중생을 교화함)하기 위함임을 밝혔고, 뒤의 반 게송은 상홍불도上弘佛道(위로 불도를 넓힘)하기 위함임을 나타냈다.

次述造論大意。造論大意不出二種。上半明爲下化衆生。下半顯爲上弘佛道。

1. 아래로 중생을 교화함

중생이 길이 생사의 바다에 빠져 열반의 언덕에 나아가지 못하는 까닭은 다만 의혹과 사집邪執 때문이다. 그러므로 이제 하화중생의 요체는 의혹을 제거하고 사집을 버리게 하는 것이다.

所以衆生長沒生死之海不趣涅槃之岸者。只由疑惑邪執故也。故今下化衆生之要。令除疑惑而捨邪執。

1) 의혹을 제거함

의혹을 널리 논하자면 많은 방법이 있다. 대승을 구하는 자의 의혹에는 두 가지가 있으니, 첫째는 법을 의심하는 것으로 이는 발심에 장애되며, 둘째는 교문敎門을 의심하는 것으로 이는 수행에 장애되는 것이다.

汎論疑惑。乃有多途。求大乘者所疑有二。一者疑法。障於發心。二者疑門。障於修行。

(1) 법을 의심하는 것

법을 의심한다고 말한 것은 다음과 같이 의심하는 것을 말함이다. 즉, 대승의 법체가 하나인가 여럿인가? 만일 하나라면 다른 법이 없는 것이요, 다른 법이 없기 때문에 모든 중생이 없을 터인즉, 보살은 누구를 위하여 넓은 서원誓願을 발할 것인가? 만약 법이 여럿이라면 이는 일체 一體가 아닌 것이요, 일체가 아니기 때문에 상대와 내가 각기 다를 것인데, 어떻게 동체同體의 대비를 일으키게 되겠는가? 이러한 의혹 때문에 발심하지 못하는 것이다.

> 言疑法者。謂作此疑。大乘法體爲一爲多。如是其一。則無異法。無異法故。無諸衆生。菩薩爲誰發弘誓願。若是多法。則非一體。非一體故。物我各別。如何得起同體大悲。由是疑惑。不能發心。

(2) 교문을 의심하는 것

교문敎門을 의심한다고 말한 것은 다음과 같다. 여래가 세운 교문이 많으니, 어느 문에 의하여 처음 수행을 시작할 것인가? 만일 다 함께 그 많은 문을 의거해야 한다면 한꺼번에 그 문에 들어갈 수 없을 것이며, 만일 한두 문에 의거해야 한다면, 어느 것을 버리고 어느 것에 나아가야 하는가? 이러한 의심 때문에 수행을 일으킬 수 없는 것이다. 그러므로 이제 『기신론』에서는 이러한 두 가지 의심을 제거하기 위하여 일심법一心法을 세워 두 가지 문을 열었다.

> 言疑門者。如來所立敎門衆多。爲依何門初發修行。若共可依。不可頓入。若依一二。何遣何就。由是疑故。不能起修行。故今爲遣此二種疑。立一心

法。開二種門。

일심법을 세운 것은 저 처음의 의심(즉, 법을 의심하는 것)을 제거하는 것이다. 이는 대승법엔 오직 일심만이 있으니 일심 밖에는 다시 다른 법이 없으나, 다만 무명無明이 자기의 일심을 미혹하여 모든 물결을 일으켜서 육도六道[141]에 유전流轉[142]하게 됨을 밝히는 것이다. 비록 육도의 물결을 일으키지만 일심의 바다를 벗어나지 아니하니, 진실로 일심이 움직여 육도를 일으키기 때문에 널리 구제하는 서원을 발하게 되는 것이요, 육도가 일심을 벗어나지 않기 때문에 동체대비同體大悲를 일으킬 수 있는 것이다. 이와 같이 의심을 제거해야만 큰 마음을 발하게 된다.

立一心法者。遣彼初疑。明大乘法唯有一心。一心之外更無別法。但有無明迷自一心。起諸波浪流轉六道。雖起六道之浪。不出一心之海。良由一心動作六道。故得發弘濟之願。六道不出一心。故能起同體大悲。如是遣疑。得發大心也。

두 가지 문을 연 것은 두 번째 의심(즉, 교문을 의심하는 것)을 제거하는 것이다. 이는 여러 교문이 있지만 처음 수행에 들어갈 때는 두 문을 벗어나지 아니하니, 진여문眞如門에 의하여 지행止行[143]을 닦고 생멸문生滅門에 의하여 관행觀行[144]을 일으킴을 밝힌 것이다. 지행과 관행을 쌍으로 부림에

---

141 육도六道 : 중생이 업인業因에 따라 윤회하는 길을 여섯으로 나눈 것. 지옥地獄·아귀餓鬼·축생畜生·아수라阿修羅·인人·천天을 말한다.
142 유전流轉 : '유流'는 상속의 뜻이고, '전轉'은 헤맨다는 뜻이다. 우리들이 삼계 육도에 태어나고 태어나서 그치지 않음을 말한다.
143 지행止行 : Ⓢ śamatha. 적정寂靜의 뜻. 사념과 망상이 일어남을 막고 마음을 한곳에 머물게 하는 것이다.
144 관행觀行 : Ⓢ vipaśyanā. 선정에 들어서 지혜로써 상대되는 경계를 자세히 식별하는

만행萬行이 이에 갖추어져 있으므로, 이 두 문에 들어가면 모든 문이 다 통하는 것이니, 이렇게 의심을 제거해야만 수행을 잘 일으킬 수 있는 것이다.

開二種門者。遣第二疑。明諸敎門雖有衆多。初入修行不出二門。依眞如門修止行。依生滅門而起觀行。止觀雙運。萬行斯備。入此二門。諸門皆達。如是遣疑。能起修行也。

2) 사집을 버림

사집邪執을 버린다는 것은, 두 가지 사집, 즉 인집人執[145]과 법집法執[146]을 말하는 것이다. 이 두 가지 뜻을 버리는 것은 아랫글에서[147] 말할 것이다. 이상으로 아래로 중생을 교화함을 마친다.

捨邪執者。有二邪執。所謂人執及與法執。捨此二義。下文當說。下化衆生竟在於前也。

2. 위로 불도를 넓힘

이 아래 두 구절은 위로 불도佛道를 넓혀서 저 이변二邊의 의심[148]을 제

것. 지止와 관觀은 서로 떨어질 수 없는 일대一對의 법이어서 두 법이 서로 의지하고 도와서 해탈의 중요한 길을 이룬다.
145 인집人執 : 오온이 화합하여 성립된 몸에 상일주재常一主宰의 실아實我가 있다고 주장하는 집착이다.
146 법집法執 : 객관인 물심物心 현상을 실재인 것처럼 잘못 알고 고집하는 것이다.
147 『大乘起信論疏記會本』권5(H1, 773c).
148 이변二邊의 의심 : 앞서의 법을 의심함(疑法)과 교문을 의심함(疑門)을 말한다.

거하여 결정적인 믿음을 일으키게 하는 것이니, 대승이 오직 일심뿐이라는 것을 믿고 이해하기 때문에 "대승의 바른 믿음을 일으켜"라고 말하며, 앞의 두 가지 집착으로 인한 분별을 버리어 무분별지無分別智[149]를 얻고 여래가如來家에 나서 부처의 지위를 잇게 되기 때문에 "불종이 끊이지 않게 하기 위한 까닭"이라고 말한 것이다. 이는 논(『대지도론』)에서 "불법의 큰 바다를 믿음으로써 들어갈 수 있으며, 지혜로써 건널 수 있다."[150]라고 한 것과 같다. 그러므로 믿음과 지혜를 들어 불도를 넓힐 것을 밝혔다.

게송의 첫머리에서 "위爲"라고 말하고 맨 아래에서 "고故"라고 끝맺은 것은 이러한 두 가지의 뜻(下化衆生과 上弘佛道)을 밝힌 것이 되며, 그러므로 이 『기신론』을 지은 것이다.

(삼보에) 귀경함과 (논을 지은) 뜻을 서술함을 마친다.

此下二句。上弘佛道。除彼二邊之疑。得起決定之信。信解大乘唯是一心。故言起大乘正信也。捨前二執分別。而得無分別智。生如來家。能紹佛位。故言佛種不斷故也。如論說云。佛法大海信爲能入。智慧[1]能度。故擧信智。明弘佛道。偈首言爲。下結云故者。爲明二意故。造此論也。歸敬述意竟。

1) ㉢ 『大智度論』에 따르면 '慧'는 '爲'이다.

제2장 논의 체를 정립함

이 아래는 두 번째로 논체論體를 바로 세우는 것이니, 글에 세 부분이

---

149 무분별지無分別智 : 올바르게 진여를 체득하는 지혜. 진여의 모양은 우리의 언어 문자로는 어떻게 형용할 수도 분별할 수도 없으므로 분별심을 가지고는 그 체성에 계합할 수 없다. 그러므로 모든 생각과 분별을 여읜, 모양 없는 참 지혜로만 비로소 알 수 있다. 이런 지혜를 무분별지라 한다.
150 『大智度論』 권1(T25, 63a).

있다. 첫째는 교설을 허락함을 전체적으로 표시하는 것이요, 둘째는 수를 들어 장章을 여는 것이요, 셋째는 장에 의하여 각각 해석하는 것이니, 글에서 볼 수 있을 것이다.

> 此下第二正立論體。在文有三。一者總標許說。二者擧數開章。三者依章別解。文處可見。

제1절 교설을 허락함을 전체적으로 표시함

논 법이 대승의 신근信根을 잘 일으키므로, 이 때문에 마땅히 설해야 할 것이다.

> 論曰。有法能起摩訶衍信根。是故應說。

소 처음에 "법이"라고 말한 것은 일심법을 이른 것이다. 만일 사람이 이 법을 잘 이해하면 반드시 광대한 신근을 일으키게 되기 때문에 "대승의 신근을 잘 일으키므로"라고 말하였다. 신근의 상相은 제명에서 설한 것과 같다.[151] 신근이 이미 섰다면 곧 불도에 들어가며, 불도에 들어가고 나서는 무궁한 보배를 얻는데, 이러한 큰 이익은 논에 의하여 얻기 때문에 "이 때문에 마땅히 설해야 할 것이다."라고 한 것이다.

이상으로 교설을 허락함을 전체적으로 표시한 것을 마친다.

> 初中言有法者。謂一心法。若人能解此法。必起廣大信根。故言能起大乘信根。信根之相。如題名說。信根旣立。卽入佛道。入佛道已。得無窮寶。如是

---

[151] 『大乘起信論疏記會本』 권1(H1, 734a).

大利。依論而得。是故應說。總標許說竟在於前。

제2절 수를 들어 장을 엶

🔲 설명함에 다섯 가지 구분이 있으니, 무엇이 다섯 가지인가? 첫째는 인연분因緣分이요, 둘째는 입의분立義分이요, 셋째는 해석분解釋分이요, 넷째는 수행신심분修行信心分이요, 다섯째는 권수이익분勸修利益分이다.

說有五分。云何爲五。一者因緣分。二者立義分。三者解釋分。四者修行信心分。五者勸修利益分。

🔲 두 번째로 수를 들어 장章을 여는 것이다. "다섯 가지 구분이 있으니"라는 것은 장수章數를 든 것이요, "무엇이" 이하는 그 장의 이름을 열거한 것이다.

"인연분"이란 까닭 없이 논단論端을 지은 것이 아니니, 지혜로운 자(마명을 말함)가 지은 바를 먼저 마땅히 알아야 하기 때문이다.

"입의분"이란 인연이 이미 진술되었으면 마땅히 바른 뜻을 세워야 하는 것이니, 만약 간략히 세우지 아니하면 이 논의 핵심을 알지 못하기 때문이다.

"해석분"이란 이미 핵심을 간략하게 세웠으면 다음에는 자세히 설명해야 할 것이니, 만약 펼쳐서 해석하지 않으면 옳은 이치를 알기 어렵기 때문이다.

"수행신심분"이란 해석에 의하여 믿음을 일으켰으면 반드시 나아가 닦아야 할 것이니, 알기만 하고 실행함이 없으면 논의 의도에 맞지 않기 때문이다.

"권수이익분"이란 신심을 수행하는 법문法門을 나타냈지만 선근이 박약한 사람은 즐겨 수행에 나아가려 하지 않기 때문에, 이익됨을 들어서 반드시 닦아야 함을 권하는 것이니, 그러므로 '권수이익분'이라고 하는 것이다.

> 第二擧數開章。有五分者。是擧章數。云何以下。列其章名。因緣分者。非無所以而造論端。智者所爲。先應須知故。立義分者。因緣旣陳。宜立正義。若不略立。不知宗要故。解釋分者。立宗旣略。次應廣辯。若不開釋。義理難解故。修行信心分者。依釋起信。必應進修。有解無行。不合論意故。勸修利益分者。雖示修行信心法門。薄善根者不肯造修。故擧利益。勸必應修。故言勸修利益分也。

제3절 장에 의하여 각각 해석함

이 아래는 세 번째로 장章에 의하여 각각 해석하는 것이니, 곧 다섯으로 나뉜다. 처음 중에 두 가지가 있으니, 먼저는 장의 이름을 말하였고, 다음에는 인연을 나타내었다.

> 此下第三依章別解。卽爲五分。初中有二。先牒章名。次顯因緣。

1. 인연분

1) 장의 이름을 말함

논 처음은 인연분을 설한다.

> 初說因緣分。

2) 인연을 나타냄

소 인연을 나타내는 중에 두 가지의 문답이 있으니, 첫째는 곧바로 나타내었고 둘째는 의심을 제거하였다.

顯因緣中。有二問答。一者直顯。二者遣疑。

(1) 문답하여 곧바로 나타냄

논 問 어떤 인연이 있어 이 논을 지었는가?

問曰。有何因緣而造此論。

答 이 인연에 여덟 가지가 있으니, 무엇이 여덟 가지인가? 첫째는 인연의 총상總相이니, 이른바 중생으로 하여금 모든 고통을 여의고 궁극적인 즐거움을 얻게 하기 위함이지, 세속의 명리名利와 공경을 구하는 것이 아니기 때문이다. 둘째는 여래의 근본 뜻을 해석하여 모든 중생으로 하여금 바르게 이해하여 틀리지 않도록 하고자 하기 때문이다. 셋째는 선근이 성숙한 중생으로 하여금 대승법을 감당하여 신심을 퇴전하지 않게 하기 위해서이다. 넷째는 선근이 미세한 중생으로 하여금 신심을 수행하여 익히게 하기 위해서이다. 다섯째는 방편을 보여서 악업장惡業障을 없애 그 마음을 잘 호위하고, 어리석음과 교만을 멀리 여의어 사악한 그물에서 벗어나게 하기 위해서이다. 여섯째는 지행과 관행을 수습함을 보여서 범부凡夫[152]와 이승二乘[153]의 마음의 허물을 대치하기 위해서이다. 일곱째는 염불

---

152 범부凡夫 : 지혜가 얕고 우둔한 중생. 불교에서는 대승·소승을 물론하고 견도見道

念佛에 전일專一하는 방편을 나타내어 부처님 앞에 왕생하여 반드시 절대로 신심을 퇴전하지 않게 하기 위해서이다. 여덟째는 이익을 보여 수행을 권고하기 위해서이다. 이러한 여러 가지 인연이 있기 때문에 논을 지은 것이다.

> 答曰。是因緣有八種。云何爲八。一者因緣總相。所謂爲令衆生離一切苦。得究竟樂。非求世間名利恭敬故。二者爲欲解釋如來根本之義。令諸衆生正解不謬故。三者爲令善根成熟衆生。於摩訶衍法堪任不退信故。四者爲令善根微少衆生修習信心故。五者爲示方便消惡業障。善護其心。遠離癡慢。出邪網故。六者爲示修習止觀。對治凡夫二乘心過故。七者爲示專念方便。生於佛前。必定不退信心故。八者爲示利益勸修行故。有如是等因緣。所以造論。

① 질문함

소 처음 물음은 알 수 있을 것이다.

> 初問可見。

② 답변함

답 중에 세 가지가 있으니, 전체적으로 나타낸 것과 각각 해석하는 것, 그리고 나중에 다시 총결하는 것이다.

이전으로 올바른 이치를 깨닫지 못한 이는 다 범부라 한다.
153 이승二乘 : 성문승과 연각승을 말한다.

答中有三。總標。別釋。後還總結。

가. 전체적으로 나타냄[154]

나. 각각 해석함

두 번째, 각각 해석하는 것의 여덟 가지 인연 가운데 처음의 한 가지는 총상인總相因이고, 뒤의 일곱 가지는 별상인別相因이다.

第二別解。八因緣中。初一是總相因。後七是別相因。

가) 총상인

처음 "총상"이라고 말한 것에 두 가지 뜻이 있다. 첫째는 대체로 모든 보살이 행하는 것은 항상 중생들로 하여금 고통을 여의고 즐거움을 얻도록 하기 위한 것이지, 이러한 논을 지은 인연에만 있는 것이 아니기 때문에 '총상'이라고 말한 것이다. 둘째는 이 인因이 입의분의 글에 대하여 연緣이 되는 것이긴 하지만, 저 입의분은 전체적으로 해석분 등의 근본이 되는 것이므로, 이 인因도 저 (해석분)의 연緣이 되는 것이다. 이러한 뜻에 의하여 '총상'이라고 풀이한 것이다.

"모든 고통을 여의고"라고 말한 것은 분단생사分段生死[155]와 변역생사變

---

[154] 원효가 분과는 했으나 본문에 대한 해석은 하지 않았으므로 해당 글은 없다. 전체 구조를 일목요연하게 볼 수 있게 하기 위해 분과 제목을 모두 실었다. 이하 별도로 밝히지 않는다.

[155] 분단생사分段生死 : 육도로 윤회하는 범부들의 생사를 말한다. '분단'은 분한分限과 형단形段의 뜻이다. 범부는 각기 업인業因을 따라서 신체에 크고 작으며 가늘고 굵은 형단이 있고, 목숨에 길고 짧은 분한이 있어 분분단단分分段段으로 생사하므로 분단

易生死[156]에서의 일체의 고통을 뜻하며, "궁극적인 즐거움"이란 무상보리대열반락無上菩提大涅槃樂을 말한다. "세속의……구하는 것이 아니기 때문"이라는 것은 후세에 인간과 천상(人天)[157]의 부귀와 즐거움을 바라지 않는다는 것이요, "명리와 공경"이란 현재의 헛되고 거짓된 일을 구하지 않는 것이다.

> 初言總相。有其二義。一者凡諸菩薩有所爲作。每爲衆生離苦得樂。非獨在此造論因緣。故曰總相。二者此因雖望立義分文作緣。然彼立義分。總爲解釋分等作本。此因亦通爲彼作緣。依是義故。亦解總相。言離一切苦者。分段變易一切苦也。究竟樂者。無上菩提大涅槃樂也。非求世間者。不望後世人天富樂也。名利恭敬者。不求現在虛僞之事也。

나) 별상인

이 아래 일곱 가지는 별인別因이니, 오직 이 『기신론』에 대해서만 인因이 되는 것이며, 아래 (해석분의) 일곱 군데에 대하여 별연別緣이 되는 것이기 때문이다.

두 번째 인[158]은 해석분 안에 있는 세 문단[159] 중 두 문단의 인연이 되

생사라 한다.
156 변역생사變易生死 : 삼계에 생사하는 몸을 여읜 뒤로 성불하기까지 성자聖者가 받는 삼계 밖의 생사를 말한다. '변역'은 그전 형상이 변하여 다른 모양을 받는 것이니, 이 성자들은 무루無漏의 비원력悲願力으로 말미암아 분단생사하는 추열麁劣한 몸이 변하여 세묘한細妙無限한 몸을 받으며, 무루의 정원력定願力의 도움으로 묘용妙用이 헤아릴 수 없으므로 변역생사 또는 부사의변역생사라 한다.
157 인간과 천상(人天) : 육취六趣 가운데 인간취人間趣와 천상취天上趣를 말한다. 인간취는 인류가 사는 곳으로 남섬부주 등의 사대주이고, 천상취는 몸에 광명을 갖추고 자연히 쾌락을 받는 중생이 사는 곳으로 육욕천과 색계천과 무색계천을 말한다.
158 일곱 가지 별인別因 중 첫 번째이고, 전체의 분류로는 두 번째이다.

는 것이니, 현시정의顯示正義(바른 뜻을 나타냄)와 대치사집對治邪執(삿되고 잘못된 고집을 다스림)을 말한다. 현시정의 가운데 "일심법에 의하여 두 가지 문이 있으니,……이 두 가지 문이 모두 각각 일체의 법을 총괄하고 있다."[160] 라고 하였으니, 이것이 여래가 설한 일체 법문의 근본 뜻임을 알아야 할 것이다. 이 일심이문一心二門 안에는 하나의 법이나 하나의 뜻이라도 포섭되지 않은 것이 없기 때문에, 그러므로 "여래의 근본 뜻을 해석하여"라고 말한 것이다. 저 두 번째 문단의 대치사집이란 곧 중생으로 하여금 인人·법法의 두 가지 그릇된 집착을 버리게 하기 때문에, "중생으로 하여금 바르게 이해하여 틀리지 않도록 하고자 하기 때문이다."라고 말한 것이다.

> 此下七種是其別因。唯爲此論而作因故。望下七處作別緣故。第二因者。解釋分內有三段中。爲二段而作因緣。謂顯示正義。對治邪執。顯示正義之中說云。依一心法有二種門。是二種門皆各總攝一切諸法。當知卽是如來所說一切法門之根本義。以是一心二門之內。無一法義而所不攝故。故言爲欲解釋如來根本之義也。彼第二段對治邪執者。卽令衆生捨離人法二種謬執。故言爲令衆生正解不謬故也。

세 번째 인은 해석분 안의 세 번째 문단의 글에 대하여 인연이 되는 것이다. 저 글에서 발취도상發趣道相(도에 발심하여 나아가는 상)을 분별함은 근기가 예리한 자로 하여금 결정적으로 발심케 하여 대도大道에 나아가 불퇴위不退位[161]를 감당하여 그에 머물게 하기 때문이니, 그러므로 "선근이 ……신심을 퇴전하지 않게 하기 위해서이다."라고 말한 것이다.

---

159 현시정의, 대치사집, 분별발취도상을 말한다.
160 『大乘起信論疏記會本』권1(H1, 740c).
161 불퇴위不退位: '퇴'는 퇴보·퇴폐의 뜻이니, 한번 도달한 수행의 단계로부터 뒤로 물러나거나 수행을 퇴폐하는 일이 없는 지위를 말한다.

第三因者. 爲解釋分內第三段文而作因緣. 彼文分別發趣道相. 令利根者
決定發心進趣大道. 堪任住於不退位故. 故言爲令善根乃至不退信故.

네 번째 인은 아래의 수행신심분의 처음 네 가지 신심과 네 가지 수행의 글[162]에 대하여 인연이 되는 것이니, 그러므로 "신심을 수행하여 익히게 하기 위해서이다."라고 말한 것이다.

第四因者. 爲下修行信心分初四種信心及四修行之文而作因緣. 故言爲令
修習信心故也.

다섯 번째 인은 아래의 네 번째의 수행 끝부분에 "또한 만약 사람이 신심을 수행하였으나, 선세로부터 중죄와 악업의 장애가 많이 있기 때문에"라고 한 아래에 장애를 제거하는 법을 설명한 다섯 줄가량의 글[163]에 대하여 인연이 되는 것이니, 그러므로 "방편을 보여서 악업장을 없애……사악한 그물에서 벗어나게 하기 위해서이다."라고 말한 것이다.

第五因者. 爲下第四修行末云. 復次若人雖修信心. 以從先世來多有重惡
業障以下. 說除障法五行許文而作因緣. 故言爲示方便消惡業障乃至出邪
網故.

여섯 번째 인은 저곳에서 이르기를 "어떻게 지관문을 수행하는가?" 이하부터 "지·관이 갖추어지지 않으면 곧 보리에 들어갈 수 있는 방도가 없을 것이다."라고 한 데까지의 세 장쯤의 글[164]에 대하여 인연이 되는 것

---

162 『大乘起信論疏記會本』 권6(H1, 780b).
163 『大乘起信論疏記會本』 권6(H1, 780c).
164 『大乘起信論疏記會本』 권6(H1, 781a).

이니, 그러므로 "지행과 관행을 수습함을 보여서……마음의 허물을 (대치하기 위해서이다)."라고 하였다.

> 第六因者. 爲彼云何修行止觀以下. 乃至止觀不具則無能入菩提之道. 三紙許文而作因緣. 故言修習止觀乃至心過故.

일곱 번째 인은 저 수행신심분 끝 부분에 "다음에 중생이 처음 이 법을 배워서" 이하로부터 정토淨土에 나아기를 권하는 여덟 줄가량의 글[165]에 대하여 인연이 되는 것이니, 그러므로 "염불에 전일하는 방편을 나타내어 부처님 앞에 왕생하여" 등이라고 말한 것이다.

> 第七因者. 爲彼修行信心分末云. 復次衆生初學是法以下. 勸生淨土八行許文而作因緣. 故言爲示專念方便生於佛前等也.

여덟 번째 인은 저 제5 권수이익분의 글[166]에 대하여 인연이 되는 것이니, 그러므로 "이익을 보여 수행을 권고하기 위해서이다."라고 하였다.

> 第八因者. 爲彼第五勸修利益分文而作因緣. 故言爲示利益勸修行故.

다. 총결함

다음에 "이러한 여러 가지 인연이 있기 때문에 논을 지은 것이다."라고 말한 것은 세 번째 총결이다. 이상으로 인연을 바로 나타냄을 마친다.

---

165 『大乘起信論疏記會本』 권6(H1, 788b).
166 『大乘起信論疏記會本』 권6(H1, 788c).

次言有如是等因緣所以造論者。第三總結也。直顯因緣竟在於前。

(2) 문답하여 의심을 제거함

논 문 수다라에 이러한 법이 갖추어져 있는데, 어찌하여 거듭 설명해야 하는가?

問曰。脩多羅中具有此法。何須重說。

답 수다라에도 이러한 법이 있긴 하나 중생의 근기와 행동이 같지 않으며, 받아서 이해하는 연緣도 다르다. 이른바 여래가 세상에 계실 적에는 중생의 근기가 예리하고 설법하는 사람도 색色·심心의 업이 수승하여 원음圓音으로 한 번 연설하매 다른 종류의 중생이 똑같이 이해하므로 논을 필요로 하지 않았다.

그러나 여래가 돌아가신 후에는 혹 어떤 중생은 자력으로 자세히 듣고서 이해하는 사람이 있고 혹 어떤 중생은 자력으로 적게 듣고서도 많이 아는 이가 있으며, 혹 어떤 중생은 자심력自心力이 없어서 자세한 논의에 의하여 이해하게 되는 사람도 있으며, 또한 어떤 중생은 다시 자세한 논의의 글이 많음을 번거롭게 여겨 마음으로 총지總持[167]와 같이 글의 분량이 적으면서도 많은 뜻을 가지고 있는 것을 좋아하여 그런 것을 잘 이해하는 사람도 있다.

이처럼 이 논은 여래의 광대하고 깊은 법의 한없는 뜻을 총괄하고자 하

---

167 총지總持 : ⓢ dhāraṇī의 의역어. 다라니陀羅尼로 음사한다. 한량없는 불법을 총섭 억지憶持하여 잊어버리지 않는 염혜력念慧力, 즉 일종의 기억술이다. 하나의 법이나 한 문장, 한 뜻을 기억함으로써 모든 법을 연상할 수 있어서 한량없는 불법을 총지하는 것이다. 전하여 많은 뜻을 함축하고 있는 짧은 구절을 다라니 또는 진언眞言이라 한다.

기 때문에 이 논을 설해야 하는 것이다.

> 答曰。脩多羅中雖有此法。以衆生根行不等。受解緣別。所謂如來在世。衆生利根。能說之人色心業勝。圓音一演。異類等解。則不須論。若如來滅後。或有衆生能以自力廣聞而取解者。或有衆生亦以自力少聞而多解者。或有衆生無自心力。因於廣論而得解者。亦有衆生復以廣論文多爲煩。心樂總持少文而攝多義能取解者。如是此論。爲欲總攝如來廣大深法無邊義故。應說此論。

① 질문함

소 두 번째 의심을 제거하는 것에 물음과 답이 있다. 물음 중에 "수다라에 이러한 법이 갖추어져 있는데"라고 말한 것은 앞서 여덟 가지 인연에 의하여 설한 법을 이름이니, 이는 입의분에서 세운 법法과 의義와 내지 권수이익분에서 보인 이익과 같은 것이다. 이러한 여러 법을 경에 갖추어 설하였으니, 이는 모두 중생으로 하여금 고통을 여의고 즐거움을 얻게 하기 위한 것이거늘, 이제 다시 이 논을 지어서 저러한 법을 거듭 설하는 것은 어찌 명예와 이익 등을 구하는 것이 아니겠는가? 그러므로 "어찌하여 거듭 설명해야 하는가."라고 말하였으니, 이는 의심하는 마음을 들어서 질문한 것이다.

> 第二遣疑。有問有答。問中言經中具有此法者。謂依前八因所說之法。如立義分所立法義。乃至勸修分中所示利益。如是等諸法。經中具說。皆爲衆生離苦得樂。而今更造此論重說彼法者。豈非爲求名利等耶。以之故言何須重說。是擧疑情而作問也。

② 답변함

　답 중에 세 부분이 있으니, 간략하게 답한 것과 자세히 해석한 것, 그리고 세 번째 간략하게 답을 맺은 것이다.

> 答中有三。略答。廣釋。第三略結答。

가. 간략하게 답함

　답 중에서 "수다라에도 이러한 법이 있긴 하나"라고 말한 것은 저 묻는 말을 인정하는 것이고, "중생의 근기와 행동이 같지 않으며, 받아서 이해하는 연도 다르다."는 것은 그 의심하는 마음을 없애는 것이다. 경과 논에서 설한 법이 서로 다르지는 않으나, 받아 이해하는 사람의 근기와 행동이 같지 않기 때문에, 혹은 경에만 의지하고 논에는 의지하지 않는 사람이 있고, 혹은 논에만 의지하고 경에는 의지하지 않는 사람도 있다. 그리하여 후자(즉, 논에만 의지하는 사람)를 위하여 반드시 논을 지어야 하는 것이다. 답의 뜻은 이상과 같다.

> 答中言脩多羅中雖有此法者。與彼問辭也。根行不等受解緣別者。奪其疑情也。經論所說雖無別法。而受解者根行不同。或有依經不須論者。或有依論不須經者。故爲彼人必須造論。答意如是。

나. 자세히 해석함

　다음은 자세히 밝힘이니, 그중에 두 가지가 있다. 먼저는 부처님이 세상에 계실 때 설법자說法者와 청법자聽法者가 모두 수승함을 밝혔고, 뒤에서는 여래가 돌아가신 뒤에 중생의 근기와 받아 이해하는 연이 일정하지 않음을 나타내었다.

> 次則廣顯。於中有二。先明佛在世時說聽俱勝。後顯如來滅後根緣參差。

가) 부처님이 세상에 계실 때 설법자와 청법자가 모두 수승함을 밝힘

처음에 "여래가 세상에 계실 적에는 중생의 근기가 예리하고"라고 말한 것은 법을 듣는 사람이 수승함을 밝힌 것이고, "설법하는 사람도 색·심의 업이 수승하여"라는 것은 설하는 사람의 수승함을 나타낸 것이다. "원음으로 한 번 연설하매"라는 것은 설하는 사람이 수승함을 이룬 것이고, "다른 종류의 중생이 똑같이 이해하므로"라는 것은 법을 듣는 사람이 수승함을 이룬 것이며, "논을 필요로 하지 않았다."는 것은 설하는 사람과 듣는 사람 모두가 수승하다는 뜻을 결론 맺은 것이다.

> 初中言如來在世衆生利根者。明聽人勝。能說之人色心業勝者。顯說者勝。圓音一演者。成說者勝。異類等解者。成聽人勝。則不須論者。結俱勝義。

여기에서 "원음"이라 말함은 곧 일음一音이니, 일음과 원음은 그 뜻이 어떠한가? 예부터 여러 논사論師의 설한 것이 같지 아니하니 어떤 논사는 다음과 같이 말한다. "여러 부처는 오직 제일의신第一義身이니, 영원히 만상萬像을 끊어 형체도 없고 소리도 없으나, 다만 중생의 근기를 따라 한량없는 형체와 소리를 현현하신다. 이는 마치 빈 골짜기에 소리가 없으나 부름을 따라 메아리가 나오는 것과 같다. 그러니 부처님의 편에서 말한다면 소리가 없는 것이니 곧 하나지만, 중생의 근기를 가지고 논한다면 여러 가지의 소리니 곧 하나가 아닌 것이다. 그러니 무슨 뜻으로 일음이니 원음이니 말하는 것인가? 참으로 같은 때 같은 모임에서 다른 종류의 중생이 똑같이 이해하되, 그 근성에 따라서 각각 일음을 얻고 다른 소리는 듣지 아니하여 착란되지 아니하니, 이처럼 음이 기특奇特함을 나타내기 때문에 일음이라고 이른 것이다. 음이 시방에 두루하여 근기가 성숙한 정도에 따라 듣지 못하는 바가 없기 때문에 원음이라 이름하는 것이지, 허공처럼 두루 가득 차 별다른 운곡韻曲이 없는 것을 이르는 것은 아니다. 이는 마치 경(『대반열반경』)에서 '그 무리들의 음에 따라 중생에게 널리 일러 준다.'[168]라고 한 것과 같으니, 바로 이것을 말한 것이다."

此言圓音卽是一音。一音圓音。其義云何。昔來諸師說者不同。有師說云。諸佛唯是第一義身。永絶萬像。無形無聲。直隨機現無量色聲。猶如空谷無聲。隨呼發響。然則就佛言之。無音是一。約機論之。衆音非一。何意說言一音圓音者。良由一時一會異類等解。隨其根性各得一音。不聞餘聲。不亂不錯。顯是音奇特。故名一音。音徧十方隨機熟處無所不聞。故名圓音。非謂如空徧滿無別韻曲。如經言隨其類音普告衆生。斯之謂也。

또 어떤 이는 다음과 같이 말한다. "부처님 편에서 말한다면 실로 형체와 소리가 있으며 그 소리가 원만하여 두루하지 않는 바가 없어서, 도무지 궁음宮音과 상음商音[169]의 다름도 없거늘 어찌 평성平聲과 상성上聲[170]의 다름이 있겠는가? 이처럼 다른 곡조가 없기 때문에 일음이라 이름하며, 두루하지 않는 바가 없기 때문에 원음이라고 설하는 것이니, 다만 이 원

---

168 36권본 『大般涅槃經』(T12, 605a11).
169 궁음宮音과 상음商音 : 음률의 기본이 되는 궁宮·상商·각角·치徵·우羽 다섯 음계 중 첫 번째 음과 두 번째 음.
170 평성平聲과 상성上聲 : 한자의 네 가지 음인 평平·상上·거去·입入 사성四聲 중 제1성과 제2성.

음이 증상연增上緣[171]이 되기 때문에 근기의 차별을 따라서 여러 가지 소리를 나타내는 것이다. 이는 마치 보름달이 오직 하나의 원형圓形이지만 그릇의 차이에 따라 여러 가지 그림자를 나타내는 것과 같으니, 여기서의 도리도 그와 같음을 알아야 할 것이다. 이는 또 경(『유마경』[172])에서 '부처가 일음으로 법을 연설하시매 중생이 무리에 따라서 각각 이해하게 된다.'[173]라고 한 것과 같다."

或有說者。就佛言之。實有色聲。其音圓滿。無所不徧。都無宮商之異。何有平上之殊。無異曲故名爲一音。無不徧故說爲圓音。但由是圓音作增上緣。隨根差別現衆多聲。猶如滿月唯一圓形。隨器差別而現多影。當知此中道理亦爾。如經言。佛以一音演說法。衆生隨類各得解故。

또 어떤 이는 다음과 같이 말한다. "여래가 실로 여러 가지 음성이 있어서 일체 중생이 가진 언음言音이 여래의 법륜法輪[174]의 음성에 포섭되지 않는 것이 없으나, 다만 이 부처의 음성은 장애가 없어서 하나가 곧 일체이며 일체가 곧 하나이다. 일체가 곧 하나이기 때문에 일음이라고 이름하

---

171 증상연增上緣 : ⓢ adhipati-pratyaya. 사연四緣의 하나. 다른 것이 생겨나는 데 힘을 주어 돕는 여력증상연與力增上緣과 다른 것이 생겨나는 것을 방해하지 않는 부장증상연不障增上緣 2종이 있다.
172 『유마경維摩經』: 『維摩詰所說經』・『不可思議解脫經』・『淨名經』이라고도 한다. 오吳 지겸支謙 한역『維摩詰經』2권, 요진 구마라집 한역『維摩詰所說經』3권, 당 현장 한역『說無垢稱經』6권 등 3종의 한역본이 전한다. 문수보살이 여러 성문과 보살들을 데리고 유마거사를 문병하러 갔을 때, 유마는 여러 가지 신통을 보여 불가사의한 해탈상을 나타냈다. 서로 문답하여 무주無住의 근본으로부터 일체법이 성립되는 것과 삼라만상을 들어 모두 불이不二의 일법一法에 돌려보내는 법문을 보였다. 최후에 유마는 잠자코 있어 말 없는 것으로써 불가언불가설不可言不可說의 뜻을 나타내었다.
173 『維摩詰所說經』권1(T14, 538a).
174 법륜法輪 : ⓢ dharmacakra. 교법敎法을 말한다. 교법이 한 사람 한 곳에 머물러 있지 않고, 늘 굴러서 여러 사람에게 이르는 것이 마치 수레바퀴와 같으므로 이렇게 이른다.

고, 하나가 곧 일체이기 때문에 원음이라고 이름하는 것이다. 이는 『화엄
경』에서 '(여래는) 일체 중생의 말하는 법을 한 말로 연설하여 다하여 남
음이 없네. 깨끗하고 비밀스러운 음을 모두 알고자 하니, 보살은 이로 인
하여 처음 발심하였네.'[175]라고 한 것과 같기 때문이다. 또 이 불음佛音은
불가사의하니, 다만 일음의 말이 곧 일체음一切音일 뿐 아니라, 여러 법에
도 똑같이 두루하지 않음이 없다."

> 或有說者。如來實有衆多音聲。一切衆生所有言音。莫非如來法輪聲攝。但
> 此佛音無障無礙。一卽一切。一切卽一。一切卽一。故名一音。一卽一切。
> 故名圓音。如華嚴經言。一切衆生語言法。一言演說盡無餘。悉欲解了淨密
> 音。菩薩因是[1)]初發心故。又此佛音不可思議。不但一音言卽一切音。亦於
> 諸法無不等徧。
>
> 1) ㉠『華嚴經』에 따르면 '是'는 '此'이다.

이제 우선 대략 여섯 쌍을 들어 그 똑같고 두루한 모양을 나타낼 것이다.
첫째는 일체 중생과 일체의 법에 똑같으며, 둘째는 시방의 모든 공간과
삼세의 모든 시간에 똑같으며, 셋째는 일체의 응신여래應身如來[176]와 일체
의 화신제불化身諸佛[177]에 똑같으며, 넷째는 일체법계一切法界[178]와 허공계

---

175 60권본 『華嚴經』 권8(T9, 447b).
176 응신여래應身如來 : 삼신三身의 하나인 응신(Ⓢ saṃbhoga-kāya)을 말한다. 『合部金光
明經』 권1 「三身分別品」(T16, 362c)에 의하면, 모든 여래가 보살들을 통달하게 하고
생사와 열반의 일미一味를 체득케 하기 위하여 무변한 불법을 근본으로 삼기 때문에
이러한 구족한 삼십이상과 팔십종호 및 항배원광項背圓光의 몸을 나타낸 것을 응신
이라고 한다.
177 화신제불化身諸佛 : 화신의 모든 부처. 삼신의 하나인 화신(Ⓢ nirmāṇa-kāya), 즉 변화
신變化身을 말한다. 『合部金光明經』 권1 「三身分別品」(T16, 362c)에 의하면, 부처가
옛날에 인지因地에서 수행하는 중 모든 중생을 위하여 여러 가지 법을 닦아 수행이
원만해지자 그 힘으로 인하여 자재함을 얻어서 중생의 원에 따라 여러 가지의 몸을
나타내는 것을 화신이라고 한다.

虛空界[179]에 똑같으며, 다섯째는 무애상입계無礙相入界[180]와 무량출생계無量
出生界[181]에 똑같으며, 여섯째는 일체행계一切行界[182]와 적정열반계寂靜涅槃
界[183]에 똑같다.

今且略擧六雙。顯其等徧之相。一者等於一切衆生及一切法。二者等於十
方諸刹及三世諸劫。三者等於一切應身如來及一切化身諸佛。四者等於一
切法界及虛空界。五者等於無礙相入界及無量出生界。六者等於一切行界
及寂靜涅槃界。

이 뜻은 『화엄경』의 세 가지 무애無礙[184] 중에서 설한 것과도 같다. 하나

---

178 법계法界 : ⓈⒹ dharma-dhātu. 세 가지의 뜻이 있다. ① '계'는 인因의 뜻이고 '법'은 성
법聖法이니, 성법을 내는 원인이 되는 것, 곧 진여眞如를 말한다. ② '계'는 성성의 뜻
이고 '법'은 일체 모든 법이니, 만유제법의 체성이 되는 것을 말한다. ③ '계'는 분제分
齊의 뜻이고 '법'은 모든 법이니, 분제가 서로 같지 않은 모든 법의 모양, 곧 만유제법
을 포함하여 말한다. 여기서는 세 번째 뜻을 취한다.
179 허공계虛空界 : 진여를 말한다. 빛도 없고 모양도 없으면서 일체 만유를 온통 휩싸고
있는 것이 허공과 같으므로 이렇게 이른다.
180 무애상입계無礙相入界 : 『華嚴經』「盧舍那佛品」에서 말하는 화장장엄세계해華藏莊嚴
世界海에 구족한 10가지 무애 중 제3 상입무애상입無礙의 세계. 하나의 불토佛土로
시방을 가득 채우며 시방이 하나의 불토에 들어가도 남음이 없음을 말한다.
181 무량출생계無量出生界 : 명호名號가 구족한 삼세의 모든 부처가 출생하여 이룩한 무
량한 장엄 세계이다.
182 일체행계一切行界 : 모든 변화하는 현상계. 행行은 조작의 뜻으로 일체 유위법有爲法
을 말한다. 유위법은 연緣을 따라서 모여 일어나고 만들어진다는 뜻이다. 또는 이것
이 항상 변화하여 생멸하는 것이므로 천류遷流의 뜻으로도 해석한다.
183 적정열반계寂靜涅槃界 : 번뇌를 떠난 것을 적寂, 고환苦患이 없는 것을 정靜이라 하
니, 적정이란 곧 열반의 이치이다. 열반이란 모든 번뇌의 속박에서 해탈하고 진리를
궁구하여 미혹한 생사를 초월, 불생불멸의 법을 체득한 경지이다. 따라서 적정열반계
란 앞서의 행계行界와 대립되는 경지를 말한다.
184 세 가지 무애無礙 : 보살이 가지고 있는 무애자재한 세 가지 작용. ① 총지무애總持
無礙란 보살이 큰 총지를 얻어 선법을 잃지 않고 악법을 내지 않으며, 또 온갖 언어·
문자와 만반의 일을 다 알아 잊어버리지 않는 자재한 힘이다. ② 변재무애辯才無礙란
보살이 큰 변재를 얻어 대·소승의 모든 법을 중생의 근기에 맞게 잘 설명하여 모두

하나의 소리마다 이 여섯 쌍과 같으면서도 그 음운音韻이 항상 잡란雜亂하지 아니하니, 음이 이 여섯 쌍에 두루 미치지 않는 바가 있다면 음이기는 하지만 원圓이 아니고, 똑같고 두루하기 때문에 그 음의 곡조를 잃는다면 원이긴 하지만 음이 아닌 것이다. 그러나 이제 곡조를 무너뜨리지 않으면서 똑같고 두루 미치며, 두루 미침을 변동시키지 않으면서 음운이 차별되니, 이런 도리 때문에 비로소 원음을 이루는 것이다. 이는 심식心識에 의해 사량思量하여 헤아릴 수 있는 것이 아니니, 법신의 자재한 뜻으로써 한 것이기 때문이다. 일음의 뜻을 간략히 이와 같이 설하였는데, 우선 나머지 논의는 그치고 다시 본문을 해석하겠다.

> 此義如華嚴經三種無礙中說。隨一一聲等此六雙。而其音韻恒不雜亂。若音於此六雙有所不徧。則音非圓。若由等徧失其音曲。則圓非音。然今不壞曲而等徧。不動徧而差韻。由是道理。方成圓音。此非心識思量所測。以是法身自在義故。一音之義略說如是。且止餘論還釋本文。

나) 여래가 돌아가신 뒤에 중생의 근기와 받아 이해하는 연이 일정하지 않음을 나타냄

이 아래 두 번째에서 부처가 돌아가신 후 중생의 근행根行[185]이 일정하지 않음을 밝혔으니, 이 중에 따로 네 가지 근성根性을 나타냈다. 처음 둘은 경에 의하여 알게 되는 사람이고, 뒤의 둘은 논에 의해서야 비로소 알

통달케 함이다. ③ 도법무애道法無礙란 보살이 지혜를 얻어 대·소승의 모든 도법과 세간의 모든 언어·문자를 통달함이다.
185 근행根行 : 근기根機에 말미암는 행위. 근기에 따른 행위. 근기는 교법을 듣고 닦아 증득하는 능력이니 교법을 받는 중생의 성능을 말한다. 근기에는 상·중·하 세 가지가 있다.

게 되는 사람이다.

> 此下第二明佛滅後根行參差。於中別出四種根性。初二依經而得解者。後二依論方取解者。

처음에 "자력으로 자세히 듣고서 이해하는 사람"이라고 한 것은, 널리 경을 들음에 의하여 부처의 뜻을 알게 되어 논을 필요로 하지 않기 때문에 '자력'이라고 말한 것이다. 두 번째에 "자력으로 적게 듣고서도 많이 아는 이"라고 한 것은 반드시 여러 경의 글들을 널리 듣지는 않았지만 여러 경의 뜻을 깊이 잘 이해하며, 역시 논을 필요로 하지 않기 때문에 '자력'이라 말하였다. 세 번째에 "자심력이 없어서"라고 한 것은 불경에만 의지해서는 잘 알지 못하기 때문에 힘(자심력)이 없다고 말한 것이고, 『대지도론』·『유가사지론』 등의 논에 의해서라야 비로소 불경에서 설한 뜻을 알기 때문에 "자세한 논의에 의하여 이해하게 되는 사람"이라고 말하였다. 네 번째에 "다시 자세한 논의의 글이 많음을 번거롭게 여겨"라고 말한 것은 비록 이근利根이긴 하지만 번거로움을 참지 못하는 것이니, 이런 사람은 오직 글이 간략하면서도 뜻이 풍부한 논에 의해서만 불경에서 설한 뜻을 깊이 이해하기 때문에 "마음으로 총지와 같이 글의 분량이 적으면서도 많은 뜻을 가지고 있는 것을 좋아하여 그런 것을 잘 이해하는 사람"이라고 말하였다. 이 네 가지 중 앞의 세 가지는 지금 이 『기신론』에서 목표하는 바가 아니고, 여기서 목표로 하는 것은 네 번째 사람에 있는 것이다.

> 初中言能以自力廣聞而取解者。依廣經聞得解佛意。而不須論。故言自力也。第二中言亦以自力少聞而多解者。未必廣聞諸經文言。而能深解諸經意致。亦不須論。故言自力。第三中言無自心力者。直依佛經則不能解。故言無力。因於智度瑜伽等論。方解佛經所說意趣。故言因於廣論得解

者。第四中言復以廣論文多爲煩者。雖是利根而不忍繁。此人唯依文約義
豊之論。深解佛經所說之旨。故言心樂總持少文而攝多義能取解者。此四
中。前三非今所爲。今所爲者在第四人也。

다. 간략하게 답을 맺음

"이처럼" 이하는 세 번째로 답을 맺음이니, '이처럼'이라 말한 것은 앞의 네 가지 사람을 모두 든 것이다. "이 논" 이하는 따로 네 번째 사람에 대한 것이니, 반드시 『기신론』을 지어야만 하는 뜻을 결론지어 밝힌 것이다.

如是以下第三結答。言如是者。通擧前四種人。此論以下。別對第四之人。
結明必應須造論意。

지금 이 논은 글이 오직 한 권이지만 널리 모든 경의 뜻을 포괄하기 때문에, "여래의 광대하고 깊은 법의 한없는 뜻을 총괄하고자 하기 때문에"라고 말하였다. 저 네 번째 등급의 간단한 글귀(總持)를 좋아하는 부류는 이 논에 의지해야만 도를 깨우치게 되기 때문에 "이 논을 설해야 하는 것이다."라고 말하였다.

今此論者。文唯一卷。其普攝一切經意。故言總攝如來廣大深法無邊義故。
彼第四品樂總持類。要依此論乃得悟道。以之故言應說此論也。

2. 입의분

논 이미 인연분을 말하였으니, 다음에는 입의분을 말할 것이다.

已說因緣分。次說立義分。

    마하연이란 총괄하여 설명하면 두 가지가 있으니, 무엇이 두 가지인가? 첫째는 법法이요, 둘째는 의義다. '법'이라고 하는 것은 중생심衆生心[186]을 말함이니 이 마음이 곧 일체의 세간법世間法[187]과 출세간법出世間法[188]을 포괄하며, 이 마음에 의하여 대승의 뜻을 나타내고 있다. 어째서인가? 이 심진여의 상이 대승의 체를 보이기 때문이고, 이 심생멸인연의 상이 대승 자체의 상相·용用을 잘 보이기 때문이다. '의'라고 하는 것은 세 가지 종류가 있으니, 무엇이 세 가지인가? 첫째는 체대體大니, 일체의 법은 진여로서 평등하여 증감하지 않음을 뜻하기 때문이고, 둘째는 상대相大니, 여래장如來藏[189]에 한량없는 성공덕性功德[190]이 갖추어 있음을 뜻하기 때문이

---

186 중생심衆生心 : 세 가지 뜻이 있다. ① 중생의 심성이니, 곧 중생이 본래 갖추고 있는 진여심眞如心을 말한다. 이것은 보편 평등한 실체로서 일체 만유萬有를 섭수하고 전 우주를 포용하는 근본 진리로 제법에 있어서는 법성·진여라 하고, 중생에 있어서는 불성佛性·여래장·자성청정심自性淸淨心이라 한다. ② 천태종天台宗에서는 우리가 일상에서 일으키는 미망한 마음을 말하며, 이 마음에 법계 삼천三千의 제법이 갖추어져 있다고 한다. ③ 유식종에서는 알라야식을 말한다.
187 세간법世間法 : 세간의 모든 생사법. '세'는 천류遷流·격별隔別의 뜻이고 '간'은 간차間差의 뜻이니, 과거·현재·미래 삼세의 천류하는 바 되면서도 갖가지 모든 법은 서로 차별되어 섞이지 않음을 말한다. 또한 '세'는 가훼괴可毀壞·유대치有對治의 뜻이고 '간'은 간차의 뜻이니, 유루법의 다른 이름이다. 유루의 모든 법은 반드시 생生·주住·이異·멸滅로 천류하는 바 되어 찰나찰나에 허물어지며, 또 번뇌의 더러움이 없는 무루성도無漏聖道의 대치할 바가 된다는 뜻이다.
188 출세간법出世間法 : 생멸변화하는 세간법에 대치되는 열반법을 말한다. 또는 유위의 미계迷界를 벗어나는 법이니, 즉 삼승이 수행하는 사제·십이인연·육도 등의 행법을 말한다.
189 여래장如來藏 : 미계迷界에 있는 진여. 미계의 사물은 모두 진여에 섭수되었으므로 여래장이라 한다. 진여가 바뀌어 미계의 사물이 될 때는 그 본성인 여래의 덕이 번뇌·망상에 덮이게 되므로 여래장이라 하며, 또 미계의 진여는 그 덕이 숨겨져 있을지언정 아주 없어진 것이 아니어서 중생이 여래의 성덕性德을 함장하고 있으므로 여래장이라 한다.
190 성공덕性功德 : 본래부터 가지고 있는 공덕을 말한다.

고, 셋째는 용대用大니, 일체의 세간과 출세간의 착한 인과를 낼 수 있기 때문이다. 일체의 부처가 본래 의거하는 것이기 때문이며, 일체의 보살이 모두 이 법에 의거하여 여래의 경지에 이르기 때문이다.

摩訶衍者。總說有二種。云何爲二。一者法。二者義。所言法者。謂衆生心。是心則攝一切世間法出世間法。依於此心顯示摩訶衍義。何以故。是心眞如相。卽示摩訶衍體故。是心生滅因緣相。能示摩訶衍自體相用故。所言義者。則有三種。云何爲三。一者體大。謂一切法眞如平等不增減故。二者相大。謂如來藏具足無量性功德故。三者用大。能生一切世間出世間善因果故。一切諸佛本所乘故。一切菩薩皆乘此法到如來地故。

1) 앞글을 맺어 뒷글을 일으킴

소 두 번째는 입의분을 설명하는 것이니, 글 중에 두 부분이 있다. 첫째는 앞글을 맺어 뒷글을 일으킨 것이다.

第二說立義分。文中有二。一者結前起後。

2) 바로 설명함

"마하연" 이하는 두 번째 바로 설명한 것이다. 여기에 2장二章의 문이 있으니 '법'과 '의'를 말한다. '법'이란 대승의 법체法體고, '의'란 대승의 명의名義다. 처음에 법을 세운다는 것은 아래 해석에 처음 법체를 해석하는 글[191]을 일으키는 것이며, 다음에 뜻을 세운다는 것은 아래에 "또한 진여

---

191 『大乘起信論疏記會本』 권2(H1, 743b).

의 자체상이란"¹⁹² 이하의 뜻을 해석한 글을 일으킨 것이다.

> 摩訶以下. 第二正說. 立二章門. 謂法與義. 法者是大乘之法體. 義者是大乘之名義. 初立法者. 起下釋中初釋法體之文. 次立義者. 起下復次眞如自體相者以下釋義文也.

(1) 법장문

처음 법을 세우는 중에 또한 두 가지의 세움이 있다. 첫째는 체體의 면에서 총체적으로 세우는 것으로 아래의 해석하는 중에 처음의 총체적으로 해석하는 글¹⁹³을 일으킨 것이고, 둘째는 문에 의하여 각각 세우는 것으로 아래에 "진여라고 말한 것은"¹⁹⁴ 이하에 각각 해석하는 글을 일으킨 것이다.

> 初立法中亦有二立. 一者就體總立. 起下釋中初總釋文. 二者依門別立. 起下言眞如者以下別釋文也.

① 체의 면에서 총체적으로 세움

처음에 "법이라고 하는 것은 중생심을 말함이니"라고 한 것은 자체를 법이라고 이름하는 것이니, 이제 대승에서 일체의 모든 법이 다 별다른 체가 없고 오직 일심一心으로 그 자체를 삼기 때문에, '법이라고 하는 것은 중생심을 말함이니'라고 한 것이다. "이 마음이 곧 일체의 세간법과 출

---

192 『大乘起信論疏記會本』 권5(H1, 771b).
193 『大乘起信論疏記會本』 권2(H1, 743b).
194 『大乘起信論疏記會本』 권2(H1, 744a).

세간법을 포괄하며"라고 한 것은 대승법이 소승법과 다름을 나타내니, 참으로 이 마음이 모든 법을 통섭通攝하며, 모든 법의 자체가 오직 이 일심이기 때문이다. 이는 소승에서 일체의 모든 법이 각각 자체가 있는 것과는 다르다. 그러므로 일심을 대승의 법이라 말하는 것이다.

> 初中所言法者謂衆生心者。自體名法。今大乘中一切諸法皆無別體。唯用一心爲其自體。故言法者謂衆生心也。言是心卽攝一切者。顯大乘法異小乘法。良由是心通攝諸法。諸法自體唯是一心。不同小乘一切諸法各有自體。故說一心爲大乘法也。

② 문에 의하여 각각 세움

"어째서인가" 이하는 문門에 의하여 각각 세운 것이다. 이 한 문장 안에 두 가지 뜻을 함유하고 있으니, 위로는 총의總義를 해석하였고 아래로는 별문別門을 세웠다. 그러나 심법心法은 하나고 대승의 뜻은 넓으니 무슨 뜻으로 다만 이 마음에 의하여 대승의 뜻을 나타내겠는가? 그러므로 '어째서인가?'라고 말한 것이다. 아래에 뜻을 해석하기를, 심법은 하나지만 두 가지 문이 있으니, 진여문에 대승의 체가 있고 생멸문에 체體의 상相·용用이 있다고 하였다. 대승의 뜻이 이 세 가지를 넘어서지 않기 때문에 일심에 의하여 대승의 뜻을 나타낼 수 있는 것이다.

> 何以故下。依門別立。此一文內含其二義。望上釋總義。望下立別門。然心法是一。大乘義廣。以何義故。直依是心顯大乘義。故言何以故。下釋意云。心法雖一而有二門。眞如門中有大乘體。生滅門中有體相用。大乘之義莫過是三。故依一心顯大乘義也。

"이 심진여의"라고 한 것은 진여문을 총체적으로 든 것이니, 아래의

"바로 일법계(卽是一法界)"[195] 이하의 글을 일으켰다. 다음의 "상相"은 진여의 상이니, 아래의 "다시 이 진여란 언설에 의하여 분별함에 있어 두 가지 뜻이 있으니"[196] 이하의 글을 일으켰다.

> 言是心眞如者。總擧眞如門。起下卽是一法界以下文也。次言相者。是眞如相。起下復次眞如者依言說分別有二種以下文也。

"이 심생멸"이라고 한 것은 생멸문을 총체적으로 든 것이니, 아래의 "여래장에 의하므로 생멸심이 있는 것이니"[197] 이하의 글을 일으켰으며, "인연"이라고 한 것은 생멸의 인연이니, 아래의 "다음 생멸인연이라는 것은"[198] 이하의 글을 일으켰다. 다음의 "상"이라고 한 것은 생멸의 상이니, 아래의 "다시 생멸(상을 분별한다는 것은)"[199] 이하의 글을 일으켰다.

> 言是心生滅者。總擧生滅門。起下依如來藏故有生滅心以下文也。言因緣者。是生滅因緣。起下復次生滅因緣以下文也。次言相者。是生滅相。起下復次生滅者以下文也。

"대승 자체의 (상·용을) 잘 보이기 때문이다."라고 한 것은 바로 생멸심 내의 본각심本覺心이니, 생멸의 체體와 생멸의 인因이며, 그러므로 생멸문 내에 있는 것이다. 그러나 진여문 중에서는 바로 '대승의 체'라고 말하고, 생멸문 중에서는 '자체'라고 한 것은 깊은 까닭이 있으니, 아래 해석

---

195 『大乘起信論疏記會本』 권2(H1, 743b).
196 『大乘起信論疏記會本』 권2(H1, 744b).
197 『大乘起信論疏記會本』 권2(H1, 745c).
198 『大乘起信論疏記會本』 권3(H1, 759a).
199 『大乘起信論疏記會本』 권4(H1, 765a).

중에서 그 뜻이 스스로 드러날 것이다.

> 言能示摩訶衍自體者。卽是生滅門內之本覺心。生滅之體。生滅之因。是故在於生滅門內。然眞如門中直言大乘體。生滅門中乃云自體者。有深所以。至下釋中。其義自顯也。

"상·용"은 두 가지 뜻이 함유되어 있다. 첫째는 여래장 중에 한량없는 성공덕性功德의 상을 잘 나타내는 것으로 이것이 바로 상대相大의 뜻이며, 또 여래장의 불가사의한 업용業用을 나타내는 것으로 이것이 바로 용대用大의 뜻이다. 둘째는 진여가 일으킨 염상染相을 상이라 이름하고 진여가 일으킨 정용淨用을 용이라 이름하는 것이니, 이는 아랫글에서 "진여정법에는 실로 염染이 없지만 다만 무명으로 훈습하기 때문에 곧 염상染相이 있으며, 무명염법에는 실로 정업淨業이 없으나 다만 진여로 훈습하기 때문에 정용淨用이 있는 것이다."[200]라고 한 것과 같다. 이상으로 법장문을 세우는 것을 마친다.

> 言相用者含有二義。一者能示如來藏中無量性功德相。卽是相大義。又示如來藏不思議業用。卽是用大義也。二者眞如所作染相名相。眞如所起淨用名用。如下文言眞如淨法實無於染。但以無明而熏習故則有染相。無明染法本無淨業。但以眞如而熏習故則有淨用也。立法章門竟在於前。

(2) 의장문

이 아래는 두 번째 의장문義章門을 세우는 것이니, 이 중에도 두 가지가

---

[200] 『大乘起信論疏記會本』 권4(H1, 768a).

있다. 처음은 '대大'의 뜻을 밝혔고 다음은 '승乘'의 뜻을 밝혔는데, 이것도 아래의 해석분 중의 글을 일으켰으니, 저 글이 실려 있는 곳에 이르러 다시 서로 붙여서 해당시킬 것이다.

> 此下第二立義章門。於中亦二。初明大義。次顯乘義。此亦起下釋中之文。至彼文處。更相屬當。

① 대의 뜻을 밝힘

'대'의 뜻 중에 체대體大는 진여문에 있고, 상대相大·용대用大는 생멸문에 있다. 생멸문 안에도 자체自體가 있지만 다만 체體가 상相을 따르기 때문에 따로 말하지 않았다. "여래장에 한량없는 성공덕이 갖추어 있음을 뜻하기 때문이고"라고 한 것은 두 가지 여래장[201] 내에 불공여래장不空如來藏이요, 세 가지 여래장 중에 능섭여래장能攝如來藏[202]이다. 성공덕性功德의 뜻과 용대의 뜻은 아래 해석하는 데 이르러 자세히 분별하겠다.

> 大義中。體大者在眞如門。相用二大在生滅門。生滅門內亦有自體。但以體從相。故不別說也。言如來藏具足無量性功德者。二種藏內。不空如來藏。三[1]種藏中。能攝如來藏。性功德義及用大義。至下釋中當廣分別。
>
> 1) ㉮ 갑본에는 '三'을 '二'라고 하였다.【잘못 판각된 것이다.】

---

201 두 가지 여래장 : 공여래장空如來藏과 불공여래장不空如來藏을 말한다. 공여래장은 모든 부처님이 증득한 청정법신의 체이다. 이 체는 여래의 한량없는 공덕을 지니고 있으므로 여래장이라 하고 번뇌와 상응하지 않으므로 공이라 한다. 불공여래장은 여래장, 곧 진여의 자체에 온갖 덕이 구족하여 무슨 덕이든 갖추지 못한 것이 없고 무슨 법이든 나타내지 못하는 것이 없는 것이다.

202 능섭여래장能攝如來藏 : 『佛性論』 권2 「如來藏品」(T31, 795c)에 의하면 장藏에 소섭所攝·은부隱覆·능섭能攝의 세 가지 뜻이 있다. 진여가 번뇌 가운데 있으면서 여래의 모든 과지果地의 공덕을 함섭含攝하는 경우 이를 능섭여래장이라 한다.

② 승의 뜻을 밝힘

'승'의 뜻 중에 두 구절이 있으니, "일체의 부처가 본래 의거하는 것이기 때문이며"라는 것은 결과를 세워 놓고 원인을 바라보는 것으로써 승의 뜻을 해석한 것이며, "일체의 보살이 모두 이 법에 의거하여 여래의 경지에 이르기 때문이다."라는 것은 원인에 의거하여 결과를 바라보는 것으로써 승의 뜻을 해석한 것이다.

> 乘義中有二句。一切諸佛本所乘故者。立果望因以釋乘義也。一切菩薩皆乘此法到如來地故者。據因望果以釋乘義也。

3. 해석분

세 번째, 해석분 중의 글에 두 가지가 있으니, 첫째는 앞글을 맺어 뒷글을 일으키는 것이고, 둘째는 바로 해석하는 것이다. 바로 해석하는 중에 세 가지가 있으니, 첫째는 수를 들어 총괄적으로 표시하였고, 둘째는 수에 의하여 장을 열었으며, 셋째는 장에 의하여 각각 해석하였다.

> 第三解釋分中。在文亦二。一者結前起後。二者正釋。正釋中有三。一者擧數總標。二者依數開章。三者依章別解。

1) 앞글을 맺어 뒷글을 일으킴

2) 바로 해석함

(1) 수를 들어 총괄적으로 표시함

논 이미 입의분을 설명하였으니 다음에는 해석분을 설명하겠다.

已說立義分。次說解釋分。

해석분에 세 가지가 있으니 무엇이 셋인가? 첫째는 현시정의顯示正義(바른 뜻을 나타냄)요, 둘째는 대치사집對治邪執(삿되고 잘못된 고집을 다스림)이며, 셋째는 분별발취도상分別發趣道相(도에 발심하여 나아가는 상을 분별함)이다.

解釋分有三種。云何爲三。一者顯示正義。二者對治邪執。三者分別發趣道相。

(2) 수에 의하여 장을 엶

소 장을 여는 중에 "현시정의"라고 한 것은 바로 입의분 중에서 세운 것을 해석하는 것이며, "대치사집"과 "분별발취도상"이란 그릇된 것을 떠나 바른 데에 나아가는 문을 밝힌 것이다.

開章中。言顯示正義者。正釋立義分中所立也。對治邪執。發趣道相者。是明離邪就正門也。

(3) 장에 의해 각각 해석함

① 현시정의분을 해석함

가. 바로 뜻을 해석함

가) 법장문을 해석함

(가) 총괄적으로 해석함

각각 해석하는 중에 세 장이 있다. 처음 현시정의분을 해석하는 중에 크게 두 가지로 나눌 수 있으니, 처음은 바로 뜻을 해석한 것이고, 나중은 생멸문에서 진여문에 들어감을 나타내었다. 바로 해석하는 중에 위 입의분에 의하여 두 가지가 있으니, 처음은 법장문法章門을 해석하였고 나중엔 의장문義章門을 해석하였다. 처음 중에도 두 가지가 있으니, 첫째는 총괄적으로 해석함이니, 위의 총체적으로 세운 것을 해석한 것이고, 둘째는 각각 해석함이니 위의 각각 세운 것을 해석한 것이다.

別解之中。卽有三章。初釋顯示正義分中。大分有二。初正釋義。後示入門。正釋之中。依上有二。初釋法章門。後釋義章門。初中亦二。一者總釋。釋上總立。二者別解。解上別立。

논 현시정의는 일심법에 의하여 두 가지 문이 있으니, 무엇이 둘인가? 첫째는 심진여문心眞如門[203]이요, 둘째는 심생멸문心生滅門[204]이니, 이 두

---

203 심진여문心眞如門 : 『大乘起信論』에서 일심一心에 진여문·생멸문을 세우고 있는데,

가지 문이 모두 각각 일체의 법을 총괄하고 있다. 이 뜻이 무엇인가? 이 두 문이 서로 여의지 않기 때문이다.

> 顯示正義者。依一心法有二種門。云何爲二。一者心眞如門。二者心生滅門。是二種門皆各總攝一切法。此義云何。以是二門不相離故。

소 처음에 "일심법에 의하여 두 가지 문이 있으니"라는 것은, 경본經本[205](『능가경』)에서 "적멸寂滅[206]이라는 것은 일심一心이라 이름하며, 일심이란 여래장如來藏이라 이름한다."[207]라고 말한 것과 같다. 이 『기신론』에서 "심진여문"이란 저 『능가경』의 '적멸이라는 것은 일심이라 이름하며'라고 한 것을 해석한 것이며, "심생멸문"이란 『능가경』의 '일심이란 여래장이라 이름한다'고 한 것을 해석한 것이다. 왜냐하면 일체법은 생함도 없고 멸함도 없으며 본래 적정寂靜[208]하여 오직 일심일 뿐인데, 이러한 것을 심진여문이라고 이름하기 때문에 '적멸이라는 것은 일심이라 이름하며'라고 한 것이다. 또 이 일심의 체體가 본각本覺이지만 무명에 따라서 움직여 생멸을 일으키기 때문에, 이 생멸문에서 여래의 본성이 숨어 있어 나타나

이것은 일심의 본체인 진여의 방면, 즉 생멸 변화하는 만유의 본체로서 불생불멸하고 차별이 없는 평등한 진여를 말한다.
204 심생멸문心生滅門 : 심진여가 무명에 의하여 기동한 바 되어 생멸하는 현상을 일으키는 부문.
205 경본經本 : 원효는 『楞伽經』을 경본이라 칭할 만큼 『大乘起信論』 해석에서 『楞伽經』을 중시하고 있으며, 『四卷經』(『楞伽阿跋多羅寶經』)과 『十卷經』(『入楞伽經』)을 여러 차례 인용하고 있다. 이러한 해석 태도는 앞선 혜원慧遠, 『大乘起信論義疏』 권상(T44, p.176a, p.186c)에도 공통된다. 吉津宜英, 「慧遠『大乘起信論義疏』の研究」(『駒澤大學佛敎學部研究紀要』 34, 1976) p.156 참조.
206 적멸寂滅 : 열반([S] nirvāṇa)의 다른 번역어. 생사의 인因·과果를 멸하여 다시 미혹한 생사를 계속하지 않는 적정한 경계를 말한다.
207 『入楞伽經』 권1(T16, 519a).
208 적정寂靜 : 마음에 번뇌가 없고 몸에 괴로움이 없는 편안한 모양이다.

지 않는 것을 여래장이라 이름한 것이다. 이는 경(『능가경』)에서 "여래장이란 선과 악의 원인으로서 일체의 취생趣生[209]을 두루 잘 일으켜 만든다. 비유하면 배우(가 여러 배역으로 변해 나타나는 것)처럼 (여래장이) 여러 취趣[210]로 변해 나타난다."[211]라고 한 것과 같다. 이러한 뜻이 생멸문에 있기 때문에 그래서 '일심이란 여래장이라 이름한다'라고 하였다. 이는 일심의 생멸문을 나타낸 것으로, 아랫글에서 "심생멸이란 여래장에 의하므로 생멸심이 있는 것이니"[212]라고 하고, 이어서 "이 식에 두 가지 뜻이 있어서······ 첫째는 각의 뜻이고, 둘째는 불각의 뜻이다."[213]라고 말한 것과 같다. 그러니 다만 생멸심만을 취해서 생멸문을 삼는 것이 아니라, 생멸자체生滅自體와 생멸상生滅相을 통틀어 취하여 모두 생멸문 안에 둔다는 뜻임을 알아야 할 것이다. 두 문이 이러한데 어떻게 일심이 되는가? 염정染淨의 모든 법은 그 본성이 둘이 없어, 진망眞妄의 이문二門[214]이 다름이 있을 수 없기 때문에 '일一'이라 이름하며, 이 둘이 없는 곳이 모든 법 중의 실체인지라 허공과 같지 아니하여 본성이 스스로 신해神解(영묘하게 이해함)하기 때문에 '심心'이라고 이름함을 말한 것이다.

> 初中言依一心法有二種門者。如經本言。寂滅者名爲一心。一心者名如來藏。此言心眞如門者。卽釋彼經寂滅者名爲一心也。心生滅門者。是釋經中一心者。名如來藏也。所以然者。以一切法無生無滅。本來寂靜。唯是一心。

---

209 취생趣生 : 생취生趣와 같은 말이다. 생물이 나는 네 가지 형식인 태생胎生·난생卵生·습생濕生·화생化生의 사생四生과 육취六趣(六道)를 함께 이르는 말이다.
210 취趣 : ⓢ gati. 중생이 번뇌로 말미암아 말·행동·생각 등으로 악업을 짓고, 그 업인業因으로 인하여 가게 되는 국토. 5취 혹은 육취의 구별이 있다.
211 『楞伽阿跋多羅寶經』권4(T16, 510b), 『入楞伽經』권7(T16, 556b), 『大乘入楞伽經』권5(T16, 619c), 『능가경회역』권하(한국정신문화연구원, 1980) pp.768~770 참조.
212 『大乘起信論疏記會本』권2(H1, 745c).
213 『大乘起信論疏記會本』권2(H1, 747b, 748b).
214 진망眞妄의 이문二門 : 진여문과 생멸문 두 문을 말한다.

如是名爲心眞如門。故言寂滅者名爲一心。又此一心體是本覺。而隨無明動作生滅。故於此門如來之性隱而不顯。名如來藏。如經言如來藏者。是善不善因。能徧興造一切趣生。譬如伎兒變現諸趣。如是等義在生滅門。故言一心者。名如來藏。是顯一心之生滅門。如下文言。心生滅者。依如來藏故有生滅心。乃至此識有二種義。一者覺義。二者不覺義。當知非但取生滅心爲生滅門。通取生滅自體及生滅相。皆在生滅門內義也。二門如是。何爲一心。謂染淨諸法其性無二。眞妄二門不得有異。故名爲一。此無二處諸法中實。不同虛空。性自神解。故名爲心。

그러나 이미 둘이 없는데 어떻게 '일'이 될 수 있는가 ? '일'도 있는 바가 없는데 무엇을 '심'이라 말하는가? 이러한 도리는 말을 여의고 생각을 끊은 것이니 무엇이라고 지목할지를 모르겠으나, 억지로 이름 붙여 일심一心이라 하는 것이다.[215] "이 두 가지 문이 모두 각각 일체의 법을 총괄하고 있다."라고 한 것은, 위의 입의분에서 "이 마음이 곧 일체의 세간법과 출세간법을 포괄하며"라고 한 것을 해석한 것이니, 위에서는 바로 '마음이 일체법을 포괄함'을 밝혔으나, 이제 이 해석분 중에서는 '두 문이 모두 각각 총괄함'을 나타내었다. "이 두 문이 서로 여의지 않기 때문이다."라고 한 것은 두 문이 각각 총괄하는 뜻을 해석한 것이니, 이는 진여문은 염정의 통상通相이며 통상 밖에 별다른 염정이 없기 때문에 염정의 모든 법을 총섭할 수 있음과, 생멸문은 각기 염정을 나타내어 염정의 법이 모두 포함되지 않음이 없기 때문에 또한 일체의 모든 법을 총섭함을 밝히고자 한

---

215 이것은 노자 『道德經』 제25장의 "혼합하여 이루어진 것이 있으니, 하늘과 땅보다 먼저 생겨났다. 고요하고 텅 비었구나. 홀로 우뚝 서서도 변하지 않으며 두루 운행하면서도 위태롭지 않으니, 천하의 어머니라 할 만하다. 나는 그 이름을 알지 못하니 억지로 이름 붙여 도라 하며, 억지로 이름 붙여 대라 한다.(有物混成。先天地生。寂兮寥兮。獨立而不改。周行而不殆。可以爲天之母。吾未知其名。故强字之曰道。强爲之名曰大。)"라고 한 것과 비슷하다.

것이다. 통상과 별상이 다르긴 하나 다 같이 부정할 것이 없기 때문에 '두 문이 서로 여의지 않기 때문이다.'라고 말하였다. 총괄적으로 뜻을 해석함을 마친다.

> 然旣無有二。何得有一。一無所有。就誰曰心。如是道理。離言絶慮。不知何以目之。强號爲一心也。言是二種門皆各總攝一切法者。釋上立中是心卽攝一切世間出世間法。上直明心攝一切法。今此釋中顯其二門皆各總攝。言以是二門不相離故者。是釋二門各總攝義。欲明眞如門者染淨通相。通相之外無別染淨。故得總攝染淨諸法。生滅門者別顯染淨。染淨之法無所不該。故亦總攝一切諸法。通別雖殊。齊無所遣。故言二門不相離也。總釋義竟。

별기 진여문은 모든 법의 통상이며, 통상 밖에 다른 제법이 없어서 모든 법이 다 통상에 의하여 포괄된다. 이는 미진微塵이 질그릇의 통상이며, 통상 이외에 다른 질그릇이 없어서 질그릇이 모두 미진에 의하여 포섭되는 것처럼 진여문도 이와 같은 것이다. 생멸문이란 바로 이 진여가 선과 악의 인因인지라 연緣과 화합하여 모든 법을 만들어 내는 것이니, 사실 모든 법을 만들어 내지만 이 법들이 항상 진성眞性을 무너뜨리지 않기 때문에, 이 생멸문에서도 진여를 포괄하고 있는 것이다. 이는 미진의 성질이 모여서 질그릇을 이루지만 항상 미진의 성상性相을 잃지 않기 때문에 질그릇의 문門이 바로 미진을 포괄하는 것처럼 생멸문도 이와 같은 것이다. 가령 두 문이 비록 체體가 다르지 않더라도 두 문이 서로 어긋나서 상통하지 않는다면 곧 진여문에서는 '이理'[216]는 포괄하지만 '사事'[217]는 포괄하

---

216 이理 : 경험적 인식을 초월한 상항불역常恒不易·보편평등의 진여(淨)를 말한다.
217 사事 : 일체 차별의 모양, 곧 현상계(染)를 말한다.

지 않아야 하며, 생멸문에서는 '사'는 포괄하지만 '이'는 포괄하지 않아야 할 것이나, 이제 두 문이 서로 융통하여 한계가 구분되지 않기 때문에 모두 각각 일체의 '이'·'사'의 모든 법을 통섭하는 것이며, 그러므로 '두 문이 서로 여의지 않기 때문이다.'라고 말한 것이다.

> 別記。眞如門是諸法通相。通相外無別諸法。諸法皆爲通相所攝。如微塵是瓦器通相。通相外無別瓦器。瓦器皆爲微塵所攝。眞如門亦如是。生滅門者。卽此眞如是善不善因。與緣和合變作諸法。雖實變作諸法。而恒不壞眞性。故於此門亦攝眞如。如微塵性聚成瓦器。而常不失微塵性相。故瓦器門卽攝微塵。生滅門亦如是。設使二門雖無別體。二門相乖不相通者。則[1]應眞如門中攝理而不攝事。生滅門中攝事而不攝理。而今二門互相融通。際限無分。是故皆各通攝一切理事諸法。故言二門不相離故。
>
> ---
> 1) ㉯ 갑본에는 '則'을 '相'이라고 하였다.

⟦문⟧ 만약 이 두 문이 각기 '이'와 '사'를 포괄한다면, 무슨 까닭으로 진여문에서는 다만 대승의 체만 보이고 생멸문에서는 통틀어 자체·상·용을 다 보이는가?

> 問。若此二門各攝理事。何故眞如門中但示摩訶衍體。生滅門中通示自體相用。

⟦답⟧ 포괄의 뜻과 보이는 뜻이 다르니, 어떻게 다른가? 진여문은 '상'을 없앰으로써 '이'를 나타냈으니, 상을 없앴으나 아주 제거하지는 않았기 때문에 상을 포괄할 수 있는 것이요, 상을 없애서 두지 않기 때문에 (단지 체를 보이고) 상을 보이지 않는 것이다. 생멸문에서는 '이'를 잡고서 '사'를 이루었으니, '이'를 잡아서 파괴하지 않으므로 '이'를 포괄할 수 있는 것이

요, '이'를 잡아서 없애지 않았기 때문에 또한 체를 보이는 것이다. 이런 뜻이 있기 때문에 우선 설명한 것이 같지는 않지만, 통틀어 논하자면 두 뜻(포괄의 뜻과 보이는 뜻)이 또한 같다. 그러므로 진여문 중에도 또한 사상事相을 마땅히 보여야 할 것이나 생략하였기 때문에 설명하지 않았을 뿐이다.

> 答。攝義示義異。何者。眞如門是泯相以顯理。泯相不除。故得攝相。泯相不存。故非示相。生滅門者。攬理以成事。攬理不壞。得攝理。攬理不泯。故亦示體。依此義故。且說不同。通而論之。二義亦齊。是故眞如門中亦應示於事相。略故不說耳。

문 두 문이 같지 아니한 뜻은 이미 알았지만, 두 문이 포괄한 '이'·'사'는 또한 (진여와 생멸의) 문에 따라 차별의 뜻이 있는가 없는가?

> 問。二門不同。其義已見。未知二門所攝理事。亦有隨門差別義不。

답 (진여와 생멸의) 문에 따라 분별함에 있어서도 역시 같지 않음이 있으니 어떤 것인가? 진여문 중에서 포괄한 사법事法은 분별성分別性[218]이니 모든 법이 생기지도 않고 멸하지도 아니하여 본래 적정하지만 단지 망념妄念에 의하여 차별이 있다고 설명하기 때문이며, 심생멸문에서 설명한 사법은 의타성依他性[219]이니 모든 법이 인연으로 화합하여 생멸이 있음을 설명하기 때문이다.

---

218 분별성分別性 : 변계소집성遍計所執性의 구역. 유가행파에서 설하는 삼성三性 중의 하나. 실제로는 존재하지 않지만 존재하는 것처럼 나타난 것을 말한다.
219 의타성依他性 : 의타기성依他起性의 구역. 유가행파에서 설하는 삼성三性 중의 하나. 자기의 원인만으로는 생겨나기 어렵고 반드시 다른 연을 기다려서 나는 물物·심心의 모든 현상이니, 즉 인연으로 생겨나는 모든 법을 말한다.

그러나 이 두 분별성과 의타성이 다시 같지는 않지만 또한 다르지도 아니하니 어째서인가? 인연으로 생긴 생멸하는 모든 법이 망념과 별도로 차별이 있는 것은 아니기 때문에 분별성이 의타성과 다르지 아니하며, 또한 이는 생멸문에 있는 것이다. 또 인연으로 나는 것은 자성自性·타성他性 및 공성共性을 모두 얻을 수 없는 것이기 때문에 의타성은 분별성과 다르지 않으며, 또한 이는 진여문에 있는 것이다.

이와 같이 (분별·의타의) 두 성性은 다시 다르지는 않지만 또한 같은 것은 아니니, 어째서인가? 분별성법分別性法이 본래 있는 것이 아니며 또한 없지 않은 것도 아니요, 의타성법依他性法은 비록 다시 있는 것은 아니지만 또한 없는 것도 아닌 것이니, 그러므로 두 분별·의타성이 또한 잡란하지 않은 것이다. 이는 『섭대승론』에서 삼성三性[220]이 서로 의지하는 것을 설명하여 "다르지도 않으며 다르지 않지도 아니하니, 마땅히 이처럼 말해야 한다."[221]라고 한 것과 같다. 만약 이 삼성이 같지도 않고 다르지도 않은 뜻을 잘 이해한다면 백가百家의 쟁론諍論을 화합하지 못할 것이 없을 것이다.

> 答。隨門分別。亦有不同。何者。眞如門中所攝事法。是分別性。以說諸法不生不滅本來寂靜。但依妄念而有差別故。心生滅門所說事法。是依他性。以說諸法因緣和合有生滅故。然此二性雖復非一。而亦不異。何以故。因緣所生生滅諸法。不離妄念而有差別。故分別性不異依他。亦在生滅門也。又因緣之生。自他及共皆不可得。故依他性不異分別。亦在眞如門也。如是二性雖復不異。而亦非一。何以故。分別性法本來非有亦非不無。依他性法雖

---

[220] 삼성三性 : 분별성과 의타성 및 진실성(圓成實性)이다. 진실성은 현상의 본체, 곧 원만·성취·진실한 진여를 말한다.
[221] 세친世親 석釋·진제 역 『攝大乘論釋』 권5(T31, 187c), 세친 조造·현장 역 『攝大乘論釋』 권4(T31, 341c), 무성無性 조·현장 역 『攝大乘論釋』 권4(T31, 404a).

復非有而亦不無。是故二性亦不雜亂。如攝論說。三性相望。不異非不異。
應如是說。若能解此三性不一不異義者。百家之諍無所不和也。

(진여와 생멸의) 두 문이 포괄한 '이'가 같지 않다는 것은 다음과 같다. 진여문 중에서 말한 '이'는 진여라고는 말하나 또한 (그 실체는) 얻을 수 없으며, 그렇지만 또한 없는 것은 아니다. 부처가 세상에 있거나 없거나 간에 성상性相은 항상 머물러 있어서 변이變異함이 없어 파괴할 수 없는 것이므로, 이 진여문 중에서 진여니 실제實際니 하는 등의 이름을 임시로 세운 것이니, 이는 『대품반야경』 등 여러 반야경般若經에서 설명한 것과 같다. 생멸문 내에서 포괄한 '이'는 다시 '이'의 체體가 생멸상을 떠났지만 또한 상주常住하는 성질을 지키지 아니하고, 무명의 연을 따라서 생사에 유전하는 것이다. 이는 실로 물든 것이지만, 그러나 자성自性은 청정하므로 이 생멸문 중에서 불성佛性[222]이니 본각이니 하는 등의 이름을 임시로 세운 것이니, 이는 『대반열반경』이나 『화엄경』에서 설명한 것과 같다.

二門所攝理不同者。眞如門中所說理者。雖曰眞如。亦不可得。而亦非無。
有佛無佛。性相常住。無有變異。不可破壞。於此門中。假立眞如實際等名。
如大品等諸般若經所說。生滅門內所攝理者。雖復理體離生滅相。而亦不
守常住之性。隨無明緣流轉生死。雖實爲所染。而自性淸淨。於此門中。假
立佛性本覺等名。如涅槃華嚴經等所說。

이제 이 『기신론』에서 인용 서술한 『능가경』 등에서는 이 (진여·생멸) 두 문을 통하여 그 종체宗體로 삼고 있다. 그러나 이 두 가지 뜻[223]도 다름

---

222 불성佛性 : ⑤ buddha-dhātu. 부처를 이룰 근본 성품. 미迷·오悟에 의하여 변하는 일이 없이 본래 중생에게 갖추어진 부처 될 성품이니, 곧 중생이 성불할 가능성을 말한다.
223 여기서 두 가지 뜻은 진여문에서 포섭하는 이理·사事의 뜻과 생멸문에서 포섭하는

이 없으니, 생멸을 떠났지만 상주성常住性 또한 얻을 수 없으며, 연을 따른다고 말했으나 항상 요동하지 아니하여 생멸상生滅相을 여의었기 때문이다. 이러한 뜻에 의하여 진여문 중에서는 다만 진여니 실제니 하는 임시로 세운 이름을 파괴하지 않으면서 실상實相을 말하며, 실제를 움직이지 않으면서 모든 법을 건립한다고 말한다. 생멸문 중에서는 자성청정심自性淸淨心이 무명의 바람에 의하여 움직이므로 물들지 않았지만 물들었으며, 물들었지만 물들지 않았다고 말한다.

今論所述楞伽經等。通以二門爲其宗體。然此二義亦無有異 以雖離生滅。而常住性亦不可得。雖曰隨緣。而恒不動。離生滅性故。以是義故。眞如門中。但說不壞假名而說實相。不動實際建立諸法。生滅門中。乃說自性淸淨心因無明風動。不染而染。染而不染。

問 진여문 중에서는 오직 공空의 뜻만 말하고 생멸문 내에서는 불공不空의 뜻을 설하였으니, 그렇지 않은가?

問。眞如門中說唯空義。生滅門內說不空義。爲不如是耶。

答 우선 서로 배대해 본다면 이러한 뜻이 없지는 않다. 그러므로 위의 입의분의 진여상眞如相 중에서는 다만 대승의 체를 잘 나타낸다고 말했고, 생멸문 중에서는 또한 대승의 상·용을 나타낸다고 말한 것이다. 그러나 실제로 말하자면 이와 같지 않으니, 그러므로 아래의 논의 글에서는 진여·생멸 두 문이 다 불공의 뜻을 설하고 있는 것이다.

이·사의 뜻 두 가지를 말한다.

答。一往相配。不無是義。故上立義分眞如相中但說能示摩訶衍體。生滅門中亦說顯示大乘相用。就實而言。則不如是。故下論文二門皆說不空義。

📖 생멸문 안에 공·불공의 두 가지 뜻이 다 있는 것이라면 불공의 뜻은 연을 따라 생멸을 짓는 뜻이 있지만, 공의 뜻은 무無인 것이니 어떻게 연을 따라 유有를 짓는 뜻이 있겠는가?

問。若生滅門內二義俱有者。其不空義可有隨緣作生滅義。空義是無。何有隨緣而作有義。

📖 두 가지 뜻이 같아서 다르다고 말할 수 없으니, 공의 뜻에 의하여서도 유를 지을 수 있는 것이다. 왜인가? 만일 공이 반드시 공일 뿐이라면 마땅히 유를 지을 수 없지만, 이 공(생멸문의 공)도 또한 공[224]이므로 유를 지을 수 있는 것이다. 그러나 이 공이 공하다는 것에도 두 가지 뜻이 있다. 첫째는 법성의 공함이니, 이 공(법성의 공)도 또한 공하여 유와 공 모두 (그 실체를) 얻을 수 없다. 이와 같이 공이 공한 것은 진여문에 있으니, 이는 『대품반야경』에서 "일체법이 공하고 이 공한 것도 또한 공하므로 이를 공공空空이라 이름한다."[225]라고 말한 것과 같다. 둘째는 마치 유가 유의 자성이 없기 때문에 공이 될 수 있는 것과 같으니, 이를 이름하여 공이라 한다. 이러한 공은 공성이 없기 때문에 유를 지을 수 있으니, 이를 공공[226]이라 이름하는 것이요, 이러한 공공은 생멸문에 있다. 이는 『대반열반경』에서 "유와 무를 공공이라 이름하고, 시와 비를 공공이라 이름하니,[227] 이러한 공공은

---

224 공 : 법성공法性空을 갖고 있지 않다는 뜻으로서의 공이다.
225 『大般若波羅密多經』 권51(T5, 291a) 참조.
226 공공空空 : 이와 같은 공은 공성이 없는 공이다. 따라서 가유假有는 있다.
227 유·무, 시·비는 가유이기 때문에 그 자성은 공하지만, 또한 그 자성의 공은 공성이

십주보살十住菩薩[228]도 털끝 정도의 조금밖에 얻지 못하는데 하물며 다른 사람이겠는가."[229]라고 말한 것과 같다. 두 문의 차별을 이와 같이 알아야 할 것이다. 이상으로 위의 총괄적으로 법을 세움을 해석하여 마친다.

答。二義是一。不可說異。而約空義亦得作有。何者。若空定是空。應不能作有。而是空亦空。故得作有。然此空空亦有二義。一者有法性空。是空亦空。有之與空。皆不可得。如是空空。有眞如門。如大品經云。一切法空。此空亦空。是名空空。二者猶如有無有性。故得爲空。是名曰空。如是空無空性。故得作有。是名空空。如是空空。在生滅門。如涅槃經云。是有是無。是名空空。是是是非。是名空空。如是空空。十住菩薩尚得少分如毫釐許。何況餘人。二門差別。應如是知。上來釋上總立法竟。

대승기신론소기회본 제1권
大乘起信論疏記會本 卷一

없으므로 공공이라 한다.
228 십주보살十住菩薩 : 보살수행의 52계위 중 제11위에서 제20위까지의 보살. 십신위十信位를 지나서 마음이 진제眞諦의 이치에 안주安住하는 위치에 이르렀다는 뜻으로 주住라 한다. 여기서는 십주를 십지十地와 혼용한다.
229 남본 『大般涅槃經』 권15(T12, 704a).

대승기신론소기회본 제2권
| 大乘起信論疏記會本 卷二 |

마명보살이 논을 지음
馬鳴菩薩造論

양나라 천축삼장 진제가 한역함
梁天竺三藏眞諦譯

해동사문 원효가 소를 지음【『별기』를 병기하였다.】
海*東沙門元曉疏【幷別記】

---

* ㉠ 갑본에는 '海' 앞에 '唐'이 있다.

(나) 각각 해석함

소 이 아래는 위에서 (법을) 세운 것을 각각 해석하는 것이다. 따로 두 문(진여·생멸)을 해석하며 곧 둘로 나누겠다. 진여문에도 두 가지 뜻이 있으니 처음에는 진여를 해석하고 뒤에는 진여의 상을 해석한 것이다. 또한 처음은 전체적으로 해석하는 것이고, 뒤에는 각각 해석한 것이다. 또 처음 글은 설명할 수 없음을 밝혔으니 이理가 말을 끊었음을 나타냈고, 뒤의 글은 설명할 수 있음을 밝혔으니 (이理가) 말을 끊지 않았음을 나타냈다.

以下釋上別立。別釋二門。卽爲二分。眞如門中亦有二意。初釋眞如。後釋如相。又復初是總釋。後是別解。又初文明不可說。顯理絶言。後文明可得說。顯不絶言。

별기 처음의 글 중에서 "언설상을 여의었으며 명자상을 여의었으며"라고 하며, 이어서 "진여라 말한 것도……말에 의하여 말을 버리는 것"이라 하고, 뒤의 글에서는 "언설에 의하여 분별함에 있어 두 가지 뜻이 있으니……여실공如實空[1]과 여실불공如實不空[2]을 말한다."라고 하였다. 그러나 뒤의 글에서 또한 "일체의 (중생이 망심이 있음으로 해서 생각할 때마다) 분별하여 다 (진여와) 상응하지 않기 때문에"[3]라고 하였으니, 일체의 언설도 또한 상응하지 않음을 알아야 할 것이다. 이것이 바로 이理가 말을 여의고 생각을 끊었음을 나타낸 것이다. 또 처음 글 중에 '말에 의하여

---

1 여실공如實空 : 진여의 자체 내용을 표현하는 말. 진여의 체성은 온갖 사상을 초월하여 절대적인 것이므로 일체의 언설·사려를 부정해 버렸다는 뜻으로 공이라 한다. 이 공이란 뜻이 진여의 진실한 내용을 표시하므로 여실한 공이라 한다.
2 여실불공如實不空 : 여실은 진여의 다른 이름이니, 여실불공이란 진여는 참으로 실재實在이며 그 자체에는 온갖 무루 청정한 공능을 구비한 것이란 뜻이다.
3 『大乘起信論疏記會本』권2(H1, 744c).

말을 버린다'라는 말에 의해서야 그 이理가 말을 끊었음을 나타낼 수 있으니, 이것은 또한 이理가 언설상을 여의지 않음을 나타내는 것이다. 그런데 만약 말로써 이理가 실로 말을 끊었음을 설명할 수 있다고 한다면, 자종상위自宗相違[4]의 허물에 떨어질 것이다. 왜냐하면 앞서는 말을 끊었다는 말이 끊어지지 않았는데 이理는 실제로 말을 끊었기 때문이다. 만약 말을 끊는다는 말이 또한 끊음을 말한다면 이는 자어상위自語相違[5]의 허물에 떨어지는 것이다. 왜냐하면 먼저는 말을 끊었다는 말도 끊어졌다고 하면서 말로써 그 말을 설명하고 있기 때문이다.

> 別記。初文中言離言說相離名字相。乃至言眞如者因言遣言。後文中言依言說分別有二種義。謂如實空如實不空。然後文亦說一切分別皆不相應。當知一切言說亦不相應。此卽顯理離言絶慮。又初文中要依因言遣言之言。乃得顯其理之絶言。此亦顯理不離言說相。若言得說理實絶言者。則墮自宗相違過。先以絶言之言不絶而理實絶言故。若使絶言之言亦言絶者。則墮自語相違過。先以絶言之言亦絶而言得說言故。

소 문 이理는 실제로 말한다면 말을 끊은 것인가, 끊지 않은 것인가? 만약 말을 끊지 않은 것이라면 정체지正體智는 말을 끊은 것이므로 곧 이理에 어긋나며, 만약 실로 말을 끊은 것이라면 후득지後得智는 말을 지니

---

4 자종상위自宗相違 : 인명론因明論의 종법宗法 9과九過 중 하나. 자교상위自敎相違라고도 한다. 자기가 속한 교파의 의견을 말할 때 도리어 여기에 상위하는 종宗을 세우는 것이다. 예컨대 승론勝論(Ⓢ Vaiśeṣika)에서는 소리는 무상하다고 하는데, 그 파에 속하는 사람이 소리가 상주한다고 주장하는 경우이다. 여기서는 "이치는 말을 떠난 것이다."라고 주장하면서 동시에 "말을 떠난 이치를 말로 설명할 수 있다."라고 주장하는 경우이다.
5 자어상위自語相違 : 인명론의 종법 9과 중 하나. 자기의 언어에 모순이 있는 오류를 말한다. 예를 들면 "나의 어머니는 석녀石女이다."라고 주장하는 경우이다. 여기서는 "'진여는 말을 끊었다'는 나의 말은 그 사실이 드러난 순간 없어진 것이다."라고 주장하면서, 또한 말로써 자기의 주장을 설명하고 있기 때문에 자어상위의 과실에 빠진 것이다.

므로 곧 이에 거슬리는 것이다. 또 만약 말을 끊지 않은 것이라면 『기신론』의 초단初段의 글[6]이 바로 부질없는 말이 되며, 만약 실로 말을 끊은 것이라면 『기신론』의 후단後段의 글[7]이 한갓 헛된 설명이 될 것이니 이는 마치 허공을 금은金銀 등이라고 말하는 것과 같은 것이다.

> 問。理實而言。爲絶爲不絶。若不絶言者。正體離言。卽違[1]於理。若實絶言。後智帶言。卽倒於理。又若不絶。則初段論文斯爲漫語。若實絶言。則後段論文徒爲虛設。如說虛空爲金銀等。
>
> 1) ㉮갑본에는 '違'를 '通'이라 하였다.

[해] 그러므로 이理는 말을 끊은 것이 아니며 끊지 않은 것도 아님을 알아야 할 것이며, 이런 뜻에 의하므로 이理는 말을 끊기도 하며 말을 끊지 않기도 하는 것이니, 이렇다면 저 질문이 합당하지 않은 바가 없을 것이다.

> 解云。是故當知。理非絶言。非不絶言。以是義故。理亦絶言。亦不言絶。是則彼難無所不當。[1]
>
> 1) ㉮갑본에는 '當'을 '審'이라 하였다.

[별기] 이와 같은 말들이 합당치 않는 바가 없기 때문에 합당한 바가 없으며, 합당한 바가 없기 때문에 합당하지 않는 바가 없는 것이다. 진여문 중에서의 끊음과 끊지 않음의 뜻을 이미 이같이 말하였고, 생멸문 중에서도 이 설명과 같다.

우선 방론傍論을 그치고 다시 본문을 해석하겠다.

---

6 초단初段의 글 : 곧 이언진여離言眞如에 대한 말이다.
7 후단後段의 글 : 곧 의언진여依言眞如에 대한 말이다.

別記。如是等言。無所不當。故無所當。由無所當。故無所不當也。眞如門中絶不絶義。旣如是說。生滅門中亦同此說。且止傍論還釋本文。

㉕ 진여문

ㄱ. 진여를 해석함

논 심진여란 바로 일법계一法界의 대총상법문大總相法門인 체體이니, 이른바 심성이 생기지도 않고 멸하지도 않지만 일체의 모든 법이 오직 망념에 의하여 차별이 있으니, 만약 망념을 여의면 일체의 경계상境界相이 없을 것이다. 그러므로 일체의 법이 본래부터 언설상을 여의었으며 명자상을 여의었으며[8] 심연상心緣相을 여의어서[9] 결국 평등하게 되고, 변하거나 달라지는 것도 없으며 파괴할 수도 없는 것이어서 오직 일심뿐인 것이니, 그러므로 진여라 이름하는 것이다. 왜냐하면 일체의 언설은 임시적인 이름일 뿐 실체가 없는 것이요, 다만 망념을 따른 것이어서 (그 실체를) 얻을 수 없기 때문이다.

心眞如者。卽是一法界大總相法門體。所謂心性不生不滅。一切諸法唯依

---

8 "언설상을 여의었으며"라고 한 것은 음성 따위로 말할 수 있는 것이 아니라는 뜻이요, "명자상을 여의었으며"라고 한 것은 명구名句 따위로 설명할 수 있는 것이 아니라는 뜻이니,(원효의 설명에 의한다.) 이 둘은 언설의 길이 끊어져 문혜聞慧(보고 듣고서 얻는 지혜)의 경계가 아니다.(법장의 설명에 의한다. 『大乘起信論疏記會本』권중[T44, 252b] 참조.)
9 심연상心緣相을 여의어서 : '심연'이란 마음을 일으켜 외경外境을 반연하는 것이다. 마음으로 외경을 반연한다는 것은 이미 명언名言으로 분별한다는 뜻이다. 법장은 의언분별依言分別이라 하였으니 같은 뜻이다. "심연상을 여의어서"란 명언의 분별로 반연할 수 없다는 뜻이며(원효의 설명에 의한다.) 심행처心行處가 멸하여 사혜思慧(고찰하여 얻는 지혜)의 경계가 아닌 것이다.(법장의 설명에 의한다.)

妄念而有差別。若離心念。則無一切境界之相。是故一切法從本已來。離言
說相。離名字相。離心緣相。畢竟平等。無有變異。不可破壞。唯是一心。故
名眞如。以一切言說。假名無實。但隨妄念。不可得故。

소 처음 글에 세 가지가 있으니, 첫째는 간략히 표시하는 것이고, 둘째는 자세히 해석하는 것이며, 셋째는 문답하여 의심을 제거하는 것이다.

初文有三。一者略標。二者廣釋。其第三者往復除疑。

ㄱ) 간략히 표시함

간략히 표시하는 중에 "바로 일법계"라고 한 것은 진여문이 의지하는 체를 든 것이니, 일심이 바로 일법계이기 때문이다. 이 일법계가 진여·생멸의 두 문을 통틀어 포괄하지만 지금은 별상의 문을 취하지 않고, 이 중에 다만 총상법문만을 취하였다. 그러나 총상에 사품四品[10]이 있으며 이 사품 중에서 삼무성三無性[11]이 나타내는 진여를 설명하고 있으므로 "대총상"이라고 한 것이다. 궤범으로서 참된 이해를 내기 때문에 "법"이라 이

---

10 사품四品 : 각체상覺體相의 네 가지 대의大義다. 즉, 여실공경如實空鏡, 인훈습경因薰習鏡, 법출리경法出離鏡, 연훈습경緣薰習鏡을 말한다. 이 네 가지는 삼무성三無性이 나타내는 진여를 설명한다.
11 삼무성三無性 : 미迷·오悟의 모든 법을 유有의 관점에서 변계소집성·의타기성·원성실성의 삼성으로 나눔에 대하여 공空의 관점에서 삼무성을 세운다. ① 상무성相無性이란 변계소집성(분별성)의 것은 미정迷情의 앞에 나타나는 한 그림자에 불과한 것이니 노끈을 잘못 보아 뱀으로 여기지만 뱀의 자성이 없는 것이다. ② 생무성生無性이란 여러 가지 인연에 의하여 성립되는 의타기성의 것은 일시적 가현假現한 모양에 불과하여 실성實性이 없으니 노끈은 삼(麻)과 사람의 힘으로 이루어진 것으로 노끈의 실체가 없는 것이다. ③ 승의무성勝義無性이란 진여는 원만 상주하는 것으로 만유의 근원인 원성실성(진실성), 곧 절대법이므로 아무런 모양도 없음을 말한다. 삼에서 노끈과 뱀의 모양을 인정하기 어려움에 비유한 것이다.

름하며, 통틀어 열반에 들어가기 때문에 "문"이라 이름한다. 이는 일법계 전체가 생멸문이 되는 것과 같이 이처럼 일법계 전체가 진여문이 되는 것이다. 이런 뜻을 나타내기 때문에 "체"라고 하는 것이다.

> 略標中言卽是一法界者。是擧眞如門所依之體。一心卽是一法界故。此一法界通攝二門而今不取別相之門。於中但取總相法門。然於總相有四品中。說三無性所顯眞如。故言大總相。軌生眞解。故名爲法。通入涅槃。故名爲門。如一法界擧體作生滅門。如是擧體爲眞如門。爲顯是義。故言體也。

ㄴ) 자세히 해석함

이 아래는 자세히 해석하는 것이니 이 중에 두 가지가 있다. 첫째는 진여의 체를 나타냈으며, 둘째는 진여의 이름을 해석하였다.

> 此下廣釋。於中有二。一者顯眞如體。二者釋眞如名。

(ㄱ) 진여의 체를 나타냄

처음 중에 세 가지가 있으니, 첫째는 진실성眞實性[12]으로 진여를 나타내며, 둘째는 분별성分別性[13]에 대하여 진여의 절상絶相을 밝히며, 셋째는 의타성依他性에 나아가 진여의 이언離言을 나타내는 것이다.

---

12 진실성眞實性 : 삼성三性 중 원성실성을 말한다.
13 분별성分別性 : 삼성 중 변계소집성을 말한다. 진제 역 『攝大乘論釋』 권5 「釋應知勝相」(T31, 181b) 참조.

初中有三。一者當眞實性以顯眞如。二者對分別性而明眞如絶相。三者就依他性以顯眞如離言。

㉠ 진실성으로 진여를 나타냄

처음 중에 "심성心性"이라고 한 것은 진여문에 의하여 그 심성을 논하는 것이니, 심성이 평등하여 과거·현재·미래의 삼제三際를 멀리 여의었기 때문에 "심성이 생기지도 않고 멸하지도 않지만"이라고 말한다.

初中言心性者。約眞如門論其心性。心性平等。遠離三際。故言心性不生不滅也。

㉡ 분별성에 대하여 진여의 절상을 밝힘

두 번째 중에 두 구절이 있으니, 처음에 "일체의 모든 법이 오직 망념에 의하여 차별이 있으니"라고 한 것은 변계소집상徧計所執相을 든 것이요, 다음에 "만약 망념을 여의면 일체의 경계상이 없을 것이다."라고 한 것은 변계소집상에 대하여 무상성無相性을 나타낸 것이니, 이는 마치 공화空華[14]가 오직 눈병에 의해서만 그 꽃의 모양이 있으니, 눈병이 없어지면 곧 꽃의 모양도 없어지고 오직 공성空性만 있는 것과 같다. 그러니 이 중의 도리도 또한 그와 같음을 알아야 할 것이다.

第二中有二句。初言一切諸法唯依妄念而有差別者。是擧徧計所執之相。

---

14 공화空華 : 공중의 꽃이란 뜻. 허공에는 본래 꽃이 없지만 눈병이 있는 사람들이 때로는 이를 보는 일이 있다. 본래 실재하지 않는 것을 실재하는 것이라고 잘못 아는 것을 비유한다.

次言若離心念卽無一切境界相者。對所執相顯無相性。猶如空華。唯依眼
病而有華相。若離眼病。卽無華相。唯有空性。當知此中道理亦爾。

ⓒ 의타성에 나아가 진여의 이언을 나타냄

세 번째에 세 구절이 있으니, 먼저는 의타성법依他性法에 의하여 말을 여의고 생각을 끊은 것을 밝혔고, 다음은 말을 여의고 생각을 끊은 뜻에 의하여 평등진여를 나타냈으며, 마지막에는 평등하여 말을 여의고 생각을 끊은 까닭을 해석하였다.

第三中有三句。先約依他性法以明離言絶慮。次依離絶之義以顯平等眞
如。後釋平等離絶所以。

A. 의타성법에 의해 말을 여의고 생각을 끊은 것을 밝힘

처음에 "그러므로 일체의 법이"라고 한 것은 연을 따라 의타기법依他起法을 내는 것을 말하며, "언설상을 여의었으며"라는 것은 음성으로 말하는 것과 같지 않기 때문이다. "명자상을 여의었으며"라는 것은 명구名句로 설명하는 것과 같지 않기 때문이며, "심연상을 여의어서"라는 것은 명언의 분별[15]로 반연할 수 없는 것이기 때문이다. 이는 허공에 새의 자취가 차별을 짓는 것과 같은 것이니, 새의 모양을 따라서 허공의 모양이 나타나는 것이므로 나타나는 모양이 실로 차별이 있지만 볼 만한 모양의 차별을 여의었음을 말하는 것이다. 의타기법依他起法도 또한 그러함을 알아야 할 것이니, 모든 훈습熏習을 따라서 차별이 나타나지만 말할 만한 본성의

---

15 명언의 분별 : 명자名字와 언설言說의 분별이다.

차별을 떠난 것이다.

> 初中言是故一切法者。謂從緣生依他起法。離言說相者。非如音聲之所說故。離名字相者。非如名句之所詮故。離心緣相者。名言分別所不能緣故。如虛空中鳥迹差別。謂隨鳥形空相顯現。顯現之相實有差別。而離可見之相差別。依他起法當知亦爾。隨諸熏習差別顯現。而離可言之性差別。

B. 말을 여의고 생각을 끊은 뜻에 의해 평등진여를 나타냄

이미 말할 만하고 반연할 만한 차별을 떠났다면 바로 이것은 평등한 진여의 도리이므로, "결국 평등하게 되고" 이어서 "그러므로 진여라 이름하는 것이다."라고 말한 것이다. 이것은 두 번째 진여의 평등을 밝힌 것이다.

> 既離可言可緣差別。即是平等眞如道理。故言畢竟平等。乃至故名眞如。此是第二顯眞如平等。

C. 평등하여 말을 여의고 생각을 끊은 까닭을 해석함

"왜냐하면 일체의" 이하는 그 까닭을 풀이한 것이다. 진여가 평등하여 말을 여읜 까닭은 모든 언설이 오직 임시로 지은 이름에 불과하기 때문에 실성實性에 있어서는 끊어 버리지 않을 수가 없기 때문이며, 또 저 언설이 단지 망념에 따라 생긴 것이므로 진지眞智에 있어서는 여의지 않을 수 없는 것이다. 이러한 도리에 연유하기 때문에 말을 여의고 생각을 끊었음을 설명하는 것이며, 그러므로 "……(그 실체를) 얻을 수 없기 때문이다."라고 한 것이다.

(진여의) 체를 나타내는 글을 마친다.

以一切下。釋其所以。所以眞如平等離言者。以諸言說唯是假名。故於實性不得不絕。又彼言說但隨妄念。故於眞智不可不離。由是道理故說離絕。故言乃至不可得故。顯體文竟。

(ㄴ) 진여의 이름을 해석함

논 진여라 말한 것도 상相이 없으니 이는 언설의 궁극은 말에 의하여 말을 버리는 것임을 이르는 것이다. 이 진여의 체는 버릴 만한 것이 없으니 일체의 법이 모두 다 참이기 때문이며, 또한 주장할 만한 것이 없으니 일체의 법이 모두 똑같기 때문이다. 그러니 일체의 법은 말할 수도 없고 생각할 수도 없기 때문에 진여라고 이름한 것임을 알아야 한다.

> 言眞如者亦無有相。謂言說之極。因言遣言。此眞如體無有可遣。以一切法悉皆眞故。亦無可立。以一切法皆同如故。當知一切法不可說不可念。故名爲眞如。

소 (진여라는) 이름을 풀이하는 중에 또한 세 부분이 있다.

> 釋名中亦三。

㉠ 이름을 세운 뜻을 나타냄

첫째는 이름을 세운 뜻을 나타내는 것으로, 이른바 말에 의하여 말을 버리는 것은 마치 소리로써 소리를 그치게 하는 것과 같다.

> 初標立名之意。所謂因言遣言。猶如以聲止聲也。

ⓛ 바로 이름을 풀이함

다음에는 바로 이름을 풀이하는 것이니, "이 진여의 체는 버릴 만한 것이 없으니"라는 것은 진여의 체라 하여 속법俗法을 버리는 것이 아니기 때문이며, "일체의 법이 모두 다 참이기 때문이며"라는 것은 의타기성依他起性의 일체의 모든 법이 허망한 언설을 여읜 것을 뜻하며, 그러므로 다 참된 것(眞)이다. '다 참'이라는 것은 차별을 파괴함이 없이 바로 평등이라는 뜻이며, 이처럼 평등하기 때문에 따로 세울 만한 것이 없는 것이다. 그리하여 "일체의 법이 모두 똑같기 때문이다."라고 한 것이다.

次正釋名。此眞如體無有可遣者。非以眞體遣俗法故。以一切法悉皆眞故者。依他性一切諸法。離假言說。故悉是眞。悉是眞者。不壞差別卽是平等。是平等故。無別可立。故言一切皆同如故。

ⓒ 이름을 맺음

"알아야 한다.(當知)" 이하는 세 번째 이름을 맺은 것이다. 이상으로 바로 진여를 나타낸 것을 마친다.

當知以下。第三結名。直顯眞如竟在於前。

ㄷ) 문답하여 의심을 제거함

[논] [문] 만약 이와 같은 뜻이라면 모든 중생이 어떻게 수순隨順[16]하여야

---
16 수순隨順 : 먼저 중생의 근기에 맞추어 교계敎誡하여 신심을 일으키게 하고, 다음에

(정관正觀[17]에) 들어갈 수 있는가?

問曰。若如是義者。諸衆生等。云何隨順而能得入。

답 만약 일체의 법이 설명되기는 하나 설명할 수도 설명할 만한 것도 없으며, 생각되기는 하나 역시 생각할 수도 생각할 만한 것도 없는 줄 안다면 이를 수순이라고 하며, 만약 생각을 여읜다면 (정관에) 들어가게 된다고 하는 것이다.

答曰。若知一切法雖說無有能說可說。雖念亦無能念可念。是名隨順。若離於念。名爲得入。

소 문답하여 의심하고 묻는 중에 "어떻게 수순하여야"라고 한 것은 방편을 물은 것이며, "(정관에) 들어갈 수 있는가."라는 것은 정관을 물은 것이다.

답에서 차례로 이 두 가지 물음에 답하였다. 처음 중에 "설명되기는 하나", "생각되기는 하나"라고 한 것은 법이 없는 것이 아님을 밝힌 것이니, 이는 공에 지나치게 집착하는 소견(惡取空見)을 떠났기 때문이다. "설명할 수도 설명할 만한 것도 없으며", "생각할 수도 생각할 만한 것도 없는 줄"이라는 것은 법이 있는 것이 아님을 나타낸 것이니, 이는 유有에 집착하는 소견을 떠났기 때문이다. 이와 같이 알 수 있다면 중도관中道觀[18]을 따

깊은 법문을 말하여 알기 쉽게 하는 것이다.

[17] 정관正觀 : 사관邪觀의 상대어. 관상觀想하려는 경계를 여실하게 관하는 것이니, 정견正見과 같다.『觀無量壽佛經』(T12, 344a)에 "손 안의 것을 보듯이 모두 분명하게 아니 이와 같이 관하는 것을 정관이라 하고, 이와 다르게 관한다면 사관이라 한다.(悉令明了如觀掌中。作是觀者名爲正觀。若他觀者名爲邪觀。)"라고 하였다.

[18] 중도관中道觀 : 중도는 편사偏邪한 미망迷妄을 여읜 법의 실리實理인 절대이성絶對

르는 것이므로 '수순'이라고 이름하는 것이다. 두 번째에 "생각을 여읜다면"이라는 것은 분별하는 생각을 여의는 것이며, "(정관에) 들어가게 된다."는 것은 관지觀智[19]에 들어감을 나타내는 것이다.

往復疑問中。言云何隨順者。是問方便。而能得入者。是問正觀。答中次第答此二問。初中言雖說雖念者。明法非無。以離惡取空見故。無有能說可說等者。顯法非有。離執著有見故。能如是知。順中道觀。故名隨順。第二中言離於念者。離分別念。名得入者。顯入觀智也。

ㄴ. 진여의 상을 해석함

ㄱ) 수를 들어 전체적으로 나타냄

ㄴ) 수에 의하여 장을 엶

ㄷ) 장에 의하여 각각 해석함

논 다시 이 진여란 언설에 의하여 분별함에 있어 두 가지 뜻이 있으니, 어떤 것이 두 가지인가? 첫째는 여실공이니 필경에는 실체를 나타낼 수 있기 때문이요, 둘째는 여실불공이니 그 자체에 번뇌 없는 본성의 공덕을 구족하고 있기 때문이다.

復次此眞如者。依言說分別。有二種義。云何爲二。一者如實空。以能究竟

理性을 말한다. 이 중도를 믿고 이것을 직접 체험하기 위한 실천 수행을 중도관이라 한다.
19 관지觀智 : 사리事理를 관견觀見하는 정지正智.

顯實故。二者如實不空。以有自體具足無漏性功德故。

소 두 번째는 진여의 상을 밝혔으니, 글에 세 가지가 있다. 첫째는 수를 들어 전체적으로 나타내었고, 둘째는 수에 의하여 장章을 열었으며, 셋째는 장에 의하여 각각 해석하였다. 각각 해석하는 중에 두 가지가 있다.

第二明眞如相。在文有三。一者擧數總標。二者依數開章。三者依章別解。別解中卽有二。

(ㄱ) 공을 해석함

논 공이라고 말하는 것은 본래부터 일체의 염법染法[20]과 상응하지 않기 때문이니, 이는 일체법의 차별상을 여읨을 말한 것이다. 왜냐하면 허망한 심념心念이 없기 때문이다. 그러므로 진여의 자성은 유를 특징(相)으로 하는 것도 아니고, 무를 특징으로 하는 것도 아니며, 비유를 특징으로 하는 것도 아니고, 비무를 특징으로 하는 것도 아니며, 유와 무를 함께 특징으로 하는 것도 아니며, (또한) 일一을 특징으로 하는 것도 아니고, 이異를 특징으로 하는 것도 아니며, 비일을 특징으로 하는 것도 아니고, 일과 이를 함께 특징으로 하는 것도 아님을 알아야 한다. 이리하여 전체적으로 말하자면 일체의 중생이 망심妄心[21]이 있음으로 해서 생각할 때마다 분별하여 다 진여와 상응하지 않기 때문에 공이라 말하지만, 만약 망심을 떠나면 실로 공이라 할 것도 없기 때문이다.

---

20 염법染法 : 정법淨法의 상대어. 번뇌와 수번뇌隨煩惱이니, 그 대상으로 반연하는 물物·심心의 제법, 악성惡性·유부무기성有覆無記性의 법을 말한다. 이것은 착하고 깨끗한 마음을 물들이는 것이므로 염법이라 한다.
21 망심妄心 : 진심眞心의 상대어. 허망하게 분별하는 마음이니, 무명 번뇌이다.

所言空者。從本已來一切染法不相應故。謂離一切法差別之相。以無虛妄心念故。當知眞如自性。非有相。非無相。非非有相。非非無相。非有無俱相。非一相。非異相。非非一相。非非異相。非一異俱相。乃至總說。依一切衆生以有妄心。念念分別。皆不相應。故說爲空。若離妄心。實無可空故。

소 먼저 공을 밝힌 중에 바로 세 구절이 있으니, 간략히 설명하는 것과 자세히 풀이하는 것, 세 번째는 총결하는 것이다.

先明空中。卽有三句。略明。廣釋。第三總結。

㉠ 간략히 설명함

처음에 "일체의 염법과 상응하지 않기 때문이니"라고 한 것은 진여는 능能·소所의 분별과 상응하지 않기 때문이다. "일체법의 차별상을 여읨을"이라는 것은 소취상所取相[22]을 여의었기 때문이며, "허망한 심념이 없기 때문이다."라는 것은 능취견能取見[23]을 여의었기 때문이니, 곧 여읜다는 뜻을 가지고 공을 풀이한 것이다.

初中言一切染法不相應者。能所分別不相應故。離一切法差別相者。離所取相故。以無虛妄心念故者。離能取見故。卽以離義而釋空也。

㉡ 자세히 풀이함

---

22 소취상所取相 : 인식 주관이 반연하는 대상이다.
23 능취견能取見 : 외경外境을 반연하는 인식 주체이다.

자세히 풀이하는 중에 절사구絶四句를 밝혔다. 사구가 많으나 그 요점은 두 가지가 있으니, 유·무 등과 일·이 등이다. 이 두 가지의 네 구절을 가지고 모든 허망된 집착을 포괄하였기 때문에 이 두 가지에 의하여 진공眞空을 나타내었다.

> 廣釋之中。明絶四句。四句雖多。其要有二。謂有無等及一異等。以此二四句攝諸妄執。故對此二以顯眞空。

이는 『광백론廣百論』에서 다음과 같이 말한 것과 같다.

> 如廣百論云。

"또한 세간에서 집착하는 모든 법이 다 진실이 아님을 나타내며, 외도들이 집착한 것도 다 같지 않음을 나타내기 위하여 다음 게송에서 말한다. '유有와 비유非有와 구俱와 비非는 일一과 비일非一과 쌍雙과 민泯에 차례대로 배속시켜야 할 것이니 지혜 있는 자는 참되지 아니함을 안다.' 이를 풀이하여 말한다. 일체 세간의 색色 등의 구의句義[24]는 언설言說로 나타내는 것이고 심혜心慧[25]로 아는 것인데, 정집情執이 같지 아니하여 대략 네 가지가 있으니, 유有와 비유非有와 구허俱許와 구비俱非이다. 이를 차례대로 네 가지 사집邪執에 배속시킨다면 일一과 비일非一과 쌍허雙許와 쌍비雙非가 이에 해당한다.

---

24 구의句義 : ⓢ padārtha. 원래는 말의 의미라는 뜻. 전轉하여 그 말에 상당하는 물물·인人을 의미하고 또 범주(승론의 六句義 등)·원칙·원리 등을 말한다.

25 심혜心慧 : 두 가지 뜻이 있다. ① 신계身戒에 대하여 심혜라 하니, 몸에 계戒를 지키고 마음에 혜慧를 닦는 것이다. ② 심수心數·심소心所와 같은 뜻이다. 여기서는 두 번째 뜻이다.

수론외도數論外道[26]가 유有 등의 성性이 모든 법과 같은 것이라고 집착하는 것은 바로 유구有句에 해당한다. 이러한 집착은 참이 아니니 그 이유가 무엇인가? 만약 청靑 등의 색이 색성色性과 같은 것이라면 마땅히 색성과 같이 그 청 등의 체가 다 같아야 할 것이며, 오악五樂[27] 등의 소리가 소리의 본성과 같은 것이라면 마땅히 소리의 본성과 같이 그 오악의 체가 다 같아야 할 것이며, 눈(眼) 등의 모든 근根(감각기관)이 근의 본성과 같은 것이라면 마땅히 근의 본성과 같이 그 눈의 체가 다 같아야 할 것이니, 하나하나의 근은 모든 경계를 취하여야 하며 하나하나의 경계가 모든 근을 상대해야 할 것이다.[28] 또한 일체의 법이 유성有性과 같은 것이라면 마땅히 유성과 같이 그 체가 모두 같아야 할 것이다.

　승론외도勝論外道[29]가 유 등의 본성이 모든 법과 같지 않다고 말하는 것은 비유구非有句에 해당하니, 이것도 참이 아니다. 그 까닭이 무엇인가? 만약 청 등의 색이 색의 본성과 다르다면 마땅히 소리 등이 눈으로 볼 수 있는 것이 아닌 것처럼, 소리 등도 그러할 것이다(귀로 들을 수 있는 것이 아닐 것이다).[30] 또한 일체법이 유의 본성과 다른 것이라면 마땅히 토끼뿔처럼

26　수론외도數論外道 : ⑤ Sāṃkhya. 인도 6파 철학의 하나. 카필라(⑤ Kapila) 선인이 처음 주장하였다. 25제諦를 세워 본체 만법의 생기生起로부터 유정윤회有情輪廻의 시종始終과 해탈하는 일을 말하였다. 『金七十論』이 전하는데, 여기서 일체 만법은 인因과 과果이니 불과 뜨거운 것의 관계와 같이 인을 여의고 과가 없으며 과를 여의고 인이 없어서 차별할 수 없으므로 일一이라 주장한다.
27　오악五樂 : 다섯 가지 악기의 음악. 금슬琴瑟·생우笙竽·고고鼓·종종鍾·경죽磬竹 또는 고鼓·종鍾·탁鐸·경磬·도韜를 말한다.
28　"하나하나의 근은 모든 경계를 취하여야 하며"란 안근眼根으로 색色을 볼 수 있을 뿐 아니라 소리(聲)도 들을 수 있어야 하고 냄새(香)도 맡을 수 있어야 하며 맛(味)도 알 수 있어야 하고 촉각(觸)도 감지할 수 있어야 한다는 뜻이다. 또 "하나하나의 경계로 모든 근을 상대해야 할 것이다."란 색경계를 볼 수 있는 것은 안근뿐 아니라 이근耳根이나 비근鼻根, 설근舌根 또는 신근身根으로도 가능해야 한다는 뜻이다.
29　승론외도勝論外道 : ⑤ Vaiśeṣika. 인도 6파 철학의 하나. 이異를 고집하는 학파. 일체 만법은 인因은 인이고 과果는 과여서 다르다고 주장한다.
30　청·황·적·백 등의 색이 색성과 다르다면 이는 소리나 냄새·맛 등과 같을 것이므로

그 체가 본래 없어야 될 것이다."라고 하며 이밖에도 자세히 논파하였다.

復次爲顯世間所執諸法皆非眞實。及顯外道所執不同。故說頌曰。有非有俱非。一非一雙泯。隨次應配屬。智者達非眞。釋曰。一切世間色等句義。言說所表。心慧所知。情執不同。略有四種。謂有。非有。俱許。俱非。隨次如應配四邪執。謂一。非一。雙許。雙非。數論外道執有等性與諸法一。卽當有句。此執非眞。所以者何。若靑等色與色性一。應如色性其體皆同。五樂等聲與聲性一。應如聲性其體皆同。眼等諸根與根性一。應如根性其體皆同。應一一根取一切境。應一一境對一切根。又一切法與有性一。應如有性其體皆同也。勝論外道說有等性與諸法非一。當非有句。此亦非眞。所以者何。若靑等色與色性異。應如聲等非眼所行。聲等亦爾。又一切法異有性者。應如免¹⁾角其體本無。乃至廣破。

1) ㉠ 갑본에서는 '免'을 '兎'라고 하였다. ㉡ 후자가 타당하다.

(또 말하기를) "무참외도無慚外道[31]가 유 등의 본성이 저 모든 법과 같기도 하고 다르기도 하다고 집착하는 것은 역유역비유구亦有亦非有句에 해당하니, 이것도 참이 아니다. 그 까닭이 무엇인가? 만약 유 등의 본성이 색 등과 같은 것이라면 수론의 잘못과 같은 것이고, 색 등과 다른 것이라면 승론의 잘못과 같다. 같음과 다름(一異)의 두 가지가 성상性相은 서로 어긋나는데도 무참외도는 그 체가 같다고 하니, 이는 이치가 성립되지 않는다. 같은 것은 마땅히 같은 것이 아니어야 하니 이는 곧 다른 것이므로 다

그 청·황 등의 색은 눈으로 볼 수 없을 것이라는 뜻이다.
31 무참외도無慚外道 : 역일역이亦一亦異를 고집하는 학파. 일체법의 인과는 인이 없으면 과가 없고 인이 있으면 과가 있으므로 '일'이라 할 수 있고, 또 인은 인, 과는 과여서 다른 것이므로 '이'라 할 수 있다고 말한다. 마치 등燈이 없으면 밝음이 없고 등이 있으면 밝음이 있으므로 같다고 할 수 있고, 등과 밝음과는 같은 곳을 점령한 것이 아니므로 다르다고 할 수 있다고 하는 것과 같다.

른 것과 같으며, 다른 것은 마땅히 다른 것이 아니어야 하니 이는 곧 같은 것이므로 같은 것과 같다."라고 하며 이밖에도 자세히 논파하였다.[32]

無慙外道執有等性與彼諸法亦一亦異。當於亦有亦非有句。此亦非眞。所以者何。若有性等[1]與色等一。同數論過。與色等異。同勝論失。一異二種性相相違。而言體同。理不成立。一應非一。以卽異故如異。異應非異。以卽一故如一。乃至廣破。

1) ⓨ『大乘廣百論釋論』권8(T30, 235a)에 따르면 '性等'은 '等性'인 것 같다.

(또 말하기를) "사명외도邪命外道[33]가 유 등의 성이 저 모든 법과 같은 것도 아니고 다른 것도 아니라고 집착하는 것은 비유비비유구非有非非有句에 해당하니, 이 또한 참이 아니다. 그 까닭이 무엇인가? 네가 여기서 주장한 같음과 다름이 아니라는 것은 다만 가리기 위한 것인가, 아니면 두루 나타내기 위한 것인가? 만일 두루 나타내는 것이라면 마땅히 둘 다 부정하는 것이 아닐 것이요, 만일 다만 가리는 것이라면 마땅히 집착할 바가 없을 것이다. 가리기도 하고 또 나타내기도 하는 것은 이치가 서로 어긋나며, 가리는 것도 없고 나타내는 것도 없는 것은 그 말이 희론을 이루는 것이다."라고 하며 이밖에도 자세히 논파하였다.

---

32 여기에 생략된 부분을 『大乘廣百論釋論』 권8(T30, 235a)에 의하여 보충하면 다음과 같다. "일一과 이異가 이미 성립하지 않는다면, 어떻게 유와 비유를 세우겠는가? 즉 일一과 이異는 상相은 다른데 체體가 같다고 말한다면 일체의 법은 모두 다름이 없어야 할 것이다. 따라서 이상異相이 이미 없으니 일상一相이 어떻게 있겠는가? 왜냐하면 일이一異의 두 상은 상대하여 성립하는 것이기 때문이다. (一異既不成。有非有焉立。一異相異而言體同。則一切法皆應無異。異相既無。一相何有。一異二相相待立故。)"
33 사명외도邪命外道 : Ⓢ Ājīvika. 비일비이비일非一非異를 고집하는 학파. 일체법의 인·과가 만일 인을 여의고서 과가 없을진댄 인이 없어지는 동시에 과도 없어져야 할 것이다. 그러나 인은 없어지고도 과는 있으므로 비일非一이고, 또 인과 과가 다르다면 인이 있어도 과는 없을 수 있고, 과가 있어도 인은 없을 수 있다. 그러나 그렇지 못한 터인즉 '비이非異'라고 주장한다.

邪命外道執有性等與彼諸法非一非異。當於非有非非有句。此亦非眞。所以者何。汝此所說非一異者。爲俱[1]是遮。爲偏[2]有表。若偏有表。應不雙非。若俱[3]是遮。應無所執。有遮有表。理互相違。無遮無表。言成戱論。乃至廣破。

1) ㉠『大乘廣百論釋論』 권8(T30, 235a)에 따르면 '俱'는 '但'이다.   2) ㉠『大乘廣百論釋論』 권8(T30, 235a)의 미주에 따르면 '偏'은 '徧'이다. 이하 동일하다.   3) ㉠『大乘廣百論釋論』 권8(T30, 235a)에 따르면 '俱'는 '但'이다.

(또 말하기를) "또 이와 같이 세간에 네 가지 비방의 말을 일으켰으니, 유有와 비유非有와 쌍허雙許와 쌍비雙非를 말하며 이는 차례대로 증익增益·손감損減·상위相違·희론戱論이니, 그러므로 세간에서 집착하는 것이 진실이 아닌 것이다."[34]라고 하였다.

如是世間起四種謗。謂有。非有。雙許。雙非。如次增益。損減。相違。戱論。是故世間所執非實。

이제 이 『기신론』의 글에서 "유를 특징으로 하는 것도 아니고"는 처음 구절을 버리는 것이고, "무를 특징으로 하는 것도 아니며"는 두 번째 구절을 버리는 것이고, "비유를 특징으로 하는 것도 아니고, 비무를 특징으로 하는 것도 아니며"란 네 번째 구절을 버린 것이고, "유와 무를 함께 특징으로 하는 것도 아니며"란 세 번째 구절을 버린 것이다. 둘(세 번째와 네 번째)의 차례가 앞뒤로 바뀐 것은 『기신론』을 쓴 사람의 의도에 따른 것이며, 모두 도리가 있으니 서로 방해가 되지 아니한다. 같고(一) 다름(異)의 사구四句는 (유무구有無句에) 준하여 해석하면 알 수 있다.

今此文中。非有相。是遣初句。非無相者。遣第二句。非非有相非非無相者。

---

34 『大乘廣百論釋論』 권8(T30, 234c~235b).

遣第四句。非有無俱者。遣第三句。二句前後。隨論者意。皆有道理。不相傷也。一異四句。準釋可知。

ⓒ 총결함

"이리하여" 아래는 세 번째로 총결하는 것이니, 이 중에 두 구절이 있다. 여기서부터[35] "공이라 (말하지만)"까지는 순결順結이고, "만약 망심을 떠나면" 아래는 반결反結이다.

乃至以下。第三總結。於中二句。從此以下。乃至曰爲空。是順結也。若離以下。是反結也。

(ㄴ) 불공을 해석함

논 불공이라 말하는 것은 이미 법체가 공하여 허망함이 없음을 나타냈기 때문에 바로 이는 진심眞心이며, 이 진심은 항상하여 변하지 않고 정법淨法이 만족하기 때문에 불공이라 이름한다. 그러나 또한 취할 만한 상이 없으니, 망념을 여읜 경계는 오직 증득함으로써만 상응하기 때문이다.

所言不空者。已顯法體空無妄故。卽是眞心。常恒不變。淨法滿足。則名不空。亦無有相可取。以離念境界。唯證相應故.

소 불공을 풀이하는 중에 또한 세 구절이 있다.

---

[35] 바로 위 논의 "일체의 중생이 망심이 있음으로 해서"부터이다.

釋不空中。亦有三句。

㉠ 공문을 표시함

처음은 공문空門을 표시한 것이니, "이미 법체가 공하여 허망함이 없음을 나타냈기 때문에"라고 말한 것이다.

初牒空門。謂言已顯法體空無妄故。

㉡ 불공을 나타냄

다음은 불공을 나타내는 것이니, "바로 이는 진심이며……불공이라 이름한다."라고 말한 것이다.

次顯不空。卽是眞心乃至則名不空故。

㉢ 공과 불공이 차이가 없음을 밝힘

"또한 취할 만한 상이 없으니" 아래는 세 번째 공과 불공, 그 둘의 차이가 없음을 밝혔다. 불공이라고 말했지만 상이 없기 때문에 불공이 공과 다르지 않으며, 분별하여 반연하는 바를 여읜 경계는 오직 무분별지로 증득함으로써만 상응하기 때문이다.

亦無有相以下。第三明空不空無二差別。雖曰不空。而無有相。是故不空不異於空。以離分別所緣境界。唯無分別所證相應故也。

㉯ 생멸문

소 이 아래는 두 번째 생멸문을 풀이한 것이니, 이 중에 두 가지가 있다. 처음은 바로 자세히 풀이한 것이며, "다시 네 가지 법의 훈습하는 뜻이 있기 때문에" 아래는 말에 의하여 거듭 나타내는 것이다.

此下第二釋生滅門。於中有二。初正廣釋。復次有四種熏習以下。因言重顯。

ㄱ. 바로 자세히 풀이함

처음 중에 세 가지가 있으니, 첫째는 위의 입의분 중의 "이 심생멸"[36]을 해석한 것이며, 둘째 "다음 생멸인연이라는 것은"[37] 아래는 위 (입의분 중)의 "생멸인연"을 해석한 것이며, 셋째 "다시 생멸상(을 분별한다는 것은)"[38]의 아래는 위 (입의분 중)의 "생멸상"을 해석한 것이다.

初中有三。一者釋上立義分中是心生滅。二者復次生滅因緣以下。釋上生滅因緣。三者復次生滅相以下。釋上生滅相。

ㄱ) 심생멸

처음 중에 두 가지가 있으니, 첫째는 체라는 점에서 전체적으로 밝혔고, 둘째는 뜻에 의하여 하나씩 풀이하였다.

---

36 『大乘起信論疏記會本』 권1(H1, 739c).
37 『大乘起信論疏記會本』 권3(H1, 759a).
38 『大乘起信論疏記會本』 권4(H1, 765a).

初中有二。一者就體總明。二者依義別解。

논 심생멸이란 여래장에 의하므로 생멸심이 있는 것이니, 이른바 불생불멸不生不滅이 생멸과 화합하여, 같은 것도 아니고 다른 것도 아닌 것을 이름하여 알라야식(阿黎耶識)[39]이라고 하는 것이다.

心生滅者。依如來藏故有生滅心。所謂不生不滅。與生滅和合。非一非異。名爲阿黎耶識。

(ㄱ) 체라는 점에서 전체적으로 밝힘

---

39 알라야식(阿黎耶識) : ⓢ ālaya-vijñāna. 8식 또는 9식의 하나. 불교 유심론의 하나인 알라야연기(賴耶緣起)의 근본되는 식. 진제 등은 무몰식無沒識이라 번역하고 현장은 장식藏識이라 번역한다. 앞의 것은 아뢰야를 짧은 음으로 읽어 '아'는 무無, '뢰야'는 멸진, 몰실沒失이라 번역하여 멸진·몰실하지 않는 식이라 하는 것이요, 뒤의 것은 아를 긴 음으로 읽어 가家, 주소住所, 저장소貯藏所의 뜻이 있으므로 장식이라 한 것이다. 『成唯識論』 권2(T31, 7c)에 의하면 '장藏'에 세 가지 뜻이 있다. ① 능장能藏은 만유를 내는 친인親因인 종자를 간직해 두는 식이란 뜻이다. ② 소장所藏은 8식 중 다른 7식에 의하여 염법의 종자를 훈습하여 간직하는 식이란 뜻이다. ③ 집장執藏은 제8식은 오래 전부터 없어지지 않고 상주하므로 자아인 듯이 제7식에게 집착되는 식이란 뜻이다. 그러나 이 가운데서 주로 집장의 의미로 장식이라 하므로 아애집我愛執이 일어나지 않을 때에 이르면 알라야란 이름이 없어진다. 또 다른 이름으로 법상종에서는 불도 수행의 도정을 삼분하여 아뢰야·비파가毘播迦(ⓢ vipāka : 異熟)·아다나阿陀那(ⓢ ādāna : 我執)란 이름을 붙인다. ① 아뢰야는 제7말나末那(ⓢ manas : 意, 思量)가 제8식을 자아의 존재처럼 집착하는 자리에서의 제8식의 이름이다. ② 비파가는 이숙異熟이라 번역하니 선악의 업으로 인하여 받은 자리에서의 제8식의 이름이다. ③ 아다나는 부처님 지위에서의 제8식의 이름이다. 이미 자아의 집착이 없어지고 또 업으로 받은 것도 아니고 물질과 마음의 여러 법을 발현케 하는 종자와 오근을 집지執持·상속相續하는 자리의 제8식이므로 아다나라 한다. 이 식은 종자(이 식 속에 간직하는 깨끗하거나 더러운 세계를 발현할 수 있는 세력)·오근·기세간器世間을 소연所緣으로 하기 때문에 각자의 아뢰야로써 우주 만유를 전개하는 근본이라 한다. 『大乘起信論』에서의 알라야식은 유식의 알라야식과는 달리 진망화합식眞妄和合識으로, 이에는 각의覺義와 불각의不覺義가 있다.

소 처음 중에 세 구절이 있으니, 첫째는 체를 나타냈고, 둘째는 상을 분별하였으며, 셋째는 이름을 세웠다.

初中三句。一者標體。二者辯相。三者立名。

㉠ 체를 나타냄

처음 중에 "여래장에 의하므로 생멸심이 있는 것이니"라고 한 것은 (체라는 측면에서) 자성청정심을 여래장이라고 이름하는 것이니, 무명의 바람이 움직임에 의하여 생멸을 일으키므로 생멸이 여래장에 의지한다고 말한 것이다.

初中言依如來藏故有生滅心者。自性淸淨心。名爲如來藏。因無明風動作生滅。故說生滅依如來藏。

별기 그러나 불생멸심이 생멸심과 심체心體가 둘이 아니며 다만 두 가지 뜻을 가지고 마음을 취하여 둘(불생멸심과 생멸심)이 되는 것이므로, 이를 "(여래장에) 의하므로"라고 말할 뿐이다. 이는 마치 움직이지 아니하는 바닷물이 바람에 불리어 움직이는 물결을 일으키는 것이니, 동動·정靜은 다르지만 바닷물의 체는 하나이므로, 정수靜水에 의하여 동수動水가 있다고 말하게 되는 것과 같다. 이 중의 도리도 또한 그러함을 알아야 할 것이다.

別記。然不生滅心與生滅心。心體無二。但將二義取心爲二以說依耳。如不動水。爲風所吹而作動水。動靜雖異。水體是一。而得說言依靜水故有其動水。當知此中道理亦爾。

소 이는 『사권능가경』에서 "여래장이 무시악습無始惡習에 훈습된 것을 식장識藏(장식)이라 이름한다."⁴⁰라고 하고, 또 "찰나刹那⁴¹란 식장이라 이름한다."⁴²라고 한 것과 같다.

如四卷經言。如來藏爲無始惡習所熏。名爲識藏。又言刹那者名爲識藏故。

별기 이 『기신론』에서 생멸심이 있다고 한 것은 바로 식장을 말하는 것임을 알아야 할 것이다. 이제 소의所依인 여래장과 능의能依인 생멸심을 통틀어 취하여, 합해서 심생멸문을 삼기 때문에, "심생멸이란 여래장에 의하므로 생멸심이 있는 것이니"라고 말하였으니, 이는 여래장을 버리고

---

40 『楞伽阿跋多羅寶經』권4(T16, 510b).
41 찰나刹那 : ⓢ kṣaṇa의 음사어. 일념一念으로 의역한다. 지극히 짧은 시간을 말하니, 『仁王經』권상(T8, 826a)에 의하면 90찰나를 일념이라 하고 이 일념 중의 1찰나에 900번 생멸을 한다고 한다.
42 『楞伽阿跋多羅寶經』권4(T16, 512b)에 "여래의 장은 선·불선의 인이니,……무시의 허망한 악습에 훈습된 것을 식장이라 이름한다.(如來之藏。是善不善因。……爲無始虛僞惡習所薰。名爲識藏。)"라고 하였다. 이 경의 이역본인 『大乘入楞伽經』권5(T16, 621b)에 따르면, "오취온법은 심·의·의식의 습기가 인이 되어 증장되는데, 범우들은 여기에서 선·불선의 분별이 나오지만 성인들은 삼매를 현증하여 낙주하니 이것이 선무루법이다. 대혜야, 선·불선이란 8식을 말하니 무엇이 여덟 가지인가? 곧 식장이라고 이름하는 여래장과 의와 의식 및 오식신이다. 저 오식신은 의식과 함께한다. 선·불선은 서로 전전 차별 상속 부단하여 체를 달리하여 생겨남(異體生)이 없으며 생하면 바로 멸하여 이것은 경境이 자심소연임을 모른다. 또한 선·불선법은 차례로 멸할 때 각각 식이 바로 생기는데 의식은 저 오식과 함께하며 여러 가지 차별형상을 취하여 찰나도 머물지 아니하니 이를 찰나법이라 한다. 식장이라고도 하는 여래장은 의, 의식 등의 여러 습기와 함께하니 이것이 찰나법이다. 무루습기는 찰나법이 아니다.(五取蘊法以心意意識習氣爲因而得增長。凡愚於此而生分別謂善不善。聖人現證三昧樂住。是則名爲善無漏法。復次大慧。善不善者。所謂八識。何等爲八。謂如來藏名藏識。意及意識幷五識身。大慧。彼五識身與意識俱。善不善相展轉差別相續不斷。無異體生生已即滅。不了於境自心所現。次第滅時別識生起。意識與彼五識共俱。取於種種差別形相。刹那不住。我說此等名刹那法。大慧。如來藏名藏識。所與意等諸習氣俱。是刹那法。無漏習氣非刹那法。)"라고 하였다.

생멸심을 취하여 생멸문을 삼은 것이 아니다. 이것은 아랫글에서 "이 식에 두 가지 뜻이 있어서"[43]라고 한 것과 같으니, 두 가지 뜻이 모두 생멸문에 있음을 알아야 한다.

> 別記。當知此云有生滅心。正謂識藏。今通取所依如來藏與能依生滅心。合爲心生滅門。故言心生滅者依如來藏故有生滅心。非棄如來藏而取生滅心爲生滅門也。如下文云此識有二種義。故知二義皆在生滅門也。

ⓒ 상을 분별함

<small>소</small> "이른바" 아래는 두 번째로 상을 분별하는 것이다. "불생불멸"이란 위에서의 여래장을 말하며, 이 생멸하지 않는 마음이 움직여서 생멸을 일으켜 서로 버리거나 여의지 않음을 "(생멸)과 화합하여"라고 이름하니, 이는 아랫글에서 "마치 큰 바다의 물이 바람에 의하여 물결이 움직일 때, 물의 특징(水相)과 바람의 특징(風相)이 서로 떨어지지 않지만"[44]이라고 하고 이어서 자세히 설한 것과 같다. 이 중에서 바닷물의 움직임은 바람의 특징이요, 움직일 때의 젖어 있는 것은 물의 특징이다. 바닷물 전체가 움직이므로 바닷물이 바람의 특징을 여의지 않았고, 움직이는 것마다 젖어 있지 않음이 없기 때문에 움직이는 물결이 물의 특징을 여의지 않는다. 마음도 이와 같아서 생멸하지 않는 마음 전체가 움직이기 때문에 마음이 생멸상을 여의지 않고, 생멸의 상이 영묘한 알음알이(神解)가 아닌 것이 없기 때문에 생멸이 심상心相을 여의지 아니하는 것이니, 이와 같이 서로 여의지 않기 때문에 '(생멸)과 화합하여'라고 이름하는 것이다.

---

43 『大乘起信論疏記會本』 권2(H1, 747b).
44 『大乘起信論疏記會本』 권3(H1, 753b).

所謂以下。第二辯相。不生不滅者。是上如來藏。不生滅心動作生滅。不相捨離。名與和合。如下文言。如大海水因風波動。水相風相不相捨離。乃至廣說。此中水之動是風相。動之溼是水相。水擧體動。故水不離風相。無動非溼。故動不離水相。心亦如是。不生滅心擧體動。故心不離生滅相。生滅之相莫非神解。故生滅不離心相。如是不相離。故名與和合。

별기 마음의 생멸은 무명에 의하여 이루어지고, 생멸의 마음은 본각에서 이루어져 두 가지 체가 없으며 서로 버리거나 여의지 않기 때문에 화합이 되는 것이다.

別記云。心之生滅。依無明成。生滅之心。從本覺成。而無二體。不相捨離。故爲和合。[1]

---
1) ㉠ 『韓國佛敎全書』에서는 "別記云……和合"을 세주 형식으로 처리했으나, 본서 내의 『별기』 인용 원칙의 일관성에 의거하여 별도의 문단으로 처리하였다. 이하 동일한 원칙을 적용한다.

소 이는 생멸하지 않는 마음이 생멸과 화합하는 것이지 생멸이 생멸하지 않는 마음과 화합하는 것을 말하는 것은 아니다. "같은 것도 아니고 다른 것도 아닌 것"이란 생멸하지 않는 마음이 그 전체가 움직이기 때문에 마음(생멸하지 않는)이 생멸과 다르지 않은 것이요, 늘 불생불멸을 잃지 않기 때문에 생멸이 그 불생멸심과 같지 않은 것이다. 또 만약 같은 것이라면 생멸식상生滅識相이 다 없어질 때 심신心神의 체도 또한 따라서 없어지게 되니 이는 단변斷邊[45]에 떨어질 것이고, 만약 다른 것이라면 무명의 바람에 의하여 훈습되어 움직일 때 정심靜心의 체가 연을 따르지 않게 되

---
45 단변斷邊 : 단견斷見(Ⓢ uccheda-dṛṣṭi)과 같다. 만유는 무상한 것이어서 실재하지 않는 것과 같이 사람도 죽으면 몸과 마음이 모두 없어져서 공무空無에 돌아간다고 고집하는 그릇된 소견이다.

니 이는 상변常邊⁴⁶에 떨어질 것이다. 이 두 변을 여의었기 때문에 같은 것
도 아니고 다른 것도 아닌 것이다.

> 此是不生滅心與生滅和合。非謂生滅與不生滅和合也。非一非異者。不生
> 滅心擧體而動。故心與生滅非異。而恒不失不生滅性。故生滅與心非一。又
> 若是一者。生滅識相滅盡之時。心神之體亦應隨滅墮於斷邊。若是異者。依
> 無明風熏動之時。靜心之體不應隨緣。卽墮常邊。離此二邊。故非一非異。

별기 두 가지 뜻이 있지만 심체가 둘이 없으니, 여기서는 두 가지 뜻
(각과 불각)이 합해져서 둘이 아닌 심체를 알라야식이라고 이름한 것이다.

> 別記云。雖有二義。心體無二。此合二義不二之心。名爲梨耶識也。

소 이것은 『사권능가경』에서 "비유하자면 흙덩이와 티끌이 다른 것도
아니요, 다르지 않은 것도 아닌 것과 같으니, 금과 장엄구(금으로 장식한 물
건)⁴⁷도 이와 같다. 만약 흙덩이와 티끌이 다른 것이라면 흙덩이는 저 티
끌로 이루어진 것이 아닐 것이나, 실로 저 티끌로 이루어진 것이므로 다
른 것이 아니고, 만약 다르지 않은 것이라면 흙덩이와 티끌이 차이가 없
어야 할 것이다. 이와 같이 전식轉識⁴⁸과 장식의 진상眞相이 만약 다르다면
장식은 인이 아닐 것이고, 만약 다르지 않다면 전식이 없어질 때 장식도

---

46 상변常邊 : 상견常見([S] śāśvata-dṛṣṭi)과 같다. 사람은 죽으나 자아는 없어지지 않으며
오온은 과거나 미래에 상주 불변하여 간단間斷하는 일이 없다고 고집하는 그릇된 견
해이다.
47 금과 장엄구 : 원효가 본 『四卷楞伽經』(『楞伽阿跋多羅寶經』) 권1(T16, 483a)에는 "금
장엄구金莊嚴具"로 되어 있으나, 『大乘入楞伽經』 권1(T16, 593b)에 "금과 장엄구(金
與莊嚴具)"로 되어 있다.
48 전식轉識 : 능견상(능견식)을 말한다.

없어져야 할 것이지만 자진상自眞相은 실로 없어지지 않는다. 그러므로 자진상식自眞相識[49]이 없어지는 것이 아니요, 다만 업상業相이 없어지는 것이다."[50]라고 한 것과 같다.

이제 이 『기신론』의 저자가 바로 저 (『능가경』의) 글을 풀이하였기 때문에 같은 것도 아니고 다른 것도 아니라고 말한 것이다. 이 중에서 업식業識이란 무명의 힘에 의하여 불각심不覺心이 움직이기 때문에 업식이라 이름하며, 또 동심動心에 의하여 굴러서 능견能見을 이루기 때문에 전식이라고 이름하는 것이다. 이 두 가지는 모두 알라야식 자리에 있다.

> 如四卷經云。譬如泥團微塵非異非不異。金莊嚴具亦如是。若泥團微塵異者。非彼所成。而實彼成。是故非異。若不異者。泥團微塵應無差別。如是轉識藏識眞相若異者。藏識非因。若不異者。轉識滅。藏識亦應滅。而自眞相實不滅。是故非自眞相識滅。但業相滅。今此論主正釋彼文。故言非一非異。此中業識者。因無明力不覺心動。故名業識。又依動心轉成能見。故名轉識。此二皆在梨耶識位。

별기 알라야식 내에 생멸하는 견상見相을 전식이라 이름하고 이 중 체를 장식이라 이름한다.

> 別記云。梨耶識內生滅見相。名爲轉識。於中體。名爲藏識。

소 이것은 『십권능가경』에서 "여래장 곧 알라야식이 칠식七識과 함께

---

[49] 자진상식自眞相識 : 업식과 전식의 진상으로 이는 장식을 말한다. 원효는 이 자진상식을 알라야식으로 본다.
[50] 『楞伽阿跋多羅寶經』 권1(T16, 483a).

생겨나는 것을 전멸상轉滅相이라 한다."[51]는 말과 같다. 따라서 전상轉相이 알라야식에 있음을 알 수 있다. (『사권능가경』에서의) '자진상'이라는 것은 『십권능가경』에서는 "자상自相"[52]이라 하였다. 본각심本覺心이 허망한 연緣에 의뢰하지 않고 본성이 스스로 신해神解함을 자진상이라 하는 것이며, 이는 불일의문不一義門[53]에 의하여 말한 것이다. 또 무명의 바람에 따라서 생멸을 일으킬 때 신해한 성질이 본심과 다르지 않기 때문에 또한 자진상이라 이름하게 된 것이니, 이는 불이의문不異義門[54]에 의하여 말한 것이다.

> 如十卷經言。如來藏卽阿梨耶識。共七識生。名轉滅相。故知轉相在梨耶識。自眞相者。十卷經云中眞名¹⁾自相。本覺之心。不藉妄緣性自神解。名自眞相。是約不一義門說也。又隨無明風作生滅時。神解之性與本不異。故亦得名爲自眞相。是依不異義門說也。

1) ㉣ '云中眞名'은 '但云'인 것 같다. 징관澄觀의 『大方廣佛華嚴經隨疏演義鈔』 권31(T36, 235a)에서 "然云自眞相者。十卷但云自相。曉公釋云。本覺之心不藉妄緣。……"이라고 한 것을 참조할 것.

별기 '자진自眞'이란 이름은 불생멸에만 치우치게 있는 것이 아님을 알아야 한다.

> 別記云。當知自眞名。不偏在不生滅。

소 이 중에 자세한 것은 『별기』에서 말한 것과 같다.

---

51 『入楞伽經』 권7(T16, 557a).
52 『入楞伽經』 권2(T16, 522a).
53 불일의문不一義門 : 본각심이 망연妄緣에 의뢰하지 않아 진과 망이 구분되고 있으므로 자진상自眞相의 '불일의'이다.
54 불이의문不異義門 : 본각심이 무명에 훈습되어 생멸을 일으키면 이때는 진과 망이 구분되지 않으므로 자진상의 '불이의'이다.

於中委悉。如別記說也。

별기 문 『유가사지론』 등과 같은 데서는 알라야식이 이숙식異熟識[55]으로서 한결같이 생멸만 한다고 말하였는데, 무슨 까닭으로 이『기신론』에서는 이 알라야식이 불생멸과 생멸의 두 가지 뜻을 갖추어 함유하고 있다고 말하는가?

別記。問。如瑜伽論等。說阿梨耶識。是異熟識。一向生滅。何故此論乃說此識具含二義。

답 각각 설명하는 바가 있어서 서로 위배되지 않는다. 어째서인가? 이 미세한 마음에 대략 두 가지 뜻이 있으니, 만약 업번뇌業煩惱에 의하여 감응되는 뜻으로 본다면 무無를 조작하여 유有가 되게 하므로 한결같이 생멸하기만 할 것이며, 만약 근본무명根本無明에 의하여 움직여지는 뜻으로 논한다면 정靜을 훈습하여 동動하게 하는 것이므로 동정動靜이 일체가 될 것이다. 저『유가사지론』에서 논한 것들은『해심밀경』[56]에 의하여 일一이거나 상常이라고 하는 견해들[57]을 제거하기 위하여, 업번뇌에 감응되는

---

55 이숙식異熟識 : ⓢ vipāka-vijñāna. 알라야식의 다른 이름. 이숙이란 과果는 인因과 별류別類로 성숙된다는 뜻이다. 즉, 선악의 인에서 선도 악도 아닌 무기無記의 과를 낳는 것이다. 제8식을 이숙 또는 진이숙眞異熟이라 하고, 제8식으로부터 생긴 제6식의 이숙과異熟果인 부귀·현우賢愚·미추 등을 이숙생이라 한다. 유식에서 선악업의 과보로서의 제8식이 상속되는 기간 중의 제8식을 특히 이숙이라 한다.
56 『해심밀경解深密經』: 당나라 현장 한역. 5권. 법상종의 근본 경전으로 8품에 나누어 유식의 깊은 뜻을 말한다. 특히 제2「勝義諸相品」에서는 객관의 사상事相을 논술하고 제3「心意識相品」에서는 주관의 정신 활동, 곧 알라야식에 대하여 논술하고 제4「一切法相品」에서는 삼성三性을 논술하며 제5「無自性相品」에서는 삼무자성三無自性과 삼시교三時敎를 말한다.
57 일一이거나 상常이라고 하는 견해들 : 정심淨心의 체는 무명으로 훈습되어도 수연隨緣하지 않는다는 것이다.『解深密經』에서는 이러한 상견常見을 타파하기 위하여 무無,

뜻의 문에 의하기 때문에 이 알라야식이 한결같이 생멸하기만 하여 심왕心王·심소법心所法[58]이 차별되어 전변한다고 말한 것이다.[59]

이제 이『기신론』에서는『능가경』에 의하여 진과 속을 별체로 보는 집착을 다스리기 위하여, 무명에 의하여 동하여지는 뜻의 문에 의하기 때문에 불생멸이 생멸과 화합하여 다르지 않다고 말한 것이다.[60] 그러나 이 무명에 의하여 움직여진 상相도 바로 저 업번뇌에 의하여 감응되는 것이기 때문에 두 뜻(불생불멸과 생멸심)이 다르지만 알라야식의 체는 둘이 없는 것이다.

答。各有所述。不相違背。何者。此微細心略有二義。若其爲業煩惱所感義邊。辨無令有。一向生滅。若論根本無明所動[1)]義邊。熏靜令動。動靜一體。彼所論等。依深密經。爲除是一是常之見。約業煩惱所感義門。故說此識一向生滅。心心數法差別而轉。今此論者。依楞伽經。爲治眞俗別體之執。就其無明所動義門。故說不生滅與生滅和合不異。然此無明所動之相。亦卽爲彼業惑所感。故二意雖異。識體無二也。

1) ㉮ 갑본에서는 '動'을 '感'이라 하였다.

문 심체心體가 상주하고 심상心相은 생멸하지만, 체와 상이 떨어지지 아

즉 진여가 업번뇌에 감촉되어 유有로 일향생멸一向生滅한다고 하였으니, 이는 위의 상견을 극복한 것이다.
58 심왕心王·심소법心所法 : 심왕은 의식 작용의 본체로 객관 대상에 향하여 그 일반상(總相)을 인식하는 정신 작용이다. 여기에 6식·8식·9식의 구별이 있다. 심소는 갖추어서는 심소유법心所有法이라 한다. 객관 대상을 인식할 때 그 일반상을 인식하는 심왕의 종속으로 일어나는 정신 작용이다. 구사종에서는 46법, 유식종에서는 51법을 세운다.
59 생멸식에서는 심왕과 심소가 구분되어 전변해 나간다. 한편『大乘起信論』에서 미세심인 제8식을 진망화합식이라 하여 심왕과 심소가 미분된 상태로 있다.
60『大乘起信論』에서의 알라야식은 불생멸과 생멸의 화합식이라는 의미를 강조한 것이라는 뜻이다. 그러나 이 진망화합식은 유식의 일향생멸식一向生滅識과 다른 것이 아니다. 다만 그 치료 목적이 다른 데서 강조점이 다르게 표현된 것일 뿐이다.

니하여 합해서 일식一識이 된다고 해야 되는가, 심체는 상주하기도 하고 또한 곧 심체는 생멸하기도 한다고 해야 되는가?

> 問。爲當心體常住。心相生滅。體相不離合爲一識。爲當心體常住。亦卽心體生滅耶。

답 만일 (묻는) 뜻을 체득한 사람이라면 두 뜻을 모두 인정할 것이니, 어째서인가? 만약 그 상주를 논한다면 다른 것을 따라서 이루어지지 않는 것을 체라 하고, 그 무상無常을 논한다면 다른 것을 따라서 생멸하는 것을 상相이라 하는 것이니, 체는 상常이요, 상相은 무상無常이라고 말할 수 있을 것이다. 그러나 생멸이라고 하는 것은 생이 아닌 생이요, 멸이 아닌 멸이므로 생멸이라 이름하며, 이는 심의 생이며 심의 멸이기 때문에 생멸이라고 이름하는 것이니, 그러므로 심체가 생멸한다고 말할 수 있는 것이다. 이는 마치 바닷물이 움직이는 것을 물결이라 이름하지만, 끝내 이 물결의 움직임이 바닷물의 움직임이 아니라고 말할 수 없음과 같은 것이다. 이 중의 도리도 또한 그러함을 알아야 할 것이다. 설사 심체는 움직이지 않으나 다만 무명상無明相이 움직이는 것이라면 범부를 전변시켜 성인을 이루는 이치가 없을 것이니, 그것은 무명상은 한결같이 멸하기만 하고 심체는 본래 범부를 짓지 않을 것이기 때문이다.

> 答。若得意者。二義俱許。何者。若論其常住。不隨他成。曰體。論其無常。隨他生滅。曰相。得言體常。相是無常。然言生滅者。非生之生非滅之滅。故名生滅。是心之生心之滅。故乃名生滅。故得言心體生滅。如似水之動名爲波。終不可說是動非水之動。當知此中道理亦爾。設使心體不動但無明相動者。則無轉凡成聖之理。以無明相一向滅故。心體本來不作凡故。

문 만약 심체가 생멸한다면 진심眞心이 다 없어질 것이니, 왜냐하면 생멸할 때에는 상주함이 없기 때문이다. 또 만일 심체는 본래 고요한 것이나 연을 따라 움직인다면 생사가 시작이 있을 것이니, 이는 큰 잘못이 되는 것이다. 왜냐하면 본래 고요한 때에는 생사가 없는 것이기 때문이다. 또 만일 마음이 연을 따라 변하여 생멸을 일으킨다고 한다면 또한 일심一心이 연을 따라 변하여 다심多心을 일으킬 수 있을 것이다. 이상의 세 가지 힐난[61]을 떨칠 수가 없기 때문에 이 뜻[62]이 성립될 수 없음을 알 수 있을 것이다.

> 難曰。若使心體生滅。則眞心有盡。以生滅時無常住故。又若心體本靜而隨緣動。則生死有始。是爲大過。以本靜時無生死故。又若心隨緣變作生滅。亦可一心隨緣變作多心。是三難不能得離。故知此義不可立也。

해 이 뜻이 방해됨이 없으니 이제 뒤의 것으로부터 답할 것이다.

마치 상심常心이 무명의 연을 따라서 변하여 무상심無常心을 일으키지만, 그 상성常性은 항상 스스로 변하지 않는다고 말함과 같으니, 이처럼 일심이 무명의 연을 따라 변하여 많은 중생심을 일으키지만 그 일심은 항상 스스로 둘이 없는 것이다. 이는 『대반열반경』에서 "한 가지 맛의 약이 그 옮겨가는 곳에 따라서 여러 가지 다름이 있으나, 이 약의 참된 맛은 산에 머물러 있다."[63]라고 한 것과 같으니, 바로 이것을 두고 한 말이다.

또 본래 고요한 것이 연을 따라 움직인다고 하지만 생사에 시작이 있다

---

61 세 가지 힐난 : 진심이 다 없어짐(眞心有盡), 생사에 시작이 있음(生死有始), 일심이 다심을 일으킴(變作多心)을 말한다.
62 이 뜻 : ① 심체가 생멸함(心體生滅). ② 심체는 본래 고요한데 연을 따라 움직임(心體本靜而隨緣動). ③ 일심이 연을 따라 변하여 생멸을 일으킴(一心隨緣變作生滅).
63 남본 『大般涅槃經』 권8(T12, 649b).

는 과오는 없으니, 이와 같이 전전展轉하는 동정動靜이 모두 시작이 없기 때문이다. 이는 논에서 "앞서는 과보果報였던 것이 뒤에서는 도리어 원인을 이루어서 항상 전전하는 인과因果가 다 시작이 없기 때문"[64]이라 한 것과 같으니, 이 중의 도리도 또한 그러함을 알아야 할 것이다.

또 심체가 생멸하지만 항상 심체는 상주하는 것이니, 왜냐하면 같은 것도 아니고 다른 것도 아니기 때문이다. 이는 이른바 심체가 둘도 아니면서 하나도 아닌 성질이며, 동정이 같지도 않으면서 다른 것도 없는 성질인 것이다. 그러므로 마치 바닷물이 상속문相續門[65]에 의하더라도 곧 유동流動함이 있고, 생멸문에 의하더라도 항상 움직이지 않음과 같으니,[66] 항상되는 것도 아니고 단절되는 것도 아니기 때문이요, 이른바 (메아리가) 건너지도 않고 멸하지도 않기 때문이다.[67] 이 중의 도리도 그러함을 알아야 할 것이다. 그러므로 앞에서 설정한 세 가지 힐난이 해결되지 않은 것이 없는 것이다.

> 解云。此義無妨。今從後而答。如說常心隨無明緣變作無常之心。而其常性恒自不變。如是一心隨無明緣變作多衆生心。而其一心常自無二。如涅槃經云。一味之藥。隨其流處有種種異。是藥眞味停留在山。正謂此也。又雖曰本靜隨緣而動。而無生死有始之過。以如是展轉動靜皆無始故。如論

---

[64] 『三無性論』 권상(T31, 871b).
[65] 상속문相續門 : 여기서는 생멸문의 상대가 되는 상속문의 본체를 뜻한다. 즉, 알라야식의 본체이다.
[66] 바닷물은 항상 상속하는 본체가 있지만 유동, 즉 물결이 일게 되며 또한 생멸하지만 바닷물의 본체는 증감이 없으므로 언제나 움직임이 없다고 보는 것이다.
[67] "항상되는 것도 아니고"라 한 것은 유동함을 뜻하며 "단절되는 것도 아니기 때문"이라 한 것은 움직임이 없음을 뜻한다. 부도不度는 불상不常과 같은 뜻이며, 불멸不滅은 부단不斷과 같은 뜻이다. 『合部金光明經』 권3(T16, 376c)에 "세간은 같지도 다르지도 않다. 비유하면 텅 빈 골짜기에 메아리가 건너지도 멸하지도 않는 것과 같으니, 오직 부처님만이 알 수 있다.(世間不一異。譬如空谷響。不度亦不滅。唯佛能了知)"라고 하였다.

說云。先是果報。後反成因。而恒展轉因果。皆無始故。當知此中道理亦爾。又雖心體生滅。而恒心體常住。以不一不異故。所謂心體不二而無一性。動靜非一而無異性。故如水依相續門則有流動。依生滅門而恒不動。以不常不斷故。所謂不度亦不滅故。當知此中道理亦爾。是故所設三難無不消也。

ⓒ 이름을 세움

소 세 번째는 이름을 세운 것이니, "이름하여 알라야식이라고 하는 것이다."라는 것은 불생멸이 생멸과 화합하여 같은 것도 아니요 다른 것도 아니므로 이를 모두 알라야식이라고 이름하였으니, 이름을 번역하고 뜻을 풀이한 것은 『능가경종요楞伽經宗要』[68] 중에서 말한 것과 같다.
이상으로 체에 대해서 전체적으로 밝히는 것을 마친다.

第三立名。名爲阿梨耶識者。不生滅與生滅和合。非一非異。故總名爲阿梨耶識。翻名釋義。是如楞伽宗要中說。就體總明竟在於前。

(ㄴ) 뜻에 의하여 각각 풀이함

이 아래는 두 번째로 뜻에 의하여 개별적으로 풀이하는 것이니, 이 중에 세 부분이 있다. 첫째는 뜻을 열어 전체적으로 나타내어 간략히 공능功能을 밝혔고, 둘째는 뜻에 의하여 개별적으로 풀이하여 자세히 체상體相을 나타냈으며, 셋째는 동이同異를 밝혔다.

此下第二依義別解。此中有三。一開義總標。略明功能。二依義別釋。廣顯

---

[68] 『능가경종요楞伽經宗要』: 원효 지음. 1권. 현존하지 않는다.

體相。三明同異。

논 이 식에 두 가지 뜻이 있어서[69] 일체법을 포괄하며, 일체법을 낼 수 있는 것이다.

此識有二種義。能攝一切法。生一切法。

㉠ 간략히 공능을 밝힘

소 처음에 "이 식에 두 가지 뜻이 있어서 일체법을 포괄하며, 일체법을 낼 수 있는 것이다."라고 하였으니, 포괄할 수 있다는 뜻은 앞에서[70] 자세히 말한 것과 같다. 그러나 위에서는 진여·생멸 두 문이 각각 일체법을 포괄한다고 하였고, 이제 여기서는 하나의 식識이 두 뜻을 함유하기 때문에 이 하나의 식이 일체법을 포괄한다고 밝히고, 두 뜻이 각각 일체법을 포괄한다고 하지는 않았다. 왜냐하면 이 두 뜻은 오직 생멸문 내에서만 말하는 것이기 때문이며, 이와 같은 두 뜻이 각각 일체법을 포섭할 수는 없기 때문이다. 또 위의 두 문門에서는 다만 '섭의攝義'만을 말하였으니, 왜냐하면 진여문에는 '생의生義'가 없기 때문이며, 이제는 이 식에서 또한 '생의'를 말하였으니 생멸문 중에는 '생의'가 있기 때문이다. 이 뜻이 무엇인가? 불각의不覺義가 본각本覺을 훈습하기 때문에 모든 염법染法을 내며, 또 본각이 불각을 훈습하기 때문에 모든 정법淨法을 내는 것이니, 이 두 뜻에 의하여 일체법을 다 내기 때문에, '식에 두 가지 뜻이 있어서……일체법을 낼 수 있는 것이다.'라고 한 것이며, 이 문장은 곧 아래에 "네 가지

---

[69] "이 식에 두 가지 뜻이 있어서"란 알라야식의 각의覺義와 불각의不覺義를 말한다.
[70] 『大乘起信論疏記會本』 권1(H1, 740c).

(법의) 훈습(하는 뜻이) 있기 때문에"[71] 이하의 글을 일으키는 것이다. 그러니 일심의 뜻은 넓어서 이 문을 총괄하며, 이 식의 뜻은 좁아서 생멸문에 있음을 알아야 한다. 이 식의 두 가지 뜻이 이미 한쪽의 문에 있기 때문에, 문은 넓고 뜻(義)은 좁음을 알아야 할 것이다. 경(『능가경』)을 인용하여 뜻을 풀이한 것은 『별기』와 같다.

> 初中言此識有二種義能攝一切法生一切法者。能攝之義如前廣說。然上說二門各攝一切。今此明一識含有二義。故此一識能攝一切。不言二義各攝一切。以此二義唯在生滅門內說故。如是二義不能各攝一切法故。又上二門但說攝義。以眞如門無能生義故。今於此識亦說生義。生滅門中有能生義故。此義云何。由不覺義熏本覺故生諸染法。又由本覺熏不覺故生諸淨法。依此二義通生一切。故言識有二義生一切法。此文卽起下有四種熏習以下文也。當知一心義寬。總攝二門。此識義狹。在生滅門。此識二義旣在一門。故知門寬而義狹也。引經釋義如別記也。

별기 문 위에서는 일심에 두 가지 문이 있다고 하고, 여기서는 이 식에 두 가지 뜻이 있다고 하니, 저 심과 이 식이 무슨 차별이 있는가?

> 別記。問。上言一心有二種門。今云此識有二種義。彼心此識。有何差別。

해 위에서는 이체理體에 나아가 일심이라 이름하였으니, 일심의 체가 절상絶相[72]과 수연隨緣[73]이라는 두 가지 뜻의 문을 포함하기 때문에 일심

---

71 『大乘起信論疏記會本』 권4(H1, 767c).
72 절상絶相 : 불변의 진여를 말하니, 즉 진여문이다.
73 수연隨緣 : 물이 바람이란 연을 따라 물결이 일어남과 같이 진여가 무명의 훈습을 받아서 생멸을 일으킴을 이르니, 즉 생멸문이다.

에 두 가지 문이 있다고 하는 것이다. 이는 경본(『능가경』)에서 "적멸이라는 것은 일심이라 이름하고, 일심이란 여래장이라 이름한다."[74]라고 한 것과 같으니, 뜻은 위에서[75] 말한 것과 같다. 이제 여기서 식이란, 다만 일심의 수연문隨緣門 내에 이理·사事가 둘이 아니고 오직 하나의 신려神慮인 점에서 일식一識이라고 이름한 것이니, 이 알라야식의 체에 각과 불각의 두 뜻이 함유되어 있기 때문에 "이 식에 두 가지 뜻이 있어서"라고 한 것이다. 이리하여 심은 넓고 식은 좁은 것이니 심이 이문 내의 식을 포함하고 있기 때문이며, 또 문은 넓고 뜻(각의와 불각의)은 좁으니 생멸문이 두 뜻을 함유하고 있기 때문이다.

이는 『사권능가경』에서 "(칠식의 파도를) 여의지도 않고 (칠식의 파도로) 전변하지도 않는 것을 여래장식장이라 이름한다. 칠식은 유전하여 멸하지 않는다. 어째서인가? 저것(알라야식)을 원인으로 하고 (저것을) 반연하는 여러 식이 발생하기 때문이다. (이것은) 성문·연각의 수행 경계가 아니다."[76]라고 하고, 『십권능가경』에서 "여래장식은 알라야식 중에 있지 아니한 것이니, 그러므로 칠식은 생과 멸이 있지만 여래장식은 생멸하지 아니한다. 어째서인가? 저 칠식은 (장식이) 모든 경계를 염관함에 의하여 생기기 때문이며, 이 같은 칠식의 경계는 모든 성문, 벽지불 및 외도의 수

---

[74] 『入楞伽經』 권1(T16, 519a).
[75] 『大乘起信論疏記會本』 권1(H1, 741a).
[76] 『楞伽阿跋多羅寶經』 권4(T16, 510b), 『入楞伽經』 권7(T16, 556c), 『大乘入楞伽經』 권5(T16, 619c) 참조. 이 구절을 『楞伽阿跋多羅寶經』(『四卷楞伽經』)에 따라 해석하면 "제4선에서 진제해탈에 들어간 수행자는 해탈상을 짓고 여의지 않기 때문이다. 여래장이라 이름하는 식장(알라야식)을 전의시키지 않으면 칠식은 유전하여 멸하지 않는다. 어째서인가? 저것(알라야식)을 원인으로 하고 (저것을) 반연하는 여러 식이 발생하기 때문이다. (이것은) 성문·연각의 수행 경계가 아니다.(第四禪。善眞諦解脫修行者。作解脫想不離。不轉名如來藏識藏。七識流轉不滅。所以者何。彼因攀緣諸識生故。非聲聞緣覺修行境界。)"라고 해야 한다. 그러나 원효는 산스크리트문의 원본은 동일하나 역자에 따라 그 해석이 다르다고 하면서 자신의 의도대로 경의 구절을 인용하여 해석하고 있는 것 같다.

행자들이 알 수 없는 것이다."[77]라고 한 것과 같다.

> 解云。上就理體。名爲一心。體含絶相隨緣二義門。故言一心有二種門。如經本言。寂滅者名爲一心。一心者名如來藏。義如上說。今此中識者。但就一心隨緣門內。理事無二。唯一神慮。名爲一識。體含覺與不覺二義。故言此識有二種義。是故心寬識狹。以心含二門識故。又門寬義狹。以生滅門含二義故。如四卷經云。不離不轉名如來藏識藏。七識流轉不滅。所以者何。彼因攀緣諸識生故。非聲聞緣覺修行境界。十卷經云。如來藏識不在阿梨耶識中。是故七種識有生有滅。如來藏識不生不滅。何以故。彼七種識依諸境界念觀而生。此七識境界。一切聲聞辟支佛外道修行者不能覺知。

이 두 가지 글이 똑같이 이 알라야식의 생멸하지 않는 뜻을 밝힌 것이니, 왜인가? 경계의 바람에 의하여 움직이기 때문에 장식의 바다 중에 칠식의 파도가 전전하는 것이니, 그러므로 칠식은 생멸이 있는 것이며, 한편 여래장이란 바로 장식이니, (장식이 칠식의 파도를) 여의지도 않고 (칠식의 파도로) 전변하지도 않지만, 그 체는 전변하지 않기 때문에 여래장은 생멸하지 않는 것이다. 그래서 (『사권능가경』에서) '(칠식의 파도를) 여의지도 않고 (칠식의 파도로) 전변하지도 않는 것을 여래장식장이라 이름한다.' 등이라고 말하였다.

『십권능가경』의 의도는 칠식은 파도이지 바다가 아니지만 (파도의) 모양은 알라야식[78] 바다 중에 있기 때문에 생멸이 있고, 여래장이란 바다이지 파도가 아니므로 (생멸하는) 알라야식 바다 중에 있지 않기 때문에 생

---

[77] 『入楞伽經』 권11(T16, 556c).
[78] 이 알라야식은 생멸하는 쪽의 알라야식을 뜻한다. 『楞伽經』에서는 알라야식을 때로는 생멸하지 않는 여래장과 동일한 뜻으로, 때로는 생멸식으로 보았으며, 그렇기 때문에 알라야식에 각의와 불각의 두 가지 뜻이 있게 된 것이다.

멸이 없는 것이니, 그러므로 여래장은 알라야식 중에 있지 않다고 말하였다. 이리하여 칠식은 생멸이 있지만 여래장은 바로 (불생멸의) 알라야식[79]이기 때문에 '(생멸하는 알라야식에) 있지 아니한 것이니'라고 말하였다. 만약 여래장이 생멸하는 알라야식에 있지 않다면 바로 아래에서 '그러므로 팔종식은 생멸이 있지만'이라고 말해야 할 터인데, 어째서 다만 '그러므로 칠식은 생과 멸이 있지만'이라고만 말했겠는가? 이것은 이『사권능가경』과『십권능가경』의 글이 본래의 산스크리트 문의 원본은 같지만 다만 번역자가 다르기 때문에 말이 달라진 것일 뿐임을 알아야 한다.

> 此之二文。同明此識不生滅義。何者。欲明境界風所動故。藏海中七識浪轉。是故七識有生有滅。如來藏者。卽是藏識。雖不離轉。而體不轉。故如來藏不生不滅。故言不離不轉名如來藏識等。十卷意者。欲明七識是浪非海。相在梨耶識海中。故有生滅。如來藏者是海非浪。不在阿梨耶識中。[1] 是[2]故七識有生有滅等。以如來藏卽是阿梨耶識。故言不在。若使如來藏不在生滅梨耶識中者。卽應下云是故八種識有生有滅。何故但言是故七識有生滅耶。當知此二經文其本是一。但翻譯者異。故致使語有不同耳。
>
> 1) ㉠ 저본에 따르면 '中' 앞에 '海'가 있어야 한다. 2) ㉠ 저본에 따르면 '是' 앞에 '故無生滅。故言如來藏不在阿梨耶識中'이 있어야 한다.『韓國佛敎全書』편찬자의 오류인 듯하며, 저본에 따라 번역하였다.

또『사권능가경』에서 "알라야식을 여래장이라고 이름하니, 무명·칠식과 함께하지만 무상無常의 허물을 여의어 자성自性이 청정한 것이요, 나머지 칠식은 찰나찰나 유전하여 생멸법生滅法이다."[80]라고 하였으니, 이러한 말은 앞서와 같이 알라야의 본각·불생멸의 뜻을 밝힌 것이다. 또『사권능

---

79 여기서는 알라야식을 생멸하지 않는 여래장과 같은 뜻으로 보아, 이러한 알라야식은 결국 생멸하는 알라야식과는 다르다는 것을 드러내려고 한 것 같다.
80 『楞伽阿跋多羅寶經』권4(T16, 510b).

가경』에서 "찰나란 식장이라 이름하는 (여래장이)……"[81]라고 하고 『십권
능가경』에서 "알라야식(이란) 여래장(이라고도 이름하고) 칠종식과 함께
생하니 이를 전멸상轉滅相이라 한다."[82]라고 한 말들은 알라야의 생멸·불
각의 뜻을 나타낸 것이다. 여기에서 이제 『기신론』의 저자가 저 경(『능가
경』)의 종요宗要를 총괄하였기 때문에 이 알라야식에 두 가지의 뜻이 있다
고 말한 것이다.

> 又四卷經云。阿梨耶識名如來藏。而與無明七識共俱。離無常過。自性淸
> 淨。餘七識者。念念不住。是生滅法。如是等文。同明梨耶本覺不生滅義。
> 又四卷經云。刹那者名爲識藏。十卷云。如來藏阿梨耶識。共七種識生。名
> 轉滅相。如是等文。是顯梨耶生滅不覺之義。此今論主總括彼經始終之意。
> 故言遵此識有二種義也。

ⓒ 자세히 체상을 나타냄

논 어떤 것이 두 가지인가? 첫째는 각의 뜻이고, 둘째는 불각의 뜻이
다.

> 云何爲二。一者覺義。二者不覺義。

소 두 번째 자세히 해석하는 중에 세 가지가 있다.

> 第二廣中有三。

---

81 『楞伽阿跋多羅寶經』 권4(T16, 512b).
82 『入楞伽經』 권7(T16, 556b).

A. 수를 물어 문제를 제기함

처음에 "어떤 것이 두 가지인가."라는 것은 수를 물어 문제를 제기하는 것이다.

初言云何爲二者。問數發起。

B. 수에 의하여 이름을 열거함

다음에 "각의 뜻이고 불각의 뜻"이라고 한 것은 수에 의하여 이름을 열거한 것이다.

次言覺義不覺義者。依數列名。

C. 각각 풀이함

"(각의 뜻)이라고 하는 것은(所言)" 이하는 세 번째로 각각 풀이한 것이니, 앞서는 각의 뜻을 풀이하고 뒤에서는 불각을 풀이하였다.

所言以下。第三別解。先釋覺義。後解不覺。

A) 각의 뜻을 풀이함

각에 두 가지가 있으니, 먼저는 간략히 하고 뒤는 자세히 풀었다.

覺中有二。先略。後廣。

논 각의 뜻이라고 하는 것은 심체가 망념을 여읜 것을 말함이다. 망념을 여읜 상相이란 허공계虛空界와 같아서 두루하지 않는 바가 없어 법계가 하나인 모습(法界一相)이며 바로 여래의 평등한 법신이니, 이 법신에 의하여 본각이라고 말하는 것이다. 어째서인가? 본각의 뜻이란 시각始覺의 뜻에 대하여 말한 것이니 시각이란 바로 본각과 같기 때문이며, 시각의 뜻은 본각에 의하기 때문에 불각이 있으며 불각에 의하므로 시각이 있다고 말하는 것이다.

所言覺義者。謂心體離念。離念相者。等虛空界。無所不徧。法界一相。卽是如來平等法身。依此法身說名本覺。何以故。本覺義者。對始覺義說。以始覺者。卽同本覺。始覺義者。依本覺故而有不覺。依不覺故說有始覺。

(A) 간략히 풀이함

소 간략히 풀이하는 중에도 두 가지가 있으니, 먼저는 본각이요 뒤에는 시각이다.

略中亦二。先本。後始。

Ⓐ 본각을 밝힘

본각을 밝히는 중에도 두 구절이 있으니, 먼저는 본각의 체를 밝혔고 뒤에서는 본각의 뜻을 풀이하였다.

明本覺中。亦有二句。先明本覺體。後釋本覺義。

a. 본각의 체를 밝힘

처음 중에 "심체가 망념을 여읜 것을 말함이다."라고 한 것은 망념을 여읜 것을 말하며, 이는 불각이 없음을 나타낸 것이다. "허공계와 같아서"라는 것은 다만 어두움이 없을 뿐 아니라 지혜의 광명이 법계에 두루 비쳐 평등하여 둘이 없는 것이다. 이는 아랫글에서 "대지혜광명의 뜻이 있기 때문이며, 법계를 두루 비치는 뜻이 있기 때문"[83]이라는 말과 같다.

初中言心體離念者。謂離妄念。顯無不覺也。等虛空界者。非唯無闇。有慧光明徧照法界平等無二。如下文云。有大智慧光明義故。徧照法界義故。

b. 본각의 뜻을 풀이함

"어째서인가?" 이하는 두 번째로 뜻을 풀이한 것이니, 이는 시각에 대하여 본각의 뜻을 풀이한 것이다. 본각을 밝힘을 마친다.

何以故下。第二釋義。是對始覺釋本覺義。明本覺竟。

Ⓑ 시각을 풀이함

다음은 시각을 풀이하였으니 이 중에 두 가지가 있다. 먼저는 또한 본각을 상대하여 불각이 일어나는 뜻을 나타냈고, 뒤에서는 불각에 대하여 시각의 뜻을 풀이하였다. 이 중의 대의는 시각은 불각에 의지하고 불각은 본각에 의지하며 본각은 시각에 의지하는 것을 밝히고자 한 것이다. 이미

---

[83] 『大乘起信論疏記會本』 권5(H1, 771b).

서로 의지하는 것이라면 자성이 없는 것이다. 자성이 없다면 각이 있지 않을 것이요, 각이 있지 않은 것은 서로 상대하기 때문이다. 상대하여서 이루어진다면 각이 없지 않을 것이요, 각이 없지 않기 때문에 '각'이라 말하는 것이지 자성이 있어서 '각'이라 하는 것은 아니다.

이상으로 이각二覺을 간략히 밝히는 것을 마친다.

> 次釋始覺。於中有二。先顯亦對本覺不覺起義。後對不覺釋始覺義。此中大意。欲明始覺待於不覺。不覺待於本覺。本覺待於始覺。旣互相待。則無自性。無自性者。則非有覺。非有覺者。由互相待。相待而成。則非無覺。非無覺故, 說名爲覺。非有自性名爲覺也。略明二覺竟在於前。

별기 '각의 뜻'이라 하는 것은 곧 두 가지가 있으니, 본각과 시각을 말한다. 본각이란 이 심성이 불각상을 여읜 것을 말하니, 이 각조覺照의 성질을 본각이라 하는 것이다. 이는 아랫글에서 "이른바 자체에 대지혜광명의 뜻이 있기 때문이며"[84]라고 한 것과 같다. 시각이란 바로 이 심체가 무명의 연을 따라 움직여서 망념을 일으키지만, 본각의 훈습의 힘에 의하여 차츰 각의 작용이 있으며 구경에 가서는 다시 본각과 같아지는 것이니, 이를 시각이라 말하는 것이다.

> 別記。言覺義者。卽有二種。謂本覺。始覺。言本覺者。謂此心性離不覺相。是覺照性。名爲本覺。如下文云所謂自體有大智慧光明義故。言始覺者。卽此心體隨無明緣。動作妄念。而以本覺熏習力故。稍有覺用。乃至究竟。還同本覺。是名始覺。

---

[84] 『大乘起信論疏記會本』 권5(H1, 771b).

'불각의 뜻'을 말하는 것에도 두 가지가 있으니, 첫째는 근본불각根本不覺이며, 둘째는 지말불각枝末不覺이다. 근본불각이란 알라야식 내의 근본무명을 불각이라 이름하는 것을 말하며, 이는 아랫글에서 "알라야식에 의하여 무명이 있다고 말하니 불각하여 일어나서"[85]라고 한 말과 같기 때문이다. 지말불각이라고 하는 것은 무명에서 일어난 일체의 염법을 모두 불각이라 이름하는 것을 말하며, 이는 아랫글에서 "일체의 염법이 모두 불각상이기 때문이다."[86]라고 한 말과 같다. 만약 식상識相의 차별로 근본이 지말과 다름을 간별하는 문에 의한다면 알라야식 중에 오직 본각과 본불각本不覺이 있을 뿐이며, 만약 식체識體가 둘이 없어 지말을 포괄하여 근본에 돌아가게 하는 문에 의한다면 저 시각과 지말불각도 또한 알라야식 내의 뜻이다. 그리하여 위에서 "이 식에 두 가지 뜻이 있어서"라고 한 것은 이와 같은 두 가지 종류의 뜻을 통틀어 다 포함한 것이며, 따라서 아래에서 해석하는 중에 본각과 시각의 두 각과 두 불각의 뜻을 모두 든 것이다.

言不覺義。亦有二種。一者根本不覺。二者枝末不覺。根本不覺者。謂梨耶識內根本無明。名爲不覺。如下文云依阿梨耶識說有無明不覺而起故。言枝末不覺者。謂無明所起一切染法。皆名不覺。如下文云一切法皆是不覺相故。若依識相差別簡本異末義門。則梨耶識中唯有本覺及本不覺。若就識體無二攝末歸本義門。則彼始覺及末不覺亦是梨耶識內之義。故上云此識有二義者。通含如是二種之意。故下釋中通擧本始二覺及二不覺義也。

問 심체가 다만 불각이 없기 때문에 본각이라 해야 하는가, 심체에 각조의 작용이 있음을 본각이라 이름해야 하는가? 만약 다만 불각이 없음

---

[85] 『大乘起信論疏記會本』 권5(H1, 759b).
[86] 『大乘起信論疏記會本』 권5(H1, 758b).

을 본각이라고 하는 것이라면 또한 각조가 없을 수도 있으니, 그렇다면 이는 불각일 것이고, 만일 각조의 작용이 있기 때문에 본각이라 하는 것이라면 이 각이 번뇌를 끊은 것인지 아닌지 모르겠다. 만약 번뇌를 끊지 못했다면 각조의 작용이 없는 것이요, 만약 번뇌를 끊음이 있다면 범부가 없을 것이다.

> 問。爲當心體只無不覺。故名本覺。爲當心體有覺照用。名爲本覺。若言只無不覺名本覺者。可亦無覺照故是不覺。若言有覺照故名本覺者。未知此覺爲斷惑不。若不斷惑。則無照用。如其有斷。則無凡夫。

답 비단 어두움(불각)이 없을 뿐만 아니라[87] 또한 명조明照(즉 각조)의 작용도 있는 것이니, 이 각조의 작용이 있기 때문에 또한 번뇌를 끊음도 있는 것이다. 이 뜻이 무엇인가? 만약 먼저 미혹했다가 뒤에 깨닫는 것을 각이라고 하는 입장에 선다면 시각에 각이 있는 것이지 본각에는 각이 없을 것이다. 만약 본래 미혹하지 않음을 각이라 하는 입장에 선다면 본각은 각이고 시각은 각이 아닐 것이다. 번뇌를 끊는 뜻도 또한 이와 같아서, 앞서는 번뇌가 있었으나 뒤에 번뇌가 없어진 것을 끊음이라 한다면 시각은 끊음이 있고 본각은 끊음이 없으며, 본래부터 번뇌를 여읜 것을 끊음이라 한다면 본각은 끊은 것이고 시각은 끊은 것이 아니다. 만약 이런 뜻[88]에 의한다면 본래 끊었기 때문에 본래 범부가 없는 것이니, 이는 아랫글에서 "일체의 중생은 본래 열반·보리의 법에 상주하여 들어가 있으니"[89]라

---

87 "비단 어두움이 없을 뿐만 아니라"라는 것은 불각이 없음을 의미하니, 이 답에서는 위의 물음의 불각이 없음과 각조의 작용이 있음의 두 가지를 모두 본각의 요건으로 긍정하는 것이다.
88 "이런 뜻"이란 본래부터 번뇌를 여읜 것을 끊음이라 보는 것(本來離惑名爲斷者)을 말한다.
89 『大乘起信論疏記會本』 권3(H1, 758b).

고 한 말과 같다. 그러나 본각이 있기 때문에 본래 범부가 없다고 말하지만, 시각이 아직 있지 않기 때문에 본래 범부가 있는 것이니, 그러므로 잘못이 없는 것이다. 만약 네가 본각이 있기 때문에 본래 범부가 없다고 말한다면 끝내 시각이 없을 것이니, 무슨 시각 작용을 할 범부가 있겠는가? 그 범부도 또한 끝내 시각이 없다면 본각이 없는 것이니, 무슨 본각에 의하여 범부가 없다고 말하겠는가? 본각이 있기 때문에 본래 불각이 없고, 불각이 없기 때문에 끝내 시각이 없는 것이며, 시각이 없기 때문에 본래 본각이 없음을 알아야 할 것이다. 본각이 없음에 이른 것은 그 비롯됨이 본각이 있기 때문이요,[90] 본각이 있는 것은 시각이 있기 때문이며 시각이 있는 것은 불각이 있기 때문이며 불각이 있는 것은 본각에 의하기 때문이다. 이는 윗글의 "본각의 뜻이란 시각의 뜻에 대하여 말한 것이니, 시각이란 바로 본각과 같기 때문이며, 시각의 뜻은 본각에 의하기 때문에 불각이 있으며, 불각에 의하므로 시각이 있다고 말하는 것이다."[91]라는 말과 같다. 이와 같이 전전展轉하여 서로 의지하니, 바로 모든 법이 없는 것이 아니지만 있는 것도 아니며, 있는 것이 아니지만 없는 것도 아님을 나타내는 것임을 알아야 할 것이다.

答。非但無闇。亦有明照。以有照故。亦有斷惑。此義云何。若就先眠後覺名爲覺者。始覺有覺。本覺中無。若論本來不眠名爲覺者。本覺是覺。始覺則非覺。斷義亦爾。先有後無名爲斷者。始覺有斷。本覺無斷。本來離惑名爲斷者。本覺是斷。始覺非斷。若依是義。本來斷故。本來無凡。如下文云一切衆生本來常住入於涅槃菩提之法。然雖曰有本覺故本來無凡。而未有始覺故本來有凡。是故無過。若汝言由有本覺本來無凡。則終無始覺望何

---

90 이를 자세히 풀이하면 위에서처럼 "본각이 있기 때문에 본래 불각이 없고, 불각이 없기 때문에 끝내 시각이 없는 것이며, 시각이 없기 때문에 본래 본각이 없다."가 된다.
91 『大乘起信論疏記會本』권2(H1, 748b).

有凡者。他亦終無始覺則無本覺。依何本覺以說無凡。當知由有本覺故本無不覺。無不覺故終無始覺。無始覺故本無本覺。至於無本覺者源由有本覺。有本覺者由有始覺。有始覺者由有不覺。有不覺者由依本覺。如下[1]文云。本覺義者對始覺義說。以始覺者即同本覺。始覺義者。依本覺故而有不覺。依不覺故說有始覺。當知如是展轉相依。即顯諸法非無而非有。非有而非無也。

1) ㉳ '下'는 '上'인 것 같다.

문 이 본각성本覺性이 통틀어 염·정의 인성因性이 되어야 하는가, 다만 모든 정법의 본성이기만 해야 하는가? 만약 다만 정법의 인이라고만 말한다면 무슨 까닭으로 경(『능가경』)에서 "여래장은 선·불선의 인이라"[92]하여 이밖에도 자세히 설명하였으며, 만약 통틀어 염정을 일으키는 것이라면, 무슨 까닭으로 (『기신론』에서) "성공덕을 구족한다."라고만 말하고, '성염환性染患을 구족한다.'라고는 말하지 않았는가?

> 問。此本覺性。爲當通爲染淨因性。爲當但是諸淨法性。若言但是淨法因者。何故經云如來之藏是善不善因。乃至廣說。若通作染淨者。何故唯說具足性功德。不說具足性染患耶。

답 이 이理는 통틀어 염·정과 함께 성性이 되는 것이니, 그러므로 오직 '성공덕을 구족한다'고 말한 것이다. 이 뜻이 무엇인가? 이理가 정성淨性을 여의었기 때문에 연을 따라 모든 염법을 일으킬 수 있으며, 또 염성染性을 여의었기 때문에 연을 따라 모든 정법淨法을 일으킬 수 있는 것이다. 염·정법을 일으킬 수 있기 때문에 통틀어 염·정의 본성이 되는 것이

---

92 『楞伽阿跋多羅寶經』 권4(T16, 510b).

며, 염·정성染淨性을 여의었기 때문에 오직 성공덕이 되는 것이니, 어째서 염·정성을 여의어야만 모든 공덕을 이루게 되는가? 염·정성을 집착하는 것은 모두 망상이기 때문이다.

> 答。此理通與染淨作性。是故唯說具性功德。是義云何。以理離淨性。故能隨緣作諸染法。又離染性。故能隨緣作諸淨法。以能作染淨法。故通爲染淨性。由離染淨性。故唯是性功德。何以得離染淨性乃成諸功德。取著染淨性皆是妄想故。

(B) 자세히 풀이함

소 이 아래는 두 번째로 본각과 시각의 두 각을 자세히 풀이하였으니, 이 중 먼저 시각을 풀이하였고 뒤에서는 본각을 자세히 풀었다.

> 此下第二廣釋二覺。於中先釋始覺。後廣本覺。

Ⓐ 시각을 풀이함

처음 중에 세 가지가 있으니, 첫째는 전체적으로 '만滿'과 '불만不滿'의 뜻을 나타냈고, 둘째는 따로 시각의 차별을 풀이하였고, 셋째는 (시각이) 본각과 다르지 않음을 전체적으로 밝혔다.

> 初中有三。一者總標滿不滿義。二者別解始覺差別。三者總明不異本覺。

a. 전체적으로 '만'과 '불만'의 뜻을 나타냄

논 또 심원心源을 깨달았기 때문에 구경각究竟覺이라고 이름하는 것이며, 심원을 깨닫지 못했기 때문에 구경각이 아닌 것이다.

又以覺心源故。名究竟覺。不覺心源故。非究竟覺。

소 전체적으로 표시하는 중에 "심원을 깨달았기 때문에 구경각이라고 이름하는 것이며"라고 한 것은 불지佛地[93]에 있는 것이요, "심원을 깨닫지 못했기 때문에 구경각이 아닌 것이다."라는 것은 금강유정金剛喩定[94] 이하이다.

總標中言覺心源故名究竟覺者。在於佛地。不覺心源故非究竟覺者。金剛已還也。

b. 따로 시각의 차별을 풀이함

논 이 뜻이 무엇인가? 범부 정도의 사람은 먼저의 생각에 악이 일어난 것을 알기 때문에 뒤에 일어나는 생각을 그치게 하여 그 (악의 생각이) 일어나지 않게 하는 것이니, 이는 또한 각이라고 이름을 붙이지만 바로 불각이기 때문이다. 이승二乘의 관지觀智와 초발의보살初發意菩薩[95] 정도의

---

93 불지佛地 : 통교通敎 십지의 제10지, 제9지 보살이 최후에 번뇌장·소지장所知障의 습기를 끊고 성도하는 지위. 유식에서는 제10지 보살이 금강유정金剛喩定을 해탈하면 불지에 이른다고 한다.
94 금강유정金剛喩定 : 금강이 견고하여 다른 것을 깨뜨리는 것과 같이 모든 번뇌를 끊어 없애는 선정을 말한다. 대승에서는 제10지 보살이 소지장과 번뇌장의 종자를 한꺼번에 끊고 불지에 들어가기 위하여 드는 선정이다.
95 초발의보살初發意菩薩 : 십신十信의 종가입공관從假入空觀의 관법이 완성되어 진무루지眞無漏智를 내고 마음이 진제眞諦의 이치에 안주하는 지위인 초주初住, 즉 발심주發心住의 보살을 말한다.

사람 등은 생각의 이상異相을 깨달아 생각에 이상이 없으니, 이는 추분별집착상麤分別執著相[96]을 버렸기 때문이며, 따라서 상사각相似覺이라 이름한다. 법신보살法身菩薩[97] 정도의 사람 등은 생각의 주상住相을 깨달아 생각에 주상이 없으니, 이는 분별추념상分別麤念相을 여의었기 때문이며, 따라서 수분각隨分覺이라 이름한다. 보살지菩薩地가 다한 정도의 사람은 방편을 만족시켜서 일념一念이 상응하고 마음의 처음 일어나는 상相을 깨달아 마음에 초상初相이 없으니, 이는 미세념微細念을 멀리 여의었기 때문이며, 심성心性을 보게 되어 마음이 곧 상주하니, 이를 구경각이라고 이름한다. 그러므로 경에서 "만약 어떤 중생이 무념無念을 볼 수 있다면 곧 불지佛智에 향함이 된다."[98]고 말하였다.

> 此義云何。如凡夫人覺知前念起惡故。能止後念。令其不起。雖復名覺。卽是不覺故。如二乘觀智。初發意菩薩等。覺於念異。念無異相。以捨麤分別執著相故。名相似覺。如法身菩薩等。覺於念住。念無住相。以離分別麤念相故。名隨分覺。如菩薩地盡。滿足方便。一念相應覺心初起。心無初相。以遠離微細念故。得見心性。心卽常住。名究竟覺。是故脩多羅說。若有衆生能觀無念者。則爲向佛智故。

소 다음 따로 풀이하는 중에 사상四相[99]에 의하여 설명하였으니, 이 중에서 먼저 사상四相을 밝히고, 다음에 글을 풀이하겠다.

---

96 추분별집착상麤分別執著相 : 역경계와 순경계를 분별하여 탐·진 등을 일으킴. 이것은 상사각에서 버리는 것이다.
97 법신보살 : 초지初地 이상 십지十地까지의 보살을 뜻한다.
98 『大方等大集經』 권19(T13, 131c)에 "……생각생각의 생멸이 없는 것이 불지이다.(……無念念滅卽是佛智。)"라고 한 것을 참조.
99 사상四相 : 제법의 생멸변천을 나타내는 생주이멸生住異滅 등 사상을 말한다. 사유위상四有爲相이라고도 한다.

次別解中。約四相說。此中先明$^{1)}$四相。然後消文。

---
1) ㉠ 갑본에서는 '明'을 '時'라고 하였다.

a) 사상을 밝힘

問 이 중에 사상이 동시에 있다고 해야 하는가, 전후의 순서가 있다고 해야 하는가? 이는 어째서 의심하는 것인가? 만약 동시라고 한다면 반대로 『기신론』에서는 사상이 깨달을 때에는 차별됨을 말하였고, 만약 전후의 순서가 있는 것이라면 반대로 아래에서^{100} 사상이 동시에 있다고 말하였다.

問。此中四相。爲當同時。爲是前後。此何所疑。若同時那。論說四相覺時差別。若前後那。下言四相俱時而有。

答 어떤 이의 설은, 이는 살바다종薩婆多宗^{101}의 사상에 의하여 사상의 체는 동시이지만 사상의 용은 전후라 하니, 작용이 전후이기 때문에 깨달을 때에 차별을 지으며 본체는 동시이므로 동시에 있는 것이라 한다고 하였다. 어떤 이의 설은 성실종成實宗^{102}의 전후사상前後四相(사상에 전후의 차별이 있음)에 의하면서도 동시에 있다고 하였으니, 본각에서 사상을 바라본다면 사상의 전후 차별이 없기 때문이며, 그러므로 동시에 있다고 한 것

---

100 『大乘起信論疏記會本』권2(H1, 752b).
101 살바다종薩婆多宗 : 소승 20부의 하나. 설일체유부를 말한다. 이 부는 아공법유我空法有, 삼세실유三世實有, 법체항유法體恒有를 주장하며, 또 일체 만법을 5위 75법으로 분류한다. 『大毘婆沙論』, 『六足論』, 『發智論』등은 모두 이 부의 교리를 서술한 것이며, 『俱舍論』도 주로 이 교리를 밝혔다.
102 성실종成實宗 : 인도 하리발마訶梨跋摩가 지은 『成實論』을 근본 성전으로 삼는 종파. 이 종의 교의는 소승 비담毘曇의 일파로부터 다시 한걸음 나아가 아공我空 밖의 법공法空을 말한다. 그 실천문에서는 이공관二空觀을 철저히 하고, 삼종심三種心을 멸하는 동시에 삼계를 여읜다고 하며, 향상수행의 과정을 27위로 나눈다.

이요, 따라서 사상이 모두 자립함이 없다고 하였다. 어떤 이의 설은 이것은 대승비밀사상大乘秘密四相[103]이니, 사상을 깨달을 때에는 전후가 심천深淺이 있으나 깨달은 사상은 동시에 있다고 하였다.

이 뜻이 무엇인가? 저 심성이 본래 생멸상을 여의었으나 무명이 있어서 자기의 심성을 모르는 것이며, 심성을 어김에 의하여 적정을 여의기 때문에 동념動念의 사상을 일으켜 내는 것이니, 사상은 무명과 화합하는 힘에 의하여 심체로 하여금 생주이멸케 하는 것이다. 이는 마치 소승의 논의 중에 "마음이 미래에 있을 때는 아직 생멸을 하지 않다가 업력業力에 의하여 사상을 끌어서 심법心法으로 하여금 생주이멸하게 한다."[104]라고 하는 것과 같다. 대승의 사상도 또한 그러함을 알아야 할 것이니, 이는 경(『부증불감경』)에서 "곧 이 법신이 모든 번뇌에 의하여 요동하게 되어 생사에 왕래함을 중생이라 이름한다."[105]라고 한 말과 같으며, 이 논의 아랫글에서 "자성청정심도 무명의 바람에 의하여 움직일 때"[106]라고 한 말도 바로 이를 이르는 것이다.

> 或有說者。此依薩婆多宗四相。四體同時。四用前後。用前後故。覺時差別。體同時故。名俱時而有。或有說者。是依成實前後四相。而言俱時而有者。以本覺望四相。則無四相前後差別。故言俱時而有。皆無自立。或有說者。此是大乘秘密四相。覺四相時。前後淺深。所覺四相。俱時而有。是義云何。夫心性本來離生滅相。而有無明迷自心性。由違心性離於寂靜。故能生起

---

103 대승비밀사상大乘秘密四相: 『大乘起信論』에서 말하는 사상四相을 뜻한다. 즉, 심성은 본래 사상이 없으나 무명의 훈습력에 의하여 생·주·이·멸의 사상을 내는 것이므로 사상을 깨달을 때는 전후 차별이 있으나 깨달은 바의 사상은 동시에 있는 것이다. 비밀이라 함은 심오하여 잘 알기 어렵다는 뜻에서 쓴 말이다.
104 전거 미상.
105 『不增不減經』(T16, 467b).
106 『大乘起信論疏記會本』권3(H1, 753b).

動念四相。四相無明和合力故。能令心體生住異滅。如似小乘論議之中。心在未來未遷生滅。而由業力引於四相。能令心法生住異滅。大乘四相當知亦爾。如經言。卽此法身。爲諸煩惱之所漂動。往來生死。名爲衆生。此論下文云。自性淸淨心因無明風動。正謂此也。

　전체적으로 설명하면 그러하나, 이 중에서 분별한다면 사상 안에 각각 차별이 있으니, 생삼生三, 주사住四, 이륙異六, 멸칠滅七을 말한다.
　생상生相이 셋이라는 것은, 첫째 업상業相을 말하니, 무명에 의하여 불각의 망념이 움직여 비록 생멸이 있지만 견분見分[107]과 상분相分[108]이 아직 나뉘지 않은 것이니, 이는 마치 아직 오지 않은 생상이 장차 곧 작용하려는 때에 이른 것과 같다. 둘째는 전상轉相이니, 동념動念에 의하여 다음에 능견能見을 이루는 것을 말함이니, 이는 마치 아직 오지 않은 생상이 막 작용하는 때에 이른 것과 같다. 셋째는 현상現相이니, 능견에 의하여 경상境相을 나타내는 것을 이름하니, 이는 마치 아직 오지 않은 생상이 현재시現在時에 이른 것과 같다. 무명이 이 삼상三相과 화합하여 일심의 체를 움직여 전상轉相을 따라 현상現相에 이르는 것이, 마치 소승의 미래장심未來藏心[109]이 그 생상을 따라서 전전하여 현재에 이른 것과 같으며, 이제 대승 중에서 여래장심如來藏心이 생상을 따라 현재에 이르는 것 또한 그 뜻이 이와 같다. 이 셋은 모두 알라야식 자리에서 가지는 차별이며, 이 중에 자세한

---

107 견분見分 : 객관의 사물이 인식하기에 적합하도록 주관에 나타나는 영상인 상분相分을 인식하는 작용이다.
108 상분相分 : 심식이 인식 작용을 일으킬 때 그와 동시에 인지할 그림자를 마음 가운데 떠오르게 하여 대상을 삼는다. 이것을 상분이라 한다.
109 미래장심未來藏心 : 미래장심이란 아직 현재시에 이르지 않은 마음을 말한다. 미래장이란 독자부犢子部에서 우주 만유를 과거장·현재장·미래장·무위장·불가설장 다섯 가지로 분류하는 중 앞의 3장은 유위법의 집합에 속하여 삼세장·유위취有爲聚라 하고, 뒤의 2장은 비유위비무위취 또는 비이취非二聚라 한다.

말은 아래 문장에서 하겠다. 이를 매우 깊은 세 가지 생상이라 이름한다.

總說雖然。於中分別者。四相之內各有差別。謂生三。住四。異六。滅七。生相三者。一名業相。謂由無明不覺念動。雖有起滅。見相未分。猶如未來生相將至正用之時。二者轉相。謂依動念轉成能見。如未來生至正用時。三者現相。謂依能見現於境相。如未來生至現在時。無明與此三相和合。動一心體隨轉至現。猶如小乘未來藏心。隨其生相轉至現在。今大乘中如來藏心隨生至現。義亦如是。此三皆是阿梨耶識位所有差別。於中委悉。下文當說。是名甚深三種生相。

주상住相이 넷이라 함은, 이 무명이 생상과 화합함에 의하여 주상을 내는 마음에 아我와 아소我所[110]가 없는 것임을 모르기 때문에 네 가지의 주상을 일으켜 내는 것이니, 이른바 아치我癡와 아견我見과 아애我愛와 아만我慢[111]이다. 이러한 네 가지가 생상에 의하여 능상能相인 심체心體를 일으

---

110 아我와 아소我所 : ① 아(Ⓢ ātman)란 주재主宰, 자아自我, 신체身體의 뜻이다. 자기의 자체, 곧 자기 주관의 중심으로 일반 불교에서는 이것을 나누어 실아實我·가아假我·진아眞我 3종으로 분별한다. 실아는 인도 재래의 외도가 주장하는 것으로 범부의 망정妄情에 스스로 존재한 아의 사상을 말한다. 이 아는 무상無常이 아니고 상주하여 독존하는 것으로 그 능동能動은 국왕·재상과 같이 자재한 것이다. 가아는 실제로 나라고 할 것이 존재하는 것이 아니고 오온이 화합하여 인과가 상속하는 몸이기 때문에 다른 것과 구별하여 아라고 이름한 것이다. 진아는 대승에서만 말하는 것으로 열반의 사덕인 상常·낙樂·아我·정淨 중 아덕我德을 말한다. 진眞으로써 성품을 삼는 뜻으로 진아라 한다. ② 아소란 아소유我所有의 약어로 자신을 아라 하며 자신 이외의 만물을 아소유라 말한다. 아의 정情이 있는 자는 자신 이외의 사물을 모두 나의 소유라 생각한다. 『注維摩詰經』 권5(T38, 376c) 참조.
111 ① 아견我見은 신견身見이라고도 한다. 보통으로 '아'라 함은 오온이 화합한 것으로서 참으로 '아'라 할 것이 없는데 '아'가 있는 줄로 잘못 아는 견해이다. ② 아치我癡는 '아'의 진상을 알지 못하고 무아無我의 도리에 미혹한 번뇌이다. ③ 아애我愛는 나라고 애착하는 번뇌이니 이른바 자애심自愛心이다. ④ 아만我慢은 나를 믿으며 스스로 높이는 교만이다.

켜, 주상의 자리에 이르게 하여 안으로 반연하여 머물게 하기 때문에 주상이라 이름하며, 이 넷은 모두 제7식의 자리에 있다.

> 住相四者。由此無明與生和合。迷所生心無我我所。故能生起四種住相。所謂我癡我見我愛我慢。如是四種依生相起能相心體。令至住位內緣而住。故名住相。此四皆在第七識位。

이상異相이 여섯이라 함은, 무명이 저 주상과 화합하여 계탁하는 바의 아我·아소我所가 공한 것임을 깨닫지 못하기 때문에 이로 말미암아 여섯 가지의 이상異相을 일으키니, 이른바 탐貪·진瞋·치癡·만慢·의疑·견見[112]이다. 이는 『신론新論』[113]에서 "번뇌의 자성이 오직 여섯 가지가 있다."[114]라고 한 말과 같으니, 이를 두고 한 말이다. 무명이 이 여섯 가지와 화합하여 능상能相인 주심住心을 이상異相의 자리에 이르게 하여 밖으로 향하여 반연케 하기 때문에 이상이라 이름하니, 이 여섯은 생기식生起識[115]의

---

112 탐貪·진瞋·치癡·만慢·의疑·견見 : 유식학의 오위 백법五位百法 중 51심소유법五十一心所有法에서 근본번뇌에 해당하는 여섯 가지이다. ① 탐(S rāga)은 자기의 뜻에 잘 맞는 사물에 대하여 마음으로 애착케 하는 정신 작용, 탐욕이다. ② 진(S dveṣa)은 진에瞋恚이다. 자기의 마음에 맞지 않는 경계에 대하여 미워하고 분하게 여겨 몸과 마음을 편안치 못하게 하는 심리 작용이다. ③ 치(S moha)는 고통의 근원과 모든 번뇌의 근본을 말하며 사물의 진상을 밝히 알지 못하므로 혼미함이 있다고 한다. ④ 만(S māna)은 자기의 용모·재력·지위 등을 믿고 다른 이에 대해서 높은 체 뽐내는 번뇌이다. ⑤ 의(S vicikitsā)는 미迷의 인과나 오悟의 인과의 도리에 대하여 유예猶豫하고 결정치 못하는 정신 작용이다. ⑥ 견(S dṛṣṭi)은 악견惡見을 말한다. 모든 법의 진리에 대하여 가지는 잘못된 견해이다.
113 『신론新論』 : 『瑜伽師地論』의 현장 역을 말한다.
114 『瑜伽師地論』 권55(T30, 603a), 같은 책 권8(T30, 313b) 참조.
115 생기식生起識 : 전육식前六識을 말한다. 이를 분별사식分別事識이라고도 하니, 육근六根에 의하여 그 대경對境인 육진六塵을 대하며 과거·현재·미래에 걸쳐 자타의 여러 가지 사상事相을 분별하고 사려하는 뜻으로 이렇게 이른다. 『楞伽經』에서는 알라야식을 제외한 나머지 말나末那 등의 칠식을 총칭하나, 『大乘起信論』에서는 전육식을 가리킨다. 『楞伽阿跋多羅寶經』 권1(T16, 483a) 참조.

자리에 있다.

> 異相六者。無明與彼住相和合。不覺所計我我所空。由是能起六種異相。所謂貪瞋癡慢疑見。如新論云。煩惱自性唯有六種。此之謂也。無明與此六種和合。能相住心令至異位外向攀緣。故名異相。此六在於生起識位。

멸상滅相이 일곱이라 함은 무명이 이상異相과 화합하여, 바깥 경계는 위違·순順의 성격을 떠난 것임을 깨닫지 못하기 때문에 이로 말미암아 일곱 가지의 멸상을 일으키니, 이른바 신身·구口 일곱 가지의 악업[116]이다. 이러한 악업이 이심異心을 없애 악취惡趣에 떨어지게 하기 때문에 멸상이라 이름하며, 이는 마치 소승의 멸상이 현재심現在心을 없애 과거에 들어가게 함과 같으니 대승의 멸상도 그러함을 알아야 한다.

> 滅相七者。無明與此異相和合。不覺外塵違順性離。由此發起七種滅相。所謂身口七支惡業。如是惡業。能滅異心令墮惡趣。故名滅相。猶如小乘滅相。滅現在心。令入過去。大乘滅相當知亦爾。

이리하여 사상의 일어남은 일심이 유전하는 것이니, 이 모든 것은 다 근본무명을 원인으로 하는 것이다. 이는 경(『승만경』)에서 "무명주지無明住地[117]가 그 힘이 가장 크다."[118]라고 하고, 이 논(『기신론』)에서 "무명이 모든

---

116 신身·구口 일곱 가지의 악업 : 신삼구사身三口四를 말한다. ① 신삼身三은 살생, 투도偸盜(남의 것을 훔치는 것), 사음邪婬(자기 처첩이 아닌 다른 여자와 사음하는 것)이다. ② 구사口四는 망어妄語(거짓말), 기어綺語(교묘하게 꾸미는 말), 악구惡口(남을 성내게 할 만한 나쁜 말), 양설兩舌(두말하는 것)이다.
117 무명주지無明住地 : 오주지五住地의 하나. 근본무명을 말한다. 무명은 모든 번뇌의 소의所依, 소주所住가 되고 또 번뇌를 내는 근본이 되므로 주지라 한다.
118 『勝鬘經』(T12, 220a).

염법을 내고 있음을 마땅히 알아야 하니"¹¹⁹라고 한 말과 같다. 또 소상所相의 심¹²⁰은 일심에서 오는 것이며, 능상能相의 상¹²¹은 무명으로 일어나는 것이다. 일어난 상이 그것이 이르는 곳에 따라서 그 작용에 차별이 있어서 경계의 별상을 취하는 것을 수법數法¹²²이라 이름하니, 이는 참으로 그 근본무명이 평등성을 어겼기 때문이다. 그 소상所相의 심이 이르는 곳마다 총괄하는 주인이 되어 경계의 통상通相을 요달함을 심왕心王¹²³이라 말하니 그 본래의 일심이 모든 법의 근원이기 때문이다. 이는 『중변분별론』¹²⁴에서 "오직 경계만을 아는 것을 심心이라 하고, 차별하는 것을 심법心法이라 한다."¹²⁵라고 하고, 장항長行에서 이를 해석하여 "만약 경계의 통상을 요달한다면 이를 심心이라 하며, 경계의 별상을 취하는 것을 심법心法이라 한다."¹²⁶라고 한 말과 같다. 『유가사지론』에서도 이 설과 똑같다.¹²⁷ 이리하여 모든 외도가 흔히 심왕을 재주宰主니 짓는 자니 받는 자니라고 계탁하는데 이는 그것(심왕)이 자성이 없이 연을 따라 유전하는 것임을 잘 모르기 때문이다.

由是義故。四相生起。一心流傳。一切皆因根本無明。如經言無明住地其力

---

119 『大乘起信論疏記會本』권3(H1, 758b). 다만 논에는 '無明力'이 아니고 '無明'으로 되어 있다.
120 "소상所相의 심"은 사상四相이 소의所依로 하는 심을 말한다.
121 "능상能相의 상"은 사상을 말한다.
122 수법數法 : 심소유법心所有法 또는 심수법心數法이라고도 한다. 경계의 별상別相을 인식하는 작용이므로 능상지상能相之相이며, 소상지심所相之心의 세세에 비하여 추麤한 것이다.
123 심왕心王 : 이는 경계의 통상通相을 인식하는 작용이므로 소상지심所相之心이며, 능상지상能相之相의 추麤에 비하여 세세한 것이다.
124 『중변분별론中邊分別論』: 진제 한역. 2권. 이 논의 게송 부분은 미륵이 짓고, 장항(산문) 부분은 세친이 지었다. 현장 역 『辯中邊論』과 동본이역이다.
125 『中邊分別論』권상(T31, 451c).
126 『中邊分別論』권상(T31, 451c).
127 『瑜伽師地論』권3(T30, 291b) 참조.

最大。此論云當知無明力能生一切染法也。又所相之心。一心而來。能相之
相。無明所起。所起之相。隨其所至。其用有差別。取塵別相。名爲數法。良
由其根本無明違平等性故也。其所相心。隨所至處。每作總主。了塵通相。
說名心王。由其本一心是諸法之總源故也。如中邊論云。唯識智名心。差別
名心法。長行釋云。若了塵通相名心。取塵別相名爲心法。瑜伽論中亦同是
說。以是義故。諸外道等多於心王計爲宰主作者受者。由不能知其無自性
隨緣流轉故也。

이 사상을 총괄하여 일념이라 하며, 이 일념·사상에 의하여 사위四位의
단계적인 강하를 밝혔다. 이는 본래 무명불각의 힘에 의하여 생상 등 여
러 가지 몽념夢念[128]을 일으켜 그 심원心源을 움직여 점차로 멸상滅相에 이
르며, 오래도록 삼계에 잠들어 육취六趣에 유전하다가, 이제 본각의 부사
의훈不思議熏[129]에 의하여 생사를 싫어하고 열반을 즐겨 찾는 마음을 일으
켜 점점 본원으로 향하여 비로소 멸상 내지 생상을 쉬고 환하게 크게 깨
달아 자심自心이 본래 동요한 바가 없음을 깨닫고, 이제는 고요한 바도 없
으며 본래 평등하여 일여一如[130]의 자리에 머물게 됨을 밝히고자 하는 것
이니, 이는 경(『금광명경』)에서 말한 꿈에 하수河水를 건너는 비유와도 같은
것이다.[131] 이 중에서 자세히 설명한 대의도 이와 같다.

---

128 몽념夢念 : 실체가 없이 무명에 의하여 나타나는 허망한 생각이란 뜻이다.
129 부사의훈不思議熏 : 갖추어서는 불가사의훈不可思議熏이라 한다. 진여가 무명을 훈
습하는 것을 말하며, 이는 훈습할 수 없는 곳에 훈습을 하기 때문에 불가사의훈이라
한다. 『楞伽阿跋多羅寶經』 권1(T16, 483a)에는 "부사의훈과 부사의변은 현식의 인이
다.(不思議熏及不思議變。是現識因。)"라고 하였다.
130 일여一如 : '일'은 절대 유일, '여'는 꼭 같다는 뜻이니 차별 없이 평등한 것이다.
131 『合部金光明經』 권1(T16, 364c)에 따르면, "어떤 사람이 잠을 자다가 꿈에서 큰 강물에 자
기 몸이 떠내려가는 것을 보고, 손발을 허우적거려 흐름을 거슬러 오르고자 하여, 그 마음
에 긴장을 놓지 않았기 때문에 이쪽 언덕에서 저쪽 언덕에 이르렀다. 꿈에서 깬 후에는 강
물에 피안과 차안의 구별을 느끼지 못하는 것과 같다. 생사의 망상이 다 멸해 버리면 각覺

總此四相名爲一念。約此一念四相。以明四位階降。欲明本依無明不覺之
力。起生相等種種夢念。動其心源。轉至滅相。長眠三界。流轉六趣。今因
本覺不思議熏。起厭樂心。漸向本源。始息滅相乃至生相。朗然大悟。覺了
自心本無所動。今無所靜。本來平等。住一如牀。如經所說夢度河喩。此中
應廣說大意如是。

b) 글을 풀이함

다음은 그 글을 해석하는 것이니, 사상에 의하여 사위四位를 분별하는
것이며, 사위에는 네 가지 뜻이 있다. 첫째는 깨닫는 사람(能覺人)이요, 둘
째는 깨달음의 대상(所覺相)이요, 셋째는 깨달음의 이익(覺利益)이요, 넷째
는 깨달음의 범위(覺分齊)이다.

次消其文。約於四相以別四位。四位之中各有四義。一能覺人。二所覺相。
三覺利益。四覺分齊。

(a) 첫 번째 위 : 불각

처음의 위位에 "범부 정도의 사람"이라고 한 것은 깨닫는 사람이니, 지
위가 십신十信[132]에 있다. "먼저의 생각에 악이 일어난 것을 알기 때문에"
라는 것은 깨달음의 대상을 나타냄이니 아직 십신에 들어가기 전에는 신

이 청정하여지나 깨달음(覺)의 체가 없어진 것은 아니다.(譬如有人於臥寐中。夢見大水
流泛其身。運手動足逆流而上。以其心力不懈退故。從於此岸得至彼岸。夢既覺已。
不見有水彼此之岸。生死妄想既滅盡已。是覺淸淨。不爲無覺。)"라고 하였다.
132 십신十信 : 보살이 수행하는 계위 52위 중 처음의 10위. 부처님의 교법을 믿어 의심
이 없는 지위. 신심信心, 염심念心, 정진심精進心, 혜심慧心, 정심定心, 불퇴심不退
심, 호법심護法心, 회향심廻向心, 계심戒心, 원심願心이다.

身・구口의 일곱 가지 악업을 갖추어 일으켰다가 이제 신위信位에 들어가서는 일곱 가지 악업이 실로 나쁜 것임을 잘 알게 되기 때문에 '먼저의 생각에 악이 일어난 것을 알기 때문에'라고 말한 것이며, 이는 멸상滅相을 깨달은 뜻을 밝힌 것이다. "뒤에 일어나는 생각을 그치게 하여 (그 악의 생각이) 일어나지 않게 하는 것이니"라는 것은 깨달음의 이익이니, 앞에서는 불각으로 인하여 일곱 가지 악념을 일으켰다가 이제는 이미 깨달았기 때문에 멸상을 그치게 할 수 있는 것이다. "각이라고 이름을 붙이지만 바로 불각이기 때문이다."라고 한 것은 깨달음의 범위를 밝힌 것이니, 멸상이 실로 나쁜 것임을 알았지만 멸상이 꿈이라는 것은 아직 깨닫지 못한 것이다.

> 初位中言如凡夫人者。是能覺人。位在十信也。覺知前念起惡者。顯所覺相。未入十信之前。具起七支惡業。今入信位。能知七支實爲不善。故言覺知前念起惡。此明覺於滅相義也。能止後念令不起者。是覺利益。前由不覺。起七支惡念。今旣覺故。能止滅相也。言雖復名覺卽是不覺者。明覺分齊。雖知滅相實是不善。而猶未覺滅相是夢也。

(b) 두 번째 위 : 상사각

두 번째 위에 "이승의 관지와 초발의보살 정도의 사람"이라 한 것은 십해十解[133] 이상의 삼현보살三賢菩薩[134]이며, 십해의 초심初心을 발심주發心住라 한다. 이 발심주의 사람을 들어서 겸하여 후위後位까지 취하므로 초발

---

133 십해十解 : 십주十住와 같다.
134 삼현三賢 : 소승・대승에 따라 구별이 있다. ① 대승은 보살수행의 지위인 십주, 십행, 십회향위에 있는 보살을 말한다. ② 소승은 오정심위五停心位, 별상념주위別相念住位, 총상념주위總相念住位를 말한다. 이들은 성위聖位에 들어가기 위한 방편위이다.

의보살 등이라 말한 것이니 이는 깨닫는 사람을 밝혔다. "생각의 이상을 깨달아"라는 것은 깨달음의 대상을 밝힌 것이니, 앞서 말한 여섯 가지의 이상異相과 같으며 이는 내외를 분별하여 아我와 아소我所라고 계탁하는 것이다. 이 삼승인三乘人[135]은 아我가 없음을 분명히 알기 때문에 생각의 이상을 깨달았다고 한 것이다. 이는 소상所相인 심체가 무명에 의해 잠들게 되어 이상을 꿈꾸어서 모든 번뇌를 일으키다가 이제 점차 지혜와 상응하여 이상의 꿈으로부터 조금 깨닫게 됨을 밝히고자 한 것이다. "생각에 이상이 없으니"라는 것은 깨달음의 이익이니, 이미 이상의 꿈에서 깨어났기 때문에 저 여섯 가지 이상이 영구히 없어진 것이며 그러므로 생각에 이상이 없다고 한 것이다. "추분별집착상을 버렸기 때문이며 따라서 상사각이라 이름한다."는 것은 깨달음의 범위이니, 역경계逆境界와 순경계順境界를 분별하여 탐貪·진瞋 등을 일으킴을 추분별집착상이라 이름하며, 이러한 추한 집착상을 버리긴 했으나 아직 무분별의 깨달음을 얻지 못했으므로 상사각이라 하는 것이다.

第二位中言如二乘觀智初發意菩薩等者。十解以上三賢菩薩。十解初心。名發心住。舉此初人。兼取後位。故言初發意菩薩等。是明能覺人也。覺於念異者。明所覺相。如前所說六種異相。分別內外計我我所。此三乘人了知無我。以之故言覺於念異。欲明所相心體無明所眠。夢於異相。起諸煩惱。而今漸與智慧相應。從異相夢而得微覺也。念無異相者。是覺利益。旣能覺於異相之夢。故彼六種異相永滅。以之故言念無異相也。捨麁分別執著相

---

[135] 삼승인 : 성문·연각·보살을 말한다. 승乘은 물건을 실어 옮기는 것이니, 부처님의 교법이 중생을 실어 열반의 언덕에 이르게 하는 것을 비유한다. 성문승인은 사제四諦의 법문을 듣고 이를 관하여 해탈을 얻는 이, 연각승인은 스승에게 가지 않고 12인연의 이치를 스스로 깨닫는 이, 보살승인은 육바라밀의 법문에 의하여 스스로 해탈하고 남을 해탈케 하여 부처를 이루는 이를 말한다.

故名相似覺者。是覺分齊。分別違順起貪瞋等。是名麤分別執著相。雖捨如
是麤執著想。而猶未得無分別覺。故名相似覺也。

(c) 세 번째 위 : 수분각

세 번째 위에 "법신보살" 등이라 한 것은 초지 이상 십지十地¹³⁶의 보살
이니, 이는 깨닫는 사람이다. "생각의 주상을 깨달아"라는 것은 주상에서
는 마음 밖에 경계가 있다고는 생각하지 않지만 인人·법法¹³⁷을 고집하여
안으로 반연하여 머무르다가 법신보살이 되어서는 이공二空¹³⁸을 통달하
게 된 것이다. 이는 소상所相의 심체가 이미 이상을 깨달았으나 아직도 주
상의 꿈에 잠들어 있다가, 이제 무분별지와 상응하여 주상의 꿈으로부터
깨닫게 되었음을 밝히려 하기 때문에 '생각의 주상을 깨달아'라고 말하는
것이니, 이는 깨달음의 대상이다. "생각에 주상이 없으니"라는 것은 네 가
지 주상이 없어져서 일어나지 않는 것이니, 이는 깨달음의 이익이다. "분
별추념상을 여의었기 때문이며"라는 것은 인人·아我의 집착을 분별이라
한 것이니, 앞서의 이상의 추분별과 구별하기 위하여 '추麤'라 이름하지
않은 것이며, 법아집法我執을 추념이라 하였으니, 뒤에 생상의 미세념微細
念¹³⁹과 다르기 때문에 추념이라 한 것이다. 비록 이미 무분별각無分別覺을

---

136 십지十地 : 보살수행의 52계위 중 제41위로부터 제50위. 이 10위는 불지佛智를 생성
하고 능히 주지住持하여 움직이지 아니하며 온갖 중생을 짊어지고 교화 이익하는 것
이 마치 대지大地가 만물을 싣고 이를 윤익潤益하게 함과 같으므로 지地라 이른다.
환희지歡喜地, 이구지離垢地, 발광지發光地, 염혜지染慧地, 난승지難勝地, 현전지現
前地, 원행지遠行地, 부동지不動地, 선혜지善慧地, 법운지法雲地.
137 인人·법法 : 인아집人我執과 법아집法我執을 말한다.
138 이공二空 : 아공我空과 법공法空. 즉, 인아집과 법아집을 깨친 것. 아공이란 것은 중
생은 오온이 화합한 것이므로 아我라고 할 실체가 없다는 것이고, 법공이란 것은 오
온의 자성自性도 공하다는 것이다.
139 미세념微細念 : 생상生相의 업상·전상·현상을 미세념이라 한다. 이는 마음의 극히

얻었지만 아직도 생상의 꿈에 잠들어 있기 때문에 수분각이라 이름하니, 이는 깨달음의 범위이다.

> 第三位中法身菩薩等者。初地以上十地菩薩。是能覺人也。覺於念住者。住相之中。雖不能計心外有塵。而執人法內緣而住。法身菩薩通達二空。欲明所相心體前覺異相。而猶眠於住相之夢。今與無分別智相應。從住相夢而得覺悟。故言覺於念住。是所覺相也。念無住相者。四種住相滅而不起。是覺利益也。以離分別麤念相者。人我執。名分別。簡前異相之麤分別。故不名麤。法我執。名爲麤念。異後生相之微細念。故名麤念。雖復已得無分別覺。而猶眠於生相之夢。故名隨分覺。是覺分齊也。

(d) 네 번째 위: 구경각

네 번째 위에 "보살지가 다한 정도의 사람"이란 무구지無垢地[140]를 말하는 것이니, 이는 전체적으로 든 것이다. 아래 두 구절은 따로 이도二道를 밝혔다. "방편을 만족시켜서"라는 것은 방편도方便道[141]이며, "일념이 상응하고"라는 것은 무간도無間道[142]이다. 이는 『대법론』에서 "구경도究竟道[143]

미세한 작용이므로 불지佛地에 이르기 전까지는 이를 다 없애지 못한다.
140 무구지無垢地 : 보살 십지十地 중 제2지. 이구지離垢地라고도 한다. 혹은 보살계위 중 제51위인 등각보살等覺菩薩을 가리키기도 한다. 『四敎儀』 권9(T46, 752c)에 "여섯째, 등각위를 밝히는 것이니, 곧 등각성이다. 보살의 명칭의 측면에서는 등각불지라 하고, 불지의 측면에서는 금강심보살 또는 무구지보살이라고 한다.(六明等覺位。即是等覺性。若望菩薩名等覺佛地。若望佛地。名爲金剛心菩薩。亦名無垢地菩薩。)"라고 하였다. 여기서는 두 번째 등각보살의 뜻이다.
141 방편도方便道 : 방편을 만족한 단계를 방편도라 한다. 여기서 방편이란 진리를 증득하기 위하여 그 전에 닦는 가행을 말하므로 자량위資量位 30심(十住·十行·十廻向)을 지나 난煖·정頂·인忍·세제일법世第一法의 순결택분順決擇分을 닦은 가행위까지를 말한다.
142 무간도無間道 : 방편을 만족한 후 다시 노력 정진한 공이 현저하여 진지眞智를 발하

란 금강유정을 말하며, 여기에 두 종류가 있으니 방편도섭方便道攝과 무간도섭無間道攝144이다."145라고 한 말과 같으니, 이는 깨닫는 사람을 밝힌 것이다.

"마음의 처음 일어나는 상을 깨달아"라는 것은 깨달음의 대상을 밝힌 것이니, 마음이 처음 일어난다는 것은 무명에 의하여 생상이 있어 심체를 미혹하여 생각을 움직이게 하다가, 이제 본각을 떠나서는 불각이 없으며 바로 동념動念이 정심靜心임을 증득하여 알기 때문에, 마음이 처음 일어나는 것을 깨닫는다고 한 것이다. 이것은 마치 방향을 모를 때에는 동쪽을 서쪽이라고 하다가 방향을 알았을 때 서쪽이 곧 동쪽임을 아는 것과 같으니, 이 중에 있는 각의 뜻도 그와 같음을 알아야 할 것이다.

"마음에 초상이 없으니"라는 것은 깨달음의 이익을 밝힌 것이니, 본래 불각에 의하여 마음이 원래 일어난 것인데, 이제는 이미 깨달았기 때문에 마음에 일어나는 바가 없으니, 그러므로 마음에 초상이 없다고 한 것이다. 앞의 세 가지 지위에서는 여읜 바가 있기는 하나 그 동념이 여전히 일어나 아직 다 없어지지 않았기 때문에 생각에 주상 등이 없다고 말하였고 이제 구경위究竟位에서는 동념이 모두 없어지고 오직 일심만이 있기 때문에 마음에 초상이 없다고 말한 것이다.

"(미세념을) 멀리 여의었기 때문이며" 이하는 깨달음의 범위를 밝힌 것이니 이 중에 두 구절이 있다. 첫째는 바로 깨달음의 범위를 밝혔고, "그러므로" 이하는 경전을 인용하여 이론이 성립됨을 증명하였다. 업상의 동하는 생각은 생각들 중에서도 가장 미세하므로 미세념이라 하였으며, 이

고 번뇌를 모두 끊은 무루지無漏智의 자리를 말한다. 번뇌로 인해 간격間隔되지 않으므로 무간無間이라 한다. 구역에서는 무애도無礙道라고 한다.
143 구경도究竟道 : 이리의 지극함을 말함. 『대지도론』 권71(T25, 559b9)에서는 "究竟道者 所謂諸法實相 畢竟空"이라 하였다. 여기서는 금강유정을 말한다.
144 구경도 가운데 방편도라는 것은 제10지의 승진분勝進分 중에서 근본무명을 제거하기 위하여 그대로 관에서 나오지 않고 계속해서 방편을 닦는 것이다. 이 방편이 성만한 최후의 일념이 바로 무간도이다. 『二障義』(H1, 805a) 참조.
145 『阿毘達磨雜集論』 권10(T31, 742b), 『阿毘達磨集論』 권5(T31, 685c).

상이 모두 없어져서 영구히 남는 바가 없기 때문에 멀리 여의었다고 말하였다. 멀리 여의었을 때가 바로 불지佛地에 있는 것이니, 앞의 세 자리에서는 심원心源에 아직 이르지 못하여 생상이 아직 다 없어지지 않아서 마음이 여전히 무상無常하였으나, 이제 이 구경위의 자리에 와서는 무명이 영구히 없어지고 일심의 근원에 돌아가 다시는 동념을 일으킴이 없게 되었으므로 "심성을 보게 되어 마음이 곧 상주하니"라고 말하며, 다시 나아갈 바가 없는 것을 구경각이라 이름하는 것이다. 또한 아직 심원에 이르지 못하여 몽념이 다 없어지지 않았으므로 이러한 마음의 움직임을 없애려고 피안彼岸에 이르기를 바랐으나, 이제는 이미 심성을 보아서 몽상이 다 없어지고 자심이 본래 유전함이 없는 줄 깨달아 이제 고요히 쉬는 것도 없어지고 항상 스스로 일심이 일여一如의 자리에 머무르기 때문에 '심성을 보게 되어 마음이 곧 상주하니'라고 하였다. 이와 같이 시각이 본각과 다르지 아니하므로, 이런 도리에 의하여 구경각이라 이름한다. 이는 바로 깨달음의 범위를 밝힌 것이다.

> 第四位中如菩薩盡地者。謂無垢地。此是總擧。下之二句。別明二道。滿足方便者。是方便道。一念相應者。是無間道。如對法論云。究竟道者。謂金剛喩定。此有二種。謂方便道攝。無間道攝。是明能覺人也。覺心初起者。是明所覺相。心初起者。依無明有生相。迷心體令動念。今乃證知離本覺無不覺。卽動念是靜心。故言覺心初起。如迷方時謂東爲西。悟時乃知西卽是東。當知此中覺義亦爾也。心無初相者。是明覺利益。本由不覺。有心元起。今旣覺故。心無所起。故言心無初相。前三位中雖有所離。而其動念猶起未盡。故言念無住相等。今究竟位。動念都盡。唯一心在。故言心無初相也。遠離以下。明覺分齊。於中二句。初正明覺分齊。是故以下。引經證成。業相動念。念中最細。名微細念。此相都盡。永無所餘。故言遠離。遠離之時。正在佛地。前來三位。未至心源。生相未盡。心猶無常。今至此位。無明永

盡。歸一心源。更無起動。故言得見心性。心卽常住。更無所進。名究竟覺。
又復未至心源。夢念未盡。欲滅此動望到彼岸。而今旣見心性。夢想都盡。
覺知自心本無流轉。今無靜息。常自一心。住一如牀。故言得見心性。心卽
常住。如是始覺不異本覺。由是道理名究竟覺。此是正明覺分齊也。

별기 問 만약 시각이 본각과 같아서 생멸을 여의었다고 말한다면 이 말이 어떻게 통할 것인가? 『섭대승론』에서는 "본(법신)은 이미 상주하지만, 말(응신과 화신)이 본을 의지해서 상속하여 항상 있다."[146]라고 하고 이어서 자세히 설명한 것과 같다.

別記。問。若言始覺同於本覺離生滅者。此說云何通。如攝論云。本旣常住。
末依於本。相續恒在。乃至廣說。

答 두 논서(『기신론』과 『섭대승론』)에서 나타내려는 뜻이 다르므로 이치가 서로 어긋나지 아니하니, 왜인가? 이 (『기신론』) 논주의 뜻은 본래 불각에 의하여 정심靜心을 동요시키지만 이제 불각을 그쳐서 다시 본래의 고요함에 돌아가게 됨을 나타내려 했기 때문에 '상주'라고 하였다. 한편 저 『섭대승론』의 뜻은 법신은 본래 상주하여 움직이지 않지만 저 법신에 의하여 복福·혜慧의 두 가지 행동을 일으켜 만덕萬德의 과보를 감득할 수 있게 됨을 밝히고자 한 것이다. 이미 인연에 의하여 일어났기 때문에 생멸을 여의지 않으며,[147] 그러므로 '상속'이라 말하였다. 뜻을 갖추어서 설명하자면 비로소 만덕을 이루는 것에는 두 뜻을 갖추어야 한다.[148] 앞의 뜻(『기신

---

146 세친 석·진제 역 『攝大乘論釋』 권15(T31, 269b).
147 만덕이 생멸을 떠나지 않는 것이다.
148 "비로소 만덕을 이루는 것(始成萬德)"은 『大乘起信論』의 "본래의 고요함에 돌아가게 됨(還歸本靜)"과 『攝大乘論』의 "만덕의 과보를 감득할 수 있게 됨(能感萬德報果)"을

론』의 뜻)에 의하므로 상주하며 뒤의 뜻(『섭대승론』의 뜻)에 의하므로 생멸하는 것이니 생멸과 상주가 서로 방해되지 않는다. 왜냐하면 하나하나의 생각이 미혹하여 삼세를 두루하지만 일념에 지나지 않기 때문이다. 이는 마치 하나하나의 털구멍이 모두 시방十方에 두루함과 같으니, 비록 시방에 두루하지만 한 털구멍도 더하지 않는 것과 같은 것이다. 이리하여 부처와 부처가 이처럼 장애가 없는 것이니, 어찌 그 사이에 치우치게 집착하는 것을 용납하겠는가? 이는 『화엄경』의 게송에서 "모니牟尼가 삼세를 초월하셨으나 상호相好[149]는 구족하시네. 무소주無所住에 머무르시어 법계가 다 청정하네. 인연 때문에 법이 생기고 인연 때문에 법이 없어지네. 이와 같이 여래를 볼 줄 알면 구경에 치혹癡惑을 멀리 여의리."[150]라고 한 것과 같다. 이제 두 논주가 각각 하나의 뜻을 서술하였으니 어찌 서로 방해됨이 있겠는가?

答。二意異故。理不相違。何者。此論主意。欲顯本由不覺動於靜心。今息不覺還歸本靜。故成常住。彼攝論意。欲明法身本來常住不動。依彼法身起福慧二行。能感萬德報果。既爲因緣所起。是故不離生滅。故說相續。具義而說。始成萬德。要具二義。依前義故常住。依後義故生滅。生滅常住不相妨礙。以一一念迷徧三世不過一念故。如似一一毛孔皆徧十方。雖徧十方不增毛孔。佛佛如是無障無礙。豈容偏執於其間哉。如華嚴經偈云。牟尼離三世。相好悉具足。住於無所住。法界悉清淨。因緣故法生。因緣故法滅。如是觀如來。究竟離癡惑。今二論主。各述一義。有何相妨耶。

다 포함하고 있다.
149 상호相好 : ⓢ lakṣaṇa-vyañjana. 용모 또는 형상. '상'은 몸에 드러나게 잘생긴 부분이고 '호'는 상 중의 세상細相에 대하여 말한다. 이 상호가 모두 완전하여 하나도 모자람이 없는 것을 불신佛身이라 하니, 불신에는 삼십이상과 팔십종호가 있다.
150 60권본 『華嚴經』 권7(T9, 442b).

소 인용하여 증명하는 중에 "무념을 볼 수 있다면 곧 불지佛智에 향함이 된다."라고 한 것은 인지因地에 있을 때 비록 미세념은 아직 여의지 못했으나 무념의 도리를 잘 보는 것이니, 이 잘 보는 것이 불지佛地에 향함이 된다고 하는 것이며, 이로써 불지에는 망념이 없음을 확실히 알 수 있다. 이는 인因을 들어 과果를 증명한 것이다. 만일 인과를 통틀어 설명한 글을 인용하여 증명한다면, 『금고경』의 다음과 같은 말을 들 수 있다. 즉, "모든 복도伏道[151]에 의하여 기사심起事心[152]이 멸하고, 법단도法斷道[153]에 의하여 근본에 의지하는 마음(依根本心)[154]이 멸하며, 승발도勝拔道[155]에 의하여 근본심根本心[156]이 다 없어진다."[157]는 것이다. 여기에서 '모든 복도'는 30심三十心을 말하며, 기사심起事心이 멸한다는 것은 『기신론』 중의 추분별집착상을 버리는 것과 같으니 바로 이상異相이 멸하는 것이다. '법단도'는 법신의 자리에 있는 것이며, '근본에 의지하는 마음이 멸하며'라는 것은 이 『기신론』 중의 분별추념상을 버린다는 말과 같으니 이는 바로 주상住相이 멸하는 것이다. '승발도'란 금강유정이며 '근본심이 다 없어진다'는 것은 『기신론』 중의 미세념을 멀리 여읜다는 말과 같으니 이는 생상生相이 다 없어진 것을 말한다. 이상으로 시각의 차별을 하나씩 밝혔다.

> 引證中。言能觀無念者則爲向佛智故者。在因地時。雖未離念。而能觀於無念道理。說此能觀爲向佛地。以是證知佛地無念。此是擧因而證果也。若引

---

151 복도伏道 : 번뇌를 제복制伏하여 한동안 일어나지 못하게 하는 것. 삼현보살은 번뇌를 제복할 수는 있으나 아주 끊지는 못한다. 그러나 이상異相은 멸한다.
152 기사심起事心 : 분별사식分別事識을 말한다.
153 법단도法斷道 : 멸도滅道·대치도對治道라고도 한다. 번뇌를 완전히 끊어버려 다시 생겨나지 못하게 하는 계위로 십지보살이 주상住相을 멸하는 단계이다.
154 근본에 의지하는 마음(依根本心) : 제7식을 말한다.
155 승발도勝拔道 : 금강유정의 단계이며 생상生相이 다 없어진다.
156 근본심根本心 : 미세념, 즉 제8식을 말한다.
157 『合部金光明經』 권1(T16, 363b) 참조.

通說因果文證者。金鼓經言。依諸伏道起事心滅。依法斷道依根本心滅。依勝拔道根本心盡。此言諸伏道者。謂三十心。起事心滅者。猶此論中捨麤分別執著想。即是異相滅也。法斷道者。在法身位。依根本心滅者。猶此中說捨分別麤念相。即是住相滅也。勝拔道者。金剛喩定。根本心盡者。猶此中說遠離微細念。是謂生相盡也。上來別明始覺差別。

c. 시각이 본각과 다르지 않음을 전체적으로 밝힘

논 또 마음이 일어난다는 것은 알 만한 초상初相이 없는 것이며, 그런데도 초상을 안다고 하는 것은 곧 무념無念을 말하는 것이다. 그러므로 일체 중생을 깨달았다고 이름하지 못하는 것은 본래부터 생각마다 상속하여 아직 망념을 떠나 본 적이 없기 때문이니, 이를 무시무명無始無明이라 한다. 만약 망념이 없게 되면 심상心相의 생주이멸을 알게 되니 무념과 같아지기 때문이며 실로 시각의 차별이 없어지게 되니, 왜냐하면 사상四相이 동시에 있어서 모두 자립함이 없으며 본래 평등하여 각과 같기 때문이다.

又心起者。無有初相可知。而言知初相者。即謂無念。是故一切衆生不名爲覺。以從本來念念相續。未曾離念。故說無始無明。若得無念者。則知心相生住異滅。以無念等故。而實無有始覺之異。以四相俱時而有。皆無自立。本來平等。同一覺故。

소 세 번째는 시각이 본각과 다르지 않음을 전체적으로 밝혔으니, 이 중에 두 가지가 있다. 첫째는 구경각상究竟覺相을 거듭 밝혔고, 둘째는 바로 시각이 본각과 다르지 않음을 밝혔다.

第三總明始覺不異本覺。此中有二。一者重明究竟覺相。二者正明不異本覺。

a) 구경각상을 거듭 밝힘

처음에 셋이 있으니, 첫째는 바로 구경상究竟相을 나타냈고, 둘째는 각이 아닌 것을 들어서 각인 것을 나타냈으며, 셋째는 경계에 대하여 지혜가 만족함[158]을 자세히 나타내었다.

初中有三。一者直顯究竟相。二者擧非覺顯是覺。三者對境廣顯智滿。

(a) 바로 구경상을 나타냄

처음에 "또 마음이 일어난다는 것은"이라 함은 위에서의 "마음의 처음 일어나는 상을 깨달아"라는 말을 나타낸 것이지, 깨달았을 때 초상이 있음을 안다는 뜻이 아니다. 그래서 "알 만한 초상이 없는 것이며"라고 말한 것인데, 그러면서도 마음에 처음 일어나는 상을 깨달았다고 한 것은 마치 방향을 알았을 때 서쪽이 동쪽인 줄 아는 것과 같은 것이니, 이와 같이 여래가 마음을 깨달았을 때 처음의 동상動相이 바로 본래 고요한 것인 줄 아는 것이기 때문에 "곧 무념을 말하는 것이다."라고 한 것이다.

初中言又心起者者。牒上覺心初起之言。非謂覺時知有初相。故言無有初相可知。而說覺心初起相者。如覺方時知西是東。如是如來覺心之時。知初動相卽本來靜。是故說言卽謂無念也。

(b) 각이 아닌 것을 들어서 각인 것을 나타냄

---

[158] 지혜가 만족함 : 불경계佛境界를 이른다.

"그러므로" 이하는 각이 아닌 것을 들어서 각인 것을 나타낸 것이니, 앞서 말한 것처럼 망념이 없는 것이 바로 각이므로 망념이 있는 것은 각이라 이름할 수 없다. 이것은 곧 금강심金剛心[159] 이하의 일체 중생이 아직 무시무명의 망념을 여의지 못한 것이며, 그런 뜻에서 각이라고 이름할 수 없는 것이다. 그러나 앞서는 사상의 꿈의 차별에 대하기 때문에 점차 깨닫는 것(漸覺)[160]이라 말했지만 이제는 무명의 잠이 차이가 없는 점에 의하여 불각이라 말하니, 이는 『인왕경仁王經』[161]에서 "처음 복인伏忍[162]으로부터 정삼매頂三昧에 이르기까지 제일의제第一義諦를 비추는 것은 견見이라 이름하지 못하니 이른바 견이란 살바야薩婆若[163]이기 때문이다."[164]라고 말한 것과 같다.

是故以下。舉非顯是。如前所說無念是覺。是故有念不得名覺。是卽金剛心以還一切衆生未離無始無明之念。依是義故不得名覺。然前對四相之夢差

---

159 금강심金剛心 : 금강유정과 같다.
160 점차 깨닫는 것(漸覺) : 상사각과 수분각을 말한다.
161 『인왕경仁王經』: 2본이 있다. 구본은 구마라집 한역 『仁王般若波羅蜜經』 2권, 신본은 불공 한역 『仁王護國般若波羅蜜多經』 2권이다. 부처님이 16국왕으로 하여금 각각 그 나라를 보호하고 편안케 하기 위해서는 반야바라밀을 수지하여야 한다고 설한 경이다. 예부터 이 경과 『法華經』, 『金光明經』을 호국3부경이라 한다.
162 복인伏忍 : 『仁王經』에 나오는 5인忍의 하나. 번뇌를 끊지 못하였으나 관해觀解를 익혀 이를 굴복시키고, 일어나지 못하게 하는 지위. 곧 십주, 십행, 십회향의 삼현보살을 말한다.
163 살바야薩婆若 : Ⓢ sarvajña의 음사어. 일체지一切智로 의역한다. 불과佛果에서 일체법을 증득하는 지혜이다.
164 『仁王般若波羅蜜經』 권하(T8, 832b6)에 "습인에서 정삼매까지는 모두 일체 번뇌를 조복시킨다고 이름하고, 무상의 믿음으로 일체 번뇌를 단멸시키고 해탈지가 생겨나 제일의제를 비추지만 '견'이라고는 하지 않는다. 이른바 '견'이란 살바야이다.(從習忍至頂三昧。皆名爲伏一切煩惱。而無相信。滅一切煩惱。生解脫智。照第一義諦。不名爲見。所謂見者是薩婆若。)"라고 하였다. 여기서 '습인'은 습종성이니, 곧 복인 가운데 하품에 해당하는 십주를 말하고, '정삼매'는 제10지를 말하며, '무상신(인)'은 초지를 말한다. 『仁王護國般若波羅蜜多經』 권하(T8, 842b) 참조.

別。故說漸覺。今約無明之眠無異。故說不覺。如仁王經言。始從伏忍至頂
三昧。照第一義諦。不名爲見。所謂見者。是薩婆若故。

(c) 경계에 대하여 지혜를 나타냄

"만약 망념이 없게 되면" 이하는 경계에 대하여 지혜를 나타내는 것이니, 만약 심원心源에 이르러 무념을 얻으면 곧 일체 중생은 일심이 동요하여 사상으로 차별된 것임을 두루 잘 알 수 있기 때문에 "심상心相의 생주이멸을 알게 되니"라고 하였다. 다음에 "무념과 같아지기 때문이며"라는 것은 위의 뜻을 해석한 것이다. 이 중에 의심을 두어 말하기를 "부처는 무념을 얻고 중생은 망념이 있어 유·무가 현격하게 구별되는데, 어떻게 무념이 유념을 알 수 있느냐?"라고 하니, 이러한 의심을 짓기 때문에 이 의심을 제거하여 "중생의 유념이 본래 무념이니, 무념을 얻어서 저것과 평등하게 된 것이다."라고 하였다. 그러므로 '무념과 같아지기 때문이며'라고 말한 것이다. 이는 이미 무념과 평등하게 되었기 때문에 모든 생각의 사상四相을 두루 알게 되었음을 밝힌 것이다.

> 若得以下。對境顯智。若至心原得於無念。卽能徧知一切衆生一心動轉四相差別。故言卽知心相生住異滅。次言以無念等故者。釋成上義。此中有疑云。佛得無念。衆生有念。有無隔別。云何無念能知有念。作如是疑。故遣之云。衆生有念本來無念。得無念與彼平等。故言以無念等故。是明旣得平等無念。故能徧知諸念四相也。

b) 시각이 본각과 다르지 않음을 밝힘

이 아래는 두 번째 바로 차별이 없음을 밝힌 것이다. 비로소 망념이 없음을 깨달았다고 말하나 실은 사상이 본래 일어남이 없음을 깨달은 것이니 무슨 불각을 기다려 시각이 있겠는가? 그러므로 "실로 시각의 차별이 없어지게 되니"라고 하였으며, 아래는 이 뜻을 해석한 것이다.

> 此下第二正明無異。雖曰始得無念之覺。而覺四相本來無起。待何不覺而有始覺。故言實無始覺之異。下釋此義。

별기 사상의 일어남이 뜻으로는 전후가 있으나 본래부터 동시에 서로 의지하는 것이다.

> 別記云。以四相生起。義有前後。而從本已來。同時相依。

소 사상이 동시에 있으니 이는 일심에 의하여 이루어진 것이며, 일심을 떠난 밖에는 따로 자체가 없기 때문에 "동시에 있어서 모두 자립함이 없으며 모두 자립함이 없기 때문에 본래 평등하여 각과 같기 때문"이라고 하였다.

> 四相俱有爲心所成。離一心外無別自體。故言俱時而有皆無自立。皆無自立故本來平等。同一本覺也。

별기 마치 바닷물의 움직임을 파도라고 말하지만 파도는 자체가 없기 때문에 파도의 움직임은 없는 것이고, 바닷물은 자체가 있으므로 바닷물의 움직임이 있는 것과 같이, 마음과 사상도 그 뜻이 또한 이와 같다. 이런 뜻을 나타내기 위하여 『사권능가경』에서 "대혜야, 칠식은 유전하지 않아서 고락苦樂을 받지 않으니 열반의 인因이 아니나, 여래장이란 고락을 받기를 인과 함께하여 생하기도 하고 멸하기도 한다."[165]라고 말하고, 또

『부인경夫人經』(『승만경』)에서 "이 육식과 심법지心法智[166]의 이 칠법七法[167]이 찰나 동안도 머무르지 않아서 여러 고통을 심지 않으니, 고통을 싫어하고 열반을 즐겨 구할 수도 없습니다. 세존이시여, 여래장이란 전제前際[168]가 없으며, 생하지도 않고 멸하지도 않는 법이며, 모든 고통을 심으며, 고통을 싫어하고 열반을 즐겨 구할 수 있습니다."[169]라고 하고 또 "생사란 이 두 법이 바로 여래장이니, 세간에서 쓰는 말에 따라 사死가 있고 생生이 있는 것이지 여래장에 생사가 있는 것이 아니다."[170]라고 하니 이 두 경이 똑같이 여래장이 생사에 유전하나 생사의 근본이 자체가 없음을 밝힌 것이다. 자체가 없기 때문에 따로 유전함이 없으며, 상相이 이미 유전함이 없다면, 체體가 무엇에 의하여 움직이겠는가? 그러므로 여래장에 생사가 있는 것이 아니라고 말했으니 이러한 뜻에 의하므로 사상이 오직 일심이며, 불각이 바로 본각과 같은 것이니, 그러므로 '본래 평등하여 각과 같기 때문이다.'라고 말한 것이다.

> 別記. 猶如海水之動. 說名爲波. 波無自體. 故無波之動. 水有自體. 故有水之動. 心與四相義亦如是. 爲顯是義. 故四卷經云. 大慧. 七識不流轉. 不受苦樂. 非涅槃因. 如來藏者. 受苦樂. 與因俱. 若生若滅. 又夫人經云. 於此六識及心法智. 此七法刹那不住. 不種衆苦. 不得厭苦樂求涅槃. 世尊. 如來藏者. 無前際. 不起不滅法. 種諸苦. 得厭苦樂求涅槃. 又云. 生死者. 此二法是如來藏. 世間言說故有死有生. 非如來藏有生有死. 此二經意

---

165 『楞伽阿跋多羅寶經』 권4(T16, 512b).
166 심법지心法智 : 앞의 육식은 분별사식이며, 여기서 심법지란 육진경계에 대하여 염염厭, 흔흔欣을 일으키는 혜慧의 심수, 즉 제7식을 말한다.
167 칠법七法 : 전칠식을 말한다.
168 전제前際 : 삼제三際의 하나. 곧 과거이다.
169 『勝鬘經』(T12, 222b).
170 『勝鬘經』(T12, 222b).

同明卽如來藏流轉生死。生死根本無自體。無自體故無別流轉。相旣無轉。體何由動。故言非如來藏有生有死。由是義故。四相唯是一心。不覺卽同本覺。故言本來平等同一覺也。

대승기신론소기회본 제2권
大乘起信論疏記會本 卷二

대승기신론소기회본 제3권
| 大乘起信論疏記會本 卷三 |

마명보살이 논을 지음
馬鳴菩薩造論

양나라 천축삼장 진제가 한역함
梁天竺三藏眞諦譯

해동사문 원효가 소를 지음【『별기』를 병기하였다.】
海*東沙門元曉疏【幷別記】

---

* ㉠ 갑본에는 '海' 앞에 '唐'이 있다.

Ⓑ 본각을 자세히 밝힘

이 아래는 본각을 자세히 풀었으니 이 중에 둘이 있다. 먼저 수염본각隨染本覺[1]을 밝혔고 뒤에 성정본각性淨本覺[2]을 나타냈다.

以下廣本覺。於中有二。先明隨染本覺。後顯性淨本覺。

a. 수염본각 : 지정상과 부사의업상

논 또한 본각이 염染을 따라 분별하여 두 가지의 상을 내지만, 저 본각과 서로 버리거나 여의지 아니하니, 어떤 것이 두 가지인가? 첫째는 지정상智淨相이고, 둘째는 부사의업상不思議業相이다.

지정상이 법력의 훈습에 의하여 여실히 수행하여 방편을 만족하기 때문에 화합식상和合識相을 깨뜨리고 상속심상相續心相을 없애 법신을 현현하여 지혜가 맑고 깨끗하게 됨을 말하는 것이다. 이 뜻이 무엇인가? 모든 심식의 상이 다 무명이니, 무명의 상이 본각의 성질을 여의지 않아서 파괴할 수 있는 것도 아니며 파괴할 수 없는 것도 아니기 때문이다. 이것은 마치 큰 바다의 물이 바람에 의하여 물결이 움직일 때, 물의 특징(水相)과 바람의 특징(風相)이 서로 떨어지지 않지만, 물은 움직임을 본성으로 하지 않는지라 만일 바람이 그쳐서 없어지면 움직이는 특성(곧 물결)은 곧 없어지나 물의 젖는 본성은 없어지지 않는 것과 같다. 이와 같이 중생의 자성청정심도 무명의 바람에 의하여 움직일 때 마음과 무명이 모두 형상이 없어서 서로 떨어지지 않지만,[3] 마음은 움직임을 본성으로 하지 않는지라

---
1 수염본각隨染本覺 : 유전문流轉門, 즉 염染을 따라 분별하는 생멸문에서 본각의 성질을 여의지 않은 마음이다.
2 성정본각性淨本覺 : 환멸문還滅門, 즉 진여문에 있는 본래부터 자성청정한 본각이다.

만일 무명이 없어지면 상속하는 것이 곧 없어지나 지혜의 본성은 없어지지 않기 때문이다.

부사의업상이란 지혜가 맑아짐에 의하여 모든 뛰어난 경계를 짓는 것이니, 이른바 무량한 공덕의 상이 항상 끊어짐이 없어서, 중생의 근기에 따라 자연히 상응하여 여러 가지로 나타나 이익을 얻게 하기 때문이다.

> 復次本覺隨染分別。生二種相。與彼本覺不相捨離。云何爲二。一者智淨相。二者不思議業相。智淨相者。謂依法力熏習。如實修行。滿足方便故。破和合識相。滅相續心相。顯現法身。智淳淨故。此義云何。以一切心識之相。皆是無明。無明之相。不離覺性。非可壞。非不可壞。如大海水。因風波動。水相風相不相捨離。而水非動性。若風止滅。動相則滅。濕性不壞故。如是衆生自性淸淨心。因無明風動。心與無明俱無形相。不相捨離。而心非動性。若無明滅。相續則滅。智性不壞故。不思議業相者。以依智淨。能作一切勝妙境界。所謂無量功德之相。常無斷絶。隨衆生根。自然相應。種種而現。得利益故。

소 처음에 세 가지가 있으니, 첫째는 총괄하여 나타냈고, 둘째는 이름을 나열하였으며, 셋째는 상을 분별하였다.

> 初中有三。一者總標。二者列名。三者辨相。

a) 총괄하여 나타냄

---

3 마음과 무명이~떨어지지 않지만(俱無形相。不相捨離) : 법장, 『大乘起信論義記』 권중 (T44, 260b)에서는 이를 상의相依라는 뜻으로 보았다.(俱無形相不相離者。合相依也。)

처음에 "두 가지의 상을 내지만"이라고 한 것은, 이와 같은 두 가지의 상이 수동문隨動門[4]에 있기 때문에 '내지만'이라고 말한 것이다. 이 두 가지가 성정본각을 여의지 않았기 때문에 "저 본각과 서로 버리거나 여의지 아니하니"라고 말하였다.

> 初中言生二種相者。如是二種相。在隨動門。故言生也。此二不離性淨本覺。故言與彼不相捨離。

b) 이름을 나열함

두 번째 이름을 나열하는 가운데 "지정상"이라고 말한 것은 바로 수염본각의 상을 밝힌 것이고, "부사의업상"은 이 본각이 깨끗함(淨)에 돌아왔을 때의 업용을 밝힌 것이다.

> 第二列名中。言智淨相者。正明隨染本覺之相。不思議業相者。明此本覺還淨時業也。

c) 상을 분별함

세 번째 상을 분별하는 가운데 먼저 지정상을 분별하였다.

> 第三辨相中。先辨智淨相。

(a) 지정상을 분별함

---

[4] 수동문隨動門 : 무명에 따라서 움직이는 면, 즉 생멸문.

그 가운데 세 가지가 있으니 주장(法)과 실례(喩)와 적용(合)이다.

於中有三。法喩與合。

ⓐ 주장

주장(法)에 두 가지가 있으니, 곧바로 밝힌 것과 거듭 나타낸 것이다.

法中有二。直明。重顯。

i. 곧바로 밝힘

처음 중에 "법력의 훈습"이라고 말한 것은 진여법의 내훈(內熏)하는 힘을 이르는 것이니, 이 훈습하는 힘에 의하여 자량資糧을 수습하여 지상地上(십지 이상)의 여실한 수행을 내게 되며, 무구지에 이르러 방편을 만족하게 된다. 이로 말미암아 화합식 내의 생멸상을 깨뜨리고 그것의 불생불멸의 본성을 나타낼 수 있기 때문에 "화합식상을 깨뜨리고……법신을 현현하여"라고 말한 것이다. 이때에 상속심 가운데의 업상·전상을 없애 그 수염본각의 마음으로 하여금 드디어 근원으로 돌아가게 하여 맑고 깨끗한 지혜를 이루게 하기 때문에 "상속심상을 없애……지혜가 맑고 깨끗하게 됨"이라고 말한 것이다. 이 중에 상속식이란 오히려 화합식 내의 생멸하는 마음인데, 다만 법신을 밝게 나타내기 때문에 '화합식상을 깨뜨리고'라고 말하였고 응신應身의 깨끗한 지혜를 이루기 때문에 '상속심상을 없애'라고 말한 것이다.

그러나 상속심의 체를 없애는 것이 아니라 다만 상속심의 상을 없애는 것이니 이는 『십권능가경』에서 "그러므로 대혜야, 모든 식의 자상은 없어지는 것이니, 자상이 없어진다는 것은 업상이 없어지는 것이다. 만약 자상(자상의 체)이 없어진다면 외도의 단견 희론과 다르지 않을 것이니, 왜냐하면 모든 외도가 '모든 경계를 여의어서 상속식이 없어지는 것이니 상속식이 없어지고 나면 곧 모든 식이 없어진다.'라고 말하기 때문이다. 대혜야, 만약 상속식이 없어지는 것이라면 무한한 과거로부터 모든 식이 마땅히 없어져야 한다."[5]라고 하고 이어서 자세히 설명한 것과 같다.

> 初中言法力熏習者。謂眞如法內熏之力。依此熏力修習資糧。得發地上如實修行。至無垢地滿足方便。由是能破和合識內生滅之相。顯其不生不滅之性。故言破和合識相顯現法身。此時能滅相續心中業相轉相。令其隨染本覺之心。遂得歸源。成淳淨智。故言滅相續心相智淳淨故。此中相續識者。猶是和合識內生滅之心。但爲顯現法身。故說破和合識。爲成應身淨智。故說滅相續心相。然不滅相續心。但滅相續心之相也。如經說言。是故大慧。諸識自相滅。自相滅者業相滅。若自相滅者。不異外道斷見戲論。諸外道說。離諸境界。相續識滅。相續識滅已。卽滅諸識。大慧。若相續識滅者。無始世來諸識應滅。乃至廣說也。

ii. 거듭 나타냄

"이 뜻이 무엇인가." 이하는 앞서 말한 '멸滅'과 '불멸不滅'의 뜻을 거듭 나타낸 것이다. "모든 심식의 상이 다 무명이니"라는 것은 업식·전식 등의 모든 식의 상이 무명에 의해 일어난 것이어서 모두 불각임을 이르는 것이니, 그러므로 '다 무명이니'라고 말한 것이다. 이와 같은 모든 식의 불각의 상이 수염본각의 성질을 여의지 않았기 때문에 "본각의 성질을 여의

---

[5] 『入楞伽經』 권2(T16, 522a).

지 않아서"라고 말한 것이다. 이 무명의 상이 본각의 성질과 같지도 않고 다르지도 않으니, 다르지 않기 때문에 깨뜨릴 수 있는 것이 아니고 같지 않기 때문에 깨뜨릴 수 없는 것도 아니다. 만일 다르지 않기 때문에 깨뜨릴 수 있는 것이 아닌 뜻에 의하여 말한다면 무명이 바뀌어 곧 명明이 될 것이며, 만일 같지 않기 때문에 깨뜨릴 수 없는 것이 아닌 뜻에 의하여 말한다면 무명은 없어지더라도 본각의 성질은 깨뜨려지지 않을 것이다. 이제 이 글 가운데는 같지 않다는 쪽에 의하기 때문에 '상속심상을 없애'라고 말한 것이다.

> 此義云何以下。重顯前說滅不滅義。一切心識之相皆是無明者。謂業識轉識等諸識相。無明所起。皆是不覺。以之故言皆是無明。如是諸識不覺之相。不離隨染本覺之性。以之故言不離覺性。此無明相。與本覺性。非一非異。非異故非可壞。而非一故非不可壞。若依非異非可壞義。說無明轉卽變爲明。若就非一非不可壞之義。說無明滅覺性不壞。今此文中依非一門。故說滅相續心相也。

ⓑ 실례

실례(喩) 가운데서 "물은 움직임을 본성으로 하지 않는지라"라는 것은 지금 움직이는 것이 자성이 움직이는 것이 아니라 다만 다른 것을 따라 움직인다는 것을 밝힌 것이다. 자성이 움직이는 것이라면 움직이는 특성이 없어질 때 젖는 본성도 따라서 없어져야 할 것이지만, 다른 것을 따라서 움직이기 때문에 움직이는 특성은 비록 없어지더라도 젖는 본성은 없어지지 않는 것이다.

> 喩中言水非動性者。明今之動非自性動。但隨他動。若自性動者。動相滅

時。濕性隨滅。而隨他動。故動相雖滅。濕性不壞也。

ⓒ 적용

적용(合) 중에 "무명이 없어지면"이라고 말한 것은 본래의 무명이 없어지는 것이니, 이것은 "바람이 그쳐서 없어지면"이라는 실례에 적용한 것이다. "상속하는 것이 곧 없어지나"라는 것은 업식 등이 없어지는 것이니, "움직이는 특성은 곧 없어지나"라는 실례에 적용한 것이다. "지혜의 본성은 없어지지 않기 때문이다."라는 것은 수염본각의 신해神解한 성질을 지성智性이라 하는 것이니, 이것은 "젖는 본성은 없어지지 않는 것"이라는 실례에 적용한 것이다.

> 合中言無明滅者。本無明滅。是合風滅也。相續卽滅者。業識等滅。合動相滅也。智性不壞者。隨染本覺神解之性名爲智性。是合濕性不壞也。

(b) 부사의업상을 해석함

다음으로 부사의업상을 해석하는 가운데 "지혜가 맑아짐에 의하여"라는 것은 앞서 수염본각의 마음이 비로소 맑고 깨끗하여짐을 말하는 것이니 이는 시각의 지혜이며, 이 지혜의 힘에 의하여 응화신應化身을 나타내기 때문에 "무량한 공덕의 상"이라고 말한 것이다. 여기서 나타난 상은 시작도 없고 끝도 없어서 서로 이어져 끊어지지 않기 때문에 "끊어짐이 없어서"라고 말하였다. 이는 『금고경』에서 "응신이란 것은 무한한 과거로부터 생사가 서로 이어져 끊어지지 않기 때문이며, 모든 부처의 불공법不共法이 섭지攝持할 수 있기 때문이며, 중생이 다하지 아니하는지라 업용業用도 다하지 아니하기 때문에 상주한다고 말한다."[6]라고 하며, 『보성론』에서 "무엇이 자신의 이익을 성취하는 것인가? 해탈을 얻은 것을 말함이니, 번뇌장煩惱障[7]과 지장智障[8]을 멀리 여의고 장애가 없는 깨끗한 법신을 얻는 것을 자신의 이익을 성취한다고 이름한다. 무엇이 타신他身의 이익을 성취하는 것인가? 이미 자신의 이익을 성취하고 나서는 무한한 과거로부터 자연히 저 두 종류의 불신佛身[9]에 의하여 세간의 자재한 위력과 행위를 나타내는 것을 타신의 이익을 성취한다고 이름한다."[10]라고 한 것과 같다.

次釋不思議業相中。依智淨者。謂前隨染本覺之心。始得淳淨。是始覺智。依此智力現應化身。故言無量功德之相。此所現相。無始無終。相續不絶。故言無斷。如金鼓經言。應身者。從無始生死相續不斷故。一切諸佛不共之法能攝持故。衆生不盡。用亦不盡。故說常住。寶性論云。何者成就自身利益。謂得解脫。遠離煩惱障智障得無障礙淸淨法身。是名成就自身利益。何者成就他身利益。旣得成就自身利益已。無始世來。自然依彼二種佛身。示現世間自在力行。是名成就他身利益。

問 비로소 자신의 이익을 얻고 나서야 다른 사람을 이롭게 하는 행위를

---

6 『合部金光明經』 권1(T16, 363c).
7 번뇌장煩惱障 : Ⓢ kleśāvaraṇa. 인간의 몸은 오온이 화합한 존재에 불과한 것인데 영구성이 있는 '나'라고 집착하는 번뇌. 128근본번뇌와 20수번뇌가 이에 속한다. 이는 중생의 몸과 마음을 번거롭게 하여 열반을 장애하고 생사에 유전케 하므로 번뇌장이라 한다.
8 지장智障 : Ⓢ ñeyāvaraṇa. 소지장所知障과 같다. 탐욕·진에·우치 등의 번뇌가 소지所知의 진상을 그대로 알지 못하게 하므로 이들 번뇌를 소지장이라 하며, 진지眞智가 발현함을 장애하는 점에서 지장이라 한다. 여기에 분별기分別起와 구생기俱生起가 있다.
9 불신佛身 : Ⓢ buddha-kāya. 불교 최상의 이상을 실현한 부처님의 몸. 무상정각을 얻고 보리·열반을 증득한 부처님의 과체果體를 논하는 것이 불신론이다. 무상정각·보리·열반이 어떤 것인가에 대하여는 대승·소승·학파·종파에 따라 견해를 달리하므로 그의 실현인 불신에 대해서도 이견이 있다. 그중 이신설二身說에는 『大智度論』의 법신·생신生身, 『瓔珞經』의 무극신無極身·응화신應化身, 『大乘義章』의 법성신法性身·실보신實報身 등이 있다.
10 『究竟一乘寶性論』 권4(T31, 841c).

일으킬 수 있다고 하였으면서, 어째서 다른 이를 이롭게 하는 것을 무한한 과거(無始)라고 말했는가?

> 問。始得自利已。方起利他業。云何利他說無始耶。

[해] 여래는 한 찰나(一念)에 삼세를 두루 응하시니 응하는 대상(所應 : 삼세)이 시초가 없기 때문에 응하는 주체(能應 : 여래의 지혜)도 곧 시초가 없다. 이는 마치 한 찰나의 원만한 지혜가 한없는 삼세의 경계에 두루 이르는 것과 같으니, 경계가 끝이 없기 때문에 지혜도 한이 없고, 한없는 지혜가 나타내는 상이기 때문에 시작도 없게 되며 끝도 없게 되니, 이것은 심식에 의해 사량하여 헤아릴 수 있는 것이 아니기 때문에 '부사의업'이라고 이르는 것이다.

> 解云。如來一念。徧應三世。所應無始故。能應則無始。猶如一念圓智。徧達無邊三世之境。境無邊故。智亦無邊。無邊之智所現之相。故得無始亦能無終。此非心識思量所測。是故名爲不思議業也。

b. 성정본각 : 여실공경·인훈습경·법출리경·연훈습경

[논] 다음에 각체상覺體相(성정본각의 체가 지니는 상)이란 것은 네 가지의 큰 뜻이 있어서 허공과 같으며, 이는 마치 맑은 거울과도 같다. 무엇이 네 가지인가? 첫째는 여실공경如實空鏡이니, 모든 마음의 경계상을 멀리 여의어서 나타낼 만한 법이 없는지라 각조의 뜻이 아니기 때문이다. 둘째는 인훈습경因熏習鏡이니, 여실불공을 말한다. 일체 세간의 경계가 모두 그 가운데 나타나되 나오지도 않고 들어가지도 아니하며, 잃지도 않고 깨지지도 않아서 일심에 항상 머무르니, 이는 일체법이 곧 진실성이기 때문이

며, 또 일체의 염법이 더럽힐 수 없으니 지체智體는 움직이지 아니하여 무루無漏11를 구족하여 중생을 훈습하기 때문이다. 세 번째는 법출리경法出離鏡이니, 불공법이 번뇌애와 지애12를 벗어나고 화합상을 여의어서 깨끗하고 맑고 밝게 되기 때문이다. 네 번째는 연훈습경緣熏習鏡이니, 법출리法出離에 의하기 때문에 중생의 마음을 두루 비추어 선근을 닦도록 하여 (중생의) 생각에 따라 나타내기 때문이다.

> 復次覺體相者。有四種大義。與虛空等。猶如淨鏡。云何爲四。一者如實空鏡。遠離一切心境界相。無法可現。非覺照義故。二者因熏習鏡。謂如實不空。一切世間境界。悉於中現。不出不入。不失不壞。常住一心。以一切法卽眞實性故。又一切染法所不能染。智體不動。具足無漏。熏衆生故。三者法出離鏡。謂不空法。出煩惱礙。智礙。離和合相。淳淨明故。四者緣熏習鏡。謂依法出離故。徧照衆生之心。令修善根。隨念示現故。

---

11 무루無漏 : Ⓢ anāsravaḥ. '누漏'는 객관 대상에 대하여 끊임없이 육근에서 허물을 누출한다는 뜻으로 번뇌의 다른 이름이다. 무루란 소승에서는 번뇌를 증상하지 않음을 말하고, 대승에서는 번뇌와 함께 있지 아니함을 말한다.

12 번뇌애와 지애 : 일반적으로 현료문에서는 번뇌장·소지장의 이장을 말하나 은밀문에서는 번뇌애·지애의 이애二礙로 말한다. 은밀문에서 번뇌애는 번뇌장과 소지장을 아우르는 개념으로 근본지를 막는 번뇌이고, 지애는 후득지를 막는 번뇌이다. 『大乘起信論』은 은밀문의 입장이기 때문에 번뇌애와 지애를 말했다. 이 중 번뇌애란 여섯 가지 염심, 즉 지말무명으로, 근본무명에 의해 움직인 염심(무명업상)이 전식, 현식, 지식으로 전변해 근본지의 능·소 평등을 어기므로 진여의 근본지를 막는다고 한다. 지애란 근본무명을 말하며 본래의 법성자리는 항상 고요하여 일어나는 상이 없으나 무명불각(근본무명)이 법성을 혼미케 하여 세간의 후득지를 얻을 수 없으므로 이를 세간의 후득지를 막는다고 한 것이다. 흔히 번뇌장과 소지장을 각기 번뇌애와 지애에 배대시키는데 이는 잘못된 것이다. 『은정희 교수의 대승기신론강의』, 예문서원, 2008, pp.99~100 참조.

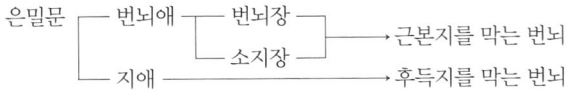

소 다음에는 성정본각의 상을 밝혔으니 그 가운데 둘이 있다. 첫째는 총괄하여 나타내었고 둘째는 따로 풀이하였다.

次明性淨本覺之相。於中有二。一者總標。二者別解。

a. 총괄하여 나타냄

처음 중에 "허공과 같으며"라고 말한 것은 두루하지 않는 곳이 없기 때문이고, "마치 맑은 거울과도 같다."는 것은 얼룩을 없애 모습을 나타내기 때문이다. 네 종류의 뜻 가운데 첫 번째와 세 번째는 얼룩을 없앤다는 뜻에 의하여 맑은 거울에 비유하였고, 두 번째와 네 번째는 형상을 나타내는 뜻에 의하여 역시 맑다는 뜻을 둔 것이다.

初中言與虛空等者。無所不徧故。猶如淨鏡者。離垢現影故。四種義中。第一第三。依離垢義以況淨鏡。第二第四。依現像義亦有淨義也。

b. 따로 설명함

따로 설명한 중에는 네 가지를 각각 나타냈으니, 이 가운데 앞의 둘은 인성因性에 있고 뒤의 두 가지는 과지果地에 있다. 앞의 두 가지는 공空과 지智를 밝혔으니, 이는 『대반열반경』에서 "불성이라는 것은 제일의공第一義空[13]이며, 제일의공을 지혜라고 이른다. 지혜란 공과 불공을 나타내고

---

13 제일의공第一義空 : ⓢ paramārtha-śūnya. 18공空의 하나. 진실공眞實空·진경공眞境空이라고도 하며, 대승의 열반이다. 대승에서 제법의 제1원리인 열반은 소승에서 말하는 편진단공偏眞但空이 아니고 공한 것까지도 공한 중도실상中道實相의 공이므로 제일의공이라 한다.

제일의공 (자체는) 공과 불공을 나타내지 않는 것이다."[14]라고 하고 이어서 자세히 설명한 것과 같다.

> 別解之中別顯四種。此中前二在於因性。其後二種在於果地。前二種者。明空與智。如涅槃經言。佛性者第一義空。第一義空名爲智慧。智者見空及與不空。愚[1)]者不見空與不空。乃至廣說。
>
> 1) ㉳『大般涅槃經』에 따르면 '愚'는 '空'인 것 같다.

(a) 여실공경

이제 여기서 처음 가운데 "모든 마음의 경계상을 멀리 여의어서"라고 말한 것은 곧 『대반열반경』의 '제일의공'을 나타낸 것이고, "나타낼 만한 법이 없는지라 각조의 뜻이 아니기 때문이다."라고 한 것은 '공과 불공을 나타내지 않는 것이다.'는 것을 해석한 것이다.

> 今此初中言遠離一切心境界相者。卽顯彼經第一義空也。無法可現非覺照義者。是釋不見空與不空也。

(b) 인훈습경

두 번째에 "일체 세간의 경계가 모두 그 가운데 나타나되"라는 것은 저 경(『대반열반경』)의 '지혜란 공과 불공을 나타내고'라고 한 것을 풀이한 것이니, 이는 『대반열반경』에서 "공이라는 것은 일체의 생사이고, 불공이라는 것은 대열반을 이르기 때문이다."[15]라고 한 것과 같으며, 이 『기신론』에서

---

[14] 북본 『大般涅槃經』 권27(T12, 523b), 남본 『大般涅槃經』 권25(T12, 767c).

는 다만 생사의 경계를 나타낸 것이다. 이미 거울에 나타났기 때문에 "나오지도 않고"라고 말하였고, 그러면서도 거울을 더럽히지 않았기 때문에 "들어가지도 아니하며"라고 말한 것이며, 곳에 따라 형상을 나타내는 것이 본각의 양量과 같아서 허공계와 같고, 삼세의 모든 때에 두루하기 때문에 찰나찰나 잃음이 없으며, 또한 멸진하여 파괴됨도 없기 때문에 "잃지도 않고 깨지지도 않아서 일심에 항상 머무르니"라고 말하였다. 이상은 그 맑은 거울의 뜻을 밝혔고 "또 일체의" 이하는 인훈습의 뜻을 풀이하였다.

> 第二中言一切世間境界悉於中現者。是釋彼經智慧者見空及與不空。如彼經言。空者一切生死。不空者謂大涅槃故。此中但現生死境界。既現於鏡。故言不出而不染鏡。故曰不入。隨所現像。同本覺量。等虛空界。徧三世際。故無念念之失。亦無滅盡之壞。故言不失不壞常住一心等也。上來明其淨鏡之義。又一切下。釋因熏習義也。

(c) 법출리경

세 번째에서 "두 가지 장애(번뇌애와 지애)를 벗어나고……깨끗하고 맑고 밝게 되기 때문이다."라고 말한 것은 앞서 말한 인훈습경이 번뇌(번뇌애와 지애)에서 벗어났을 때 법신이 된다는 것을 밝힌 것이다.

> 第三中言出於二礙淳淨明者。是明前說因熏習鏡出纏之時爲法身也。

(d) 연훈습경

---

15 남본 『大般涅槃經』 권25(T12, 767c).

네 번째에서 "법출리에 의하기 때문에 중생의 마음을 두루 비추어"라고 말한 것은, 곧 저 본각이 밝게 나타날 때 중생의 근기를 똑같이 비추어 온갖 교화를 나타내는 것이니, 그런 까닭에 "(중생의) 생각에 따라 나타내기 때문이다."라고 말한 것이다.

> 第四中言依法出離故徧照眾生心者。卽彼本覺顯現之時。等照物機。示現萬化。以之故言隨念示現。

이것은 앞에서 말한 부사의업과 어떤 점이 다른가? 저기서는 응신과 시각의 업용을 밝힌 것이고, 여기서는 본각과 법신의 작용을 나타낸 것이니, 하나의 교화를 일으킴에 따라서 이 두 가지 뜻이 있게 되는 것이다. 총괄하여 말하면 그러하지만 그 가운데 분별해 본다면 만일 시각이 일으킨 쪽으로 논하면 연의 상속에 따라서 이익을 얻게 하니, 그 근본인 수염본각은 본래 서로 관련되어 친소가 있기 때문이고, 그 본각이 나타낸 쪽으로 논하면 근기가 성숙된 정도에 따라 널리 이익되게 하여 (연의) 상속을 가리지 않는 것이니, 그 본래의 성정본각은 일체에 고루 통하여 친소가 없기 때문이다. 각의 뜻을 자세히 설명한 것을 마친다.

> 此與前說不思議業有何異者。彼明應身始覺之業。此顯本覺法身之用。隨起一化。有此二義。總說雖然。於中分別者。若論始覺所起之門。隨緣相屬而得利益。由其根本隨染本覺。從來相關有親疏故。論其本覺所顯之門。普益機熟不簡相屬。由其本來性淨本覺。等通一切無親疏故。廣覺義竟。

별기 네 가지의 경镜 가운데 두 번째 인훈습이라는 것은 이 성공덕性功德이 바른 인연을 지어서 중생의 마음을 훈습하여 염락厭樂(생사를 싫어하고 열반을 구하기를 즐겨하는 것)과 모든 가행加行을 일으켜서 이에 불과佛果[16]

에 이르게 하기 때문에 '인훈습'이라고 말한 것이고, 일체의 모든 법이 모두 그 가운데 나타나기 때문에 '경鏡'이라고 이름한 것이다. 이는 『화엄경』에서 "비유하자면 깊고 큰 바다에 보화가 다함이 없어서 그 가운데 중생의 형류상形類像을 모두 나타내는 것과 같이, 매우 깊은 인연의 바다에 공덕의 보배가 다함이 없어서 맑고 깨끗한 법신 가운데 어떤 형상이든 나타나지 않음이 없다."[17]라고 한 것과 같으니, 바로 이것을 이른 것이다. 네 번째 연훈습이라는 것은 비로소 원지圓智[18]를 일으켜서 증상연增上緣을 지어 중생의 마음을 훈습하여 염락과 모든 가행을 일으키도록 하여 이에 불과에 이르게 하기 때문에 연훈緣熏이라고 이름한 것이며, 이러한 모든 행덕行德이 대원경지를 여의지 않으니 이는 저 지혜의 그림자이며, 따라서 '거울'이라고 이름한 것이다. 이는 『불지경佛地經』[19]에서 "대원경지大圓鏡智[20]가 일체 중생의 모든 선법善法의 영상을 일으킨다."[21]라고 한 것과 같으니, 이것을 말한 것이다. 나머지 두 가지의 경鏡은 뜻이 드러나니 알 수 있을 것이다.

> 別記。四種鏡中。第二因熏習者。此性功德。能作正因。熏衆生心能起厭樂。及諸加行乃至佛果。言因熏習。一切諸法悉於中現。故名爲鏡。如華嚴云。譬如深大海。珍寶不可盡。於中悉顯現。衆生形類像。甚深因緣海。功德寶無盡。清淨法身中。無像而不現。正謂此也。第四緣熏習者。始起圓智。作

---

16 불과佛果 : 수행한 인연으로 말미암아 도달하는 부처님의 지위이다.
17 60권본 『華嚴經』 권60(T9, 788a4).
18 원지圓智 : 원만한 지혜. 곧 대원경지大圓鏡智를 말한다.
19 『불지경佛地經』 : 당나라 현장 한역. 1권. 부처가 묘생妙生 보살을 위하여 불지佛地의 오상을 설한 내용으로 청정법계淸淨法界와 사지四智를 밝힌다.
20 대원경지大圓鏡智 : 사지四智의 하나. 유루有漏의 제8식을 뒤쳐서 얻는 무루의 지혜. 이것은 거울에 한 점의 티끌도 없이 삼라만상이 그대로 비쳐 모자람이 없는 것과 같이 원만하고 분명한 지혜이므로 대원경지라 한다. 불과佛果에서 처음으로 얻는 지혜이다.
21 『佛地經論』 권5(T26, 312a).

增上緣。熏衆生心令起厭樂。及諸加行乃至佛果。故名緣熏。此諸行德不離圓智。是彼智影。故名爲鏡。如佛地經說大圓鏡智能起一切衆生諸善法影。此之謂也。餘二種鏡。義顯可知。

B) 불각을 해석함

소 다음은 불각을 해석하였다. 그 가운데 셋이 있으니, 먼저는 근본불각을 설명하였고, 다음은 지말불각을 나타내었으며, 세 번째는 본말의 불각을 총괄하여 맺었다.

次釋不覺。於中有三。先明根本不覺。次顯枝末不覺。第三總結本末不覺。

(A) 근본불각을 설명함

논 불각의 뜻이라고 말한 것은, 진여법이 하나임을 여실히 알지 못하기 때문에 불각의 마음이 일어나 그 망념이 있게 된 것을 이른다. 그러나 망념은 자상自相이 없어서 본각을 여의지 않았으니, 마치 방향을 잃은 사람이 방향에 의하기 때문에 혼미하게 되었으나, 만약 방향을 여읜다면 혼미함이 없어지는 것과 같다. 중생도 그와 같아서 각에 의하기 때문에 혼미하게 되었으나, 만약 각의 성질을 여읜다면 불각이 없을 것이다. 불각의 망상심이 있기 때문에 명의名義를 알아서 진각眞覺이라고 말하는 것이니, 만약 불각의 마음을 여읜다면 진각의 자상이라고 말할 만한 것도 없는 것이다.

所言不覺義者。謂不如實知眞如法一故。不覺心起而有其念。念無自相。不離本覺。猶如迷人。依方故迷。若離於方則無有迷。衆生亦爾。依覺故迷。

若離覺性。則無不覺。以有不覺妄想心故。能知名義。爲說眞覺。若離不覺
之心則無眞覺自相可說。

소 처음에도 두 가지가 있으니, 먼저는 불각이 본각에 의하여 성립됨을 밝혔고 나중은 본각도 불각에 의지한다는 것을 나타내었다.

初中亦二。先明不覺依本覺立。後顯本覺亦待不覺。

Ⓐ 불각이 본각에 의하여 성립됨을 밝힘

처음에 세 가지가 있으니 주장(法)과 실례(喩)와 적용(合)이다.
처음(주장) 가운데 "진여법이 하나임을 여실히 알지 못하기 때문에"라고 말한 것은 근본무명인 것이니 마치 방향을 잃은 것과 같으며, "불각의 마음이 일어나 그 망념이 있게 된 것"이라는 것은 업상의 동념이니 마치 방향을 잘못 아는 것과 같다. 만일 올바른 동쪽을 여읜다면 달리 잘못된 서쪽도 없어질 것이기 때문에 "망념은 자상이 없어서 본각을 여의지 않았으니"라고 말한 것이다. 실례와 적용의 글은 글의 양상을 알 수 있을 것이다.

初中有三。謂法。喩。合。初中言不如實知眞如法一故者。根本無明。猶如
迷方也。不覺心起而有其念者業相動念。是如邪方。如離正東無別邪西。故
言念無自相不離本覺。喩合之文。文相可見也。

Ⓑ 본각도 불각에 의지함을 나타냄

다음은 본각도 불각에 의지한다는 것을 설명하였다. 그 가운데 두 가지가 있으니, 처음에 "불각의 망상심이 있기 때문에"라고 말한 것은 무명이 일으킨 망상妄想의 분별이니, 이 망상으로 말미암아 명의名義를 알기 때문에 언설을 두어서 진각에 대해 말하는 것이며, 이것은 진각이라는 이름이 망상과 상대相待하는 것임을 밝힌 것이다.

"만약 불각의 마음을 여읜다면 진각의 자상이라고 말할 만한 것도 없는 것이다."라고 한 것은 말한 바의 진각이 반드시 불각을 상대함을 밝힌 것이니, 만약 상대하지 않는다면 자상이 없으며 다른 것(불각)을 기다려서 있는지라 또한 자상이 아니니, 자상이 이미 없는데 어찌 타상他相이 있겠는가? 이는 모든 법이 얻을 만한 것이 없다는 뜻을 밝힌 것이니, 아래 문장에서 "염법과 정법이 모두 서로 의지하는 것이어서 말할 만한 자상이 없음을 알아야 한다."[22]라고 한 것과 같으며, 『대지도론』에서 "만일 세제世諦(속제·염법)[23]가 조금이라도 실상이 있는 것이라면 제일의제第一義諦(진제·정법)[24]도 마땅히 실상이 있을 것이다."[25]라고 하였으니, 이것을 말한 것이다.

次明本覺亦待不覺。於中有二。初言以有不覺妄想心者。無明所起妄想分別。由此妄想能知名義。故有言說說於眞覺。是明眞覺之名待於妄想也。若離不覺則無眞覺自相可說者。是明所說眞覺必待不覺。若不相待。則無自相。待他而有。亦非自相。自相旣無。何有他相。是顯諸法無所得義。如下文言。當知一切染法淨法皆悉相待。無有自相可說。智度論云。若世諦如毫釐許有實者。第一義諦亦應有實。此之謂也。

---

22 『大乘起信論疏記會本』권5(H1, 774c).
23 세제世諦 : Ⓢ saṃvṛti-satya. 속제俗諦라고도 한다. 세속의 사람들이 아는 바 도리, 곧 세간 일반에서 인정하는 도리를 말한다.
24 제일의제第一義諦 : 이 진리는 모든 법 가운데 제일이라는 뜻. 진제眞諦·성제聖諦·승의제勝義諦라고도 한다. 열반·진여·실상實相·중도中道·법계法界·진공眞空 등 깊고 묘한 진리이다. 특히 법상종에서는 유식의 실성인 진여를 제일의제라 하고, 변계遍計의 제법과 의타인 식을 속제俗諦라 한다.
25 『大智度論』권89(T25, 688c).

(B) 지말불각을 나타냄

소 이 아래는 지말불각을 자세히 나타내었다. 그 가운데 두 가지가 있으니, 먼저는 세상細相[26]을 밝혔고 나중은 추상麤相[27]을 나타내었다.

此下廣顯枝末不覺。於中有二。先明細相。後顯麤相。

Ⓐ 삼세상을 밝힘

논 다시 불각에 의하기 때문에 세 가지 상이 생겨서 저 불각과 상응하여 여의지 않으니, 무엇이 세 가지인가? 첫째는 무명업상이니, 불각에 의하기 때문에 마음이 움직이는 것을 업이라고 이름하는 것이다. 깨달으면 움직이지 않으며 움직이면 고통이 있게 되니, 결과가 원인을 여의지 않기 때문이다. 두 번째는 능견상能見相이다. 움직임에 의하기 때문에 볼 수 있게 된 것이니, 움직이지 않는다면 볼 것이 없을 것이다. 세 번째는 경계상境界相이다. 능견에 의하기 때문에 경계가 거짓되이 나타나는 것이니 견見을 여윈다면 경계가 없어질 것이다.

復次依不覺故生三種相。與彼不覺相應不離。云何爲三。一者無明業相。以依不覺故心動。說名爲業。覺則不動。動則有苦。果不離因故。二者能見相。以依動故能見。不動則無見。三者境界相。以依能見故境界妄現。離見則無境界。

---

26 세상細相 : 무명의 훈습에 의하여 마음이 미세하게 움직이는 모습. 여기서는 무명업상無明業相, 능견상能見相, 경계상境界相 세 가지를 말한다.
27 추상麤相 : 경계연에 의하여 마음이 거칠게 움직이는 모습. 여기서는 지상智相, 상속상相續相, 집취상執取相, 계명자상計名字相, 기업상起業相, 업계고상業繫苦相 여섯 가지를 말한다.

소 처음 세상細相을 밝힌 것 중에도 두 가지가 있으니, 총괄하여 나타낸 것과 각각 풀이한 것이다.

初中亦二。總標。別釋。

a. 총괄하여 나타냄

처음 가운데 "저 불각과 상응하여 여의지 않으니"라고 말한 것은 근본과 지말이 서로 의지하기 때문에 '상응하여'라고 말한 것이지 심왕과 심수가 상응한다는 뜻과는 같지 않으니, 이것(세 가지의 세상)은 불상응염심不相應染心[28]이기 때문이다.

初中言與彼不覺相應不離者。本末相依。故曰相應。非如王數相應之義。此爲不相應染心故。

별기 이 가운데 앞서의 세 가지 상은 미세한 것이니 오히려 알라야식의 자리에 있고, 뒤의 여섯 가지는 추상이니 나머지 칠식이다. 다만 저 근본무명과 비교한다면 모두[29] 근본무명이 일으킨 지말이기 때문에 통틀어 지말불각이라고 이름한 것이다.

別記。此中先三相是微細。猶在阿黎耶識位。後六麤相。是餘七識。但望彼根本無明。皆是所起之末。通名枝末不覺也。

---

28 불상응염심不相應染心 : 무명업상, 능견상, 경계상의 세 가지 세상은 근본불각인 무명과 상응하나 이 미세념에서는 아직 심왕과 심수가 차별되어 있지 않으므로 불상응염심이라 한다.
29 "모두"란 삼세三細와 육추六麤를 가리킨다.

b. 각각 풀이함

a) 무명업상

소 각각 풀이한 가운데 "무명업상"이라고 말한 것은 무명에 의하여 움직이는 것을 '업상'이라고 이름하기 때문이며, 움직임을 일으킨다는 뜻이 바로 '업'의 뜻이니, 그러므로 "마음이 움직이는 것을 업이라고 이름하는 것이다."라고 말한 것이다. "깨달으면 움직이지 않으며"라는 것은 깨닫지 못하면 움직인다는 것(不覺則動)의 상대를 들어서 반현反顯[30]하는 것이니, 시각을 얻을 때는 곧 동념動念이 없는 것이다. 그러니 지금 움직이는 것이 다만 불각으로 말미암았음을 알아야 할 것이다. "움직이면 고통이 있게 되니"라는 것은 만약 적정을 얻으면 곧 이것이 극락이기 때문에 여기서 움직임이 곧 고통이라고 하는 것이다. (깨달으면) 업상은 고통(苦)이 없는 것이요 무명은 집集[31]이 없는 것이니, 이와 같이 인因과 과果가 때를 같이 하여 있기 때문에 "결과가 원인을 여의지 않기 때문이다."라고 말하였다. 그러나 이 업상이 비록 동념이 있으나 매우 미세하여 능能(주체)과 소所(대상)가 아직 나뉘지 않았으니 그 근본무명도 역시 이러함을 알아야 할 것이다. 『무상론無相論』[32]에서 말했다.

別釋中言無明業相者。依無明動。名爲業相故。起動義是業義。故言心動說

---

30 반현反顯 : 반결反結·반해反解·반석反釋과 같다. 순결順結·순석順釋의 상대어이다. 후자는 "A이면 B이다."는 논리 형식이고, 전자는 "A가 아니면 B가 아니다."라는 논리 형식이다.
31 집集 : 고苦의 이유·근거, 혹은 원인이라고도 한다. 고의 원인은 번뇌인데 특히 무명無明과 애욕을 말한다.
32 『무상론無相論』: 『三無性論』, 『顯識論』, 『轉識論』을 합하여 일컫는 말. 이하 인용은 『轉識論』에 나오는데, 『轉識論』은 『唯識三十論頌』을 진제眞諦가 번역한 것이다.

名爲業也。覺則不動者。擧對反顯。得始覺時。則無動念。是知今動。只由不覺也。動則有苦者。如得寂靜。卽是極樂。故今云動卽是苦也。業相是無苦。無明是無集。如是因果俱時而有。故言果不離因故。然此業相雖有動念。而是極細能所未分。其本無明當知亦爾。如無想[1]論云。

1) ㉠ '想'은 '相'인 것 같다.

問 이 식(알라야식)이 어떤 행상과 어떤 경계를 가지는가?

答 (식의) 행상과 경계를 분별할 수 없으니, 일체一體여서 다름이 없다.

問 만약 그렇다면 어떻게 (그 식이) 있다는 것을 알겠는가?

答 행사行事로 인하여 이 식이 있음을 알 수 있으니, 이 식이 모든 번뇌와 업과 과보의 일을 일으킴이 비유하자면 다음과 같다. 즉, 무명이 항상 일어나지만 이 무명을 분별할 수 있느냐 없느냐? 만약 분별할 수 있다면 무명이라고 말하지 아니하였을 것이고, 만약 분별할 수 없다면 마땅히 있는 것이 아니로되 실은 있는 것이요, 없는 것이 아니다. 또한 욕欲[33]·진瞋[34] 등의 행사로 말미암아 무명이 있다는 것을 알 수 있으니, 본식도 역시 마찬가지다.[35]

問。此識何相何境。答。相及境不可分別。一體無異。問。若爾。云何知有。答。由事故知有此識。此識能起一切煩惱業果報事。譬如無明常起。此無明可欲分別不。若可分別。非謂無明。若不可分別。則應非有。而是有非無。

---

33 욕欲 : 구사俱舍에서는 대지법大地法의 하나. 유식唯識에서는 오별경五別境의 하나. 심소心所의 이름. 자기가 좋아하는 대경對境에 대하여 그것을 얻으려고 희망하는 정신 작용이다.

34 진瞋 : Ⓢ dveṣa. 근본번뇌의 하나. 오개·십악의 하나. 진에瞋恚라 한다. 자기의 마음에 맞지 않는 경계에 대하여 미워하고 분하게 여겨 몸과 마음을 편안치 못하게 하는 심리작용이다.

35 『轉識論』(T31, 61c).

亦由欲瞋等事。知有無明。本識亦爾。

그러므로 이러한 글의 뜻은 바로 업상에 의하여 본식本識[36]을 드러낸 것이다.

故此等文意。正約業相顯本識也。

b) 능견상

두 번째 "능견상"은 곧 전상轉相이니, 앞의 업상에 의하여 점차 능연能緣을 이루기 때문에 "움직임에 의하기 때문에 볼 수 있게 된 것이니"라고 말한 것이다. 성정문性靜門[37]에 의한다면 능견이 없기 때문에 "움직이지 않는다면 볼 것이 없을 것이다."라고 말한 것이니, 도리어 능견은 움직임에 의하여야 함을 나타낸 것이다. 이와 같이 전상이 비록 능연이 있으나 반연하는 바의 경계의 상을 아직 나타낼 수 없으니, 이는 다만 밖으로 향하는 것일 뿐 경계에 의탁하지 아니하기 때문이다. 이는 『섭대승론』에서 "의식은 삼세와 비삼세非三世[38]의 경계를 반연하니 이것은 알 수 있지만"[39] 이 식이 "반연하는 바의 경계는 알 수 없기 때문이다."[40]라고 한 것과 같다. 여기서 '알 수 없기 때문'이라고 말한 것은 알 만한 경계가 없기 때문이니, 십이인연十二因緣[41]을 말할 때 처음(무명)은 알 수 없는 것과 같이 이것(이 능견식의

---

36 본식本識 : 제8식. 이 식이 일체 제법의 근본이 되므로 이렇게 부른다.
37 성정문性靜門 : 수염문隨染門의 상대이니, 즉 진여문이다.
38 비삼세非三世 : 불성·허공·무위·제일의제를 말하니 항상하여 시간적 제약을 받지 않는 것이다.
39 『攝大乘論』 권3(T31, 170a).
40 『攝大乘論』 권3(T31, 170a).
41 십이인연十二因緣 : 삼계三界에 대한 미혹의 인과를 열두 가지로 나눈 것. ① 무명無

경계)도 이와 같다. 이것은 전상에 의하여 본식을 나타낸 것이다.

> 第二能見相者。卽是轉相。依前業相轉成能緣。故言以依動能見。依性靜門則無能見。故言不動則無見也。反顯能見要依動義。如是轉相雖有能緣。而未能顯所緣境相。直是外向。非託境故。如攝論云。意識緣三世及非三世境。是則可知。此識所緣境不可知故。此言不可知者。以無可知境故。如說十二因緣始不可知。此亦如是。是約轉相顯本識也。

c) 경계상

세 번째 "경계상"이라는 것은 곧 현상現相이니, 앞의 전상에 의하여 경계를 나타낼 수 있기 때문에 "능견에 의하기 때문에 경계가 거짓되이 나타나는 것이니"라고 말하였다. 이는 『사권능가경』에서 "대혜야, 간략히 말하면 세 가지 식이 있고 자세히 말하면 여덟 가지 상이 있다. 어떤 것들을 세 가지라고 하는가? 진식眞識과 현식現識과 분별사식分別事識이니, 비유하자면 맑은 거울이 모든 물체의 형상을 지니는 것과 같이 현식이 (대상을) 드러내는 바도 역시 이와 같다."[42]라고 하며 또 아래 문장(『사권능가경』)

明은 미혹의 근본인 무지이다. ② 행行은 무지로부터 다음의 의식 작용을 일으키는 의지 작용이다. ③ 식識은 의식 작용이다. ④ 명색名色은 이름만 있고 형상이 없는 마음과 형체가 있는 물질이다. ⑤ 육처六處는 안眼·이耳·비鼻·설舌·신身의 오관五官과 의근意根이다. ⑥ 촉觸은 사물에 접촉함이다. ⑦ 수受는 외계로부터 받아들이는 고苦·락樂의 감각이다. ⑧ 애愛는 고통을 피하고 즐거움을 구함이다. ⑨ 취取는 자기가 욕구하는 물건을 취함이다. ⑩ 유有는 업의 다른 이름이니 다음 세상의 결과를 불러오는 것이 업이다. ⑪ 생生은 이 몸을 받아 태어남이다. ⑫ 노사老死는 늙고 죽음이다. 연기의 해석에 1찰나에 십이연기를 갖춘다는 학설과 시간적으로 3세에 걸쳐 설명하는 양중인과兩重因果설이 있다. 곧 식識에서 수受까지의 다섯 가지를 현재의 오과五果라 하고 무명無明·행行을 현재의 과보를 받게 한 과거의 이인二因이라 하며 다음에 애愛·취取는 과거의 무명과 같은 혹惑이요 유有는 과거의 행과 같은 업이니, 이 현재의 삼인三因에 의하여 미래의 생·노사의 과果를 받는다고 한다.

에서 "비유하자면 장식은 자심自心이 나타내는 몸과 몸을 안립安立하는 것과 수용受用되는 경계를 한꺼번에 분별하여 아는 것과 같다."[43]라고 한 것과 같다.

> 第三境界相者。卽是現相。依前轉相能現境界。故言能見故境界妄現。如四卷經言。大慧。略說有三種識。廣說有八相。何等爲三。謂眞識。現識。分別事識。譬如明鏡持諸色像。現識處亦復如是。又下文言。譬如藏識頓分別知自心現身[1]及身安立受用境界。
>
> 1) ㉠『楞伽阿跋多羅寶經』권1(T16, 486a)에 따르면 '身'이 생략되어야 하나, 원효가 "몸과 (몸) 안립하는 것"이라는 뜻을 분명히 하기 위해 '身'을 추가한 것 같다.

별기 '한꺼번에 분별하여'라는 것은 능견상이고, '자심이 나타내는' 등은 경계상이다. 『유가사지론』에서도 이 말과 같으니,[44] 이와 같은 『능가경』과 『유가사지론』의 글들은 뒤의 두 가지 상(능견상·경계상)에 의하여 말한 것이다. 이 두 가지가 비록 둘의 구분이 있으나 업상을 여의지 아니하니 이는 유량문唯量門[45]이고, 업상은 비록 능能(주체)과 소所(대상)가 없으나 능·소 두 가지를 함유하고 있으니 이는 유이문唯二門[46]이다. 이 세 가지가 모두 이숙식異熟識에 포섭되지만, 다만 업번뇌에 의하여 미혹된다는 뜻의 측면에서는 업상이 동전動轉(움직이면서 전변함)·차별되어 전상轉相 등으로 다르게 된 것을 분별하지 않기 때문에 총괄하여 이숙식이라고 말하였고, 무명의 바람에 의하여 움직여진다는 뜻의 측면에서는 미세한 것으로부터

---

42 『楞伽阿跋多羅寶經』권1(T16, 483a).
43 『楞伽阿跋多羅寶經』권1(T16, 486a), 『大乘入楞伽經』권2(T16, 596b) 참조.
44 전거 미상.
45 유량문唯量門 : 유량唯量이란 오직 식일 뿐 바깥 경계가 없다고 보는 것이다. 『攝大乘論釋』권5(T31, 184c) 참조.
46 유이문唯二門 : 유이唯二란 상상과 견분 곧 소취所取(경계상)와 능취能取(능견상)가 오직 식일 뿐이라는 뜻이다.

거친 데 이르기까지 동전하여 차별되기 때문에 자세히 구분하여 세 가지의 상을 세웠다. 또한 이 세 가지가 다만 무명에 의하여 움직여지기 때문에 제8식에 있으며, 뒤의 여섯 가지(추상)는 경계(경계상)에 의하여 움직여지기 때문에 칠식에 있으니, 곧 이런 뜻으로 말미암기 때문에 '칠식은 한결같이 생멸하기만 한다.'라고 말하여 알라야식이 이 두 뜻(생멸·불생멸)을 모두 포함하고 있는 것과는 같지 아니한 것이다.

> 別記。頓分別者。是能見相。自心及現[1)]等。是境界相。瑜伽論中亦同此說。如是等文。是約後二相說。此二雖有二分。不離業相。是唯量門。業相雖無能所。含有二分。是唯二門。此三皆是異熟識攝。但爲業煩惱所惑義邊。不別業相動轉差別轉相等異。是故總說爲異熟識。爲無明風所動義邊。從細至麤動轉差別。是故細分立三種相。又此三但爲無明所動。故在第八。後六乃爲境界所動。故在七識。卽由是義。故說七識一向生滅。不同黎耶俱含二義也。

1) ㉠ '及現'은 '現及'인 것 같다.

소 이 논의 아랫글에서 현식現識을 설명하기를, "이른바 일체의 경계를 나타냄이 마치 밝은 거울이 물체의 형상을 나타내는 것과 같으니, 현식도 그러하여……언제든지 임의로 일어나서 항상 앞에 있기 때문이다."[47]라고 하였으니, 이러한 글들은 현상現相에 의하여 본식을 나타낸 것이다. 이와 같이 현상이 이미 본식에 있거늘 어찌 하물며 그 근본인 전상과 업상이 도리어 육·칠식 가운데 있다고 말하겠는가?

> 此論下文明現識云。所謂能現一切境界。猶如明鏡現於色像。現識亦爾。以

---

47 『大乘起信論疏記會本』 권3(H1, 759b).

一切時任運而起常在前故。如是等文。約於現相以顯本識。如是現相旣在
本識。何況其本轉相業相。反在六七識中說乎。

Ⓑ 육추상을 밝힘

논 경계의 연이 있기 때문에 다시 여섯 가지의 상을 내는 것이니, 무엇이 여섯 가지인가? 첫째는 지상智相이니, 경계에 의하여 마음이 일어나 좋아하고 좋아하지 않음을 분별하기 때문이다. 둘째는 상속상相續相이니, 지상에 의하기 때문에 그 고락을 내서 각심覺心[48]으로 망념을 일으켜 상응하여 끊어지지 않기 때문이다. 셋째는 집취상執取相이니, 상속에 의하여 경계를 반연하여 생각해서 고락에 주지住持하여 마음이 집착을 일으키기 때문이다. 넷째는 계명자상計名字相이니, 잘못된 집착에 의하여 거짓된 명언의 상을 분별하기 때문이다. 다섯째는 기업상起業相이니, 명자에 의하여 이름을 따라가면서 집착하여 여러 가지 업 등을 짓기 때문이다. 여섯째는 업계고상業繫苦相이니, 업에 의하여 과보를 받아서 자재하지 못하기 때문이다.

以有境界緣故。復生六種相。云何爲六。一者智相。依於境界。心起分別愛
與不愛故。二者相續相。依於智故。生其苦樂。覺心起念。相應不斷故。三
者執取相。依於相續。緣念境界。住持苦樂。心起著故。四者計名字相。依
於妄執。分別假名言相故。五者起業相。依於名字。尋名取著。造種種業故。
六者業繫苦相。以依業受果。不自在故。

---

48 각심覺心 : 각관심覺觀心을 말한다. 자세히는 총체적으로 사고하는 추사麤思를 각覺, 분석적으로 상세히 관찰하는 세사細思를 관觀이라 한다.

소 다음은 추상麤相을 밝혔다. 그 가운데 두 가지가 있으니, 총괄하여 나타낸 것과 각각 풀이한 것이다.

次明麤相。於中亦二。總標。別釋。

a. 총괄하여 나타냄

처음에 "경계의 연이 있기 때문에"라고 말한 것은, 앞의 현식이 나타낸 경계에 의하기 때문에 칠식 가운데 여섯 가지의 추상을 일으킨 것이니, 이것은 경(『능가경』)에서 "경계의 바람에 의해 움직여서 칠식의 물결이 전전한다."[49]라고 말한 뜻을 풀이한 것이다.

初言以有境界緣者。依前現識所現境故。起七識中六種麤相。是釋經言境界風所動七識波浪轉之意也。

별기 "경계의 연이 있기 때문에 다시 여섯 가지의 상을 내는 것이니"라고 한 것은, 앞의 세상 가운데서는 능견에 의하여 경계를 나타낸 것이지 경계가 능견을 움직인 것이 아니며, 이 뒤의 여섯 가지 상은 저 나타낸 바의 경계에 의하여 움직여지는 것이지 이 여섯 가지 상이 저 경계를 나타낼 수 있는 것은 아니다. 뜻을 분별하면 이와 같지만, 통하여 말하면 저것(능견상)도 도리어 자신(능견상)이 나타낸 경계(경계상)에 의하고, 이것(육추상)도 도리어 자신(육추상)이 의지하는 경계(경계상)를 지을 수가 있다. 이제 이 논 가운데서는 분별의 쪽에 나아가야 하기 때문에 '경계의 연이 있기 때문에 여섯 가지의 상을 내는 것이니'라고 말한 것이다.

---

49 『楞伽阿跋多羅寶經』 권1(T16, 484b).

別記。以有境界緣故生六相者。前細相中。依能見現境界。非境界動能見。此後六相。爲彼所現境界所動。非此六種能現彼境。別義如是。通而言之。彼亦還依自所現境。此還能作自所依境。今此論中。宜就別門。故言有境界故生六種相。

b. 각각 풀이함

소 다음에 각각 풀이하는 중에 처음의 한 가지 상(지상)은 제7식이고 다음의 네 가지 상(상속상·집취상·계명자상·기업상)은 생기식生起識에 있으며, 나중의 한 가지 상(업계고상)은 저것들[50]이 낸 과보이다.

次別釋中。初之一相。是第七識。次四相者。在生起識。後一相者。彼所生果也。

a) 지상

처음에 "지상智相"이라고 말한 것은 제7식이니, 추상 가운데의 처음이다. 비로소 혜수慧數[51]가 있어서 이가 아我와 진塵을 분별하기 때문에 지상이라고 이름한 것이니『승만경』에서 "이 육식과 심법지心法智에 이 칠법七法이 순간도 머무르지 않는다."[52]라고 한 것과 같다. 여기서 '심법지'라고 한 것은 혜수를 말하는 것이다. 만약 선도善道[53]에 있다면 좋아할 만한

---

50 저것들 : 앞의 다섯 가지 상, 즉 지상·상속상·집취상·계명자상·기업상을 말한다.
51 혜수慧數 : 혜慧라는 심소. 구사에서는 십십소대지법十心所大地法 중 하나고, 유식에서는 오십소별경五心所別境 중 하나다. 어리석고 우매한 마음에는 이 심소가 없다고 하며 바깥 경계에 대하여 사邪·정正과 득得·실失을 판단하여 좋은 것은 취하고 나쁜 것은 버리는 작용이 있다고 한다.
52 『勝鬘經』(T12, 222b).

법을 분별하여 아와 아소라고 계탁하고 악도惡道[54]에 있을 때에는 좋아하지 않는 법을 분별하여 아와 아소라고 계탁하기 때문에 "경계에 의하여 마음이 일어나 좋아하고 좋아하지 않음을 분별하기 때문이다."라고 말한 것이다.

갖추어 말한다면 본식을 반연하여 아라고 계탁하고 본식이 나타낸 경계를 반연하여 아소라고 계탁하지만, 이제 이 가운데서는 추상에 의하여 나타내기 때문에 '경계에 의하여 마음이 일어나'라고 말하였다. 또한 이 경계가 현식을 여의지 아니함이 마치 영상影像이 거울의 면을 여의지 않은 것과 같다. 이 제7식은 곧바로 안으로 향하여 아와 아소를 계탁하지만 마음 밖에 경계가 있음을 따로 계탁하지 않기 때문에 다른 곳에서는 도리어 저 식(본식 중의 현식)을 반연한다고 말하였다.

> 初言智相者。是第七識麤中之始。始有慧數分別我塵。故名智相。如夫人經言。於此六識及心法智。此七法刹那不住。此言心法智者。慧數之謂也。若在善道。分別可愛法。計我我所。在惡道時。分別不愛法。計我我所。故言依於境界心起分別愛與不愛故也。具而言之。緣於本識。計以爲我。緣所現境。計爲我所。而今此中就其麤顯。故說依於境界心起。又此境界不離現識。猶如影像不離鏡面。此第七識直爾內向計我我所。而不別計心外有塵。故餘處說還緣彼識。

별기 다만 아집我執의 경계에 의거하기 때문에 식(현식)을 반연한다고 말하였고, 아소집我所執의 경계를 제외하였기 때문에 또한 경계를 반연한다는 것은 말하지 않았다.

---

53 선도善道 : 현재·미래에 걸쳐 자기와 남을 순익順益하는 상태.
54 악도惡道 : 현재·미래에 걸쳐 자기나 남에게 좋지 않은 결과를 가져오는 성질의 상태.

別記云。但就我執之境。故說緣識。除我所執境。故不說亦緣境界。

소 문 제7말나식이 식을 반연할 뿐만 아니라 육진六塵도 반연한다는 것을 어떻게 알 수 있겠는가?

問。云何得知第七末那。非但緣識。亦緣六塵。

답 여기에는 두 가지의 증명이 있으니, 첫째는 비량比量[55]에 의한 것이고, 두 번째는 성언량聖言量[56]에 의한 것이다. 비량이란 다음과 같다. 이 의근意根[57]이 반드시 의식意識과 경계를 같이하니【주장(宗)을 세운 것이다.】, (의근은 의식의) 불공소의不共所依[58]이기 때문이다.【이유(因)를 분별한 것이다.】 모든 이러한 불공소의가 반드시 능의能依(여기서는 의식을 말함)와 경계를 같이함이 안근 등과 같다.【이는 긍정적 실례(同品)[59]를 따라 말한 것이다.】 어떤 때에

---

55 비량比量 : 삼량三量의 하나. 진비량眞比量이라고도 한다. 우리가 이미 아는 사실을 가지고 추리해서 아직 알지 못하는 사실을 추측하는 것이다. 예를 들면 연기가 올라가는 것을 보고 그 아래에 불이 있는 줄을 미루어 아는 것과 같다.
56 성언량聖言量 : 삼량의 하나. 성인, 즉 석가모니불의 말씀을 경 또는 논을 표준 삼아 추리하는 것이다.
57 의근意根 : 오식에는 오근이 있는 것과 같이 의근은 특히 제6의식의 의지할 데를 말한다. 또 유식에서는 제7말나식을 제6의식의 가장 가까운 근거라는 의미로 의근이라 한다.
58 불공소의不共所依 : 다른 것과 공통하지 않는 소의란 뜻. 예를 들면 안근은 안식만의 의지할 데가 되고, 이근耳根은 이식만의 의지할 데가 되는 것과 같다.
59 긍정적 실례(同品) : 동유同喩·동법同法이라고도 한다. 삼지작법三支作法 중의 유喩가 종宗이나 인宗과 동품同品·동류同類인 경우를 말한다. 이를테면 다음과 같다. "장관도 한국의 법률을 지켜야 한다(종). 대한민국의 국민이므로(인). 다른 시민과 같다(유)."라고 하는 것과 같다. 이러한 논법은 인因이 있는 경우에는 반드시 종宗이 있음을 말한 것이므로 그 유喩에는 반드시 인因이 되는 대한민국 국민과 같은 점과, 종宗이 되는 한국의 법률을 지켜야 한다는 것과 같은 점이 있어야 한다. 앞의 것을 인동품因同品, 뒤의 것을 종동품宗同品이라 한다. 곧 다른 시민의 인因이 되는 대한민국 국민의 뜻이 있는 것은 인동품, 한국의 법률을 지켜야 한다는 종宗의 뜻이 있는 것은 종동품이다. 완전한 동품은 반드시 이 두 조건을 갖추어야 한다.

는 (안근과 안식이) 경계를 같이하지 않는다고 한다면 반드시 불공소의가 아닌지라 차제멸의근次第滅意根(無間滅意) 등을 없앨 것이니 이것은 부정적 실례(遠離言)[60]이다. 이와 같이 주장(宗)·이유(因)·실례(喩)[61]가 과실이 없기 때문에 의근은 역시 육진도 반연함을 알아야 한다.

> 答。此有二證。一依比量。二聖言量。言比量者。此意根必與意識同境。是立宗也。不共所依故。是辨因也。諸是不共所依。必與能依同境。如眼根等。是隨同品言也。或時不同境者。必非不共所依。如次第滅意根等。是遠離言也。如是宗因譬喩無過。故知意根亦緣六塵也。

별기 만약 이 의意(의근)가 의식과 반드시 경계를 똑같이 반연하지는 않는다고 말한다면 안眼(안근)도 안식과 반드시 경계를 같이하지 않을 것이니, 의意와 안眼은 모두 불공소의이기 때문이다. 안 등의 식과 근은 이미 그렇게 (경계를 같이하지 않게) 될 수 없으니, 이처럼 동류同類(동품)가 없기 때문에 뜻이 성립되지 않는다. 만약 이 의근이 (의식의) 불공소의가 아니라고 한다면 (의식은) 불공의가 없을 것이니 의식이 일어나지 않을 것이며, 이는 안식 등에서도 같은 것이니, 다만 이것은 자교상위自敎相違[62]에 해당하는 과실이다. 이는 불경에서 "안眼(안근)이 없어지지 않기 때문에 안식眼識이 생길 수 있으며,……의意(의근)가 없어지지 않기 때문에 의식이

---

60 부정적 실례(遠離言) : 『因明入正理論』(T32, 11b)에 따르면 '원리언'은 부정적 실례 명제에 해당한다.
61 주장(宗)·이유(因)·실례(喩) : 인명에서 삼단논법과 비슷한 삼지작법三支作法을 말한다. ① 종宗은 단안斷案이니, 입론하는 이의 주장이다. ② 인因은 이유이니, 종으로 나타내는 도리를 논술한 것이다. ③ 유喩는 종과 인이 잘못됨이 없음을 입증하는 실례이다. 이를테면 다음과 같다. "소리는 무상하다(종). 소작성所作性이기 때문이다(인). 마치 병과 같다(유)." 이 비유에 동유同喩와 이유異喩의 구별이 있다.
62 자교상위自敎相違 : 자종상위와 같다.

생길 수 있다."⁶³라고 하고 이어서 자세히 설명한 것과 같다. 또한 논에서 "이것(의근)이 불공의"⁶⁴라고 하니 이 의(의근)가 다만 식(본식)만을 반연하고 나머지 경계(육진)를 반연하지 않는다고 한다면 이 뜻은 성립되지 않음을 알 수 있는 것이다.

> 別記。若言此意與意識不必同緣者。亦可眼與眼識不必同境。俱是不共所依故。眼等識根旣不得爾。無同類故。義不得成。若言此意非不共依者。則無不共依識不應起。如眼識等。只是自敎相違過失。如佛經說。眼不壞故。眼識得生。乃至意不壞故。意識得生。乃至廣說。又論說此不共依。故知此意。但緣於識。不緣餘境。是義不成。

소 만약 이 뜻에 의한다면 능의能依인 의식이 의근을 반연할 때에 소의所依인 의근도 자체를 상대하니, 자증분自證分⁶⁵이 있기 때문에 과실이 없고, 역시 (의근) 스스로의 상응하는 바의 심법心法을 반연하니, 장애할 만한 법이 없기 때문에 반연할 수 있게 된다. 이리하여 모든 심과 심소법이 모두 자체를 증명하니 그러므로 동일하게 반연하는 것(의근과 의식이 육진경계를 다 같이 반연함)을 폐하지 아니한다. 이 뜻은 오직 오식五識에 대해서는 통하지 않으니, (오식은) 색근色根(오근)에 의해 일어나서 두루 반연하지는 않기 때문에 다만 색진色塵에만 상대하고 나머지 경계는 상대하지 않기 때문이다.

---

63 『顯揚聖敎論』 권1(T31, 480c) 참조.
64 전거 미상.
65 자증분自證分 : 법상종에서는 인식 과정을 설명하면서 사람의 의식 작용을 네 부분으로 나눈다. 이 중 상분相分을 인식하는 작용을 견분見分이라 한 것에 대해 다시 통각적統覺的 증지證知를 주는 작용을 자증분이라 하며, 다시 그 자증분을 증명하는 작용을 증자증분證自證分이라 한다.

若依是義。能依意識緣意根時。所依意根亦對自體。以有自證分故無過。亦緣自所相應心法。以無能障法故得緣。諸心心所法皆證自體。是故不廢同一所緣。此義唯不通於五識。依色根起不通利故。但對色塵。非餘境故。

별기 『대승장엄경론』에서 말했다.

別記。莊嚴論云。

이미 염정染淨을 구하는 것을 설명하였으니 다음은 유식唯識을 구하는 것을 설명하겠다.

게 능취能取와 소취所取
이 둘은 오직 심광心光[66]이다.
탐광貪光[67]과 신광信光[68]
이 두 광光은 두 법이 아니다.

석 위의 반절은 유식을 구하는 사람은 능취와 소취가 오직 심광임을 알아야 한다(는 것이다). 아래의 반절은 이와 같이 탐 등의 번뇌광과 신 등의 선법광이니, 이러한 두 광은 역시 염과 정의 두 가지 법이 없다(는 것이다). 무엇 때문인가? 심광을 여의고서는 따로 탐 등이나 신 등의 염

---

66 심광心光 : 색광色光의 상대. 내광內光·지혜광智慧光이라고도 한다. 지혜의 밝음을 광명에 비유한 것이다. 여기서는 심왕心王의 뜻이다.
67 탐광貪光 : 6번뇌의 하나인 탐貪을 말한다.
68 신광信光 : Ⓢ śraddha. 구사의 10대선지법十大善地法의 하나이고 유식에서는 11선심소十一善心所의 하나이다. 심왕·심소로 하여금 대경對境을 올바르게 인식케 하며, 마음에 의혹이 없게 하는 정신 작용이다.

정법이 없기 때문이다.[69]

已說求染淨。次說求唯識。偈曰。能取及所取。此二唯心光。貪光及信光。一[1)]光無二法。釋曰。上半者。求唯識人應知能取所取唯是心光。下半者。如是貪等煩惱光。及信等善法光。如是二光。亦無染淨二法。何以故。不離心光別有貪等信等染淨法故。

1) ㉠ 저본과 『大乘莊嚴經論』 권5(T31, 613b) 등에 따라 '一'은 '二'가 맞다.

이러한 글로써 증명해 보면, 모든 심수법心數法도 또한 심광에 의해 비추어지며, 그러므로 심광을 여의지 않았다고 한 것을 알 수 있다. 심광을 여의지 않았기 때문에 곧 이것이 심광인 것이다. 마치 거울 가운데의 형상이 거울빛에 비춰지기 때문에 이 형상이 거울빛을 여의지 않았으며, 여의지 않았기 때문에 이것(거울 가운데의 형상)이 곧 거울빛인 것과 같으니, 이 가운데의 도리도 역시 그러함을 알아야 한다. 그처럼 비록 영상影像[70]과 같이 본법에 의해 반연되지 않는 것이 따로 없더라도, 가령 본법의 심수[71]가 영상의 심수와 다른 것이라면, 동일한 소연所緣의 뜻은 성립되지 않는 것이다.

以此文證。故知諸心數法。亦爲心光所照。故不離心光。以不離心光。故卽是心光也。如鏡中像。鏡光所照。是故此像不離鏡光。以不離故。卽是鏡光。當知此中道理亦爾。然雖似影像。無別本法所不緣者。設有本法心數。異影像心數者。則同一所緣之義不成故。

---

69 『大乘莊嚴經論』 권5(T31, 613b).
70 영상影像 : 영상의 실제적인 근거이며 영상이 의지하는 대상인 물자체物自體, 즉 본질本質에 비하여 심과 심소가 대상을 인식할 때 내심內心에서 인식 대상의 모습을 나타내 직접적인 인식의 대상으로 삼는 것이다. 즉, 영상은 본법과 동일 소연이다.
71 본법의 심수 : 본식本識의 심수를 말한다.

소 '성언량'은 경에 있는 것이니, 『금고경』에서 "안근은 색을 받아들이고, 이근은 소리를 분별하며, 내지 의근은 일체의 모든 법을 분별한다."[72]라고 하니, 대승의 의근은 곧 말나이기 때문에 일체의 법을 두루 반연함을 알 수 있다. 또 『대법론』의 십종분별十種分別[73]에서 "첫째 상분별相分別은 몸(身)과 (몸이) 머무는 처소와 (몸이) 수용하는 것[74]의 뜻을 말하는 것이니, 저것은 또한 그 차례대로 모든 색근色根과 기세계器世界와 색 등의 경계로써 상을 삼는다. 두 번째 상현현분별相顯現分別은 육식신六識身과 의意를 말하는 것이니, 앞서 말한 것과 같이 상을 취하여 밝게 나타내기 때문이다."[75]라고 하였다. 이 가운데 오식은 다만 색 등의 오진만을 나타내고 의식과 의(의근)는 색근과 기세계의 색 등의 경계를 통틀어 나타낸다. 가령 말나가 색근이나 기세계 등을 반연하지 않는다면 현현분별함에 있어 오직 육식만을 취해야 할 것이지만 '……과 의(及意)'라고 말하였기 때문에 통틀어 반연함을 알 수 있다. 우선 방론傍論은 그만두고 다시 본문을 풀이하겠다.

聖言量者有經有。金鼓經言。眼根受色。耳根分別聲。乃至意根分別一切諸法。大乘意根。卽是末那。故知徧緣一切法也。又對法論十種分別中言。第一相分別者。謂身所居處所受用義。[1)] 彼復如其次第以諸色根器世界色等境界爲相。第二相顯現分別者。謂六識身及意。如前所說取相而顯現故。此

---

72 『金光明經』권1(T16, 340a), 『金光明最勝王經』권5(T16, 424b), 『合部金光明經』권4(T16, 379b).
73 십종분별十種分別: 『大乘阿毘達磨雜集論』권14(T31, 764a26)에 따르면, 허망분별虛妄分別에 대략 열 가지가 있으니, 근본분별根本分別, 상분별相分別, 상현현분별相顯現分別, 상변이분별相變異分別, 상현현변이분별相顯現變異分別, 타인분별他引分別, 불여리분별不如理分別, 여리분별如理分別, 집착분별執著分別, 산란분별散亂分別 등이다.
74 "(몸이) 수용하는 것"이란 경험의 대상을 뜻한다.
75 『大乘阿毘達磨雜集論』권14(T31, 764b) 참조.

中五識。唯現色等五塵。意識及意。通現色根及器世界色等境界。設使末那
不緣色根器世界等。則能現分別唯應取六識。而言及意。故知通緣也。且置
傍論。還釋本文。

1) 『大乘阿毘達磨雜集論』권1(T31, 764b)에 따르면, '義'는 '識'이다.

b) 상속상

두 번째 "상속상"이라는 것은 생기식이요, 식온識蘊[76]이다. 이것은 추분
별이므로 모든 법을 두루 계탁하여 길이 상속하게 된다. 또한 애취愛取를
일으켜 과거의 모든 행위를 인지引持하여 끊어지지 않게 하며, 또한 윤생
潤生[77]하여 미래의 과보로 하여금 상속하게 하니, 이러한 뜻에 의하기 때
문에 '상속상'이라고 이름한 것이며, 이는 앞서 말한 상속심과는 같지 아
니하다.[78] "지상에 의하기 때문에"라는 것은 앞의 지상이 근이 됨에 의하
여 생기기 때문이니, 소의는 세상(지상을 말함)인지라 오직 한결같이 사수
捨受[79]일 뿐이나 능의(상속상)는 추상인지라 고락을 함께 일으키니, 그 때문
에 "그 고락을 내어서"라고 말한 것이다. 또한 소의인 지상은 안으로 반
연하여 머무르고 바깥 경계라고는 계탁하지 않기 때문에 잠자는 것과 같

---

76 식온識蘊 : Ⓢ vijñāna-skandha. 오온의 하나. 식은 요별了別한다는 뜻이니, 외계外界에
대하여 사물의 총상을 식별하는 마음의 본체이다. 곧 안식 · 이식 · 비식 · 설식 · 신식 · 의
식을 통틀어 식온이라 한다.
77 윤생潤生 : 윤생혹潤生惑의 작용. 비나 이슬이 식물의 종자를 축여 싹을 트게 하듯이
번뇌 악업이 우리의 신식神識(중생의 심식은 영묘, 불사의하다는 뜻)을 도와 미계迷界
의 생을 받게 하는 것. 윤생혹이란 구생기俱生起의 번뇌로, 그중 제6식과 상응하는 탐
애의 번뇌를 주로 하여 임종 시에 자기와 자기의 경계에 연착戀着하여 중유中有의 생
을 윤潤하는 세력을 가진 번뇌이다.
78 『大乘起信論疏記會本』권3(H1, 753c)에서의 상속심은 수염본각의 마음을 말하니, 수
염본각의 마음이 상속심 중의 업상 · 전상을 없애 마음으로 하여금 근원으로 돌아가 지
혜를 이루게 된다. 여기서의 상속상은 육추 중 두 번째 추분별을 말한다.
79 사수捨受 : 삼수三受 또는 오수五受의 하나. 불고불락수不苦不樂受라고도 한다. 몸과
마음에 고통도 즐거움도 느끼지 않는 일종의 감각 작용이다.

으나, 이 상속식은 안과 밖을 두루 계탁하여 각관覺觀하여 분별함이 마치 깨어 있는 것과 같다. 그렇기 때문에 "각심으로 망념을 일으켜"라고 말한 것이니, 망념을 일으킨다는 것은 곧 법집분별法執分別[80]이다. 식온識蘊이 거친 집착과 상응하여 모든 경계로 두루 달려가기 때문에 "상응하여 끊어지지 않기 때문이다."라고 말한 것이다.

> 第二相續相者。是生起識。識蘊。是麤分別。徧計諸法得長相續。又能起愛取。引持過去諸行不斷。亦得潤生。能令未來果報相續。依是義故名相續相。不同前說相續心也。依於智者。依前智相爲根所生故。所依是細。唯一捨受。能依是麤。具起苦樂。故言生起苦樂也。又所依智相。內緣而住。不計外塵。故是似眠。此相續識。徧計內外。覺觀分別。如似覺悟。以之故言覺心起念。起念卽是法執分別。識蘊與此麤執相應。徧馳諸境。故言相應不斷故也。

c) 집취상

세 번째 "집취상"은 곧 수온受蘊[81]이니, 식온에 의하여 위違(싫어하는 것)와 순順(좋아하는 것)을 분별하여 고락을 받아들이기 때문에 "상속에 의하여……고락에 주지하여" 등이라고 말한 것이다.

> 第三執取相者。卽是受蘊。以依識蘊。分別違順。領納苦樂。故言依於相續
> 乃至住苦樂等也。

---

80 법집분별法執分別 : 법집에서 나오는 분별계탁이다.
81 수온受蘊 : 오온의 하나. 수受는 받아들인다는 뜻. 고苦·락樂·사捨를 감수하는 정신 작용이다. 육식과 육경이 접촉함에 의하여 생기는 수受의 무더기이다.

d) 계명자상

네 번째 "계명자상"은 곧 상온想蘊[82]이니, 앞의 수온에 의하여 위·순 등의 명언名言[83]의 상을 분별하기 때문에 "잘못된 집착에 의하여……명언의 상을 분별하기 때문이다."라고 말한 것이다.

第四計名字相者。卽是想蘊。依前受蘊。分別違順等名言相。故言依妄執乃至名言相故也。

e) 기업상

다섯 번째 "기업상"은 곧 행온行蘊[84]이니, 상온이 취한 바의 명상名相에 의하여 사수思數[85]를 일으켜 선과 악을 만들어 내기 때문에 "명자에 의하

---

[82] 상온想蘊 : 오온의 하나. 사람에게는 사물을 상상하는 선·악, 사邪·정正의 온갖 정상情想이 있다. 이것을 통틀어 일컫는 말이다.

[83] 명언名言 : 이에는 표의명언表義名言과 현경명언顯境名言 2종이 있다. 표의명언은 모든 법을 말하여 표시하는 명名·구句·문文으로 제6식이 이 명언에 의하여 모든 법을 변화시켜 종자를 제8식에 훈부熏付하는 것이다. 현경명언은 제7식의 견분이 직접 대상 경계를 반연하여 지금 있는 모든 법의 종자를 제8식에 훈성熏成함을 말한다. 이것을 명언이라 함은 심과 심소가 경계를 반연하여 나타내는 것이 마치 이름이 법을 나타내는 것과 같으므로 비유하여 명언이라 한다.

[84] 행온行蘊 : ⓢ saṃskāra-skandha. 오온의 하나. 행의 취집聚集이란 뜻. 인연에 의하여 만들어지고 시간적으로 변화하는 것을 종류대로 모아서 한 뭉치를 이룬 것이다. 유위법인 오온에는 모두 이 뜻이 있으며, 행온 가운데는 다른 4온보다 이 조작造作, 천류遷流하는 행의 뜻을 많이 가지고 있으므로 특히 행온이라 한다. 설일체유부에서는 46심소에서 수受·상想을 제외한 44법과 불상응법不相應法 14법을 합한 58법을 총칭하여 행온이라 한다.

[85] 사수思數 : 구사에서는 심소 십대지법十大地法 중 하나이며 유식에서는 심소 오변행五遍行 중 하나이다. 심왕과 심소로 하여금 조작케 하는 것을 성용性用으로 하고, 선악품의 경계에서 심심소心心所를 구사驅使하여 선악 등의 일을 일으키게 하는 것을 업용으로 한다.

여……여러 가지 업을 짓기 때문이다."라고 말한 것이다.

> 第五起業相者。卽是行蘊。依於想蘊所取名相。而起思數造作善惡。故言依
> 於名字乃至造種種業故也。

f) 업계고상

여섯 번째 "업계고상"은 앞의 행온이 만든 업에 의하여 삼유三有(삼계)와 육취六趣의 고통의 과보를 받아들이기 때문에 "업에 의하여 과보를 받아서 자재하지 못하기 때문이다."라고 말한 것이다.

> 第六業繫苦相者。依前行蘊所造之業。而受三有六趣苦果。故言依業受果
> 不自在故也。

(C) 본말의 불각을 총괄하여 맺음

논 무명이 모든 염법을 내고 있음을 마땅히 알아야 하니, 왜냐하면 일체의 염법이 모두 불각상이기 때문이다.

> 當知無明能生一切染法。以一切染法。皆是不覺相故。

소 세 번째는 총괄하여 맺은 것이다. 앞에서 말한 것과 같이 여섯 가지 추상은 현상現相이 나타낸 경계에 의하여 일어나고 세 가지 세상細相은 직접 무명에 의하여 일어나니, 이와 같이 육추상六麤相과 삼세상三細相이 모든 염법을 포괄하는 것이며, 그러므로 무명주지無明住地[86]가 모든 염법을 내는 근본임을 알아야 할 것이다. 모든 염상染相이 비록 거친 것과 세밀한 것이 있으나 모두 제법의 실상을 깨닫지 못한 것이니, 이 불각의 상이 바로 무명의 기운이며, 그러므로 "일체의 염법이 모두 불각상이기 때문이다."라고 말한 것이다.

> 第三總結。如前所說六種麤相。依於現相所現境起。三種細相。親依無明。如是六三。總攝諸染。是故當知無明住地。能生一切染法根本。以諸染相雖有麤細。而皆不覺諸法實相。不覺之相是無明氣。故言一切染法皆是不覺相故。

두 번째 뜻에 의하여 각각 풀이한 것에[87] 세 가지 구분이 있는 가운데 첫째는 공능을 간략히 밝혔고, 두 번째는 체상體相을 자세히 나타냈으니, 이와 같은 두 부분을 이상으로 마친다.

> 第二依義別解。有三分內。第一略明功能。第二廣顯體相。如是二分竟在於前。

ⓒ 동상과 이상을 밝힘

논 다시 각과 불각에 두 가지의 상이 있으니, 무엇이 두 가지인가? 첫째는 동상同相이고, 둘째는 이상異相이다.

동상이라고 말한 것은 비유하자면 여러 가지의 와기瓦器가 모두 똑같은 미진微塵의 성상性相인 것처럼 무루와 무명의 여러 가지 업환業幻도 다 똑같은 진여의 성상인 것이다. 그러므로 경에서 이 진여의 뜻에 의하기 때문에 "일체의 중생은 본래 열반·보리의 법에 상주하여 들어가 있다."[88]라

---

86 무명주지無明住地 : 오주지의 하나. 근본무명을 말한다. 무명은 모든 번뇌의 소이所以·소주所住가 되고 또 번뇌를 내는 근본이 되므로 주지住地라 한다.
87 『大乘起信論疏記會本』권2(H1, 747b).

고 하였으니 이는 닦을 수 있는 상이 아니며 지을 수 있는 상이 아닌지라 끝내 얻을 수 없다. "또한 색상色相을 볼 만한 것이 없으되 색상을 봄이 있는 것이다."[89]라고 하니, 오직 염법의 업환에 따라 지은 것이지 지색불공智色不空[90]의 성질은 아니니 지상智相은 볼 만한 것이 없기 때문이다.

이상異相이라고 말한 것은 여러 가지의 와기가 각기 동일하지 않은 것처럼 이와 같이 무루와 무명이 수염환隨染幻의 차별[91]이며 성염환性染幻의 차별[92]이기 때문이다.

> 復次覺與不覺有二種相。云何爲二。一者同相。二者異相。言同相者。譬如種種瓦器。皆同微塵性相。如是無漏無明種種業幻。皆同眞如性相。是故脩多羅中。依於此眞如義故。說一切衆生本來常住入於涅槃菩提之法。非可修相。非可作相。畢竟無得。亦無色相可見。而有見色相者。唯是隨染業幻所作。非是智色不空之性。以智相無可見故。言異相者。如種種瓦器。各各不同。如是無漏無明。隨染幻差別。性染幻差別故。

소 세 번째는 동상과 이상을 밝혔다. 이 가운데 세 가지가 있으니, 총

---

88 여기서 인용된 경은 이하의 『소』에 따르면, 『摩訶般若波羅蜜經』 권25(T8, 401b), 권22(T8, 379a)의 내용을 가리킨다.
89 "또한 색상을……색상을 봄이 있는 것이다."라고 한 것은 이하의 『소』에 따르면, 바로 앞의 경에 이어진 내용이라 하였으나 출처를 찾지 못했다. 그 뜻은 법성 자체는 본래 볼 만한 색상이 없어서 보신報身·화신化身 등의 색色을 내지 않지만 중생들이 제불의 여러 가지 색 등을 보는 것이니, 이는 중생들의 염환심에 따라 여러 가지로 현현한다는 것이다. 법장, 『大乘起信論義記』 권중(T44, 264a) 이하 참조.
90 지색불공智色不空 : 지색智色은 지상智相과 같은 말로 부처님의 광명이란 뜻이니, 지색불공이란 본각지상本覺智相의 항사성덕恒沙性德을 말한다.
91 수염환차별隨染幻差別 : 무루법無漏法을 말한다. 모든 무루법은 평등성平等性을 어기지 않아 원래는 차별이 없는 것이지만 다만 염법의 차별상에 따라 차별이 있게 되는 것이다.
92 성염환차별性染幻差別 : 무명법無明法을 말한다. 근본·지말의 무명은 평등성을 어겨서 그 본성 스스로 차별이 있기 때문이다.

괄하여 나타낸 것과 이름을 열거한 것과 차례대로 상을 분별한 것이다.

第三明同異相。此中有三。總標。列名。次第辨相。

A. 총괄하여 나타냄

B. 이름을 열거함

C. 상을 분별함

A) 동상을 밝힘

상을 분별하는 가운데 먼저 동상同相을 밝혔으니, 그 가운데 세 가지가 있다. 첫째는 실례를 인용하였고, 둘째는 실례를 적용하였고, 셋째는 인용하여 증명하였다.

辨相之中。先明同相。於中有三。一者引喩。二者合喩。三者引證。

(A) 실례를 인용함

(B) 실례를 적용함

두 번째 가운데 "무루"라고 말한 것은 본각과 시각이고, "무명"이라는 것은 근본과 지말의 불각이다. 이 두 가지가 모두 업의 작용으로 나타난 것이지 실제로 있는 것이 아니기 때문에 "업환"이라고 말한 것이다.

第二中言無漏者。本覺始覺也。無明者。本末不覺也。此二皆有業用顯現。而非定有。故名業幻。

(C) 인용하여 증명함

세 번째 가운데 "본래 열반·보리의 법에 상주하여 들어가 있다."라고 말한 것은『대품반야경』에서 "이 지혜로써 모든 결사結使(번뇌)를 끊고 무여열반無餘涅槃[93]에 들어가니, 본래 이것은 세속법이지 제일의제는 아니다. 무엇 때문인가? 공 가운데는 멸함이 없고 또한 멸하게 하는 것도 없으니, 모든 법이 결국에는 공한 것이며 곧 이는 열반이기 때문이다."[94]라고 하고, 또 "어떤 뜻이 보리인가? 공의 뜻이 보리의 뜻이며, 여如의 뜻과 법성法性의 뜻과 실제實際의 뜻이 보리의 뜻이며, 또한 모든 법의 실상이 거짓되지도 않고 다르지도 않은 것, 이것이 보리의 뜻이기 때문이다."[95]라고 말한 것과 같다. 이 가운데에는 성정보리性淨菩提[96]와 본래청정열반本來淸淨涅槃[97]에 의하기 때문에 모든 중생이 본래 (열반·보리의 법에) 들어가는 것임을 알아야 한다.

"닦을 수 있는 상이 아니며"라고 한 것은 인행因行[98]이 없기 때문이고,

---

93 무여열반無餘涅槃 : 무여의열반無餘依涅槃이라고도 한다. 사종열반 중 하나로 생사의 괴로움을 여읜 진여이다. 번뇌장을 끊고 얻은 것이다. 이숙異熟의 고과苦果인 현재의 신체까지 멸해 없어진 곳에 나타나는 것이므로 그같이 이른다.
94『摩訶般若波羅蜜經』권25(T8, 401b).
95『摩訶般若波羅蜜經』권22(T8, 379a).
96 성정보리性淨菩提 : 혜원慧遠의『大乘義章』권18(T44, 830a)에 따르면 무상보리를 성정보리와 방편보리方便菩提 두 가지로 분별하였다.
97 본래청정열반本來淸淨涅槃 : 법상종의 사종열반 중 하나. 자성청정열반·성정열반이라고도 한다. 일체법의 실성이 곧 진여의 이理이며, 일체제법이 객진번뇌에 덮여 있으나, 본래 자성이 청정한 것을 말한다.
98 인행因行 : 원인이 되는 행위. 곧 인업因業이다.

"지을 수 있는 상이 아닌지라"라고 한 것은 과보가 일어남이 없기 때문이며, "끝내 얻을 수 없다."는 것은 얻을 수 있는 것이 없어서 얻을 때도 없고 얻을 곳도 없기 때문이다. "또한……없으되(亦無)" 이하는 여전히 경의 글이지만 여기서 증명할 요체는 아니니, 다만 한곳에 서로 이어진 글이기 때문에 서로 따라서 인용하였을 따름이다.

> 第三中言本來常住入於涅槃菩提法者。如大品經言。以是智慧。斷一切結使。入無餘涅槃。元是世俗法。非第一義。何以故。空中無有滅。亦無使滅者。諸法畢竟空。卽是涅槃故。又言。何義故爲菩提。空義。是菩提義。如義。法性義。實際義。是菩提義。復次諸法實相。不誑不異。是菩提義故。當知此中約於性淨菩提。本來淸淨涅槃。故諸衆生本來入也。非可修相者。無因行故。非可作相者。無果起故。畢竟無得者。以無能得者。無得時無得處故。亦無以下。猶是經文。而非此中所證之要。但是一處相續之文。是故相從引之而已。

B) 이상을 밝힘

이상異相을 밝힌 가운데 먼저는 실례(喩)이고 나중은 적용(合)한 것이니, 적용한 가운데 "수염환隨染幻의 차별"이란 무루법이고, "성염환性染幻의 차별"이란 무명법이니, 왜 그런가? 근본·지말무명은 평등성을 어긴 것이니 그러므로 그 본성이 스스로 차별이 있으며, 한편 모든 무루법은 평등성을 따라 바로 그 본성을 두어서 마땅히 차별이 없을 것이지만 다만 염법의 차별의 상을 따르기 때문에 무루법에 차별이 있다고 말하였을 따름이다. 업식 등의 염법의 차별을 대하기 때문에 본각의 무한한 성공덕을 말하였고 또한 이 모든 법의 차별을 대치하기 때문에 시각의 온갖 덕의 차별이 이루어진 것임을 말하는 것이다.

明異相中。先喩。後合。合中言隨染幻差別者。是無漏法。性染幻差別者。是無明法。何者。本末無明。違平等性。是故其性自有差別。諸無漏法。順平等性。直置其性。應無差別。但隨染法差別之相。故說無漏有差別耳。謂對業識等染法差別。故說本覺恒沙性德。又對治此諸法差別。故成始覺萬德差別。

별기 그러므로 무루가 다만 저 염에 따라 차별이 있는 것이지, 자성自性으로 말미암아 차별이 있는 것은 아니다.

別記云。是故無漏。但隨彼染而有差別。不由自性有差別也。

소 그러나 이러한 염과 정이 모두 서로 의지하여 밝게 나타남이 없지 않으나 실제로 있는 것이 아니니, 그러므로 통틀어 '환의 차별(幻差別)'이라고 이름한 것이다.

이상으로 위에서부터 입의분 중 이 심생멸의 부분을 자세히 해석한 것을 마친다.

然如是染淨。皆是相待。非無顯現。而非是有。是故通名幻差別也。上來廣釋立義分中是心生滅竟在於前。

ㄴ) 생멸인연

이 아래는 두 번째 그 인연(심생멸의 인연)을 풀이한 것이다. 그 가운데 두 가지가 있으니, 먼저는 생멸이 인연에 의하는 뜻을 밝혔고, 나중은 소의所依인 인연의 체상을 밝혔다.

此下第二釋其因緣。於中有二。先明生滅依因緣義。後顯所依因緣體相。

(ㄱ) 생멸이 인연에 의하는 뜻을 밝힘

처음 가운데 역시 두 가지가 있으니, 총괄하여 나타낸 것과 각각 풀이한 것이다.

初中亦二。總標。別釋。

㉠ 총괄하여 나타냄

논 다음 생멸인연이라는 것은 이른바 중생이 마음에 의하여 의와 의식이 전변하기 때문이다.

復次生滅因緣者。所謂眾生依心。意。意識轉故。

소 처음 가운데 "인연"이라고 말한 것은 알라야식의 심체가 모든 법을 변작變作하는 것이니 이것이 생멸인이고, 근본무명이 심체를 훈습하여 움직이게 하니 이것이 생멸연이다. 또한 무명주지는 모든 염법의 근본으로 모든 생멸을 일으키기 때문에 '인'이라고 말하는 것이고, 육진의 경계는 칠식의 물결의 생멸을 요동시키니, 이것이 생멸연이며, 이 두 가지의 뜻에 의하여 인연을 나타낸다. 모든 생멸의 상이 모여서 생기기 때문에 "중생"이라고 이름하였다. 그러나 별다른 체가 없고 오직 심체에 의하기 때문에 "마음에 의하여"라고 말하였으니, 곧 알라야의 자상심自相心[99]이다.

---

99 자상심自相心 : 본식本識, 즉 제8식을 말한다.

능의能依[100]인 중생은 의와 의식이니 그렇기 때문에 "의와 의식이 전변하기 때문이다."라고 말한 것이다.

> 初中言因緣者。阿黎耶心體變作諸法。是生滅因。根本無明熏動心體。是生滅緣。又復無明住地諸染根本起諸生滅。故說爲因。六塵境界能動七識波浪生滅。是生滅緣。依是二義以顯因緣。諸生滅相聚集而生。故名衆生。而無別體。唯依心體。故言依心。卽是黎耶自相心也。能依衆生。是意意識。以之故言意意識轉。

ⓛ 각각 풀이함

소 이 아래는 각각 풀이한 것이다. 그 가운데 세 가지가 있으니, 먼저는 "마음에 의하여"라는 것을 풀이하였고, 다음은 "의가 전변하기 때문"이라는 것을 풀이하였고, 나중은 "의식이 전변하기 때문"이라는 것을 풀이하였다.

> 以下別釋。於中有三。先釋依心。次釋意轉。後釋意識轉。

A. "마음에 의하여"라는 것을 풀이함

논 이 뜻이 무엇인가? 알라야식에 의하여 무명이 있다고 말하니,

> 此義云何。以依阿黎耶識。說有無明。

---
[100] 능의能依 : 소의인 알라야식의 자상심自相心에 대하여 중생은 능의能依이다.

소 처음 가운데 "알라야식"이라고 말한 것은 위에서 말한 "마음"이니 곧 생멸의 인因이고, "무명이 있다"고 한 것은 (이 무명이) 알라야식에 있는 것이니 곧 생멸의 연이다. 이 인연에 의하여 의와 의식이 전변함을 밝히고자 했기 때문에 "알라야식에 의하여 무명이 있다고 말하니"라고 한 것이다. 위의 총괄하여 나타낸 것 가운데서는 간략히 그 인을 나타냈기 때문에 다만 '마음에 의하여'라고 말하였고, 여기의 각각 해석한 가운데서는 인연을 갖추어 나타냈기 때문에 또한 알라야식과 그 안에 있는 무명에 의한다고 말한 것이다.

初中言阿棃耶識者。是上說心卽是生滅之因。說有無明者。在棃耶識卽是生滅之緣。欲明依此因緣意意識轉。故言以依阿梨耶識說有無明。上總標中略標其因。是故但言依心。此別釋中具顯因緣。故說亦依棃耶識內所有無明也。

별기 무명주지는 칠식이 포섭하는 것이 아니고, 또한 저것(칠식)에 의하여 훈습되는 종자도 아님을 마땅히 알아야 한다.

別記云。當知無明住地。非七識攝。亦非爲彼所熏種子。

B. "의가 전변하기 때문"이라는 것을 풀이함

논 불각하여 일어나서[101] 볼 수 있고 나타낼 수 있으며 경계를 취할 수 있어서, 망념을 일으켜 서로 이어지기 때문에 '의意'라고 말하였다. 이 의

---

101 "알라야식에 의하여 무명이 있다고 말하니, 불각하여 일어나서"라는 해석은 원효의 『二障義』(H1, 795b)에 의하면 "알라야식에 의하여 무명이 알지 못하는 사이에 일어난다고 말한다.(以依阿利耶識。說有無明不覺而起故。)"라고 해석해야 한다.

는 다시 다섯 가지의 이름이 있으니, 무엇이 다섯인가?

첫째는 업식이라고 이름하니, 무명의 힘으로 불각하게 되어 마음이 움직이기 때문이니, 이를 말한 것이다. 둘째는 전식이라고 이름하니, 움직여진 마음에 의하여 상을 볼 수 있기 때문이다. 셋째는 현식이라고 이름하니, 이른바 일체의 경계를 나타냄이 마치 밝은 거울이 물체의 형상을 나타내는 것과 같으니, 현식도 그러하여 그 오진五塵[102]을 따라서 대상이 이르면 곧 나타내서 앞뒤가 없다. 왜냐하면 언제든지 임의로 일어나서 항상 앞에 있기 때문이다. 넷째는 지식智識이라고 이름하니, 염법과 정법을 분별함을 말하기 때문이다. 다섯째는 상속식이라고 이름하니, 망념이 상응하여 끊어지지 않기 때문이다. 과거 한량없는 기간의 선악의 업을 간직하여 잃어버리지 않게 하기 때문이며, 또 현재와 미래의 고락 등의 과보를 성숙시켜 어긋남이 없게 하기 때문에[103] 현재 이미 지나간 일을 문득 생각하게 하고 미래의 일을 자기도 모르게 잘못 생각하게 하는 것이다.

그러므로 삼계三界는 거짓된 것이요 오직 마음이 지은 것이니, 마음을 여의면 육진의 경계가 없어진다. 이 뜻이 무엇인가? 일체법이 모두 마음으로부터 일어나 잘못 생각하여 생긴 것이어서 일체의 분별은 곧 자심自心을 분별하는 것이니, 마음은 마음을 보지 못하여 얻을 만한 상相이 없기 때문이다. 세간의 모든 경계는 다 중생의 무명망심에 의하여 머물러 있게 되니, 그러므로 일체법은 거울 가운데의 형상과 같아서 얻을 만한 실체가 없고, 오직 마음일 뿐 허망한 것임을 알아야 한다. 왜냐하면 마음이 생기면 갖가지의 법이 생기고, 마음이 없어지면 갖가지의 법이 없어지기 때문이다.

---

102 오진五塵 : 육진에서 의경意境을 제한 것. 즉, 색色·성聲·향香·미味·촉觸의 오경. 오종의 대경은 우리의 진성眞性을 더럽혀 번뇌를 일으키므로 진塵이라 한다.
103 어긋남이 없게 하기 때문에 : 이 상속식이 과거의 업을 주지住持한 것과 현재·미래의 고락苦樂 등의 과보가 서로 어긋남이 없게 한다는 뜻이다.

不覺而起。能見。能現。能取境界。起念相續。故說爲意。此意復有五種名。
云何爲五。一者名爲業識。謂無明力不覺心動故。二者名爲轉識。依於動心
能見相故。三者名爲現識。所謂能現一切境界。猶如明鏡現於色像。現識
亦爾。隨其五塵對至卽現。無有前後。以一切時任運而起常在前故。四者名
爲智識。謂分別染淨法故。五者名爲相續識。以念相應不斷故。住持過去
無量世等善惡之業令不失故。復能成熟現在未來苦樂等報無差違故。能令
現在已經之事。忽然而念。未來之事。不覺妄慮。是故三界虛僞。唯心所作。
離心則無六塵境界。此義云何。以一切法。皆從心起。妄念而生。一切分別。
卽分別自心。心不見心。無相可得。當知世間一切境界。皆依衆生無明妄心
而得住持。是故一切法。如鏡中像。無體可得。唯心虛妄。以心生則種種法
生。心滅則種種法滅故。

소 다음은 의意가 전변함을 설명한 것이다. 그 가운데 세 가지가 있으니 첫째는 의가 전변함을 간략히 밝혔고, 둘째는 전변하는 상을 자세히 나타냈고, 셋째는 마음에 의한다는 뜻을 결론지었다.

次釋意轉。於中有三。一者略明意轉。二者廣顯轉相。三者結成依心之義。

A) 의가 전변함을 간략히 밝힘

처음 가운데에는 곧 다섯 가지 식의 상을 밝혔다. "불각하여 일어나서"라는 것은 소의所依인 심체가 무명의 훈습으로 말미암아 전체가 일어나 움직이는 것이니, 곧 이것은 업식이다. "볼 수 있고"라고 말한 것은 곧 저 심체가 차츰 능견을 이루는 것이니 이는 전식이다. "나타낼 수 있으며"라고 말한 것은 곧 저 심체가 다시 능현을 이룬 것이니 곧 현식이다. "경계를 취할 수 있어서"라는 것은 현식이 나타낸 경계를 취할 수 있는 것이니 이는 지식이다. "망념을 일으켜 서로 이어지기 때문에"라는 것은 취한 바의 경계에 대하여 모든 추념麤念을 일으키니 이것은 상속식이다. 이 다섯 가지의 뜻이 차례로 전성轉成함에 의하여 모든 경계에 대하여 의식을 낼 수 있기 때문에 이 다섯 가지를 의意라고 말한 것이다.

> 初中卽明五種識相。不覺而起者。所依心體。由無明熏。擧體起動。卽是業識也。言能見者。卽彼心體轉成能見。是爲轉識。言能現者。卽彼心體復成能現。卽是現識。能取境界者。能取現識所現境界。是爲智識。起念相續者。於所取境起諸麤念是相續識。依此五義次第轉成。能對諸境而生意識。故說此五以爲意也。

별기 이 가운데 다섯 번째(상속식)는 오히려 의식이지만 뒤의 것(의식)을 낸다는 뜻에 의하여 의意 가운데 함께 넣어 포함시켰다.

> 別記云。此中第五。猶是意識。而約生後義。通入意中攝。

B) 전변하는 상을 자세히 밝힘

소 "이 의는" 이하는 둘째로 자세히 밝힌 것이다. 그 가운데 두 가지가 있으니, 총괄하여 나타낸 것과 각각 풀이한 것이다. 각각 해석한 가운데 "무명의 힘으로"라고 말한 것은 소의所依인 연緣을 든 것이고, "불각하게 되어 마음이 움직이기 때문이니"라는 것은 업의 뜻을 해석한 것이니 '일어나 움직인다(起動)'는 뜻이 업의 뜻이기 때문이다. 전식 가운데 "움직여진 마음에 의하여 상을 볼 수 있기 때문이다."라고 말한 것은 앞의 업식이 움직임에 의하여 능견의 상을 전성하는 것이다. 그러나 전식에는 두 가지 뜻이 있으니, 만약 무명에 의해 움직여져서 능견을 전성한다는 뜻에 의한다면, 이는 본식에 있는 것이고, 만일 경계에 의하여 움직여져서 능견을 전성하는 것이라면 이는 칠식[104]을 이르는 것이니, 이 가운데 전상은 처음의 뜻에 의한 것이다.

> 此意以下。第二廣明。於中有二。總標。別釋。別釋中言無明力者。擧所依緣。不覺心動者。釋其業義。起動之義是業義故。轉識中言依於動心能見相故者。依前業識之動。轉成能見之相。然轉識有二。若就無明所動轉成能見者。是在本識。如其境界所動轉成能見者。是謂七識。此中轉相。約初義也。

별기 또한 어떤 곳에서는 모든 이런 능견을 통틀어 전식이라고 이름한다고 말하고 있으니, 이는 곧 팔식에 상통하는 것이다.

> 別記云。又有處說。諸是能見。通名轉識。則通八識。

소 현식 가운데에 "일체의 경계를 나타냄"이라고 말한 것은 앞의 전식의 견見에 의하여 다시 능현能現의 작용을 일으키는 것이니, 윗글에서 "능견에 의하기 때문에 경계가 거짓되이 나타나는 것이니"[105]라고 한 것과 같다. 현식은 전식에 의하지만 능견의 작용이 곧 능현이 아님을 마땅히 알아야 하니, 그러므로 앞에서 "볼 수 있고 나타낼 수 있으며"라고 말한 것이다. 다음은 실례이고, 나중은 적용한 것이다. 적용한 가운데 "오진五塵"이라고 말한 것은 우선 거칠게 나타나는 것을 들어서 물체의 형상에 적용하였으나 실제로 논한다면 일체의 경계를 통틀어 나타내었기 때문이다. "언제든지 임의로 일어나서 항상 앞에 있기 때문이다."라는 것은 제6·7식이

---

104 칠전식七前識을 말한다.
105 『大乘起信論疏記會本』권3(H1, 755c).

어떤 때에는 끊어지고 멸하는 것과는 같지 않기 때문이니, 이 글로써 증명되기 때문에 이 세 가지는 모두 본식 내의 다른 작용임을 알아야 한다.

> 現識中言能現一切境界者。依前轉識之見。復起能現之用。如上文言以能見故境界妄現。當知現識依於轉識。非能見用即是能現。是故前言能見能現。次喻。後合。合中言五塵者。且擧麤顯以合色像。實論通現一切境故。以一切時任運而起常在前故者。非如第六七識有時斷滅故。以是文證。當知是三皆在本識之內別用也。

별기 세 번째 현상現相은 위의 세 가지 상 가운데 경계상과 같으니, 다만 이 가운데서는 전식을 여의면 따로 경계상이 없음을 밝히고자 했기 때문에 능현을 들어서 나타난 경계를 밝힌 것이다. "마치 밝은 거울이 물체의 형상을 나타내는 것과 같으니"라고 말한 것은 『사권능가경』에서 "대혜야! 간략히 말하면 세 가지의 식이 있고, 자세히 말하면 여덟 가지 상이 있으니, 무엇이 세 가지인가? 진식眞識, 현식現識 및 분별사식分別事識을 말함이니, 예를 들면 밝은 거울이 모든 물체의 형상을 간직하는 것과 같아서 현식이 (대상을) 나타내는 바도 또한 이와 같다."[106]라고 한 것과 같다.

또 이 글(『기신론』) 가운데 '현現'의 뜻을 말하기를 "언제든지 임의로 일어나서 항상 앞에 있기 때문이다."라고 하였으니, 현식은 반드시 제8식에 있음을 알아야 한다. 그 업식 등이 이것(현식)과 더불어 본식이 되어 그 상이 더욱 미세하니, 어떻게 억지로 가져다가 제7식 가운데 두는 것이 옳겠는가? "그 오진을 따라서 대상이 이르면 곧 나타내서"라고 말한 것은 오진을 따라 일어난 상이 모두 능견을 여의지 아니하여, 오직 능견의 거울 가운데서만 나타나기 때문에 '대상이 이르면 곧 나타내서'라고 말한 것이

---

106 『楞伽阿跋多羅寶經』 권1(T16, 483a).

니, 실제로 말한다면 법진法塵[107]도 나타내지만 우선 거칠게 나타내는 것을 잡아서 간략히 들었을 따름이다.

> 別記。三現相者。猶是上三相中境界相。但此中爲明離轉識無別境相。故擧能現明所現境。言猶如明鏡現色相者。如四卷經云。大慧。略說有三種識。廣說有八相。何等爲三。謂眞識。現識。及分別事識。譬如明鏡持諸色像。現識處現亦復如是。又此文中說現義云。以一切時任運而起常在前故。當知現識定在第八。其業識等與此作本。其相彌細。如何强將置七識中。其可乎。言隨其五塵對至卽現者。隨所起相皆不離見。唯於能見鏡中而現。故言對至卽現。就實而言。亦現法塵。且約麤顯略擧之耳。

問 이 식(현식)[108]의 경계의 범위는 어떠한가? 이 『기신론』에서는 다만 오진을 말했지만, 『능가경』에서는 "알라야식이 그가 나타낸 경계인 자기의 신체와 경험의 대상(資生)과 기세간器世間[109] 등을 분별함에 있어 일시에 아는 것이지 전후가 있는 것이 아니다."[110]라고 하며, 『유가사지론』에서는 "알라야식은 두 가지의 반연하는 경계에 의하여 전변한다. 첫째는 내집수內執受[111]를 분별함에 말미암는 것이니, 이는 변계소집의 자성을 잘

---

107 법진法塵 : 육진 중 의意의 대상이 되는 법을 말함. 거칠게 나타내는 것을 잡아서 간략히 들었다는 것은 오진五塵만 언급한 것을 뜻한다.
108 이 식 : 알라야식 중의 현식現識, 현식으로서의 알라야식을 말한다.
109 자기의 신체와~대상(資生)과 기세간器世間 : 『入楞伽經』 권9(T16, 567a)에 "몸과 주지(기세간)와 자생(경험 대상)이라는 세 가지 경계를 취한다. 식은 식의 경계들을 취하니 의식은 셋을 분별한다.(身住持資生。可取三種境。識取識境界。意識分別三。)"라고 하였다.
110 『入楞伽經』 권2(T16, 525b), 『능가경회역』 권상 p.182 참조.
111 내집수內執受 : 집수란 바깥 경계를 접촉할 때 그것을 받아들여 잃어버리지 않고, 고·락 등의 감각을 내는 것이다. 알라야식의 집수에 내집수와 외집수 두 가지가 있다. 내집수란 안으로 종자種子와 오근신五根身을 집수하는 것이고, 외집수란 밖으로 기세간을 집수하는 것이다.

못 집착하는 습기習氣112와 모든 색근과 근이 의지하는 처소(몸)를 분별하여 알 수 있는 것을 말한다. 이것은 유색계有色界113의 경우에 대해서이고, 만약 무색계라면 오직 습기집수習氣執受114의 요별了別만이 있을 것이다. 두 번째는 외무분별기상外無分別器相115을 요별함에 말미암는 것이니, 이는 내집수內執受를 반연하는 알라야식에 의지하기 때문에 모든 때에 있어서 끊어지는 일이 없는 기세간상器世間相116을 분별할 수 있음을 말한다. 비유하자면 등잔의 불꽃이 일어날 때 안으로는 기름심지를 잡고, 밖으로는 빛을 발하는 것과 같으니, 이와 같이 알라야식이 내집수경內執受境을 반연하고 외기상外器相을 반연하여 생기는 도리도 역시 그러함을 알아야 한다."117라고 하였다. 『중변분별론』에서는 "이 식이 취하는 네 가지 경계는 진塵과 근根과 아我와 식識을 말하니, (이 네 가지가) 포섭하는 것은 실로 체상이 없다. 소취所取(진·근·아·식)가 이미 없다면 능취能取인 난식亂識118

---

112 습기習氣 : ⓢ vāsanā. 번뇌의 체를 정사正使라 함에 대하여 습관의 기분으로 남은 것을 습기라 한다. 곧 향을 담았던 그릇은 향을 비웠어도 여전히 향기가 남아 있는 것과 같은 것이다. 또한 유식에서는 습기를 종자의 다른 이름이라고 하는데, 일체 유위법을 낳는 능력을 지녀서 알라야식에 함장시키기 때문이다. 습기에는 다음의 세 가지가 있다. 첫째, 명언습기名言習氣는 명언(언어의 표상)에 의거하여 훈성되는 종자로 일체 유위법 각각을 생겨나게 하는 직접 원인이며, 명상 개념이 알라야식을 훈습함으로써 형성되는 종자이다. 둘째, 아집습기我執習氣는 아집에 의거하여 훈성하는 습기로, 아견我見이 알라야식을 훈습함으로써 형성되는 종자이다. 나와 너, 기타 갖가지 차별의 원인이 된다. 셋째, 유지습기有支習氣는 유지, 즉 삼유三有의 원인으로 훈습되는 선악업의 종자이다. 자신이 짓는 선악업이 알라야식을 훈습하여 이루는 종자이다. 본문 중 "변계소집의 자성을 잘못 집착하는 습기"란 두 번째 아집습기를 말한다.
113 유색계有色界 : 욕계欲界와 색계色界를 말한다.
114 습기집수習氣執受 : 변계소집의 자성을 잘못 집착하는 습기이니 유색계와 무색계에 공통한다.
115 외무분별기상外無分別器相 : 분별성이 없는 외부의 기세간상을 말한다.
116 기세간상器世間相 : 기세계의 모습. 삼종세간(器世間·衆生世間·智正覺世間)의 하나. 중생을 수용하는 세간이란 뜻. 우리가 살고 있는 산하山河·대지大地 등의 세계를 말한다.
117 『瑜伽師地論』 권51(T30, 580a), 규기窺基의 『瑜伽師地論略纂』 권13(T43, 173a) 참조.
118 난식亂識 : 착란된 식. 허망분별虛妄分別과 같다. 알라야식의 의타기성依他起性의 국

도 또한 없는 것이다."[119]라고 하였다.

만약 『중변분별론』과 『능가경』에 의한다면 습기習氣 등은 이 식의 경계가 아닐 것이고, 만약 『유가사지론』에 의한다면 성진聲塵과 일곱 가지 식 등은 이 식의 반연하는 바가 아닐 것이며, 이 『기신론』의 설명에 의한다면 근과 식 등을 나타내는 것은 또한 이 식이 나타내는 경계가 아니다. 이와 같이 서로 어긋나니 어떻게 화합시킬 수 있겠는가?

> 問。此識境界寬狹云何。此論中但說五塵。楞伽經云。阿黎耶識分別現境。自身資生器世間等。一時而知。非是前後。瑜伽論說。阿賴耶識由於二種所緣境轉。一由了別內執受者。謂能了別徧計所執自性妄執習氣及諸色根根所依處。此於有色界。若在無色。唯有習氣執受了別。二由了別外無分別器相者。謂能了別依止緣。內執受阿黎耶識故。於一切時無有間斷器世間相。譬如燈燄生時。內執膏炷。外發光明。如是阿黎耶識。緣內執受境。緣外器相。生起道理。應知亦爾。中邊論云。是識所取四種境界。謂塵根我及識。所攝實無體相。所取旣無。能取亂識。亦復是無。若依中邊論及楞伽經。則習氣等非此識境。若依瑜伽論。聲塵及七種識等非其所緣。依此論說。現根及識等。亦非此識所現境界。如是相違。云何和會。

답 이것은 서로 어긋나는 것이 아니니 어째서인가? 오직 이와 같은 법만을 반연한다고는 말하지 않았기 때문이며, 나머지 법은 경계가 아니라고 말하지 않았기 때문이다.

> 答。此非相違。何以故。不以言唯緣如此法故。不言餘法非境界故。

면을 말한다.
119 여기서 '진塵'은 색법, '근根'은 오근, '아我'는 제7식, '식識'은 육종식을 말한다. 『中邊分別論』 권상(T31, 451b) 참조.

문 비록 서로 어긋나는 것은 없더라도 같지 아니한 것은 있으니, 같지 아니한 뜻을 들어 볼 수 있겠는가?

問。雖無相違。而有不同。不同之意。可得而聞乎。

답 같지 아니한 뜻에는 각각 도리가 있다.『중변분별론』같은 데서는 현기現起한 모든 법은 다 본식이 나타낸 것이어서 식을 여읜 밖에 다시 따로 법이 없음을 밝히고자 했기 때문에 오직 현행現行하는 모든 법만을 말하였고, 습기 종자種子[120]는 그 상이 나타나지 아니하나 식과 다름이 없기 때문에 말하지 아니하였다.『유가사지론』등에서는 모든 상이 견見을 여의고서는 스스로 상속하는 것이 없음을 나타내고자 했기 때문에 심과 심법을 제외한 모든 나머지 상속하는 법이 이 식에 의하여 요별됨을 말하였고, 모든 심과 심법은 진塵을 여의고서는 성립되지 아니하니 이는 그 뜻이 저절로 드러나기 때문에 따로 말하지 아니하였다. 모든 나머지 논에서의 드러내고 드러내지 않은 뜻은 이를 준거하여 보면 알 수 있을 것이니, 한쪽에 치우쳐 집착하여 두루 통하는 법의 말을 비방해서는 안 된다.

答。不同之意。各有道理。如中邊論。欲明現起諸法。皆是本識所現。離識之外更無別法。是故唯說現行諸法。習氣種子。其相不顯。與識無異。是故不說。瑜伽論等爲顯諸相無有離見自相續者。故除心心法以外。諸餘相續之法。說爲此識所了別。諸心之法。離塵不立。其義自顯。故不別說。諸餘論顯沒之意準之可知。不可偏執一隅。以謗通法之說也。

---

[120] 종자種子 : 유식에서는 알라야연기설(賴耶緣起說)의 견지에서 만유의 물심현상物心現象은 알라야식에서 발생하고 전개된다 하여 이것을 내는 마음의 세력이 알라야식 가운데 갈무려 있다고 한다. 이를 종자라 하고, 다시 본래 알라야식에 있는 본유종자本有種子와 갖가지 짓는 일이 있을 때마다 훈습하는 신훈종자新熏種子를 말한다.

소 네 번째 "지식"은 제7식이요 위의 육상六相 중 처음의 지상智相이니, 뜻은 앞에서 말한 것과 같다. 좋아하는 것과 좋아하지 않는 것의 과보를 염정법이라 이름하니, 저 법(염정법)을 분별하여 아와 아소라고 계탁하기 때문에 "염법과 정법을 분별함"이라고 말한 것이다.

다섯째 "상속식"은 곧 의식意識이니, 위의 여섯 가지 상 중에 상속상이라고 이름한 것이다. "망념이 상응하여 끊어지지 않기 때문이다."라는 것은 법집法執이 상응하여 오래 상속하게 되는 것이니 여기서는 (의식) 자체가 끊어지지 아니함에 의하여 상속의 뜻을 풀이한 것이고, "간직하여(住持)" 이하는 그 공능에 의하여 상속의 뜻을 풀이하였다. 이 식이 애취번뇌愛取煩惱[121]를 일으키므로 과거에 무명에서 일으킨 모든 행위를 인지引持하여 미래의 과보가 있도록 감당케 하기 때문에 "간직하여 잃어버리지 않게 하기 때문이며"라고 말한 것이고, 또한 윤생번뇌潤生煩惱[122]를 일으켜 업의 과보가 계속 생겨서 끊어지지 않게 하기 때문에 "성숙시켜 어긋남이 없게 하기 때문에"라고 말한 것이다. 이와 같이 삼세의 인과가 유전하여 끊어지지 아니함은 그 공능이 의식에 있으니, 그렇기 때문에 '상속식'이라고 이름한 것이다. 다음에 "이미 지나간 일을 문득 생각하게 하고 미래의 일을 (자기도 모르게) 잘못 생각하게 하는 것이다."라고 말한 것은 이 식의 작용의 거칠게 나타나는 분별이 지식의 미세한 분별과 같지 아니함을 나타낸 것이니, 이 식은 오직 의식에 있으며 위에서 말한 상속심相續心[123]과는 같지 아니함을 알아야 한다.

第四智識者。是第七識上六相內初之智相。義如前說。愛非愛果。名染淨

---

[121] 애취번뇌愛取煩惱 : '애愛'는 은애恩愛・친애親愛의 뜻이고 '취取'는 집착・염착의 뜻이니, 은애에 몹시 집착하여 뗄 수 없는 정情을 말한다.
[122] 윤생번뇌潤生煩惱 : 윤생혹潤生惑과 같은 말이다.
[123] 상속심相續心 : 알라야식 본체를 말한다. 『大乘起信論疏記會本』 권3(H1, 753c) 참조.

法。分別彼法。計我我所。故言分別染淨法也。第五相續識者。卽是意識上六相中名相續相。以念相應不斷故者。法執相應。得長相續。此約自體不斷以釋相續義也。住持以下。約其功能釋相續義。此識能起愛取煩惱。故能引持過去無明所發諸行。令成堪任來果之有。故言住持乃至不失故。又復能起潤生煩惱。能使業果續生不絶。故言成就無差違故。如是三世因果流轉不絶。功在意識。以是義故名相續識。次言念已經事慮未來事者。顯此識用麤顯分別。不同智識微細分別。是知此識唯在意識。不同上說相續心也。

C) 마음에 의한다는 뜻을 결론 맺어 밝힘

"그러므로" 아래는 세 번째 '마음에 의한다'는 뜻을 결론 맺어 밝혔다. 그 가운데 두 가지가 있으니, 먼저는 간략히 말한 것이고 나중은 자세히 말한 것이다.

是故以下第三結明依心之義。於中有二。先略。後廣。

(A) 간략히 말함

처음에 '그러므로'라고 말한 것은 앞에서 말한 다섯 가지 식 등이 마음에 의하여 이루어진 것이니, 이런 뜻에 의하므로 삼계의 모든 법은 오직 마음이 지은 것이며, 이는 『십지경十地經』[124]에서 "불자야! 삼계는 다만 일심이 지은 것이다."[125]라고 한 것과 같으니, 바로 이것을 말한 것이다.

---

124 『십지경十地經』: 당나라 시라달마尸羅達摩 한역. 9권. 『華嚴經』「十地品」의 이역본이다.
125 『十地經』권4(T10, 553a), 60권본 『華嚴經』 권25(T9, 558c), 80권본 『華嚴經』 권37(T10, 194a).

初言是故者。是前所說五種識等依心而成。以是義故。三界諸法唯心所作。如十地經言。佛子。三界但一心作。此之謂也。

(B) 자세히 해석함

"이 뜻이 무엇인가?" 이하는 자세히 해석한 것이다. 그 가운데 두 가지가 있으니, 먼저는 모든 법이 없지 않지만 있는 것이 아니라는 것을 밝혔고, 나중은 모든 법이 있지 않지만 아주 없지는 않다는 것을 나타냈다.

此義云何以下廣釋。於中有二。先明諸法不無而非是有。後顯諸法不有而非都無。

Ⓐ 모든 법이 없지 않지만 있는 것이 아님을 밝힘

처음 가운데에 "일체법이 모두 마음으로부터 일어나 잘못 생각하여 생긴 것이어서"라고 말한 것은 모든 법이 현현함이 없지 않음을 밝힌 것이고, "일체의 분별은 곧 자심을 분별하는 것이니, 마음은 마음을 보지 못하여 얻을 만한 상이 없기 때문이다."라고 한 것은 모든 법이 있지 않다는 뜻을 밝힌 것이다.

이는『십권능가경』에서 "몸과 경험의 대상과 기세간(任持)이 마치 꿈 가운데 살아 있는 것과 같아서 마땅히 두 가지의 마음이 있을 것이나 마음은 두 가지의 상이 없다. 이는 마치 칼이 스스로를 베지 못하고 손가락도 스스로를 가리키지 못하는 것과 같다. 마음이 스스로를 보지 못하는 것 같은 것도 그 일이 또한 이와 같다."[126]라고 한 것과 같다.

---

[126]『入楞伽經』권10(T16, 578c).

해석해 보면, 만약 꿈에서 보는 모든 일처럼 이와 같은 소견所見[127]이 실제로 있는 것이라면 능견과 소견의 두 가지 상이 있을 것이나, 그 꿈에서는 실로 두 가지 법이 없다. 삼계의 모든 마음은 다 이 꿈과 같으니 마음을 떠난 밖에는 분별할 만한 것이 없기 때문에 '일체의 분별은 곧 자심을 분별하는 것이니'라고 말한 것이다. 그리하여 자신이 스스로 볼 수 없는 것이 칼이나 손가락 등이 스스로 자르거나 가리키지 못함과 같기 때문에 '마음은 마음을 보지 못하여'라고 말한 것이다. 이미 볼 만한 대상이 없으며 또한 스스로 볼 수도 없으니, 소견所見이 없기 때문에 능견能見[128]도 성립하지 못하는 것이다. 능·소의 두 가지 상이 모두 얻을 것이 없기 때문에 '얻을 만한 상이 없기 때문이다.'라고 말한 것이다. 이 가운데 질문한 것을 풀이하여 새것(『십권능가경』)과 옛것(『십지경』)을 회통시킨 것은 『별기』 가운데 자세히 분별한 것과 같다.

初中言以一切法皆從心起妄念而生者。是明諸法不無顯現也。一切分別卽分別自心心不見心無相可得者。是明諸法非有之義。如十卷經言。身資生住持。若如夢中生。應有二種心。而心無二相。如刀不自割。指亦不自指。如心不自見。其事亦如是。解云。若如夢中所見諸事。如是所見是實有者。則有能見所見二相。而其夢中實無二法。三界諸心皆如此夢。離心之外無可分別。故言一切分別卽分別自心。而就自心不能自見。如刀指等。故言心不見心。旣無他可見。亦不能自見。所見無故。能見不成。能所二相皆無所得。故言無相可得也。此中釋難會通新古。如別記中廣分別也。

별기 이는 저 (『십권능가경』에서) 게송으로 말한다.

---

127 소견所見 : 보여지는 것. 즉, 대상이다.
128 능견能見 : 보는 자. 즉, 인식 주관이다.

別記。如彼偈云。

다른 것도 아니고 인연도 아니며,
분별(분별성)과 분별한 일(의타성)과
오법五法[129]과 이심(능취·소취)은
적정하여 이와 같은 것이 없다.[130]

非他非因緣。分別分別事。五法及二心。寂靜無如是。

문 『집량론集量論』[131]에서 "모든 심과 심법은 다 자체를 증득하니, 이를 현량現量[132]이라고 이름한다. 만약 그렇지 않다면 일찍이 보지 못한 경우

---

129 오법五法 : 온갖 법의 자성을 분별하여 5종으로 나눈 것. 곧 상相(삼라만상의 모양), 명名(만상의 이름), 분별分別(망상이라고도 하니 모양과 이름의 근본되는 허망한 마음), 정지正智(허망분별을 여의고 온갖 법의 자성이 없는 진리를 아는 바른 지혜), 여여如如(진여라고도 하니, 정지로 증득하는 모든 법의 본체)이다.
130 『入楞伽經』권10(T16, 578c), 『大乘入楞伽經』권7(T16, 634b)에 따르면 "무영상에서는, 의타기도 없고 망계성도 없으며 오법과 이심도 전혀 없다.(無有影像處。則無依他起。妄計性亦無。五法二心盡。)"라고 하였으니, "다른 것도 아니고 인연도 아니며"는 의타기의 번역어인 것 같다.
131 『집량론集量論』: [S] Pramāṇasamuccaya. 진나陳那(400~480) 지음. 진나는 유상유식파有相唯識派의 불교 논리학자로 옛 인명을 개혁하여 새로운 인명을 확립했다. 즉, 유식설을 배경으로 하여 인식 근거(量)에 관한 종래의 학설을 일신하여 직각直覺과 추론推論의 2종만을 인정하고, 또 논증식에서 가장 중요한 요소인 이유理由 개념의 세 가지 조건(因의 三相) 중 제2, 제3의 조건을 분석 음미하여 비론적比論的인 오지작법五支作法을 폐기하고 연역적인 삼지작법의 추론을 확립하였다. 이 『集量論』은 『正理門論』과 함께 이상과 같은 그의 논리학 체계를 상설한 것으로, 운문의 시구와 산문의 자주自註로 구성되어 있다. 현재 범본과 한역 모두 없고 티베트역만 현존하는데 2종이 있다.
132 현량現量 : 인명 삼량三量의 하나. 심식心識 삼량의 하나. 비판하고 분별함을 떠나서 외계의 사상事象을 그대로 각지覺知하는 것. 예를 들면 맑은 거울이 어떤 형상이든 그대로 비추는 것같이 꽃은 꽃으로 보고, 노래는 노래로 듣고, 냄새는 냄새로 맡고, 매운 것은 매운 대로 맛보고, 굳은 것은 굳은 대로 느껴서 조금도 분별하거나 미루어

에는 마땅히 억념憶念(기억)하지 못할 것이다."[133]라고 하고, 여기『십권능가경』에서는 '스스로 보지 못한다.'고 하였으니, 이와 같이 서로 어긋나는데 어떻게 회통하겠는가?

> 問。如集量論說。諸心心法。皆證自體。是名現量。若不爾者。如不曾見。不應憶念。此中經說。云不自見。如是相違。云何會通。

답 여기에는 같지 않은 뜻이 있어서 서로 어긋나지 않게 하니, 어째서인가? 이『능가경』과『기신론』의 뜻은 견분見分과 별도로 따로 상분相分이 없음을 밝히고자 한 것으로 상분의 나타남이 볼 바가 없어서 또한 (상분을) 말할 수 없는 것이니, 곧 이 견분이 도리어 견분을 보는 것이다. 이는 두 가지 작용이 아니기 때문이며,[134] (견분이) 밖을 향해 일어난 것이기 때문이다. 그러므로 칼과 손가락으로써 긍정적 실례(同法喩)를 삼은 것이다.『집량론』의 뜻은 비록 그 견분이 스스로를 볼 수 없다 하더라도 자증분의 작용이 있어서 견분의 체를 증명할 수 있으니, 그 작용에 다름이 있기 때문[135]이며 (견분이) 안을 향해 일어난 것이기 때문이다. 그러므로 등과 불꽃으로 긍정적 실례를 삼은 것이니,[136] 이러한 뜻에 의하므로 서로

구하는 생각이 없는 것이다.
133 『佛地經論』권3(T26, 303a)에서『集量論』의 이 구절을 인용하고 있다.『十卷楞伽經』에서는 "마음은 마음을 보지 못한다.(心不見心)"라고 하였고,『集量論』에서는 "모든 심·심법은 다 자체를 증득한다."라고 하였다. 만약 심·심법이 자체를 증득하지 못한다면 이는 일찍이 마음(심·심법)이 마음(자체)을 보지 못한 것과 같은 것이요, 따라서 마땅히 억념 작용이 없어야 할 것이다. 그런데 실제로는 누구에게나 억념 작용이 일어나고 있다. 그러므로 모든 심·심법은 다 자체를 증득하고 있음에 틀림없으며, 이는 곧 마음이 마음을 보지 못한다는 말과는 서로 어긋난다.
134 두 가지~아니기 때문이며 : 견분見分의 작용과 상분相分의 작용이 두 가지가 아니라는 뜻이다.
135 그 작용에~있기 때문 : 자증분과 견분의 작용에 다름이 있음을 말한다.
136 『大乘起信論疏記會本』권3(H1, 760b).

어긋나지 않는다.

또한 이 『능가경』과 『기신론』 가운데에는 실상을 나타내고자 했기 때문에 있지 않음(非有)의 뜻에 나아가 스스로를 볼 수 없다고 말한 것이고, 『집량론』의 저자는 가명假名을 세우고자 했기 때문에 없지 않음(非無)의 뜻에 의하여 스스로 증명함이 있다고 말하였다. 그러나 가명은 실상을 움직이지 못하고 실상은 가명을 깨뜨리지 아니한다. 깨뜨리지 않고 움직이게 하지 않으니 어찌 서로 어긋남이 있겠는가? 이 가운데에는 견분을 떠나서는 상분이 없기 때문에 견분은 상분을 보지 못한다고 말하였으나, 다른 곳에서는 상분은 견분이 아니기 때문에 견분은 상분을 볼 수 있다고 말하였으니, 이와 같이 서로 어긋나는데, 어찌 이상하지 않겠는가? (이것도) 앞서와 같이 역시 서로 깨뜨리지 않음을 알아야 할 것이다.

또 말하기를 가유假有를 나타내려 하기 때문에 상분도 있고 견분도 있다고 하였고, 가무假無를 나타내려 하기 때문에 상분도 없고 견분도 없다고 말하였다. 가유는 (참)유에 해당하지 않기 때문에 무를 움직이지 않고, 가무는 (참)무에 해당하지 않기 때문에 유를 깨뜨리지 않는다. 유를 깨뜨리지 않기 때문에 의연히 있는 것이요, 무를 움직이지 않기 때문에 의연히 없는 것이다. 이와 같이 매우 깊은 인연의 도리가 고요하여 의거하는 것이 없으며 환하여 막힘이 없으니, 어찌 어긋나는 논쟁을 그 사이에 용납하겠는가?

答。此有異意。欲不相違。何者。此經論意。欲明離見分外無別相分。相分現無所見。亦不可說卽此見分反見見分。非二用故。外向起故。故以刀指爲同法喩。集量論意。雖其見分不能自見。而有自證分用。能證見分之體。以用有異故。向內起故。故以燈燄爲同法喩。由是義故。不相違背。又復此經論中爲顯實相故。就非有義說無自見。集量論主爲立假名故。依非無義說有自證。然假名不動實相。實相不壞假名。不壞不動。有何相違。如此中說離見無相. 故見不見相. 而餘處說相分非見分. 故見能見相分. 如是相違. 何不致怪. 當知如前亦不相壞. 又說爲顯假有. 故說有相有見. 爲顯假無. 故說無相無見. 假有不當於有. 故不動於無. 假無不當於無. 故不壞於有. 不壞於有. 故宛然而有. 不動於無. 故宛然而無. 如是甚深因緣道理. 蕭焉靡據. 蕩然無礙. 豈容違諍於其間哉.

ⓑ 모든 법이 있지 않지만 아주 없지는 않음을 밝힘

소 "알아야 한다." 이하는 다음으로 있지 않으나 없지도 않다(非有而不無)는 뜻을 밝힌 것이다. 처음에 "세간의 모든 경계는……, 얻을 만한 실체가 없고, 오직 마음일 뿐 허망한 것임을 알아야 한다."라고 말한 것은 있지 않음(非有)을 밝힌 것이고, 다음에 "왜냐하면 마음이 생기면 갖가지의 법이 생기고" 이하는 그 없지 않음(非無)을 밝힌 것이다. 무명의 힘에 의하여 불각하여 마음이 움직이고, 내지 일체의 경계 등을 나타낼 수 있기 때문에 '마음이 생기면 갖가지의 법이 생기고'라고 말한 것이다. 만약 무명의 마음(불각심)이 없어진다면 경계가 따라서 없어져 모든 분별식이 다 없어지기 때문에 "마음이 없어지면 갖가지의 법이 없어지기 때문이다."라고 말한 것이니, 찰나를 가지고 생멸을 밝힌 것이 아니다. 의意를 자세히 해석함을 마친다.

當知以下. 次明非有而不無義. 初言當知世間乃至無體可得唯心虛妄者. 是明非有. 次言以心生則法生以下. 顯其非無. 依無明力不覺心動. 乃至能現一切境等. 故言心生則種種法生也. 若無明心滅境界隨滅. 諸分別識皆得滅盡. 故言心滅則種種法滅. 非約刹那以明生滅也. 廣釋意竟.

C. "의식이 전변하기 때문"이라는 것을 풀이함

논 다음에 의식이라고 말한 것은 곧 이 상속식이 모든 범부의 집착함이 점점 깊어짐에 의하여 아와 아소를 계탁하여 여러 가지 망집妄執으로 일에 따라 반연하여 육진六塵을 분별하기 때문에 의식이라고 이름한 것이다. 또한 분리식分離識[137]이라고도 이름하고 다시 분별사식(사물을 분별하는 식)이라고도 이름하니, 이 식이 견애번뇌見愛煩惱[138]의 증장되는 뜻에 의하기 때문이다.

> 復次言意識者。卽此相續識。依諸凡夫取著轉深。計我我所。種種妄執。隨事攀緣。分別六塵。名爲意識。亦名分離識。又復說名分別事識。此識依見愛煩惱增長義故。

소 다음은 의식을 해석하였다. 의식은 곧 앞에서의 상속식이니, 다만 법집분별로 상응하여 뒤의 것을 낸다는 뜻에 의한다면 의意라고 말하고, 그것이 견애번뇌見愛煩惱를 일으켜서 앞의 것에 따라 생긴다는 뜻에 의한다면 의식意識이라고 이름한다. 그러므로 "의식이라고 말한 것은 곧 이 상속식이……육진을 분별하기 때문에 의식이라고 이름한다."고 한 것이다. 이 『기신론』은 그 하나의 의식의 뜻에 의하기 때문에 안식眼識 등의 오식五識을 따로 내지 않았으니, 그러므로 '의식이 육진을 분별하기 때문에'라고 말한 것이다.

---

137 분리식分離識 : 제6의식을 말한다. 분별식 또는 분별사식이라고도 한다. 이 식은 육근에 의하여 각각 육진을 취하는 작용이 있으므로 이와 같이 이른다.
138 견애번뇌見愛煩惱 : 견혹見惑과 사혹思惑(특히 탐애)을 말한다. 견혹은 견도위見道位에서 사제의 이치를 볼 때에 끊는 번뇌이다. 여기에 신견身見, 변견邊見, 사견邪見, 견취견見取見, 계금취견戒禁取見, 탐貪, 진瞋 치痴, 만慢, 의疑 등 10종이 있다. 사혹思惑은 수혹修惑이라고도 하며 낱낱 사물의 진상을 알지 못하므로 일어나는 번뇌이니, 정情·의意에 관한 것이어서 이를 끊기는 쉽지 않고 오랜 시간에 걸쳐 이를 닦아서 끊는 것이다.

"또한 분리식이라고도 이름하고"라는 것은 육근에 의하여 각각 육진을 취하는 것이니, 말나(제7식)가 각각의 근에 의하지 않는 것과는 같지 아니하기 때문에 분리식이라고 이름한 것이다. 또 과거와 미래, 안과 밖의 여러 가지 사상事相을 분별할 수 있기 때문에 "다시 분별사식이라고도 이름하니"라고 하였다. "견애번뇌의 증장되는 뜻에 의하기 때문이다."라는 것은 분별사식의 뜻을 해석한 것이니, 왜냐하면 견수번뇌見修煩惱[139]가 증장됨에 의하여 여러 가지의 일을 분별할 수 있기 때문이다. 위의 육상六相[140] 내의 수온受蘊·상온想蘊·행온行蘊이 이 의식 중에 서로 좇아 들어가 포함된다.

위에서부터 생멸이 인연에 의한다는 뜻을 자세히 설명하여 마쳤다.

次釋意識。意識卽是先相續識。但就法執分別相應生後義門。則說爲意。約其能起見愛煩惱從前生門。說名意識。故言意識者卽此相續。乃至分別六塵名爲意識。此論就其一意識義。故不別出眼等五識。故說意識分別六塵。亦名分離識者。依於六根別取六塵。非如末那不依別根。故名分離。又能分別去來內外種種事相。故復說名分別事識。依見愛煩惱增長義故者。是釋分別事識之義。以依見修煩惱所增長。故能分別種種事也。上六相內受想行蘊相從入此意識中攝。上來廣明生滅依因緣義竟。

대승기신론소기회본 제3권
大乘起信論疏記會本 卷三

---

139 견수번뇌見修煩惱 : 견애번뇌와 같다.
140 육상六相 : 육추를 말한다. 상속상은 식온, 집취상은 수온, 계명자상은 상온, 기업상은 행온에 해당한다.

대승기신론소기회본 제4권
| 大乘起信論疏記會本 卷四 |

마명보살이 논을 지음
馬鳴菩薩造論

양나라 천축삼장 진제가 한역함
梁天竺三藏眞諦譯

해동사문 원효가 소를 지음【『별기』를 병기하였다.】
海*東沙門元曉疏【幷別記】

---

* ㉠ 갑본에는 '海' 앞에 '唐'이 있다.

(ㄴ) 생멸의 소의인 인연의 체상을 밝힘

이 아래는 두 번째로 소의所依인 인연의 체상을 거듭 나타냈다. 그중에 두 가지가 있으니, 첫째는 인연의 매우 깊음을 간략히 밝혔고, 둘째는 인연의 차별을 자세히 나타냈다.

> 此下第二重顯所依因緣體相。於中有二。一者略明因緣甚深。二者廣顯因緣差別。

㉠ 인연의 매우 깊음을 간략히 밝힘

논 무명의 훈습에 의하여 일어난 식이란 범부가 알 수 있는 것이 아니며, 또한 이승二乘의 지혜로 깨달을 것도 아니니, 이는 보살이 처음의 정신正信[1]에서 발심하고 관찰함으로부터 저 법신을 증득한다면 조금이라도 알게 되며, 보살구경지菩薩究竟地[2]에 이른다 하더라도 다 알 수는 없고 오직 부처만이 끝까지 다 알게 되는 것을 말하는 것이다. 어째서인가? 이 마음이 본래부터 자성이 청정하지만 무명이 있어서 이 무명에 의하여 물들게 되어 그 염심染心[3]이 있는 것이니, 비록 염심이 있으나 항상 변하지 아니하므로 이러한 뜻은 오직 부처만이 알 수 있는 것이다.

> 依無明熏習所起識者。非凡夫能知。亦非二乘智慧所覺。謂依菩薩從初正

---

1 처음의 정신正信 : 올바른 십신十信 중 처음 단계, 곧 신심信心이다.
2 보살구경지菩薩究竟地 : 보살계위 50위 중 마지막 제10지인 법운지法雲地를 말한다. 이는 수혹修惑을 끊고 끝없는 공덕을 구비하고서 사람에 대하여 이익되는 일을 행하여 대자운大慈雲이 되는 지위이다.
3 염심染心 : 염오심染汚心의 준말. 악惡·유부무기有覆無記에 의하여 더럽혀진 마음이니 곧 악심·유부무기심의 총칭이다.

信發心觀察。若證法身。得少分知。乃至菩薩究竟地。不能盡知。唯佛窮了。
何以故。是心從本已來。自性淸淨而有無明。爲無明所染。有其染心。雖有
染心。而常恒不變。是故此義唯佛能知。

소 처음에 세 가지가 있으니, 먼저는 매우 깊음을 나타냈고, 다음은 해석하였고, 나중은 결론지었다.

初中有三。先標甚深。次釋。後結。

A. 매우 깊음을 나타냄

처음에 "무명의 훈습에 의하여 일어난 식"이라고 말한 것은 위에서 "알라야식에 의하여 무명이 있다고 말하니, 불각하여 일어나서" 등이라 말한 것을 거듭한 것이며, 그 나머지 사람이 알 수 있는 것이 아니고 "오직 부처만이 끝까지 다 알게 되는 것"이란 매우 깊음을 나타낸 것이다.

初中言無明熏習所起識者。謀上所說依阿梨耶識說有無明不覺而起等也。
非餘能知唯佛窮了者。標甚深也。

별기 만약 이 심체가 한결같이 생멸하기만 하여 다만 염심일 뿐이라면 알기 어려운 것이 아니며, 또 만약 한결같이 상주하기만 하여 오직 정심淨心일 뿐이더라도 이 또한 알기 어려운 것이 아니다. 설사 체體는 실로 깨끗하나 상相이 물든 것 같더라도 쉽게 알 수 있으며, 만약 그 식(제8식)의 체는 움직이지만 공성空性은 고요한 것이라면 무슨 알기 어려움이 있겠는가? 그러나 이제 이 마음은 체가 깨끗한 채로 체가 물들어 있으며 마음이 움직이면서 마음이 고요하여 염·정의 두 가지가 없으며 동·정의 구별이 없다. 염·정의 두 가지가 없고 동·정의 구별이 없지만 또한 하나도 아니니, 이와 같이 절묘하기 때문에 알기 어려운 것이다.

> 別記。若此心體一向生滅直是染心。則非難了。又若一向常住唯是淨心。亦非難知。設使體實淨而相似染者。亦可易解。如其識體動而空性靜者。有何難了。而今此心體淨而體染。心動而心靜。染淨無二。動靜莫別。無二無別。而亦非一。如是之絶。故難可知。

B. 매우 깊은 뜻을 해석함

소 "어째서인가" 아래는 두 번째 깊은 뜻을 해석한 것이다. "본래부터 자성이 청정하지만……무명에 의하여 물들게 되어 그 염심이 있는 것이니"는 깨끗하지만 항상 물들어 있음을 밝힌 것이고, "비록 염심이 있으나 항상 변하지 아니하므로"는 움직이지만 항상 고요함을 밝힌 것이다. 이러한 도리에 의하여 매우 깊어서 헤아리기 어려우니, 이는 『부인경』에서 "자성청정심을 분명히 알기 어려우며 저 마음이 번뇌에 물드는 것도 분명히 알기 어렵다."[4]라고 하고, 『능가경』에서 "여래장은 청정상淸淨相이고, 객진번뇌客塵煩惱[5]는 때(垢)에 물들어 깨끗지 못한 것이니, 내가 이 뜻에 의하여 승만부인과 다른 보살 등을 위하여 여래장알라야식[6]이 칠식과 함께 나는 것을 전멸상轉滅相이라 이름한다고 하였다. 대혜야! 여래장알라야식의 경계는 내가 이제 너와 모든 보살 가운데 매우 깊은 지자智者와 더불어 이

---

4 『勝鬘經』(T12, 222c).
5 객진번뇌客塵煩惱 : 객진과 같은 말. 객진은 번뇌를 가리킨다. 번뇌는 모든 법의 체성體性에 대하여 본래의 존재가 아니므로 객客이라 하고, 미세하고 수가 많으므로 진塵이라 한다.
6 『楞伽經』에서는 여래장과 알라야식이 하나라고 보는 입장과 둘로 보는 입장이 있는데, 여기서는 하나로 보고 있다.

두 가지 법을 분명히 분별할 줄 알지만, 모든 그 밖의 성문·벽지불과 외도 등의 이름에 집착하는 사람들은 이러한 두 가지 법을 분명히 알지 못한다."[7]라고 한 말과 같다.

> 何以故下。次釋深義。從本已來自性清淨而無明所染有其染心者。是明淨而恒染。雖有染心而常恒不變者。是明動而常靜。由是道理。甚深難測。如夫人經言。自性清淨心。難可了知。彼心爲煩惱所染。亦難可了知。楞伽經言。以如來藏是清淨相。客塵煩惱垢染不淨。我依此義。爲勝鬘夫人及餘菩薩等。說如來藏阿梨耶識共七識生。名轉滅相。大慧。如來藏阿梨耶識境界。我今與汝及諸菩薩甚深智者。能了分別此二種法。諸餘聲聞辟支佛及外道等執著名字者。不能了知如是二法。

C. 매우 깊은 뜻을 결론지음

"그러므로 이러한 뜻은 오직 부처만이 알 수 있는 것이다."라는 것은 세 번째 매우 깊은 뜻을 결론지은 것이다.

> 是故此義唯佛能知者。第三結甚深也。

ⓒ 인연의 차별을 자세히 나타냄

이 아래는 두 번째 인연의 차별을 자세히 나타내었으니 이 중에 여섯 가지가 있다. 첫째는 심성인心性因의 체상體相을 밝혔고, 둘째는 무명연無明緣의 체상을 나타냈으며, 셋째는 염심의 제연諸緣의 차별을 밝혔다. 넷

---

[7] 『入楞伽經』 권7(T16, 557a).

째는 무명을 다스려 끊는 지위를 나타냈고, 다섯째는 상응과 불상응의 뜻을 해석하였으며, 여섯째는 지애智礙와 번뇌애煩惱礙의 뜻을 구별하였다.

以下第二廣顯因緣差別。於中有六。一明心性因之體相。二顯無明緣之體相。三明染心諸緣差別。四顯無明治斷位地。五釋相應不相應義。六辨智礙煩惱礙義。

A. 심성인의 체상을 밝힘

논 이른바 심성이 항상 망념이 없기 때문에 불변이라 이름하며,

所謂心性常無念故。名爲不變。

소 처음 중에 위의 "비록 염심이 있으나 항상 변하지 아니하므로"라는 뜻을 해석하였으니, 비록 전체가 움직이나 본래 적정하기 때문에 "심성이 항상 망념이 없기 때문에"라고 한 것이다.

初中釋上雖有染心而常不變之義。雖擧體動而本來寂靜。故言心性常無念也。

B. 무명연의 체상을 나타냄

논 하나의 법계임을 알지 못하기 때문에 마음이 상응하지 아니하여 홀연히 망념이 일어나는 것을 무명이라 이름하는 것이다.

以不達一法界故。心不相應。忽然念起。名爲無明。

소 둘째 중에 "마음이 상응하지 아니하여"라고 말한 것은 이 무명이 가장 미세하여 능能·소所와 왕王·수數[8]의 차별이 아직 없음을 밝힌 것이니, 그러므로 '마음이 상응하지 아니하여'라고 말한 것이며, 오직 이것이 근본이 되고 다른 염법으로서 이보다 미세하여 그 앞에 있는 것이 없으니, 이런 뜻에 의하여 '홀연히 일어나는 것'이라고 말한 것이다.

이는 『본업경』에서 "사주지四住地[9] 전에는 다시 법이 일어남이 없기 때문에 무시의 무명주지라 이름한다."[10]라고 한 것과 같으며, 이것은 그 앞에 다른 시초가 되는 것이 없고 오직 이것이 근본이 됨을 밝힌 것이니, 그러므로 '무시'라 말한 것이며, 이『기신론』의 '홀연'의 뜻과 같은 것이다. 이것은 세細와 추麤가 서로 의존하는 뜻에 의하여 그 앞이 없다고 말한 것이며 또 '홀연히 일어나는 것'이라 말한 것이지, 시간의 차례에 의하여 '홀연히 일어나는 것'이라고 말한 것은 아니다. 이 무명의 모양은 『이장장二障章』에서 자세히 분별한 것과 같다.[11] 이는 위의 '자성이 청정하지만 무명이 있어서 물들게 되어 그 염심이 있는 것이니'라는 구절을 해석한 것이다.

---

8 왕王·수數 : 심왕과 심소.
9 사주지四住地 : 오주지번뇌 중 무명주지無明住地를 제외한 네 가지 주지를 말한다. 오주지번뇌는 견혹見惑·사혹思惑·무명無明의 번뇌를 다섯 가지로 나눈 것이다. ① 견일처주지見一處住地는 일체견주지一體見住地라고도 한다. 견은 욕계·색계·무색계의 견혹이다. 이것은 지적인 미혹으로서 견도見道에 들어갈 때 일시에 끊으므로 견일처見一處라 하고, 주지住地는 이 번뇌가 근본이 되어 온갖 번뇌의 의지가 되며, 또 번뇌를 내는 것이므로 주지라 한다. ② 애욕주지愛欲住地는 욕은 욕계, 애는 탐애이니, 곧 사혹이다. 사혹은 탐貪, 진瞋, 치癡, 만慢 네 가지에 통하거니와 탐애는 다음 생을 받는 뜻이 가장 강하므로 탐애로써 사혹을 나타낸다. ③ 색애주지色愛住地는 색은 색계色界, 애애와 주지는 위와 같다. 색계의 사혹이다. ④ 유애주지有愛住地는 유有는 무색계無色界이니 무색계의 사혹이다. ⑤ 무명주지無明住地에서 무명은 유치하고 암둔한 마음의 자체이니 온갖 번뇌의 근본이다. 주지는 위와 같다. 『勝鬘經』에서는 아라한·벽지불 등은 무명주지를 끊지 못하고 부처님만이 끊었다고 한다.
10 『菩薩瓔珞本業經』권하(T24, 1022a).
11 원효의 『二障義』(H1, 801a~802b) 참조.

第二中言心不相應者。明此無明最極微細。未有能所王數差別。故言心不
相應。唯此爲本。無別染法能細於此在其前者。以是義故說忽然起。如本業
經言。四住地前更無法起。故名無始無明住地。是明其前無別爲始。唯此爲
本。故言無始。猶是此論忽然義也。此約細麤相依之門說爲無前。亦言忽然
起。非約時節以說忽然起。此無明相。如二障章廣分別也。是釋上言自性淸
淨而有無明所染有其染心之句。

별기 다만 염심을 제멸함에 있어 거친 것에서 미세함에 이르기까지
근본무명으로 하여금 차례를 따라 점차로 버리게 하는 뜻이 있으니, 이런
뜻에 의하여 무명을 다스려 끊는 것을 바로 이 뒤에서 말할 것이다.

別記。但除染心從麤至細。能令根本無明隨有漸捨漸輕之義。爲是義故。無
明治斷在後方說。

C. 염심의 제연의 차별을 밝힘 : 육염심

논 염심이란 여섯 가지가 있으니, 무엇이 여섯 가지인가? 첫째는 집상
응염執相應染이니, 이승二乘의 해탈한 이와 신상응지信相應地[12]의 사람에 의
하여 멀리 여의기 때문이다. 둘째는 부단상응염不斷相應染이니, 신상응지
에 의하여 방편方便을 수학修學하여 점점 버려서 정심지淨心地[13]에 이르러
서 끝내는 여의기 때문이다. 셋째는 분별지상응염分別智相應染이니, 구계
지具戒地[14]에 의하여 점점 여의며 나아가 무상방편지無相方便地[15]에 이르러

---

12 신상응지信相應地 : 십주 이후 신근信根이 성취되어 퇴실함이 없는 단계이다. 곧 신信
  과 상응하는 지전地前의 보살지를 말한다. 신행지信行地·신지信地라고도 한다.
13 정심지淨心地 : 십주 이후에서 초지 환희지까지를 말한다.
14 구계지具戒地 : 제2지로부터 제6지까지를 말한다. 즉, 이구지離垢地, 발광지發光地,

끝내 여의기 때문이다. 넷째는 현색불상응염現色不相應染이니, 색자재지色自在地[16]에 의하여 여읠 수 있기 때문이다. 다섯째는 능견심불상응염能見心不相應染이니, 심자재지心自在地[17]에 의하여 여읠 수 있기 때문이다. 여섯째는 근본업불상응염根本業不相應染이니, 보살진지菩薩盡地[18]에 의하여 (점점 여의며) 여래지如來地[19]에 들어가서야 여읠 수 있기 때문이다.

> 染心者有六種。云何爲六。一者執相應染。依二乘解脫。及信相應地遠離故。二者不斷相應染。依信相應地修學方便。漸漸能捨。得淨心地究竟離故。三者分別智相應染。依具戒地漸離。乃至無相方便地究竟離故。四者現色不相應染。依色自在地能離故。五者能見心不相應染。依心自在地能離故。六者根本業不相應染。依菩薩盡地。得入如來地能離故。

소 세 번째는 염심의 여러 가지 반연들의 차별을 밝혔다. 이 중에 두 가지가 있으니, 총체적으로 나타낸 것과 각각 해석하는 것이다.

> 第三明染心諸緣差別。於中有二。總標。別釋。

A) 총체적으로 해석함

B) 각각 해석함

염혜지焰慧地, 난승지難勝地, 현전지現前地까지가 이에 해당한다.
15 무상방편지無相方便地 : 제7 원행지遠行地를 말한다.
16 색자재지色自在地 : 제8 부동지不動地를 말한다.
17 심자재지心自在地 : 제9 선혜지善慧地를 말한다.
18 보살진지菩薩盡地 : 제10 법운지法雲地를 말한다.
19 여래지如來地 : 부처님의 자리를 말한다.

각각 해석하는 중에 치단治斷(다스려서 끊음)을 겸해서 밝혔으니, 이 가운데 육염六染은 위의 의식과 다섯 가지 의意이다. 다만 앞에서는 인因에 의하여 일어나는 뜻을 밝혔기 때문에 미세한 것으로부터 추현麤顯한 것에 이르기까지 차례로 설명하였으나, 여기서는 치단의 자리까지 겸해서 밝히려 하기 때문에 추현한 것으로부터 미세한 것에 이르기까지 차례로 설명하였다.

別釋之中。兼顯治斷。此中六染。卽上意識幷五種意。但前明依因而起義故。從細至麤而說次第。今欲兼顯治斷位故。從麤至細而說次第。

(A) 집상응염

첫 번째 "집상응염"이란 바로 의식이니 견애번뇌가 증장하는 뜻이며 이는 추분별집착과 상응하기 때문이다. 또한 만약 이승인二乘人이라면 아라한의 자리에 이르러서야 견見·수修의 번뇌를 끝내 여의기 때문이요, 만약 보살의 경우라면 십해十解 이상에서 멀리 여읠 수 있기 때문이다. 여기서 "신상응지"라고 말한 것은 십해의 자리에서 신근信根이 성취되어 퇴실함이 없음을 '신상응'이라 이름하는 것이니, 이는 『인왕경』에서 "복인伏忍의 성태聖胎[20]는 30인三十人이니 십신十信, 십지十止, 십견심十堅心이다."[21]라고 한 것과 같다. 이 십향十向[22]을 견堅이라 하고 십행十行[23]을 지止라 하고

---

20 성태聖胎 : 십주·십행·십회향의 삼현위를 성태라 한다. 자종自種을 인因으로 하고 선우善友를 연緣으로 하여 정법正法을 듣고 수습하고 장양長養하여 초지에 이르러 도道를 봄으로써 불가佛家에 태어나는 것을 말한다. 『仁王般若波羅蜜經』 권상 「菩薩敎化品」 참조.
21 『仁王般若波羅蜜經』 권상(T8, 827b).
22 십향十向 : 십회향十廻向과 같은 말이다. 삼현위三賢位의 마지막 계위이다.
23 십행十行 : 보살수행의 52계위 중 제21위부터 제30위. 이 십위는 보살의 십신·십주에

십신해十信解를 신信이라 함을 알아야 한다. 이 삼현三賢의 자리에 들어갔을 때 이미 인공人空[24]을 얻어서 견수번뇌見修煩惱가 현행하지 못하게 되기 때문에 "여의기 때문"이라고 하는 것이니, 이 『기신론』의 위아래에서 밝힌 것은 일어나는 것에 의하여 치단을 설명하는 것임을 알아야 할 것이다.

> 第一執相應染者。卽是意識。見愛煩惱所增長義。麤分別執而相應故。若二乘人至羅漢位。見修煩惱究竟離故。若論菩薩。十解以上能遠離故。此言信相應地者。在十解位。信根成就。無有退失。名信相應。如仁王經言。伏忍聖胎三十人。十信十止十堅心。當知此中。十向名堅。十行名止。十信解名信。入此位時。已得人空。見修煩惱不得現行。故名爲離。當知此論上下所明。約現起以說治斷也。

별기 종자를 논하지 아니하기 때문에 다른 경에서 말하는 치단의 지위와 현격하게 다름이 있으니 이상하게 여겨서는 안 된다.

> 別記。不論種子。是故與餘經所說治斷位地亦有懸殊。不可致怪。

(B) 부단상응염

소 두 번째 "부단상응염"이란 다섯 가지 의意 가운데 상속식이니 법집과 상응하여 상속하여 생겨나는 것이며, '부단(끊어지지 않음)'이란 바로 상

서의 자리自利 수행에서 나아가 이타利他 수행을 완수하기 위하여 중생제도에 노력하는 지위이다. 60권본 『華嚴經』 권11(T9, 466b)에 따르면 환희행歡喜行, 요익행饒益行, 무에한행無恚恨行, 무진행無盡行, 이치란행離癡亂行, 선현행善現行, 무착행無着行, 존중행尊重行, 선법행善法行, 진실행眞實行이다.

24 인공人空 : 아공我空이라고도 한다. 오온이 화합하여 이루어진 몸을 마치 실아實我가 있는 듯이 생각하는 아집我執을 공하다고 하는 것이다.

속의 다른 이름이다. 십해위十解位로부터 유식관唯識觀[25]의 심사방편尋思方便[26]을 닦고 초지에 이르러 삼무성三無性을 증득하여 법집분별이 현행하게 되지 못하기 때문에 "정심지에 이르러서 끝내는 여의기 때문이다."라고 하였다.

> 第二不斷相應染者。五種意中之相續識。法執相應相續生起。不斷卽是相續異名。從十解位。修唯識觀尋思方便。乃至初地證三無性。法執分別不得現行。故言得淨心地究竟離故也。

(C) 분별지상응염

세 번째 "분별지상응염"이란 다섯 가지 의 가운데 네 번째 지식이다. 칠지七地 이하에서는 이지二智[27]가 일어날 때엔 현행하지 못하다가 관觀에서 벗어나 사물을 반연하여 제멋대로 마음을 부릴 때엔 또한 현행하게 되기 때문에 "점점 여의며"라고 말하였고, 한편 칠지 이상에서는 오랜 시간 관觀에 들기 때문에 이 말나식이 길이 현행하지 못하므로 "무상방편지에 이르러 끝내 여의기 때문이다."라고 말하였다. 이제 칠지는 무상관無相

---

25 유식관唯識觀 : 갖추어서는 유식삼성관唯識三性觀이라 한다. 삼성을 분별하여 변계소집성은 심외心外의 법으로서 참으로 있는 것이 아니라고 하고 의타기성과 원성실성은 심내心內에 있어서 공이 아니라고 관조하는 것을 유식삼성관이라 한다. 이 유식삼성관을 닦을 때 얕은 데서 깊은 차례로 세운 5중重의 관법觀法이 있다. 즉, 견허존실식遣虛存實識, 사람유순식捨濫留純識, 섭말귀본식攝末歸本識, 은열현승식隱劣顯勝識, 견상증성식遣相證性識이다.

26 심사방편尋思方便 : 심사尋思의 방편. 심사란 심구사찰尋求思察의 뜻으로 유위일체제법有爲一切諸法을 명名·의義·자성自性·차별差別 4법에 총섭하여 이 4법은 자심自心이 변작한 가유실무假有實無한 것이라고 심구사찰하나 아직 확실한 지혜가 생기지 못하였다. 방편이란 수단, 가행加行의 뜻이다. 김동화,『유식철학』, 보련각, 1973, pp.373~376 참조.

27 이지二智 : 견도見道에서의 2종의 지혜. 즉, 법공지法空智와 아공지我空智이다.

觀[28]에 가행이 있고 공용이 있기 때문에 '무상방편지'라 이름한 것이다.

> 第三分別智相應染者。五種意中第四智識。七地以還。二智起時。不得現行。出觀緣事。任運心時。亦得現行。故言漸離。七地以上長時入觀。故此末那永不現行。故言無相方便地究竟離。此第七地。於無相觀有加行有功用。故名無相方便地也。

별기 이 뜻은 『해심밀경』에서 말한 것과 같다.[29] 그 종자를 논한다면 금강심金剛心에 이르러서야 이에 한꺼번에 끊는 것이니, 이는 『대승아비달마집론』에서 자세히 말한 것과 같다.[30] 위로부터의 삼염三染은 그 행상行相이 추하며 삼등三等[31]의 뜻을 갖추었기 때문에 상응이라고 한 것이다.

> 別記。此義如解深密經說。論其種子。至金剛心方乃頓斷。如集論中之所廣說。上來三染。行相是麤。具三等義。故名相應。

(D) 현색불상응염

소 네 번째 "현색불상응염"이란 다섯 가지 의 가운데 세 번째의 현식이니, 이는 맑은 거울 중에 색상色像을 나타내는 것과 같기 때문에 현색불상응염이라고 하였다. "색자재지色自在地"는 제8지이니 이 8지에서 이미 정토淨土[32]의 자재함을 얻어서 예토穢土[33]의 추색麤色이 나타나지 못하기

---

28 무상관無相觀 : 이공관二空觀(無生觀·無相觀) 중 하나. 성性은 체가 없고 상相은 곧 무상無相이니, 상이 있다고 봄은 범부의 망정妄情이며, 망법을 여의고는 상이 없음이 명안明眼에 공화空華가 없는 것과 같다.
29 『解深密經』 권4(T16, 704a~b) 참조.
30 『大乘阿毘達磨集論』 권5(T31, 685b).
31 삼등三等 : 체등體等·지등知等·연등緣等을 말한다.

때문에 "여읠 수 있기 때문"이라고 한 것이다.

> 第四現色不相應染者。五種意中第三現識。如明鏡中現色像。故名現色不相應染。色自在地。是第八地。此地已得淨土自在。穢土麤色不能得現。故說能離也。

(E) 능견심불상응염

다섯 번째 "능견심불상응염"이란 다섯 가지 의 가운데 두 번째 전식轉識이니, 동심動心에 의하여 능견을 이루기 때문이다. "심자재지心自在地"는 제9지이니, 이 9지에서는 이미 사무애지四無礙智[34]를 얻어서 장애를 가진 능연能緣이 일어나지 못하게 되기 때문에 "여읠 수 있기 때문"이라고 말하였다.

> 第五能見心不相應染者。是五意內第二轉識。依於動心成能見故。心自在地。是第九地。此地已得四無礙智。有礙能緣不得現起。故說能離也。

(F) 근본업불상응염

여섯 번째 "근본업불상응염"이란 다섯 가지 의 가운데 첫 번째 업식業

---

32 정토淨土 : 부처님이 계시는 청정한 국토. 성불을 말하는 대승불교에서 인정하는 국토이다.
33 예토穢土 : 부정한 것이 가득 찬 국토. 삼계 육취를 말한다.
34 사무애지四無礙智 : 사무애변四無礙辯, 사무애해四無礙解라고도 한다. 마음의 방면으로는 지智 또는 해解라고 하고 입의 방면으로는 변辯이라 한다. ① 법무애法無礙는 온갖 교법에 통달한 것이다. ② 의무애義無礙는 온갖 교법의 요의要義를 아는 것이다. ③ 사무애辭無礙는 여러 가지 말을 알아 통달치 못함이 없는 것이다. ④ 요설무애樂說無礙는 온갖 교법을 알아 기류機類가 듣기 좋아하는 것을 말하는 데 자재한 것이다.

識이니, 무명의 힘에 의하여 불각하여 마음이 움직이기 때문이다. "보살진지菩薩盡地"란 제10지이니 그 무구지無垢地가 이 지地에 속하기 때문이며, 실제로 논하자면 제10지에서도 미세한 전상轉相과 현상現相이 있지만, 다만 지상地相을 따라 점차 여읨을 말한 것뿐이다.[35] 이는 아래 글에서 "업식에 의한 것이니……보살구경지에 이르기까지 마음으로 본 것을 보신이라 한다."[36]라고 한 것과 같으니, 만약 업식을 여의면 견상見相이 없는 것이다. 그러니 업식이 다 없어지지 않았을 때에는 능견能見과 능현能現도 다 없어지지 않음을 알아야 할 것이다.

> 第六根本業不相應染者。是五意內第一業識。依無明力不覺心動故。菩薩盡地者。是第十地。其無垢地屬此地故。就實論之。第十地中亦有微細轉相現相。但隨地相說漸離耳。如下文言。依於業識。乃至菩薩究竟地。心所見者。名爲報身。若離業識。則無見相。當知業識未盡之時。能見能現亦未盡也。

D. 무명을 다스려 끊는 지위를 나타냄

논 일법계一法界의 뜻을 분명히 알지 못한다는 것은 신상응지信相應地로부터 관찰하여 치단함을 배우고 정심지淨心地에 들어가 분수에 따라 여의게 되며 여래지如來地에 이르러서야 마침내 여읠 수 있기 때문이다.

> 不了一法界義者。從信相應地觀察學斷。入淨心地隨分得離。乃至如來地能究竟離故。

---

35 논에서는 제8지에서 현상現相이 없어지고, 제9지에서 전상轉相이 없어진다고 하였으나, 실제로는 제10지에서도 미세한 전상·현상이 남아 있어 업상이 다 없어질 때에야 전상·현상도 완전히 없어진다. 따라서 논에서 제8지와 제9지에서 현상·전상을 여읠 수 있다고 한 것은 다만 10지의 상을 따라 단계적으로 여의는 것을 말하는 것일 따름이다.
36 『大乘起信論疏記會本』권5(H1, 772b).

소 네 번째는 무명의 치단을 밝혔다. 그러나 무명주지無明住地에 두 가지 뜻이 있으니, 만약 작득주지作得住地[37]의 측면에서 논한다면 초지 이상에서 점차 끊게 될 것이지만, 만약 생득주지生得住地[38]의 측면에 의한다면 오직 부처의 보리지菩提智라야 끊을 수 있는 것이다. 이제 이『기신론』중에서는 생득과 작득을 구분하지 않고 이 두 가지를 합해서 말하여 통틀어 무명이라 하였기 때문에 "정심지에 들어가 분수에 따라 여의게 되며 여래지에 이르러서야 마침내 여읠 수 있기 때문이다."라고 말하였다.

第四明無明治斷。然無明住地有二種義。若論作得住地門者。初地以上能得漸斷。若就生得住地門者。唯佛菩提智所能斷。今此論中不分生作。合說此二通名無明。故言入淨心地隨分得離。乃至如來地能究竟離也。

E. 상응과 불상응의 뜻을 해석함

논 상응의相應義라 한 것은 심心과 염법念法이 달라서 염정에 의하여 차별하매 지상知相과 연상緣相이 같음을 말하기 때문이며, 불상응의不相應義란 곧 심과 불각이 항상 별 다름이 없어서 지상과 연상이 같지 않음을 말하기 때문이다.

言相應義者。謂心念法異。依染淨差別。而知相緣相同故。不相應義者。謂卽心不覺。常無別異。不同知相緣相故。

소 다섯 번째는 "상응"과 "불상응"의 뜻을 밝혔으니, 여섯 가지 염심

---

[37] 작득주지作得住地 : 무명사주지無明四住地 중 욕계주지欲界住地, 색계주지色界住地, 무색계주지無色界住地를 말한다.
[38] 생득주지生得住地 : 무명사주지 중 견일처주지見一處住地를 말한다.

중 앞의 세 가지 염은 상응이고 뒤의 세 가지 염과 무명(근본무명)은 불상응이다. 상응 중 "심과 염법이 달라서"라고 한 것은 심법(심왕·심소)을 이름이니, 『가전연론迦旃延論』[39]에서는 "심과 심소념법心所念法"[40]이라고 이름하였다. "염정에 의하여 차별하매"라는 것은 염정의 모든 법을 분별하여 견見·만慢·애애愛 등으로 차별하는 것이다.[41] "지상이 같음을"[42]이라는 것은 능지상能知相이 같은 것이고, "연상이 같음을"[43]이라는 것은 소연상所緣相이 같은 것이니, 이 중에 삼등三等의 뜻에 의하여 상응이라고 하는 것이다.

'심과 염법이 달라서'라고 한 것은 체가 같다[44]는 뜻이니, 여러 번뇌수煩惱數가 각각 하나의 체(一體)가 있어서 모두 제이第二가 없기 때문이다.[45] '지상이 같음을'이라는 것은 지知가 같다는 뜻이고, '연상이 같음을'이라는 것은 연緣이 같다는 뜻이니, 저 앞의 삼염三染이 이 세 가지 뜻(體等·知等·緣等)을 갖추었으며, 심과 심소가 동시에 있기 때문에[46] 상응이라고 이름하는 것이다.

---

39 『가전연론迦旃延論』: 『阿毘達磨發智論』의 구역인 『阿毘曇八犍度論』을 가리킨다.
40 『阿毘曇八犍度論』 권1(T26, 772b).
41 『大乘起信論疏記會本』 권3(H1, 757a), 권3(H1, 760c) 참조.
42 "지상이 같음을"이라는 것은 지등知等이니, 능지상의 심왕과 심소의 소의근所依根이 동일한 것을 말한다.
43 "연상이 같음을"이라는 것은 연등緣等이니, 능지상의 심왕과 심소의 소연경所緣境이 동일한 것을 말한다.
44 "체가 같다(體等)"는 것은 심心의 체가 하나라면 심소心所의 체도 하나임을 말한다. 심소의 체가 하나라는 것은 오직 한 개의 심소만이 심왕과 구기俱起한다는 의미가 아니라 최소한 심소는 반드시 한 개씩 심왕과 같이 일어난다는 것이다. 예컨대 수受의 심소에는 고苦·락樂·사捨 등 삼수三受가 있는데 이수二受가 병기하는 일이 없는 것을 말한다.
45 "제이第二가 없기 때문"이라는 것은 고苦의 심소가 일어날 때 낙樂의 심소가 병기하지 않는다는 뜻이다.
46 "심과 심소가 동시에 있기 때문에"란 심왕과 심소가 동일한 시간에 현기現起함을 말한다. 이로써 심왕과 심소의 상응의相應義는 삼등三等과 동시同時 등 네 조건이 다 갖추어진 것이다.

第五明相應不相應義。六種染中。前三染是相應。後三染及無明是不相應。
相應中言心念法異者。心法之名也。迦旃延論中。名爲心及心所念法也。依
染淨差別者。分別染淨諸法見慢愛等差別也。知相同者。能知相同。緣相同
者。所緣相同也。此中依三等義以說相應。謂心念法異者是體等義。謂諸煩
惱數。各有一體。皆無第二故。知相同者是知等義。緣相同者是緣等義。彼
前三染。具此三義。俱時而有。故名相應。

문 『유가사지론』에서는 "모든 심과 심법이 소연所緣은 같지만(緣等) 행상
行相은 같지 않으며, 동시에 함께 있지만(時同) 따로따로 전변한다(體等)."[47]
라고 하고, 이제 이『기신론』에서는 지상知相도 같다고 말하니, 이와 같이
서로 어긋나는데 어떻게 화합하겠는가?

問。瑜伽論說。諸心心法。同一所緣。不同一行相。一時俱有。一一而轉。今
此中說知相亦同。如是相違。云何和會。

답 두 가지 뜻[48]이 함께 있기 때문에 서로 어긋나지 않으니 왜인가? 아
견我見은 견성見性의 작용이고, 아애我愛란 애성愛性의 작용과 같으니, 이
처럼 작용이 다른 것을 동일하지 않은 작용이라 이름하지만, 견見·애愛
등이 모두 나의 알음알이[49]를 이루는 것이다. 이런 뜻에 의하여 지상이 같
다고 하는 것이니, 따라서 두 설이 서로 어긋나지 않는 것이다.

불상응 중에 "곧 심과 불각이 항상 별 다름이 없어서"라고 말한 것은
체가 같다는 뜻이 없음을 밝힌 것이니, 마음(心)을 떠나서 별도로 심수법
心數法의 차별이 없기 때문이다. 이미 체의 같음이 없으니, 나머지 둘이

---

47 『瑜伽師地論』권1(T30, 279b).
48 "두 가지 뜻"이란 행상의 같지 않음(不同一行相)과 지상의 같음(知相同)을 뜻한다.
49 "나의 알음알이"란 지상知相을 말한다.

어디에 의지하겠는가? 그러므로 지知가 같고 연緣이 같은 뜻이 없으며, 따라서 지상·연상이 같지 않다고 말한 것이니, 이 중에 "(같지) 않음"이라는 것은 '없다(無)'는 말인 것이다.

> 答。二義俱有。故不相違。何者。如我見是見性之行。其我愛者愛性之行。如是行別。名不同一行。而見愛等皆作我解。依如是義名知相同。是故二說不相違也。不相應中言卽心不覺常無別異者。是明無體等義。離心無別數法差別故。旣無體等。餘二何寄。故無同知同緣之義。故言不同知相緣相。此中不者。無之謂也。

問 『유가사지론』에서 "알라야식이 오수五數[50]와 상응하여 두 가지 경계[51]를 반연한다."[52]라고 하였으며, 이는 바로 이 『기신론』 중의 현색불상응염이니, 무슨 까닭으로 이 『기신론』에서는 불상응이라 하였는가?

> 問。瑜伽論說。阿梨耶識。五數相應。緣二種境。卽此論中現色不相應染。何故此中說不相應。

答 이 『기신론』의 뜻은 번뇌수가 차별하여 전변하는 뜻에 의거하여 상응이라 말한 것이니, 현식現識 중에는 번뇌수가 없으므로 이 뜻에 의하여 불상응이라 한 것이다. 저 『신론』의 뜻은 변행수徧行數[53]에 의거하였기 때문에 상응이라 하였으니, 이런 도리에 의하여 또한 서로 어긋나지 않는 것이다.

---

50 오수五數 : 오변행심소五遍行心所를 말한다. 일체의 심心, 일체의 시時, 일체의 장소에 두루 일어나는 심소心所로서 촉觸·작의作意·수受·상想·사思 다섯 가지 심소를 말한다.
51 두 가지 경계 : 순경계順境界와 위경계違境界를 말한다.
52 『瑜伽師地論』 권51(T30, 580a).
53 변행수徧行數 : 변행심소를 말한다.

答。此論之意。約煩惱數差別轉義。說名相應。現識之中。無煩惱數。依是義故。名不相應。彼新論意。約徧行數。故說相應。由是道理。亦不相違也。

F. 지애와 번뇌애의 뜻을 구별함

논 또 염심의 뜻이란 번뇌애煩惱礙[54]라 이름하는 것이니 진여의 근본지根本智[55]를 막기 때문이요, 무명의 뜻이란 지애智礙[56]라 이름하는 것이니 세간의 자연업지自然業智[57]를 막기 때문이다. 이 뜻이 무엇인가? 염심에 의하여 볼 수 있으며 나타낼 수 있으며 잘못 경계를 집착하여 평등성을 어기기 때문이며, 일체법이 항상 고요하여 일어나는 상이 없으나 무명불각이 법과 거짓되게 어긋나기 때문에 세간의 모든 경계에 수순하는 여러 가지 지혜를 얻을 수 없기 때문이다.

又染心義者。名爲煩惱礙。能障眞如根本智故。無明義者。名爲智礙。能障世間自然業智故。此義云何。以依染心。能見能現。妄取境界。違平等性故。以一切法常靜。無有起相。無明不覺。妄與法違。故不能得隨順世間一切境界種種知故。

---

54 번뇌애煩惱礙 : 번뇌가 몸과 마음을 번거롭고 뇌란케 하여 진여평등한 이치를 증득할 근본지혜를 장애하여 일어나지 못하게 하므로 번뇌애라 한다. 지말무명의 육염심을 가리킨다.
55 근본지根本智 : 근본무분별지根本無分別智, 무분별지無分別智, 여리지如理智라고도 한다. 바로 진리에 계합하여 능연能緣과 소연所緣의 차별이 없는 절대의 참지혜이다. 이것이 모든 지혜의 근본이며 또 후득지를 내는 근본이 되므로 이같이 말한다.
56 지애智礙 : 근본무명根本無明을 말한다. 이것은 그 체가 무지하고 혼미하여서 세간의 자연업지自然業智를 장애하여 일어나지 못하게 하는 것이므로 지애이다.
57 세간의 자연업지自然業智 : 후득지後得智를 말한다. 근본지에 의하여 진리를 깨달은 뒤에 다시 분별하는 얕은 지혜를 일으켜서 의타기성依他起性의 속사俗事를 요지了知하는 지혜이다.

소 여섯 번째는 두 가지 장애의 뜻을 밝혔다. 현료문顯了門[58] 중에서는 이장二障[59]이라 하고 은밀문隱密門 내에서는 이애二礙[60]라 하였으니, 이 뜻은 자세히는 『이장장』에서 설명한 것과 같다. 이제 이 『기신론』 중에서는 은밀문을 말하였다. 이 중에 두 가지가 있으니, 처음에는 두 가지 번뇌를 나누었고, "이 뜻" 이하는 그 까닭을 풀이하였다.

第六明二礙義。顯了門中名爲二障。隱密門內名爲二礙。此義具如二障章說。今此文中說隱密門。於中有二。初分二礙。此義以下。釋其所以。

A) 두 가지 번뇌를 나눔

처음 중에 "염심의 뜻"이라고 한 것은 여섯 가지 염심을 나타낸 것이다. "근본지"란 조적혜照寂慧[61]니, 적정과 어그러지기 때문에 번뇌애라고 하는 것이다. "무명의 뜻"이란 근본무명[62]이고, "세간의 (자연)업지"란 후득지이다. 무명이 (법성을) 혼미하게 하여 분별하는 바가 없기 때문에 세간의 분별지[63]와 어긋나며 이런 뜻에 의하여 지애라 하는 것이다.

初中言染心義者。是顯六種染心也。根本智者。是照寂慧。違寂靜故。名煩

---

58 현료문顯了門 : 여래의 설법에 현료顯了와 은밀隱密의 2문이 있는데 그중 하나다. 현료는 문면文面에 분명히 나타난 것이고, 은밀은 설자의 본의가 문내文內에 은밀하게 있는 것이다. 현설顯說은 방편이 되고, 밀의密意는 진언眞言이 된다.
59 이장二障 : 혹장惑障을 두 가지로 나눈 것. 번뇌장과 소지장을 말한다.
60 이애二礙 : 번뇌애와 지애를 말한다.
61 조적혜照寂慧 : 육혜(聞慧·思慧·修慧·無相慧·照寂慧·寂照慧)의 하나. 조照는 중도中道의 용이며, 적寂은 중도의 체니 등각위의 보살이 중도의 관혜觀慧로써 중도의 이체理體를 비추는 지혜이다.
62 근본무명根本無明 : 지말무명의 상대. 근본불각根本不覺·무시무명無始無明·원품무명元品無明이라고도 한다. 진여의 실성을 알지 못하는 불각, 미망의 마음을 말한다.
63 세간의 분별지 : 세간업지, 후득지와 같다.

惱礙也。無明義者。根本無明。世間業智者。是後得智。無明昏迷無所分別。
故違世間分別之智。依如是義。名爲智礙。

B) 까닭을 풀이함

까닭을 풀이하는 중에 바로 이 뜻을 나타냈으니 "염심에 의하여 볼 수 있으며 나타낼 수 있으며 잘못 경계를 집착하여"라는 것은 간략히 전식·현식·지식을 든 것이고, "평등성을 어기기 때문이며"라는 것은 근본지의 능소평등能所平等을 어긴 것이니, 이는 번뇌애의 뜻을 풀이한 것이다. "일체법이 항상 고요하여 일어나는 상이 없으나"라는 것은 무명에 의해 혼미해진 법성[64]을 든 것이고, "무명불각이 법과 거짓되게 어긋나기 때문에"라고 한 것은 무명이 법성을 혼미하게 한 뜻을 나타낸 것이다. "세간의 모든 경계에 수순하는 여러 가지 지혜를 얻을 수 없기 때문이다."라는 것은 바로 세간의 지혜에 어긋나는 뜻을 밝힌 것이다.

釋所以中。正顯是義。以依染心能見能現妄取境界者。略擧轉識現識智識。
違平等性者。違根本智能所平等。是釋煩惱礙義也。以一切法常靜無有起
相者。是擧無明所迷法性。無明不覺妄與法違故者。是顯無明迷法性義。故
不能得乃至種知者。正明違於世間智義也。

별기 그러나 이장二障의 뜻에 대략 이문二門이 있다. 첫째는 이승二乘의 통장通障(이승에 모두 해당되는 장애)이니, 십사번뇌十使煩惱[65]가 마음을 유

---

64 이때의 "법성"이란 무명에 의해 혼미해지기 이전의 원래의 법성을 뜻한다.
65 십사번뇌十使煩惱 : 오리사五利使와 오둔사五鈍使를 말한다. 이는 그 성품이 예리하고 우둔함에 의하여 항상 마음을 어지럽게 하는 번뇌이다. ① 오리사五利使는 신견사身見使·변견사邊見使·사견사邪見使·견취사見取使·계취사戒取使이다. 이는 진리를

전[66]케 하여 열반의 과과를 장애하는 것이며, 이를 번뇌장이라 한다. 보살의 별장別障(보살에게만 해당되는 장애)으로는 법집 등의 번뇌가 소지所知의 경계를 잘 몰라서 보리과菩提果를 장애하는 것이며, 이를 소지장所知障[67]이라 한다. 이러한 문은 여타의 경론에서 설한 것과 같다.

둘째는 일체의 망념을 일으키고 상相에 집착하는 따위의 마음이 여리지如理智[68]의 적정한 본성을 어기는 것을 번뇌애라 하고, 근본무명으로 혼미하고 깨닫지 못하여 여량지如量智[69]의 각찰覺察하는 작용을 어기는 것을 지애라 한다. 이제 이『기신론』에는 후자의 뜻에 의하므로 여섯 가지 염심을 말하여 번뇌애라 하고 무명주지를 지애라 한 것이다. 그러나 상相으로 말한다면 무명은 여리지(理智)를 장애해야 할 것이고 염심은 여량지(量智)를 장애해야 할 터인데 이『기신론』에서는 어째서 그렇지 아니한가? 반드시 그렇지는 않기 때문이니, 반드시 그렇지 않은 뜻은『기신론』에서 스스로 말한 것과 같다.

別記。然二障之義。略有二門。一二乘通障十使煩惱能使流轉。障涅槃果。

추구하여 일어나고 성질이 날카로워 중생의 마음을 구사驅使하므로 오리사라 한다. 오견五見과 같다. ② 오둔사五鈍使는 탐욕사貪欲使·진에사瞋恚使·무명사無明使·만사慢使·의사疑使이다. 이 번뇌는 곳을 따라 멋대로 동하는 것으로 성품이 둔하고 또 수행자의 마음을 구사하는 것이므로 오둔사라 한다.

66 유전流轉 : 유流는 상속이고, 전轉은 헤매는 것이다. 우리가 끝없는 옛적부터 무명 번뇌로 말미암아 선악의 업을 지어 점차로 육도六道의 고락을 받으면서 그치지 않는 것이다.

67 소지장所知障 : 이장二障의 하나. 지장智障이라고도 한다. 탐貪·진瞋·치癡 등의 번뇌가 소지所知의 진상을 그대로 알지 못하게 하므로 이들 번뇌를 소지장이라 하며, 진지眞智가 발현함을 장애하는 점에서 지장智障이라 한다. 여기에 분별기分別起, 구생기俱生起가 있다. 제3권 각주 8 참조.

68 여리지如理智 : 진제지眞諦智를 말한다. 절대이고 둘이 아니어서 평등한 진리에 계합하는 불·보살의 지혜이다.

69 여량지如量智 : 속제지俗諦智를 말한다. 현상계의 수량과 차별에 응하여 그 차별상을 명백히 아는 불·보살의 지혜이다.

名煩惱障。菩薩別障。法執等惑。迷所知境。障菩提果。名所知障。此門如餘經論所說。二一切動念取相等心。違如理智寂靜之性。名煩惱礙。根本無明昏迷不覺。違如量智覺察之用。名爲智礙。今此論中約後門義。故說六種染心名煩惱礙。無明住地名爲智礙。然以相當。無明應障理智。染心障於量智。何不爾者。未必爾故。未必之意。如論自說。

소 위에서부터 두 번째 생멸인연의 뜻을 자세히 풀이하기를 마쳤다.

上來第二廣釋生滅因緣義竟。

ㄷ) 생멸상

세 번째는 위의 입의분 중 생멸상生滅相을 자세히 풀이한 것이다. 이 중에 두 가지가 있으니, 먼저는 생멸의 추세麤細의 상을 밝혔고 뒤에는 추세의 생멸의 뜻을 나타냈다.

第三廣上立義分中生滅之相。於中有二。先明生滅麤細之相。後顯麤細生滅之義。

(ㄱ) 생멸의 추세의 상을 밝힘

논 다시 생멸상을 분별한다는 것은 두 가지가 있으니, 무엇이 두 가지인가? 첫째는 추麤니 마음과 상응하기 때문이고, 둘째는 세細니 마음과 상응하지 않기 때문이다. 또 추 중의 추는 범부의 경계요, 추 중의 세와 세 중의 추는 보살의 경계요, 세 중의 세는 부처의 경계이다.

復次分別生滅相者有二種。云何爲二。一者麤。與心相應故。二者細。與心不相應故。又麤中之麤。凡夫境界。麤中之細。及細中之麤。菩薩境界。細中之細。是佛境界。

소 처음 중에 역시 두 가지이니, 첫째는 바로 추麤·세細를 밝혔고 둘째는 사람에 대하여 분별하였다.

初中亦二。一者正明麤細。二者對人分別。

㉠ 바로 추세를 밝힘

처음 중에 또한 두 가지가 있으니, 총체적으로 나타내는 것과 각각 풀이함이다.

初中亦二。總標。別解。

A. 총체적으로 나타냄

B. 각각 풀이함

각각 풀이하는 중에 "첫째는 추니 마음과 상응하기 때문이고"라고 한 것은 여섯 가지 염심 중 앞의 삼염三染이 마음과 상응하는 것이니, 그 상이 거칠게 드러나는 것이며, 경에서는 '상의 생멸'이라 말하는 것이다.

"둘째는 세니 마음과 상응하지 않기 때문"이라는 것은 뒤의 세 가지 염심이 상응하지 아니하는 것이니, 심과 심법[70]의 거칠게 드러나는 상이 없고 그 체가 미세하여 항상 유전하여 끊어지지 않는 것으로, 경에서는 '상속의 생멸'이라 말하는 것이다. 이는 『십권능가경』에서 "식에 두 가지의 멸함이 있으니 어떤 것이 둘인가? 첫째는 상의 멸이고 둘째는 상속의 멸이다."[71]라고 하니, 생生과 주住도 이와 같다. 또 『사권능가경』에서 "모든 식에 두 가지 생生·주住·멸滅이 있으니, ……소위 유주생流注生[72]과 상생相生이다."[73]라고 하니, 멸도 이와 같다. 경에서 다만 두 가지 이름만 들고, 따로 추세麤細라는 상을 나타내지 않았기 때문에 이제 『기신론』의 저자가 상응과 불상응의 뜻에 의하여 두 가지 추세의 상을 구분한 것이다.

> 別解中言一者麤與心相應故者。六種染中。前之三染。是心相應。其相麤顯。經中說名爲相生滅也。二者細與心不相應故者。後三染心。是不相應。無心心法麤顯之相。其體微細。恒流不絶。經中說名相續生滅也。如十卷經云。識有二種滅。何等爲二。一者相滅。二相續滅。生住亦如是。四卷經云。諸識有二種生住滅。所謂流注生及相生。滅亦如是。經中直出二種名字。不別顯相。故今論主約於相應不相應義。以辨二種麤細相也。

ⓒ 사람에 대하여 분별함

사람에 대하여 분별하는 중에 "추 중의 추"라는 것은 앞의 세 가지 중 처음 둘이 이것이고, "추 중의 세"란 바로 이 세 가지 중 뒤의 하나가 이것이다. 앞의 것 중 처음 둘은 모두 의식意識에 있어서 행상行相이 거칠기 때문에 범부가 아는 것이요, 앞의 것 중 뒤의 하나는 제7식이며 행상이 거

---

70 심과 심법 : 심왕과 심소법을 말한다.
71 『入楞伽經』 권2(T16, 521c).
72 유주생流注生 : 유위법이 인연에 의하여 찰나찰나에 전멸후생前滅後生하여 상속부단함이 물이 끊임없이 흘러들어 가는 것과 같음을 말한다.
73 『楞伽阿跋多羅寶經』 권1(T16, 483a).

칠지 않아 범부가 알 수 있는 것이 아니다. 뒤의 것 중 처음 둘은 능현能現(현식)과 능견能見(전식)으로서 능能·소所가 차별되므로 보살이 아는 것이고, 맨 나중의 하나는 능소가 아직 나뉘지 않았으므로 오직 부처만이 분명히 알 수 있는 것이다.

> 對人分別中。麤中之麤者。謂前三中初二是也。麤中之細者。卽此三中後一是也。以前中初二俱在意識。行相是麤。故凡夫所知也。前中後一是第七識。行相不麤。非凡所了也。後中初二能現能見。能所差別。故菩薩所知。最後一者。能所未分。故唯佛能了也。

(ㄴ) 추세의 생멸의 뜻을 나타냄

논 이 두 가지 생멸이 무명의 훈습에 의하여 있는 것이니, 이른바 인에 의하며 연에 의하는 것이다. 인에 의한다는 것은 불각의 뜻이고, 연에 의한다는 것은 잘못 경계를 짓는 뜻이다. 만약 인이 멸한다면 연이 멸하는 것이니, 인이 멸하기 때문에 불상응심이 멸하고 연이 멸하기 때문에 상응심이 멸하는 것이다.

> 此二種生滅。依於無明熏習而有。所謂依因依緣。依因者。不覺義故。依緣者。妄作境界義故。若因滅。則緣滅。因滅故。不相應心滅。緣滅故。相應心滅。

문 만약 마음이 멸한다면 어떻게 상속하며, 만약 상속한다면 어떻게 마침내 멸해 버린다고 말할 수 있겠는가?

> 問曰。若心滅者。云何相續。若相續者。云何說究竟滅。

답 멸한다는 것은 오직 심상心相만 멸하는 것이요 심체心體가 멸하는 것이 아니다. 이는 바람이 바닷물에 의지해서 움직임의 특징(動相 : 파도)을 만드는 것이니, 만약 바닷물이 없어지면 바람의 특징(風相)이 단절되어 의지할 바가 없지만 바닷물이 없어지지 아니하므로 바람의 특징이 상속하는 것이며, 오직 바람이 멸하기 때문에 움직임의 특징이 따라서 멸하지만 바닷물이 멸하는 것은 아닌 것과 같다. 무명도 또한 그러하여 심체에 의하여 움직이는 것이니, 만약 심체가 멸하면 중생이 단절되어 의지할 바가 없지만 심체가 멸하지 아니하므로 마음이 상속하는 것이며, 오직 치癡(무명)가 멸하기 때문에 심상이 따라서 멸하지만 심지心智[74]가 멸하는 것은 아니다.

答曰。所言滅者。唯心相滅。非心體滅。如風依水而有動相。若水滅者。則風相斷絶。無所依止。以水不滅。風相相續。唯風滅故。動相隨滅。非是水滅。無明亦爾。依心體而動。若心體滅。則衆生斷絶。無所依止。以體不滅。心得相續。唯癡滅故。心相隨滅。非心智滅。

소 두 번째는 생멸의 뜻을 밝혔다. 이 중 두 가지가 있으니, 먼저는 생하는 원인(生緣)을 밝혔고 뒤에는 멸하는 뜻을 나타냈다.

第二明生滅義。於中有二。先明生緣。後顯滅義。初中亦二。先明通緣。後顯別因。

㉠ 생하는 원인을 밝힘

---

74 심지心智 : 엄밀히 심은 체體, 지는 용用이니, 체용을 함께 말하여 심지라 한다. 여기서는 신해神解의 성질을 말한다.

처음 중에 역시 두 가지가 있으니, 먼저는 보편적 원인(通緣)을 밝혔고 나중에는 개별적인 원인을 나타냈다. 보편적으로 말하자면, 추와 세의 이 식이 모두 무명주지에 의하여 일어나기 때문에, "두 가지 생멸이 무명의 훈습에 의하여 있는 것이니"라고 말한 것이고, 개별적으로 말한다면 무명 인無明因에 의하기 때문에 불상응심이 생기고 경계연境界緣에 의하기 때문 에 상응심이 일어나는 것이니, 그러므로 "인에 의한다는 것은 불각의 뜻 이고 연에 의한다는 것은 잘못 경계를 짓는 뜻이다."라고 말한 것이다.

> 通而言之麤細二識。皆依無明住地而起。故言二種生滅。依於無明熏習而 有。別而言之。依無明因故。不相應心生。依境界緣故。相應心得起。故言 依因者不覺義故。依緣者妄作境界義故。

별기 "불각의 뜻"이란 근본무명이고, "잘못 경계를 짓는다"는 것은 현 식이 나타내는 경계이다.

> 別記云。不覺義者。根本無明也。妄作境者。現識所現境也。

소 만약 뜻을 자세히 말한다면 각각 두 가지 원인이 있으니, 이는 『사 권능가경』에서 "대혜야, 부사의훈不思議熏과 부사의변不思議變은 현식의 인 因이고, 여러 가지 경계를 취하는 것과 무시의 망상훈(無始妄想熏)은 분별 사식의 인이니라."[75]라고 한 것과 같은 것이다.

이를 풀이해 보면 부사의훈이란 무명이 진여를 훈습하는 것을 말하는 것이니 훈습할 수 없는 곳에 훈습하기 때문이며, 따라서 '생각할 수 없는 훈습(不可思議熏)'이라 이름하는 것이다. 부사의변이란 이른바 진여가 무명

---

[75] 『楞伽阿跋多羅寶經』 권1(T16, 483a).

의 훈습을 받아서 변이할 수 없는데도 변이하기 때문이며, 따라서 '생각할 수 없는 변화(不思議變)'라고 이름하는 것이다. 이러한 훈습과 변이가 매우 미세하고 은미하기 때문에 여기에서 일어난 현식의 행상行相이 미세하며, 이 중에 또한 전식과 업식이 있지만, 추한 것을 들어서 미세한 것을 겸했기 때문에 단지 현식이라고만 말한 것이다. '여러 가지 경계를 취하는 것'이라는 것은 현식이 취하는 여러 가지 경계가 마음 바다(心海)를 요동시켜서 칠식의 물결을 일으키기 때문이다. '무시의 망상훈'이란 바로 저 현식을 망상이라고 하는 것이니, 본래부터 망상을 떠나 본 적이 없기 때문에 무시의 망상이라 이름하는 것이다. 이는 윗글에서 "본래부터 망념을 떠나 본 적이 없기 때문에 무시무명이라 한다."[76]고 한 것과 같으니, 여기서의 망상도 그러함을 알아야 할 것이다.

이는 『십권능가경』에서 "알라야식은 명식상名識相[77]을 알며, 가지고 있는 체상體相은 허공 중에 모륜毛輪[78]의 머무름이 있는 것과 같으니, 정지淨智가 행하는 경계가 아니다."[79]라고 한 것과 같으니, 이러한 도리에 의하므로 망상인 것이다. 저 여러 가지의 경계와 이 망상이 자상심해自相心海[80]를 훈습하여 칠식의 파랑을 일으키게 하니, 망상과 육진六塵의 경계가 거칠고 또 드러나기 때문에 거기에서 일어난 분별사식의 행상이 거칠고 드러나서 상응심을 이루는 것이다. (결국 『사권능가경』과 『십권능가경』에서) 현식이 부사의훈에 의하기 때문에 생기게 되고 부사의변에 의하므로 머무르게 되며, 분별사식은 여러 가지 경계를 반연하기 때문에 생기게 되고 망

---

76 『大乘起信論疏記會本』 권2(H1, 752b).
77 명식상名識相 : 허망하게 분별된 경계상. 이는 명名·구句·문文으로 표시되는데, 제6식은 이 명·구·문에 의해 허망하게 분별된 경계상을 변화시켜 종자를 제8식에 훈부한다. 『入楞伽經』 권2(T16, 516~518) 참조.
78 모륜毛輪 : ⓢ keśuṇḍuka. 눈을 감았을 때 나타나는 망상網狀의 환영幻影을 말한다.
79 『入楞伽經』 권2(T16, 518b), 『大乘入楞伽經』 권1(T16, 590a).
80 자상심해自相心海 : 본식本識, 즉 제8식을 말한다.

상의 훈습에 의하므로 머무르게 됨을 밝히고자 하였다. 이제 이 『기신론』 중에서는 다만 생하는 원인(生緣)만을 취하였기 때문에 세細 중에서는 오직 무명의 훈습만 말하고 추麤 중에서는 단지 경계연境界緣만을 든 것이다.

若具義說。各有二因。如四卷經云。大慧。不思議熏。及不思議變。是現識因。取種種塵。及無始妄想熏。是分別事識因。解云。不思議熏者。謂無明能熏眞如。不可熏處而能熏故。故名不可思議熏也。不思議變者。所謂眞如受無明熏。不可變異而變異故。故名不思議變。此熏及變甚微且隱。故所起現識行相微細。於中亦有轉識業識。然擧麤兼細。故但名現識也。取種種塵者。現識所取種種境界。能動心海。起七識浪故。無始妄想熏者。卽彼現識名爲妄想。從本以來未曾離想。故名無始妄想。如上文言。以從本來未曾離念。故名無始無明。此中妄想當知亦爾。如十卷經云。阿梨耶識知名識相。所有體相。如虛空中有毛輪住。不淨智所行境界。由是道理故是妄想。彼種種塵及此妄想。熏於自相心海。令起七識波浪。妄想及塵。麤而且顯。故其所起分別事識。行相麤顯。成相應心也。欲明現識因不思議熏故得生。依不思議變故得住。分別事識緣種種塵故得生。依妄想熏故得住。今此論中但取生緣。故細中唯說無明熏。麤中單擧境界緣也。

별기 또 『사권능가경』에서 "대혜야, 만약 또한 저 진식眞識[81]의 여러 가지 불실不實한 모든 허망한 것이 멸하면, 모든 근식根識[82]이 멸하는 것이니 이를 상멸相滅이라 이름한다. 상속이 멸한다(相續滅)는 것은 상속의 원인이 멸하면 상속이 멸하니, 소종所從(원인)이 멸하고 소연所緣(연)이 멸하면 상속이 멸하는 것이다. 까닭이 무엇인가? 이것이 소의所依이기 때문이다.

---

81 진식眞識 : 『楞伽經』에서 말한 삼식의 하나. 진眞과 망妄에 통한 제8식의 정분淨分, 곧 자성청정심이다.
82 근식根識 : 『十卷楞伽經』에서는 제근諸根이라 하였으니, 곧 육근이다.

의依란 무시의 망상으로 훈습하는 것을 말하며, 연緣이란 자심自心이 보거나 해서 알게 되는 경계의 망상을 말한다."[83]라고 말하니, 이 경은 통상문通相門[84]에 의하기 때문에 이와 같이 말하며,『기신론』에서는 별도의 뜻[85]에 의거하므로 앞에서 말한 것과 같은 것이다.

 생生의 인연을 널리 논한다면 모든 식(팔식)에 각각 네 가지 인연이 있다. 이는 『십권능가경』에서 "네 가지 인연이 있어야 안식眼識이 생기니, 무엇이 네 가지인가? 첫째는 자내신自內身임을 깨닫지 못하고 경계를 취하기 때문이요,[86] 둘째는 무한한 과거로부터 허망하게 색경계色境界를 분별하고 훈습하여 희론에 집착하기 때문이요, 셋째는 식의 자성체自性體가 이러하기 때문이며, 넷째는 여러 가지 색상色相을 보기를 좋아하기 때문이다."[87]라고 하였으며,『사권능가경』에서는 "네 가지 인연 때문에 안식眼識이 이루어지는 것이니, 자심이 나타낸 것임을 깨닫지 못하고 (경계를) 섭수하며, 무한한 과거로부터 거짓되게 경계(色)를 경험하는 습기를 헤아려 집착하며, 식성識性의 자성인 것이며, 여러 가지 색상色相을 보려고 하는 것을 말하는 것이다. 이들을 네 가지 인연이라 하니 물이 흐르는 곳인 장식藏識에서 전식轉識의 물결이 생기는 것이다."[88]라고 한 것과 같다.

 '자심이 나타낸 것임을 깨닫지 못하고 (경계를) 섭수하며'라고 하는 것

---

83 『楞伽阿跋多羅寶經』권1(T16, 483a).
84 통상문通相門 :『楞伽經』에서는 생生·주住·멸滅의 인연을 모두 말하고 있으므로 통상문이라 한다.
85 별도의 뜻 :『大乘起信論』에서는 생生·멸滅의 인연만을 말하고 있다는 뜻이다.
86 『入楞伽經』권2(T16, 523a)에는 "자내신임을 깨닫지 못하고 경계를 취하기 때문이요(不覺自內身取境界)"라고 되어 있으나『大乘入楞伽經』권2(T16, 594b)에는 "자심이 나타낸 것임을 깨닫지 못하고 집착하여 취하기 때문이요(不覺自心現而執取)"로 되어 있고,『楞伽阿跋多羅寶經』권1(T16, 484a)에는 "자심이 나타낸 것임을 섭수하여 깨닫지 못하고(自心現攝受不覺)"로 되어 있다.『능가경회역』권상 p.137 참조.
87 『入楞伽經』권2(T16, 523a).
88 『楞伽阿跋多羅寶經』권1(T16, 484a).

은 근본무명의 인因을 밝힌 것이니, 그 색 경계가 거친 모양이어서 현식에서 나타난 것이며 식識 밖에 있는 것이 아니니, 이는 자심이 섭수한 것이기 때문이다. 깨닫지 못했다는 것은 무명으로 색진色塵이 밖에 있는 것이 아님을 깨닫지 못하는 것이며, 그러므로 안식을 내어 취하여 밖을 삼게 하는 것이니, 이것이 첫 번째 인이다. '무한한 과거로부터 거짓되게 경계를 경험하는 습기를 헤아려 집착하며'라고 하는 것은 무시망상훈습의 인因을 나타낸 것이니, 이는 현식이 본래 색진에 집착함을 말하며 이러한 습기에 의하여 안식을 내어 색진에 집착하게 하는 것이다. '식성識性'이라 말하는 것은 자류인自類因[89]을 나타내는 것이니, 앞서의 안식의 자성으로 인하여 분별하는 것이다. 이러한 훈습에 의하여 뒤에 안식을 내는 것이 앞서의 자성과 같다. '여러 가지 색상을 보려고 하는 것'이라는 것은 명언훈습名言熏習[90]의 인因을 나타내는 것이니, 이는 앞서의 안식이 색상을 보고 의식意識은 이 색상을 보는 안식을 반연하여 의언분별意言分別[91]로 집착하여 보고자 하는 것을 말한다. 안식을 설명하는 것과 마찬가지로 그 나머지의 여러 식도 여기에 준거하여 알 수 있을 것이다.

別記。又四卷經。大慧。若覆彼眞識種種不實諸虛妄滅。則一切根識滅。是

---

89 자류인自類因 : 등류과等流果를 내는 동류인同類因을 말한다. 인과 관계에서 원인이 그 결과와 동류인 것을 말한다. 예컨대 결과로 나타나는 선의 원인이 또한 선인 때에나 악의 원인이 또한 악인 때에는 그 인을 동류인이라 한다.
90 명언훈습名言熏習 : 명언종자名言種子·명언습기名言習氣·등류습기等流習氣라고도 한다. 온갖 법을 낳는 직접 인연이 되는 종자다. 명언名言에 따라 훈습하여 이루어지는 것이므로 명언훈습이라 한다. 명언에 표의명언表義名言과 현경명언顯境名言 2종이 있다. 표의명언은 모든 법을 말하여 표시하는 명名·구句·문文으로 제6식은 이 명언에 의하여 모든 법을 변화시켜 종자를 제8식에 훈부熏付하는 것이다. 현경명언은 제7식의 견분見分이 직접으로 대상경계를 반연하여 지금 있는 모든 법의 종자를 제8식에 훈성熏成함을 말한다. 이것을 명언이라 함은 심과 심소가 경계를 반연하여 나타내는 것과 같으므로 비유하여 명언이라 한다.
91 의언분별意言分別 : 의식의 심사尋思 작용을 말한다.

名相滅。相續滅者。相續所因滅。則相續滅。所從滅及所緣滅。則相續滅。所以者何。是其所依故。依者謂無始妄想熏。緣者謂自心見等識境妄想。此經就通相門。故作是說。論約別義。故如前說也。若汎論生因緣諸識各有四種因緣。如十卷經云。有四因緣眼識生。何等爲四。一者不覺自內身取境界故。二者無始世來虛妄分別色境界熏習執著戲論故。三者識自性體如是故。四者樂見種種色相故。四卷經云。四因緣故眼識轉。謂自心現攝受不覺。無始虛僞過色習氣計著。識性自性。欲見種種色相。是名四種因緣。水流處藏識轉識浪生。言自心現攝受不覺者。是明根本無明因。其色麁相。現識所現。不在識外。自心所攝故。言不覺者。無明不覺色塵非外。故能生眼識令取爲外。是爲初因。言無始虛僞乃至計著者。是顯無始妄想熏習因。謂現識本來取著色塵。由此習氣。能生眼識令取色塵也。言識性者。是顯自類因。由前眼識自性分別。由此熏習。後生眼識如前自性也。言欲見種種色相者。是顯名言熏習因。謂前眼識能見色相。意識緣此能見眼識。意言分別取著欲見也。如說眼識。其餘諸識準之可知。

㉡ 멸하는 뜻을 나타냄

소 "만약 인이 멸한다면" 이하는 두 번째 멸하는 뜻을 나타낸 것이다. 이 중에 두 가지가 있으니, 첫째는 바로 밝힌 것이고, "문" 이하는 문답하여 의심을 제거한 것이다.

若因滅下。次顯滅義。於中有二。一者直明。問曰以下。往復除疑。

A. 바로 밝힘

처음 중에 "만약 인이 멸한다면 연이 멸하는 것이니"라는 것은 어느 지위에서나 대치하게 될 때 무명인無明因이 멸하면 경계연境界緣이 따라서 멸하는 것이다. "인이 멸하기 때문에 불상응심이 멸하고"라는 것은 세 가지 불상응심이 직접 무명인에 의하여 생기기 때문에 무명이 멸할 때 또한 따라서 멸하는 것이다. "연이 멸하기 때문에 상응심이 멸하는 것이다."라는 것은 세 가지 상응염심이 직접 경계연에 의하여 일어나기 때문에 경계가 멸할 때 또한 따라서 멸하는 것이다. 이러한 시종의 생멸 도리[92]에 의하여 두 가지 생멸의 뜻[93]을 밝힌 것이지, 찰나생멸刹那生滅[94]의 뜻에 의거한 것은 아니다.

> 始中言若因滅則緣滅者。隨於何位得對治時。無明因滅境界隨滅也。因滅故不相應心滅者。三種不相應心親依無明因生。故無明滅時亦隨滅也。緣滅故相應心滅者。三種相應染心親依境界緣起。故境界滅時亦隨滅也。依是始終起盡道理。以明二種生滅之義。非約刹那生滅義也。

B. 문답하여 의심을 제거함

이 아래는 두 번째 문답해서 의심을 제거하는 것이니, 먼저는 묻고 나중은 답하였다.

> 此下第二往復除疑。先問。後答。

---

92 시종의 생멸 도리 : '시'는 무명인無明因을 말하고, '종'은 경계연境界緣을 말한다.
93 두 가지 생멸의 뜻 : 세생멸細生滅과 추생멸麤生滅, 즉 불상응염심의 생멸과 상응염심의 생멸을 말한다.
94 찰나생멸刹那生滅 : 시간의 최소 단위, 즉 찰나로 생멸을 논할 때 찰나찰나 생멸이 있으니 이를 찰나생멸이라 한다. 이에 대해 유정중생이 태어나서 죽을 때까지 한 생애 중의 생멸을 일기생멸一期生滅이라 한다.

A) 질문함

물음 중에 "만약 마음이 멸한다면 어떻게 상속하며"라고 한 것은 외도의 주장에 대하여 이러한 물음을 한 것이다.

이는 『십권능가경』에서 "만약 알라야식이 멸한다면 외도의 단견희론斷見戱論[95]과 다르지 아니하다. 모든 외도가 말하기를 '모든 경계를 여의면 상속식相續識[96]이 멸하며, 상속식이 멸하고 나면 곧 모든 식을 멸하게 된다.'고 하니, 대혜야! 만약 상속식이 멸한다면 무한한 과거로부터의 모든 식도 마땅히 멸할 것이다."[97]라고 한 것과 같다. 이 뜻은 바로 모든 외도의 주장, 즉 만약 무상천無想天[98]에 나거나 무상정無想定[99]에 들어갈 때 모든 경계를 여의면 상속식이 멸하는 것이니 근본이 멸하기 때문에 지말도 따라서 멸한다는 것을 밝힌 것이다.

여래가 이를 깨뜨려 말하기를, 만약 저 중생이 무상정에 들어갈 때 중생의 근본인 상속식이 멸한다면 육식, 칠식 등의 종자가 따라서 멸하여 저 무상정에 들어간 후로는 다시 모든 식을 일으키지 않아야 할 것이나, 저 무상정으로부터 나와서는 다시 모든 식을 일으킨다고 하니, 무상정에 들어갈 때 그 상속식이 멸하지 않음을 알아야 할 것이다. 이와 같이 논파한다.

---

95 단견희론斷見戱論 : 만유는 무상한 것이어서 실재하지 않는 것과 같이 사람도 죽으면 몸과 마음이 모두 없어져서 공무空無에 돌아간다고 고집하는 그릇된 소견을 말한다.
96 상속식相續識 : 상속심을 말한다.
97 『入楞伽經』 권2(T16, 522a).
98 무상천無想天 : 색계 사선천의 제4선천에 8천이 있는데 그중 제3 광과천廣果天 가운데 있는 하늘을 말한다. 이 하늘에 태어나면 모든 생각이 없으므로 이같이 이른다.
99 무상정無想定 : 대승 이십사불상응법二十四不相應法의 하나. 소승 십사불상응법의 하나. 이무심정二無心定의 하나. 무상천에 태어나는 인이 되는 선정이다. 모든 심상心想을 없애므로 이같이 이른다. 외도는 이 정을 닦아 무상과無想果를 얻으면 참 열반을 얻는 것이라고 생각한다.

이제 이『기신론』에서는 이에 의하여 물은 것이니, 만약 무상정·멸진정滅盡定[100]에 들어갈 때 심체가 멸한다면 어떻게 다시 상속하겠는가? 그러므로 "만약 마음이 멸한다면 어떻게 상속하며"라고 한 것이다. 만약 저 (무상정)에 들어갈 때 심체가 멸하지 아니하여 다시 상속한다면 이 상속상이 어떻게 해서 영구히 멸하겠는가? 그러므로 "어떻게 마침내 멸해 버린다고 말할 수 있겠는가."라고 말한 것이다.

問中言若心滅者云何相續者。對外道說而作是問。如十卷經云。若阿梨耶識滅者。不異外道斷見戲論。諸外道說。離諸境界。相續識滅。相續識滅已。卽滅諸識。大慧。若相續識滅者。無始世來諸識應滅。此意正明諸外道說。如生無想天。入無想定時。離諸境界。相續識滅。根本滅故。末亦隨滅也。如來破云。若彼衆生入無想時。衆生之本相續識滅者。六七識等種子隨滅。不應從彼還起諸識。而從彼出還起諸識。當知入無想時。其相續識不滅。如是破也。今此論中依此而問。若入無想定滅盡定時。心體滅者。云何還續。故言若心滅者云何相續也。若入彼時心體不滅還相續者。此相續相何由永滅。故言云何說究竟滅也。

B) 답변함

답에 세 가지가 있으니, 주장과 실례와 적용이다.

答中有三。謂法喩合。

---

100 멸진정滅盡定 : 대승에서는 이십사불상응법의 하나. 소승에서는 십사불상응법의 하나. 또는 이무심정二無心定의 하나. 성자聖者가 모든 심상을 죄다 없애고 적정하기를 바라며 닦는 선정이다. 소승에서 불환과不還果와 아라한과의 성자가 닦는 것은 유루정有漏定으로, 육식과 인집人執을 일으키는 말나末那만을 없애는 것이고, 대승의 보살이 이를 닦는 것은 무루정無漏定으로 법집을 일으키는 말나까지 없앤다.

(A) 주장

처음 주장에서 "멸한다는 것은"이라 함은, 저 무상정 등에 들어갔을 때 모든 식이 멸한다고 한 것은 단지 추식麤識의 상을 멸한 것이지 알라야의 심체를 멸한 것은 아닌 것이니, 그러므로 오직 심상心相만 멸한다고 한 것이다. 또한 위에서 '인이 멸하기 때문에 불상응심이 멸하고'라고 말한 것은 다만 심중에 업상業相 등이 멸함을 말한 것이지 자상自相의 심체가 멸함을 말한 것이 아니다.

> 初法中所言滅者。如入無想等時。說諸識滅者。但滅麤識之相。非滅阿梨耶心體。故言唯心相滅。又復上說因滅故不相應心滅者。但說心中業相等滅。非謂自相心體滅也。

(B) 실례

실례에서는 이 두 가지 멸하는 뜻을 각각 나타냈다. "바람이 바닷물에 의지해서 움직임의 특징을 만드는 것이니"라는 것은 무명의 바람이 심에 의지하여 움직임을 비유한 것이다. "만약 바닷물이 없어지면 바람의 특징이 단절되어 의지할 바가 없지만 바닷물이 없어지지 아니하므로 바람의 특징이 상속하는 것이며"라는 것은 무상정에 들어갈 때 심체가 멸하지 않기 때문에 모든 식이 상속함을 비유한 것이니, 이는 처음 물음에 답한 것이다. "오직 바람이 멸하기 때문에 움직임의 특징이 따라서 멸하지만"이라는 것은 불지佛地에 도달했을 때 무명이 영구히 멸하기 때문에 업상 등의 움직임도 또한 따라서 다 멸하여진다는 것이다. 그러나 그 자상의 심체는 멸하지 않기 때문에 바닷물이 멸하는 것이 아니라고 말한 것이며, 이는 뒤의 물음에 답하여 끝내 멸함을 밝힌 것이다.

喩中別顯此二滅義。如風依水而有動相者。喩無明風依心而動也。若水滅者則風斷絶無所依止。以水不滅風相相續者。喩於入無想等之時。心體不滅。故諸識相續也。是答初問也。唯風滅故動相隨滅者。到佛地時無明永滅。故業相等動亦隨滅盡。而其自相心體不滅。故言非是水滅也。是答後問明究竟滅。

(C) 적용

적용에서는 차례로 앞의 두 가지 뜻에 맞추었다. "심지가 멸하는 것은 아니다."라는 것은 신해神解의 성질을 '심지'라 이름하는 것이며, 윗글에서 "지혜의 본성은 없어지지 않기 때문이다."[101]라고 한 것과 같으니, 이는 자상의 멸하지 않는 뜻을 밝힌 것으로 나머지 글도 알 수 있을 것이다.

合中次第合前二義。非心智滅者。神解之性名爲心智。如上文云智性不壞。是明自相不滅義也。餘文可知。

문 이 식의 자상이 한결같이 염연染緣[102]으로 일어난 것이라고 해야 하는가, 또한 연을 따르지 않는 뜻이 있다고 해야 하는가? 한결같이 염연으로 일어난 것이라면 염법이 다 없어질 때 자상自相이 마땅히 멸해야 할 것이며, 그 자상이 염연을 따르지 않기 때문에 멸하지 않는 것이라면 자상 그대로 있을 것이다. 또 가령 (앞의 경우가) 자상이 또한 멸하여 단견斷見과 같은 것이라면, 이 경우에는[103] 자상이 멸하지 아니하여 도리어 상견常

---

101 『大乘起信論疏記會本』 권3(H1, 753b).
102 염연染緣 : 무명 등의 염법소연染法所緣을 말한다.
103 이 경우에는 : 곧 염연을 따르지 않는 경우에는.

見[104]과 같아질 것이다.

問。此識自相。爲當一向染緣所起。爲當亦有不從緣義。若是一向染緣所起。染法盡時自相應滅。如其自相不從染緣故不滅者。則自然有。又若使自相亦滅同斷見者。是則自相不滅還同常見。

답 어떤 사람은 말한다. 알라야 심체는 이숙법異熟法[105]으로서 다만 업혹業惑[106]에 의하여 주선되어 생기는 것이니, 그러므로 업혹이 다 끝날 때 본식本識이 모두 없어지는 것이다. 그러나 불과佛果에서는 또한 복福·혜慧의 이행二行[107]으로 결과된 대원경지大圓境智와 상응한 정식淨識[108]이 있으니, 이상의 두 곳[109]에서의 심의 뜻이 같으며, 이런 뜻에 의하여 심이 불과에까지 이른다.

어떤 사람은 말한다. 자상 심체의 전체가 저 무명에 의하여 일어났으나, 정靜을 움직여 일어나게 한 것이지 무無를 주선하여 유有가 되게 한 것임을 말하는 것은 아니니, 그러므로 이 마음의 움직임이 무명으로 인하여 일어나는 것을 업상業相이라고 한다. 이 움직이는 마음이 본래 스스로 마음(心體)이며, 또한 자상自相[110]이니, 자상의自相義 문門이 무명에 말미

---

104 상견常見 : 사람은 죽으나 자아는 없어지지 않으며 오온은 과거나 미래에 상주불변하여 간단間斷하는 일이 없다고 고집하는 그릇된 견해이다.
105 이숙법異熟法 : 이숙식과 같다.
106 업혹業惑 : 악업과 번뇌. 업결業結, 업뇌業惱와 같다.二
107 복福·혜慧의 이행二行 : 복지이행福智二行이라고도 한다. 보살의 만행 가운데서 지혜를 본체로 한 것은 지행智行, 다른 행은 모두 복행福行이다. 육바라밀 가운데 앞의 다섯 가지는 복행이니 이타利他에 속하고, 뒤의 한 가지는 지행이니 자리自利에 속한다.
108 정식淨識 : 아마라식阿摩羅識([S] amala-vijñāna)을 말한다. 무구無垢·백정白淨·청정식淸淨識이라고도 한다. 구역에서는 제9식이라 하고 신역에서는 제9식을 따로 세우지 않고 제8식의 청정한 부분을 말한다.
109 이상의 두 곳 : 이숙법으로서의 알라야식과 불과佛果에 이르는 정식의 두 곳이다.
110 자상自相 : 알라야의 삼상三相의 하나. 삼상은 자상自相·과상果相·인상因相을 말하

암는 것은 아니다. 그러나 곧 이 무명에 의하여 움직여진 마음에도 또한 자류상생自類相生[111]의 뜻이 있기 때문에 자연히 본래부터 있다는 허물은[112] 없으면서 멸하지 않는 뜻이 있으니, 무명이 다할 때 동상은 따라서 멸하지만 심心은 시각始覺을 따라 본원에 돌아가는 것이다.

어떤 사람은 말한다. 두 논사의 말이 모두 도리가 있으니, 모두 성전聖典에서 말한 것에 의거하였기 때문이다. 처음 논사의 말은 『유가』의 뜻에 맞고(『별기』에 따르면 현료문에 의한 것이다.] 뒤 논사의 뜻은 『기신론』의 뜻에 맞으니(『별기』에 따르면 은밀문에 의한 것이다.], 또한 말 그대로 뜻을 취해서는 안 될 것이다. 그 까닭은 만약 처음의 주장대로 뜻을 취한다면 곧 이는 법아집法我執[113]이며, 뒤의 주장대로 뜻을 취한다면 이는 인아견人我見[114]을 말하는 것이다. 또 만일 처음의 뜻을 고집한다면 단견斷見에 떨어질 것이며,[115] 뒤의 뜻에 집착한다면 상견常見에 떨어질 것이니,[116] 두 가지 뜻이

며, 제8식 자체에 모든 법의 인因이 되고 과果가 되는 뜻을 갖추었으므로 자상의 상은 체상體相, 나머지 2상은 의상義相이라 한다. 자상은 제8식 자체의 상, 곧 모든 종자를 간직하고 7전식에 의하여 모든 종자를 훈장熏藏하여 제8식에 집장執藏되는 것을 말한다.

[111] 자류상생自類相生 : 알라야식 내의 종자種子는 자류인과自類因果, 즉 선·악·무기無記의 각자가 일류상속一類相續하여 전역轉易하지 않는 것으로서, 대치도對治道의 자리인 구경위究竟位까지 상속함을 말한다.

[112] "자연히 본래부터 있다는 허물은"이란 알라야식의 자상이 염연染緣에 따르지 않기 때문에 멸하지 않을 것이라는 앞서의 주장을 말한 것으로, 이를 허물이라 함은 이 주장이 상견常見에 떨어지기 때문이다. 또 이런 허물이 없다는 것은 알라야식 자상이 무명에 물들기 때문이다.

[113] 법아집法我執 : 법집과 같다. 여기서는 업혹에 의하여 생긴 이숙법으로서의 본식에 대한 집착을 말한다.

[114] 인아견人我見 : 인아집人我執·아집我執·인집人執과 같은 말이다. 여기서는 자류상생自類相生하는 자상自相을 말한다.

[115] 알라야식의 심체가 업혹에 의하여 이루어지는 것이므로 업혹이 다 없어질 때 이숙법으로서의 알라야 본식本識도 다 없어진다고 한다면 이는 단견에 떨어지는 것이다.

[116] 상견에 떨어진다는 것은 자상 심체가 무명에 의하여 일어났으나, 무명이 다할 때 마음은 시각을 따라 본원에 돌아가는 것이므로, 이는 상견에 떨어지는 것이다.

모두 옳지 않은 주장임을 알아야 할 것이다. 비록 옳지 않은 주장이지만 또한 옳은 주장이니, 비록 그러하지는 않으나 그렇지 않은 것도 아니기 때문이다.

생멸문을 자세히 해석한 이분二分 중 처음 바로 자세히 해석함을 이상으로 마친다.

答。或有說者。梨耶心體是異熟法。但爲業惑之所辨生。是故業惑盡時。本識都盡。然於佛果。亦有福慧二行所感[1]大圓鏡智相應淨識。而於二處心義是同。以是義說心至佛果耳。或有說者。自相心體。擧體爲彼無明所起。而是動靜令起。非謂辨無令有。是故此心之動。因無明起。名爲業相。此動之心。本自爲心。亦爲自相。自相義門不由無明。然卽此無明所動之心。亦有自類相生之義。故無自然之過。而有不滅之義。無明盡時動相隨滅。心隨始覺還歸本源。或有說者。二師所說皆有道理。皆依聖典之所說故。初師所說得瑜伽意。【別記云。依顯了門。】後師義者得起信意。【別記云。依隱密門。】而亦不可如言取義。所以然者。若如初說而取義者。卽是法我執。若如後說而取義者。是謂人我見。又若執初義。墮於斷見。執後義者。卽墮常見。當知二義皆不可說。雖不可說而亦可說。以雖非然而非不然故。廣釋生滅門內有二分中。初正廣釋竟在於前。

---

1) ㉑ 갑본에서는 '感'을 '惑'이라고 하였다.

ㄴ. 말에 의하여 거듭 나타냄

이 아래는 두 번째로 말에 의하여 거듭 밝히는 것이니, 무슨 까닭인가? 이는 윗글에서 "이 식에 두 가지 뜻이 있어서, 일체법을 포괄하며 일체법을 낼 수 있는 것이다."[117]라고 한 말과 같다. 그러나 섭의攝義는 앞에서 이미 자세히 말하였고 생의生義는 아직 분명치 않으니, 이 때문에 이 아래에서 자세히 이 생의를 밝힐 것이다.

글 가운데 다섯 가지가 있으니, 첫째는 수를 들어 전체적으로 표시한 것이요, 둘째는 수에 의하여 이름을 열거하였고, 셋째는 훈습의 뜻을 전체적으로 밝혔으며, 넷째는 훈습의 상을 각각 나타냈고, 다섯째는 다함과 다하지 않음의 뜻을 밝혔다.

此下第二因言重明。何者。如上文言。此識有二種義。能攝一切法生一切法。然其攝義前已廣說。能生之義猶未分明。是故此下廣顯是義。文中有五。一者擧數總標。二者依數列名。三者總明熏習之義。四者別顯熏習之相。第五明盡不盡義。

ㄱ) 수를 들어 전체적으로 표시함

ㄴ) 수에 의하여 이름을 열거함

논 다시 네 가지 법의 훈습하는 뜻이 있기 때문에 염법과 정법이 일어나 단절하지 않는 것이니, 어떤 것이 네 가지인가? 첫째는 정법淨法이니 진여라 이름하며, 둘째는 일체의 염인染因이니 무명이라 이름하며, 셋째는 망심妄心이니 업식이라 이름하며, 넷째는 망경계妄境界니 이른바 육진六塵이다.

復次有四種法熏習義故。染法淨法起不斷絶。云何爲四。一者淨法。名爲眞如。二者一切染因。名爲無明。三者妄心。名爲業識。四者妄境界。所謂六塵。

---

117 『大乘起信論疏記會本』 권2(H1, 747b).

소 수를 들어 (전체적으로 표시하고, 수에 의하여) 이름을 열거하였으니, 글의 양상을 알 수 있을 것이다.

擧數。列名。文相可知。

ㄷ) 훈습의 뜻을 전체적으로 밝힘

논 훈습의 뜻이란 세간의 의복이 실제로는 향기가 없지만 만약 사람이 향으로 훈습하면 그 때문에 곧 향기가 있는 것과 같이, 이 또한 이러하여 진여정법에는 실로 염染이 없지만 다만 무명으로 훈습하기 때문에 곧 염상染相이 있으며, 무명염법에는 실로 정업淨業이 없으나 다만 진여로 훈습하기 때문에 정용淨用이 있는 것이다.

熏習義者。如世間衣服。實無於香。若人以香而熏習故。則有香氣。此亦如是。眞如淨法實無於染。但以無明而熏習故。則有染相。無明染法。實無[1]淨業。但以眞如而熏習故。則有淨用。

1) ㉮ 갑본에서는 '無'를 '法'이라 하였다.

소 세 번째 중에서 먼저는 실례이며, 나중은 적용이다. 적용에서 "진여정법"이라 한 것은 본각의 뜻이며, "무명염법"이란 불각의 뜻이니 진실로 하나의 식이 이 두 가지 뜻을 함유하여 번갈아 서로 훈습함에 의하여 두루 염정을 내는 것이며, 이 뜻은 바로 경본(『능가경』)에서 말한 부사의훈과 부사의변의 뜻을 풀이한 것이다.[118]

---

118 『楞伽阿跋多羅寶經』 권1(T16, 483a), 『大乘起信論疏記會本』 권4(H1, 765c) 참조.

第三之中。先喩。後合。合中言眞如淨法者。是本覺義。無明染法者。是不覺義。良由一識含此二義。更互相熏。徧生染淨。此意正釋經本所說不思議熏不思議變義也。

⟨문⟩ 『섭대승론』에서는 네 가지 뜻[119]을 갖추어야 바야흐로 훈습을 받을 수 있다고 말하며, 그러므로 상법常法은 훈습을 받을 수 없다고 하였는데,[120] 무슨 까닭으로 여기서는 진여를 훈습한다고 하였는가?

問。攝大乘說。要具四義。方得受熏。故言常法不能受熏。何故此中說熏眞如。

⟨해⟩ 훈습의 뜻에 두 가지가 있으니, 저 『섭대승론』은 우선 생각할 수 있는 훈습(可思議熏)에 의하므로 상법은 훈습을 받아들일 수 없다고 한 것이고, 이 『기신론』에서는 생각할 수 없는 훈습(不可思議熏)을 밝혔기 때문에 무명이 진여를 훈습하며 진여가 무명을 훈습한다고 말한 것이다. 이처럼 나타내는 뜻이 같지 않기 때문에 서로 어긋나지 않는다. 그러나 이 『기신론』의 글에서 생멸문 내의 성정본각性淨本覺을 진여라고 하였으니, 따라서 훈습의 뜻이 있는 것이며, 이는 진여문 중의 진여를 말한 것은 아니다. 진여문 중에서는 생의生義를 말하지 않기 때문이다.

---

119 『攝大乘論』의 소훈사所熏四義를 말한다. 종자의 소훈처所熏處가 되는 제8식에는 다음 네 가지 속성이 있어야 한다. ① 견주성堅住性은 시종始終이 동일한 성류性類의 것으로, 또 항상 부단하고 상속하는 성질이어야 한다. ② 무기성無記性은 선악에 치우치지 아니한 중성이어야 한다. ③ 가훈성可熏性은 그 자체가 다른 것에 의지하여 일어나지 않고 자재한 세력이 있으며 또 견밀하지 아니한 성질이어야 한다. 즉, 무위법은 그 성性이 상주하는 것이며 견밀한 것이므로 수훈受熏의 여지가 없다. ④ 화합성和合性은 훈습하는 것(능훈식)과 화합(상응)하는 성질이어야 한다. 『攝大乘論釋』 권2(T31, 166a) 참조.
120 소훈사의所熏四義 중 세 번째 가훈성을 말한다.

解云。熏習之義有其二種。彼論且約可思議熏。故說常法不受熏也。此論明其不可思議熏。故說無明熏眞如。眞如熏無明。顯意不同。故不相違。然此文中生滅門內性淨本覺說名眞如。故有熏義。非謂眞如門中眞如。以其眞如門中不說能生義。

ㄹ) 훈습의 상을 각각 나타냄

이 아래는 네 번째 따로 밝힌 것이다. 이 중에 두 가지가 있으니, 먼저는 염染이고 뒤는 정淨이다.

以下第四別明。於中有二。先染。後淨。

(ㄱ) 염법훈습

논 어떻게 훈습하여 염법을 일으켜 단절되지 않는가? 이른바 진여법에 의하기 때문에 무명이 있고, 무명염법의 인因이 있기 때문에 곧 진여를 훈습하며, 훈습하기 때문에 곧 망심이 있게 된다. 망심이 있어서 곧 무명을 훈습하여 진여법을 요달하지 못하기 때문에 불각하여 망념이 일어나 망경계를 나타낸다. 망경계의 염법의 연緣이 있기 때문에 곧 망심을 훈습하여 그로 하여금 염착念着케 하여 여러 가지 업을 지어서 일체의 신심身心 등의 고통을 받게 하는 것이다.

이 망경계 훈습의 뜻에 두 가지가 있다. 어떤 것이 두 가지인가? 첫째는 증장념훈습增長念熏習이며, 둘째는 증장취훈습增長取熏習이다. 망심훈습의 뜻에 두 가지가 있으니, 어떤 것이 두 가지인가? 첫째는 업식근본훈습業識根本熏習이니, 아라한과 벽지불과 일체 보살의 생멸고生滅苦를 받을 수 있기 때문이요. 둘째는 증장분별사식훈습增長分別事識熏習이니, 범부의 업계고業繫苦를 받을 수 있기 때문이다. 무명훈습의 뜻에 두 가지가 있으니, 어떤 것이 두 가지인가? 첫째는 근본훈습이니, 업식을 성취할 수 있는 뜻이기 때문이요, 둘째는 소기견애훈습所起見愛熏習이니, 분별사식을 성취할 수 있는 뜻이기 때문이다.

> 云何熏習起染法不斷。所謂以依眞如法故。有於無明。以有無明染法因故。卽熏習眞如。以熏習故。則有妄心。以有妄心。卽熏習無明。不了眞如法故。不覺念起現妄境界。以有妄境界染法緣故。卽熏習妄心。令其念著。造種種業。受於一切身心等苦。此妄境界熏習義則有二種。云何爲二。一者增長念熏習。二者增長取熏習。妄心熏習義有二種。云何爲二。一者業識根本熏習。能受阿羅漢辟支佛一切菩薩生滅苦故。二者增長分別事識熏習。能受凡夫業繫苦故。無明熏習義有二種。云何爲二。一者根本熏習。以能成就業識義故。二者所起見愛熏習。以能成就分別事識義故。

소 염染 중에 또한 두 가지가 있으니, 먼저는 묻고 뒤에는 답했다.

> 染中亦二。先問。後答。

㉠ 질문함

㉡ 답변함

답에 두 가지가 있으니, 간략히 밝히는 것과 자세히 나타낸 것이다.

> 答中有二。略明。廣顯。

A. 간략히 밝힘

간략히 밝히는 것에 "진여법에 의하기 때문에 무명이 있고"라고 한 것은 능훈能熏과 소훈所熏의 체를 나타낸 것이다. "무명(염법의 인)이 있기 때문에 곧 진여를 훈습하며"라는 것은 근본무명이 훈습한다는 뜻이다. "훈습하기 때문에 곧 망심이 있게 된다."는 것은 무명의 훈습에 의하여 업식심業識心이 있는 것이다. 이 망심으로 도리어 무명을 훈습하여 그 요달하지 못함을 증가시키기 때문에 전식과 현식 등을 이루는 것이니, 그러므로 "불각하여 망념이 일어나 망경계를 나타낸다"고 말한다.

> 略中言依眞如法有無明者。是顯能熏所熏之體也。以有無明熏習眞如者。根本無明熏習義也。以熏習故有妄心者。依無明熏有業識心也。以是妄心還熏無明。增其不了。故成轉識及現識等。故言不覺念起現妄境界。

별기 "불각하여 망념이 일어나"라는 것은 전상轉相이고, "망경계를 나타낸다"는 것은 현상現相이다.

> 別記云。不覺念起。是轉相也。現妄境界。是現相也。

소 이 경계로 도리어 현식을 훈습하기 때문에 "망심妄心[121]을 훈습하여"라고 하는 것이다. "그로 하여금 염착케 하여"라는 것은 제7식을 일으키는 것이고,[122] "여러 가지 업을 지어서"라는 것은 의식을 일으키는 것이

---

121 망심妄心 : 여기서의 망심은 현식現識을 지칭한다고 보아야 한다. 따라서 앞 문장에서 망심을 업식이라고만 하였으나 이는 세細를 들어 추麤까지 겸한 것이다.
122 법장, 『大乘起信論義記』 권하(T44, 270c10)에 따르면 염념은 지상智相과 상속상相續相에 해당하고, 착著은 집취상執取相과 계명자상計名字相에 해당한다.

고, "일체의 (신심 등의) 고통을 받게 하는 것이다."는 것은 업에 의하여 과보를 받는 것이다.

> 以是境界還熏現識。故言熏習妄心也。令其念著者。起第七識也。造種種業者。起意識也。受一切苦者。依業受果也。

B. 자세히 말함

다음 자세히 말하는 중에는 앞의 세 가지 뜻을 자세히 설명하되 뒤에서부터 말하였으니,[123] 먼저 경계를 밝혔다. "증장념"이란 경계의 힘으로 사식事識(분별사식) 중의 법집분별념法執分別念을 증장하는 것이며, "증장취"란 사취四取[124]의 번뇌장煩惱障을 증장하는 것이다. 망심훈습에 "업식근본훈습"이란 이 업식으로 무명을 훈습하여 상相이 없는 것임을 잘 모르고 전상·현상을 일으켜 상속하는 것이니, 저 삼승인三乘人[125]이 삼계를 벗어날 때 사식事識의 분단추고分段麤苦[126]는 여의었으나 아직 변역變易[127]의 아리

---

[123] 간략하게 밝힌 것에서 설한 세 가지 뜻을, 세 번째 뜻에서부터 거꾸로 자세히 설명했다는 말이다.
[124] 사취四取 : 삼계三界의 번뇌를 네 가지로 나눈 것. 욕취欲取·견취見取·계금취戒禁取·아어취我語取다. 이것은 십이인연 중의 취지取支를 자세히 구별한 것이니 '취'는 집취執取, 집지執持의 뜻으로 삼계의 허망한 상에 집착하여 육취六趣의 태어남을 취하므로 번뇌를 취라 한다.
[125] 삼승인三乘人 : 성문·연각·보살을 말한다. 성문·연각은 자리만 있고 이타가 없으므로 소승이라 하고, 보살은 자리와 이타를 구족하므로 대승이라 한다. 제2권 각주 135 참조.
[126] 분단추고分段麤苦 : 분단생사에서 받는 거친 고통. 이는 범부들의 생사이므로 거친 것이다.
[127] 변역變易 : 변역생사를 말한다. 삼계에 생사하는 몸을 여읜 뒤로 성불하기까지 성자聖者가 받는 삼계 밖의 생사. 변역은 그전 형상을 변하여 다른 모양을 받는 것이니, 이 성자들은 무루無漏의 비원력悲願力으로 말미암아 분단생사하는 추열麤劣한 몸을 변하여 세묘무한細妙無限한 몸을 받으며, 무루의 정원력定願力의 도움으로 묘용妙用

야행고阿梨耶行苦[128]를 받기 때문에 삼승의 "생멸고를 받는다"고 말한 것이다. 통틀어 논하자면 이 고苦[129]가 무한한 과거로부터 있는 것이지만 다만 추麤·세細 두 가지의 훈습을 분간하기 위하여 이미 추고麤苦를 여읜 때에 의거하여 말한 것이다. "증장분별사식훈습"이란 범부의 자리에서의 분단고分段苦를 말한다. 무명훈습 중에 "근본훈습"이란 근본불각이며, "소기견애훈습"이란 무명에서 일어난 의식의 견애見愛[130]이니 곧 지말불각의 뜻이다.

次廣說中。廣前三義。從後而說。先明境界。增長念者。以境界力增長事識中法執分別念也。增長取者。增長四取煩惱障也。妄心熏習中。業識根本熏習者。以此業識能熏無明。迷於無相。能起轉相現相相續。彼三乘人出三界時。雖離事識分段麤苦。猶受變易梨耶行苦。故言受三乘生滅苦也。通而論之。無始來有。但爲簡麤細二種熏習。故約已離麤苦時說也。增長分別事識熏習者。在於凡位說分段苦也。無明熏習中。根本熏習者。根本不覺也。所起見愛熏習者。無明所起意識見愛。卽是枝末不覺義也。

별기 "증장분별사식훈습"이라고 한 것은 의식의 견애번뇌가 증장된 것을 말하는 것이니, 그러므로 삼계三界의 업業에 매인 과보를 받기 때문에 "범부의 업계고"라 말하였다. 무명훈습 중에 "근본훈습"이라고 한 것은 근본무명이 진여를 훈습하여 생각을 움직이게 하는 것을 업식이라 함

이 헤아릴 수 없으므로 변역생사 또는 부사의변역생사不思議變易生死라 한다.
128 아리야행고阿梨耶行苦 : 변역생사하는 변역신變易身은 세묘무한細妙無限하여 그 영묘한 작용을 헤아리기 어려우므로 이처럼 불사의하다는 뜻에서 아리야행고라 한다. 즉, 변역행고變易行苦이다.
129 이 고苦 : 변역의 아리야행고이다.
130 견애見愛 : 아견我見과 사견邪見 등 일체 미리迷理의 혹惑을 견견이라 하고, 탐욕·진에 등 일체 미사迷事의 혹을 애애라 한다.

을 이르는 것이며, 그러므로 "업식을 성취할 수 있는 뜻"이라 말하였다. "소기견애훈습"이라고 하는 것은 근본무명에서 일어난 견애見愛가 그 의식을 훈습하여 추분별을 일으키기 때문에 "분별사식을 성취할 수 있는 뜻"이라 말한 것이다.

> 別記。言增長分別事識熏習者。所謂意識見愛煩惱之所增長。故能受三界繫業之果。故言凡夫業繫苦也。無明熏中言根本熏習者。謂根本無明熏習眞如。令其動念。是名業識。故言成就業識義也。言所起見愛熏習者。根本無明所起見愛。熏其意識。起麤分別。故言成就分別事識義也。

(ㄴ) 정법훈습

논 어떻게 훈습하여 정법을 일으켜 단절시키지 않는가? 이른바 진여법이 있기 때문이다. 이 진여가 무명을 훈습하는 것이며, 훈습하는 인연의 힘에 의하여 곧 망심으로 하여금 생사의 고통을 싫어하고 열반을 구하기를 좋아하게 하는 것이다. 이 망심에 생사의 고통을 싫어하고 열반을 구하기 좋아하는 인연이 있기 때문에 곧 진여를 훈습하여 스스로 자기의 본성을 믿어서 마음이 거짓되이 움직이는 것일 뿐 앞의 경계가 없음을 알아 멀리 여의는 법을 닦는다. 이리하여 앞의 경계가 없음을 여실히 알기 때문에 여러 가지 방편으로 수순행隨順行을 일으켜 집착하지도 아니하고[131] 잘못 생각하지도 아니하며,[132] 이어서 오랫동안 훈습한 힘 때문에 무명이 곧 멸한다. 무명이 멸하기 때문에 마음에 일어나는 것이 없고 일어남이 없기 때문에 경계가 따라서 멸한다. 인과 연이 다 멸하기 때문에 심상

---

131 "집착하지도 아니하고"란 곧 사취번뇌를 일으키지 않는 것을 말한다.
132 "잘못 생각하지도 아니하며"란 바로 법집분별념을 일으키지 않는 것을 말한다.

心相이 다 없어지니, 이를 열반을 얻어 자연업自然業[133]을 이룬다고 말한다.

云何熏習起淨法不斷。所謂以有眞如法故。能熏習無明。以熏習因緣力故。則令妄心厭生死苦。樂求涅槃。以此妄心有厭求因緣故。卽熏習眞如。自信己性。知心妄動。無前境界。修遠離法。以如實知無前境界故。種種方便。起隨順行。不取不念。乃至久遠熏習力故。無明則滅。以無明滅故。心無有起。以無起故。境界隨滅。以因緣俱滅故。心相皆盡。名得涅槃。成自然業。

소 두 번째는 정훈淨熏을 밝혔다. 이 중 두 가지가 있으니, 먼저는 묻고 나중은 답하였다.

次明淨熏。於中有二。先問。後答。

㉠ 질문함

㉡ 답변함

답 중에 또한 두 가지가 있으니, 간략히 밝히고 자세히 나타냈다.

答中亦二。略明。廣顯。

A. 간략히 밝힘

---

[133] 자연업自然業 : 부사의업용不思議業用을 말한다. 법장, 『大乘起信論義記』 권3(T44, 271b9) 참조.

간략히 밝히는 중 먼저 진여의 훈습을 밝혔고, 두 번째는 망심의 훈습을 밝혔다.

略中先明眞如熏習。次明妄心熏習。

A) 진여의 훈습을 밝힘

B) 망심의 훈습을 밝힘

이 중 다섯 가지가 있으니, 처음에 "이 망심에 (생사의 고통을) 싫어하고 (열반을) 구하기 좋아하는 인연이 있기 때문에……자기의 본성을 믿어서"라고 한 것은 십신위十信位 중의 신信을 밝힌 것이다. 두 번째 "마음이 거짓되이 움직이는 것일 뿐 앞의 경계가 없음을 알아 멀리 여의는 법을 닦는다."라고 한 것은 삼현위三賢位 중의 수행을 나타낸 것이다. "앞의 경계가 없음을 여실히 알기 때문에"라는 것은 초지의 견도見道[134]에서 유식관이 이루어짐을 밝힌 것이다. "여러 가지 방편으로……오랫동안 훈습한 힘 때문에"라는 것은 십지十地의 수도위修道位[135]에서 만행萬行을 닦음

---

[134] 견도見道 : 견제도見諦道라고도 한다. 온갖 지식으로 잘못 아는 소견을 여읜 자리이다. 소승에서는 삼현三賢·사선근四善根의 수행을 마치고 세제일위世第一位의 직후 무루의 지혜를 일으켜 십육심十六心으로써 욕계와 색계·무색계의 4제의 이치를 관찰하고 지식으로 잘못된 소견을 여의어 처음으로 성자라 칭하는 위位이다. 대승유식종에서는 5위 중 통달위通達位에 해당한다. 가행위加行位의 맨 나중인 세제일위의 직후 무루의 지혜를 일으켜 유식의 성품인 진여의 이치에 체달하여 후천적으로 일어나는 번뇌장·소지장의 종자를 끊고 선천적으로 갖춘 번뇌장의 활동을 아주 눌러 버리는 자리이다. 십지의 처음인 환희지에 해당한다.

[135] 수도위修道位 : 견도위見道位에서 온갖 지적인 미혹을 벗어나고, 다음에 정情·의意로부터 일어나는 온갖 번뇌의 속박을 벗어나려는 수양을 쌓는 기간이다. 소승에서는 사향사과四向四果 중에서 일래향一來向·일래과一來果·불환향不還向·불환과不還果·아라한향阿羅漢向의 기간이고, 대승에서는 초지에서 제10지까지의 기간이다.

을 나타낸 것이다. "무명이 곧 멸한다." 이하는 다섯 번째 과지果地에서 열반을 증득함을 나타냈다.

> 此中有五。初言以此妄心乃至自信己性者。是明十信位中信也。次言知心妄動無前境界修遠離法者。是顯三賢位中修也。以如實知無前境界故者。是明初地見道唯識觀之成也。種種以下乃至久遠熏習力故。是顯十地修道位中修萬行也。無明卽滅以下。第五顯於果地證涅槃也。

B. 자세히 밝힘

A) 망심훈습

논 망심훈습의 뜻에 두 가지가 있으니, 어떤 것이 두 가지인가? 첫째는 분별사식훈습이니, 모든 범부와 이승인 등이 생사의 고통을 싫어함에 의하여 힘이 닿는 대로 점차 무상도無上道[136]에 나아가기 때문이다. 둘째는 의훈습意熏習이니, 모든 보살이 마음을 용맹하게 발하여(發心勇猛) 속히 열반에 나아감을 말하기 때문이다.

> 妄心熏習義有二種。云何爲二。一者分別事識熏習。依諸凡夫二乘人等。厭生死苦。隨力所能。以漸趣向無上道故。二者意熏習。謂諸菩薩發心勇猛。速趣涅槃故。

소 두 번째 자세히 설명하는 중에서 먼저 망훈妄熏을 밝혔다.

---

136 무상도無上道 : 위가 없는 보리란 뜻으로 불과佛果를 말한다. 부처님이 얻은 보리는 최상의 것이므로 이같이 이른다.

次廣說中。先明妄熏。

(A) 분별사식훈습

이 중에 "분별사식"[137]이란 통틀어 말하면 칠식을 다 분별사식이라 하지만, 강한 쪽으로 말하면 다만 의식만을 취하는 것이니, 이는 분별의 작용이 강하여 모든 일을 통틀어 반연하기 때문이다. 이제 이 글(『기신론』)에서는 강한 쪽으로 말하였다. 이 식(의식)이 모든 경계가 오직 식뿐임을 알지 못하기 때문에 마음 밖에 실제로 경계가 있다고 집착하는 것이다. 범부와 이승은 열반에 나아가고자 하지만 아직도 생사는 싫어할 것, 열반은 기뻐할 것이 있는 줄 계탁하며, 이는 또 분별사식의 집착과 다르지 않기 때문에 분별사식훈습이라 하는 것이다.

> 於中分別事識者。通而言之。七識皆名分別事識。就強而說。但取意識。以分別用強。通緣諸事故。今此文中就強而說。此識不知諸塵唯識。故執心外實有境界。凡夫二乘雖有趣向。而猶計有生死可厭。涅槃可欣。不異分別事識之執。故名分別事識熏習。

(B) 의훈습

"의훈습意熏習"이란 또한 업식훈습이라고도 한다. 통틀어 말하자면 다섯 가지 식을 모두 의意라 이름하니, 그 뜻은 위에서 말한 것과 같으며, 근본 쪽으로 말한다면 다만 업식만을 취한다. 업식은 가장 미세하여 모든 식의 근본이 되기 때문에 이 중에서 업식을 의라 하며, 이러한 업식은 견

---

137 분별사식 : 분리식과 같다.

분見分^{138}과 상분相分^{139}이 아직 나뉘지 않은 것이다. 그리하여 모든 보살은 마음이 거짓되이 움직일 뿐 따로 경계가 없음을 알며 일체법은 오직 식識의 헤아림인 줄 알아서, 앞의 경계가 밖에 있다는 집착을 버리고 업식의 뜻에 따르기 때문에 업식훈습이라 이름하며 또한 의훈습이라 이름한다. 이는 무명에서 일어난 업식이 바로 발심하여 모든 행을 닦는 것을 말하는 것은 아니다.

> 意熏習者。亦名業識熏習。通而言之。五種之識皆名爲意。義如上說。就本而言。但取業識。以最微細。作諸識本。故於此中業識名意。如是業識見相未分。然諸菩薩知心妄動無別境界。解一切法唯是識量。捨前外執。順業識義。故名業識熏習。亦名爲意熏習。非謂無明所起業識。卽能發心修諸行也。

B) 진여훈습

논 진여훈습의 뜻에 두 가지가 있으니, 어떤 것이 두 가지인가? 첫째는 자체상훈습自體相熏習이며, 둘째는 용훈습用熏習이다. 자체상훈습이란 무한한 과거로부터 무루법을 갖추고 부사의업不思議業^{140}을 갖추며 경계성境界性^{141}을 짓는 것이다. 이 두 가지 뜻^{142}에 의하여 항상 훈습하여 그

---

138 견분見分 : 심법心法 사분四分의 하나. 객관의 사물이 인식하기에 적합하도록 주관에 나타나는 영상影像인 상분相分을 인식하는 작용이다.
139 상분相分 : 심법 사분의 하나. 심식이 인식 작용을 일으킬 때, 그와 동시에 인지할 그림자를 마음 가운데 떠오르게 하여 대상을 삼는다. 이것을 상분이라 한다.
140 부사의업不思議業 : 불가사의한 행동이나 작용. 진실한 지혜로써 증득한 진여본각 위에 갖추어 있으면서 다른 이를 교화하고 이익케 하는 불사의한 작용을 말한다.
141 경계성境界性 : 여실공문如實空門의 경계를 말한다. 『대승기신론소기회본』권4(H1, 770a) 참조.
142 두 가지 뜻 : 무루법을 갖추고(具無漏法) 부사의업을 갖추는 것(備有不思議業)을 말한다.

훈습의 힘이 있기 때문에 중생으로 하여금 생사의 고통을 싫어하고 열반을 즐겨 구하여 스스로 자기의 몸에 진여법이 있는 줄 믿어 발심하여 수행하게 하는 것이다.

> 眞如熏習義有二種。云何爲二。一者自體相熏習。二者用熏習。自體相熏習者。從無始世來。具無漏法。備有不思議業。作境界之性。依此二義恒常熏習。以有力故。能令衆生厭生死苦。樂求涅槃。自信己身有眞如法。發心修行。

問 만일 이러한 뜻과 같다면 모든 중생에게 모두 진여가 있어서 똑같이 훈습해야 할 터인데, 어찌하여 믿음이 있기도 하고 믿음이 없기도 하여 한없는 전후의 차별이 있는가? 모두 동시에 스스로 진여법이 있음을 알아서 방편을 부지런히 닦아 똑같이 열반에 들어가야 할 것이다.

> 問曰。若如是義者。一切衆生悉有眞如。等皆熏習。云何有信無信。無量前後差別。皆應一時自知有眞如法。勤修方便。等入涅槃。

答 진여는 본래 하나지만 한량없고 가없는 무명이 있어, 본래부터 자성이 차별되어 후박厚薄이 같지 않다. 그러므로 항하恒河[143]의 모래보다 많은 상번뇌上煩惱[144]가 무명에 의하여 차별을 일으키며 아견애염번뇌我見愛染煩惱[145]가 무명에 의하여 차별을 일으키니, 이와 같은 일체의 번뇌가 무명에

---

143 항하恒河 : 인도의 설산雪山, 곧 히말라야 산맥에서 근원을 발하여 동으로 흘러 뱅골 만에 들어가는 갠지스강을 말한다.
144 상번뇌上煩惱 : 세 가지 뜻이 있다. ① 근본무명에 의하여 생긴 지말번뇌이다. ② 10 근본번뇌가 강성한 것이다. ③ 현재 일어난 번뇌를 말한다. 여기서는 세 번째 뜻이다.
145 아견애염번뇌我見愛染煩惱 : 견애번뇌와 같다.

의하여 일어난 것이어서 전후의 한량없는 차별이 있는 것이며, 오직 여래만이 이를 알 수 있기 때문이다.

또 모든 불법에 인因이 있고 연緣이 있는 것이니, 인연이 구족하여야 법이 이루어질 수 있는 것이다. 이는 나무 중의 화성火性이 불의 정인正因이지만 만약 사람이 알지 못하여 방편을 빌리지 못하면 스스로 나무를 태울 수 없는 것과 같이 중생도 그러하여 정인正因의 훈습하는 힘이 있으나 만약 모든 부처·보살·선지식 등을 만나 그들로 연을 삼지 못한다면 스스로 번뇌를 끊고 열반에 들어갈 수가 없는 것이다.

만약 외연의 힘이 있으나 안으로 인因의 정법淨法이 아직 훈습의 힘을 갖지 못한 사람이라면 또한 끝내 생사의 고통을 싫어하고 열반을 즐겨 구할 수 없을 것이다. 만약 인연이 구족한 이라면 이른바 스스로 훈습하는 힘이 있고 또 모든 부처·보살 등의 자비와 원호願護함을 받기 때문에 생사의 고통을 싫어하는 마음을 일으키고 열반이 있음을 믿어 선근善根[146]을 닦아 익히며, 선근을 닦는 일이 성숙하기 때문에 모든 부처와 보살이 보여 주고 가르쳐 주어 중생을 이롭게 하고 기쁘게 함을 만나 차츰 일을 이루어 나아가 열반의 도에 향할 수 있는 것이다.

答曰。眞如本一。而有無量無邊無明。從本已來。自性差別。厚薄不同故。過恒沙等上煩惱。依無明起差別。我見愛染煩惱。依無明起差別。如是一切煩惱。依於無明所起。前後無量差別。唯如來能知故。又諸佛法有因有緣。因緣具足。乃得成辨。如木中火性。是火正因。若無人知。不假方便能自燒木。無有是處。衆生亦爾。雖有正因熏習之力。若不遇諸佛菩薩善知識等以之爲緣。能自斷煩惱入涅槃者。則無是處。若雖有外緣之力。而內淨法未有

---

146 선근善根 : 온갖 선을 내는 근본이란 뜻. 무탐無貪·무진無瞋·무치無癡를 삼선근이라 일컬음과 같은 것이다.

熏習力者。亦不能究竟厭生死苦樂求涅槃。若因緣具足者。所謂自有熏習之力。又爲諸佛菩薩等慈悲願護故。能起厭苦之心。信有涅槃。修習善根。以修善根成熟故。則値諸佛菩薩示教利喜。乃能進趣向涅槃道。

소 "진여훈습"에 세 가지가 있으니 첫째는 수를 들어 총괄적으로 나타냈으며, 둘째는 수에 의하여 이름을 열거하였고, 셋째는 상相을 분별하였다.

眞如熏習中有三。一者擧數總標。二者依數列名。三者辨相。

(A) 수를 들어 총괄적으로 나타냄

(B) 수에 의해 이름을 열거함

(C) 상을 분별함

상을 분별하는 중에 두 가지가 있으니, 첫째는 각각 밝혔고 둘째는 합해서 풀이하였다.

辨相中有二。一者別明。二者合釋。

Ⓐ 각각 밝힘

a. 자체상훈습

처음 각각 밝히는 중에서 먼저 "자체상훈습(自體熏習)"을 밝혔다. 이 중 두 가지가 있으니, 첫째는 곧바로 밝혔고 둘째는 의심을 제거하였다.

初別明中。先明自體熏習。於中有二。一者直明。二者遣疑。

a) 곧바로 밝힘

처음 중에 "무루법을 갖추고 부사의업을 갖추며"라고 한 것은 본각불공本覺不空의 문에 있는 것이며, "경계성을 짓는 것이다."라는 것은 여실공문如實空門의 경계에서 말한 것이니, 이러한 본래 가지고 있는 경지境智[147]의 힘에 의하여 암암리에 망심을 훈습하여 (생사의 고통을) 싫어하고 (열반을) 좋아하는 마음 등을 일으키게 하는 것이다.

初中言具無漏法備有不思議業者。是在本覺不空門也。作境界之性者。是就如實空門境說也。依此本有境智之力。冥熏妄心。令起厭樂等也。

b) 의심을 제거함

"문"의 아래는 문답하여 의심을 제거하는 것이니, 묻는 뜻은 알 수 있을 것이다. "답" 중에 두 가지가 있으니, 첫째는 번뇌의 후박厚薄에 의하여 열반에 들어감이 똑같지 않음을 밝혔고, 뒤에서는 연의 만남이 가지런하지 않음을 들어 그 같지 않음을 나타내었다.

처음 중에 "항하의 모래보다 많은 상번뇌"라고 한 것은 모든 법문法門을 잘 몰라서 사事에 대하여 앎이 없는 것이니,[148] 이는 소지장所知障에 포

---

147 경지境智 : 경境은 경계성, 곧 여실공문如實空門의 경계를 말하며, 지智는 무루법을 갖추고 부사의업을 갖춘 것으로 곧 본각불공本覺不空 문에 있는 것을 말한다.
148 "모든 법문을 잘 몰라서"는 일체법의 법성을 잘 모른다는 것이니, 이는 『大乘起信論

섭되는 것이요, "아견애염번뇌"란 번뇌장에 포섭되는 것이다. 답의 뜻은 알 수 있을 것이다. 또 "모든 부처" 이하는 연의 만남이 가지런하지 않음을 밝히는 것이며, 주장·실례·적용이 있으니 글의 양상을 알 수 있을 것이다.

> 問曰以下。往復除疑。問意可知。答中有二。初約煩惱厚薄明其不等。後擧遇緣參差顯其不等。初中言過恒沙等上煩惱者。迷諸法門事中無知。此是所知障所攝也。我見愛染煩惱者。此是煩惱障所攝也。答意可知。又諸佛以下。明緣參差。有法喩合。文相可見也。

b. 용훈습

논 용훈습用熏習이란 곧 중생의 외연外緣의 힘이니, 이러한 외연에 한량없는 뜻이 있으나 간략히 말하자면 두 가지가 있다. 어떤 것이 두 가지인가? 첫째는 차별연差別緣이고, 둘째는 평등연平等緣이다.

차별연이란 이 사람이 모든 부처와 보살 등에 의하여 처음 발의發意하여 비로소 구도求道할 때로부터 부처가 되기에 이르기까지 그 가운데에서 혹은 부처를 보기도 하고 혹은 생각하기도 함에 있어, 어떤 경우는 권속·부모·친척이 되며, 어떤 경우는 심부름꾼(給使)이 되며, 어떤 경우는 지우知友가 되며, 어떤 경우는 원수가 된다. 또 어떤 경우는 사섭四攝을 일으키며, 내지 일체의 한량없는 행위를 짓는 연이 되는 것이니 이는 대비大悲로

疏記會本』 권4(H1, 764c)에서 "일체법이 항상 고요하여 일어나는 상이 없으나 무명불각이 법과 거짓되게 어긋나기 때문에(一切法常靜。無有起相。無明不覺妄與法違。)"라는 말과 같으며, "사사에 대하여 앎이 없는 것이니"라는 것은 위의 말에 이어서 "세간의 모든 경계에 수순하는 여러 가지 지혜를 얻을 수 없기 때문이다.(故不能得隨順世間一切境界種種知。)"라고 한 말과 같다.

훈습하는 힘을 일으켜 중생으로 하여금 선근을 증장케 하여 혹은 보거나 혹은 들어서 이익을 얻게 하기 때문이다.

이 연에 두 가지가 있으니, 무엇이 두 가지인가? 첫째는 근연近緣이니 빨리 도탈을 얻기 때문이고, 둘째는 원연遠緣이니 오랜 시간이 지나서야 도탈을 얻기 때문이다. 이 근원의 두 연을 분별하면 다시 두 가지가 있으니, 무엇이 두 가지인가? 첫째는 증장행연增長行緣이고, 둘째는 수도연受道緣이다.

평등연平等緣이란 일체의 모든 부처와 보살이 일체 중생을 도탈시키고자 하여 자연히 이들을 훈습하여 항상 버리지 아니하는 것이다. 이는 동체지력同體智力으로써 중생의 견문見聞에 따라 응하여 업용業用을 나타내는 것이니, 이른바 중생이 삼매三昧¹⁴⁹에 의하여야 평등하게 모든 부처를 볼 수 있기 때문이다.

用熏習者。即是衆生外緣之力。如是外緣有無量義。略說二種。云何爲二。一者差別緣。二者平等緣。差別緣者。此人依於諸佛菩薩等。從初發意始求道時。乃至得佛。於中若見若念。或爲眷屬父¹⁾母諸親。或爲給使。或爲知友。或爲怨家。或起四攝。乃至一切所作無量行緣。以起大悲熏習之力。能令衆生增長善根。若見若聞得利益故。此緣有二種。云何爲二。一者近緣。速得度故。二者遠緣。久遠得度故。是近遠二緣。分別復有二種。云何爲二。一者增長行緣。二者受道緣。平等緣者。一切諸佛菩薩。皆願度脫一切衆生。自然熏習恒常不捨。以同體智力故。隨應見聞而現作業。所謂衆生依於三昧。乃得平等見諸佛故。

---

1) ㉯ 갑본에서는 '父'를 '火'라고 하였다.

---

149 삼매三昧 : ⓢ samādhi. 삼마제三摩提·삼마제三摩帝·삼마지三摩地라 음사하고, 정정定·등지等持·정수正受·조직행정調直定·정심행처正心行處라 의역한다. 산란한 마음을 한 곳에 모아 움직이지 않게 하며, 마음을 바르게 하여 망념에서 벗어나는 것을 말한다.

소 "용훈습" 중에서 그 글에 또한 세 가지가 있으니, 이른바 총체적으로 표시한 것과 이름을 열거한 것, 특징을 분별한 것이다.

用熏習中。文亦有三。所謂總標。列名。辨相。

a) 총체적으로 표시함

b) 이름을 열거함

두 번째 이름을 열거한 것 중에 "차별연"이란 저 범부와 이승의 분별사식훈습을 위하여 연을 짓는 것이니, 연을 짓는 자는 십신十信 이상에서 모든 부처에 이르기까지 모두 연을 짓게 되는 것이다. "평등연"이란 모든 보살의 업식훈습을 위하여 연을 짓는 것이니, 연을 짓는 자는 초지 이상에서 모든 부처에 이르기까지 동체지력에 의하여서야 바야흐로 평등연을 짓기 때문이다.

第二列名中差別緣者。爲彼凡夫二乘分別事識熏習而作緣也。能作緣者。十信以上乃至諸佛皆得作緣也。平等緣者。爲諸菩薩業識熏習而作緣也。能作緣者。初地以上乃至諸佛。要依同體智力方作平等緣故。

c) 특징을 분별함

(a) 차별연을 밝힘

세 번째 특징을 분별하는 중에 먼저 차별연을 밝혔다. 이 중에 두 가지가 있으니, 합하여 밝히고 펼쳐서 해석하였다.

第三辨相中。先明差別緣。於中有二。合明。開釋。

ⓐ 합하여 밝힘

ⓑ 펼쳐서 해석함

펼쳐서 해석하는 중에 또한 두 가지가 있으니, 먼저는 근원近遠의 두 가지 연을 열었고, 뒤에는 행해行解의 두 가지 연을 열었다. "증장행연"이란 보시布施, 지계持戒[150] 등의 모든 행을 일으키기 때문이며, "수도연"이란 문聞·사思·수修[151]를 일으켜 도에 들어가기 때문이다.

開釋中亦有二。先開近遠二緣。後開行解二緣。增長行緣者。能起施戒等諸行故。受道緣者。起聞思修而入道故。

(b) 평등연을 밝힘

평등연 중에 두 가지가 있으니, 먼저 연을 짓는 자를 밝혔고, "이른바" 이하는 평등의 뜻을 풀이하였다. "삼매에 의하여야 평등하게……볼 수 있기 때문이다"라는 것은 십해十解 이상의 모든 보살이 부처의 보신報身의 무량한 상호相好가 모두 한계가 없어서 분제상分齊相을 떠났음을 보기 때문에 평등하게 모든 부처를 본다고 한 것이다. 만약 산심散心[152]에서라면,

---

[150] 지계持戒 : 육바라밀의 하나. 계율을 지켜 범하지 않는 것이다. 계상戒相에는 비구의 250계, 비구니의 500계가 있다.
[151] 문聞·사思·수修 : 문혜聞慧·사혜思慧·수혜修慧의 삼혜三慧를 말한다. ① 문혜는 보고 듣고서 얻는 지혜이다. ② 사혜는 고찰하여 얻는 지혜이다. ③ 수혜는 고찰을 마치고 입정入定한 뒤에 수득修得하는 지혜이다.
[152] 산심散心 : Ⓢ vikṣipta-citta. 정심定心의 상대. 산란한 마음. 마음이 육진 경계에 치달

이와 같은 상호가 분제상을 떠나 있음을 볼 수 없는 것이니, 그러므로 '삼매에 의하여야'라고 말하였다. 이상으로 체·용의 훈습에 대한 각각의 설명을 마친다.

> 平等緣中有二。先明能作緣者。所謂以下。釋平等義。依於三昧平等見者。十解以上諸菩薩等。見佛報身無量相好。皆無有邊。離分齊相。故言平等見諸佛也。若在散心。不能得見如是相好離分齊相。以是故言依於三昧也。上來別明體用熏習竟。

Ⓑ 합하여 풀이함

🔵논 이 체·용의 훈습을 분별함에 다시 두 가지가 있으니, 무엇이 두 가지인가? 첫째는 미상응未相應이니, 범부와 이승과 초발의보살 등은 의와 의식의 훈습으로 신력信力에 의하기 때문에 수행을 잘하지만 아직 무분별심無分別心[153]이 체와 상응하지 못하기 때문이며, 아직 자재업自在業[154]의 수행이 용과 상응하지 못함을 말하기 때문이다.

둘째는 이상응已相應이니, 법신보살이 무분별심을 얻어 모든 부처의 지용智用과 상응하여 오직 법력에 의하여 저절로 수행하게 되어 진여를 훈습하여 무명을 멸함을 말하기 때문이다.

> 此體用熏習。分別復有二種。云何爲二。一者未相應。謂凡夫二乘初發意菩薩等。以意意識熏習。依信力故而能修行。未得無分別心。與體相應故。未得自在業修行。與用相應故。二者已相應。謂法身菩薩。得無分別心。與諸

려 한곳에 머물 수 없는 것이다.
153 무분별심無分別心 : 무분별지를 체득한 마음이다.
154 자재업自在業 : 아무 장애가 없는 자유스러운 업용이다.

佛智用相應。唯依法力自然修行。熏習眞如滅無明故。

소 두 번째는 체·용을 합하여 해석하였다. 이 중 두 가지가 있으니 전체적으로 나타냈고 각각 풀이하였다.

第二合釋體用。於中有二。總標。別釋。

a. 전체적으로 나타냄

b. 각각 풀이함

a) 미상응을 밝힘

각각 풀이하는 중에 먼저 "미상응"을 밝히는 가운데 "의와 의식의 훈습"이라고 한 것은 범부와 이승을 의식훈습이라 하는 것이니 곧 이는 분별사식훈습이고, 초발의보살 등 십해十解 이상을 의훈습이라 하는 것이니 곧 이는 업식훈습의 뜻이며 전에 말한 것과 같은 것이다.

別釋中。先明未相應中。言意意識熏習者。凡夫二乘名意識熏習。卽是分別事識熏習。初發意菩薩等者。十解以上名意熏習。卽是業識熏習之義如前說也。

별기 이 중에서 저 법신보살이 법신을 증득할 때 능견상을 여의는 것이기 때문에 지전地前(십지 이전)의 보살을 의훈습이라 한다고 말하였으니, 업식에 의하여 능견상이 있는 것이기 때문이다. 만약 세속지로 보불報佛을 보는 뜻에 의한다면 금강심金剛心[155] 이하에서 모두 견상見相이 있음을 통틀어 업식훈습이라 하는 것이니, 아래에서 말한 것과 같다.

> 別記。此中對彼法身菩薩證法身時。離能見相。故說地前菩薩名意熏習。以依業識有能見相故。若依俗智見報佛義。則金剛已還皆有見相。通名業識熏習。如下說也。

소 "아직 무분별심이 체와 상응하지 못하기 때문"이라는 것은 아직 모든 부처의 법신의 체와 상응하지 못했기 때문이고, "아직 자재업(의 수행)이 용과 상응하지 못하기 때문"이라는 것은 아직 부처의 응신·화신의 이신의 용과 상응하지 못했기 때문이다.

> 未得無分別心與體相應者。未得與諸佛法身之體相應故。未得自在業與用相應故者。未得與佛應化二身之用相應故。

b) 이상응을 밝힘

"이상응"을 밝히는 가운데 "법신보살"이란 십지 보살이요, "무분별심을 얻어"라는 것은 체와 상응하기 때문이다. "모든 부처의 지용智用과 상응하여"라는 것은 여량지가 있기 때문이요, "저절로 수행하게 되어"라는 것은 팔지八地[156] 이상에서는 공용이 없기 때문이다.[157]

---

155 금강심金剛心 : 금강무간도金剛無間道라고도 한다. 보살이 제10지의 만심滿心, 곧 마지막 한 찰나에 불과佛果의 장애를 끊어 없애고 바로 묘각妙覺의 자리에 들어가는 위位를 말한다. 제2권의 각주 94 참조.
156 팔지八地 : 십지 중 제8 부동지不動地를 말한다. 여기서는 수혹을 끊고 이미 전진여全眞如를 얻었으므로 다시 동요되지 않는 지위이다.
157 "공용이 없기 때문(無功用)"이라는 말은 『맹자』「진심장盡心章」의 "대이화지大而化之"의 경지이니, 이는 곧 주희朱熹의 소위 "생각하지 않고 힘쓰지 않아도 절로 도에 딱 맞는

말에 의하여 거듭 나타냄에 다섯 가지 부분이 있는 중에서 이상으로 네 번째 두 가지 훈습을 각각 밝힘을 마친다.

已相應中。法身菩薩者。十地菩薩。得無分別心者。與體相應故。與諸佛智用相應者。以有如量智故。自然修行者。八地以上無功用故。因言重顯有五分中。第四別明二種熏習竟在於前。

ㅁ) 훈습이 다함과 다하지 않음의 뜻을 밝힘

논 또한 염법은 무한한 과거로부터 훈습하여 단절되지 않다가 부처가 된 후에는 곧 단절함이 있으나, 정법훈습은 곧 단절함이 없어서 미래에까지 다하는 것이니, 이 뜻이 무엇인가? 진여법이 항상 훈습하기 때문에 망심이 곧 멸하고 법신이 밝게 나타나 용의 훈습을 일으키므로 단절함이 없는 것이다.

復次染法從無始已來。熏習不斷。乃至得佛。後則有斷。淨法熏習。則無有斷。盡於未來。此義云何。以眞如法常熏習故。妄心則滅。法身顯現。起用熏習。故無有斷。

소 이 아래는 다섯 번째로 두 가지 훈습이 다함과 다하지 않음의 뜻을 밝혔다. 염법훈습은 진여(理)에 어긋나 일어나기 때문에 멸진함이 있으나 정법의 훈습은 진여에 순응하여 일어나 진여와 상응하기 때문에 멸진함이 없음을 밝히고자 한 것이니, 글의 양상을 알 수 있을 것이다.

다.(不思不勉。從容中道。)"라는 것이다.

此下第五明二種熏盡不盡義。欲明染熏違理而起故有滅盡。淨法之熏順理而生。與理相應故無滅盡。文相可知。

현시정의분 내에 바로 풀이한 중에 크게 두 부분이 있으니, 이상으로 첫 번째 법장문을 해석함을 마친다.

顯示正義分內正釋之中。大有二分。第一釋法章門竟在於前。

대승기신론소기회본 제4권
大乘起信論疏記會本 卷四

대승기신론소기회본 제5권
| 大乘起信論疏記會本 卷五 |

마명보살이 논을 지음
馬鳴菩薩造論

양나라 천축삼장 진제가 한역함
梁天竺三藏眞諦譯

해동사문 원효가 소를 지음【『별기』를 병기하였다.】
海*東沙門元曉疏【幷別記】

---

* 웹 갑본에는 '海' 앞에 '唐'이 있다.

나) 의장문을 해석함

이 아래는 두 번째 의장문을 해석한 것이다. 위의 입의분에서 두 가지 뜻을 세웠으니, 이른바 대의大義와 승의乘義이다. 이제 이 글 중에서는 바로 대의를 해석하고 겸해서 승의를 나타냈다. 이 중 두 가지가 있으니, 첫째는 체·상의 이대二大를 전체적으로 풀이하였고, 둘째는 용대의 뜻을 따로 풀이하였다.

> 此下第二釋義章門。上立義中立二種義。所謂大義及與乘義。今此文中。正釋大義。兼顯乘義。於中有二。一者總釋體相二大。二者別解用大之義。

(가) 체상의 이대를 전체적으로 풀이함

논 또한 진여의 자체상이란 일체의 범부·성문·연각緣覺[1]·보살·제불에게 증감됨이 없으며 과거에 나는 것도 아니요, 미래에 멸하는 것도 아니어서, 필경에 늘 변함이 없어서 본래부터 성품이 스스로 일체의 공덕을 가득 채운 것이다. 이른바 자체에 대지혜광명의 뜻이 있기 때문이며, 법계를 두루 비치는 뜻이 있기 때문이며, 진실하게 아는 뜻이 있기 때문이며, 자성청정심의 뜻이 있기 때문이며, 상락아정常樂我淨[2]의 뜻이 있기 때

---

1 연각緣覺 : 이승의 하나. 벽지가불辟支迦佛([S] pratyeka-buddha), 줄여서 벽지불이라고도 한다. 부처님의 교화에 의하지 않고 홀로 깨달아 자유경自由境에 도달한 성자이니 독각獨覺이라고도 한다. 또 연각·인연각이란 십이인연의 이치를 관찰하여 홀로 깨달았다는 뜻이다.
2 상락아정常樂我淨 : 열반의 네 가지 덕이다. ① 상常은 열반의 경지는 생멸 변천함이 없는 덕이다. ② 낙樂은 생사의 고통을 여의어 무위無爲 안락한 덕이다. ③ 아我는 망집의 아我를 여의고 팔대자재八大自在가 있는 진아眞我이다. ④ 정淨은 번뇌의 더러움을 여의어 잠연청정湛然淸淨한 덕이다.

문이며, 청량淸凉하고 불변하고 자재한 뜻이 있기 때문이다. 이와 같은 항하의 모래보다 많은 불리不離·부단不斷·불이不異·부사의한 불법佛法을 구족하고 나아가 만족하여 부족한 바가 없는 뜻이기 때문에 여래장이라 하며 또한 여래법신如來法身이라 이름하는 것이다.

> 復次眞如自體相者。一切凡夫聲聞緣覺菩薩諸佛無有增減。非前際生。非後際滅。畢竟常恒。從本已來。性自滿足一切功德。所謂自體有大智慧光明義故。徧照法界義故。眞實識知義故。自性淸淨心義故。常樂我淨義故。淸凉不變自在義故。具足如是過於恒沙不離不斷不異不思議佛法。乃至滿足無有所少義故。名爲如來藏。亦名如來法身。

問 위에서 진여는 그 체가 평등하여 일체의 상을 여의었다고 말하였는데, 어찌하여 다시 진여의 체에 이와 같은 여러 가지 공덕功德이 있다고 말하는가?

> 問曰。上說眞如其體平等。離一切相。云何復說體有如是種種功德。

答 실로 이러한 모든 공덕의 뜻이 있으나 차별의 상이 없어서 똑같은 일미一味이며 오직 하나의 진여이다. 이 뜻이 무엇인가? 무분별로 분별상分別相을 여의니, 그러므로 둘이 없는 것이다. 또한 무슨 뜻으로 차별을 말할 수 있는가? 업식의 생멸상에 의하여 나타내는 것이다. 이것이 어떻게 나타나는가? 일체법이 본래 오직 마음뿐인지라 실로 망념이 없지만, 망심이 있어서 깨닫지 못하여 망념을 일으켜 모든 경계를 보기 때문에 무명이라 하는 것이니, 심성에 망념이 일어나지 않는 것은 곧 대지혜광명의 뜻이기 때문이다. 만약 마음이 견見을 일으키면 보지 못하는 상이 있는 것이니, 심성心性이 견을 여의면 바로 이것이 법계를 두루 비추는 뜻이기

때문이다. 만약 마음에 움직임이 있으면 참으로 아는 것이 아니며, 자성이 없게 되며, 상常도 아니고 낙樂도 아니며 아我도 아니고 정淨도 아니다. 이리하여 몹시 괴로워하고 점차 쇠하면 자재하지 못하며 이에 항하의 모래들보다 많은 망염의 뜻을 갖게 되는 것이니, 이러한 뜻에 의하기 때문에 심성이 움직임이 없으면 항하의 모래들보다 많은 모든 깨끗한 공덕상의 뜻을 나타낸다. 만약 마음이 일어나서 다시 눈앞의 생각할 만한 법을 본다면 모자라는 바가 있을 터이지만, 이러한 정법의 무량한 공덕은 바로 일심이며, 다시 생각할 것이 없기 때문에 만족한 것이니, 여래법신·여래장이라 하는 것이다.

答曰。雖實有此諸功德義。而無差別之相。等同一味。唯一眞如。此義云何。以無分別。離分別相。是故無二。復以何義得說差別。以依業識生滅相示。此云何示。以一切法本來唯心。實無於念。而有妄心。不覺起念。見諸境界。故說無明。心性不起。卽是大智慧光明義故。若心起見。則有不見之相。心性離見。卽是徧照法界義故。若心有動。非眞識知。無有自性。非常非樂非我非淨。熱惱衰變則不自在。乃至具有過恒沙等妄染之義。對此義故。心性無動。則有過恒沙等諸淨功德相義示現。若心有起。更見前法可念者。則有所少。如是淨法無量功德。卽是一心。更無所念。是故滿足。名爲法身如來之藏。

소 처음 중에 "자체상"이라 말한 것은 체대體大와 상대相大의 뜻을 전체적으로 나타낸 것이다. 다음에 "일체의 범부……제불에게 증감됨이 없으며 필경에 늘 변함이 없어서"라고 말한 것은 체대를 해석한 것이니, 위의 입의분에서는 "첫째는 체대니, 일체의 법은 진여로서 평등하여 증감하지 않음"[3]이라고 하였다.

---

3 『大乘起信論疏記會本』 권1(H1, 739c).

다음에 "본래부터 성품이 스스로 일체의 공덕을 가득 채운 것이다." 이하는 상대相大의 뜻을 풀이하였으니, 위에서는 "둘째는 상대니, 여래장에 한량없는 성공덕을 갖추고 있음"[4]이라고 하였다. 글 가운데 두 가지가 있으니, 첫째는 바로 성공덕상을 밝혔고 둘째는 문답하여 까닭을 거듭 나타냈다. 묻는 뜻은 알 수 있을 것이다.

답에 두 가지가 있으니, 전체적으로 답한 것과 개별적으로 나타낸 것이다. 개별적으로 나타낸 것 가운데 먼저는 차별하면서도 둘이 없는 뜻을 밝혔고, 뒤에는 둘이 없으면서도 차별되는 뜻을 나타냈다. 이 중 또한 두 가지가 있으니, 간략히 나타낸 것과 자세히 해석한 것이다. 간략히 나타낸 것 중에 "업식의 생멸상에 의하여 나타내는 것이다."라고 말한 것은 생멸상 내에 모든 허물이 있지만 다만 그 근본만을 들었기 때문에 업식이라 하는 것이며, 이런 모든 허물에 대하여 모든 공덕을 설명한 것이다. "이것이 어떻게 나타나는가." 이하는 개별적으로 모든 허물에 대하여 덕의 뜻을 나타낸 것이니, 글의 양상을 알 수 있을 것이다.

初中言自體相者。總牒體大相大之義也。次言一切凡夫乃至諸佛無有增減畢竟常住者。是釋體大。上立義中言一者體大。謂一切法眞如平等不增減故。次言從本以來性自滿足以下。釋相大義。上言二者相大。謂如來藏具足無漏性功德故。文中有二。一者直明性功德相。二者往復重顯所以。問意可知。答中有二。總答。別顯。別顯之中。先明差別之無二義。後顯無二之差別義。此中亦二。略標。廣釋。略標中言。以依業識生滅相示者。生滅相內有諸過患。但擧其本。故名業識。對此諸患。說諸功德也。此云何示以下。別對衆過以顯德義。文相可知。

---

4 『大乘起信論疏記會本』 권1(H1, 739c).

이 아래는 두 번째 용대用大의 뜻을 따로 풀이한 것이다. 이 중 두 가지가 있으니, 전체적으로 밝혔고 각각 풀이하였다.

以下第二別釋用大之義。於中有二。總明。別釋。

(나) 용대의 뜻을 따로 풀이함

논 또한 진여의 용이란 이른바 모든 부처와 여래가 본래 인지因地에서 대자비를 일으켜 모든 바라밀을 닦아서 중생을 섭화攝化하며, 크나큰 서원誓願⁵을 세워 일체의 중생계를 똑같이 도탈시키고자 하여 겁劫⁶의 수를 한정하지 않고 미래에까지 다하는 것이니 모든 중생을 돌보기를 자기 몸

---

5 서원誓願 : 결정코 목적을 이루려고 맹세함. 불·보살에게는 반드시 총서원總誓願·별서원別誓願이 있으니, 총서원은 사홍서원四弘誓願으로 모든 불·보살이 다 일으키는 것이고, 별서원은 아미타불의 48원, 약사여래의 12원과 같이 한 부처님에게만 국한한 서원이다. 이를테면 사홍서원은 중생무변서원도衆生無邊誓願度(고통 세계의 중생들은 그 수가 한이 없다 할지라도 다 제도하려는 소원), 번뇌무진서원단煩惱無盡誓願斷(번뇌가 한이 없다 할지라도 다 끊으려는 소원), 법문무량서원학法門無量誓願學(법문이 한량없이 많지만 다 배우려는 소원), 불도무상서원성佛道無上誓願成(위없는 불과佛果를 이루려는 소원)이다.
6 겁却 : Ⓢ kalpa. 갖추어서 겁파劫波·겁파劫跛·갈납파羯臘波라 음사하고, 분별시분分別時分·분별시절分別時節·장시長時·대시大時라 의역한다. 보통 연·월·일로써는 헤아릴 수 없는 아득한 시간을 말하니, 이에는 개자겁芥子劫과 불석겁拂石劫이 있다. 개자겁이란 둘레가 40리인 성중에 개자를 가득 채워 놓고 장수천인長壽天人이 3년마다 한 알씩 가지고 가서 모두 없어질 때까지를 1겁이라 한다. 불석겁 또는 반석겁盤石劫이란 둘레 40리 되는 돌을 하늘사람이 무게 3수銖되는 천의天衣로써 3년마다 한 번씩 스쳐 그 돌이 닳아 없어질 때까지의 기간이 1겁이다. 또 겁에는 대중소의 삼종이 있으니, 둘레 40리 되는 성 또는 돌을 위에서 말한 바와 같이 하는 것을 1소겁, 둘레 80리를 1중겁, 120리를 1대겁이라 한다. 혹은 인수人壽 8만 4천 세 때로부터 백 년마다 한 살씩 줄어 10세 때까지 이르고, 다시 백 년마다 한 살씩 늘어 인수 8만 4천 세에 이르되, 한 번 줄고 한 번 느는 동안을 1소겁, 20소겁을 1중겁, 4중겁을 1대겁이라 한다. 또 한 번 늘거나 한 번 줄어듦을 1소겁, 한 번 늘고 한 번 줄어드는 동안을 1중겁, 성겁成劫·주겁住劫·괴겁壞劫·공겁空劫이 각각 20중겁, 합해서 80중겁을 1대겁이라 한다.

과 같이 하기 때문이며, 그러면서도 중생상衆生相[7]을 취하지 않는다. 이는 무슨 뜻에 의해서인가? 일체 중생과 자기의 몸이 진여로서 평등하여 다름이 없는 것인 줄 여실히 앎을 말하는 것이다. 이와 같은 대방편지大方便智[8]가 있기 때문에 무명을 제멸하고 본래의 법신을 보아서 자연히 부사의 업의 여러 가지 작용을 갖는 것이니, 곧 진여와 똑같이 모든 곳에 두루하게 되며 또한 그러면서도 얻을 만한 작용의 모양도 없다. 왜 그런가? 말하자면 모든 부처와 여래는 오직 법신法身·지상智相의 몸(身)이며, 제일의 제로서 세제의 경계가 없는 것이어서 시작施作을 떠난 것이나, 다만 중생의 견문見聞에 따라 이익되게 하기 때문에 용이라 말하는 것이다.

> 復次眞如用者。所謂諸佛如來。本在因地。發大慈悲。修諸波羅密。攝化衆生。立大誓願。盡欲度脫等衆生界。亦不限劫數。盡於未來。以取一切衆生如己身故。而亦不取衆生相。此以何義。謂如實知一切衆生及與己身。眞如平等無別異故。以有如是大方便智。除滅無明。見本法身。自然而有不思議業種種之用。卽與眞如等徧一切處。又亦無有用相可得。何以故。謂諸佛如來。唯是法身智相之身。第一義諦。無有世諦境界。離於施作。但隨衆生見聞得益。故說爲用。

㉮ 전체적으로 밝힘

소 처음 중에 또한 두 가지가 있으니, 첫째는 과과에 대하여 인因을 든

---

7 중생상衆生相 : 두 가지 뜻이 있다. ① 4상의 하나. 중생들의 잘못된 소견으로 자기의 몸은 오온이 임시로 화합하여 생겨난 것이라고 잘못 고집하는 견해이다. ② 중생이 열반의 이치를 이미 증오證悟하였으나, 증오했다는 마음이 아직 남아 있는 것이다. 여기서는 후자의 뜻이다.
8 대방편지大方便智 : 불·보살이 중생의 근기에 잘 맞도록 여러 가지 광대한 수단과 방법을 써서 중생을 진실한 대도로 이끌어 들이는 권지權智이다.

것이요, 둘째는 인을 드러내어 과를 나타낸 것이다.

初中亦二。一者對果擧因。二牒因顯果。

ㄱ. 과에 대하여 인을 듦

처음 인을 드는 중에 또한 세 구절이 있으니, 먼저는 행行이고 다음은 원願이고 뒤에는 방편을 밝힌 것이다. 처음에 "모든 부처(와 여래)가 본래 인지에서……중생을 섭화하며"라고 말한 것은 본행本行을 든 것이다. 다음에 "크나큰 서원을 세워……미래에까지 다하는 것이니"라고 말한 것은 본원本願을 든 것이다. 다음에 "중생을 돌보기를……진여로서 평등하여"라고 한 것은 지智·비悲의 대방편[9]을 든 것이다.

初擧因中亦有三句。先行。次願。後明方便。初言諸佛本在因地乃至攝化衆生者。擧本行也。次言立大誓願乃至盡於未來者。擧本願也。次言以取衆生乃至眞如平等者。是擧智悲大方便也。

ㄴ. 인을 드러내어 과를 나타냄

"(이와 같은 대방편지가) 있기 때문에" 이하는 두 번째로 과를 나타낸 것이니, 이 중 또한 세 가지가 있다. 처음에 "이와 같은 대방편지가 있기 때문에"라고 말한 것은 전인前因을 드러낸 것이며, 다음에 "무명을 제멸하

---

[9] 지智·비悲의 대방편 : 지智는 지혜, 비悲는 자비로서, 불·보살이 갖추는 한 쌍의 덕이다. 지혜는 자리自利니 위로 보리를 구하고, 자비는 이타利他니 아래로 중생을 교화하는 것이다. 지·비의 대방편이란 지혜를 갖춘 불·보살의 중생교화를 위한 광대한 수단과 방법을 말한다.

고 본래의 법신을 보아서"라고 말한 것은 자리自利의 과이다. "자연히" 이
하는 바로 작용의 모양을 나타내는 것이니, 이 중 세 구절이 있다. 처음
에 "부사의업의 여러 가지 작용"이라 한 것은 용이 매우 깊음을 밝힌 것
이며, 다음에 "곧 진여와 똑같이 모든 곳에 두루하게 되며"라고 말한 것
은 용의 광대함을 나타낸 것이다. "또한" 이하는 용에 상이 없는 것이지만
연을 따라 작용함을 밝힌 것이니, 이는 『섭대승론』에서 "예를 들면 마니摩
尼[10] 보배와 천고天鼓[11]가 생각하지 않아도 자기 일을 이루는 것과 같다."[12]
라고 말한 것과 같으니, 이를 말한 것이다. 전체적으로 용을 밝히는 일을
마친다.

> 以有以下。第二顯果。於中亦三。初言以有如是大方便智者。牒前因也。次
> 言除滅無明見本法身者。自利果也。自然以下。正顯用相。此中三句。初言
> 不思議業種種之用者。明用甚深也。次言則與眞如等徧一切處者。顯用廣
> 大也。又亦以下。明用無相而隨緣用。如攝論言譬如摩尼天鼓無思成自事。
> 此之謂也。總明用竟。

④ 각각 해석함

---

10 마니摩尼 : ⑤ maṇi의 음사어. 말니末尼로도 음사하고, 주珠·보寶·무구無垢·여의如
意·보주寶珠 혹은 여의주如意珠로도 의역한다. 이 구슬은 용왕의 뇌 속에서 나온 것
이라 하며, 사람이 이 구슬을 가지면 독이 해칠 수 없고 불에 들어가도 타지 않는 공덕
이 있다고 한다. 혹은 제석천왕이 가진 금강저를 말하니 아수라와 싸울 때 부서져서 남
섬부주에 떨어진 것이 변하여 되었다고도 한다. 또는 지나간 세상의 모든 부처님의 사
리가 불법이 멸할 때 모두 변하여 이 구슬이 되어 중생을 이롭게 한다는 것이다. 범梵
마니, 일정日精 마니, 월정月精 마니 등의 종류가 있다.
11 천고天鼓 : 도리천의 선법당善法堂에 있는 큰 북. 치지 않아도 저절로 울리며 '원수가
온다', '원수가 갔다', '사랑하라', '싫증을 내라' 등 4종의 소리를 낸다고 한다.
12 『攝大乘論釋』 권12(T31, 243a).

논 이 용에 두 가지가 있으니, 어떤 것이 두 가지인가? 첫째는 분별사식에 의한 것으로 범부와 이승의 마음으로 보는 것을 응신應身이라 이름하니, 이는 전식轉識(能見識)의 나타냄인 줄 알지 못하기 때문에 밖에서 온 것이라 보고 색의 분제(色分齊)¹³를 취하여 다 알지 못하기 때문이다.

둘째는 업식에 의한 것이니, 이는 모든 보살이 초발의初發意로부터 보살구경지에 이르기까지 마음으로 본 것을 보신報身이라 함을 이르는 것이다. 그 몸에 무량한 색色이 있고 색에 무량한 상相이 있고 상에 무량한 호好가 있으며, 머무는 의과依果¹⁴도 무량한 여러 가지 장엄莊嚴¹⁵이 있어서 곳에 따라 나타냄이 곧 가이없고 다함이 없어 분제상分齊相을 여의었지만 그 응하는 바에 따라 항상 머물러 있어서 훼손되지도 않고 잃지도 않는다. 이러한 공덕은 모두 모든 바라밀 등 무루의 행훈行熏 및 부사의훈不思議熏에 의하여 성취되었으니, 이러한 한량없는 낙상樂相을 구족하였기 때문에 보신이라고 하는 것이다.

또 범부에게 보여지는 것은 그 추색麤色이니, 육도六道에 따라서 각각 보는 것이 같지 아니하여 여러 가지 이류異類¹⁶가 있어, 낙상을 받는 것이 아니기 때문에¹⁷ 응신이라 말한다. 다음 초발의보살 등이 보는 것은 진여

---

13 색의 분제(色分齊) : 색, 즉 물질세계에 대한 분위分位·차별差別이다.
14 의과依果 : 의보依報와 같다. 중생이 생긴 후 받는 과보에 정과正果와 의과의 보依果依報 둘이 있다. 지금 우리가 의지하여 생활하는 의보에는 국토·가옥·의복·식물 등이 있다.
15 장엄莊嚴 : 좋고 아름다운 것으로 국토를 꾸미고, 훌륭한 공덕을 쌓아 몸을 장식하고, 향·꽃들을 부처님께 올려 장식하는 것들을 말한다. 또 『觀無量壽經』(T12, 346a)에 "모든 악업으로써 스스로 장엄하다.(以諸惡業法而自莊嚴.)"라고 한 것은 악한 업을 몸에 쌓아 모음을 말한다.
16 이류異類 : 다른 종류. 법장, 『大乘起信論義記』 권하(T44, 275b)에 따르면, 삼악도三惡道에서는 흑상각黑象脚 같은 삼척三尺의 몸을 불신佛身으로 보는 따위이다.
17 "낙상을 받는 것이 아니기 때문에"라는 말은 육도六道 중생들이 보는 부처의 모습이 동일하지 않아 아라한 등의 성인의 몸 같은 출세出世의 상이 아니라는 뜻이다. 법장, 『大乘起信論義記』 권하(T44, 275c2) 참조.

법을 깊이 믿기 때문에 적은 부분으로나마 보신을 보아서 저 보신의 색상色相과 장엄 등의 일이 오는 것도 없고 가는 것도 없어 분제를 떠났으며 오직 마음에 의하여 나타날 뿐 진여를 떠나지 않은 것임을 아는 것이다. 그러나 이 보살은 아직 스스로를 분별하고 있으니, 이는 아직 법신의 자리에 들어가지 못했기 때문이다. 만약 정심淨心을 얻으면 보는 바가 미묘하여 그 작용이 점점 수승하며 이리하여 보살지진菩薩地盡[18]에 이르러 (보신을) 보는 것이 구경하게 된다. 만약 업식을 여의면 견상見相이 없어지니,[19] 모든 부처의 법신은 피차의 색상을 서로 보는 일이 없기 때문이다.

此用有二種。云何爲二。一者依分別事識。凡夫二乘心所見者。名爲應身。以不知轉識現故。見從外來。取色分齊。不能盡知故。二者依於業識。謂諸菩薩從初發意乃至菩薩究竟地心所見者。名爲報身。身有無量色。色有無量相。相有無量好。所住依果亦有無量。種種莊嚴。隨所示現。卽無有邊。不可窮盡。離分齊相。隨其所應。常能住持。不毀不失。如是功德。皆因諸波羅密等無漏行熏。及不思議熏之所成就。具足無量樂相。故說爲報身。又爲凡夫所見者。是其麤色。隨於六道各見不同。種種異類。非受樂相。故說爲應身。復次初發意菩薩等所見者。以深信眞如法故。少分而見。知彼色相莊嚴等事。無來無去。離於分齊。唯依心現。不離眞如。然此菩薩猶自分別。以未入法身位故。若得淨心。所見微妙。其用轉勝。乃至菩薩地盡。見之究竟。若離業識。則無見相。以諸佛法身。無有彼此色相迭相見故。

問 만약 모든 부처의 법신이 색상을 여의었다면 어떻게 색상을 나타낼

---

18 보살지진菩薩地盡 : 보살진지와 같다.
19 "만약 업식을 여의면 견상이 없어지니"라는 것은 업식에 의하여 전상·현상이 있는 것이므로 업식을 여의면 견상이 없어질 것임은 물론이다. 『大乘起信論疏記會本』권 5(H1, 773b) 참조.

수 있겠는가?

問曰。若諸佛法身離於色相者。云何能現色相。

답 곧 이 법신은 색의 체體이기 때문에 색을 나타낼 수 있는 것이다. 이른바 본래부터 색色과 심心은 둘이 아닌 것이니, 왜냐하면 색의 본성은 곧 지智인 까닭에 색의 체에 형체가 없는 것을 지신智身이라 하며, 지성智性은 곧 색色인 까닭에 법신이 모든 곳에 두루한다고 말하는 것이다. 나타낸 색이 분제가 없으니 중생의 마음을 따라 시방세계十方世界에 무량한 보살과 무량한 보신과 무량한 장엄을 나타내매 각각 차별이 되지만 모두 분제가 없어서 서로 방해되지 아니한다. 이는 심식心識의 분별로 알 수 있는 것이 아니니, 진여의 자재한 용의 뜻이기 때문이다.

答曰。卽此法身是色體故。能現於色。所謂從本已來。色心不二。以色性卽智故。色體無形。說名智身。以智性卽色故。說名法身徧一切處。所現之色無有分齊。隨心能示十方世界。無量菩薩。無量報身。無量莊嚴。各各差別。皆無分齊。而不相妨。此非心識分別能知。以眞如自在用義故。

소 두 번째는 각각 풀이하는 것이다. 이 중 세 가지가 있으니, 전체적으로 표시하는 것과 개별적으로 해석하는 것과 문답하여 의심을 없애는 것이다.

第二別釋。於中有三。總標。別解。往復除疑。

ㄱ. 전체적으로 표시함

ㄴ. 개별적으로 해석함

개별적으로 해석하는 것 중에 또한 두 가지가 있으니, 첫째는 개별적인 작용을 바로 나타냈고, 둘째는 분별을 거듭 나타냈다.

別解中亦有二。一者直顯別用。二者重牒分別。

ㄱ) 개별적인 작용을 바로 나타냄

처음 중에 또한 두 가지가 있으니, 먼저는 응신을 밝혔고, 뒤에는 보신을 밝혔다.

初中亦二。先明應身。後顯報身。

(ㄱ) 응신을 밝힘

처음에 "분별사식에 의한 것으로"라고 한 것은 범부와 이승은 오직 식뿐(唯識)[20]임을 알지 못하고 바깥의 경계가 있다고 계탁하는 것이니, 이것이 바로 분별사식의 뜻이다. 이제 불신佛身을 보고서 또한 마음 밖에 있다고 생각함은 의식의 뜻에 따르는 것이니, 그러므로 분별사식에 의하여 본다고 말한다. 이런 사람은 자기의 전식轉識에 의하여 색상色相을 나타내는

---

20 오직 식뿐(唯識) : 삼라만상은 심식 밖에 실존한 것이 아니어서 다만 심식뿐이라고 하는 말. 우리들이 인식하는 대경對境으로 삼는 객관은 실로 인식 작용으로부터 독립하여 존재한 실경實境이 아니고 견분에 의하여 마음속에 비치는 상분, 곧 본질을 연으로 삼고 생긴 영상에 불과하다. 그러나 그 본질은 제8 알라야식에 함장含藏된 종자로부터 생긴 것이므로 마음으로 만든 것에 불과하다. 일체의 사물은 모두 심식으로 변현한 것인즉 3계는 유식만이 종극의 실재요, 그 밖에 별법別法이 없다고 한다.

것임을 알지 못하기 때문에 "전식의 나타냄인 줄 알지 못하기 때문에 밖에서 온 것이라 보고"라고 한 것이다. 그러나 그 보는 바의 분제가 있는 색이 곧 한계가 없어서 분제상을 여의었는데도, 저 사람은 오직 분제가 있는 뜻을 취하고 분제가 바로 한계가 없는 것인 줄 아직 모르기 때문에 "색의 분제를 취하여 다 알지 못하기 때문이다."라고 말하였다.

> 初中言依分別事識者。凡夫二乘未知唯識。計有外塵。卽是分別事識之義。今見佛身。亦計心外。順意識義。故說依分別事識見。此人不知依自轉識能現色相。故言不知轉識現故見從外來。然其所見有分齊色。卽無有邊離分齊相。彼人唯取有分齊義。未解分齊則無有邊。故言取色分齊不能盡知故也。

(ㄴ) 보신을 밝힘

보신에서 "업식에 의한 것이니"라고 한 것은 십해十解 이상의 보살은 오직 마음뿐(唯心)[21] 바깥의 경계가 없는 뜻을 잘 알아서 업식의 뜻을 따라 불신을 보기 때문에 '업식에 의하여 본다.'고 말하였다. 그러나 이 보살은 그 분제가 곧 분제가 없는 것임을 알기 때문에 "곳에 따라 나타냄이 곧 가이없고……훼손되지도 않고 잃지도 않는다."라고 하였다. 이러한 장애 없는 불사의한 일이 모두 육도六度의 심행深行의 훈습과 진여의 부사의훈으로 말미암아 성취한 것이므로 이런 뜻에 의하여 보신이라 이름하며, 그러므로 "……한량없는 낙상을 구족하였기 때문에 보신이라고 하는 것이다."라고 말하였다.

그러나 이 이신二身[22]은 경과 논에서 달리 말하고 있으니,『동성경』에서

---

21 오직 마음뿐(唯心) : 유식과 같다. 우주의 궁극적 실재는 마음뿐으로서 외계의 사물은 마음의 변현이라는 뜻이다.
22 이신二身 : 여기서는 응신과 보신을 말한다.

는 "예토穢土의 성불을 화신化身이라 하고, 정토淨土의 성도成道를 보신이라 한다."²³라고 하였으며,『금고경』에서는 "삼십이상三十二相²⁴과 팔십종호八十種好²⁵ 등의 상을 응신이라 하고 육도六道의 상을 따라 나타난 몸을 화신이라 한다."²⁶라고 하였다.『섭대승론』의 주장에 의하면,²⁷ 지전地前(십지 이전)에서 보는 것을 변화신變化身²⁸이라 하고 지상地上(십지 이상)에서 보는 것을 수용신受用身²⁹이라 하였다. 이제 이『기신론』중에서는 범부와 이

---

23 『大乘同性經』권2(T16, 651c).
24 삼십이상三十二相 : [S] dvātriṃśan mahā-puruṣa-lakṣaṇāni. 부처님 몸에 갖춘 32표상標相. 32대인상三十二大人相, 32대장부상三十二大丈夫相이라고도 한다. 이 상을 갖춘 이는 세속에 있으면 전륜왕轉輪王, 출가하면 부처님이 된다고 한다. ① 발바닥이 판판함. ② 손바닥에 수레바퀴 같은 무늬가 있음. ③ 손가락이 가늘면서 긴 것. ④ 손발이 매우 보드라움. ⑤ 손가락·발가락 사이마다 얇은 비단결 같은 막膜이 있음. ⑥ 발꿈치가 원만함. ⑦ 발등이 높고 원만함. ⑧ 장딴지가 사슴 다리 같음. ⑨ 팔을 펴면 손이 무릎까지 내려감. ⑩ 남근男根이 오므라들어 몸 안에 숨어 있는 것이 말의 것과 같음. ⑪ 키가 두 팔을 편 길이와 같음. ⑫ 털구멍마다 새까만 털이 남. ⑬ 몸의 털이 위로 쏠려 남. ⑭ 온 몸 빛이 황금색임. ⑮ 몸에서 솟는 광명이 한 길이 됨. ⑯ 살결이 보드랍고 매끄러움. ⑰ 두 발바닥·두 손바닥·두 어깨·정수리가 모두 판판하고 둥글며 두터움. ⑱ 두 겨드랑이가 편편함. ⑲ 몸매가 사자와 같음. ⑳ 몸이 곧고 단정함. ㉑ 양 어깨가 둥글며 두둑함. ㉒ 이가 40개나 됨. ㉓ 이가 희고 가지런하고 빽빽함. ㉔ 송곳니가 희고 큼. ㉕ 뺨이 사자 것과 같음. ㉖ 목구멍에서 맛 좋은 진액이 나옴. ㉗ 혀가 길고 넓음. ㉘ 목소리가 맑고 멀리 들림. ㉙ 눈동자가 검푸름. ㉚ 속눈썹이 소의 것과 같음. ㉛ 두 눈썹 사이에 흰 털이 남. ㉜ 정수리에 살상투가 있음.
25 팔십종호八十種好 : 팔십수형호八十隨形好라고도 한다. 부처님 몸의 80가지 훌륭한 모양. 경론에 따라 꼭 같지 않으며 삼십이상과 중복되는 것이 많다.
26 『合部金光明經』권1(T16, 362c) 참조.
27 과과가 무분별지 가행加行에서 생기면 이는 화신이며, 만약 무분별지 지득至得에서 생기면 응신應身, 무분별지 후득後得에서 생기면 법신法身인데, 화신인 변화신은 지전地前에서 나타나며, 응신인 수용신은 지상地上, 즉 초지初地에서부터 불과佛果에 이르기까지에서 나타난다. 세친 석·진제 역『攝大乘論釋』권12(T31, 241·249·250) 참조.
28 변화신變化身 : 삼신三身(自性身·受容身·變化身)의 하나. 이승과 범부를 교화하기 위하여 성소작지成所作智의 힘에 의하여 화현한 불신이다.
29 수용신受用身 : 삼신의 하나. 2종이 있다. ① 자수용신自受用身은 다른 보살이 보고 들을 수 없는 불신으로서 자기가 얻은 법락法樂을 자기만이 즐기는 몸이다. ② 타수용신他受用身은 십지 중 초지 이상의 보살이 볼 수 있고 자기가 받는 법락을 다른 보살에게도 주는 불신이다. 이를 법신·응신·화신의 삼종신에 배당하면 다음과 같다.

승이 보는 육도의 차별의 상을 응신이라 하고 십해 이상의 보살이 보는 분제를 여읜 색을 보신이라 하였다.

이와 같이 같지 않음이 있는 것은 법문法門이 한량이 없어서 오직 한 길만이 아니므로 곳에 따라 시설하였기 때문이니, 모두 도리가 있는 것이다. 그러므로 『섭대승론』에서는 지전보살이 산심으로 분제가 있는 상을 보는 것을 말하기 때문에 화신에 속하는 것이지만, 이제 이 『기신론』 중에서는 이 보살이 삼매로써 분제를 여읜 상을 보는 것을 밝혔기 때문에 보신에 속하는 것이니,[30] 이런 도리에 의하여 서로 어긋나는 것이 아니다.

報身中言依於業識者。十解以上菩薩。能解唯心。無外塵義。順業識義以見佛身。故言依於業識見也。然此菩薩知其分齊卽無分齊。故言隨所示現卽無有邊乃至不毀不失也。此無障礙不思議事。皆由六度深行之熏。及與眞如不思議熏之所成就。依是義故名爲報身。故言乃至具足無量樂相故說爲報也。然此二身。經論異說。同性經說。穢土成佛。名爲化身。淨土成道。名爲報身。金鼓經說。三十二相八十種好等相。名爲應身。隨六道相所現之身。名爲化身。依攝論說。地前所見。名變化身。地上所見。名受用身。今此論中。凡夫二乘所見六道差別之相。名爲應身。十解已上菩薩所見離分齊色。名爲報身。所以如是有不同者。法門無量。非唯一途。故隨所施設。皆有道理。故攝論中爲說地前散心所見有分齊相。故屬化身。今此論中明此菩薩三昧所見離分齊相。故屬報身。由是道理。故不相違也。

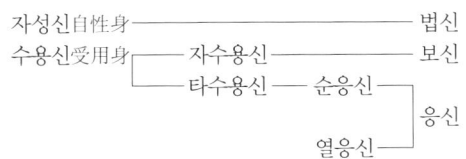

[30] 『攝大乘論』과 『大乘起信論』에서 똑같이 지전地前보살이나 그 산심散心으로 보는 것은 화신이고, 삼매三昧로 보는 것은 보신이라는 뜻이다.

ㄴ) 분별을 거듭 나타냄

또 "범부에게 보여지는 것은" 이하는 두 번째 분별을 거듭 나타낸 것이다. 먼저 응신을 밝혔으니, 글의 양상은 알 수 있을 것이다.

"다음" 이하는 보신상報身相을 나타냈다. 이 중 두 가지가 있으니, 먼저는 지전에서 보는 것을 밝혔고, 뒤에는 지상에서 보는 것을 나타냈다. 처음에 "진여법을 깊이 믿기 때문에 적은 부분으로나마 (보신을) 보아서"라고 한 것은 십해十解 중 인공문人空門에 의하여 진여의 이치를 보는 것과 같은 것이니, 이는 비슷하게 안 것이므로 '적은 부분으로나마'라고 한 것이다. "만약 정심을 얻으면" 이하는 지상에서 보는 바를 나타낸 것이며, "만약 업식을 여의면 견상이 없어지는 것이니"라는 것은 업식에 의하여야 전상과 현상이 있기 때문에 업식을 여의면 곧 견상이 없는 것이다.

又凡夫所見以下。第二重牒分別。先明應身。文相可知。復次以下。顯報身相。於中有二。先明地前所見。後顯地上所見。初中言以深信眞如法故少分而見者。如十解中。依人空門。見眞如理。是相似解。故名少分也。若得淨心以下。顯地上所見。若離業識則無見相者。要依業識。乃有轉相及與現相。故離業識。卽無見相也。

ㄷ. 문답하여 의심을 제거함

"문" 이하는 문답하여 의심을 제거한 것이니, 글의 양상을 알 수 있을 것이다.

問曰以下。往復除疑。文相可見。

현시정의 내에 크게 나누어 두 부분이 있는데, 이상으로 첫째로 세운 법과 의를 바로 해석함을 마친다.

顯示正義之內大分有二。第一正釋所立法義竟在於前。

나. 생멸문에서 진여문에 들어감을 나타냄

논 다음은 생멸문으로부터 곧 진여문에 들어가는 것을 나타냈다. 이른바 오음五陰[31]의 색色과 심心을 추구해 보건대, 육진경계六塵境界가 필경 생각할 만한 모양이 없으며, 또한 마음에는 형상이 없어서 시방으로 찾아보아도 끝내 얻을 수가 없으니, 마치 사람이 방향을 모르기 때문에 동쪽을 서쪽이라고 하지만 방향 자체는 실로 변화된 것이 없는 것과 같다. 중생도 그러하여 무명으로 혼미하기 때문에 마음을 망념(念)이라 하지만 마음은 실로 움직이지 아니하는 것이며, 만약 관찰하여 마음에 망념(念)이 없는 줄 알면 곧 수순하게 되어 진여문에 들어가기 때문이다.

復次顯示從生滅門卽入眞如門。所謂推求五陰。色之與心。六塵境界。畢竟無念。以心無形相。十方求之終不可得。如人迷故。謂東爲西。方實不轉。衆生亦爾。無明迷故。謂心爲念。心實不動。若能觀察知心無念。卽得隨順入眞如門故。

---

31 오음五陰 : ⓢ pañca-skandha. 오취온五取蘊·오중五衆·오취五聚라고도 한다. 온蘊은 모아 쌓은 것, 곧 화합하여 모인 것이니 무릇 생멸하고 변화하는 것을 종류대로 모아서 5종으로 구별하였다. 색온色蘊·수온受蘊·상온想蘊·행온行蘊·식온識蘊 다섯 가지이다. 여기서 오음의 고통을 두려워함이란 오음이 생멸하는 법을 보고 생사에 대하여 두려워한다는 뜻이다. 『大乘起信論疏記會本』 권5(H1, 774c) 참조.

소 두 번째는 방편(筌 : 생멸문)으로부터 본지(旨 : 진여문)에 들어가는 문을 열어 보였다. 이 중 세 가지가 있으니, 전체적으로 나타내는 것과 각각 해석하는 것, 세 번째는 총괄하여 맺은 것이다.

第二開示從筌入旨之門。於中有三。總標。別釋。第三總結。

가) 전체적으로 나타냄

전체적으로 나타내는 것 중에 "오음의 색과 심을 추구해 보건대"라고 한 것은 색음色陰[32]을 색이라 하고 나머지 넷[33]은 심心이라 한 것이다.

總標中推求五陰色之與心者。色陰名色。餘四名心也。

나) 각각 해석함

각각 해석하는 중에 먼저 색관色觀[34]을 해석하였으니, 모든 색을 쪼개어 극미極微에까지 이르러도 영구히 얻을 수가 없으며 마음을 떠난 밖에는 생각할 만한 상相이 없기 때문에 육진六塵이 필경에 무념이라 한 것이다. 다만 마음 밖에 달리 색진色塵이 없을 뿐만 아니라 마음에서 색을 찾아보아도 또한 얻을 수가 없기 때문에 "마음에는 형상이 없어서 시방으로 찾아보아도 끝내 얻을 수가 없으니"라고 한 것이다. "마치 사람이" 이하는

---

32 색음色陰 : ⓢ rūpa-skandha. 오음의 하나. 색온色蘊과 같다. '색'은 스스로 생멸 변화하고 또 다른 것을 장애한다. '온蘊'은 모여서 뭉친 것으로 화합하여 한 덩이가 된 것이니 어느 면으로 보아도 한 무더기라고 볼 수 있는 것이다.
33 "나머지 넷"이란 수음受陰·상음想陰·행음行陰·식음識陰을 말한다.
34 색관色觀 : 색에 대한 견해, 관찰.

두 번째 마음을 관찰하는 법이니, 먼저는 실례이며 나중은 적용이다. 적용에 "마음은 실로 움직이지 아니하는 것이며"라고 한 것은 동념動念을 추구해 본다면 이미 없어졌거나 아직 생기지 않은 것이요, 중간에 머무는 바가 없다. 머무는 바가 없기 때문에 곧 일어남이 없으니, 그러므로 심성心性이 실로 움직이지 않음을 아는 것이다.

> 別釋之中。先釋色觀。摧折諸色乃至極微。永不可得。離心之外無可念相。故言六塵畢竟無念。非直心外無別色塵。於心求色亦不可得。故言心無形相十方求之終不可得也。如人以下。次觀心法。先喩。後合。合中言心實不動者。推求動念已滅未生。中無所住。無所住故。卽無有起。故知心性實不動也。

다) 총괄하여 맺음

"만약 관찰하여" 이하는 세 번째 총괄하여 맺은 것이니, "곧 수순하게 되어"라는 것은 방편관方便觀이고, "진여문에 들어가기 때문"이라는 것은 정관正觀이다.

> 若能以下。第三總結。卽得隨順者。是方便觀。入眞如門者。是正觀也。

② 사집을 대치함

두 번째는 사집邪執[35]을 대치하는 것이다. 글에 또한 네 가지가 있으니, 첫째는 전체적으로 표시하여 수를 들었고, 둘째는 수에 의하여 이름을 열

---

[35] 사집邪執 : 삿되고 잘못된 견해를 고집하는 것.

거하였고, 셋째는 이름에 의하여 상을 분별하였으며, 넷째는 망집을 끝까지 다 여읨을 전체적으로 나타냈다.

第二對治邪執。文亦有四。一者總標擧數。二者依數列名。三者依名辨相。四者總顯究竟離執。

논 사집을 대치한다는 것은 일체의 사집이 모두 아견에 의하는 것이니, 만약 아견(我)를 여의면 곧 사집이 없는 것이다. 이 아견에 두 가지가 있다.

對治邪執者。一切邪執皆依我見。若離於我。則無邪執。是我見有二種。

가. 전체적으로 표시하여 수를 듦

소 처음에 전체적으로 표시하여 수를 들었다.

初總標擧數。

나. 수에 의하여 이름을 열거함

논 어떤 것이 두 가지인가? 첫째는 인아견人我見이고, 둘째는 법아견法我見[36]이다.

云何爲二。一者人我見。二者法我見。

---

36 법아견法我見 : 법아집과 같다.

소 두 번째 이름을 열거하는 중에 "인아견"은 총상을 주재하는 자가 있다고 계탁하는 것이니, 이를 인아집人我執[37]이라 한다. "법아견"이란 일체법이 각기 체성體性이 있다고 계탁하는 것이니, 이를 법집法執이라 한다. 법집은 곧 이승二乘이 일으키는 것이며, 이 중 인집人執은 오직 불법을 취하는 안에서 처음 대승을 배우는 사람이 일으키는 것이다.

第二列名中言人我見者。計有總相宰主之者。名人我執。法我見者。計一切法各有體性。故名法執。法執卽是二乘所起。此中人執。唯取佛法之內初學大乘人之所起也。

다. 이름에 의하여 상을 분별함

가) 인아견을 밝힘

논 인아견이란 모든 범부가 말하는 것으로 다섯 가지가 있다. 무엇이 다섯 가지인가? 첫째는 수다라에서 "여래 법신이 필경 적막하여 허공과 같다."[38]라고 하는 말을 듣고, 이것이 집착을 깨뜨리기 위한 것인 줄 모르기 때문에 곧 허공을 여래성如來性이라 여기는 것이니, 이를 어떻게 대치하는

---

37 인아집人我執 : 인아견과 같다.
38 이하에 인용된 다섯 가지 수다라의 글에 대해, 원효는 『소』에서 제2는 『大品般若經』, 제4는 『不增不減經』, 제5는 『仁王經』의 설을 그 예로 제시하였으나, 제1·제3의 두 가지 출전은 제시하지 않았다. 첫 번째 수다라의 경우는 『入楞伽經』 권1(T16, 519a)에 "적멸이라는 것은 일심이라 이름하며, 일심이란 여래장(여래법신)이라 이름한다.(寂滅者名爲一心。一心者名如來藏。)"라고 한 것과 60권본 『華嚴經』 권34(T9, 616a)에 "비유하면 허공이 광활하여 일체중생을 모두 담고서도 염착함이 없는 것처럼, 여래법신도 이와 같아서 일체중생의 세간선근을 비추나 세간선근을 떠난 것에도 염착함이 없네.(譬如虛空彌廣。悉能容受一切衆生而無染著。如來法身亦復如是。照一切衆生世間善根。離世間善根亦無染著。)"라고 한 것 참조.

가? 허공상虛空相은 망법妄法인지라 체가 없어 여실하지 못한 것이나, 색에 대하기 때문에 이 볼 만한 상이 있는 것이어서 마음으로 하여금 생멸케 하는 것이다. 그런데 모든 색법色法이 본래 마음이요 실로 밖의 색이 없는 것이니, 만약 밖의 색이 없다면 허공의 상도 없음을 밝힌 것이다. 소위 일체의 경계가 오직 마음에서 거짓되게 일어나기 때문에 있는 것이니, 만약 마음이 거짓되게 움직이는 것을 여의면 일체의 경계가 멸하고, 오직 하나의 진심眞心으로서 두루하지 않은 바가 없는 것이다. 이는 여래의 광대한 성지性智의 구경의 뜻을 말한 것이요, 허공상과 같다는 것은 아니기 때문이다.

> 人我見者。依諸凡夫說有五種。云何爲五。一者聞脩多羅說。如來法身。畢竟寂寞。猶如虛空。以不知爲破著故。卽謂虛空是如來性。云何對治。明虛空相是其妄法。體無不實。以對色故有。是可見相令心生滅。以一切色法。本來是心。實無外色。若無外色者。則無虛空之相。所謂一切境界。唯心妄起故有。若心離於妄動。則一切境界滅。唯一眞心無所不徧。此謂如來廣大性智究竟之義。非如虛空相故。

둘째는 수다라에서 "세간의 모든 법이 필경에는 체가 공하며,……열반·진여의 법도 필경에는 공한지라 본래부터 스스로 공하여 일체의 상을 여의었다."라고 하는 말을 듣고서 집착을 깨뜨리기 위한 것인 줄 모르기 때문에 곧 진여·열반의 본성이 오직 공이라 여기는 것이니, 어떻게 대치하는가? 진여 법신은 자체自體가 공하지 아니하여 무량한 성공덕性功德을 구족했기 때문임을 밝힌 것이다.

> 二者聞脩多羅說。世間諸法畢竟體空。乃至涅槃眞如之法亦畢竟空。從本已來自空。離一切相。以不知爲破著故。卽謂眞如涅槃之性唯是其空。云何對治。明眞如法身自體不空。具足無量性功德故。

셋째는 수다라에서 "여래장은 증감이 없어 체가 일체 공덕의 법을 갖추었다."[39]라고 하는 말을 듣고서 이해하지 못하기 때문에 곧 여래장은 색·심법의 자상自相과 차별이 있다고 여기니, 어떻게 대치하는가? 오직 진여의 뜻에 의해 (자상이라) 말하기 때문이며, 생멸염生滅染의 뜻에 의하여 나타냄을 차별이라 말하기 때문이다.

> 三者聞脩多羅說。如來之藏無有增減。體備一切功德之法。以不解故。卽謂如來之藏有色心法自相差別。云何對治。以唯依眞如義說故。因生滅染義示現說差別故。

넷째는 수다라에서 "모든 세간의 생사의 염법이 다 여래장에 의하여 있는지라 일체의 모든 법이 진여를 여의지 않았다."는 말을 듣고 이해하지 못하기 때문에 여래장 자체에 일체 세간의 생사 등의 법을 갖추었다고 여기니, 어떻게 대치하는가? 여래장은 본래부터 항하의 모래보다 많은 모든 정공덕淨功德이 있어서 진여의 뜻을 여의지도 않고 끊지도 아니하여 그와 다르지 않기 때문이며, 항하의 모래보다 많은 번뇌의 염법이 오직 거짓되게 있는 것이요 그 자성(性)은 본래부터 없는 것이니, 무한한 과거로부터 일찍이 여래장과 상응한 적이 없기 때문이다. 여래장의 체에 망법이 있다면 증회證會[40]하여서 영원히 망법을 없앤다는 것은 있을 수가 없는 것이다.

---

39 『究竟一乘寶性論』 권4(T31, 840a)에 "불공여래장이란 위없는 불법이 서로 상을 여의지 않으며 한 법도 더하거나 줄이지 않는 것을 말한다.……한 법도 줄이지 않는다는 것은 번뇌를 줄이지 않는 것이다. 한 법도 더하지 않는다는 것은 진여성에 한 법도 더하지 않는 것이다. 청정한 체를 여의지 않기 때문이다.(不空如來藏。謂無上佛法。不相捨離相。不增減一法。……不減一法者。不減煩惱。不增一法者。眞如性中不增一法。以不捨離淸淨體故。)"라고 한 것 참조.
40 증회證會 : 이치를 증득하여 이해함이다.

四者聞脩多羅說。一切世間生死染法。皆依如來藏而有。一切諸法不離眞如。以不解故。謂如來藏自體具有一切世間生死等法。云何對治。以如來藏從本已來。唯有過恒沙等諸淨功德。不離不斷。不異眞如義故。以過恒沙等煩惱染法。唯是妄有。性自本無。從無始世來未曾與如來藏相應故。若如來藏體有妄法。而使證會永息妄者。則無是處故。

다섯째는 수다라에서 "여래장에 의하기 때문에 생사가 있으며, 여래장에 의하기 때문에 열반을 얻을 수 있다."라고 하는 말을 듣고 이해하지 못하기 때문에 중생은 처음이 있다고 하고, 처음을 알기 때문에 또한 여래가 얻은 열반이 마침이 있어서 다시 중생이 된다고 하니, 어떻게 대치하는가? 여래장은 전제前際(시초)가 없기 때문에 무명의 상相도 시작함이 없으니 만약 삼계 밖에 다시 중생이 처음 일어남이 있다고 한다면 곧 이는 외도경外道經의 설이며, 또 여래장은 후제後際(마지막)가 없으니 모든 부처가 얻은 열반이 그와 상응하여 곧 후제가 없기 때문이다.

五者聞脩多羅說。依如來藏故有生死。依如來藏故得涅槃。以不解故。謂衆生有始。以見始故。復謂如來所得涅槃有其終盡。還作衆生。云何對治。以如來藏無前際故。無明之相亦無有始。若說三界外更有衆生始起者。卽是外道經說。又如來藏無有後際。諸佛所得涅槃與之相應。則無後際故。

소 세 번째 상을 분별하는 중에 먼저 "인아견"을 밝혔다. 그 중 두 가지가 있으니, 전체적으로 나타내는 것과 각각 풀이하는 것이다.

第三辨相中。先明人我見。於中有二。總標。別釋。

(가) 전체적으로 나타냄

(나) 각각 풀이함

각각 풀이하는 중에 다섯 가지를 각기 나타냈으니 각각 세 구절이 있다. 처음은 견見을 일으키는 이유를 내놓았고, 다음은 집착하는 모양을 밝혔으며, 뒤에는 대치를 나타냈다.

別釋之中。別顯五種。各有三句。初出起見之由。次明執相。後顯對治。

처음에 집착하는 모양을 밝히는 중에 "곧 허공을 여래성이라 여기는 것이니"라고 한 것은 여래성이 허공상과 같다고 계탁하는 것이다.

둘째 중에 "열반·진여의 법도 필경에는 공한지라"라고 한 것은 『대품경』에서 "내지 열반이 환상과 같고 꿈과 같으니, 만약 어떤 법이 열반보다 수승하다고 하더라도 나는 또한 (그 열반보다 수승한 법도) 환상과 같고 꿈과 같다고 말한다."[41]라고 한 것과 같기 때문이다.

셋째 중에 "생멸염의 뜻에 의하여 나타냄"이라 한 것은 윗글에서 "업식의 생멸상에 의하여 나타내는 것이다"[42]라고 하고, 이어서 자세히 설한 것과 같기 때문이다.

넷째 중에 "(진여의 뜻을) 여의지도 않고 끊지도 아니하여"라고 한 것은 『부증불감경소不增不減經疏』[43]에서 자세히 설한 것과 같다.

다섯째 중에 "만약 삼계 밖에 다시 중생이 처음 일어남이 있다고 한다면 곧 이는 외도경의 설이며"라고 한 것은 『인왕경』에서 말한 것과 같다.[44] 위에서부터의 다섯 가지 집착이 모두 법신·여래장 등을 총상의 주

---

41 『摩訶般若波羅蜜經』 권8(T8, 276b).
42 『大乘起信論疏記會本』 권5(H1, 774c).
43 『부증불감경소不增不減經疏』: 원효 저술. 현존 여부 미상.
44 『仁王護國般若波羅蜜多經』 권1(T8, 836c).

재자라고 (계탁함)에 의하여 집착을 일으키기 때문에 통틀어 인집人執이
라 이름하는 것이다.

> 初執中言卽謂虛空是如來性者。計如來性同虛空相也。第二中言乃至涅槃
> 眞如之法亦畢竟空者。如大品經云。乃至涅槃如幻如夢。若當有法勝涅槃
> 者。我說亦復如幻如夢故。第三中言因生滅染義示現者。如上文言。以依業
> 識生滅相示。乃至廣說故。第四中言不離不斷等者。如不增不減疏中廣說
> 也。第五中言若說三界外更有衆生始起者卽是外道經說者。如仁王經之所
> 說故。上來五執皆依法身如來藏等總相之主而起執故。通名人執也。

나) 법아견을 밝힘

논 법아견이란 이승의 둔근鈍根에 의하기 때문에 여래가 다만 그들을 위하여 인무아人無我만을 설하였으며, 이 설함이 구경하지 않기 때문에 오음생멸五陰生滅의 법이 있음을 보고 생사를 두려워하여 거짓되게 열반을 취하는 것이니, 이를 어떻게 대치하는가? 오음법五陰法은 그 자성이 생겨나지 않는 것이며, 따라서 멸함도 없어서 본래 열반이기 때문이다.

> 法我見者。依二乘鈍根故。如來但爲說人無我。以說不究竟。見有五陰生滅
> 之法。怖畏生死。妄取涅槃。云何對治。以五陰法自性不生。則無有滅。本
> 來涅槃故。

소 "법아견"에도 세 구절이 있으니, 처음은 견見을 일으키는 까닭을 밝혔고, "오음생멸의 법이 있음을 보고" 이하는 두 번째 집착하는 모양을 나타냈으며, "이를 어떻게 대치하는가" 이하는 그 대치를 나타냈으니, 글의 양상을 알 수 있을 것이다.

法我見中。亦有三句。初明起見之由。見有以下。次顯執相。云何以下。顯
其對治。文相可知。

라. 망집을 끝까지 다 여읨

논 다음에 망집을 끝까지 다 여읜다는 것은 염법과 정법이 모두 서로 의지하는 것이어서 말할 만한 자상이 없음을 알아야 한다는 것이다. 그러므로 일체의 법이 본래부터 색色도 아니요 심心도 아니며, 지智도 아니요 식識도 아니며, 유有도 아니요 무無도 아니어서 끝내 그 모양을 말할 수 없는데도 말함이 있는 것은 여래의 교묘한 방편으로 언설을 빌려 중생을 인도하는 것임을 알아야 할 것이다. 그 취지란 모두 망념을 떠나 진여에 돌아가게 하기 위한 것이니, 일체법을 생각하면 마음이 생멸하게 되어 참된 지혜에 들어가지 못하기 때문이다.

復次究竟離妄執者。當知染法淨法皆悉相待。無有自相可說。是故一切法
從本已來。非色非心。非智非識。非有非無。畢竟不可說相。而有言說者。
當知如來善巧方便假以言說引導衆生。其旨趣者。皆爲離念歸於眞如。以
念一切法令心生滅。不入實智故。

소 네 번째는 구경에 집착을 여의는 뜻이니, 그중 두 가지가 있다. 먼저는 모든 법이 말을 여읜 도리를 밝혔고, 뒤에는 언설을 빌려 가르치는 뜻을 나타냈으니, 글의 양상을 알 수 있을 것이다.

第四究竟離執之義。於中有二。先明諸法離言道理。後顯假說言敎之意。文
相可見。

③ 도에 발심하여 나아가는 상을 분별함

세 번째 발취분發趣分 중에 두 가지가 있으니, 첫째는 대의를 전체적으로 나타냈고, 둘째는 각각 분별하였다.

第三發趣分中有二。一者總標大意。二者別開分別。

가. 대의를 전체적으로 나타냄

논 도에 발심하여 나아가는 상을 분별한다는 것은 모든 부처가 증득한 도에 모든 보살이 발심하고, 수행하여 나아가는 뜻을 말하기 때문이다.

分別發趣道相者。謂一切諸佛所證之道。一切菩薩發心修行趣向義故。

소 처음에 "모든 부처가 증득한 도"라고 한 것은 나아갈 바의 도를 든 것이며, "모든 보살이" 이하는 나아가는 행을 나타낸 것이니, 보살이 부처가 증득한 도에 발심하여 나아감을 밝히려고 하기 때문에 "도에 발심하여 나아가는 상을 분별한다."라고 말한 것이다.

初中言一切諸佛所證之道者。是擧所趣之道。一切菩薩以下。顯其能趣之行。欲明菩薩發心趣向佛所證道。故言分別發趣道相也。

나. 각각 분별함

이 아래는 두 번째로 각각 분별한 것이니, 이 중 세 가지가 있다. 첫째는 수를 들어 장章을 여는 것이고, 둘째는 수에 의하여 이름을 열거하는 것이며, 셋째는 이름에 의하여 상을 분별하는 것이다.

以下第二別開分別。於中有三。一者擧數開章。二者依數列名。三者依名辨相。

논 간략히 발심發心을 말하면 세 가지가 있으니, 어떤 것이 세 가지인가? 첫째는 신성취발심信成就發心이요, 둘째는 해행발심解行發心이요, 셋째는 증발심證發心이다.

略說發心有三種。云何爲三。一者信成就發心。二者解行發心。三者證發心。

가) 수를 들어 장을 엶

소 처음 글은 알 수 있을 것이다.

初文可知。

나) 수에 의하여 이름을 열거함

두 번째 중에 "신성취발심"이라고 한 것은 지위가 십주十住에 있으며 겸하여 십신十信을 취하니, 십신의 지위에서 신심信心을 닦아 익혀서 신심이 성취되어 결정심決定心을 일으켜 곧 십주에 들어가기 때문에 '신성취발심'이라고 한다.[45] "해행발심"이란 십회향十廻向[46]의 지위에 있으며 겸하여

---

45 십신을 모두 닦아서 신심이 성취되어 결정심을 일으켜 십주 중 제1 발심주發心住에 들어가므로 신성취발심이라 한다.
46 십회향十廻向 : ⑤ daśa-pariṇāmanā. 보살수행의 52계위 중 제31위에서 제40위. 십행十行을 마치고, 다시 지금까지 닦은 자리·이타의 여러 가지 행을 일체 중생을 위하여 돌

십행十行을 취하니, 십행의 지위에서 법공法空을 잘 알고 법계를 수순하여 육도행六度行[47]을 닦아서 육도행이 순결해지고 성숙하여 회향심을 일으켜 회향의 지위에 들어가기 때문에 해행발심이라고 한다. "증발심"이란 초지 이상에서 십지까지의 지위에 있으니, 앞서 두 가지의 상사相似한 발심에 의하여 법신을 증득하여 진심眞心을 일으키는 것이다.

> 第二中言信成就發心者。位在十住。兼取十信。十信位中修習信心。信心成就。發決定心。卽入十住故名信成就發心也。解行發心者。在十迴向。兼取十行。十行位中。能解法空。隨順法界。修六度行。六度行純熟。發迴向心。入向位故。言解行發心也。證發心者。位在初地以上。乃至十地。依前二重相似發心。證得法身發眞心也。

다) 이름에 의하여 상을 분별함

세 번째는 상을 분별하는 것이다. 글 중에 세 가지가 있으니 앞의 차례대로 세 가지의 마음을 말한다.

> 第三辨相。文中有三。如前次第說三心故。

(가) 신성취발심

려주는 동시에 이 공덕으로 불과를 향해 나아가 오경悟境에 도달하려는 지위이다. 『華嚴經』 권14(T9, 488b)에 따르면, 구호일체중생리중생상회향救護一切衆生離衆生相廻向, 불괴회향不壞廻向, 등일체불회향等一切佛廻向, 지일체처회향至一切處廻向, 무진공덕장회향無盡功德藏廻向, 수순평등선근회향隨順平等善根廻向, 수순등관일체중생회향隨順等觀一切衆生廻向, 여상회향如相廻向, 무박무착해탈회향無縛無著解脫廻向, 법계무량회향法界無量廻向이다.

47 육도행六度行 : 육바라밀과 같다.

처음 발심한 것에도 세 가지가 있으니, 첫째는 믿음을 성취시키는 행실을 밝혔고, 둘째는 행위가 이루어져 발심한 상을 나타냈으며, 셋째는 발심하여 얻게 된 공덕을 찬탄하였다.

初發心內。亦有其三。一明信成就之行。二顯行成發心之相。三歎發心所得功德。

㉮ 믿음을 성취시키는 행실을 밝힘

논 신성취발심이란 어떤 사람에 의하여 어떤 행실을 닦아서 믿음이 성취되어 발심을 할 수 있는 것인가? 이른바 부정취중생不定聚衆生[48]에 의하여 훈습의 힘과 선근의 힘이 있으므로 업의 과보를 믿고 십선十善을 일으키며, 생사의 고통을 싫어하고 무상보리無上菩提를 구하고자 하며, 여러 부처를 만나 직접 받들어 공양하고 신심信心을 수행한다. 이리하여 일만 겁을 지나서 신심이 성취되는 것이니, 모든 부처와 보살이 가르쳐서 발심하게 하거나, 대비에 의하여 스스로 발심하게 하거나, 정법正法이 없어지려 함에 의해서 호법護法의 인연으로 스스로 발심하게 하는 것이다. 이와 같이 신심이 성취되어 발심하게 된 사람은 정정취正定聚[49]에 들어가 끝내 퇴전하지 아니하니, 이를 여래종如來種[50]에 머물러 정인正因과 상응한다고 한다.

만약 어떤 중생이 선근이 미소하여 아득히 먼 옛날부터 번뇌가 매우 두텁다면 비록 부처를 만나 공양하게 되더라도 인천人天[51]의 종자를 일으키

---

48 부정취중생不定聚衆生 : 삼정취三定聚의 하나. 향상 진보하여 이상경지에 도달할지, 타락 퇴보하여 악도에 떨어질지 결정되지 않은 중생을 말한다.
49 정정취正定聚 : 삼정취의 하나. 항상 진전하여 반드시 성불하기로 결정된 기류機類.
50 여래종如來種 : 불종佛種과 같다. 불과佛果를 내는 종자이다.
51 인천人天 : 육취六趣에서 인간계와 천상계의 중생을 말한다.

고, 혹은 이승二乘의 종자를 일으킨다. 설사 대승을 구하는 사람이 있더라도 근기根機가 결정되지 아니하여 어떤 때는 나아가고 어떤 때는 물러나며, 혹 여러 부처에게 공양함이 있더라도 아직 일만 겁을 지나지 아니하여 중도에 연을 만나 또한 발심함이 있다. 이른바 부처의 색상色相을 보고 그 마음을 일으키며, 혹은 여러 스님에게 공양함에 의하여 그 마음을 일으키며, 혹은 이승인의 가르침에 의하여 마음을 일으키며, 혹은 다른 사람에게 배워 마음을 일으킨다. 이와 같은 발심들은 모두 결정되지 아니한 것이니, 나쁜 인연을 만나면 혹 퇴실하여 이승의 지위에 떨어지기도 하는 것이다.

> 信成就發心者。依何等人。修何等行。得信成就。堪能發心。所謂依不定聚衆生。有熏習善根力故。信業果報。能起十善。厭生死苦。欲求無上菩提。得值諸佛。親承供養。修行信心。經一萬劫。信心成就故。諸佛菩薩教令發心。或以大悲故。能自發心。或因正法欲滅。以護法因緣。能自發心。如是信心成就得發心者。入正定聚。畢竟不退。名住如來種中。正因相應。若有衆生善根微少。久遠已來煩惱深厚。雖值於佛亦得供養。然起人天種子。或起二乘種子。設有求大乘者。根則不定。若進若退。或有供養諸佛未經一萬劫。於中遇緣亦有發心。所謂見佛色相而發其心。或因供養衆僧而發其心。或因二乘之人教令發心。或學他發心。如是等發心。悉皆不定。遇惡因緣。或便退失墮二乘地。

소 처음 중에 또한 두 가지가 있으니, 먼저는 묻고 뒤에는 답하였다.

> 初中亦二。先問。後答。

ㄱ. 질문함

물음에 "어떤 사람에 의하여"라고 한 것은 닦는 사람을 물은 것이요, "어떤 행실을 닦아서"라고 한 것은 닦아야 할 행위를 물은 것이며, "믿음이 성취되어 발심을 할 수 있는 것인가"라는 것은 발심의 결과에 대하여 그 행위의 이루어짐을 물은 것이다.

> 問中言依何等人者。是問能修之人。修何等行者。問其所修之行。得信成就
> 堪能發心者。對發心果。問其行成也。

ㄴ. 답변함

답변에 두 가지가 있으니, 첫째는 묻는 바에 바로 답한 것이고, 둘째는 열악한 자를 들어 수승한 자를 나타낸 것이다.

> 答中有二。一者正答所問。二者擧劣顯勝。

ㄱ) 묻는 바에 바로 답함

바로 답한 것 안에 앞서의 세 가지 물음에 대한 것이 있다.

> 正答之內。對前三問。

(ㄱ) 처음 물음에 답함

처음에 "부정취중생에 의하여"라고 한 것은 처음 물음에 답한 것이니, 닦는 사람을 나타낸 것이다. 삼취三聚[52]를 분별한다면 여기에 여러 문門이 있지만, 이제 이 글 중에서는 다만 보살의 십해十解 이상의 결정불퇴決

定不退[53]를 정정취正定聚라 하고, 아직 십신十信에 들어가지 아니하여 인과
因果를 믿지 않는 것을 사정취邪定聚라 하며, 이 둘의 중간에 도에 나아가
는 사람이 발심하여 무상보리를 구하려고 하지만 마음이 아직 결정되지
아니하여 어떤 때는 나아가고 어떤 때는 물러서는 것을 십신이라 하고 부
정취不定聚라 함을 밝힌 것이다. 이제 이 사람에 의하여 닦아야 할 행위를
밝힌다.

> 初言依不定聚衆生者。是答初問。顯能修人。分別三聚。乃有多門。今此文
> 中。直明菩薩十解以上。決定不退。名正定聚。未入十信。不信因果。名邪
> 定聚。此二中間。趣道之人。發心欲求無上菩提。而心未決或進或退。是謂
> 十信。名不定聚。今依此人明所修行也。

(ㄴ) 두 번째 물음에 답함

"훈습의 힘과 선근의 힘이 있으므로" 이하는 그다음에 두 번째 물음에
답한 것이니, 결정되지 않은 사람이 닦아야 할 행위를 밝힌 것이다. '훈습
의 힘과 선근의 힘이 있으므로'라고 한 것은 여래장 내의 훈습력에 의하
고 또한 전세前世[54]의 선근을 닦은 힘에 의하므로 이제 신심信心을 닦는 등
의 행위를 하는 것이며, "업의 과보를 믿고 십선을 일으키며"라고 한 것

---

52 삼취三聚 : 삼정취三定聚라고도 한다. 사람의 성질을 셋으로 나눈 것이다. ① 정정취
正定聚는 항상 진전하여 반드시 성불하기로 결정된 기류이다. ② 사정취邪定聚는 성불
할 만한 소질이 없어 더욱 타락하여 가는 종류이다. ③ 부정취不定聚는 향상 진보하여
이상경지에 도달할지, 타락 퇴보하여 악도에 떨어질지 결정되지 않은 중생이다. 이 셋
은 어느 경론에서나 인정하지만 선천적이냐 후천적이냐, 또는 필연이냐 우연이냐에 대
해서는 각기 견해가 다르다.
53 결정불퇴決定不退 : 반드시 퇴보하지 아니함이다.
54 전세前世 : 전생前生·숙세宿世라고도 한다. 현세에 태어나기 이전 세상이다.

은 복분福分[55]의 선을 일으키는 것이다. "생사의 고통을 싫어하고 무상도(무상보리)를 구하고자 하며"라는 것은 도분道分[56]의 마음을 일으키는 것이며, "여러 부처를 만나……신심을 수행한다"는 것은 바로 닦아야 할 도분의 선근을 밝힌 것이니, 이른바 열 가지 신심을 닦는 것이며, 이것의 갖추어진 모양은 『일도장一道章』[57]에서 말한 것과 같다.

> 有熏習以下。次答第二問。明不定人所修之行。言有熏習善根力者。依如來藏內熏習力。復依前世修善根力。故今得修信心等行也。言信業果報能起十善者。起福分善也。厭生死苦求無上道者。發道分心也。得值諸佛修行信心者。正明所修道分善根所謂修行十種信心。其相具如一道章說也。

(ㄷ) 세 번째 물음에 답함

"일만 겁을 지나서" 이하는 세 번째 물음에 답한 것이니, 신심이 성취되는 모양을 밝힌 것이다. 이 중 두 가지가 있으니, 첫째는 시기를 들어서 믿음이 성취되어 발심하는 연을 밝혔고, 두 번째는 취聚를 기준으로 하여 발심해서 머무는 지위를 나타냈다. 처음 중에 "일만 겁을 지나서 신심이 성취되는 것이니"라고 한 것은 십신에서 십천 겁을 지나 신심이 성취되면 곧 십주十住에 들어감을 말하는 것이니, 이는 『본업경本業經』[58]에서 "이 신

---

[55] 복분福分: 이분二分(福分·道分)의 하나. 세복世福을 일으키는 오계五戒·십선행도十善行道을 말한다.
[56] 도분道分: 출세出世의 과과를 일으킬 발보리심發菩提心의 행을 말한다.
[57] 『일도장一道章』: 원효 지음. 여기에는 『一道章』과 『起信論一道章』이 있으며 둘 다 현존하지 않는다.
[58] 『본업경本業經』:『菩薩瓔珞本業經』2권. 요진 축불념 한역. 보살이 수행할 계차階次인 본업 영락의 42현성행위四十二賢聖行位를 밝힌 경이다. 상권에는 「集衆品」·「賢聖名字品」·「賢聖學觀品」3품, 하권에는 「釋義品」·「佛母品」·「因果品」·「大衆受學品」·「集散品」5품을 말하였다. 「大衆受學品」에는 보살이 받아 지니는 삼취정계三聚淨戒·십

상보살信想菩薩[59]이 십천 겁에 십계법十戒法[60]을 행하면 응당 십주심十住心에 들어서 초주의 지위에 들어간다."[61]라고 한 말과 같다.

　이를 풀이하면 이 중에서 들어가는 초주의 지위란 십주에서 처음 발심하여 머무는 지위(初發心住位)를 말하는 것이니, 이 지위라야 비로소 신심이 물러나지 않게 되는 것이며, 그러므로 또한 믿어서 십심十心[62]에 들어간다고 이름하는 것이지, 십해 이전의 십신을 말하는 것이 아니다. 무엇으로 그것이 그러함을 알게 되는가? 이는 『인왕경』에서 "습종성習種性[63]에 십심이 있으니, 이미 이승二乘의 일체 선지善地를 초월하였으며,"[64] "이 습인習忍[65] 이전에 십선十善을 행하는 보살은 물러남도 있고 나아감도 있어 마치 가벼운 털이 바람을 따라 동쪽으로 갔다가 서쪽으로 갔다가 하는 것과 같다. 비록 십천 겁에 십정도十正道[66]를 행하지만 보리심을 발하여야 이에 마땅히 습인위習忍位에 들어간다."[67]라고 하였으니, 이 글로 증명되기 때문에 알 수 있는 것이다. 경에서 '십천'이라 한 것은 곧 여기서 "일

중금계十重禁戒를 말하였으므로 예로부터 『梵網經』과 함께 대승계의 근거로 중시되었다. 주석서로 원효의 『瓔珞本業經疏』 2권이 있다.

59 신상보살信想菩薩 : 신상보살이란 겨우 보살의 이름은 있으나 아직 실질은 갖추지 못했다 하여 가명보살假名菩薩이라고도 하며 십신위十信位의 보살이다.

60 십계법十戒法 : 보살이 지니는 10종 정계淨戒. 보요익普饒益, 불수不受, 부주不住, 무회한無悔恨, 무위쟁無違爭, 불손뇌不損惱, 무잡예無雜穢, 무탐구無貪求, 무과실無過失, 무훼범계無毀犯戒이다. 『新華嚴經』 제21권.

61 『菩薩瓔珞本業經』 권2(T24, 1021b).

62 십심十心 : 십주심十住心을 뜻함. 십주는 발심주發心住, 치지주治地住, 수행주修行住, 생귀주生貴住, 구족방편주具足方便住, 정심주正心住, 불퇴주不退住, 동진주童眞住, 법왕자주法王子住, 관정주灌頂住를 말한다.

63 습종성習種性 : 육종성의 하나. 보살수행의 계위 중 십주十住의 보살. 이 지위에서는 공관空觀을 닦아 견혹見惑·사혹思惑을 끊고 이것으로 증과證果에 이르는 종자를 삼으므로 이렇게 말한다.

64 『仁王般若波羅蜜經』 권상(T8, 826b).

65 습인習忍 : 습종성의 지위와 같다.

66 십정도十正道 : 십계법을 뜻한다.

67 『仁王般若波羅蜜經』 권하(T8, 831b).

만"이다. "부처와 보살이 가르쳐서 발심하게 하거나"라고 한 것은 발심의 연이 많이 있으나 여기서는 대략 세 가지 수승한 연만을 낸 것이다. "이와 같이" 이하는 그 발심이 머무는 지위를 나타낸 것이고, "신심이 성취되어 ……정정취에 들어가"라고 한 것은 곧 십해의 초발심주에 들어간 것이므로 "끝내 퇴전하지 아니하니"라고 말하였으며, 이때 바로 습종성의 자리에 있는 것이므로 "여래종에 머물러"라고 하였고, 그 닦는 행위가 불성佛性을 수순하기 때문에 또한 "정인과 상응한다."라고 말한 것이다. 위에서부터 앞서의 세 가지 물음에 바로 답하여 마쳤다.

> 逕一萬劫以下。答第三問。明其信心成就之相。於中有二。一者舉時。以明信成發心之緣。二者約聚。顯其發心所住之位。初中言至一萬劫信心成就者。謂於十信逕十千劫。信心成就。卽入十住。如本業經云。是信想菩薩。於十千劫行十戒法。當入十住心。入初住位。解云。此中所入初住位者。謂十住初發心住位。此位方得不退信心。是故亦名信入十心。非謂十解以前十信。何以得知而其然者。如仁王經云。習種姓有十心。已超二乘一切善地。此習忍已前行十善菩薩。有退有進。猶如輕毛隨風東西。雖以十千劫行十正道。發菩提心。乃當入習忍位。以是文證。故得知也。經言十千。卽此一萬也。言佛菩薩敎令發心等者。發心之緣。乃有衆多。今略出其三種勝緣也。如是以下。顯其發心所住之位。言信心成就乃至入正定聚者。卽入十解初發心住。以之故言畢竟不退也。卽時正在習種性位。故言名住如來種中也。其所修行隨順佛性。是故亦言正因相應。上來正答前三問竟。

ㄴ) 열악한 자를 들어 수승한 자를 나타냄

"만약 어떤 (중생이)" 이하는 열악한 자를 들어 수승한 자를 나타냈다. 십신의 자리 안에는 수승한 자도 있고 열악한 자도 있으니, 수승한 자는 앞서 말한 것처럼 십주에 진입하고 열악한 자는 여기서와 같이 이승의 지위에 물러나 떨어진다. 이는 『섭대승론』에서 "모든 보살이 십신의 자리에서는 대승을 닦음이 아직 견고하지 못하여 흔히 생사를 두려워하며, 중생을 자비하는 마음이 아직도 엷어서 대승의 본원本願[68]을 버리고 소승도小乘道를 닦기를 즐겨하므로 소승을 수행하려 한다고 말한다."[69]라 한 것과 같다. 대의가 이와 같으니 글의 양상을 알 수 있을 것이다. 이상으로 믿음을 성취시키는 행실을 밝혔다.

> 若有以下。舉劣顯勝。十信位內。有勝有劣。勝者如前進入十住。劣者如此退墮二乘地。如攝大乘論云。諸菩薩在十信位中。修大乘未堅固。多厭怖生死。慈悲衆生心猶劣薄。喜欲捨大乘本願。修小乘道。故言欲修行小乘。大意如是。文相可知。上來明信成之行。

㉱ 행실을 닦아 믿음이 성취되어 발심하는 상을 나타냄

논 다음에 신성취발심이란 어떠한 마음을 발하는 것인가? 간략히 말하자면 세 가지가 있으니, 어떤 것이 세 가지인가? 첫째는 직심直心이니 진여법을 바로 생각하기 때문이요, 둘째는 심심深心이니 일체의 모든 선행을 이루기 좋아하기 때문이요, 셋째는 대비심大悲心이니 모든 중생의 고통을 덜어 주고자 하기 때문이다.

> 復次信成就發心者。發何等心。略說有三種。云何爲三。一者直心。正念眞如法故。二者深心。樂集一切諸善行故。三者大悲心。欲拔一切衆生苦故。

---

68 대승의 본원本願 : 위로는 보리菩提를 구하고 아래로는 중생을 교화하여 깨달음에로 인도하고자 하는 것, 즉 자리自利와 이타利他이다. 이를 사홍서원으로도 표현한다.
69 『攝大乘論釋』 권15(T31, 265a).

문 위에서 "법계法界는 하나인 모습이며 불체佛體는 둘이 없다."[70]라고 하였는데 무슨 까닭으로 오직 진여만을 생각하지 아니하고 다시 모든 선행을 배우려고 하는 것인가?

問曰。上說法界一相。佛體無二。何故不唯念眞如。復假求學諸善之行。

답 비유컨대 큰 마니보摩尼寶가 그 체성體性은 맑고 깨끗하지만 거친 광석의 때를 가지고 있어 만약 사람이 마니보의 깨끗한 본성을 생각하면서도 방편으로써 갖가지로 갈고 다듬지 않으면 끝내 깨끗해질 수 없는 것과 같다. 이와 같이 중생의 진여의 법도 그 체성이 텅 비고 깨끗하나 한량없는 번뇌의 더러운 때가 있으니, 만약 사람이 비록 진여를 생각하지만 방편으로써 갖가지로 훈습하여 닦지 않으면 또한 깨끗해질 수 없다. 왜냐하면 때가 한량이 없어 모든 법에 두루하기 때문에 모든 선행을 닦아서 대치하는 것이니, 만약 사람이 모든 선법을 수행하면 절로 진여법에 귀순하기 때문이다.

간략히 방편을 설명하자면 네 가지가 있으니 어떤 것이 네 가지인가? 첫째는 행근본방편行根本方便이다. 모든 법은 자성自性이 생김이 없음을 보고 망견妄見을 여의어 생사에 머물지 아니하며, 모든 법이 인연으로 화합하여 업과業果를 잃지 아니함을 보고 대비를 일으켜 여러 복덕福德을 닦아 중생을 섭화攝化하여 열반에 머물지 아니함을 말하니, 이는 법성의 주착住着함이 없음에 수순하기 때문이다. 둘째는 능지방편能止方便이다. 자기의 허물을 부끄러워하고 뉘우쳐서 모든 악법을 그치게 하여 증장하지 않게 함을 말하는 것이니, 이는 법성의 모든 허물을 여의는 것에 수순하

---

70 여기서 "불체는 둘이 없다."고 한 것은 위에서 "바로 여래의 평등한 법신이니"로 되어 있다. 『大乘起信論疏記會本』 권2(H1, 748b).

기 때문이다. 셋째는 선근을 일으켜 증장시키는 방편(發起善根增長方便)이다. 삼보三寶에 부지런히 공양하고 예배하며, 모든 부처를 찬탄하고 따라 기뻐하며 권청하여 이와 같이 삼보를 애경하는 순후淳厚한 마음 때문에 믿음이 증장되어 무상의 도를 구하는 데 뜻을 두며, 또 불佛·법法·승僧의 힘으로 보호됨에 의하여 업장業障을 녹이고 선근이 퇴전하지 않음을 말하니, 이는 법성의 치장癡障을 여의는 것에 수순하기 때문이다. 넷째는 대원평등방편大願平等方便이다. 미래에 다하도록 모든 중생을 교화·제도하여 남음이 없게 하여 모두 무여열반無餘涅槃을 이루도록 발원하는 것을 말하는 것이니, 이는 법성의 단절됨이 없음을 수순하기 때문이며, 법성이 광대하여 모든 중생에 두루하고 평등하여 둘이 없으며 피차彼此를 생각하지 아니하여 끝내 적멸하기 때문이다.

> 答曰。譬如大摩尼寶。體性明淨。而有鑛穢之垢。若人雖念寶性。不以方便種種磨治。終無得淨。如是衆生眞如之法體性空淨。而有無量煩惱染垢。若人雖念眞如。不以方便種種熏修。亦無得淨。以垢無量徧一切法故。修一切善行以爲對治。若人修行一切善法。自然歸順眞如法故。略說方便有四種。云何爲四。一者行根本方便。謂觀一切法自性無生。離於妄見。不住生死。觀一切法因緣和合。業果不失。起於大悲。修諸福德。攝化衆生。不住涅槃。以隨順法性無住故。二者能止方便。謂慚愧悔過。能止一切惡法不令增長。以隨順法性離諸過故。三者發起善根增長方便。謂勤供養禮拜三寶。讚歎隨喜。勸請諸佛。以愛敬三寶淳厚心故。信得增長。乃能志求無上之道。又因佛法僧力所護故。能消業障善根不退。以隨順法性離癡障故。四者大願平等方便。所謂發願盡於未來。化度一切衆生使無有餘。皆令究竟無餘涅槃。以隨順法性無斷絕故。法性廣大。徧一切衆生。平等無二。不念彼此。究竟寂滅故。

소 두 번째는 발심하는 상을 나타냈다. 이 중 두 가지가 있으니, 첫째는 바로 밝혔고, 둘째는 문답하여 의심을 제거하였다.

第二顯發心之相。於中有二。一者直明。二者往復除疑。

ㄱ. 바로 밝힘

처음에 "직심"이라고 한 것은 굽어지지 않았다는 뜻이다. 만약 진여를 생각하면 곧 마음이 평등하게 되어 다시 다른 갈래가 없을 것이니, 무슨 어그러지거나 굽어짐이 있겠는가? 그러므로 "진여법을 바로 생각하기 때문"이라 말하였으니, 이는 곧 이행二行[71]의 근본인 것이다. "심심"이라고 한 것은 근원을 궁구한다는 뜻이다. 만약 하나의 선이라도 갖추어지지 않으면 근원에 돌아갈 수 없는 것이니, 근원에 돌아가는 것을 이루려면 반드시 만행萬行을 갖추어야 하기 때문에 "일체의 모든 선행을 이루기 좋아하기 때문"이라고 말한 것이며, 이는 곧 자리행自利行의 근본이다. "대비심"이란 널리 제도한다는 뜻이니 그러므로 "중생의 고통을 덜어 주고자 하기 때문"이라 말하였으며, 이는 곧 이타행利他行의 근본이다. 이 세 마음을 내면 어떤 악이든 여의지 않음이 없고 어떤 선이든 닦지 않음이 없으며 한 중생도 제도되지 않는 바가 없는 것이니, 이를 무상보리심無上菩提心이라 한다.

初中言直心者。是不曲義。若念眞如。則心平等。更無別歧。何有迴曲。故言正念眞如法故。卽是二行之根本也。言深心者。是窮原義。若一善不備無

---

71 이행二行 : 자리행과 이타행을 말한다. 본론에서 "일체의 모든 선행을 이루기 좋아하기 때문이요(樂集一切諸善行)"와 "모든 중생의 고통을 덜어 주고자 하기 때문(欲拔一切衆生苦)"이라는 구절의 뜻이다.

由歸原。歸原之成。必具萬行。故言樂集一切諸善行故。即是自利行之本也。大悲心者。是普濟義。故言欲拔衆生苦故。即利他行之本也。發此三心。無惡不離。無善不修。無一衆生所不度者。是名無上菩提心也。

ㄴ. 문답하여 의심을 제거함

"문" 이하는 문답하여 의심을 제거하는 것이니, 묻는 뜻은 알 수 있을 것이다. "답"에 두 가지가 있으니, 바로 대답하는 것과 거듭 나타내는 것이다. 처음 바로 대답하는 것 중에 실례와 적용이 있다. "간략히 (방편을) 설명하자면" 이하는 거듭 나타내는 것이니 알 수 있을 것이다.

問曰以下。往復除疑。問意可見。答中有二。直答。重顯。初直答中。有喩。有合。略說以下。重顯可知。

㉣ 발심하여 얻는 공덕을 찬탄함

논 보살이 이 마음을 내기 때문에 조금이나마 법신을 보게 되며, 법신을 보기 때문에 그 원력願力에 따라서 여덟 가지로 나타내어[72] 중생을 이익되게 하는 것이니, 이른바 도솔천兜率天[73]으로부터 나와서, 모태母胎에

---

72 여덟 가지로 나타내어 : 불·보살이 이 세상에 출현하여 중생을 제도하려고 일생 동안에 나타내어 보이는 8종의 상을 말한다. 강도솔상降兜率相·입태상入胎相·주태상住胎相·출태상出胎相·출가상出家相·성도상成道相·전법륜상轉法輪相·입열반상入涅槃相이다.
73 도솔천兜率天 : ⓢ tuṣita-deva. 욕계 육천의 하나. 상족上足·묘족妙足·희족喜足·지족知足이라 의역한다. 수미산의 꼭대기에서 12만 유순 되는 곳에 있는 천계로서 칠보七寶로 된 궁전이 있고 한량없는 천인들이 살고 있다. 여기에 내·외의 2원院이 있다. 외원外院은 천중天衆의 욕락처欲樂處이고 내원內院은 미륵보살의 정토라 한다. 미륵은 여기에 있으면서 설법하여 남섬부주에 하생하여 성불할 시기를 기다린다. 이 하늘은

들어가고, 모태에 머물고, 모태에서 나와서, 출가하여, 성도成道하고, 법륜을 굴리며, 열반에 듦을 말하는 것이다.

그러나 이 보살을 아직 법신이라 하지 않는 것은 그가 과거 한량없는 때로부터 유루有漏[74]의 업을 끊어 버리지 못하고 그 태어나는 바에 따라 미세한 고통과 상응하기 때문이다. 그러나 이는 업의 계박이 아닌 것이니, 대원大願에 의하여 자재한 힘을 가졌기 때문이다.[75]

수다라에서 "혹 악취惡趣[76]에 물러나 떨어짐이 있다."[77]라고 말한 것과 같은 것은 실제로 물러나 떨어지는 것이 아니요, 다만 초학보살初學菩薩로서 아직 정위正位에 들지 못하고 게으름 피우는 자를 위하여 두려워하게 하여 저로 하여금 용맹하게 하기 위한 것이다.

또 이 보살이 한 번 발심한 후에는 겁약한 마음을 멀리 여의어 이승의 지위에 떨어짐을 끝내 두려워하지 않으며, 가령 무량무변한 아승기겁阿僧祇劫[78]에 어려운 행실을 부지런히 애써야만 열반을 얻는다는 것을 듣더라도 겁내어 좌절하지 않는 것이니, 일체법이 본래부터 스스로 열반임을 믿어 알기 때문이다.

若薩發是心故。則得少分見於法身。以見法身故。隨其願力能現八種利益

아래에 있는 사왕천·도리천·야마천이 욕정에 담겨 있고, 위에 있는 화락천·타화자재천이 들뜬 마음이 많은 데 대하여 잠기지도 들뜨지도 않으면서 5욕락에 만족한 마음을 내므로 미륵 등의 부처·보살이 있다고 한다. 이 천인의 키는 2리, 옷 무게는 1수銖 반, 수명은 4천 세(인간의 4백 세가 이 하늘의 1주야)이다.

74 유루有漏 : Ⓢ sāsrava. '루'는 누설의 뜻. 우리의 육근六根으로 누설하는 것이니 곧 번뇌이다. 이 번뇌를 따라 늘어나는 뜻을 가진 법이니 곧 고제苦諦·집제集諦를 유루라 한다.

75 보살은 그 대원大願에 따라 생하므로 과보果報의 장단에 자재하니, 중생이 업에 묶여 자재하지 못함과는 같지 않다.

76 악취惡趣 : Ⓢ durgati. 악한 짓이 원인이 되어 태어나는 곳. 3악취·4악취·5악취·6악취로 분별한다.

77 이하의 『소』에서 원효는 『本業經』의 설을 예로 들고 있다.

78 아승기겁阿僧祇劫 : 겁의 수가 아승기란 말. 아승기(Ⓢ asaṃkhya)란 산수로 표현할 수 없는 가장 많은 수, 상세히는 아승기야阿僧祇耶, 阿僧企耶라고 한다.

衆生。所謂從兜率天退入胎。住胎。出胎。出家。成道。轉法輪。入於涅槃。
然是菩薩未名法身。以其過去無量世來有漏之業未能決斷。隨其所生與微
苦相應。亦非業繫。以有大願自在力故。如脩多羅中。或說有退墮惡趣者。
非其實退。但爲初學菩薩未入正位而懈怠者恐怖。令彼勇猛故。又是菩薩
一發心後。遠離怯弱。畢竟不畏墮二乘地。若聞無量無邊阿僧祇劫。勤苦難
行乃得涅槃。亦不怯弱。以信知一切法從本已來自涅槃故。

소 세 번째는 그 발심의 공덕을 나타낸 것이다. 이 중 네 가지가 있으니, 처음은 수승한 덕을 나타냈고 다음은 미세한 허물을 밝혔으며 세 번째는 권교權敎[79]를 회통會通하는 것이며 네 번째는 실행을 찬탄하였다.

第三顯其發心功德。於中有四。初顯勝德。次明微過。三通權敎。四歎實行。

ㄱ. 수승한 덕을 나타냄

처음의 두 구절에서 "조금이나마 법신을 보게 되며"라는 것은 자리自利의 공덕을 밝힌 것이니, 십해 보살이 인공문人空門에 의하여 법계를 보는 것이며, 이는 상사견相似見[80]이므로 '조금(少分)'이라고 말한 것이다. "그 원력에 따라서" 이하는 이타利他의 덕을 나타낸다. "여덟 가지로 나타내어 중생을 이익되게 하는 것이니"는 『화엄경』에서 십주 처음의 발심주發心住를 찬탄하여 말하기를 "이 발심보살이 여래의 '일신一身이면서 무량신無量身'을 얻어 모두 일체의 세간에 성불하게 됨을 나타내기 때문이다."[81]라고

---

79 권교權敎 : 실교實敎의 상대. 여래가 중생으로 하여금 진실한 이치를 깨닫게 하기 위하여 먼저 그 수단으로 말한 방편교方便敎이다.
80 상사견相似見 : 법계를 완전히 본 것이 아니고 비슷하게 본 것을 말한다.
81 60권본『華嚴經』권9(T9, 452c), 80권본『華嚴經』권13(T10, 64c).

한 것과 같다.

> 初中二句。則得少分見法身者。是明自利功德。十解菩薩。依人空門見於法界。是相似見。故言少分也。隨其願力以下。顯利他德。能現八種利益衆生者。如華嚴經歎十住初發心住云。此發心菩薩。得如來一身無量身。悉於一切世間示現成佛故。

ㄴ. 미세한 허물을 나타냄

"그러나 이 (보살을)" 이하는 미세한 허물을 나타낸 것이다.

> 然是以下。顯其微過。

ㄷ. 권교를 회통함

"수다라에서" 이하는 세 번째 권교를 회통한 것이다. 이는 『본업경』에서 "칠주七住[82] 이전은 퇴분退分이 되므로 만약 선지식을 만나지 못한다면 이에 1겁 내지 10겁에 보리심이 퇴전하는 것이니, 정목천자淨目天子와 법재왕자法才王子와 사리불舍利弗[83] 등이 제7주에 들고자 하다가 그 사이에

---

82 칠주七住 : 보살이 수행하는 계위 52위 중 10주에서 일곱 번째 자리인 불퇴주不退住를 말한다. 몸과 마음이 한데 이루어 날마다 더욱 자라나고 물러서지 않는 지위이다.
83 사리불舍利弗 : ⑤ Śāriputra의 음사어. 불제자 가운데 지혜제일. 사리불다라舍利弗多羅·사리보달라奢利補怛羅로도 음사하고 사리자舍利子·취로자鶖鷺子·신자身子로 의역한다. 또 아버지가 실사室沙이기 때문에 우바실사優婆室沙로도 별명한다. 마갈타국의 왕사성 북쪽 나라촌那羅村에서 태어났으며 이웃 목건련과 함께 외도인 사연沙然을 스승으로 섬기다가 뒤에 마승馬勝 비구에 의해 석존께 귀의하였다. 자기의 수행에 정진함과 동시에 남을 교화하기 위해 노력하였다. 석가교단 가운데 중요한 지위의 인물로 부처보다 먼저 죽었다.

악지식·악인연을 만났기 때문에 범부의 불선한 악 중에 들어간 것과 같으며"[84]라고 하며 이어서 자세히 설한 것과 같으니, 여기서 이 뜻이 단지 권어權語[85]일 뿐 실제로 퇴전함이 아님을 풀이한 것이다.

> 如脩多羅以下。第三會通權教。如本業經云。七住以前爲退分。若不値善知識者。若一劫乃至十劫。退菩提心。如淨目天子。法才王子舍利弗等欲入第七住。其間値惡知識因緣故。退入凡夫不善惡中。乃至廣說。今釋此意但是權語。非實退也。

ㄹ. 실행을 찬탄함

"또 이 보살이" 이하는 네 번째 그 실행을 찬탄한 것이다. 영구히 겁약함이 없게 되니, 이는 곧 저 경(『본업경』)이 방편의 가르침일 뿐 실제의 가르침은 아님을 입증하는 것이다.

> 又是菩薩以下。第四歎其實行。永無怯弱。卽成彼經是權非實也。

(나) 해행발심

<u>논</u> 해행발심이란 더욱 수승한 것임을 알아야 할 것이니, 왜냐하면 이 보살은 처음 정신正信으로부터 제1아승기겁이 다 차려고 할 때이므로 진여법에 대한 깊은 이해가 바로 앞에 나타나서 닦는 바가 상을 여의기 때문이다. 법성法性의 체는 간탐慳貪(인색하고 욕심이 많음)이 없는 줄을 알기 때

---

84 『菩薩瓔珞本業經』 권상(T24, 1014c).
85 권어權語 : 권교權教와 같다.

문에 그에 수순하여 보시바라밀을 수행하며, 법성은 물들어 더럽혀짐이 없어 오욕五欲[86]의 허물을 여읜 줄 알기 때문에 그에 수순하여 지계바라밀을 수행하며, 법성은 고苦가 없어 성내고 괴로워함을 여읜 줄 알기 때문에 그에 수순하여 인욕바라밀을 수행하며, 법성은 신심身心의 상이 없어 게으름을 여읜 줄 알기 때문에 그에 수순하여 정진바라밀을 수행하며, 법성은 항상 안정하여 있어 그 체에 어지러움이 없는 줄 알기 때문에 그에 수순하여 선정바라밀을 수행하며, 법성은 체가 밝아서 무명을 여읜 줄 알기 때문에 그에 수순하여 반야바라밀을 수행하는 것이다.

解行發心者。當知轉勝。以是菩薩從初正信已來。於第一阿僧祇劫將欲滿故。於眞如法中。深解現前。所修離相。以知法性體無慳貪故。隨順修行檀波羅密。以知法性無染離五欲過故。隨順修行尸波羅密。以知法性無苦離瞋惱故。隨順修行羼提波羅密。以知法性無身心相離懈怠故。隨順修行毘梨耶波羅密。以知法性常定。體無亂故。隨順修行禪波羅密。以知法性體明。離無明故。隨順修行般若波羅密。

소 두 번째 "해행발심"에 "제1아승기겁이 다 차려고 할 때이므로 진여법에 대한 깊은 이해가 바로 앞에 나타나서"라고 말한 것은 십회향의 자리에서 평등공平等空[87]을 얻었기 때문에 진여에 대한 깊은 이해가 앞에 나타나는 것이니, 지전地前의 1아승기가 차려고 하기 때문이며, 이는 해행解行[88]에서 얻은 발심을 든 것이다. 다음 "법성(의 체는) 간탐이 없는 줄을

---

86 오욕五欲 : ⓢ pañca-kāmāḥ. 두 가지 뜻이 있다. ① 오묘욕五妙欲·오묘五妙라고도 한다. 오근五根의 대상이 되어 가의可意·가애可愛·가락可樂의 것으로 모든 욕망의 근원이 되는 것이다. 곧 색·성·향·미·촉의 오경이다. 이 오경은 욕구의 대상이고 욕구 그 자체는 아니다. 그러나 이 다섯 가지가 모든 욕망을 일으키므로 오욕이라 한다. ② 재욕財欲·색욕色欲·음식욕飮食欲·명예욕·수면욕이다.
87 평등공平等空 : 고하高下·심천深淺·진속眞俗의 본성이 공하여 차별이 없다.

알기 때문에 그에 수순하여 보시바라밀 등의 행을 수행하며"라고 한 것은 십행위十行位에서 법공法空을 얻었기 때문에 법계에 수순하여 육도행六度行을 닦는 것이니, 이는 발심이 의거한 해행을 나타내는 것이다.

> 第二解行發心中。言第一阿僧祇將欲滿故於眞如法深解現前者。十迴向位。得平等空。故於眞如深解現前也。地前一阿僧祇欲滿故也。是擧解行所得發心。次言以知法性無慳貪故隨順修行檀等行者。十行位中得法空故。能順法界修六度行。是顯發心所依解行也。

(다) 증발심

증발심證發心 중 글에 두 가지가 있으니, 첫째는 통틀어 제지諸地에 의하여 증발심을 밝혔으며, 둘째는 각기 십지에 나아가 성만成滿의 덕을 나타냈다.

> 證發心中。在文有二。一者通約諸地明證發心。二者別就十地顯成滿德。

㉮ 지위에 의하여 증발심을 밝힘

논 증발심이란 정심지淨心地로부터 보살구경지菩薩究竟地에 이르기까지 어떤 경계를 증득하는가? 소위 진여이니, 전식轉識에 의하여 경계라고 말하지만 이 증득은 경계가 없는 것이요 오직 진여지眞如智뿐이므로 법신法身이라 하는 것이다.

이 보살이 일념一念 사이에 시방의 남김 없는 세계에 이르러 모든 부처

---

88 해행解行 : 진여법성의 이치에 대한 깊은 이해와 이에 상응하는 수행이다.

에게 공양하여 법륜을 굴리기를 청하니, 그것은 오직 중생을 개도開導하여 이익되게 하기 위한 것이지 문자에 의하는 것은 아니다.[89] 혹은 지地를 초월하여 빨리 정각正覺[90]을 이루는 것을 보이니 이는 겁약한 중생을 위한 것이기 때문이며, 혹은 내가 한량없는 아승기겁의 기간에 불도佛道를 이룬다고 설하였으니 이는 게으르고 교만한 중생을 위한 것이기 때문이다. 이러한 무수한 방편의 불가사의함을 보이지만 실로 보살은 종성種性[91]의 근이 같으며 발심이 곧 같고 증득한 것도 같아서 초과하는 법이 없으니, 모든 보살이 모두 다 삼아승기겁을 거치기 때문이다. 단지 중생 세계의 같지 않음과 보는 바와 듣는 바 근根(능력)·욕欲(희망)·성질이 다름에 따라서 행하는 것을 보이는 것도 차별이 있는 것이다.

또 이 보살의 발심상發心相이란 세 가지 마음의 미세한 상이 있으니 어떤 것이 세 가지인가? 첫째는 진심眞心이니 분별이 없기 때문이요, 둘째는 방편심方便心이니 자연히 두루 행하여 중생을 이익되게 하기 때문이요, 셋째는 업식심業識心이니 미세하게 생멸하기 때문이다.

> 證發心者。從淨心地。乃至菩薩究竟地。證何境界。所謂眞如。以依轉識說爲境界。而此證者無有境界。唯眞如智。名爲法身。是菩薩於一念頃。能至十方無餘世界。供養諸佛。請轉法輪。唯爲開導利益衆生。不依文字。或示超地速成正覺。以爲怯弱衆生故。或說我於無量阿僧祇劫當成佛道。以爲懈慢衆生故。能示如是無數方便。不可思議。而實菩薩種性根等。發心則

---

89 미묘한 언사를 청수聽受함을 구하는 것이 아니라는 뜻이다.
90 정각正覺 : 부처님 십호十號의 하나. 등정각等正覺의 준말이다. 부처님은 무루정지無漏正智를 얻어 만유의 실상實相을 깨달았으므로 정각이라 한다.
91 종성種性 : Ⓢ gotra. 종종은 종자로서 발생의 뜻이며, 성성은 성분으로서 불개不改의 뜻이 있다. 부처와 성문·연각·보살 등 삼승인이 각각 보리를 증득할 수 있는 본성을 구유한 것. 이것은 선천으로 구족하여 변하지 않는 성종성性種性과 후천으로 수행하여 얻는 습종성習種性 두 가지가 있다.

等。所證亦等。無有超過之法。以一切菩薩皆經三阿僧祇劫故。但隨衆生世界不同。所見所聞根欲性異。故示所行亦有差別。又是菩薩發心相者。有三種心微細之相。云何爲三。一者眞心。無分別故。二者方便心。自然徧行利益衆生故。三者業識心。微細起滅故。

소 처음 중에 네 가지가 있으니, 첫째는 지위를 나타냈고, 둘째는 증득의 뜻을 밝혔으며, "이 보살" 이하는 세 번째로 덕을 찬탄한 것이고, "발심상" 이하는 네 번째로 상을 나타낸 것이다.

初中有四。一標位地。二明證義。是菩薩以下。第三歎德。發心相以下。第四顯相。

ㄱ. 지위를 나타냄

ㄴ. 증득의 뜻을 밝힘

둘째에 "전식에 의하여 경계라고 말하지만"이라고 한 것은 전식(삼세 중의 전식)의 상은 능견能見의 작용이어서 이 능견에 대하여 경계라고 말하는 것이니, 이러한 제지諸地[92]에서 일어난 증지證智는 전식에 의하여서만 진여를 증득하기 때문이며, (능견인) 소의所依에 대하여 임시로 경계라고 말하나 바로 증지에 나아가서는 곧 능能·소所가 없기 때문에 "이 증득은 경계가 없는 것이요"라고 말한 것이다.

第二中言以依轉識說爲境界者。轉識之相。是能見用。對此能見說爲境界。

---

92 제지諸地 : 정심지에서 보살구경지까지의 십지를 말한다.

以此諸地所起證智。要依轉識而證眞如。故對所依假說境界。直就證智卽無能所。故言證者無境界也。

ㄷ. 덕을 찬탄함

ㄹ. 상을 나타냄

네 번째에 "진심眞心"이란 무분별지無分別智를 말하는 것이요, "방편심方便心"이란 후득지後得智요, "업식심業識心"이란 두 가지의 지혜(무분별지와 후득지)가 의거하는 알라야식이니, 사실을 말한다면 또한 전식과 현식이 있는 것이지만, 다만 지금은 근본의 세상細相만을 간략히 든 것이다. 그러나 이 업식은 발심의 덕이 아니니, 다만 두 가지 지혜가 일어날 때 이러한 미세하게 생멸하는 허물이 있어 불지佛地의 순정한 덕과 같지 않음을 나타내기 위하여 합해서 '발심상'이라고 말했을 뿐이다.

第四中言眞心者。謂無分別智。方便心者。是後得智。業識心者。二智所依阿梨耶識。就實而言。亦有轉識及與現識。但今略擧根本細相。然此業識非發心德。但爲欲顯二智起時。有是微細起滅之累。不同佛地純淨之德。所以合說爲發心相耳。

㉯ 제10지의 성만의 공덕을 밝힘

이 아래는 두 번째 성만成滿의 공덕을 각각 나타낸 것이다. 이 중 두 가지가 있으니, 첫째는 수승한 덕을 바로 나타냈으며 둘째는 문답하여 의심을 제거하였다.

以下第二別顯成滿功德。於中有二。一者直顯勝德。二者往復除疑。

ㄱ. 수승한 덕을 바로 나타냄

논 또 이 보살은 공덕이 다 이루어져서 색구경처色究竟處[93]에서 모든 세간 중 가장 높고 큰 몸을 보이니, 이는 일념 상응하는 지혜로써 무명이 단번에 없어지는 것을 일체종지一切種智[94]라 하며 자연히 불가사의한 작용이 있어 시방에 나타내 중생을 이익되게 함을 말한다.

又是菩薩功德成滿。於色究竟處示一切世間最高大身。謂以一念相應慧。
無明頓盡。名一切種智。自然而有不思議業。能現十方利益衆生。

소 처음에 "공덕이 다 이루어져서"라고 한 것은 제10지第十地[95]에서 인행因行이 다 이루어진 것을 말한다. "색구경처에서 (모든 세간 중 가장) 높고 큰 몸을 보이니……일체종지라 하며"라고 한 것은 만약 시왕十王[96]의 과보별문果報別門에 의한다면 십지보살은 제4선왕第四禪王[97]이며 색구경천色究竟天에서 성도하는 것이니, 곧 이는 보신불報身佛의 타수용신他

---

93 색구경처色究竟處 : 색구경천色究竟天을 말한다. 색계 십팔천의 하나. 색계 사선천의 맨 위에 있는 천과 그 의처依處이다. 일심一心이 적정하여 만상이 다 비치는 경지이다.
94 일체종지一切種智 : 삼지三智의 하나. 일체 만법의 별상을 낱낱이 정밀하게 아는 지혜이니 부처님의 지혜이다.
95 제10지第十地 : 보살 수행의 52위 중 십지十地에서 열 번째 자리. 즉, 법운지法雲地를 말한다. 여기서는 견혹見惑·수혹修惑을 다 끊고 끝없는 공덕을 구비하여 사람에 대해서 이익되는 일을 행하여 대자운大慈雲이 되는 지위이다.
96 시왕十王 : 욕계 육천과 색계 사선천의 왕. 육천은 육욕천六欲天이라고도 한다. 삼계三界 중 욕계에 딸린 6종의 하늘이니 이 하늘의 사람들은 모두 욕락이 있으므로 욕천이라 한다. 사선천은 사선정을 닦아서 나는 색계의 네 하늘로 초선천의 삼천, 이선천의 삼천, 삼선천의 삼천, 사선천의 구천을 합하여 모두 십팔천이다.
97 제4선왕第四禪王 : 사선정을 닦아서 태어나는 색계의 네 하늘 중 네 번째 제4선천의 왕.

受容身[98]이다. 이는 『십지경』의 '과보를 지니는 것'에 대한 설명에서 "구지보살九地菩薩[99]이 대범왕大梵王[100]이 되어 이천세계二千世界[101]를 맡으며, 십지보살은 마혜수라천왕魔醯首羅天王[102]이 되어 삼천세계三千世界[103]를 맡는다."[104]라고 하고, 『능가경』에서 "비유하자면 알라야식이 자심自心이 나타낸 몸과 기세계 등을 한꺼번에 분별함과 같으니, 보불여래報佛如來도 또한 이와 같아서 일시에 모든 중생계를 성취시켜[105] 구경천의 정묘궁전淨妙宮殿의 수행청정한 곳에 둔다."[106]라고 하고, 또 아래의 게송에서 "욕계와 무색계 거기에서는 부처가 성불하지 않고, 색계 중의 상천上天에서 욕심을 여읜 중에서 득도한다."[107]라고 한 것과 같다.

初中言功德成滿者。謂第十地因行成滿也。色究竟處示高大身。乃至名一

---

98 타수용신他受用身 : 자수용신自受用身의 상대. 사신四身의 하나. 다른 이를 교화하기 위하여 이타利他하는 편에서 활동하는 불신佛身이다. 각주 29 참조.
99 구지보살九地菩薩 : 십지 중 제9 선혜지善慧地의 보살. 수혹修惑을 끊어 부처님의 십력十力을 얻고 기류機類에 대하여 교화의 가부可否를 알아 공교하게 설법하는 지위의 보살이다.
100 대범왕大梵王 : 대범천왕·범왕이라고도 한다. 색계 초선천의 화려한 고루거각에 있으면서 사바세계를 차지한 천왕이다. 키는 1유순 반, 수명은 1겁 반이라 한다.
101 이천세계二千世界 : 중천세계中千世界와 같다. 수미산을 중심으로 하는 구산九山·팔해八海와 사주四洲를 1세계라 하고 그 천 개를 1소천세계小千世界, 이 소천세계를 천 개 합한 것을 1중천세계라 한다.
102 마혜수라천왕摩醯首羅天王 : '마혜수라'는 [S] Maheśvara의 음사어. 대자재천大自在天·자재천·위령제威靈帝로 의역한다. 색계의 정상에 있는 천신天神의 이름이다. 이 하늘을 예배하는 외도를 마혜수라 논사라 한다.
103 삼천세계三千世界 : [S] trisāhasramahāsāhasra-lokadhātu. 중천세계를 천 개 합한 것이 삼천세계이다. 삼천대천세계, 일대천세계라고도 한다.
104 『十地經』 권7(T10, 566a), 『十地經』 권9(T10, 571c).
105 "일시에 모든 중생계를 성취시켜(一時成就諸衆生界)"가 『入楞伽經』 권2(T16, 525b)에는 "일시에 모든 중생계를 성숙시켜(一時成熟諸衆生界)"로 되어 있다.
106 『入楞伽經』 권2(T16, 525b).
107 "욕심을 여읜 중에서 득도한다.(離欲中得道)"가 『入楞伽經』 권10(T16, 583c)에는 "욕심을 여읜 중에서 보리를 이룬다.(離欲成菩提)"로 되어 있다.

切種智等者。若依十王果報別門。十地菩薩第四禪王。在於色究竟天成道。
則是報佛他受用身。如十地經攝果報中云。九地菩薩作大梵王。主二千世
界。十地菩薩作魔醯首羅天王。主三千世界。楞伽經言。譬如阿黎耶識。頓
分別自心現身器世界等。報佛如來亦復如是。一時成就諸衆生界。置究竟
天淨妙宮殿修行淸淨之處。又下頌言。欲界及無色。佛不彼成佛。色界中上
天。離欲中得道。

별기 여기서 이 『능가경』의 뜻을 해석하자면, 만약 실수용신實受用身[108]
의 뜻을 논한다면 법계에 두루하여 어느 곳이건 있지 않음이 없으나, '오
직 저 천(색계 중의 상천)에 있는 신身만이 성불한다'고 말한 것은 보살이 나
타낸 색상色相인 화수용신化受用身[109]이기 때문이지 실보신實報身[110]이 저
색계의 상천에만 있다는 것은 아니다. 이런 뜻을 나타내기 위하여 '계界'
를 말한 것이다. 『별기』는 여기서 마친다.

別記。今釋此經意云。若論實受用身之義。徧於法界無處不在。而言唯在彼
天之身而成佛者。爲菩薩所現色相化受用身。非實報身唯在彼天。爲顯此
義。故言界也。別記止此。

소 『범망경梵網經』[111]에서 말했다.

---

108 실수용신實受用身 : 보신報身 중의 자수용신自受用身을 말한다.
109 화수용신 化受用身 : 보신 중의 타수용신을 말하니, 곧 화신이다.
110 실보신實報身 : 실수용신과 같다.
111 『범망경梵網經』: Ⓢ Brahmajāla. 406년 요진 구마라집 한역. 2권. 갖춘 이름은 『梵網
經盧舍那佛說菩薩心地戒品第十』이다. 범본은 120권 60품이나 한역된 것은 그중에
서 「心地戒品」뿐이다. 상권은 석가모니불이 제4선천에 계시어 대중에게 보살의 심지
心地를 말씀하실 적에 지혜의 광명을 놓아 연화대장세계를 나타내어 광명궁 중에 앉
으신 노사나불로 하여금 십발취심, 십장양심十長養心, 십금강심, 십지十地의 40법문
품을 말씀하신 내용이다. 하권에서는 10중금계와 48경계를 말하여 이것이 보살로서

梵網經云。

그때 석가모니불이 제4선의 마혜수라천왕궁에서 한량없는 대범천왕과 불가설불가설不可說不可說[112] 보살의 무리들과 더불어 연화장세계蓮華藏世界[113]의 노사나불盧舍那佛[114]이 말한 「심지법문품心地法門品」을 설하시니, 이때 석가가 몸소 지혜광명을 내시어 이 천왕궁으로부터 연화대장세계蓮華臺藏世界에까지 이르렀다. 이때 석가모니불이 곧 이 세계의 대중을 높이 받들고 연화대장세계의 백만억 자금광명궁紫金光明宮에 이르니 노사나불

마땅히 배워야 할 것임을 설했다. 이 중 하권만을 뽑아낸 것이 『菩薩戒本』이다.
112 불가설불가설不可說不可說 : ⓢ anabhilāpyānabhilāpya. 고대 인도에서 극대수를 계산하는 명칭으로 120전百二十轉 또는 121전이 있었는데, 불가설불가설은 121전의 마지막 수다.
113 연화장세계蓮華藏世界 : ⓢ padmagarbha-lokadhātu. 노사나불이 있는 공덕무량, 광대장엄의 세계를 말한다. 이 세계는 큰 연화로 되어 있고, 그 가운데 일체국一切國, 일체물一切物을 모두 간직하였으므로 연화장세계라 한다. 그 세계의 형상에 대해서는 『華嚴經』과 『梵網經』이 다르게 설명하였다. 『華嚴經』에서는 세계의 맨 밑에 풍륜風輪이 있고 풍륜 위에 향수해香水海가 있고 향수해 중에 큰 연화가 나오고 연화장세계는 그 속에 있어 사방이 평평하고 깨끗하고 견고하며 금강륜산金剛輪山이 세계를 둘렀다고 한다. 『梵網經』에서는 노사나불이 천 개의 잎으로 된 연화대에 앉았는데 그 천 개의 잎이 각각 한 세계이고, 노사나불로부터 화현한 천 분의 석가가 그 천 개의 세계에 있으며 한 세계마다 백억 개의 나라가 있고 한 개의 나라에 한 분의 석가가 있어서 보리수 아래 앉아 있다고 한다. 이것은 무진연기無盡緣起의 깊은 진리를 구체적으로 설명한 것이다.
114 노사나불盧舍那佛 : ⓢ Vairocana. 비루차나毘樓遮那・비로절나毘盧折那 등으로 음사하고, 노차나盧遮那・노사나盧舍那・차나遮那 등으로 약칭하며, 변일체처遍一切處・광명변조光明遍照・변조遍照 등으로 의역한다. 부처님의 보신 혹은 법신을 말한다. 부처님의 신광身光・지광智光이 이사무애理事無礙의 법계에 두루 비추어 원명圓明한 것을 의미한다. 본래 태양의 뜻으로 불지佛智의 광대무변함을 상징하며, 무량겁해에 걸쳐 공덕을 수습하여 도달하게 되는 정각을 말한다. 이를 해석하는 데 여러 종파의 뜻이 일정하지 않다. 법상종에서는 비로자나는 법성상주法性常住의 이신理身으로 무위법이라 하여 노사나와 다르다 한다. 노사나는 자비와 지혜를 구족한 색신화합色身和合의 세신細身, 석가모니는 비지悲智의 화용化用인 시현색신示現色身의 추신麤身이니, 모두 유위법에 따른다고 한다. 이 셋은 차례로 자성自性・수용受用・변화變化의 삼신三身에 해당한다. 그리고 이 삼신에는 완연히 구별을 두어 융통무애하지 못하다고 한다.

이 백만 연화의 밝고 밝은 광명좌光明座 위에 앉아 계셨다. 그때 석가불과 모든 사람이 동시에 노사나불께 예경하거늘 그때 노사나불이 크게 기뻐하시어 '이 모든 불자들아! 자세히 듣고 잘 생각하여 수행하라. 나는 이미 백만 아승기겁 동안에 심지心地[115]를 수행하여 이로써 인因을 삼아 처음으로 범부를 버리고 등정각等正覺을 이루어 노사나가 되어서 연화장세계해蓮華藏世界海에 머문 것이다. 그 대臺의 둘레에 천 개의 잎이 있고, 한 개의 잎이 하나의 세계여서 천 개의 세계가 되며, 내가 변화하여 천 명의 석가가 되어, 천 개의 세계에 웅거하였다. 다시 천 개의 잎의 세계에 나아가 다시 백억의 사천하四天下와 백억의 보살·석가가 백억의 보리수 밑에 앉았으니, 이와 같은 천 개의 잎 위의 부처가 곧 나의 화신化身이며 천백억의 석가는 천 명의 석가의 화신인데 내가 본원本源이 되니 노사나라 이름하는 것이다'라고 하시고, 게송으로 말하였다. '나 이제 노사나가 바로 연화대에 앉아……'[116]

> 爾時釋迦牟尼佛。在第四禪魔醯首羅天王宮。與無量大梵天王不可說不可說菩薩衆。說蓮華藏世界盧舍那佛所說心地法門品。是時釋迦身放慧光。從此天王宮乃至蓮華臺藏世界。是時釋迦牟尼佛。卽擎接此世界大衆。至蓮華臺藏世界百萬億紫金光明宮中。盧舍那佛坐百萬蓮華赫赫光明座上。時釋迦佛及諸人衆一時禮敬盧舍那佛。爾時盧舍那佛卽大歡喜。是諸佛子諦聽。善思修行。我已百萬阿僧祇劫修行心地以之爲因。初捨凡夫。成等正覺。爲盧舍那。住蓮華藏世界海。其臺周徧有千葉。一葉一世界。爲千世界。我化作爲千釋迦。據千世界。復就千葉世界。復有百億四天下。百億菩薩釋迦。坐百億菩提樹下。如是千葉上佛。是吾化身。千百億釋迦。是千釋迦化

---

115 심지心地 : 마음이 일체 만법을 내는 것이 마치 땅에서 풀과 나무 등을 내는 것과 같으므로 이렇게 말한다. 또 마음은 삼업三業 중 가장 수승하므로 이같이 이르기도 한다.
116 『梵網經』 권상(T24, 997b), 『梵網經』 권하(T24, p.1003c).

身。吾爲本源。名爲盧舍那。偈言。我今盧舍那。方坐蓮華臺。

이어서 자세히 설하였다. 이 여러 글을 준거하여 풀이하면 알 수 있을 것이다.

乃至廣說。此等諸文。準釋可知。

ㄴ. 문답하여 의심을 제거함

논 **문** 허공이 무변하기 때문에 세계가 무변하며, 세계가 무변하기 때문에 중생이 무변하며, 중생이 무변하기 때문에 심행心行의 차별도 또한 무변하니, 이와 같은 경계를 한계 지을 수 없어서 알기 어려운 것이다. 만약 무명이 단절된다면 심상心想이 없어질 텐데 어떻게 잘 알기에 일체종지一切種智라 이름하는가?

問曰。虛空無邊故。世界無邊。世界無邊故。衆生無邊。衆生無邊故。心行差別亦復無邊。如是境界。不可分齊。難知難解。若無明斷無有心想。云何能了名一切種智。

답 일체 경계는 본래 일심으로서 상념을 떠나 있는 것이나, 중생이 경계를 잘못 보기 때문에 마음에 한정됨이 있으며, 상념을 잘못 일으켜서 법성法性[117]과 일치하지 않기 때문에 분명히 알지 못하는 것이다. 모든 부처와 여래는 망견·망상을 여의어서 두루하지 않는 바가 없으며, 마음이

---

117 법성法性 : ⓢ dharmatā. 항상 변하지 않는 법의 법다운 성性. 모든 법의 체성. 곧 만유의 본체. 이를 진여眞如·실상實相·법계法界 등이라고도 한다.

진실하기 때문에 곧 이는 모든 법의 본성인 것이다. 그 자체自體가 모든 망법을 환하게 비추어 대지大智의 작용이 있어 무량한 방편으로 모든 중생이 응당 알아야 할 바를 따라서 여러 가지 법의法義[118]를 모두 열어 보이기 때문에 '일체종지'라 이름하게 된 것이다.

> 答曰。一切境界。本來一心。離於想念。以衆生妄見境界。故心有分齊。以妄起想念。不稱法性。故不能決了。諸佛如來離於見想。無所不徧。心眞實故。卽是諸法之性。自體顯照一切妄法。有大智用無量方便。隨諸衆生所應得解。皆能開示種種法義。是故得名一切種智。

問 만약 모든 부처에게 자연업自然業[119]이 있어서 모든 곳에 나타나 중생을 이익되게 한다면 모든 중생이 혹은 그 부처의 몸을 보거나, 혹은 신비한 변화를 보거나, 혹은 그 말씀을 들어 이익되지 않음이 없을 텐데 어찌하여 세간에서 보지 못하는 이가 많은가?

> 又問曰。若諸佛有自然業能現一切處利益衆生者。一切衆生。若見其身。若覩神變。若聞其說。無不得利。云何世間多不能見。

답 모든 부처와 여래의 법신이 평등하여 모든 곳에 두루하며 작의作意(의식적인 노력)가 없기 때문에 '자연'이라 한 것이니, 다만 중생심에 맞추어 나타낸 것이다. 중생심이란 마치 거울과 같으니, 거울에 때가 있으면 색상色像이 나타나지 않는 것처럼 이와 같이 중생심에도 때가 있으면 법신이 나타나지 않기 때문이다.

---

118 법의法義: 불법의 여러 가지 의리義理.
119 자연업自然業: 제불諸佛의 법신法身은 평등하고 일체처에 두루하므로, 유무의 분별을 벗어나 작의가 없이 저절로 그 행동이 이루어짐을 뜻한다.

答曰。諸佛如來法身平等。徧一切處。無有作意故。而說自然。但依衆生心現。衆生心者。猶如於鏡。鏡若有垢。色像不現。如是衆生心若有垢。法身不現故。

소 두 번째는 의심을 없애는 것이니, 두 번 문답한 것이 곧 두 가지 의심을 제거한 것이다.

第二遣疑。二番問答。卽遣二疑。

ㄱ) 첫 번째 문답

처음 답 중에 세 가지가 있으니, 먼저는 도리를 세웠고 다음은 그른 것을 들었으며 나중에는 옳은 것을 나타냈다.

初答中有三。先立道理。次擧非。後顯是。

(ㄱ) 도리를 세움

처음에 "일체 경계는 본래 일심으로서 상념을 떠나 있는 것이나"라고 한 것은 도리를 세운 것이다. 이는 모든 경계는 비록 끝(邊)이 있지 않지만 끝이 없지도 않으니, 일심을 벗어나지 않았기 때문이다. 끝이 없지 않기 때문에 다 알 수 있는 것이며, 끝이 있지 않기 때문에 생각하여 헤아릴 수 있는 경계가 아니니, 이 때문에 '상념을 떠나 있는 것이나'라고 한 것이다.

初中言一切境界本來一心離於想念者。是立道理。謂一切境界。雖非有邊。而非無邊。不出一心故。以非無邊故。可得盡了。而非有邊故。非思量境。

以之故言離想念也。

(ㄴ) 그른 것을 들음

두 번째 그른 것을 들며 "중생이 경계를 잘못 보기 때문에 마음에 한정됨이 있으며" 등이라고 한 것은 보는 바가 있기 때문에 보지 못하는 바가 있음을 밝힌 것이다.

第二擧非中。言以衆生妄見境界故心有分齊等者。明有所見故有所不見也。

(ㄷ) 옳은 것을 나타냄

세 번째 옳은 것을 나타내는 중에 "망견·망상을 여의어서 두루하지 않은 바가 없으며"라고 한 것은 보는 바가 없기 때문에 보지 못하는 바가 없음을 밝힌 것이다. "마음이 진실하기 때문에 곧 이는 모든 법의 본성인 것이다."라고 한 것은 불심佛心은 망상을 여의어 일심의 근원을 바탕으로 하는 것이니, 망상을 여의었기 때문에 마음이 진실하다고 한 것이고 일심을 바탕으로 하기 때문에 모든 법의 본성이 되는 것이다. 이리하여 불심이 모든 망법의 체이며 모든 망법은 다 불심의 상相인지라 상은 자체를 나타내고 자체는 그 상을 비추는 것이니, 이와 같이 알면 무슨 어려움이 있겠는가? 그러므로 "자체가 모든 망법을 환하게 비추어"라고 말한 것이니, 이는 보는 바가 없기 때문에 보지 못하는 바가 없게 되는 이유를 말한 것이다.

第三顯是中。言離於見想無所不徧者。明無所見故無所不見也。言心眞實故卽是諸法之性者。佛心離想。體一心原。離妄想故。名心眞實。體一心故。爲諸法性。是則佛心爲諸妄法之體。一切妄法皆是佛心之相。相現於自體。

自體照其相. 如是了知. 有何爲難. 故言自體顯照一切妄法. 是謂無所見故 無所不見之由也.

ㄴ) 두 번째 문답

다음은 두 번째의 의심을 없애는 것이다. 답에서 "거울에 때가 있으면 색상이 나타나지 않는 것처럼 이와 같이 중생심에도 때가 있으면 법신이 나타나지 않기 때문"이라고 한 것은 법신은 본바탕과 같고 화신은 영상影像과 같은 것이니, 이제 나타냄(能現)의 본바탕이라는 점에서 보기 때문에 '법신이 나타나지 않기 때문'이라고 말한 것이다.

이는 『섭대승론』의 '현현의 심심(顯現甚深)'[120]에서 "과실이 있기 때문에 세존이 나타나지 않음은 마치 달의 모습이 깨어진 그릇에 있어서와 같다."[121]라고 하고, 풀이(釋)에서 "모든 부처가 세간에 나타나지 않건마는 세간에서 말하기를 모든 부처의 몸이 상주한다고 하니, 어찌하여 나타나지 않는 것인가? 예를 들면 깨어진 그릇 속에는 물이 머물 수 없으며 물이 머물지 못하므로 깨어진 그릇 중에는 실로 달이 있어도 나타날 수 없는 것처럼, 이와 같이 모든 중생도 사마타奢摩他[122]의 미세한 상속이 없고 다만 과실의 상속만이 있어,[123] 저 중생에는 실로 제불이 있지만 또한 현현하지 못한다. 물을 사마타의 연활성軟滑性[124]에 비유한 것이다."라고 한 것과 같다.

---

120 현현의 심심(顯現甚深) : '법신의 심심'의 뜻에 12가지가 있는데 그중 제7의 '현현의 심심'을 말한다. 『攝大乘論釋』 권14(T31, 258c~261a) 참조.
121 『攝大乘論釋』 권14(T31, 260b).
122 사마타奢摩他 : ⓢ śamatha의 음사어. 지止·지식止息·적정寂靜·능멸能滅이라 의역한다. 우리의 마음 가운데 일어나는 망념을 쉬고 마음을 한곳에 두는 것이다.
123 "사마타의 미세한 상속"이란 삼세 알라야식의 미세념 중 청정분을 말하고, "과실의 상속"이란 그 염오분을 말한다.
124 "사마타의 연활성"이란 곧 "사마타의 미세한 상속"이다.

이 두 논의 글이 똑같이 부처의 나타남과 나타나지 못함의 뜻을 말했으나 그 비유한 것은 조금 다른 것이 있다. 이제 이 『기신론』에서 거울로 비유를 삼아 '때가 있으면 나타나지 않는다'고 한 것은 근기根機[125]에 의거하여 설한 것이니, 부처를 보는 기機가 익은 것을 때(垢)가 없다고 말하고, 장애가 있어 아직 익지 않은 것을 때가 있다고 설한다. 그러나 이는 번뇌가 현행하는 것에 대하여 곧 때가 있어서 보지 못한다는 것을 말함이 아니니, 선성비구善星比丘[126]와 조달調達[127] 등은 번뇌심 중에도 부처를 볼 수 있었기 때문이다. 『섭대승론』에서 깨어진 그릇을 비유로 삼아 사마타가 있어야 곧 부처를 볼 수 있음을 밝힌 것은 과거에 염불삼매念佛三昧[128]를 수습하여 이를 계속해야만 금세에 부처의 몸을 볼 수 있는 것임을 밝힌 것이지, 금세에 정심定心[129]이 되어야만 부처를 볼 수 있음을 말한 것은 아니니, 산란심散亂心[130]으로도 또한 부처를 볼 수 있기 때문이다. 이는 『미

---

125 근기根機 : 근根은 물건의 근본되는 힘이고, 기機는 발동하는 뜻이다. 교법을 듣고 닦아 증득하는 능력, 교법을 받는 중생의 성능을 말한다.
126 선성비구善星比丘 : ⓢ Sunakṣatra. 출가하여 십이부경을 독송하여 욕계의 번뇌를 끊고 제4선정을 얻었다가 나쁜 친구와 사귀어 퇴실하고, 사견邪見을 일으켜 부처님에 대하여 나쁜 마음을 일으켰기 때문에 니련선하 언덕에서 대지가 갈라지면서 산 채로 아비지옥에 떨어졌다 한다. 혹 석존의 출가 전 태자 때의 아들이라고도 한다.
127 조달調達 : ⓢ Devadatta. 제바달다提婆達多라고도 한다. 석존이 성도한 후에 출가하여 제자가 되었다. 어려서부터 욕심이 많아 출가 전에도 실달태자와 여러 가지 일로 경쟁하여 대항한 일이 많았다. 출가 후엔 부처님의 위세를 시기하여 아사세왕과 결탁하고 부처님을 없애고 스스로 새로운 부처님이 되려다가 이루지 못했다. 마침내 5백 비구를 규합하여 일파를 따로 세웠다. 그 뒤 아사세왕은 그 당파에서 떠나고, 5백 비구도 부처님에게 다시 돌아왔으므로 조달은 고민하던 끝에 죽었다.
128 염불삼매念佛三昧 : ① 일심으로 부처님의 상호장엄을 관하고 그 관이 성숙하여 법계에 두루한 이법신理法身의 실상을 관하는 데 이르는 삼매. 사리事理의 정선관定善觀. 정선定善은 마음을 한곳에 머물게 하고 닦는 선근이다. ② 정토문에서 아미타불 한 분만 염하고 생각이 다른 데 흩어지지 않고, 일심으로 이름을 부르는 것이다.
129 정심定心 : 고대고대 변하여 옮겨 가는 산란한 마음을 산심이라 함에 대하여 의식을 통일하여 한곳에 집중하는 마음을 정심이라 한다.
130 산란심散亂心 : 육폐심六蔽心 중의 하나. 중생의 마음이 산란하여 청정심을 가리움으로 해서 선정을 방해함을 이른다.

륵소문경론』[131]에서 말한 것과 같다. 또 경에서 "제선諸禪이 수행처가 된다."[132]고 말하니, 그러므로 선禪을 얻은 이는 제행諸行을 잘 행한다고 하는 것이다. 이 논에서는 반드시 선을 구해야 처음 발심하는 것은 아니니, 왜냐하면 부처님이 세상에 계실 때에 한량없는 중생이 모두 발심하였어도 반드시 선禪에 있지는 않았기 때문이다.

次遣第二疑。答中言鏡若有垢色像不現。如是衆生心若有垢法身不現者。法身如本質。化身似影像。今據能現之本質。故言法身不現。如攝大乘顯現甚深中言。由失故尊不現。如月相於破器。釋曰。諸佛於世間不顯現。而世間說諸佛身常住云何不顯現。譬如於破器中水不得住。水不住故。於破器中實有月不得顯現。如是諸衆生。無奢摩他輭滑相續。但有過失相續。於彼實有諸佛亦不顯現。水譬奢摩他輭滑性故。此二論文。同說佛現及不現義。然其所喩少有不同。今此論中以鏡爲喩有垢不現者。約機而說。見佛機熟。說爲無垢。有障未熟。名爲有垢。非謂煩惱現行。便名有垢不見。如善星比丘。及調達等。煩惱心中能見佛故。攝大乘中破器爲喩。明有奢摩他乃得見佛者。是明過去修習念佛三昧相續。乃於今世得見佛身。非謂今世要於定心乃能見佛。以散亂心亦見佛故。如彌勒所問經論中言。又經說諸禪爲行處。是故得禪者。名爲善行諸行。此論中不必須禪乃初發心。所以者何。佛

---

131 이 부분은 『彌勒所問經論』이 아니라 『大寶積經』 권111(T11, 628b)에서 "미륵이여, 다시 두 가지 법이 있어서 모든 악도와 악한 벗을 여의고 아뇩다라삼먁삼보리를 속히 증득하게 한다. 두 가지란 첫째 사마타에서 항상 부지런히 수습하는 것이고, 둘째 비발사나에서 선교를 획득하는 것이다.(彌勒。復有二法。離諸惡道及惡知識。速能證得阿耨多羅三藐三菩提。云何爲二。一者於奢摩他常勤修習。二者於毘鉢舍那而得善巧。)"라고 한 것에 관련된다.
132 『大寶積經』 권111(T11, 628b)에 "미륵이여, 다시 칠법이 있어서 모든 악도와 악한 벗을 여의고 아뇩다라삼먁삼보리를 속히 증득하게 한다. 일곱 가지란……여섯 째, 모든 선정에 머무는 것이다.(彌勒。復有七法。離諸惡道及惡知識。速能證得阿耨多羅三藐三菩提。云何爲七……六者住諸禪定。)"라고 하였다.

在世時。無量衆生皆亦發心。不必有禪故。

대승기신론소기회본 제5권
大乘起信論疏記會本 卷五

대승기신론소기회본 제6권
|大乘起信論疏記會本 卷六|

마명보살이 논을 지음
馬鳴菩薩造論

양나라 천축삼장 진제가 한역함
梁天竺三藏眞諦譯

해동사문 원효가 소를 지음
海*東沙門元曉疏**

---

* 원 갑본에는 '海' 앞에 '唐'이 있다.
** 연 저본에 '幷別記'가 누락되어 있으나, 삽입하는 것이 맞다.

4. 수행신심분

네 번째 수행신심분에 세 가지가 있으니, 첫째는 사람을 들어 대의를 간략히 나타냈고, 둘째는 법에 의하여 행상行相을 자세히 분별하였으며, 셋째는 퇴전하지 않는 방편을 보여 주었다.

第四修行信心分中有三。一者擧人略標大意。二者就法廣辨行相。三者示其不退方便。

1) 사람을 들어 대의를 간략히 나타냄

논 이미 해석분을 말하였으니, 다음에는 수행신심분을 말하겠다. 이 중에 아직 정정취正定聚에 들어가지 못한 중생에 의하기 때문에 신심을 수행함을 말하는 것이다.

已說解釋分。次說修行信心分。是中依未入正定衆生。故說修行信心。

소 처음은 대의를 나타내는 것이다. 위에서 발취도상發趣道相을 말하는 중에서는 부정취중생에 의한다고 말하고, 이제 여기에서는 "아직 정정취에 들어가지 못한 (중생에 의하기 때문에)"라고 말하였으니, 이 또한 부정취인임을 알아야 할 것이다. 그러나 부정취 내에 열등한 이와 수승한 이가 있으니, 수승한 이는 더욱 나아가고 열등한 이는 퇴전할 수 있는 것이다. 저 수승한 이를 위하기 때문에 발취發趣를 말하였으니, 소위 신성취발심信成就發心으로부터 내지 증발심證發心 등은 수승한 이로 하여금 차례로 나아가게 하기 때문이요, 그중에 열등한 이를 위한 까닭에 믿음을 닦을 것을 말하니, 소위 네 가지 신심과 오문의 행(五門行) 등은 저 열등한 이로 하여금 믿음이 퇴전하지 않게 하기 때문이다. 만약 이 열등한 이가 믿음을 닦음이 성취되면 다시 발취분 중의 세 가지 발심에 의하여 나아가는 것이니, 그러므로 이분二分(해석분 중의 발취분과 수행신심분)의 하는 일이 다름이 있으나 그 나아가는 도리[1]는 다름이 없다.

> 初標大意。上說發趣道相中。言依不定聚衆生。今此中言未入正定。當知亦是不定聚人。然不定聚內。有劣有勝。勝者乘進。劣者可退。爲彼勝人故說發趣。所謂信成就發心。乃至證發心等。爲令勝人次第進趣故也。爲其劣者故說修信。所謂四種信心五門行等。爲彼劣人信不退故也。若此劣人修信成就者。還依發趣分中三種發心進趣。是故二分所爲有異。而其所趣道理無別也。

2) 법에 의하여 행상을 자세히 분별함

이 아래는 두 번째 자세히 해석하는 것이니, 처음은 두 가지 물음을 내었고, 뒤에는 또한 두 가지로 답하였다.

> 以下第二廣釋。初發二問。後還兩答。

(1) 두 가지로 물음

(2) 두 가지로 답함

📖 어떠한 신심들이며, 어떻게 수행하는 것인가? 간략히 말하자면 신심에 네 가지가 있으니, 어떤 것이 네 가지인가? 첫째는 근본을 믿는 것

---

1 나아가는 도리 : 정정취에 나아감을 말한다. 『大乘起信論義記』 권3(T44, 281c) 참조.

이니, 소위 진여법을 즐겨 생각하기 때문이다. 둘째는 부처에게 한량없는 공덕이 있다고 믿어서 항상 부처를 가까이하고 공양하고 공경하여 선근을 일으켜 일체지一切智[2]를 구하려고 생각하는 것이다. 셋째는 법에 큰 이익이 있음을 믿어서, 항상 모든 바라밀을 수행할 것을 생각하는 것이다. 네 번째는 사문이 바르게 수행하여 자리·이타할 것을 믿어서 항상 모든 보살을 즐겨 친근히 하여 여실한 수행을 배우려 하는 것이다.

> 何等信心。云何修行。略說信心有四種。云何爲四。一者信根本。所謂樂念眞如法故。二者信佛有無量功德。常念親近供養恭敬。發起善根。願求一切智故。三者信法有大利益。常念修行諸波羅密故。四者信僧能正修行自利利他。常樂親近諸菩薩衆。求學如實行故。

① 신심에 대해 답함

소 신심에 대해 답하는 중에 "근본을 믿는 것이니"라고 한 것은 진여의 법이 모든 부처의 귀의할 바이며 모든 행동의 근원이기 때문에 근본이라 한 것이다. 나머지 글은 알 수 있을 것이다.

> 答信中言信根本者。眞如之法。諸佛所歸。衆行之原。故曰根本也。餘文可知。

② 수행에 대해 답함

수행에 대해 답한 중에 글에 세 가지가 있으니, 첫째는 수를 들어 전체

---

[2] 일체지一切智 : Ⓢsarvajñā. 삼지三智(一切智·道種智·一切種智)의 하나. 일체제법의 총상을 개괄적으로 아는 지혜. 이에 비하여 부분적 모양을 아는 지혜를 일체종지라 한다. 천태에서는 성문·연각의 지혜라 하고, 구사에서는 부처님의 지혜라 한다.

적으로 나타냈고 둘째는 수에 의하여 문을 열었으며 세 번째는 문에 의하여 각각 풀이하였다.

答修行中。在文有三。一擧數總標。二依數開門。三依門別解。

가. 수를 들어 전체적으로 나타냄

논 수행에 오문五門이 있어, 이 믿음을 잘 성취하니,

修行有五門。能成此信。

소 처음에 "이 믿음을 잘 성취하니"라고 한 것은 믿음은 있으나 수행이 없으면 곧 믿음이 성숙하지 못하며, 성숙하지 못한 믿음은 연을 만나면 곧 퇴전하는 것이니, 그러므로 오행五行을 닦음으로써 사신四信을 성취하는 것이다.

初中言能成此信者。有信無行。卽信不熟。不熟之信。遇緣便退。故修五行以成四信也。

나. 수에 의하여 문을 엶

논 어떤 것이 다섯 가지인가? 첫째는 시문施門이요, 둘째는 계문戒門이요, 셋째는 인문忍門이요, 넷째는 진문進門이요, 다섯째는 지관문止觀門이다.

云何爲五。一者施門。二者戒門。三者忍門。四者進門。五者止觀門。

소 두 번째 문을 여는 중에 지관문이라 하는 것은 육도六度 중에 정定과 혜慧를 합해서 닦기 때문에 이 둘을 합하여 지관문이라 한 것이다.

第二開門中。言止觀門者。六度之中。定慧合修。故合此二爲止觀門也。

다. 문에 의하여 각각 풀이함

세 번째 각각 풀이하며 둘로 나누어 해석하였으니, 앞의 네 가지는 간략히 밝혔고 뒤의 한 가지는 자세히 설명하였다.

第三別解。作二分釋。前四略明。後一廣說。

가) 간략히 밝힘 : 시문·계문·인문·진문

논 어떻게 시문施門을 수행하는가? 만약 일체의 와서 구하여 찾는 사람을 보거든 가지고 있는 재물을 힘 닿는 대로 베풀어 줌으로써 스스로 간탐을 버려 저로 하여금 환희케 하며, 만약 액난厄難·공포·위핍危逼을 받는 사람을 보거든 자기의 능력에 따라 무외無畏를 베풀어 주며, 만약 중생이 와서 법을 구하는 이가 있으면 자기가 아는 대로 방편으로 설하되 명리名利나 공경을 탐내어 찾아서는 안 되고 오직 자리·이타만을 생각하여 보리에 회향하기 때문이다.

어떻게 계문戒門을 수행하는가? 소위 살생하지 않고, 도적질하지 않고, 음행하지 않으며, 양설兩舌[3]하지 않고, 악구惡口[4]하지 않고, 거짓말하지 않

---
3 양설兩舌 : 십악의 하나. 두말 하는 것. 양쪽 사람에 대하여 번갈아 서로 다른 말을 하는 것이다. 그리하여 사람의 사이를 이간하여 불화케 한다. 신역에서는 이간어離間語라고 한다.

고 기어綺語[5]하지 않으며, 탐질貪嫉, 기사欺詐, 첨곡諂曲,[6] 진에瞋恚,[7] 사견邪見[8]을 멀리 여의는 것이다. 만약 출가한 자라면 번뇌를 꺾어 굴복시키기 위한 까닭에 응당 시끄러운 것을 멀리 여의고 항상 고요한 데에 처하여 소욕少欲[9]과 지족知足[10]과 두타頭陀[11] 등의 행을 수습하며 내지 작은 죄라도 마음에 두려움을 내어 부끄러워하고 회개하여 여래가 만든 금계禁戒[12]를 가벼이 여기지 아니하고 마땅히 다른 사람의 기혐譏嫌을 막아 그 비난하는 중생으로 하여금 망령되이 허물을 일으키지 않게 하기 때문이다.

어떻게 인문忍門을 수행하는가? 소위 응당 타인의 괴롭힘을 참아서 마음에 보복할 것을 생각하지 않으며, 또한 마땅히 이익과 손해, 비난과 명예, 칭찬과 기롱, 괴로움과 즐거움 등의 법[13]을 참고 견디기 때문이다.

어떻게 진문進門을 수행하는가? 소위 모든 선한 일에 마음이 게으르거나 주저함이 없어서 마음먹은 것이 굳세고 강하여 겁약을 멀리 여의고,

---

4 악구惡口: 십악의 하나. 신역에서는 추악어麤惡語라 한다. 남을 성내게 할 만한 나쁜 말이다.
5 기어綺語 : 십악의 하나. 잡예어雜穢語·무의어無義語라고도 한다. 도리에 어긋나며 교묘하게 꾸미는 말이다.
6 첨곡諂曲: 남을 속여 넘기기 위하여 갖은 아양을 부리면서 고분고분하게 비위를 맞추는 것이다.
7 진에瞋恚 : 성을 내는 마음의 작용.
8 사견邪見: 오견五見의 하나. 십악의 하나. 주로 인과의 도리를 무시하는 옳지 못한 견해. 온갖 망견妄見은 다 바른 이치에 어긋나는 것이므로 사견이라 하거니와, 특히 인과의 도리를 무시하는 것은 그 허물이 중대하므로 사견이라 한다.
9 소욕少欲 : 욕심을 적게 하는 것.
10 지족知足 : 만족한 줄을 아는 것.
11 두타頭陀 : ⓢ dhūta의 음사어. 두다杜多로도 음사하고 수치修治·세완洗浣·기제棄除로 의역한다. 번뇌의 티끌을 떨어 없애고 의식주에 탐착하지 않으며 청정하게 불도를 수행하는 것이다. 두타에는 12종이 있으나 그중에 특히 걸식행을 말한다.
12 금계禁戒 : 금지한 계법, 곧 계율이다.
13 이 여덟 가지를 팔풍八風 또는 팔법八法이라 한다. 이利·쇠衰·훼毁·예譽·칭稱·기譏·고苦·락樂의 8가지는 세상에서 사랑하거나 미워하는 바로서 능히 사람의 마음을 흔들어 놓으므로 팔풍이라 한다. 훼·예는 보이지 않는 곳에서 하는 도발과 찬미이며, 칭·기는 보이는 곳에서 하는 찬미와 도발이다.

마땅히 과거의 구원久遠한 때로부터 헛되이 일체의 몸과 마음의 큰 고통을 받아 아무런 이익이 없음을 생각하여야 하며, 이 때문에 응당 모든 공덕을 부지런히 닦아 자리·이타하여 빨리 모든 고통을 여의어야 하는 것이다.

또한 만약 사람이 신심을 수행하였으나, 선세로부터 중죄와 악업의 장애가 많이 있기 때문에 삿된 마구니와 여러 귀신에게 괴롭힘을 받거나 어지럽힘을 당하며, 혹은 세간의 사무事務 때문에 여러 가지로 끌리고 얽매이며, 혹은 병고病苦 때문에 괴로움을 당한다. 이러한 여러 많은 장애가 있기 때문에 응당 용맹히 정근精勤하여 아침저녁의 육시六時에 모든 부처에게 예배하고[14] 성심으로 참회하며 권청勸請[15]하고 수희隨喜[16]하며 보리에 회향迴向[17]하기를 늘 쉬지 아니하면 모든 장애를 벗어나게 되어 선근이 증장한다.

云何修行施門。若見一切來求索者。所有財物隨力施與。以自捨慳貪。令彼歡喜。若見厄難恐怖危逼。隨己堪任。施與無畏。若有衆生來求法者。隨己能解。方便爲說。不應貪求名利恭敬。唯念自利利他。迴向菩提故。云何修

---

14 육시六時에 모든 부처에게 예배하고 : 육시예찬六時禮讚을 말한다. 정토에 왕생하기를 원하는 이가 매일 주야 6시로 부처님 공덕을 찬탄하는 수행법이다. 선도善導의 『往生禮讚』에 의하여 행한다. ① 제1시. 일몰에 『無量壽經』에서 설한 12광불의 명호를 외우면서 19배한다. ② 제2시. 초저녁에는 선도가 『無量壽經』에 의하여 지은 『禮讚偈』를 외우면서 24배한다. ③ 제3시. 중야中夜에는 용수의 『禮讚偈』를 외우면서 16배한다. ④ 제4시. 후야後夜에는 천신天新의 『禮讚偈』를 외우면서 20배한다. ⑤ 제5시. 아침에는 언종彦琮의 『禮讚偈』를 외우면서 21배한다. ⑥ 제6시. 일중日中에는 선도가 『觀無量壽經』의 16관에 의하여 지은 『禮讚偈』를 외우면서 20배한다.
15 권청勸請 : 권하여 청한다는 뜻. 지극한 정성으로 부처님께 설법해 주기를 원하는 것이다. 또는 열반에 들려는 부처님께 오래도록 이 세상에 계시기를 원하는 것이다.
16 수희隨喜 : 남의 좋은 일을 보고 따라서 좋아하기를 마치 자기의 좋은 일과 같이 기뻐하는 것이다.
17 회향迴向 : 회전취향迴轉趣向의 뜻. 자기가 닦은 선근 공덕을 다른 중생이나 또는 불도佛道에 돌려 향함. 참회, 권청, 수희, 회향에 발원發願을 더하여 오회五悔라 한다.

行戒門。所謂不殺不盜不婬。不兩舌不惡口不妄言不綺語。遠離貪嫉欺詐諂曲瞋恚邪見。若出家者。爲折伏煩惱故。亦應遠離憒閙。常處寂靜。修習少欲知足頭陀等行。乃至小罪。心生怖畏。慚愧改悔。不得輕於如來所制禁戒。當護譏嫌。不令衆生妄起過罪故。云何修行忍門。所謂應忍他人之惱。心不壞[1])報。亦當忍於利衰毀譽稱譏苦樂等法故。云何修行進門。所謂於諸善事。心不懈退。立志堅强。遠離怯弱。當念過去久遠已來。虛受一切身心大苦。無有利益。是故應勤修諸功德。自利利他。速離衆苦。復次若人雖修行信心。以從先世來多有重罪惡業障故。爲邪魔諸鬼之所惱亂。或爲世間事務種種牽纏。或爲病苦所惱。有如是等衆多障礙。是故當勇猛精勤。晝夜六時。禮拜諸佛。誠心懺悔。勸請隨喜。迴向菩提。常不休[2])廢。得免諸障。善根增長故。

---

1) ㉠ 저본에 따라 '壞'는 '懷'가 맞다.   2) ㉠ '休'를 '體'라고 하였다. ㉠ 『韓國佛敎全書』교감주에서는 대교본의 출처를 밝히지 않았지만 확인한 결과 갑본에 의거한 것이다.

소 처음 중에 또한 두 가지가 있으니, 첫째는 네 가지 수행을 각각 밝혔고 "또한 만약 사람이" 이하는 두 번째 수행자의 장애를 제거하는 방편을 보였다.

初中亦二。一者別明四種修行。復次若人以下。第二示修行者除障方便。

(가) 네 가지 수행을 밝힘

(나) 수행자의 장애를 제거하는 방편을 보임

여기 두 번째 중에 또한 두 구절이 있으니, 먼저는 제거할 장애를 밝혔고, 뒤에서는 제거하는 방법을 보였다.

此第二中。亦有二句。先明所除障礙。後示能除方法。

㉮ 제거할 장애를 밝힘

㉯ 제거하는 방법을 보임

ㄱ. 모든 장애를 제거하는 방편을 전체적으로 밝힘

방법 중에 "모든 부처에게 예배하고"라고 한 것은 모든 장애를 제거하는 방편을 전체적으로 밝힌 것이니, 마치 사람이 빚을 졌을 때 왕에게 의탁하면 채주債主가 어찌할 수 없는 것과 같아서 이와 같이 수행하는 사람도 모든 부처에게 예배하면 모든 부처의 보호를 받아 모든 장애를 벗어날 수 있는 것이다.

方法中言禮拜諸佛者。此總明除諸障方便。如人負債依附於王。則於債主無如之何。如是行人禮拜諸佛。諸佛所護。能脫諸障也。

ㄴ. 네 가지 장애를 따로 제거함

"참회하며" 이하는 네 가지 장애를 따로 제거하는 것이니, 네 가지 장애가 무엇인가? 첫째는 모든 악업의 장애이니 참회하여 제멸하는 것이요, 둘째는 정법正法[18]을 비방하는 것이니 부처님께 설법해 주시기를 권하여 청함으로써 제멸하는 것이요, 셋째는 다른 사람의 수승함을 질투하는 것이니 수희隨喜함으로써 대치하는 것이요, 넷째는 삼계三界를 즐겨 애착

---

18 정법正法 : 부처님의 교법.

하는 것이니 (보리에) 회향함으로써 대치하는 것이다.

  이 네 가지 장애가 수행자로 하여금 모든 수행을 내지 못하게 하며 보리에 나아가지 못하게 하기 때문에 이러한 네 가지 행을 닦아 대치하는 것이니, 이 뜻의 자세한 것은 『유가사지론』에서 말한 것과 같다.[19] 또 이러한 참회 등 네 가지 법이 다만 모든 장애를 제거할 뿐만 아니라 또한 공덕이 한량없기 때문에 모든 장애를 벗어나 선근이 증장된다고 말하였으니, 이 뜻의 자세한 설명은 『금고경』에서 말한 것과 같다.[20]

> 懺悔以下。別除四障。四障是何。一者諸惡業障。懺悔除滅。二者誹謗正法。勸請滅除。三者嫉妬他勝。隨喜對治。四者樂著三有。迴向對治。由是四障。能令行者不發諸行。不趣菩提。故修如是四行對治。是義具如瑜伽論說。又此懺悔等四種法。非直能除諸障。亦乃功德無量。故言免諸障善根增長。是義廣說。如金鼓經也。

나) 자세히 밝힘 : 지관문

지관문止觀門 가운데 글에 두 가지가 있으니, 첫째는 간략히 밝힌 것이고, 둘째는 자세히 말한 것이다.

> 止觀門中。在文有二。一者略明。二者廣說。

(가) 지관을 간략히 밝힘

---

19 『瑜伽師地論』 권79(T30, 737b13) 참조.
20 『合部金光明經』 권2(T16, 369b) 참조.

논 어떻게 지관문을 수행하는가? 지止라는 것은 모든 경계상을 그치게 함을 말하는 것이니 사마타관奢摩他觀을 수순하는 뜻이요, 관觀이라는 것은 인연생멸상因緣生滅相을 분별함을 말하는 것이니 비발사나관毘鉢舍那觀[21]을 수순하는 뜻이다. 어떻게 수순하는가? 이 두 가지 뜻으로 점점 수습하여 서로 여의지 아니하여 쌍으로 눈앞에 나타나게 하는 것이다.

> 云何修行止觀門。所言止者。謂止一切境界相。隨順奢摩他觀義故。所言觀者。謂分別因緣生滅相。隨順毘鉢舍那觀義故。云何隨順。以此二義漸漸修習。不相捨離。雙現前故。

소 처음 간략히 밝힌 중에 "모든 경계상을 그치게 함을 말하는 것이니"라고 한 것은 앞서 분별함에 의하여 모든 바깥 경계를 짓다가 이제는 각혜覺慧로써 바깥 경계의 상을 깨뜨리는 것이니, 경계상이 이미 그치면 분별할 바가 없기 때문에 '지止'라 하는 것이다.

다음에 "(인연)생멸상을 분별함을 말하는 것이니"라고 한 것은 생멸문에 의하여 법상法相을 관찰하기 때문에 분별한다고 말한 것이니, 이는 『유가사지론』「보살지菩薩地」에서 "이 중의 보살이 곧 모든 법에 분별할 바가 없으니, 이를 '지'라 이름함을 알아야 할 것이요, 모든 법의 승의이취勝義理趣[22](인 여실진지)[23]와 모든 한량없는 안립이취安立理趣[24]인 세속의 묘지

---

[21] 비발사나관毘鉢舍那觀 : 능견能見·정견正見·관찰·관觀이라 번역한다. 자세히 관찰하여 잘못됨이 없게 하는 것이다. 선정에 들어서 지혜로써 상대되는 경계를 자세히 식별하는 것이다.

[22] 승의이취勝義理趣 : 승의勝義의 도리. 승의라 함은 세간 또는 세속의 뜻보다 뛰어난 심묘心妙의 이치를 말한다. 유가론, 유식론에서는 진제眞諦·제일의제第一義諦를 승의제勝義諦라 칭한다.

[23] 『瑜伽師地論』권45(T30, 539c)에는 "승의이취勝義理趣" 밑에 "여실진지如實眞智" 네 자가 더 있다. 따라서 『瑜伽師地論』에 따르면 "승의이취인 여실진지와"로 해석해야 하나 원효는 "승의이취와"로 했고, 이를 법장이 『大乘起信論義記』권하(T44, 282c)에서

妙智[25]에 대하여 '관'이라 이름함을 알아야 할 것이다."[26]라고 한 것과 같다. 그런즉 진여문에 의하여 모든 경계상을 그치게 하는 것이니, 그러므로 분별할 바가 없으면 곧 무분별지를 이루는 것이요, 생멸문에 의하여 모든 상을 분별하며 모든 이취理趣를 관찰하면 곧 후득지를 이루는 것임을 알 것이다.

"사마타관을 수순하는 뜻이요"와 "비발사나관을 수순하는 뜻"은 저기서 사마타라고 하는 것을 여기서는 '지'라 번역하며, 비발사나는 여기서는 '관'이라 번역한 것이다. 다만 이제 이 『기신론』을 번역한 이가 방편과 정관正觀을 구별하기 위해 정관에는 그대로 저 말(범어)을 둔 것이다.[27] 만일 여기의 말(한어)을 갖추어 둔다면 응당 지관을 수순하는 뜻과 관관觀觀을 수순하는 뜻이라고 말해야 할 것이다. 지와 관(止觀)이 쌍으로 작용할 때가 곧 정관임을 나타내려 하기 때문에 지관과 관관이라 말한 것이며, 방편에 있을 때는 모든 경계상을 그치게 하여 정관의 지止에 따르기 때문에 '지관을 수순하는'이라고 말하고 또 인연상을 분별함으로써 정관의 관觀에 따르기 때문에 '관관을 수순하는'이라고 말한 것이다.

"어떻게 수순하는가?" 이하는 바로 이 뜻을 해석한 것이니, "점점 수습하여"라는 것은 수순하는 방편을 밝혔고, "눈앞에 나타나게 하는 것이다."라고 한 것은 수순한 바의 정관을 나타냈다. 이 중에서는 지관의 뜻을 간략히 밝힌 것이니, 상을 따라 논하자면 정定을 지止라 하며 혜慧를 관觀

그대로 답습하고 있다.
24 안립이취安立理趣 : 안립이란 안치건립安置建立의 뜻이니, 안립이취란 안치건립한 도리이다.
25 세속의 묘지妙智 : 세속 도리에 대한 불지佛智, 즉 후득지後得智이다.
26 『瑜伽師地論』권45(T30, 539c).
27 이 『大乘起信論』 본문에서 '지止', '관觀'이라 말할 때는 방편으로서의 뜻이며, '사마타관', '비발사나관'이라고 할 때는 정관正觀 중의 '지', 정관 중의 '관'이라는 의미로 쓰였다는 말이다.

이라 하나, 사실을 말하자면 정定은 지관에 통하는 것이며 혜慧도 또한 그러한 것이다.

> 初略中言謂止一切境界相者。先由分別作諸外塵。今以覺慧破外塵相。塵相既止。無所分別。故名爲止也。次言分別生滅相者。依生滅門。觀察法相。故言分別。如瑜伽論菩薩地云。此中菩薩。卽於諸法無所分別。當知名止。若於諸法勝義理趣。及諸無量安立理趣世俗妙智。當知名觀。是知依眞如門。止諸境相。故無所分別。卽成無分別智。依生滅門。分別諸相。觀諸理趣。卽成後得智也。隨順奢摩他觀義。隨順毗鉢舍那觀義者。彼云奢摩他。此翻云止。毗鉢舍那。此翻云觀。但今譯此論者。爲別方便及與正觀。故於正觀仍存彼語。若具存此語者。應云隨順止觀義。及隨順觀觀義。欲顯止觀雙運之時卽是正觀。故言止觀及與觀觀。在方便時。止諸塵相。能順正觀之止。故言隨順止觀。又能分別因緣相故。能順正觀之觀。故言隨順觀觀。云何隨順以下。正釋此義。漸漸修習者。是明能隨順之方便。現在前者。是顯所隨順之正觀也。此中略明止觀之義。隨相而論。定名爲止。慧名爲觀。就實而言。定通止觀慧亦如是。

이는 『유가사지론』 「성문지聲聞地」에서 다음과 같이 말한 것과 같다.

> 如瑜伽論聲聞地云。

또한 이와 같이 심일경성心一境性[28]은 혹은 사마타품이며 혹은 비발사나이다. 만약 아홉 가지 심주心住[29]에서라면 심일경성을 사마타품이라 하고,

---

28 심일경성心一境性 : ⓢ cittaikāgratā. 선정의 다른 이름. 선정이 정신을 일정한 경계에 머물게 하는 성품이 있으므로 이렇게 이른다.
29 아홉 가지 심주心住 : 선정을 닦을 때 마음 한군데에 머물러 산란치 않게 하는 아홉 가

만약 네 가지 혜행慧行[30]에서라면 심일경성을 비발사나품이라고 한다.

　어떤 것을 아홉 가지 심주라 하는가? 어떤 비구가 마음을 내주內住하며, 등주等住하며, 안주安住하며, 근주近住하며, 조순調順하며, 적정寂靜하며, 최극적정最極寂靜하며, 전주일취專住一趣하며 등지等持하게 됨을 말하는 것이니, 이러한 것을 아홉 가지 심주라 한다.

　어떤 것이 '내주'인가? 밖에 있는 일체의 반연하는 경계로부터 그 마음을 거두어 단속하여 안에다 매어 두어 밖으로 산란하지 않게 함을 말하는 것이니, 그러므로 '내주'라 한다.

　어떤 것이 '등주'인가? 곧 최초에 계박된 마음(내주)은 그 심성이 거칠게 움직이는 것이어서 아직 똑같이 두루 머무르게 할 수 없기 때문에 다음에 곧 이것이 반연하는 경계에 대하여 상속방편相續方便(계속 작용함)과 징정방편澄淨方便(맑고 깨끗하게 함)으로 이를 꺾어 미세하게 하여 두루 거두어 들여서 머무르게 함을 말하는 것이니, 그러므로 '등주'라 한다.

　어떤 것이 '안주'인가? 만약 이 마음이 또한 이처럼 내주·등주하였으나, 내주·등주하는 마음을 놓쳐 밖으로 산란하기 때문에 또다시 거두어 단속하여 내경內境에 안치하는 것을 말하는 것이니, 그러므로 '안주'라 한다.

　어떤 것이 '근주'인가? 저가 먼저 응당 이와 같이 친근하게 머무를 것을 늘 생각해야 할 것이니, 이러한 생각에 의하여 자주 뜻을 일으켜 그 마음을 안으로 머무르게 하여 이 마음이 멀리 밖에 머무르지 않게 함을 말하는 것이니, 그러므로 '근주'라 한다.

　어떤 것이 '조순'인가? 갖가지 상이 마음을 흐트러지게 하니, 소위 색·성·향·미·촉의 오진五塵과 탐·진·치의 삼독三毒[31]과 남녀男女[32] 등의 상

　　지 지행止行이다.
30　네 가지 혜행慧行 : 지행을 닦아 사마타를 얻으면 네 가지 닦아야 할 관행觀行이다.
31　삼독三毒 : 탐욕·진에瞋恚·우치愚癡의 세 가지 번뇌. 이를 '독'이라 함은 이 삼독이 모두 삼계의 온갖 번뇌를 포섭하고, 온갖 번뇌가 중생을 해치는 것이 마치 독사나 독룡毒

相이다. 그러므로 저가 먼저 응당 저 모든 상을 근심거리의 생각으로 여겨야 할 것이며 이러한 생각의 증상력增上力³³에 의하여 저 모든 상에 대하여 그 마음을 꺾어 버려서 흐트러지지 않게 함을 말하는 것이니, 그러므로 '조순'이라 한다.

어떤 것이 '적정'인가? 갖가지 욕欲³⁴·에恚³⁵·해害³⁶ 등의 여러 나쁜 심사尋思³⁷와 탐욕개貪欲蓋³⁸ 등의 여러 수번뇌隨煩惱³⁹가 있어 마음을 요동케 하기 때문에 저가 먼저 응당 저러한 여러 가지 법을 근심거리의 생각으로 여겨야 할 것이며 이러한 생각의 증상력에 의하여 저러한 것들에 마음이 흐트러지지 않음을 말하는 것이니, 그러므로 '적정'이라 한다.

어떤 것을 '최극적정'이라 하는 것인가? 위의 적정의 마음을 놓침으로 해서 곧 저 두 가지⁴⁰가 잠시 현행할 때 곳에 따라 일어나지만, 차마 받지

龍과 같기 때문이며, 또 독은 짐독鴆毒의 뜻으로 출세의 선심을 무너뜨리기 때문이다.
32 남녀男女 : 색욕色欲, 즉 남녀 간의 정욕을 말한다.
33 증상력增上力 : 조장하는 힘.
34 욕欲 : 심소心所의 이름. 구사에서는 대지법大地法의 하나. 유식에서는 오별경五別境의 하나. 자기가 좋아하는 대경對境에 대하여 그것을 얻으려고 희망하는 정신 작용이다.
35 에恚 : 진에瞋恚와 같다.
36 해害 : [S] vihiṃsā. 소번뇌지법小煩惱地法의 하나. 20수번뇌의 하나. 남을 해치며 꾸짖는 정신 작용이다.
37 심사尋思 : 자기 앞에 나타나는 사상事象에 대하여 그 의리를 대강 탐구하는 정신 작용. 세밀하게 분별하고 사찰하는 정신 작용인 사伺와 구별된다.
38 탐욕개貪欲蓋 : 오개五蓋(貪欲蓋·瞋恚蓋·睡眠蓋·掉悔蓋·疑蓋)의 하나. 개蓋는 번뇌라는 뜻이다. 자기의 뜻에 맞는 일이나 물건을 탐내어 구하면서 그칠 줄을 모르는 정신 작용이 우리의 심식을 덮어서 선한 법이 발생하지 못하게 하는 것이다.
39 수번뇌隨煩惱 : 수혹隨惑이라고도 한다. ① 온갖 번뇌. 일체 번뇌는 모두 몸과 마음에 따라 뇌란케 하므로 수번뇌라 한다. ② 근본번뇌에 수반하여 일어나는 번뇌. 구사종에서는 이를 방일放逸·해태懈怠·불신不信·혼침惛沈·도거掉擧·무참無慚·무괴無愧·분忿·부복覆·간慳·질嫉·뇌惱·해害·한恨·광誑·첨諂·교·뇨·수면睡眠·회悔의 19종이라 하고, 유식종에서는 분忿·한恨·부覆·뇌惱·질嫉·간慳·광誑·첨諂·해害·교憍(이상은 小隨惑), 무참無慚·무괴無愧(이상은 中隨惑), 도거掉擧·혼침惛沈·불신不信·해태懈怠·방일放逸·실념失念·산란散亂·부정지不正知(이상은 大隨惑)의 20종을 말한다. 본문의 수번뇌는 일체 번뇌의 뜻이다.

아니하고 곧바로 토吐하는 것을 말함이니,[41] 그러므로 '최극적정'이라 한다.

어떤 것을 '전주일취'라고 하는가? 가행加行이 있고 공용功用이 있어서 부족함이 없고 간격이 없어 삼마지三摩地[42]가 상속하여 머무름을 말함이니, 그러므로 '전주일취'라 한다.

어떤 것이 '등지'인가? 자주 닦고 자주 익히어 많은 수습으로 인연을 삼기 때문에 가행도 없고 공용도 없게 되어 자연히 도道에 들어감을 말하는 것이니, 그러므로 '등지'라 한다.

또 이와 같이 사마타를 얻은 사람은 또한 곧 이 네 가지 작의作意[43]를 거쳐야 바야흐로 비발사나를 수습할 수 있으니, 그러므로 이것은 또한 비발사나품[44]인 것이다.

어떤 것이 네 가지 비발사나인가? 어떤 비구가 내심內心의 사마타에 의지하기 때문에 모든 법 중에 바르게 사택思擇[45]하며, 가장 지극하게 사택

---

40 여러 나쁜 심사尋思와 여러 수번뇌隨煩惱를 말한다.
41 곧 저~것을 말함이니 : 『瑜伽師地論』 권30(T30, 451a)에 의거하여 해석하면 다음과 같다. "곧 저 두 가지가 잠시 현행할 때 곳에 따라 생기는 여러 가지 나쁜 심사와 수번뇌를 그대로 차마 받지 아니하고 곧바로 끊어 버리거나 없애거나 변토變吐함을 말하니.(謂失念故. 卽彼二種暫現行時. 隨所生起諸惡尋思及隨煩惱. 能不忍受. 尋卽斷滅除遣變吐.)"
42 삼마지三摩地 : ⓢ samādhi의 음사어. 정정定으로 의역한다. 마음을 한곳에 모아 산란치 않게 하는 정신 작용이다.
43 네 가지 작의作意 : ① 역려운전작의力勵運轉作意는 내주·등주 중에 있다. ② 유간결운전작의有間缺運轉作意는 안주·근주·조순·적정·최극적정 중에 있다. ③ 무간결운전작의無間缺運轉作意는 전주일취 중에 있다. ④ 무공용운전작의無功用運轉作意는 등지 중에 있다. 『瑜伽師地論』 권30(T30, 451b) 참조.
44 "이것은"이란 4종작의를 말한다. 『소』에는 『瑜伽師地論』의 이 부분 인용이 전후로 빠져 있다. "이것은 또한 비발사나품"이란 말은 앞서의 4종작의가 9종심주 중에서는 사마타품이 되며, 또한 이처럼 내심에 사마타를 획득한 사람이 비발사나를 부지런히 수습할 때도 다시 이 4종작의에 말미암아야 비발사나를 수습하게 되기 때문에 이 4종작의도 비발사나품이 되는 것이다. 따라서 이 4종작의는 4종비발사나, 곧 4종혜행과 구별된다. 『瑜伽師地論』 권30(T30, 451b) 참조.
45 사택思擇 : 생각하여 판단함.

하며, 빠짐없이 두루 심사尋思하며, 빠짐없이 두루 사찰伺察[46]함을 말하는 것이니, 이를 네 가지 비발사나라고 한다. 어떤 것을 바르게 사택한다고 하는가? 정행淨行이 반연하는 경계와 혹 선교善巧[47]가 반연하는 경계와 혹은 정혹淨惑[48]이 반연하는 경계에 대하여 진소유성盡所有性[49]을 바르게 사택함을 말한다. 어떤 것을 최극사택最極思擇이라 하는가? 곧 저 소연경계所緣境界에 대하여 여소유성如所有性[50]을 가장 지극하게 사택함을 말한다. 어떤 것을 주변심사周徧尋思라 하는가? 곧 저 소연경계에 대하여 혜慧[51]와 함께 행함으로 말미암아 분별의 작의作意를 갖게 되어 저 경계상을 취하여 빠짐없이 두루 심사함을 말한다. 어떤 것을 주변사찰周徧伺察이라 하는가? 곧 저 소연경계에 대하여 자세히 추구하여 빠짐없이 두루 사찰함을 말한다.[52]

復次如是心一境性。或是奢摩他品。或是毗鉢舍那品。若於九種心住中心一境性。名奢摩他品。若於四種慧行中心一境性。名毗鉢舍那品。云何名

---

46 사찰伺察 : 대상에 대하여 그 뜻과 이치를 대강 심구尋求하는 심사尋思보다 한걸음 더 나아가 세밀하게 분별하고 살피는 정신 작용. 각주 37 참조.
47 선교善巧 : 선권곡교善權曲巧의 뜻. 선하고 공교하게 동작하는 것이다. 부처님이 중생을 제도할 적에 그 근기에 맞추어 사용한 수단 방법이 공교롭고 묘한 것이다.
48 정혹淨惑 : 『瑜伽師地論』 권30(T30, 451b)의 송본·원본·명본에는 "정혹"이 "정계淨戒"로 되어 있다.
49 진소유성盡所有性 : 여기서의 진盡은 모든 일체를 다하는 것을 의미한다. 일체의 시간적·공간적 존재를 가리키니, 즉 모든 현상계의 차별상을 말한다. 이는 후득지·세속제·여량지의 대상이 된다.
50 여소유성如所有性 : 진여를 가리키며, 무분별지·승의제·여리지의 대상이 된다.
51 혜慧 : 두 가지 뜻이 있다. ① 정혜定慧의 혜이니 곧 관행觀行을 말한다. ② Ⓢ prajña. 심소의 이름이다. 구사종에서는 '혜'를 대지법의 하나로 하여 모든 심식에 따라서 일어난다고 하고, 유식종에서는 어리석고 우매한 마음에는 이 심소가 없다고 하며, 바깥 경계에 대해 사邪·정正과 득得·실失을 판단하여 좋은 것은 취하고, 나쁜 것은 버리는 작용이 있다고 한다. 여기서는 두 번째의 뜻이다.
52 『瑜伽師地論』 권30(T30, 450c~451b) 참조.

爲九種心住。謂有苾蒭,[1] 令心內住。等住。安住。近住。調順。寂靜。最極寂
靜。專住一趣。及與等持。如是名爲九種心住。云何內住。謂從外一切所緣
境界。攝錄其心。繫在於內。不外散亂。故名內住。云何等住。謂卽最初所
繫縛心。其性麤動。未能令其等徧住故。次卽於此所緣境界。以相續方便。
澄淨方便。挫令微細。徧攝令住。故名等住。云何安住。謂若此心雖復如是
內住等住。然由失念。於外散亂。還復攝錄安置內境。故名安住。云何近住。
謂彼先應如是如是親近念住。由此念故。數數作意內住其心。不令此心遠
住於外。故名近住。云何謂[2]順。謂種種相。令心散亂。所謂五塵三毒男女
等相。故彼先應取彼諸相爲過患想。由如是想增上力故。於彼諸相折挫其
心不令流散。故名調順。云何寂靜。謂有種種欲恚害等諸惡尋思貪欲蓋等
諸隨煩惱。令心擾動。故彼先應取彼諸法爲過患想。由如是想增上力故。於
彼心不流散。故名寂靜。云何名爲最極寂靜。謂失念故。卽彼二種暫現行
時。隨所生起。然不忍受。尋卽反吐。故名最極寂靜。云何名爲專住一趣。
謂有加行有功用無缺無間三摩地相續而住。故名專住一趣。云何等持。謂
數修數習數多修習爲因緣故。得無加行無功用任運轉道。故名等持。又如
是得奢摩他者。復卽由是四種作意。方能修習毗鉢舍那。故此亦是毗鉢舍
那品。云何四種毗鉢舍那。謂有苾蒭依止內心奢摩他故。於諸法中能正思
擇。最極思擇。周徧尋思。周徧伺察。是名四種。云何名爲能正思擇。謂於
淨行所緣境界。或於善巧所緣境界。或於淨惑所緣境界。能正思擇盡所有
性。云何名爲最極思擇。謂卽於彼所緣境界。最極思擇如所有性。云何名爲
周徧尋思。謂卽於彼所緣境界。由慧俱行。有分別作意。取彼相狀。周徧尋
思。云何名爲周徧伺察。謂卽於彼所緣境界。審諦推求。周徧伺察。

---
1) ㉮ 갑본에서는 '蒭'를 '芻'라고 하였다. 이하 동일하다. 2) ㉯ '謂'는 '調'인 것 같다.

이어서 자세히 말하고 있다. 이 글의 뜻을 세밀히 탐구하면 이는 성문
聲聞의 지관법문止觀法門을 말한 것이지만, 그러나 이 법으로 대승의 경우

에 나아가면 곧 대승의 지관의 행위가 되므로 그 아홉 가지 심주와 네 가지 혜행이 앞서 말한 것과 다르지 않다. 대승의 경우는 다음 아랫글에서 자세히 분별하여 글에 의거하여 해석할 것이다. 지관의 상은 대략의 뜻이 이와 같다.

> 乃至廣說。尋此文意。乃說聲聞止觀法門。然以此法趣大乘境。卽爲大乘止觀之行。故其九種心住。四種慧行。不異前說。大乘境者。次下文中當廣分別依文消息也。止觀之相。略義如是。

(나) 지관을 자세히 밝힘

이 아래는 두 번째 자세히 분별하는 것이다. 이 중에 두 가지가 있으니, 먼저는 각각의 닦음을 밝혔고 뒤에는 쌍운雙運을 나타냈다.

> 以下第二廣辨。於中有二。先明別修。後顯雙運。

㉮ 각각의 닦음을 밝힘

각각의 닦음 안에 먼저는 '지'에 대해서이고 뒤에는 '관'에 대해서이다.

> 別修之內。先止後觀。

ㄱ. 지를 밝힘

먼저 '지'를 밝히는 중에 곧 사단四段이 있으니, 첫째는 '지'를 닦는 방법을 밝혔고, 둘째는 '지'를 닦는 수승한 능력을 나타냈으며, 셋째는 마구니 짓(魔事)을 분별하였고, 넷째는 이익을 보였다.

先明止中。即有四段。一明修止方法。二顯修止勝能。三辨魔事。四示利益。

논 만약 지止를 닦는다면 고요한 곳에 머물러 단정히 앉아서 뜻을 바르게 하되, 기식氣息에 의하지 않으며, 형색形色에 의하지 않으며, 공空에 의하지 않으며, 지地·수水·화火·풍風에 의하지 않으며, 나아가 견문見聞·각지覺知에 의하지 않아야 한다.

일체의 모든 상념을 찰나찰나 다 없애고 또한 없앤다는 생각마저도 없애야 한다. 일체 법이 본래 상이 없기 때문에 찰나찰나 생하지 않으며 찰나찰나 멸하지 않으며, 또한 마음을 따라 밖으로 경계를 생각하지 않은 후에 마음으로 마음을 제멸하는 것이다. 마음이 만약 흩어져 나간다면 곧 거두어 와서 정념正念에 머물게 해야 할 것이니, 이 정념이란 오직 마음뿐이요 바깥 경계가 없음을 알아야 할 것이다. 곧 또한 이 마음도 자상自相이 없어서 찰나찰나 얻을 수가 없는 것이다. 만일 앉은 데서 일어나 가고 오고 나아가고 머무는 데에 행위하여 짓는 바가 있더라도 이 모든 때에 항상 방편을 생각하여 수순·관찰하여 오래 익혀 익숙해지면 그 마음이 머물게 된다. 마음이 머물기 때문에 점점 매우 예리해져서 진여삼매에 수순하여 들어가게 되어 번뇌를 깊이 조복하고 신심信心이 증장하여 속히 불퇴전의 경지를 이룬다.

오직 의혹하고 불신하고 비방하고 중죄업장重罪業障을 짓거나[53] 아만我

---

53 "의혹"이란 깊고 깊은 이치에 대하여 의심하여 옳고 그른 것을 정하지 못하는 것이다. "불신"이란 전혀 신심이 없는 것이니, 한결같이 옳지 않다고 여기므로 의혹과는 다르다. "비방"이란 외도들이 사특한 법을 주장하여 익혔으므로 정도正道를 비방하는 것이니, 불신할 뿐만이 아니다. "중죄업장"이란 오역죄五逆罪와 사중죄四重罪를 말한다. 오역죄란 ① 탑탑·사寺를 파괴하고 불경과 불상을 불사르고 삼보의 재물을 훔치는 것이다. ② 삼승법을 비방하고 성교聖敎를 경천하게 여기는 것이다. ③ 스님들을 욕하고

慢을 가진 사람이나 해태懈怠를 가진 사람은 제외하나니, 이러한 사람들은 들어갈 수 없는 것이다.

> 若修止者。住於靜處。端坐正意。不依氣息。不依形色。不依於空。不依地水火風。乃至不依見聞覺知。一切諸想隨念皆除。亦遣除想。以一切法本來無相。念念不生。念念不滅。亦不得隨心外念境界。後以心除心。心若馳散。卽當攝來住於正念。是正念者。當知唯心。無外境界。卽復此心亦無自相。念念不可得。若從坐起。去來進止。有所施作。於一切時。常念方便。隨順觀察。久習淳熟。其心得住。以心住故。漸漸猛利。隨順得入眞如三昧。深伏煩惱。信心增長。速成不退。唯除疑惑。不信。誹謗。重罪業障。我慢。懈怠。如是等人所不能入。

ㄱ) 지를 닦는 방법을 밝힘

소 처음 방법 중에 먼저는 진여삼매에 들어가는 사람을 밝혔고 뒤에는 들어갈 수 없는 사람을 구별하였다.

> 初方法中。先明能入人。後簡不能者。

(ㄱ) 진여삼매에 들어갈 수 있는 사람을 밝힘

부리는 것이다. ④ 소승의 오역죄인 살부殺父·살모殺母·살아라한殺阿羅漢·파화합승破和合僧·출불신혈出佛身血을 범하는 것이다. ⑤ 인과의 도리를 믿지 않고 악구惡口·사음邪淫 등의 십불선업을 짓는 것이다. 사중죄란 ① 대살계大殺戒, ② 대도계大盜戒, ③ 대음계大婬戒, ④ 대망어계大妄語戒를 말한다. 자선자子璿의 『起信論疏筆削記』 권19(T44, p.400b) 참조.

처음 중에 "고요한 곳에 머물러"라고 한 것은 조건이 갖추어짐을 밝힌 것이니, 자세히 말하자면 반드시 다섯 가지 조건을 갖추어야 하는 것이다. 첫째는 고요한 곳에 한거閒居함이니 산림에 머무는 것을 말한다. 취락에 머물면 반드시 소란스러움이 있기 때문이다. 둘째는 지계持戒가 깨끗함이니, 업장業障[54]을 여읨을 말한 것이다. 만약 깨끗하지 못하다면 반드시 참회를 구하여야 하기 때문이다. 셋째는 의식衣食이 구족함이요, 넷째는 선지식을 얻음이요, 다섯째는 모든 반연하는 일을 쉬는 것이다. 여기서는 간략하게 처음 것만 들었기 때문에 '고요한 곳'이라 말한 것이다.

"단정히 앉아서"라고 한 것은 몸을 고르게 함을 밝힌 것이고, "뜻을 바르게 하되"라는 것은 마음을 고르게 함을 나타낸 것이다. 어떤 것이 몸을 고르게 하는 것인가? 상세하게 말한다면 먼저 앉는 곳을 편안케 하는 것이니 매양 안온케 하여 오래도록 방해가 없게 한다. 다음엔 다리를 바르게 해야 할 것이니, 만약 반가좌半跏坐할 경우엔 왼쪽 다리를 오른쪽 넓적다리 위에 두어서 몸 가까이 끌어당겨 왼쪽 다리의 발가락이 오른쪽 넓적다리와 가지런하게 하며, 만약 전가좌全跏坐를 하려면 곧 위의 오른쪽 다리를 고쳐서 반드시 왼쪽 넓적다리 위에 두고 다음엔 왼쪽 다리를 오른쪽 넓적다리 위에 두는 것이다. 다음에는 옷의 띠를 풀어 느슨하게 하되, 앉을 때 떨어지지 않게 한다. 다음에는 손을 편안하게 해야 하니, 왼손바닥을 오른손 위에 두어 손을 겹쳐서 서로 대하여 왼쪽 넓적다리 위에 가지런히 두며 몸 가까이 끌어당겨 중심에 두어 편안하게 하는 것이다. 다음에는 몸을 바로잡아야 하는 것이니, 먼저 그 몸과 팔다리의 마디를 요동시켜 일고여덟 번 반복함으로써 스스로 안마하는 법과 같이 하여 수족을

---

54 업장業障 : 삼장三障(業障·煩惱障·報障)의 하나. 악업의 장애. 언어, 동작 또는 마음으로 악업을 지어 정도正道를 방해하는 장애이다. 번뇌장은 탐·진·치 등의 번뇌가 자주 일어나서 불도 수행을 장애함을 말한다. 보장은 악업으로 받은 지옥·아귀·축생 따위의 과보 때문에 불법을 들을 수 없는 장애이다. 이숙장異熟障이라고도 한다.

어긋나지 않게 하며, 몸을 바르게 하여 단정하고 똑바르게 하여 어깨의 뼈가 서로 대등하게 하여 구부러지게 하지도 말고 솟게 하지도 말아야 한다. 다음엔 머리와 목을 바르게 하는 것이니, 코가 배꼽과 서로 대등하게 하여 기울지도 삐딱하지도 않게 하며 위로 올리지도 아래로 내리지도 않게 하여 평면으로 바르게 머물게 하는 것이다. 여기서는 전체적으로 간략하게 말하기 때문에 '단정히 앉아서'라고 한 것이다.

어떤 것이 마음을 고르게 갖는 것인가? 말세의 수행인이 바르게 원하는 이는 적고 잘못 구하는 이가 많으니, 이는 명리名利를 구하여 적정한 위의威儀를 나타내지만 헛되이 세월을 보내어 정定[55]을 얻을 수 없음을 말한다. 이러한 잘못 구하는 것을 여의기 때문에 '뜻을 바르게 하되'라고 말한 것이다. 다만 정심定心이 이치와 상응하여 자기를 제도하고 남을 제도하여(自度度他) 무상도에 이르려 하는 것이니, 이를 '뜻을 바르게 하되'라고 하는 것이다.

初中言住靜處者。是明緣具。具而言之。必具五緣。一者閒[1)]居靜處謂住山林。若住聚落。必有喧動故。二者持戒清淨。謂離業障。若不淨者。必須懺悔故。三者衣食具足。四者得善知識。五者息諸緣務。今略擧初。故言靜處。言端坐者。是明調身。言正意者。是顯調心。云何調身。委悉而言。前安坐處。每令安穩。久久無妨。次當正脚。若半跏坐。以左脚置右髀上。牽來近身。令左脚指與右胜齊。若欲全跏。卽改上右脚必置左髀上。次左脚置右胜上。次解寬衣帶。不坐時落。次當安手。以左手掌置右手上。累手相對。頓置左脚上。牽來近身。當心而安。次當正身。前當搖動其身。并諸支節。依七八反。如自按摩法。勿令手足差異。正身端直。令肩骨相對。勿曲勿聳。

---

55 정정定 : 마음을 한곳에 머물게 하여 흩어지지 않게 하는 것. 여기에는 나면서부터 마음을 한곳에 머물러 두는 심 작용인 생득선정生得禪定과 색계·무색계의 심지心地의 작용인 수득선정修得禪定이 있다. 삼학三學·육도六度 가운데 정혜이다.

次正頭頸。令鼻與臍相對。不偏不邪。不仰不卑。平面正住。今總略說。故
言端坐也。云何調心者。末世行人。正願者少。邪求者多。謂求名利。現寂
靜儀。虛度歲月。無由得定。離此邪求。故言正意。直欲定心與理相應。自
度度他至無上道。如是名爲正意也。

1) ㉠ 갑본에서는 '開'을 '間'이라 하였다.

"(기식에) 의하지 않으며" 이하는 바로 지止를 닦는 차례를 밝혀서 아홉 가지 주심住心을 나타낸 것이다. 처음에 "기식에 의하지 않으며……견문·각지에 의하지 않아야 한다."라고 한 것은 첫 번째로 내주內住하는 마음을 밝힌 것이다. '기식'이라 한 것은 수식관數息觀[56]의 경우이며, 형색이라 한 것은 골쇄骨瑣[57] 등의 상이며, 공空이나 지地·수水 등은 모두 사정事定[58]의 반연하는 경계이며, '견문·각지'는 산심에서 취하는 육진六塵을 든 것이

---

56 수식관數息觀 : 지식념持息念이라고도 한다. 오정심관五停心觀의 하나. 내쉬는 숨, 들이쉬는 숨을 세어 마음의 산란을 방지하는 관법이다.

57 골쇄骨瑣 : 나와 남의 몸을 백골로 관하는 것. 골쇄관骨瑣觀·골상관骨想觀·백골관白骨觀이라고도 한다. 우리의 탐욕을 없애기 위하여 관하는 법이니 이 관법에 3단계가 있다. ① 초습업初習業. 먼저 자기의 한 몸을 백골로 관하고 나아가 한 집안 한 마을로부터 마침내는 온 세상에 백골이 가득 찬 것으로 관하며, 다시 그 관하는 해설을 깊게 하기 위하여 돌이켜서 점점 자기 한 몸의 백골에 되돌아오는 것이다. ② 이숙수已熟修. 자기 한 몸의 백골 가운데서 먼저 발의 뼈를 제하고 나머지를 관하여 점점 몸의 뼈를 버리고, 또 머리의 반쪽 뼈를 버리고 조금 남은 머리의 반쪽 뼈에 나아가 관을 여물게 하는 것이다. ③ 초작의超作意. 머리의 반쪽 뼈를 제하고 다만 미간眉間에 마음을 머물고 고요하게 있으면서 저절로 백골을 관득觀得함을 말한다.

58 사정事定 : 삼종선정(事定·善定·報定)의 하나. 공空·지地·수水·화火·풍風을 대상으로 삼아 수행하여 색정色定·무색정無色定에 들어가는 것. 『解脫道論』권2(T32, 407b)에 따르면 '선정'은 자신의 수행에 의하여 불도佛道를 차례로 배워 가는 일반 수행자가 색정·무색정을 닦는 것이다. '보정'은 이숙정異熟定의 것이다. 여기에 유루와 무루가 있으며, 유루선有漏善의 수정修定의 보과報果로 얻은 색계정色界定·무색계정無色界定이 유루의 보정이며, 무루선無漏善·사향四向의 수정의 보과로 얻은 색계정色界定·무색계정無色界定이 무루의 보정이다. 색계정은 초선에서 제4선까지의 4단계의 선정이고, 무색계정은 사무색정四無色定과 선업보善業報를 말한다.

니, 이러한 모든 경계를 추구·파괴하여 오직 자심自心뿐임을 알고 다시는 연에 의탁하지 않기 때문에 '……에 의하지 않으며'라고 한 것이며, 이처럼 외진外塵에 의하지 않는 것이 곧 내주內住이다.

다음에 "일체의 모든 상념을 찰나찰나 다 없애고"는 두 번째 등주의 마음을 밝힌 것이다. 앞에서 비록 기식氣息 등의 상을 각각 깨뜨렸으나 이는 초수初修이며 따라서 그 마음이 거칠게 움직이기 때문에, 이 경계를 깨뜨렸으되 다시 나머지 경계를 생각하는 것이다. 다음엔 곧 이 일체의 모든 상을 상속방편相續方便과 징정방편澄淨方便으로 꺾어 미세하게 하여 생각을 따라 다 없애는 것이니, 이처럼 모든 치달리는 상想을 없애는 것이 곧 등주이다.

다음에 "또한 없앤다는 생각마저도 없애야 한다."는 세 번째 안주하는 마음을 밝힌 것이다. 앞에서는 비록 밖으로 치달리는 생각을 모두 없앴으나 오히려 안으로 없앤다는 생각이 남아 있으며, 안의 생각이 없어지지 않으면 밖의 생각이 다시 나므로 안으로 안주하지 못하게 되는 것이다. 이제 다시 이 없앤다는 생각까지 없애는 것이니 안에 두지 않음으로 해서 곧 밖을 잊을 수 있으며, 밖을 잊어서 고요해지면 곧 이것이 안주이다.

다음에 "일체 법이 본래 상이 없기 때문에 찰나찰나 생하지 않으며 찰나찰나 멸하지 않으며"는 네 번째 근주하는 마음을 밝힌 것이다. 앞서 염주念住(안주를 생각함)를 수습하는 힘에 의하므로 안팎의 일체의 모든 법이 본래 생각할 수 있는 것도, 생각할 만한 것도 없는 줄 분명하게 아는 것이니 그 찰나찰나 생하지도 않고 멸하지도 않음을 미루어 자주 뜻을 일으켜 멀리 여의지 않는 것이다. 이처럼 멀리 여의지 않고 머무는 것이 곧 근주이다.

다음에 "또한 마음을 따라 밖으로 경계를 생각하지 않은"은 다섯 번째 조순하는 마음을 밝힌 것이다. 모든 밖의 경계상이 마음을 산란케 하므로 앞서의 안주와 근주를 수습함에 의하여 밖의 경계에 여러 가지 허물이 있음을 깊이 알고 곧 저 상相을 보기를 근심거리라고 여기는 것이니, 이러한 생각의 힘에 의하여 그 마음을 꺾어서 밖으로 흩어지지 않게 하기 때문에 조순이라 한다. 다음에 "후에 마음으로 마음을 제멸하는 것이다."는 여섯 번째 적정해진 마음을 밝힌 것이다. 모든 분별하는 생각이 마음을 발동케 하다가 앞의 조순에 의하여 그 허물을 더욱 깨닫고 곧 이 상相을 보기를 근심거리로 여기는 것이니, 이러한 생각의 힘에 의하여 동하는 마음을 점차 없애어 동하는 마음이 일어나지 않게 하는 것이 곧 적정이다.

다음에 "마음이 만약 흩어져 나간다면……찰나찰나 얻을 수가 없는 것이다."는 일곱 번째 최극적정의 마음을 밝힌 것이다. 이 중에 두 가지가 있으니, 첫째 "마음이 만약 흩어져 나간다면 곧 거두어 와서……오직 마음뿐이요 바깥 경계가 없음을"이라고 한 것은 정념正念을 놓치어 잠시 밖의 경계에 치달려 흩어졌으나 정념의 힘에 의하여 그대로 차마 받아들이지 않음을 밝힌 것이다. 다음에 "곧 또한 이 마음도 자상이 없어서 찰나찰나 얻을 수가 없는 것이다."라고 한 것은 정념을 놓치어 다시 내심內心에 두다가 수행의 힘에 의하여 곧 돌이켜 토해 냄을 밝힌 것이니, 이처럼 안팎에서 받지 않고 돌이켜 토해 내기 때문에 최극적정이라고 한 것이다.

다음에 "만일 앉은 데서 일어나 가고 오고……익숙하게 되면 그 마음이 머물게 된다."는 여덟 번째 전주일취를 밝힌 것이다. 이는 가행도 있고 공용도 있는 마음을 말한 것이니, 그러므로 "항상 방편을 생각하여 수순·관찰하여"라고 한 것이며 간격이 없고 부족함이 없어 정심定心이 계속되기 때문에 "오래 익혀 익숙해지면 그 마음이 머물게 된다."라고 한 것이니, 곧 이것이 전주일취의 상이다.

다음에 "마음이 머물기 때문에 점점 매우 예리해져서 진여삼매에 수순하여 들어가게 되어"라고 한 것은 아홉 번째 등지의 마음을 밝힌 것이다. 앞서 푹 익힌 수습의 힘에 의하기 때문에 가행도 없고 공용도 없는 마음을 얻어서 떴다 가라앉았다 함을 멀리 여의어 자연스럽게 머물게 되기 때문에 등지라 하며, 등지의 마음이 진여상眞如相에 머물기 때문에 '진여삼매에 (수순하여) 들어가게 되어'라고 한 것이다. "번뇌를 깊이 조복하고 신심이 증장하여 속히 불퇴전의 경지를 이룬다."는 진여삼매의 힘의 작용을 간략히 나타낸 것이니, 이로 인하여 더욱 나아가 종성種性의 불퇴위에 들어가게 되기 때문이다. 위에서부터 여기까지 말한 것은 들어갈 수 있는 사람을 말한 것이다.

不依以下。正明修止次第。顯示九種住心。初言不依氣息。乃至不依見聞覺知者。是明第一內住之心。言氣息者。數息觀境。言形色者。骨瑣等相。空地水等。皆是事定所緣境界。見聞覺知。是擧散心所取六塵。於此諸塵推求破壞。知唯自心。不復託緣。故言不依。不依外塵。卽是內住也。次言一切諸相隨念皆除者。是明第二等住之心。前雖別破氣息等相。而是初修。其心麤動。故破此塵。轉念餘境。次卽於此一切諸相。以相續方便澄淨方便。挫令微細。隨念皆除。皆除馳想。卽是等住也。次言亦遣除想者。是明第三安住之心。前雖皆除外馳之想。而猶內存能除之想。內想不滅。外想還生。是故於內不得安住。今復遣此能除之想。由不存內。則能忘外。忘外而靜。卽是安住也。次言以一切法本來無相。念念不生念念不滅者。是明第四近住之心。由先修習念住力故。明知內外一切諸法。本來無有能想可想。推其念念不生不滅。數數作意而不遠離。不遠離住。卽是近住也。次言亦不得隨心外念境界者。是明第五調順之心。諸外塵相念¹⁾心散亂。依前修習安住近住。深知外塵有諸過患。卽取彼相爲過患想。由是想力折挫其心令不外散。故名調順也。次言後以心除心者。是明第六寂靜之心。諸分別想²⁾令心發動。依前調順。彌覺其患。卽取此相爲過患想。由此想力轉除動心。動心不起。卽是寂靜也。次言心若馳散乃至念念不可得者。是明第七最極寂靜之心。於中有二。初言心若馳散卽當攝來乃至唯心無外境界者。是明失念暫馳散外塵。而由念力能不忍受也。次言卽復此心亦無自相念念不可得者。

是明失念還存內心。而由修力尋卽反吐也。能於內外不受反吐。是故名爲
最極寂靜。次言若從坐起去來乃至淳熟其心得住者。是明第八專住一趣。
謂有加行有功用心。故言常念方便隨順觀察也。無間無缺定心相續。故言
久習淳熟其心得住。卽是專住一趣相也。次言以心住故漸漸猛利。隨順得
入眞如三昧者。是明第九等持之心。由前淳熟修習力故。得無加行無功用
心。遠離沈浮。任運而住。故名等持。等持之心住眞如相。故言得入眞如三
昧。深伏煩惱信心增長速成不退者。略顯眞如三昧力用。由此進趣得入種
性不退位故。上來所說名能入者。

1) ㉠『大乘起信論疏記會本』권6(H1, 781c)에 따르면 '念'은 '令'이다. 2) ㉡ 갑본에서는 '想'을 '惱'라고 하였다.

(ㄴ) 진여삼매에 들어갈 수 없는 사람을 구별함

"오직……을 제외하나니" 이하는 들어갈 수 없는 사람을 구별한 것이다. 이상으로 지止를 닦는 방법을 마친다.

唯除以下。簡不能者。修止方法竟在於前。

ㄴ) 지를 수행하여 얻는 수승한 공능을 밝힘

논 또한 이 삼매[59]에 의하기 때문에 곧 법계가 일상一相인 것을 아는 것이니, 일체 모든 부처의 법신이 중생신衆生身과 평등하여 둘이 아님을 말하며, 이를 곧 일행삼매一行三昧[60]라 이름한다. 진여가 이 삼매의 근본임을 알

---

59 "이 삼매"란 진여삼매를 말한다.
60 일행삼매一行三昧 ： ⓢ ekavyūha-samādhi. 일상삼매一相三昧·일상장엄삼매一相莊嚴三昧라고도 한다. 전 우주의 온갖 물物·심心의 현상은 평등하고 하나임을 관하는 삼매이니 그러므로 일상삼매라고 이름한다.

아야 할 것이니, 만일 사람이 수행하면 점점 무량한 삼매를 내는 것이다.

> 復次依是三昧故。則知法界一相。謂一切諸佛法身與衆生身平等無二。卽名一行三昧。當知眞如是三昧根本。若人修行。漸漸能生無量三昧。

소 두 번째는 '지'를 수행하여 얻는 수승한 공능을 밝힌 것이니, 이는 앞의 진여삼매에 의하여 일행一行 등의 모든 삼매를 낼 수 있음을 밝힌 것이다. "일행삼매"라 하는 것은 『문수반야경』[61]에서 "'어떤 것을 일행삼매라 합니까?' 부처님께서 말씀하셨다. '법계는 일상一相인데 이 법계를 반연함을 일행삼매라 한다. 일행삼매에 들어간 이는 항하의 모래처럼 많은 제불법계의 차별이 없는 상을 다 아는 것이니, 아난阿難[62]이 그가 들은 불법을 늘 총지하여 그 변재辯才[63]와 지혜가 성문 중에서는 가장 수승하지만 아직 수數로 헤아릴 수 있는 데에 머물러 곧 한계가 있거니와 만약 일행삼매를 얻으면 제경諸經의 법문을 일일이 분별하여 모두 다 분명히 알아 결코 걸림이 없어서 주야로 늘 말하여도 지혜와 변재가 끝내 단절치 않으니 만약 아난의 다문多聞[64]과 변재에 비한다면 (아난의 것은) 백천 분의 하나에도 미치지 못하는 것이다.'"[65]라고 하고 이어서 자세히 설한 것과 같다. 진여

---

61 『문수반야경文殊般若經』: 갖춘 이름은 『文殊師利所說般若波羅蜜經』. 소량蕭梁 승가바라僧伽婆羅 한역. 1권. 『大般若波羅密多經』 제7회의 별역본이다.
62 아난阿難 : ⓢ Ānanda. 부처님 10대 제자의 하나. 무염無染·환희歡喜·경희慶喜로도 의역한다. 부처님의 사촌동생으로서 가비라성의 석가 종족의 집에 태어났다. 8세에 출가하여 수행하는데 미남인 탓으로 여자의 유혹이 여러 번 있었으나 지조가 견고하여 몸을 잘 보호하여 수행을 완성하였다. 그의 전기에 의하면 부처님의 전도 생활 20년 후 여러 제자들 중에서 선출되어 친근한 시자가 된 일, 다문제일多聞第一의 제자가 되어 부처님의 멸도 후에 대가섭을 중심으로 제1차 결집 때 중요한 위치를 차지한 일, 부처님의 이모 마하파사파제摩訶波闍波提의 출가에 진력한 일들이 있다.
63 변재辯才 : 교묘하게 법과 뜻을 말하는 재능. 변설의 재능으로 변론에 교묘한 것이다.
64 다문多聞 : 법문法文을 많이 들어서 수지受持하는 것.
65 『文殊師利所說般若波羅蜜經』 권2(T8, 731a).

삼매가 이러한 무량한 삼매를 낼 수 있기 때문에 "진여가 삼매의 근본"이라고 한 것이다. 이상으로 '지'를 닦은 수승한 공능을 마친다.

> 第二明修止勝能。是明依前眞如三昧。能生一行等諸三昧。所言一行三昧者。如文殊般若經言。云何名一行三昧。佛言。法界一相。繫緣法界。是名一行三昧。入一行三昧者。盡知恒沙諸佛法界無差別相。阿難所聞佛法。得念總持辯才智慧。於聲聞中雖爲最勝。猶住量數。卽有限礙。若得一行三昧。諸經法門。一一分別。皆悉了知。決定無礙。晝夜常說。智慧辯才終不斷絶。若比阿難多聞辯才。百千等分不及其一。乃至廣說。眞如三昧能生此等無量三昧。故言眞如是三昧根本也。修止勝能竟在於前。

ㄷ) 마구니 짓을 분별함

이 아래는 세 번째 마구니 짓이 일어나는 것을 밝혔다. 이 중에 두 가지가 있으니, 간략히 밝힌 것과 자세히 풀이한 것이다.

> 以下第三明起魔事。於中有二。略明。廣釋。

(ㄱ) 마구니 짓을 간략히 밝힘

논 혹 어떤 중생이 선근의 힘이 없으면 모든 마구니와 외도와 귀신 들에 의하여 어지럽게 되니, 혹은 좌중坐中에서 어떤 형체를 나타내어 공포를 일으키게 하거나 혹은 단정한 남녀 등의 모습을 나타낼 경우, 오직 마음뿐임을 생각해야 할 것이다. 그렇게 되면 경계가 곧 멸하여 끝내 뇌란되지 않을 것이다.

或有眾生無善根力。則爲諸魔外道鬼神之所惑亂。若於坐中現形恐怖。或現端正男女等相。當念唯心。境界則滅。終不爲惱。

소 간략히 밝히는 중에 또한 두 가지가 있으니, 먼저는 마구니의 유혹을 밝혔고 뒤에서는 대치함을 나타냈다.

略中亦二。先明魔嬈。後示對治。

㉠ 마구니의 유혹을 밝힘

처음에 "모든 마구니"라고 한 것은 천마天魔[66]요, "귀"란 퇴척귀堆惕鬼[67]요, "신"이란 정미신精媚神[68]이니, 이러한 귀신이 불법을 요란시켜 사도邪道에 떨어지게 하기 때문에 "외도"라 한다. 이러한 모든 마구니와 내지 귀신들이 모두 세 가지의 오진五塵을 지어서 사람의 선한 마음을 깨뜨린다. 첫째는 두려워할 만한 일을 짓는 것이니, 이는 글에서 "좌중에서 어떤 형체를 나타내어 공포를 일으키게 하거나"라고 말하였기 때문이다. 둘째는 사랑할 만한 일을 짓는 것이니, 글에서 "혹은 단정한 남녀 등의 모습을 나타낼 경우"라고 말했기 때문이다. 셋째는 위違도 아니고 순順도 아닌 일이

---

[66] 천마天魔 : 사마四魔의 하나. 천자마天子魔라고도 한다. 또는 욕계의 꼭대기에 있는 제6천의 주인인 마왕 파순波旬을 말한다. 수행하는 사람을 보면 자기네 권속들을 없애고 궁전을 파괴할 것이라 생각하여 마군을 이끌고 수행하는 이를 시끄럽게 하며 정도를 방해하므로 천마라 한다. 부처님이 보리수 아래 앉아 수도할 때 천마가 와서 성도를 방해하려 하였으나 부처님이 자정慈定에 들어 항복받았다.
[67] 퇴척귀堆惕鬼 : 좌선할 때 와서 공부를 방해하는 귀신의 이름.
[68] 정미신精媚神 : 정미귀精媚鬼와 같다. 퇴척귀・마라귀魔羅鬼와 함께 삼종귀三種鬼의 하나. 반야半夜의 자시子時에 쥐 등의 정령精靈이 변화하여 좌선하는 사람을 염미厭媚한다. 어떤 때는 소남少男・소녀少女・노숙老宿의 형상 및 두려워할 만한 상을 짓기도 한다. 이때 좌선하는 사람이 각각 그때를 알고 자시에 오면 쥐인 줄 알아 그 이름을 부르면 정미귀가 곧 사라진다고 한다.

니, 평범한 오진을 나타내어 수행인의 마음을 어지럽게 만드는 것을 말한다. 이는 글에서 "……등의 모습"이라고 말하였기 때문이다.

初中言諸魔者。是天魔也。鬼者。堆惕鬼也。神者。精媚神也。如是鬼神嬈亂佛法。令墮邪道。故名外道。如是諸魔乃至鬼神等。皆能變作三種五塵。破人善心。一者作可畏事。文言坐中現形恐怖故。二者作可愛事。文言或現端正男女故。三非違非順事。謂現平品五塵。動亂行人之心。文言等相故。

ⓒ 대치함을 나타냄

"……임을 생각해야 할 것이다." 이하는 다음에 대치함을 밝힌 것이다. 만약 앞서와 같은 모든 경계가 오직 자심의 분별로 지은 것이어서 자심 밖에 별다른 경계가 없는 줄 생각하여, 이러한 마음을 일으킨다면 경계상이 바로 없어질 것이니, 이는 모든 마구니와 귀신을 모두 내보내는 방법을 밝힌 것이다.

개별적으로 말한다면 각기 다른 방법이 있다. 이는 모든 마구니를 다스리는 사람은 마땅히 대승의 모든 마구니를 다스리는 주문을 외우되 저주하는 생각으로 외워야 함을 말하는 것이다. 퇴척귀란 혹 벌레와 전갈 같은 것이 사람의 머리나 얼굴에 기어올라 찔러서 저릿저릿하게 하며, 혹은 또 사람의 양쪽 겨드랑이 아래를 치기도 하며, 혹은 잠깐 사람을 안으며, 혹은 말하는 소리가 시끌시끌하며, 그 밖에 모든 짐승의 모양을 짓되 여러 형상으로 한 가지가 아니니, 이런 것들이 와서 수행하는 이를 뇌란케 한다면 곧 눈을 감고 일심으로 생각하면서 다음과 같이 말해야 할 것이다. 즉, "나는 이제 너를 아니, 너는 이 염부제閻浮提[69] 중에 불을 먹고 향

---

[69] 염부제閻浮提 : 수미사주須彌四洲의 하나. 남섬부주와 같다. 수미산의 남쪽에 있으며

기를 맡는 투랍길지偸臘吉支[70]이다. 네가 사견邪見을 좋아하며 계행의 종자를 깨뜨리나 나는 이제 계를 지녀서 마침내 너를 두려워하지 않는다." 만약 출가한 사람이라면 마땅히 계율을 외워야 할 것이고, 만약 재가在家의 사람이라면 마땅히 『보살계본菩薩戒本』[71]을 외우거나 혹은 삼귀의三歸依[72]와 오계五戒[73] 등을 외워야 할 것이다. 이런 것을 외우면 귀신이 곧 물러나서 엉금엉금 기어 나갈 것이다.

정미신精媚神이란 12시十二時의 짐승이 변화하여 여러 가지 형색을 짓는 것을 말함이니, 혹은 젊은 남녀의 상相을 지으며, 혹은 노숙老宿[74]의 모습과 두려워할 만한 몸 등을 짓는데 한 가지가 아닌 여러 형상으로 수행자를 뇌란케 하는 것이다. 저것이 사람을 뇌란케 하려면 각기 그때에 맞추어 오니, 만약 흔히 인시寅時에 오는 것이라면 반드시 호랑이나 들소일 것이고, 흔히 묘시卯時에 오는 것이라면 토끼나 노루 등일 것이고, 내지 흔히 축시丑時에 오는 것이라면 반드시 소 종류 등일 것이다. 수행자가 항상 이러한 때를 쓴다면 곧 그 짐승의 정미精媚를 알아서 그 이름을 말하여 꾸

칠금산七金山과 대철위산大鐵圍山의 중간, 짠물 바다에 있는 대주大洲의 이름이다.

[70] 투랍길지偸臘吉支 : 염부제에서 불을 먹고 향내를 맡는 귀신이다. 『摩訶止觀』 권8(T46, 116a) 참조.

[71] 『보살계본菩薩戒本』 : ① 후진 구마라집 한역. 1권. 『梵網經』 하권의 10중대계와 48경계를 따로 뽑아 만든 책. 『菩薩戒經』이라고도 한다. 천태종에서 대승 원계圓戒의 근거를 삼는다. 주석서로 원효의 『梵網經菩薩戒本私記』, 법장의 『梵網經菩薩戒本疏』 등이 있다. ② 당 현장 한역. 1권. 『瑜伽師地論』 「본지분本地分」 가운데 '보살지'에서 뽑아 낸 것으로 54계를 든다. 주석서로 원효의 『持犯要記』가 있다. ③ 북량 담무참 한역. 1권. 『菩薩戒本經』이라고도 하며 현장 역 『菩薩戒本』의 이역본으로 42계로 되어 있다.

[72] 삼귀의三歸依 : 삼자귀三自歸·삼귀계三歸戒라고도 한다. 불문에 처음 귀의할 때 하는 의식으로 불·법·승에 귀의함을 말한다. 우리나라에서는 보통 "귀의양불족존. 귀의법리욕존. 귀의승중중존.(歸依佛兩足尊。歸依法離欲尊。歸依僧衆中尊。)"이라 한다.

[73] 오계五戒 : ⓢ pañca-śīlāni. 불교에 귀의하는 재가 남녀가 받는 5종의 계율이다. 불교도 전체에 통하여 지킬 계율이다. ① 중생을 죽이지 말라. ② 훔치지 말라. ③ 음행하지 말라. ④ 거짓말하지 말라. ⑤ 술 마시지 말라.

[74] 노숙老宿 : 기숙耆宿이라고도 한다. 노성숙덕老成宿德이란 뜻으로 오래도록 수행하여 도덕이 높은 스님을 말한다.

짖으면 곧 응당 인사하고 물러나 없어질 것이다. 이러한 것들은 모두 선경禪經[75]에서 자세히 말한 것과 같다. 위에서부터 마구니 짓과 그 대치하는 것을 간략히 말하였다.

當念以下。次明對治。若能思惟如前諸塵。唯是自心分別所作。自心之外。無別塵相。能作是念。境相卽滅。是明通遣諸魔鬼神之法。別門而言。各有別法。謂治諸魔者。當誦大乘諸治魔呪。咀念誦之。堆惕鬼者。或如蟲蝎。緣人頭面。攢刺瘖瘙。或復擊擭人兩掖下。或乍抱持於人。或言說音聲喧喧。及作諸獸之形。異相非一。來惱行者。則應閉目一心憶而作如是言。我今識汝。汝是此閻浮提中食火臭香偸臘吉支。邪[1]見汝喜。汝破戒種。我今持戒。終不畏汝。若出家人。應誦戒律。若在家人。應誦菩薩戒本。若誦三歸五戒等。鬼便却行匍匐而出也。精媚神者。謂十二時獸。能變化作種種形色。或作少男女相。或作老宿之形。及可畏身等。非一衆多。惱亂行者。其欲惱人。各當其時來。若其多於寅時來者。必是虎兕等。多於卯時來者。必是兔[2]獐等。乃至多於丑時來者。必是牛類等。行者恒用此時則知其狩精媚。說其名字呵責。卽當謝滅。此等皆如禪經廣說。上來略說魔事對治。

1) ㉮ 갑본에서는 '邪'를 '卽'이라고 하였다. 2) ㉮ 갑본에서는 '免'을 '兎'라고 하였다. ㉡ 후자가 타당하다.

(ㄴ) 마구니 짓을 자세히 풀이함

논 혹 천상天像과 보살상을 나타내거나 또한 여래상을 지어서 상호相好가 구족하며 혹은 다라니陀羅尼[76]를 설하며 혹은 보시·지계·인욕·정

---

75 선경禪經: 『釋禪波羅蜜次第法門』과 『摩訶止觀』 등 선 수행에 관련된 글을 일반적으로 지칭한 것이다.
76 다라니陀羅尼: ⓢ dhāraṇī. 총지總持·능지能持·능차能遮로도 한역한다. 무량무변한 뜻을 지니고 있어, 모든 악한 법을 버리고 한량없이 좋은 법을 가지는 것. 보통 다라니

진·선정·지혜를 설하며, 혹은 평등하고 공하며 무상無相하고 무원無願하며 무원無怨·무친無親하고 무인無因·무과無果하여 필경 공적空寂함이 참된 열반이라고 설한다. 혹은 사람들에게 숙명宿命[77]의 과거의 일을 알게 하고 또한 미래의 일도 알게 하고 타심지他心智[78]를 얻게 하여 변재辯才가 막힘이 없어서 중생들로 하여금 세간의 명예나 이익되는 일에 탐착貪着하게 한다. 또 사람들로 하여금 자주 성내고 자주 기뻐하게 하여 성품에 일정한 기준이 없게 하며, 혹은 자애가 많거나 잠이 많고 병이 많아서 그 마음이 게을러지게 하며, 혹은 갑자기 정진을 하다가 뒤에 곧 그만두어 불신하는 마음을 내어 의심이 많고 염려가 많게 하며, 혹은 본래의 수승한 행위를 버리고 다시 잡업雜業을 닦으며 혹은 세속의 일에 집착하여 갖가지로 끄달리게 한다. 또한 사람들에게 모든 삼매를 얻게 하여 진여삼매에 든 것과 약간 비슷하게 하는 것이니, 이는 모두 외도가 얻은 것이지 참다운 삼매가 아닌 것이다. 혹 또한 사람들에게 혹은 하루, 혹은 이틀, 혹은 사흘 내지 이레를 정定 중에 머물게 하여 자연의 향미香美한 음식을 얻어 몸과 마음이 쾌적하여 배가 고프지도 않고 목이 마르지도 않게 하여 사람들을 그것에 애착하게 한다. 혹은 사람들에게 먹는 것에 한계가 없게 하여 갑자기 많이 먹거나 갑자기 적게 먹기도 하며, 안색을 변이하게 한다.

라 하는 것에는 두 가지가 있다. ① 지혜 혹은 삼매를 말한다. 이것은 말을 잊지 않고 뜻을 분별하며, 우주의 실상에 계합하여 수많은 법문을 보존하여 가지기 때문이다. ② 진언眞言을 말한다. 범문梵文을 번역하지 않고 음 그대로 적어서 외우는 것이다. 이를 번역하지 않는 이유는 원문의 전체 뜻이 한정되는 것을 피하기 위한 것과 밀어密語라 하여 다른 이에게 비밀히 하는 뜻이 있다. 이것을 외우는 사람은 한량없는 말을 들어도 잊지 아니하며 끝없는 이치를 알아 학해學解를 돕고 모든 장애를 벗어나 한량없는 복덕을 얻는 등 많은 공덕이 있으므로 다라니라 한다. 흔히 법문의 짧은 구절을 진언 또는 주呪라 하고, 긴 구절로 된 것을 다라니 또는 대주大呪라 한다.
77 숙명宿命 : 숙세宿世(前世)의 생명. 과거의 일을 안다는 것은 숙명통宿命通을 이름이니, 지난 세상의 생애를 잘 아는 신통력을 말함. 통력의 크고 작음에 따라 1세, 2세 또는 천만 세를 아는 차이가 있다.
78 타심지他心智 : 십지의 하나. 다른 이의 마음에 생각하는 것을 아는 지혜.

이러하기 때문에 수행하는 이는 언제나 응당 지혜로써 관찰하여 이 마음을 삿된 그물에 떨어지지 않게 하고 마땅히 부지런히 정념正念하여 취착하지 아니하면 이러한 모든 업장을 멀리 여읠 수 있을 것이다. 외도가 가지는 삼매는 모두가 견見·애愛·아만我慢의 마음을 여의지 못한 것임을 알아야 할 것이니, 그들의 삼매는 세간의 명리와 공경에 탐착하기 때문이다. 진여삼매眞如三昧란 보는 상相에 머물지 않고 얻은 상相에도 머물지 아니하며 내지 정定에서 벗어난 때에도 게을리함이 없어서 가지고 있는 번뇌가 점점 엷어지게 되니, 만약 모든 범부가 이 삼매법을 익히지 아니하면 여래종성如來種性[79]에 들어간다는 것은 있을 수 없게 된다. 왜냐하면 세간의 모든 선禪과 삼매를 닦으면 흔히 거기에 맛들여 아견我見에 의하여 삼계에 얽매여 외도와 함께하는 것이니 만약 선지식의 보호하는 바를 여의면 곧 외도의 견見을 일으키기 때문이다.

> 或現天像。菩薩像。亦作如來像。相好具足。或說陀羅尼。或說布施持戒忍辱精進禪定智慧。或說平等空無相無願。無怨無親。無因無果。畢竟空寂。是眞涅槃。或令人知宿命過去之事。亦知未來之事。得他心智。辯才無礙。能令衆生貪著世間名利之事。又令使人數瞋數喜。性無常準。或多慈愛。多睡多病。其心懈怠。或卒起精進。後便休廢。生於不信。多疑多慮。或捨本勝行。更修雜業。若著世事種種牽纏。亦能使人得諸三昧少分相似。皆是外道所得。非眞三昧。或復令人若一日若二日若三日乃至七日住於定中。得自然香美飮食。身心適悅。不飢不渴。使人愛著。或亦令人食無分齊。乍多乍少。顔色變異。以是義故。行者常應智慧觀察。勿令此心墮於邪網。當勤正念。不取不著。則能遠離是諸業障。應知外道所有三昧。皆不離見愛我慢

---

79 여래종성如來種性 : 불종성佛種性. 일체 중생에게 본래 갖추어 있는 부처 될 성품이니 곧 불성佛性을 말한다.

之心。貪著世間名利恭敬故。眞如三昧者。不住見相。不住得相。乃至出定。
亦無懈慢。所有煩惱。漸漸微薄。若諸凡夫不習此三昧法。得入如來種性。
無有是處。以修世間諸禪三昧。多起味著。依於我見。繫屬三界。與外道共。
若離善知識所護。則起外道見故。

소 두 번째는 자세히 풀이하는 것이다. 이 중에 세 가지가 있으니, 첫째는 마구니 짓의 차별을 자세히 나타내었고, "이러하기 때문에" 이하는 두 번째 그 대치함을 밝힌 것이며, "외도가 가지는 삼매는……알아야 할 것이니" 이하는 세 번째 진위眞僞를 간별한 것이다.

第二廣釋。於中有三。一者廣顯魔事差別。以是義故以下。第二明其對治。
應知外道以下。第三簡別眞僞。

㉠ 마구니 짓의 차별을 자세히 나타냄

처음에서는 곧 다섯 쌍의 열 가지 일을 밝혔다. 첫째는 형상을 나타내는 것과 설법하는 것으로 쌍이 되며, 둘째는 신통神通을 얻는 것과 변재를 일으키는 것으로 쌍이 되는 것이니, "혹은 사람들에게"로부터 이하 "이익되는 일에 탐착하게 한다."라는 데까지를 말한다. 세 번째는 의혹을 일으키는 것과 업을 짓는 것으로 쌍이 되니, "또 사람들로 하여금"으로부터 이하 "갖가지로 끄달리게 한다."는 데까지를 말한다. 네 번째는 정定에 드는 것과 선禪을 얻는 것으로 쌍이 되니, "또한 사람들에게"로부터 이하 "사람들을 그것에 애착하게 한다."는 데까지를 말한다. 다섯 번째는 음식의 차이와 안색의 변화로 쌍이 되는 것이니, 글에서 볼 수 있을 것이다.

初中卽明五雙十事。一者現形說法爲雙。二者得通起辯爲雙。謂從或令人以下乃至名利之事也。三者起惑作業爲雙。謂又令使人以下乃至種種牽纏也。四者入定得禪爲雙。謂從亦能使以下乃至使人愛著也。五者食差顏變爲雙。文處可見也。

[문] 보살상 등의 경계를 보는 것 같은 것은 혹은 숙세宿世의 선근에 의하여 일어나기도 하니, 어떻게 간별하여 그 사정邪正을 판단하겠는가?

問。如見菩薩像等境界。或因宿世善根所發。云何簡別。判其邪正。

[해] 실로 이런 일이 있으니 신중하지 않으면 안 될 것이다. 왜냐하면 만약 모든 마구니가 만드는 상相을 보고 이를 좋은 상이라 여겨서 기쁜 마음으로 집착한다면 이러한 거짓되고 편벽됨에 의하여 병을 얻어 발광할 것이며, 만약 선근으로 나타난 경계를 얻고서 이를 마구니 짓이라고 여겨 마음으로 의심하여 떨쳐 버린다면 곧 좋은 이득을 잃게 되어 끝내 나아감이 없을 것이니, 그 사정邪正을 실로 구별하기 어려운 것이다. 그러므로 세 가지 방법으로 시험해 보면 알 수 있을 것이니, 어떤 일이 세 가지인가? 첫째는 정定으로 연마하는 것이요, 둘째는 본래 닦던 것에 의하여 다스리는 것이요, 셋째는 지혜로 관찰하는 것이다.

이는 경(『대반열반경』)에서 "진금眞金을 알려면 세 가지 방법으로 시험해야 하니, 태워 보는 것과 두들겨 보는 것과 갈아 보는 것을 말한다. 수행하는 이도 또한 그러하여 분별해서 알기 어려우니, 만약 분별하려면 또한 반드시 세 가지로 시험해야 할 것이다. 첫째는 더불어 일을 같이 해야 하며 일을 같이 하여도 알지 못하면 더불어 오래도록 함께 거처하며, 함께 거처하여도 알지 못하면 지혜로 관찰하는 것이다."[80]라고 한 것과 같다.

---

80 남본 『大般涅槃經』 권13(T12, 692a).

이제 이러한 뜻을 빌려 사정邪正을 시험하는 것이니, 다음과 같다. 만약 정定 중에 경계상이 일어날 때 사정을 알기 어려우면 마땅히 깊이 정심定心에 들어가 저 경계상 가운데에서 취하지도 않고 버리지도 아니하며 다만 평등히 정에 머물러야 하는 것이니, 만약 이것이 선근에서 나온 것이라면 정력定力이 더욱 깊어져서 선근이 더욱 일어날 것이나, 만약 마구니의 짓이라면 오래지 않아 그 경계가 절로 무너질 것이다.

두 번째 본래 닦던 것에 의하여 다스린다는 것은 우선 만약 본래 부정관선不淨觀禪[81]을 닦고 있었다면 이제 곧 본래대로 부정관을 닦는 것이니, 이와 같이 닦아서 경계가 더욱 밝아진다면 이는 거짓이 아니고 본래 닦던 것으로 다스려서 점점 경계가 없어진다면 이는 거짓된 것임을 알아야 할 것이다.

세 번째 지혜로 관찰한다는 것은 나타난 상을 관찰하여 근원을 추구해 보면 나는 곳(生處)을 보지 못하니 공적함을 깊이 알아 마음이 그에 머물러 집착하지 않으면 거짓된 것이 응당 스스로 없어지고 바른 것이 응당 스스로 나타날 것이다. 이는 마치 진금眞金을 태우매 그 빛이 변하지 않고 그대로 있는 것과 같으니 가짜라면 그렇지 않을 것이다. 이 중에 정定은 갈아 보는 것(磨)에 비유하고 본本은 두들겨 보는 것(打)과 같으며 지혜관찰은 불로 태워 보는 것(燒)과 같으니, 이 세 가지로 시험하면 사邪와 정正을 알 수 있을 것이다.

解云。實有是事。不可不愼。所以然者。若見諸魔所爲之相。謂是善相。悅心取著。則因此邪僻。得病發狂。若得善根所發之境。謂是魔事。心疑捨離。卽退失善利。終無進趣。而其邪正實難取別。故以三法驗之可知。何事爲

---

81 부정관선不淨觀禪 : 오정심관五停心觀의 하나. 탐욕을 다스리기 위하여 육신의 부정한 모양을 관찰하는 것이다. 예컨대 오욕五慾의 낙을 탐내는 대상에 대하여 사람이 죽은 뒤에 일어나는 9종의 상을 관하여 그 욕정을 없애는 것이다.

三。一以定研磨。二依本修治。三智慧觀察。如經言。欲知眞金。三法試之。
謂燒。打。磨。行人亦爾。難可別識。若欲別之。亦須三試。一則當與共事。
共事不知。當與久共處。共處不知。智慧觀察。今藉此意以驗邪正。謂如定
中境相發時邪正難了者。應當深入定心。於彼境中不取不捨。但平等定住。
若是善根之所發者。定力逾深。善根彌發。若魔所爲。不久自壞。第二依本
修治者。且如本修不淨觀禪。今則依本修不淨觀。若如是修境界增明者。則
非僞也。若以本修治漸漸壞滅者。當知是邪也。第三智慧觀察者。觀所發
相。推驗根原。不見生處。深知空寂。心不住著。邪當自滅。正當自現。如燒
眞金其光自若。是僞不爾。此中定譬於磨。本猶於打。智慧觀察類以火燒。
以此[1]三驗。邪正可知也。

1) ㉮갑본에서는 '以此'를 '此以'라고 하였다.

問 만약 마구니가 내 마음에 정定을 얻게 한다면 그 정定의 사邪와 정正을 어떻게 간별하는가?

問。若魔能令我心得定。定之邪正。如何簡別。

解 이러한 곳은 미세하여 매우 알기 어렵다. 우선 선현先賢의 설에 의하여 간략히 사와 정의 갈림길을 보여 주겠다. 앞서 말한 아홉 가지의 심주문心住門에 의하여 차례대로 수습하여 아홉 번째에 이르렀을 때 사지四肢와 몸체가 움찔움찔 움직임을 느낄 것이니, 이렇게 막 움직일 때 곧 그 몸이 구름과 같고 그림자와 같아서 있는 듯도 하고 없는 듯도 함을 느끼되 혹은 위로부터 나오고 혹은 아래로부터 나오며 혹은 옆구리로부터 나와 미미하게 몸에 두루한다. 이처럼 동촉動觸이 일어날 때 공덕이 한량이 없는 것이니, 간략히 말하자면 열 가지 상이 있다.
첫째는 정정靜定(고요한 선정)이요, 둘째는 공허空虛요, 셋째는 광정光淨이요, 넷째는 희열喜悅이요, 다섯째는 아락猗樂(잔잔한 즐거움)이요, 여섯째는 선한 마음이 일어나는 것이요, 일곱째는 지견知見이 명료한 것이요, 여덟째는 모든 누박累縛이 없는 것이요, 아홉째는 그 마음이 고르고 부드러운 것이요, 열째는 경계가 앞에 나타나는 것이다. 이러한 열 가지 법이 움직임(動)과 함께 나는 것이니 만약 자세히 분별한다면 다 분별하기 어렵다.

이 일이 지난 후 다시 여촉餘觸이 차례로 나타나니, 여촉은 대략 여덟 가지가 있다. 첫째는 움직임(動)이요, 둘째는 가려움(痒)이요, 셋째는 서늘함(凍)이요, 넷째는 따뜻함(暖)이요, 다섯째는 가벼움(輕)이요, 여섯째는 무거움(重)이요, 일곱째는 껄끄러움(澀)이요, 여덟째는 매끄러움(滑)이다. 그러나 이 팔촉八觸은 반드시 함께 일어나지는 않으며, 어떤 때는 다만 두세 촉만 일어나는 경우도 있다. 일어날 때도 또한 일정한 차례가 없지만 흔히 처음에는 동촉動觸을 일으킨다. 이들은 추麤에 의하여 정정상正定相을 나타내는 것이다.

解云。此處微細。甚難可知。且依先賢之說。略示邪正之歧。依如前說九種心住門次第修習。至第九時。覺其支體運運而動。當動之時。卽覺其身如雲如影。若有若無。或從上發。或從下發。或從腰發。微微徧身。動觸發時。功德無量。略而說之。有十種相。一靜定。二空虛。三光淨。四喜悅。五猗樂。六善心生起。七知見明了。八無諸累縛。九其心調柔。十境界現前。如是十法。與動俱生。若具分別。則難可盡。此事旣過。復有餘觸次第而發。言餘觸者。略有八種。一動。二痒。三涼。四暖。五輕。六重。七澀。八滑。然此八觸。未必具起。或有但發二三觸者。發時亦無定次。然多初發動觸。此是依麤顯正定相。

다음엔 사상邪相을 분별하겠다. 사상에 대략 열 가지 쌍(十雙)을 내니, 첫째는 증감增減이요, 둘째는 정란定亂이요, 셋째는 공유空有요, 넷째는 명암明闇이요, 다섯째는 우희憂喜요, 여섯째는 고락苦樂이요, 일곱째는 선악善惡이요, 여덟째는 우지愚智요, 아홉째는 탈박脫縛이요, 열 번째는 강유强柔이다.

첫째 '증감'이란 동촉動觸이 일어날 때 혹 몸이 움직이고 손이 들려지며 다리도 따라서 움직이지만 다른 사람에게는 그가 가만히 있어 마치 잠자는 것처럼 보이며, 혹은 귀신이 붙은 것처럼 몸과 손과 발이 어지럽게 움직이니, 이는 증상增相이다. 만약 그 동촉이 일어날 때 올라가기도 하고 내려가기도 하다가 몸에 미처 두루하기 전에 곧 없어지니 이로 인하여 경계의 상을 모두 잃으며, 앉았을 때 맥이 없어 몸을 지탱할 법이 없으니, 이는 감상減相이다.

둘째 '정란'이란 동촉이 일어날 때 식심識心과 몸이 정定에 얽매여 자재하지 못하며, 혹은 다시 이로 인하여 곧 사정邪定에 들어가서 이레(七日)까지 이르니 이는 정定의 허물이요, 만약 동촉이 일어날 때 심의心意가 어지럽게 일어나 나머지 다른 경계를 반연한다면 이는 난亂의 허물이다.

셋째 '공유'란 동촉이 일어날 때 도무지 몸을 보지 못하여 공정空定을 증득했다고 여기는 것이니 이는 공의 허물이요, 만약 동촉이 일어날 때 몸의 견실함이 마치 목석과 같음을 느낀다면 이는 유의 허물이다.

넷째 '명암'이란 동촉이 일어날 때 바깥의 여러 가지 빛깔과 내지 일월성신을 보는 것이니 이는 '명'의 허물이요, 만약 동촉이 일어날 때 몸과 마음이 암매함이 마치 어두운 방에 들어간 것과 같다면 이는 '암'의 허물이다.

다섯째 '우희'란 동촉이 일어날 때 그 마음이 몹시 번뇌하여 시달려서 기뻐하지 아니하니 이는 '우'의 과실이요, 만약 동촉이 일어날 때 마음이 뛸 듯이 크게 기뻐서 스스로 안정될 수 없다면 이는 '희'의 과실이다.

여섯째 '고락'이란 동촉이 일어날 때 몸의 지체가 곳곳마다 몹시 괴로움을 느끼는 것이니 이는 '고'의 과실이요, 만약 동촉이 일어날 때 크게 쾌락됨을 알아서 탐착하고 얽매인다면 이는 '낙'의 과실이다.

일곱째 '선악'이란 동촉이 일어날 때 밖의 산선散善[82]을 생각하여 삼매를 파괴하는 것이니 이는 선의 허물이요, 만약 동촉이 일어날 때 부끄러워함이 없는 등의 여러 악한 마음이 일어나면 이는 악의 허물이다.

여덟째 '우지'란 동촉이 일어날 때 심식이 미혹하여 아는 바가 없는 것이니 이는 '우'의 허물이요, 만약 동촉이 일어날 때 지견知見이 밝고 예리하여 마음에 거짓된 깨달음을 낸다면 이는 '지'의 허물이다.

아홉째 '박탈'이란 혹 오개五蓋[83]와 모든 번뇌가 심식을 덮어 장애하는 것이니 이는 '박'의 허물이요, 혹은 공을 증득하여 과果를 얻었다고 여겨서 증상만增上慢[84]을 낸다면 이는 '탈'의 허물이다.

열 번째 '강유'란 동촉이 일어날 때 그 몸의 억세고 강함이 마치 와석瓦石과 같아서 회전하기 어려우니 이는 '강'의 과실이요, 만약 동촉이 나타날 때 심지心志가 연약하여 무너지기 쉬운 것이 마치 (진흙이) 부드럽고 젖어 있어서 그릇을 제대로 만들 수 없는 것과 같다면 이는 '유'의 과실이다.

次辨邪相。邪相略出十雙。一增減。二定亂。三空有。四明闇。五憂喜。六苦樂。七善惡。八愚智。九脫縛。十強柔。一增減者。如動觸發時。或身動手起。脚亦隨動。外人見其兀兀如睡。或如著鬼。身手足紛動。此爲增相。若其動觸發時。若上若下。未及徧身。卽便壞滅。因此都失境界之相。坐時蕭

---

82 산선散善 : 정선定善의 반대. 산란한 마음으로 짓는 선업이다. 『觀無量壽經』 십육관 중 앞의 13관을 정선, 뒤의 3관을 산선이라 한다.
83 오개五蓋 : Ⓢ pañca-āvaraṇāni. 오장五障이라고도 한다. 개蓋는 개부蓋覆한다는 뜻이니, 오법이 있어 능히 심성心性을 가려 선법을 낼 수 없게 한다. ① 탐욕개貪欲蓋는 오욕에 집착하여 심성을 가리는 것이다. ② 진에개瞋恚蓋는 성내는 것으로써 심성을 가리는 것이다. ③ 수면개睡眠蓋는 마음이 흐리고 몸이 무거워져 심성을 가리는 것이다. ④ 도회개掉悔蓋는 마음이 흔들리고 근심하여 심성을 가리는 것이다. ⑤ 의법疑法은 법에 대하여 결단이 없이 미룸으로써 심성을 가리는 것이다.
84 증상만增上慢 : 사만四慢 또는 칠만七慢의 하나. 훌륭한 교법과 깨달음을 얻지 못하고서 얻었다고 생각하여 잘난 체하는 거만. 곧 자기 자신을 가치 이상으로 생각하는 것이다.

索。無法持身。此爲減相。二定亂者。動觸發時。識心及身。爲定所縛。不得自在。或復因此便入邪定。乃至七日。此是定過。若動觸發時。心意亂擧。緣餘異境。此爲亂過也。三空有者。觸發之時。都不見身。謂證空定。是爲空過。若觸發時。覺身堅實。猶如木石。是爲有過也。四明闇者。觸發之時。見外種種光色。乃至日月星辰。是爲明過。若觸發時。身心闇昧。如入闇室。是爲闇過也。五憂喜者。觸發之時。其心熱惱憔悴不悅。是爲憂失。若觸發時。心大踊悅。不能自安。是爲喜失也。六苦樂者。觸發之時。覺身支體處處痛惱。是爲苦失。若觸發時。知大快樂。貪著纏縛。是爲樂失也。七善惡者。觸發之時。念外散善。破壞三昧。是爲善失。若觸發時。無慚愧等諸惡心生。是惡失也。八愚智者。觸發之時。心識迷惑。無所覺了。是爲愚失。若觸發時。知見明利。心生邪覺。是爲智失也。九縛脫者。或有五蓋。及諸煩惱。覆障心識。是爲縛失。或謂證空得果。生增上慢。是爲脫失也。十强柔者。觸發之時。其身剛强。猶如瓦石。難可廻轉。是爲强失。若觸發時。心志輭弱。易可敗壞。猶如輭涅。不堪爲器。是爲柔失也。

이 스무 가지 그릇된 선정의 법은 그것이 일어났을 경우 만약 식별하지 못하여 마음에 애착을 내면 그 때문에 혹은 정신을 잃고 미치며, 혹은 울기도 하고 혹은 웃기도 하며, 혹은 놀라 멋대로 달아나며 어떤 때는 스스로 바위에 몸을 던지거나 불에 들어가려고 하며, 어떤 때는 병을 얻으며 혹은 그 때문에 죽기까지 한다. 다시 이처럼 하나의 사법邪法을 일으킬 경우 만약 아흔다섯 종류의 외도外道[85] 귀신법 중 하나의 귀신법과 상응하

---

85 아흔다섯 종류의 외도外道 : 96종 외도 중에 소승의 1파와 비슷한 것이 있으므로 이를 제하고 95종을 말한다. 앞서 소승 1파가 독자부犢子部라는 설이 있다. 96종 외도란 석존 당시 바라문교 중에서 가장 세력이 성한 부란나가섭富蘭那迦葉, 말가리구사리자末伽利拘賒梨子, 산사야비라지자刪闍夜毘羅胝子, 아기다시사흠바라阿耆多翅舍欽婆羅, 가라구타가전연迦羅鳩馱迦旃延, 니건타야제자니犍陀若提子 등 육사六師와 그들의 각각 15인씩의 제자들을 합하여 96인이 된다. 육사들에게는 각기 15종의 교敎가 있어 15

면서도 깨닫지 못한다면 이는 곧 저 외도를 생각하고 저 귀신법을 행하는 것이니, 이로 인하여 곧 귀신법 내에 들게 되고 귀신이 그 세력을 더해 주어 혹 모든 그릇된 정定과 모든 변재辯才를 일으켜 세간의 길흉을 알아서, 신통·기이하여 희유한 일을 나타내어 사람들을 감동시키기도 한다. 세상 사람들은 알지 못하고 다만 그가 남과 다름을 보고 현성賢聖이라 여겨 마음 깊이 신복信伏하지만 그러나 그의 내심은 오로지 귀신법만 행하고 있으니, 이 사람은 성인의 법도를 멀리 여의어 몸이 괴멸되고 목숨이 끝날 때 삼악도三惡道[86]에 떨어짐을 알아야 할 것이니, 이는 『구십육외도경』에서 자세히 말한 것과 같다.

  수행자가 만일 이러한 거짓된 모양을 깨달으면 앞의 방법으로 시험하여 다스려야 할 것이다. 그러나 그중에도 또한 옳고 그름이 있으니, 어떠한 것인가? 만약 그 그릇된 선정(邪定)이 한결같이 마구니가 지은 것이라면 법으로 다스려야 하는 것이니 마구니가 떠난 뒤에는 도무지 다시 털끝만큼의 선법禪法도 없는 것이다. 만약 내가 바른 선정(正定)에 들어갔을 때 마구니가 그 가운데에 들어와서 여러 가지 거짓된 모양을 나타낸다면 법으로 물리쳐야 할 것이니 마구니의 삿된 장난이 이미 없어졌다면 곧 나의 정심定心이 맑아져서 마치 구름이 걷히고 해가 나타남과 같은 것이다. 만약 이러한 모양이 비록 마구니가 지은 것 같으면서도 법으로 다스려도 오히려 없어지지 않는다면 이는 자기의 죄장罪障[87]으로 인하여 일어난 것임을 알아야 할 것이다. 이리하여 곧 대승의 참회를 부지런히 닦아야 할 것이니, 죄가 없어진 후에 정定이 스스로 나타날 것이다. 이러한 장애의 모습은 매우 은미하여 구별하기 어려운 것이니, 도를 찾고자 하는 이는 알지

    제자에게 1교씩 가르친다고 한다.
86 삼악도三惡道 : 삼악취三惡趣라고도 하니, 지옥·아귀·축생이다. 죄악을 범한 결과로 태어나서 고통을 받는 악한 곳을 말한다.
87 죄장罪障 : 죄악이 선한 과果를 얻는 데 장애가 된다는 말.

않으면 안 된다. 우선 방론傍論을 그치고 다시 본문을 해석하겠다.

> 此二十種邪定之法。隨其所發。若不識別。心生愛著。因或失心狂亂。或哭或笑。或驚漫走。或時自欲投巖赴火。或時得病。或因致死。又復隨有如是發一邪法。若與九十五種外道鬼神法中一鬼神法相應。而不覺者。卽念彼道。行於彼法。因此便入鬼神法門。鬼加其勢。或發諸邪定。及諸辯才。知世吉凶。神通奇異。現希有事。感動衆人。世人無知。但見異人。謂是賢聖。深心信伏。然其內心專行鬼法。當知是人遠離聖道。身壞命終。墮三惡趣。如九十六外道經廣說。行者若覺是等邪相。應以前法驗而治之。然於其中亦有是非。何者。若其邪定一向魔作者。用法治之。魔去之後。則都無復毫釐禪法。若我得入正定之時魔入其中現諸邪相者。用法却之。魔邪旣滅。則我定心明淨。猶如雲除日顯。若此等相雖似魔作。而用法治猶不去者。當知因自罪障所發。則應勤修大乘懺悔。罪滅之後定當自顯。此等障相甚微難別。欲求道者不可不知。且止傍論。還釋本文。

ⓒ 대치를 밝힘

이상으로 마구니 짓의 차별상을 자세히 분별하였으며, "이러하기 때문에" 이하는 두 번째로 대치를 밝히는 것이다. "지혜로써 관찰하여"라고 한 것은 자기의 분수에 따라 가지고 있는 각혜覺慧에 의하여 모든 마구니 짓을 보고 살펴서 다스리는 것이니, 만약 관찰하지 않으면 곧 사도邪道에 떨어지기 때문에 "삿된 그물에 떨어지지 않게 하고"라고 말한 것이다. 이는 앞서의 세 가지 시험 중 바로 세 번째 '지혜로 관찰하는 것'이다. "마땅히 부지런히 정념하여 취착하지 아니하면"이라고 한 것은 셋 중에서 앞의 두 법을 전체적으로 나타낸 것이다. 이제 이 중에 대승의 지문止門에서는 오직 이정理定[88]만 닦는 것이며 다시 달리 나아가는 바가 없기 때문에 처음의 정定으로 연마하는 것과 아울러 본래 닦은 것에 의하는 것이요, 다시 다른 법이 없는 것이다. 그러므로 여기서 마땅히 본래 닦은 대승의 지문止門에 의하여 정념으로 머물라고 한 것이다. '취착하지 아니하면'이라고 한 것은 삿된 것이 정正을 범하지 못하여 저절로 물러가 없어지는 것이니, 만약 마음으로 취착하면 곧 정正을 버리고 사邪를 이룰 것이요, 만약 취착하지 않으면 사邪에 의하여 정正을 나타냄을 알아야 한다. 그러니 '사'와 '정'의 나뉨은 요컨대 집착하는 것과 집착하지 않는 것에 있음을 알 수 있다. 집착하지 않는 이는 어떠한 장애이든 여의지 않음이 없기 때문에 "이러한 모든 업장을 멀리 여읠 수 있을 것이다."라고 하였다.

> 上來廣辨魔事差別。以是已下。第二明治。言智慧觀察者。依自隨分所有覺慧。觀諸魔事察而治之。若不觀察。卽墮邪道。故言勿令墮於邪網。此是如前三種驗中。正爲第三智慧觀察。言當勤正念不取不著者。總顯三中前之二法。今於此中大乘止門。唯修理定。更無別趣。故初定硏。幷依本修。更無別法。所以今說當依本修大乘止門正念而住。不取不著者。邪不干正自然退沒。當知若心取著。則棄正而成邪。若不取著。則因邪而顯正。是知邪正之分。要在著與不著。不著之者。無障不離。故言遠離是諸業障也。

ⓒ 진위를 간별함

"외도가 가지는 삼매는⋯⋯알아야 할 것이니" 이하는 세 번째 그 진위眞僞를 간별하는 것이니 이 중에 두 가지가 있다.

---

88 이정리정 : 이선리선禪이라고도 한다. 번뇌 망상을 모두 끊은 무루정無漏定의 뜻이다.

應知外道以下。第三簡其眞僞。於中有二。

A. 안팎을 들어서 사·정을 분별함

처음은 안팎을 들어서 사와 정을 분별하는 것이다. 먼저 것은 사邪요 뒤의 것은 정正이니, 글의 양상을 알 수 있을 것이다.

初擧內外以別邪正。先邪。後正。文相可知。

B. 이·사에 대하여 진위를 간별함

"만약 모든 (범부가)" 이하는 다음으로 이理·사事[89]에 대하여 진위를 간별하는 것이며, 이 중에 처음은 이정理定이 참된 것임을 나타낸 것이다. 수행자는 진여삼매를 닦아야만 바야흐로 종성種性의 불퇴위에 들어가는 것이며, 이 밖에는 불퇴위에 들어갈 수 있는 방법이 다시 없기 때문에 "이 삼매법을 익히지 아니하면 여래종성에 들어간다는 것은 있을 수 없게 된다."라고 말하였다.

그러나 종성의 자리에 두 가지 문이 있으니, 첫째는 십삼주十三住[90] 문

---

89 이理·사事 : 평등·차별의 두 문으로 나눌 때 이理는 평등문에 속하고 사事는 차별문에 속한다. '이'는 경험적 인식을 초월한 상항불역常恒不易·보편평등普遍平等의 진여를 말한다. '사'는 일체 차별의 모양으로 현상계를 말한다.
90 십삼주十三住 : 13계階의 주위住位라는 뜻. 보살의 인因으로부터 과果에 이르기까지의 행위行位를 13계로 유별類別한 것이다. ① 종성주種性住, ② 승해행주勝解行住, ③ 극환희주極歡喜住, ④ 증상계주增上戒住, ⑤ 증상심주增上心住, ⑥ 각분상응증상혜주覺分相應增上慧住, ⑦ 제제상응증상혜주諸諦相應增上慧住, ⑧ 연기유전지식상응증상혜주緣起流轉止息相應增上慧住, ⑨ 유가행유공용무상주有加行有功用無相住, ⑩ 무가행무공용무상주無加行無功用無相住, ⑪ 무애해주無礙解住, ⑫ 최상성만보살주最上成滿菩薩住, ⑬ 여래주如來住.『瑜伽師地論』권47(T30, 552c-553a) 참조.

의 처음 종성주種性住니,[91] 종성이란 무한한 과거로부터 있는 것이므로 닦아서 얻는 것이 아니며, 이 뜻은 『유가사지론』[92]과 『지지론地持論』[93]에 나오는 것이다. 두 번째는 육종성六種性[94] 문이니, 처음 습종성習種性과 다음에 성종성性種性[95]이란 그 자리가 삼현三賢에 있는 것으로 습기에 의하여 이루어지는 것이며, 이는 『본업경』[96]과 『인왕경』[97]에 나온다. 그중 자세한 것은 『일도의一道義』[98]에서 자세히 말한 것과 같다. 이제 이 중에 여래종성이라고 한 것은 두 번째의 습종성위를 말한 것이다.

"세간의 모든 선禪과 삼매를 닦으면" 이하는 다음으로 사정事定의 거짓됨을 나타낸 것이니, 부정관不淨觀과 안나반념安那槃念[99]의 생각 등을 말하며 이들을 모두 '세간의 모든 삼매'라 이름한다. 만약 사람이 진여삼매에 의하지 않고 다만 이러한 사삼매事三昧[100]만을 닦는다면 들어가는 경계에

---

91 종성주種性住 : 이는 십삼주의 종성주와 육종주六種住의 종성주(보살이 십주위에서 불도의 종성을 성취하는 것)가 있다. 여기서는 십삼주의 종성주를 말한다. 종성주란 습종성習種性 및 성종성性種性의 보살로서 그 성품이 현선賢善하여 보살의 공덕과 선법을 잘 행하여 불종佛種을 건립하는 것이 견고·불괴不壞한 자리를 말한다. 또 이 종성주의 보살은 성품이 거친 번뇌(麤垢)를 떠나 있기 때문에 상번뇌전上煩惱纏(근본무명에서 생긴 지말혹 또는 십대혹 중 근본번뇌의 강성한 것)을 일으켜 무간업無間業을 짓는다거나 선근을 끊는 따위의 짓은 하지 않는다고 한다. 『瑜伽師地論』 권47(T30, 553a) 참조.
92 『瑜伽師地論』 권47(T30, 553a) 참조.
93 『菩薩地持經』 권9(T30, 939c-940a) 참조.
94 육종성六種性 : 보살의 인행因行으로부터 과果에 이르는 행위종성行位種性을 6위로 나눈 것. ① 습종성習種性, ② 성종성性種性, ③ 도종성道種性, ④ 성종성聖種性, ⑤ 등각성等覺性, ⑥ 묘각성妙覺性. 『菩薩瓔珞本業經』 권상(T24, 1012b25) 참조.
95 성종성性種性 : 육종성의 하나. 십행위의 보살. 이 지위의 보살은 우주 만유의 본성은 진공眞空이라 증득하고도 만유제법을 인정하여 중생을 교화하므로 이렇게 이른다.
96 『菩薩瓔珞本業經』 권1(T24, 1012c) 참조.
97 『仁王護國般若波羅蜜多經』 권1(T8, 836b) 참조.
98 『일도의一道義』 : 원효 지음. 『起信論一道章』을 말하는 것 같으나 현존하지 않는다.
99 안나반념安那槃念 : 안나반나安那般那([S] anāpāna)라고도 하니 수식관을 말한다. '안나'는 내쉬는 숨, '반나'는 들이쉬는 숨이다. 내쉬고 들이쉬는 숨을 헤아려 마음의 흔들림을 막는 것으로 선관禪觀의 첫 문이다.
100 사삼매事三昧 : 사정事定과 같다.

따라 취착을 여의지 못하는 것이며, 법法(경계)을 취착하는 이는 반드시 나(我)를 집착하기 때문에 삼계에 속하여 외도와 더불어 같이하게 된다. 이는 『대지도론』에서 "제법실상諸法實相[101]을 제외한 그 밖의 모든 것은 다 마구니 짓이다."[102]라고 한 것과 같으니, 바로 이를 말한 것이다. 이상으로 세 번째 마구니 짓을 밝힘을 마친다.

> 若諸以下。次對理事以簡眞僞。於中初顯理定是眞。行者要修眞如三昧。方入種性不退位中。除此更無能入之道。故言不習無有是處。然種性之位有其二門。一十三住門。初種性住。種性者。無始來有。非修所得。義出瑜伽及地持論。二六種性門。初習種性。次性種性者。位在三賢。因習所成。出本業經及仁王經。於中委悉。如一道義中廣說也。今此中言如來種性者。說第二門習種性位也。以修世間以下。次顯事定之僞。謂不淨觀安那槃念等。皆名世間諸三昧也。若人不依眞如三昧。直修此等事三昧者。隨所入境不離取著。取著法者。必著於我。故屬三界。與外道共也。如智度論云。諸法實相。其餘一切皆是魔事。此之謂也。上來第三明魔事竟。

ㄹ) 지를 닦아 얻는 이익

논 또한 정근精勤하여 전념으로 이 삼매를 수학하는 이는 현세에서 마땅히 열 가지 이익을 얻을 것이니, 어떤 것이 열 가지인가? 첫째는 항상 시방의 모든 부처와 보살에게 호념護念함을 입는 것이요, 둘째는 모든 마

---

101 제법실상諸法實相 : '제법'은 세간과 출세간의 일체의 만법으로서 차별의 현상과 수연의 사사이고, '실상'은 그 진실한 체상體相으로 평등한 실재·불변의 이치(理)이다. 소승의 삼법인에 상대하여 대승일법인이라고도 한다. 제법실상은 오직 부처님만이 완전히 자증하신 것으로, 명자와 언어로 현시할 수 있는 것이 아니다.
102 『大智度論』 권5(T25, 99b).

구니와 악귀에 의하여 두려움을 받지 않는 것이요, 셋째는 아흔다섯 가지 외도와 귀신에 의하여 미혹되거나 어지럽혀지지 않는 것이요, 넷째는 깊고 미묘한 불법을 비방함에서 멀리 떠나 중죄업장重罪業障[103]이 점점 엷어지는 것이요, 다섯째는 일체의 의심과 모든 나쁜 사고(覺觀)를 없애는 것이요, 여섯째는 여래의 경계에 대한 믿음이 증장되는 것이요, 일곱째는 근심과 후회를 멀리 여의어 생사 중에 용맹하여 겁내지 않는 것이요, 여덟째는 그 마음이 부드럽고 온화하여 교만을 버려서 다른 사람으로부터 괴롭힘을 받지 않는 것이요, 아홉째는 비록 정定을 얻지 못하였으나 모든 때에 모든 경계처境界處에 대하여 번뇌를 줄여서 세간을 즐기지 않는 것이요, 열째는 만일 삼매를 얻으면 외연의 모든 소리에 의하여 놀라지 않게 되는 것이다.

> 復次精勤專心修學此三昧者。現世當得十種利益。云何爲十。一者常爲十方諸佛菩薩之所護念。二者不爲諸魔惡鬼所能恐怖。三者不爲九十五種外道鬼神之所惑亂。四者遠離誹謗甚深之法。重罪業障漸漸微薄。五者滅一切疑諸惡覺觀。六者於如來境界信得增長。七者遠離憂悔。於生死中勇猛不怯。八者其心柔和。捨於憍慢。不爲他人所惱。九者雖未得定。於一切時一切境界處。則能減損煩惱。不樂世間。十者若得三昧。不爲外緣一切音聲之所驚動。

소 네 번째는 이익이다. 후세의 이익은 자세히 진술할 수 없기 때문에 여기서 현재의 이익만을 간략히 나타냈다. 전체적으로 나타내고 각각 나타냈으니 글의 양상을 알 수 있을 것이다. 이상으로 지문止門을 따로 밝힘을 마친다.

---

[103] 중죄업장重罪業障 : 오역죄와 사중죄 등의 무거운 죄를 가리킨다. 각주 53 참조.

第四利益。後世利益。不可具陳。故今略示現在利益。總標。別顯。文相可知。別明止門竟在於前。

ㄴ. 관을 닦음

논 사람이 오직 지止만을 닦으면 곧 마음이 가라앉거나 혹은 게으름을 일으켜 여러 선을 즐기지 않고 대비를 멀리 여의게 되니, 그러므로 관觀을 닦는 것이다. '관'을 닦아 익히는 이는 마땅히 모든 세간의 유위有爲[104]의 법이 오래 머무름이 없어 잠깐 동안에 변하여 없어지며, 모든 마음의 작용이 찰나찰나 생멸하기 때문에 이것이 고苦인 줄 알아야 하며, 과거에 생각한 모든 법이 어슴푸레하여 꿈과 같은 줄 알아야 하며, 현재 생각하는 모든 법이 번개와 같음을 알아야 하며, 미래에 생각할 모든 법이 마치 구름과 같아서 갑자기 일어나는 것임을 알아야 하며, 세간의 모든 몸뚱이가 모두 다 깨끗하지 못하고 갖가지로 더러워서 하나도 즐거워할 만한 것이 없음을 알아야 할 것이다.

이와 같이 일체의 중생이 무한한 과거로부터 모두 무명의 훈습한 바에 의하기 때문에 마음을 생멸케 하여 이미 모든 신심身心의 큰 고통을 받았으며, 현재에도 곧 한량없는 핍박이 있으며, 미래에 받을 고통도 한계가 없어서 버리고 여의기가 어렵건마는 이를 깨닫지 못하니, 중생이 이처럼 매우 가련한 것임을 늘 생각해야 한다.

이러한 생각을 하고 곧 용맹스럽게 다음과 같이 대서원을 세워야 할 것이다. 즉, 원컨대 내 마음으로 하여금 분별을 떠나게 함으로써 시방에 두루 하여 일체의 모든 선한 공덕을 수행케 하며, 미래가 다하도록 한량없

---

104 유위有爲 : ⓢ saṃskṛta. 무위의 상대. '위'는 위작爲作·조작의 뜻. 생멸하는 온갖 법의 총칭으로 인연으로 말미암아 조작되는 모든 현상이다. 이런 현상에는 반드시 생生·주住·이異·멸滅의 형태가 있다. 구사75법 중 72법, 유식100법 중 94법이다.

는 방편으로 일체의 고뇌하는 중생을 구원하여 그들에게 열반의 제일의
락第一義樂[105]을 얻도록 바라는 것이다.

이러한 원願을 일으키기 때문에 모든 때, 모든 곳에 있는 여러 선을 자기의 능력에 따라 버리지 않고 수학하여 마음에 게으리함이 없으니, 오직 앉았을 때 '지'에 전념하는 것 외에는 나머지 일체에서 다 행해야 할 것과 행하지 말아야 할 것을 관찰해야 할 것이다.

復次若人唯修於止。則心沈沒。或起懈怠。不樂衆善。遠離大悲。是故修觀。修習觀者。當觀一切世間有爲之法。無得久停。須臾變壞。一切心行。念念生滅。以是故苦。應觀過去所念諸法。恍惚如夢。應觀現在所念諸法。猶如電光。應觀未來所念諸法。猶如於雲忽爾而起。應觀世間一切有身。悉皆不淨。種種穢汙。無一可樂。如是當念一切衆生。從無始世來。皆因無明所熏習故。令心生滅。已受一切身心大苦。現在卽有無量逼迫。未來所苦亦無分齊。難捨難離。而不覺知。衆生如是。甚爲可愍。作此思惟。卽應勇猛立大誓願。願令我心離分別故。徧於十方修行一切諸善功德。盡其未來。以無量方便救拔一切苦惱衆生。令得涅槃第一義樂。以起如是願故。於一切時一切處。所有衆善。隨已堪能。不捨修學。心無懈怠。唯除坐時專念於止。若餘一切。悉當觀察應作不應作。

소 두 번째는 관觀을 밝히는 것이니, 이 중에 세 가지가 있다. 첫째는 '관'을 닦는 뜻을 밝혔고, 다음은 '관'을 닦는 방법을 나타냈으며, 그 세 번째는 닦기를 권장함을 총결하였다.

---

[105] 제일의락第一義樂 : 열반의 묘락. 제일의는 구경·궁극·최고의 진리이며 최고의 경지이다. 열반은 일체의 번뇌가 없어진 경지여서 생사를 초탈하고 적정의 대락에 머무는 것이니, 이런 묘락이 구경하여 비교할 수 없기 때문에 제일의락이라 한다.

第二明觀。於中有三。初明修觀之意。次顯修觀之法。其第三者。總結勸修。

ㄱ) 관을 닦는 뜻을 밝힘

ㄴ) 관을 닦는 방법을 나타냄

두 번째 중에서 네 가지 '관'을 나타냈다. 첫째 법상관法相觀은 무상無常과 고苦와 유전流轉과 부정不淨을 말하는 것이니, 글의 양상을 알 수 있을 것이다. "이와 같이……생각해야 한다." 이하는 두 번째 대비관大悲觀을 밝히는 것이요, "이러한 생각을 하고" 이하는 세 번째 서원관誓願觀을 밝히는 것이요, "이러한 원을 일으키기 때문에" 이하는 네 번째 정진관精進觀을 밝히는 것이니, 이 네 가지 문에 의하여 관을 닦는 것을 간략히 나타냈다.

第二之中。顯四種觀。一法相觀。謂無常。苦。流轉。不淨。文相可知。如是當念以下。第二明大悲觀。作是思惟以下。第三明誓願觀。以起如是以下。第四明精進觀。依此四門。略示修觀也。

ㄷ) 닦기를 권장함을 총결함

"오직 앉았을 때 지에 전념하는 외에는" 이하는 세 번째로 닦기를 권장함을 총결한 것이다.
위에서부터 첫 번째로 '지'·'관'을 각기 밝혔다.

唯除坐時以下。第三總結勸修。上來第一別明止觀。

④ 쌍운(지·관을 함께 닦음)을 나타냄

논 행하거나 머물거나 눕거나 일어나거나 어느 때든지 모두 지관을 함께 행해야 할 것이니, 소위 비록 모든 법의 자성이 나지 않음을 생각하나, 또한 곧 인연으로 화합한 선악의 업과 고락 등의 과보가 없어지지도 않고 무너지지도 않음을 생각하며, 비록 인연의 선악의 업보를 생각하나 또한 곧 본성은 얻을 수 없음을 생각하는 것이다. 만약 '지'를 닦으면 범부가 세간에 주착住着함을 대치하고 이승의 겁약怯弱한 소견[106]을 버릴 수 있으며, 만일 '관'을 닦으면 이승二乘이 대비를 일으키지 아니하는 협렬심狹劣心[107]의 허물을 대치하고, 범부가 선근을 닦지 않음을 멀리 여읜다. 이러한 뜻에 의하므로 이 '지'·'관' 이문二門은 함께 같이 조성하여 서로 떨어질 수 없는 것이니, 만약 '지'·'관'이 갖추어지지 않으면 곧 보리에 들어갈 수 있는 방도가 없을 것이다.

若行若住。若臥若起。皆應止觀俱行。所謂雖念諸法自性不生。而復卽念因緣和合。善惡之業。苦樂等報。不失不壞。雖念因緣善惡業報。而亦卽念性不可得。若修止者。對治凡夫住著世間。能捨二乘怯弱之見。若修觀者。對治二乘不起大悲狹劣心過。遠離凡夫不修善根。以此義故。是止觀二門共相助成。不相捨離。若止觀不具。則無能入菩提之道。

소 두 번째는 합하여 닦는 것이니, 이 중에 세 가지가 있다. 첫째는 함께 수행함을 전체적으로 나타냈고, 두 번째는 수행의 모양을 각기 밝혔으며, 세 번째는 총결하였다.

---

106 겁약怯弱한 소견 : 이승이 오음법五陰法에 집착하여 고통을 보고서 공포심을 내는 것. 법장『大乘起信論義記』권하(T44, 286b) 참조.
107 협렬심狹劣心의 허물 : 이승이 겁약한 마음의 결과로 협렬심을 내는 것.

第二合修。於中有三。一總標俱行。第二別明行相。三者總結。

ㄱ. 함께 수행함을 전체적으로 나타냄

ㄴ. 수행의 모양을 각기 밝힘

두 번째 중에 두 가지 뜻을 나타냈으니, 먼저는 이치에 따라 지관을 함께 수행함을 밝혔고, 뒤에서는 장애에 대하여 지관을 함께 수행함을 나타냈다.

第二之中。顯示二義。先明順理俱行止觀。後顯對障俱行止觀。

ㄱ) 이치에 따라 지관을 함께 수행함을 밝힘

처음 중에 "비록 모든 법의 자성이 나지 않음을 생각하나"라고 한 것은 비유문非有門에 의하여 지행止行을 닦는 것이요, "또한 곧……업(과 고락 등의) 과보가 없어지지도 않고……생각하며"라는 것은 비무문非無門에 의하여 관행觀行을 닦는 것이다. 이는 실제를 움직이지 않은 채 모든 법을 건립함을 따르기 때문에 지행을 버리지 않고 관행을 닦을 수 있는 것이니, 진실로 법이 비록 유가 아니지만 무에 떨어지지 않기 때문이다. 다음에 "비록 (인연의) 선악의 업보를 생각하나 곧 본성은 얻을 수 없음을 생각하는 것"이라고 말한 것은 이것이 가명假名을 파괴하지 않은 채로 실상을 말함을 따르기 때문에 관행을 그만두지 않고 지문止門에 들어갈 수 있으니, 그 법이 비록 없지 않으나 항상 있는 것은 아니기 때문이다.

初中言雖念諸法自性不生者。依非有門以修止行也。而復卽念業果不失者。依非無門以修觀行也。此順不動實際建立諸法。故能不捨止行而修觀行。良由法雖非有而不墮無故也。次言雖念善惡業報而卽念性不可得者。此順不壞假名而說實相。故能不廢觀行而入止門。由其法雖不無而不常有故也。

ㄴ) 장애에 대하여 지관을 함께 수행함을 나타냄

"만약 지를 닦으면" 이하는 장애에 대하여 분별한 것이다. 만약 지를 닦는다면 두 가지 허물을 여의게 되니, 첫째는 바로 범부의 주착하는 고집을 제거하는 것으로 그가 집착한 인법상人法相[108]을 없애는 것이요, 둘째는 겸하여 이승의 겁약한 소견을 다스리는 것으로 오음五陰이 있다고 보아 그 고통을 두려워하기 때문이다. 만약 '관'을 닦는다면 또한 두 가지 허물을 여의게 되니, 첫째는 바로 이승의 협렬한 마음을 없애는 것으로 널리 중생을 살피어 대비를 일으키기 때문이다. 둘째는 겸하여 범부의 게으른 뜻을 다스리는 것이니 무상無常을 보지 아니하고, 분발하여 도에 나아감을 게을리하기 때문이다.

若修以下。對障分別。若修止者。離二種過。一者正除凡夫住著之執。遣彼所著人法相故。二者兼治二乘怯弱之見。見有五陰怖畏苦故。若修觀者。亦離二過。一者正除二乘狹劣之心。普觀衆生起大悲故。二者兼治凡夫懈怠之意。不觀無常懈怠發趣故。

ㄷ. 총결함

---

[108] 인법상人法相 : 인집人執(我執)과 법집法執을 말한다.

"이러한 뜻에 의하므로" 이하는 세 번째 '지'·'관'을 함께 수행함을 총결하는 것이다. 첫째는 이치의 편벽됨이 없음을 따라 반드시 함께 행하여야 하는 것이고, 둘째는 곧 두 가지 장애를 아울러 대치하여 반드시 쌍으로 없애야 하는 것이니, 이 두 뜻이 서로 여의지 않기 때문에 '함께 서로 도와 이룬다'라고 말한 것이다. '지'와 '관'의 두 가지 수행이 원래 반드시 같이 이루어져야 함은 새의 양 날개와 같고 수레의 두 바퀴와 같은 것이니, 두 바퀴가 갖추어지지 않으면 곧 운재運載의 공능이 없을 것이고, 한 날개라도 없다면 어찌 허공을 나는 힘이 있겠는가? 그러므로 "지·관이 갖추어지지 않으면 곧 보리에 들어갈 수 있는 방도가 없을 것이다"라고 한 것이다.

> 以是義故以下。第三總結俱行。一則順理無偏必須俱行。二卽並對二障必應雙遣。以是二義不相捨離。故言共相助成等也。止觀二行旣必相成。如鳥兩翼。似車二輪。二輪不具。卽無運載之能。一翼若闕。何有翔空之勢。故言止觀不具。則無能入菩提之道也。

수행신심분에 세 가지가 있으니, 첫째는 사람을 들어 대의를 간략히 나타냈고 둘째는 법에 의하여 수행의 모습을 자세히 분별하였다. 이상으로 이 2단二段을 마친다.

> 修行信心分中有三。一者擧人略標大意。二者就法廣辨行相。此之二段竟在於前。

3) 불퇴전의 방편을 나타냄

논 다음에 중생이 처음 이 법을 배워서 바른 믿음을 구하고자 하나 그 마음이 겁약하여, 이 사바세계娑婆世界[109]에 머무르매 스스로 항상 제불을 만나 친히 받들어 공양하지 못할까 두려워하여 걱정하면서 말하기를 "신심은 성취하기가 어렵다."라고 하며, 뜻이 퇴전하려 하면 여래가 수승한 방편이 있어 신심을 섭호攝護함을 알아야 할 것이다. 이는 뜻을 오로지하여 부처를 생각한 인연으로 원願에 따라 타방불토他方佛土에 나게 되어 항상 부처를 친히 보아서 영원히 악도惡道를 여의는 것을 말하는 것이다. 이는 수다라에서 "만일 어떤 사람이 오로지 서방 극락세계極樂世界[110]의 아미타불阿彌陀佛[111]을 생각하여 그가 닦은 선근으로 회향하여 저 세계에 나기를 원구願求하면 곧 왕생往生[112]하게 되며 늘 부처를 친히 보기 때문에 끝내 퇴전함이 없을 것이다."[113]라고 한 것과 같으니, 만약 저 부처의 진

---

109 사바세계娑婆世界 : ⓢ sahā-lokadhātu. 인토忍土・감인세계堪忍世界・인계忍界라 의 역한다. 우리가 사는 이 세계. 이 세계의 중생들은 십악을 참고 견디며, 또 이 국토에서 벗어나려는 생각이 없으므로 자연히 중생들 사이에서 참고 견디지 않고는 살아갈 수 없다는 뜻으로 하는 말이다. 또는 보살이 중생을 교화하기 위하여 수고를 견디어 받는다는 뜻으로 감인세계라 한다.

110 극락세계極樂世界 : ⓢ sukhāmatī. 극락정토・극락국토・극락이라고도 한다. 안양安養・안락安樂・안온安穩・묘락妙樂・일체락一切樂・낙무량樂無量・낙유락有樂으로도 한 역한다. 이 사바세계에서 서쪽으로 10만억 불토를 지나간 곳에 있다는 아미타불의 정토이다. 아미타불의 전신인 법장法藏 비구의 이상을 실현한 국토로 아미타불이 지금도 있어 항상 설법한다. 모든 일이 원만구족하여 즐거움만 있고 괴로움은 없는 자유롭고 안락한 이상향이다.

111 아미타불阿彌陀佛 : ⓢ Amitā-buddha. 무량수불無量壽佛이라고도 한다. 대승불교의 중요한 부처님. 정토 삼부경에 있는 이 부처님의 역사는 오랜 옛적 과거세에 세자재왕불의 감화를 받은 법장法藏이 210억의 많은 국토에서 훌륭한 나라를 택하여 이상국을 건설하기로 기원하고, 또 48원을 세워 자기와 남들이 함께 성불하기를 소원하면서 장구한 수행을 지나 성불하였으니 이가 아미타불이다.

112 왕생往生 : 이 세계로부터 저 세계에 가서 나는 일. 불교에는 타토왕생他土往生 사상 몇 가지가 있다. ① 극락왕생은 아미타불의 세계에 왕생함이다. ② 도솔왕생은 미륵보살이 계시는 도솔천에 왕생함이다. ③ 시방왕생은 시방정토 중에서 자기가 원하는 정토에 왕생함이다. ④ 그 밖에 약사여래의 국토인 정유리세계淨琉璃世界, 관세음보살의 국토인 보타락가산補陀落伽山, 또는 『華嚴經』의 비로자나여래의 국토인 화장세계華藏世界에 왕생하려는 신앙도 생겼으나, 하나의 사상을 형성하기까지에는 이르지 못하였다.

113 『無量壽經』에서 아미타불이 법장비구로서 인위에서 수행할 때 건립한 서원의 내용을

여법신을 관하여 항상 부지런히 수습하면 필경 왕생하게 되어 정정취에 머물기 때문이다.

> 復次衆生初學是法。欲求正信。其心怯弱。以住於此娑婆世界。自畏不能常値諸佛。親承供養。懼謂信心難可成就。意欲退者。當知如來有勝方便。攝護信心。謂以專意念佛因緣。隨願得生他方佛土。常見於佛。永離惡道。如脩多羅說。若人專念西方極樂世界阿彌陀佛。所修善根迴向願求生彼世界。卽得往生。常見佛故。終無有退。若觀彼佛眞如法身。常勤修習。畢竟得生住正定故。

소 세 번째는 수행자의 퇴전하지 않는 방편을 보인 것이다. 이 중에 두 가지가 있으니, 먼저는 처음 배우는 이가 물러나 떨어짐을 두려워하는 것을 밝혔고 뒤에서는 퇴전하지 않는 방편을 나타냈다.

> 第三示修行者不退方便。於中有二。先明初學者畏退墮。後示不退轉之方便。

(1) 처음 배우는 이가 물러나 떨어짐을 두려워함을 밝힘

(2) 퇴전하지 않는 방편을 나타냄

이 중에 세 가지가 있으니, 첫째는 부처에게 수승한 방편이 있음을 밝혔고, 둘째는 수다라의 설을 따로 내었고, "만약……관하여" 이하는 셋째로 경에서 말한 뜻을 풀이한 것이다. "(진여)법신을 관하여……필경에 왕

집약적으로 서술한 것으로 보인다.

생하게 되어"라는 것은 십해十解 이상의 보살이 조금이나마 진여법신을 보게 됨으로써 필경에는 극락세계에 왕생하게 됨을 밝히고자 하는 것이니, 이는 위의 신성취발심에서 "조금이나마 법신을 보게 되며"[114]라고 한 것과 같으며, 이는 상사견이라는 점에 의거한 것이다. 또한 초지 이상의 보살이 저 부처의 진여법신을 틀림없이 보기 때문에 "필경에 왕생하게 되어"라고 말하니, 이는『능가경』에서 용수보살을 찬탄하여 "환희지歡喜地[115]를 증득하고 안락국安樂國[116]에 왕생하기 때문이다."[117]라고 한 것과 같다. 이 중에『기신론』의 뜻은 상배上輩[118]에 해당하는 사람을 들어서 필경 왕생함을 밝힌 것이지, 법신을 아직 보지 못하면 왕생할 수 없음을 말하는 것은 아니다.[119] "정정취에 머물기 때문"이라는 것은 통틀어 논하자면 세 가지가 있다. 첫째는 견도見道 이상을 이제 '정정취'라 하니 무루도無漏道[120]에 의거하여 정정취를 삼기 때문이요, 둘째는 십해 이상을 정정취라

---

114 『大乘起信論疏記會本』권5(H1, 777a).
115 환희지歡喜地 : ⓢ pramuditā-bhūmi. 보살수행의 52계위 중 십지十地의 초위初位를 이름. 십지 가운데 처음이란 뜻으로 초환희지라고도 한다. 보살이 수행한 결과로 이 자리에 이르면 진여의 이치理의 일분一分을 증득하여 성인의 지위에 올라 다시는 물러나지 않고, 자리이타自利利他의 행을 이루어 마음에 기뻐함이 많다는 뜻으로 이렇게 이른다.
116 안락국安樂國 : 서방의 극락세계.
117 『入楞伽經』권9(T16, 569a),『大乘入楞伽經』권6(T16, 627c).
118 상배上輩 :『觀無量壽經』에서 정토에 왕생하는 이를 세 부류로 나눈 것 중 첫 번째에 해당하는 것. 나머지 두 가지는 중배와 하배이다. 각각에 다시 상·중·하 3품이 있어서 모두 9품의 차별이 이루어진다.
119 『大乘起信論』에서 "법신을 관하여 항상 부지런히 수행하면 필경에 왕생하게 되어"라고 한 것을 법신을 관해야 왕생할 수 있다는 것으로 오해할 가능성을 차단하기 위한 서술로 보인다. 곧『大乘起信論』에서는 상배에 해당하는 사람이 왕생하는 방식을 서술한 것이고, 중배·하배에 해당하는 사람에 대해서도 반드시 법신을 관해야 왕생할 수 있다고 말한 것은 아니라는 말이다.
120 무루도無漏道 : 출세간도出世間道와 같음. 모든 번뇌의 허물을 여읜 무루지無漏智로써 닦는 관행觀行. 소승에서는 견도위見道位 이후의 성자聖者가 사제四諦의 이치를 십육행상十六行相으로써 관하는 지혜를 말하고, 대승에서는 진여의 이치를 본 근본지根本智와 근본지에서 나와서 만유 제법의 모양을 보는 후득지後得智와 같은 것을

하니 불퇴위에 머무는 것을 정정취로 삼기 때문이며, 셋째는 구품왕생九
品往生[121]을 모두 정정취라 하니 수승한 연의 힘에 의하여 퇴전하지 않게
되기 때문이다. 이 중 자세한 것은 『무량수경료간無量壽經料簡』[122]에서 설한
것과 같다.

> 此中有三。一者明佛有勝方便。二者別出修多羅說。若觀以下。第三釋經
> 所說意趣。若觀法身畢竟得生者。欲明十解以上菩薩。得少分見眞如法身。
> 是故能得畢竟往生。如上信成就發心中言以得少分見法身故。此約相似見
> 也。又復初地已上菩薩。證見彼佛眞如法身。以之故言畢竟得生。如楞伽經
> 歎龍樹菩薩云。證得歡喜地。往生安樂國故。此中論意約上輩人明畢竟生。
> 非謂未見法身不得往生也。住正定者。通論有三。一者見道以上方名正定。
> 約無漏道爲正定故。二者十解以上名爲正定。住不退位爲正定故。三者九
> 品往生皆名正定。依勝緣力得不退故。於中委悉。如無量壽料簡中說。

5. 권수이익분

다섯 번째 권수분勸修分 가운데 글에 여섯 가지가 있다.

> 第五勸修分中。在文有六

말한다. 이 도로써 견혹見惑과 수혹修惑을 모두 끊어 없앤다.
121 구품왕생九品往生 : 『觀無量壽經』에 있음. 정토에 왕생하는 이에 9품의 차별이 있다.
상품상생上品上生, 상품중생上品中生, 상품하생上品下生, 중품상생中品上生, 중품중
생中品中生, 중품하생中品下生, 하품상생下品上生, 하품중생下品中生, 하품하생下品
下生.
122 『무량수경료간無量壽經料簡』: 원효 지음. 현존하지 않는다.

1) 앞에서 말한 것을 총결함

논 이미 수행신심분을 말하였으니, 다음에는 권수이익분勸修利益分을 말하겠다. 이와 같이 대승의 제불諸佛의 비장秘藏[123]을 내가 이미 모두 말하였다.

已說修行信心分。次說勸修利益分。如是摩訶衍諸佛秘藏。我已總說。

소 첫째, 앞에서 말한 것을 총결하는 것이다.

第一總結前說。

2) 이익을 들어 수행을 권장함

논 만일 어떤 중생이 여래의 매우 깊은 경계에 대하여 바른 믿음을 내어서 비방을 멀리 여의고 대승도에 들고자 한다면 마땅히 이 논을 가지고 사량思量·수습修習하면 마침내 무상도無上道에 이를 수 있을 것이다. 만약 사람이 이 법을 듣고 나서 겁약한 마음을 내지 않으면 이 사람은 틀림없이 부처의 종자를 이어서 반드시 모든 부처에게 수기授記[124]를 받게 됨을 알아야 할 것이다.

若有衆生欲於如來甚深境界得生正信。遠離誹謗。入大乘道。當持此論。思量修習。究竟能至無上之道。若人聞是法已。不生怯弱。當知此人定紹佛

---

123 비장秘藏: 비밀스럽게 잘 간직한 것.
124 수기授記: 부처님께서 보살·이승 등에게 다음 세상에 성불하리라는 것을 낱낱이 예언한 것.

제6권 • 491

種。必爲諸佛之所授記。

소 두 번째는 이익을 들어 수행을 권장하는 것이다. 글 중에 두 가지가 있으니, 먼저는 바로 수행을 권장하는 것이요, "틀림없이" 이하는 그 수승한 이익을 나타낸 것이다. 이 중에 두 구절이 있으니, 처음은 얻은 과보의 수승함을 나타냈고, 뒤에서는 닦는 사람의 수승함을 밝혔다.

第二擧益勸修。文中有二。先正勸修。究竟以下。示其勝利。此中二句。初示所得果勝。後明能修人勝。

3) 논을 믿고 수지하는 복이 수승함

논 가령 어떤 사람이 삼천대천세계三千大千世界[125] 중에 가득한 중생을 교화하여 십선十善[126]을 행하게 한다 하더라도 어떤 사람이 한 번 식사하는 시간에 바로 이 법을 생각하는 것만 같지 못하니, 앞의 공덕보다 우월하여 그와 비유할 수 없기 때문이다. 또한 만일 어떤 사람이 이 『기신론』을 받아 가져서 관찰하고 수행하기를 하루 낮 하룻밤 동안 한다면 그가 가지는 공덕이 한량없고 가이없어서 이루 다 말할 수가 없을 것이니, 가령 시방의 일체의 모든 부처가 각기 무량무변한 아승기겁에 그 공덕을 찬탄하더라도 또한 다할 수가 없다. 어째서인가? 이는 법성의 공덕이 다함이 없기 때문에 이 사람의 공덕도 또한 이와 같아서 한계가 없음을 말하는 것이다.

---

125 삼천대천세계三千大千世界 : 삼천세계와 같다.
126 십선十善 : 십선업·십선도十善道·십선계十善戒라고도 한다. 제1권의 각주 44 참조.

假使有人能化三千大千世界滿中衆生令行十善。不如有人於一食頃正思
此法。過前功德不可爲喩。復次若人受持此論。觀察修行。若一日一夜。所
有功德。無量無邊。不可得說。假令十方一切諸佛。各於無量無邊阿僧祇
劫。歎其功德亦不能盡。何以故。謂法性功德無有盡故。此人功德亦復如是
無有邊際。

소 세 번째는 믿고 수지하는 복이 수승한 것이다. 글 중에 두 가지가 있으니, 먼저는 한 번 식사하는 시간에 바로 생각하기만 하는 데서 받는 복의 수승함을 밝혔고, 뒤에서는 하루 낮 하룻밤의 수행의 공덕이 가이없음을 나타낸 것이다.

第三信受福勝。文中有二。先明一食之頃正思福勝。後顯一日一夜修行。功
德無邊。

4) 훼방의 죄가 무거움

논 어떤 중생이 이 『기신론』에 대하여 훼방하고 믿지 않는다면 그가 받는 죄의 과보는 무량겁을 지나도록 큰 고뇌를 받을 것이다. 그러므로 중생은 다만 우러러 믿어야 할 것이요 비방해서는 안 되는 것이니, 깊이 자신을 해치고 또한 다른 사람까지 해쳐서 일체의 삼보三寶의 종자를 단절하기 때문이며, 일체의 여래가 다 이 법에 의하여 열반을 얻기 때문이며, 일체의 보살이 이로 인하여 수행하여 불지佛智에 들어가기 때문이다.

其有衆生於此論中毀謗不信。所獲罪報。經無量劫受大苦惱。是故衆生但
應仰信。不應誹謗。以深自害。亦害他人。斷絶一切三寶之種。以一切如來
皆依此法得涅槃故。一切菩薩因之修行入佛智故。

소 네 번째는 훼방의 죄가 무거운 것이다. 글 중에 네 가지가 있으니, 먼저는 훼방의 죄가 무거움을 밝혔고, "그러므로" 이하는 두 번째 권장해 보는 것이고, "깊이 자신을 해치고" 이하는 세 번째 죄가 무거운 뜻을 풀이하였으며, "일체의 여래" 이하는 네 번째 삼보의 종자를 단절하는 뜻을 더 풀이하였다.

> 第四毁謗罪重。文中有四。先明毁謗罪重。是故以下。第二試[1]勸。以深以下。第三釋罪重意。一切如來以下。第四轉釋斷三寶種之意。

1) ㉮ 갑본의 교감주에서 "'試'는 '識'인 것 같다."라고 하였다. ㉯ 갑본을 확인한 결과 '識'은 '誠'이다. 『韓國佛敎全書』의 오식으로 보인다.

5) 증거를 듦

논 과거의 보살도 이미 이 법에 의하여 정신淨信을 이루었고, 현재의 보살도 이제 이 법에 의하여 정신을 이루며, 미래의 보살도 마땅히 이 법에 의하여 정신을 이루게 됨을 알아야 할 것이니,

> 當知過去菩薩已依此法得成淨信。現在菩薩今依此法得成淨信。未來菩薩當依此法得成淨信。

소 다섯 번째는 증거를 드는 것이다.

> 第五引證。

6) 권장함을 결론지음

논 그러므로 중생이 부지런히 수학해야 할 것이다.

是故衆生應勤修學。

소 여섯 번째는 권장함을 결론지었다.
이 한 권의 논의 삼분三分 중에 바로 논의 종지宗旨를 분별함을 이상으로 마친다.

第六結勸。一部之論有三分中。正辨論宗竟在於前。

제3장 총결하여 회향함

논 모든 부처의 매우 깊고 광대한 뜻을
내 이제 분分[127]에 따라 요약하여 말하였으니,
법성과 같은 이 공덕을 회향하여
널리 일체의 중생계를 이롭게 하여지이다.

諸佛甚深廣大義。我今隨分總持說。廻此功德如法性。普利一切衆生界。

소 맨 끝의 한 게송은 세 번째 총결이니, 이 중에서 위의 반은 앞의 오

---

127 분分 : 『大乘起信論疏記會本』 권1(H1, 737a)의 "논체를 바로 세우는 것(正立論體)" 중 "수를 들어 장을 여는 것(擧數開章)"에서 제시된 인연분·입의분·해석분·수행신심분·권수이익분의 5분을 말한다.

분을 결론지었고, 아래 두 구절은 육도에 회향한 것이다.

末後一頌第三總結。於中上半。結前五分。下之二句。廻向六道。

대승기신론소기회본 제6권
大乘起信論疏記會本 卷六

찾아보기

가려움(痒) / 469
가명 / 287
가명假名을 파괴하지 않은 채로 실상을 말함 / 484
가무假無 / 287
가벼움(輕) / 469
가유假有 / 287
가장 지극하게 사택 / 444
『가전연론迦旃延論』 / 308
가행加行 / 236, 237, 304, 444, 454
각 / 238
각과 불각 / 263
각관覺觀 / 260
각심覺心 / 249, 260
각의 뜻 / 129, 183, 184
각조覺照 / 187, 189
각조의 작용 / 188, 189
각체상覺體相 / 231
각혜覺慧 / 439, 474
간탐慳貪 / 408, 409, 433
감상減相 / 470
감응感應 / 52
강유强柔 / 470, 471
강강의 과실 / 471
같고(一) 다름(異)의 사구四句 / 160
개합開合 / 59
객진번뇌客塵煩惱 / 295

거짓말 / 433
겁약한 중생 / 411
겁劫의 수를 한정하지 않고 미래에까지 다하는 것 / 367
견見 / 215, 241, 364, 388
견堅 / 301
견도見道 / 489
견見·만慢·애愛 / 308
견문·각지 / 452
견문見聞·각지覺知에 의하지 않아야 / 448
견분見分 / 197, 286, 287, 346
견상見相 / 170, 306, 357, 372, 378
견수번뇌見修煩惱 / 290, 302
견見·수修의 번뇌 / 301
견애見愛 / 341, 342
견애번뇌見愛煩惱 / 289, 290, 301
견見·애愛·아만我慢의 마음 / 464
결사結使 / 266
결정불퇴決定不退 / 395
결정심決定心 / 391
경鏡 / 237
경계 / 246, 249, 250, 271
경계(경계상) / 248
경계(육진) / 255
경계가 앞에 나타나는 것 / 469
경계상境界相 / 144, 147, 241, 246, 247, 250, 276, 439, 445, 460, 467
경계성境界性 / 347
경계연境界緣 / 326

경계연境界緣에 의하기 때문에 상응심이
　일어나는 것 / 320
경계의 바람 / 181
경계의 별상 / 201
경계의 연 / 250
경계의 통상通相 / 201
경계처境界處에 대하여 번뇌를 줄여서 세
　간을 즐기지 않는 것 / 479
경대성境大性 / 68
경본 / 335
경상境相 / 197
경지境智 / 351
경험의 대상(資生) / 277, 283
계명자상計名字相 / 249, 261
계문戒門 / 432, 433
계율 / 461
계행의 종자 / 461
고苦 / 63, 480
고락苦樂 / 249, 470
고락에 주지住持하여 / 249, 260
고苦의 과실 / 470
곡림일미鵠林一味 / 56
골쇄骨瑣 / 452
공空 / 63, 137, 154, 162, 233, 234, 266, 463
공공空空 / 137
공과 불공 / 162, 234
공空과 지智 / 233
공덕 / 414
공덕상 / 365
공덕功德의 자량資糧 / 62
공문空門 / 162
공·불공의 두 가지 뜻 / 137
공성空性 / 147, 294

공양 / 411
공양하고 신심信心을 수행 / 393
공空에 의하지 않으며 / 448
공에 지나치게 집착하는 소견(惡取空見) / 152
공용功用 / 304, 444, 454
공용이 없기 때문 / 358
공유空有 / 469, 470
공의 뜻 / 266
공의 뜻은 무無 / 137
공空의 허물 / 470
공적空寂 / 463
공정空定 / 470
공허空虛 / 468
공화空華 / 147
과거·현재·미래의 삼제三際 / 147
과보 / 249, 267
과보果報였던 것이 뒤에서는 도리어 원인을
　이루어 / 176
과실 / 423
과지果地 / 233, 345
관觀 / 303, 439, 440, 447, 480, 481, 483
관관觀觀 / 440
관지觀智 / 153
관행觀行 / 94, 484
광명좌光明座 / 418
『광백론廣百論』 / 156
광정光淨 / 468
괴로움과 즐거움 등의 법 / 434
교만한 중생 / 411
교문敎門을 의심 / 92, 93
구경각究竟覺 / 193, 194, 207, 209
구경각상究竟覺相 / 213
구경도究竟道 / 207

구경상究竟相 / 214
구경위究竟位 / 208
구경천 / 415
구계지具戒地 / 299
구세救世의 대비大悲 / 77, 83
『구십육외도경』 / 473
구지보살九地菩薩 / 415
구품왕생九品往生 / 490
궁음宮音과 상음商音의 다름 / 111
권교權敎 / 406, 407
권수분勸修分 / 490
권수이익분勸修利益分 / 98, 106, 108, 491
권어權語 / 408
권청勸請 / 435
귀명 / 77, 78
귀신법 / 473
그릇된 선정(邪定) / 473
극락세계에 왕생 / 489
극미極微 / 380
근기根機 / 394, 424
근본과 지말 / 242
근본과 지말의 불각 / 265
근본무명根本無明 / 172, 200, 201, 239, 242, 243, 269, 299, 312, 314, 339, 341
근본무명의 인因을 밝힌 것 / 324
근본불각根本不覺 / 188, 238, 341
근본심根本心 / 212
근본업불상응염根本業不相應染 / 300, 305
근본에 의지하는 마음(依根本心) / 212
근본을 믿는 것 / 430
근본의 세상細相 / 413
근본지根本智 / 311, 312
근본·지말무명 / 267

근본지의 능소평등能所平等 / 313
근본훈습 / 338, 341
근식根識 / 322
근심과 후회를 멀리 여의어 생사 중에 용맹하여 겁내지 않는 것 / 479
근연近緣 / 353
근根(능력)·욕欲(희망)·성질 / 411
근원을 궁구한다 / 403
근원近遠의 두 가지 연 / 355
근의 본성 / 157
근주近住 / 442, 453
금강심金剛心 / 215, 304, 357
금강유정金剛喩定 / 193, 208, 212
금계禁戒 / 434
『금고경』 / 212, 229, 258, 376, 438
『금광명경』 / 56, 202
긍정적 실례(同法喩) / 286
긍정적 실례(同品) / 253
기사欺詐 / 434
기사심起事心 / 212
기세간器世間 / 277
기세간(住持) / 283
기세간상器世間相 / 278
기세계器世界 / 258
기식氣息 / 452, 453
기식氣息에 의지하지 않으며 / 448
기신 / 73
『기신론』 / 55, 58, 73, 76, 89, 91, 96, 103, 116, 135, 170, 172, 183, 210, 234, 277, 279, 286, 287, 307, 328, 336, 376, 377, 489, 492, 493
『기신론』의 초단初段의 글 / 143
『기신론』의 후단後段의 글 / 143

기어綺語 / 434
기업상起業相 / 249, 261
기혐譏嫌 / 434
깊고 미묘한 불법을 비방함에서 멀리 떠나 중
  죄업장重罪業障이 점점 엷어지는 것 / 479
깨닫는 사람(能覺人) / 203
깨달음의 대상(所覺相) / 203
깨달음의 범위(覺分齊) / 203~205
깨달음의 이익(覺利益) / 203
껄끄러움(澁) / 469
꿈 / 480

나(我)를 집착 / 478
낙상樂相 / 371, 375
낙樂의 과실 / 470
난식亂識 / 278
난亂의 허물 / 470
남녀男女 등의 상相 / 442, 461
내경內境에 안치하는 것 / 442
내심內心 / 454
내주內住 / 442, 452, 453
내집수內執受 / 277, 278
네 가지 상(상속상·집취상·계명자상·기업상)
  / 251
네 가지 신심 / 429
네 가지 인연 / 323
네 가지 작의作意 / 444
네 가지 주상 / 206
네 가지 혜행 / 447
넷은 모두 제7식의 자리 / 199

노사나불盧舍那佛 / 417, 418
노숙老宿의 모습 / 461
논의 종지宗旨 / 495
누박累縛이 없는 것 / 469
『능가경』 / 135, 170, 173, 179, 247, 250,
  277, 279, 286, 287, 295, 415, 416, 489
『능가경』의 일심이란 여래장 / 128
『능가경』의 적멸이라는 것은 일심 / 128
『능가경』의 종요宗要 / 183
『능가경종요楞伽經宗要』 / 177
능견能見 / 170, 197, 241, 245, 246, 250,
  273~276, 284, 305, 306
능견能見(전식) / 318
능견과 소견 / 284
능견상能見相 / 241, 245, 247, 250, 357
능견심불상응염能見心不相應染 / 300, 305
능견能見의 작용 / 412
능能과 소所 / 243
능귀能歸의 상相 / 77
능상能相의 상 / 201
능상能相인 심체心體 / 198
능상能相인 주심住心 / 199
능섭여래장能攝如來藏 / 124
능能·소所가 없기 때문 / 412
능能·소所가 차별되므로 / 318
능能·소所의 두 가지 상 / 284
능연能緣 / 245
능의能依 / 253, 270
능의(상속상)는 추상 / 259
능의能依인 생멸심 / 166
능의能依인 의식 / 255
능지방편能止方便 / 401
능지상能知相 / 308

능취能取 / 256
능취견能取見을 여의었기 때문 / 155
능취와 소취 / 256
능현能現 / 273, 276, 306, 318
능현能現의 작용 / 275
능훈能熏 / 339

다라니陀羅尼 / 462
다문多聞 / 457
다섯 가지 식 / 282
다섯 가지 의意 / 302
다함과 다하지 않음 / 334
단견斷見 / 227, 330, 332
단변斷邊 / 168
『대반열반경』 / 83, 111, 135, 137, 175, 233, 234
『대방등대집경』 / 58
『대방등대집일장경』 / 58
대방편지大方便智 / 368, 369
대범왕大梵王 / 415
대범천왕 / 417
『대법론』 / 67, 80, 207, 258
대비大悲 / 63, 84, 352, 393, 485
대비관大悲觀 / 482
대비심大悲心 / 400, 403
대서원 / 480
대성大性 / 70
대승大乘 / 53, 62, 65, 66, 92, 400
대승도 / 491
『대승동성경』 / 56

대승법 / 94, 121
대승비밀사상大乘秘密四相 / 196
『대승아비달마집론』 / 304
대승의 법체 / 93
대승의 본원本願 / 400
대승의 사상 / 196
대승의 성질 / 70
대승의 신근信根 / 97
대승의 지관의 행위 / 447
대승의 지문止門 / 474, 475
대승의 참회 / 473
대승大乘의 체體 / 51, 122, 136
대승이 오직 일심뿐 / 96
대승 자체의 상·용 / 122
『대승장엄론』 / 256
대열반 / 234
대원大願 / 405
대원경지大圓鏡智 / 237, 331
대원평등방편大願平等方便 / 402
대의大義 / 363
대자비 / 367
대지大智 / 420
『대지도론』 / 86, 116, 240, 478
대지혜광명 / 186, 187
대지혜광명의 뜻 / 363, 364
대치사집對治邪執 / 104, 126
『대품반야경』 / 58, 135, 137, 266, 387
대혜 / 226, 246, 276, 295, 322, 327
도분道分 / 397
도솔천兜率天 / 404
도적질 / 433
동념動念 / 197, 208, 243, 381
동념動念의 사상 / 196

찾아보기 • 501

동류同類(동품) / 254
동상同相 / 263~265
동상動相 / 214, 332
『동성경』 / 375
동수動水 / 165
동시에 함께 있지만(時同) / 309
동심動心 / 305
동정動靜 / 52, 165, 172
동·정의 구별 / 294
동체同體의 대비 / 93
동체지력同體智力 / 53, 353, 354
동촉動觸 / 468~471
두 가지의 지혜(무분별지와 후득지)가 의거하는 알라야식 / 413
두 가지 장애(번뇌애와 지애) / 235
두 가지 훈습 / 359
두구대사杜口大士 / 53
두 종류의 불신佛身 / 230
두타頭陀 / 434
둔근鈍根 / 388
뒤의 세 가지 염과 무명(근본무명)은 불상응 / 308
뒤의 세 가지 염심 / 316
등정각等正覺 / 418
등주等住 / 442, 453
등지等持 / 442, 444, 454
따뜻함(暖) / 469
따로따로 전변한다(體等) / 309

마경魔境 / 74

마구니 / 466
마구니와 귀신 / 460
마구니와 외도와 귀신 / 458
마구니 짓 / 458, 465
마니摩尼 보배와 천고天鼓 / 370
마라魔羅 / 66
마라백팔마라百八 / 56
마명보살馬鳴菩薩 / 53, 59
마음에 초상초상이 없으니 / 194
마음의 경계상 / 234
마음이 고르고 부드러운 것 / 469
마음이 부드럽고 온화하여 교만을 버려서 다른 사람으로부터 괴롭힘을 받지 않는 것 / 479
마음이 상응하지 아니하여 / 298
마하연 / 118, 119
마혜수라천왕魔醯首羅天王 / 415
마혜수라천왕궁 / 417
만滿과 불만不滿 / 192
만덕을 이루는 것 / 210
만덕萬德의 과보 / 210
만행萬行 / 81, 95, 344, 403
말나 / 258, 290
말나식 / 253, 303
말세의 수행인 / 451
말을 여의고 생각을 끊은 것 / 130
망견妄見 / 401
망견·망상 / 419, 422
망경계妄境界 / 334, 337
망경계 훈습 / 337
망념妄念 / 133, 144, 147, 187, 212, 213, 215, 216, 238, 239, 249, 260, 271, 272, 274, 281, 297, 321, 337, 364

망념을 여읜 상相 / 185
망법 / 420
망법의 체 / 422
망상妄想 / 192, 240, 422
망상과 육진六塵의 경계 / 321
망상의 훈습 / 321
망심妄心 / 154, 334, 337, 339, 342, 359, 364
망심훈습 / 337, 340, 345
망염 / 365
망집妄執 / 289, 382, 389
망훈妄熏 / 345
매끄러움(滑) / 469
멸滅과 불멸不滅 / 227
멸상滅相 / 200, 202, 204
멸칠滅七 / 197
멸하는 뜻 / 319
명明 / 228
명리와 공경 / 103, 433
명상名相 / 261
명식상名識相 / 321
명암明闇 / 469, 470
명언名言 / 249, 261
명언의 분별 / 148
명언훈습名言熏習의 인因 / 324
명의名義 / 238, 240
명明의 허물 / 470
명자名字 / 261
명자상 / 144
명자상을 여의었으며 / 141
명조明照의 작용 / 189
모니牟尼가 삼세를 초월 / 211
모든 마구니와 악귀에 의하여 두려움을 받지 않는 것 / 478

모든 바라밀을 수행할 것 / 431
모든 법의 본성 / 422
모든 부처와 보살에게 호념護念함을 입는 것 / 478
모륜毛輪 / 321
모태母胎 / 404
목격장부目擊丈夫 / 53
몽념夢念 / 202, 209
묘시卯時 / 461
무無 / 160, 389
무간도無間道 / 207
무간도섭無間道攝 / 208
무거움(重) / 469
무과無果 / 463
무구지無垢地 / 207, 226, 306
무궁한 공덕 / 74
무념無念 / 194, 212~214, 216, 380
무량無量 / 62
무량겁 / 493
『무량수경료간無量壽經料簡』 / 490
무량한 공덕의 상 / 224, 229
무량한 방편 / 420
무량한 상相 / 371
무량한 색色 / 371
무량한 호好 / 371
무루無漏 / 232, 265, 268
무루도無漏道 / 489
무루법 / 267, 347, 351
무루와 무명 / 264
무루의 행훈行熏 / 371
무無를 주선하여 유有가 되게 한 것 / 331
무명無明 / 53, 94, 128, 136, 168, 173, 175, 182, 187, 188, 196, 197, 199, 205, 208,

223, 227, 228, 229, 239, 243, 244, 247, 262, 265, 271, 272, 281, 288, 293~295, 297, 299, 306, 307, 311~313, 324, 329, 331, 334, 335, 337, 339, 342, 348, 364, 368, 379, 409, 414, 419
무명불각 / 202, 311, 313
무명상無明相이 움직이는 것 / 174
무명업상 / 241, 243
무명연無明緣의 체상 / 296
무명염법 / 123, 335
무명염법의 인因 / 337
무명을 다스려 끊는 지위 / 297
무명을 제멸하고 본래의 법신을 보아서 / 369
무명의 기운 / 263
무명의 뜻 / 312
무명의 마음(불각심) / 288
무명의 바람 / 168, 223, 329
무명의 상相 / 386
무명의 잠 / 215
무명의 치단 / 307
무명의 훈습 / 273, 293, 294, 318, 338, 341
무명의 힘 / 170, 274
무명이 있어서 물들게 되어 그 염심이 있는 것이니 / 298
무명이 진여를 훈습 / 320, 336
무명인無明因 / 326
무명인無明因에 의하기 때문에 불상응심이 생기고 / 320
무명주지無明住地 / 200, 262, 269, 271, 307, 314, 320
무변無邊 / 62
무분별 / 364

무분별각無分別覺 / 206
무분별심無分別心 / 356, 358
무분별지無分別智 / 96, 162, 206, 440, 413
무상無常 / 63, 174, 209, 485
무상無相 / 463
무상無常과 고苦와 유전流轉과 부정不淨 / 482
무상관無相觀 / 303
무상도無上道 / 74, 345, 397, 451, 491
『무상론無相論』 / 243
무상방편지無相方便地 / 299, 303, 304
무상보리無上菩提 / 393, 396
무상보리대열반락無上菩提大涅槃樂 / 103
무상보리수無上菩提樹 / 74
무상보리심無上菩提心 / 403
무상성無相性 / 147
무상심無常心 / 175
무상無上의 존귀함 / 78
무상無常의 허물 / 182
무상정無想定 / 327, 329
무상정등각심無上正等覺心 / 71
무상정등보리無上正等菩提 / 71, 72
무상정·멸진정滅盡定 / 328
무상천無想天 / 327
무상해탈도無上解脫道 / 74
무색계 / 278, 415
무생인無生忍 / 90
무소주無所住 / 211
무시 / 298
무시망상훈습의 인因 / 324
무시무명無始無明 / 213, 321
무시무명의 망념 / 215
무시의 망상훈(無始妄想熏) / 320

무시의 무명주지 / 298
무아無我 / 63, 68
무애無崖 / 62
무애상입계無礙相入界와 무량출생계無量出生界에 똑같으며 / 114
무여열반無餘涅槃 / 266, 402
무연대비無緣大悲 / 53
무연無緣의 자비 / 84
무외無畏 / 69, 433
무원無怨 / 463
무원無願 / 463
무인無因 / 463
무참외도無慚外道 / 158
무친無親 / 463
무한한 과거 / 227, 229, 347, 385
무한한 성공덕 / 267
문聞·사思·수修 / 355
『문수반야경』 / 457
물의 특징(水相) / 167
미래의 과보 / 259, 281
『미륵소문경론』 / 424
미상응未相應 / 356, 357
미세념微細念 / 194, 206, 208, 212
미세한 고통 / 405
미세한 상 / 411
미세한 전상轉相과 현상現相이 있지만 / 306
미세한 허물 / 407
미진微塵 / 131
미진微塵의 성상性相 / 263
믿음과 지혜 / 96

바라문婆羅門 / 84
바라밀 / 367
바람의 특징(風相) / 167
바르게 사택思擇 / 444, 445
바른 선정(正定) / 473
박縛의 허물 / 471
박탈 / 471
반가좌半跏坐 / 450
반야경般若經 / 135
반야바라밀 / 409
반연하는 일을 쉬는 것 / 450
반현反顯 / 243
발심發心 / 113, 390, 391, 393~396, 398, 405, 411
발심대성發心大性 / 71
발심보살 / 406
발심상發心相 / 411
발심에 장애 / 92
발심의 공덕 / 406
발심이 의거한 해행 / 410
발심주發心住 / 204, 406
발원 / 402
발취도상發趣道相 / 104, 429
발취분發趣分 / 390
발취분 중의 세 가지 발심 / 430
방편方便 / 68, 401
방편과 정관正觀 / 440
방편관方便觀 / 381
방편도方便道 / 207
방편도섭方便道攝 / 208
방편선교대성方便善巧大性 / 68

찾아보기 • 505

방편심方便心 / 411, 413
방편을 보여서 악업장을 없애 / 105
백억의 보리수 / 418
백억의 보살·석가 / 418
백억의 사천하四天下 / 418
번개 / 480
번뇌를 깊이 조복하고 신심信心이 증장 / 448, 455
번뇌를 끊고 열반에 들어갈 / 349
번뇌를 끊은 것 / 189
번뇌를 끊음 / 189
번뇌수煩惱數 / 308, 310
번뇌심 중에도 부처를 볼 수 있었기 때문 / 424
번뇌애煩惱礙 / 232, 297, 311~314
번뇌와 업과 과보 / 244
번뇌의 후박厚薄 / 351
번뇌장煩惱障 / 230, 314, 340, 352
『범망경梵網經』 / 416
범부 / 189, 190, 193, 203, 293, 345, 346, 371, 418
범부가 선근을 닦지 않음 / 483
범부가 세간에 주착住着함 / 483
범부가 없을 것 / 189
범부·성문·연각緣覺·보살·제불에게 증감됨이 없으며 / 363
범부凡夫와 이승二乘 / 100, 357, 376
범부와 이승과 초발의보살 / 356
범부와 이승의 마음 / 371
범부와 이승의 분별사식훈습 / 354
범부의 게으른 뜻을 다스리는 것 / 485
범부의 업계고業繫苦 / 337
범부의 집착함 / 289

법계法界 / 86, 88, 186, 211, 401, 406, 416, 456, 457
법계가 하나인 모습(法界一相) / 185
법계를 두루 비추는 뜻 / 363, 364
법계를 수순 / 392
법공法空 / 392, 410
법法과 의義 / 108
법단도法斷道 / 212
법대성法大性 / 70~72
법력 / 356
법력의 훈습 / 223, 226
법륜 / 411
법륜을 굴리며 / 405
법보法寶 / 85~87
법상法相 / 75, 439
법상관法相觀 / 482
법성法性 / 86, 266, 313, 401, 408, 409, 419
법성과 같은 이 공덕 / 495
법성의 공덕 / 492
법성의 공함 / 137
법성의 단절됨 / 402
법성진여法性眞如의 바다 / 77, 87
법신法身 / 185, 210, 223, 226, 235~237, 293, 357, 359, 368, 372, 373, 404, 406, 410, 423, 456, 489
법신보살法身菩薩 / 194, 206, 356~358
법신·여래장 / 387
법신을 증득 / 392
법신의 체 / 358
법아견法我見 / 382, 383, 388
법아집法我執 / 206, 332
법을 의심 / 92
법法(경계)을 취착 / 478

법의法義 / 420
'법'이란 대승의 법체法體 / 119
법장문法章門 / 123, 127
법재왕자法才王子 / 407
법진法塵 / 277
법집法執 / 95, 281, 302, 314, 383
『법집경』 / 89
법집분별法執分別 / 260, 289, 303
법집분별념法執分別念 / 340
법체가 공하여 허망함이 없음 / 161
법출리경法出離鏡 / 232, 235
벽지불辟支佛 / 62
벽지불 및 외도 / 180
변계소집상偏計所執相 / 147
변계소집의 자성 / 277
변역變易 / 340
변역생사變易生死 / 102
변재辯才 / 463, 473
변재를 일으키는 것 / 465
변재辯才와 지혜 / 457
변지偏知 / 77, 80
변행偏行 / 89
변행수偏行數 / 310
변화신變化身 / 376
별상인別相因 / 102, 103
별연別緣 / 103
병고病苦 / 435
보리菩提 / 69, 105, 266
보리과菩提果 / 314
보리심 / 398, 407
보리에 회향迴向 / 435, 438
보리원菩提願 / 89, 91
보리원을 만족시킴(滿足菩提願) / 91

보리지菩提智 / 307
보불報佛 / 357
보불여래報佛如來 / 415
보살 / 93, 113, 295, 301, 353, 375, 377, 390, 400, 404, 407, 408, 416, 493
『보살계본菩薩戒本』 / 461
보살구경지菩薩究竟地 / 293, 306, 410
보살도菩薩道 / 68
보살상 / 462
보살승菩薩乘 / 70
『보살영락경』 / 57
보살의 별장別障 / 314
보살의 업식훈습 / 354
보살장菩薩藏 / 70
보살지菩薩地 / 194, 207
『보살지지경』 / 72
보살지진菩薩地盡 / 372
보살진지菩薩盡地 / 300, 306
『보성론』 / 89, 229
보시布施 / 89, 355
보시바라밀 / 409, 410
보시 · 지계 · 인욕 · 정진 · 선정 · 지혜 / 462
보신報身 / 306, 371, 372, 375, 377
보신불報身佛 / 85, 414
보신상報身相 / 378
보신報身의 무량한 상호相好 / 355
보특가라補特伽羅 / 68
복福과 지혜 / 71
복덕福德 / 401
복도伏道 / 212
복분福分 / 397
복인伏忍 / 215, 301
복福 · 혜慧의 두 가지 행동 / 210, 331

본각本覺 / 53, 135, 168, 185, 186, 188, 190, 192, 195, 208, 213, 218, 223, 225, 235, 236, 238, 239
본각과 시각 / 187, 265
본각불공本覺不空 / 351
본각·불생멸의 뜻 / 182
본각성本覺性 / 191
본각심本覺心 / 171
본각의 뜻 / 335
본각의 부사의훈不思議熏 / 202
본각의 성질 / 227, 228
본각의 훈습 / 187
본각이 불각을 훈습하기 때문에 모든 정법淨法을 내는 것 / 178
본래 닦던 것에 의하여 다스리는 것 / 466
본래 적정寂靜 / 128
본래청정열반本來淸淨涅槃 / 266
본래 평등 / 218
본말의 불각 / 238
본법 / 257
본법의 심수 / 257
본분종本分種 / 86
본불각本不覺 / 188
본성 / 223, 228, 267, 401, 483
본성의 공덕을 구족 / 153
본식本識 / 244~246, 248, 252, 275, 276, 280, 331
『본업경本業經』/ 298, 397, 407, 477
본원本願 / 332, 369, 418
본행本行 / 369
부단상응염不斷相應染 / 299, 302
부사의변不思議變 / 320, 321, 335
부사의업不思議業 / 231, 236, 347, 351, 368

부사의업상不思議業相 / 223~225, 229
부사의업의 여러 가지 작용 / 370
부사의훈不思議熏 / 320, 321, 335, 371, 375
『부인경夫人經』/ 218, 295
부정관不淨觀 / 467, 477
부정적 실례(遠離言) / 254
부정취不定聚 / 396
부정취중생不定聚衆生 / 393, 395, 429
『부증불감경소不增不減經疏』/ 387
부처 / 294, 353, 359, 390, 420, 424
부처는 대장자大長者 / 83
부처는 무념 / 216
부처님 앞에 왕생 / 106
부처·보살·선지식 / 349
부처에게 예배하면 모든 부처의 보호를 받아 / 437
부처와 보살 / 393
부처와 여래 / 367
부처와 여래의 법신이 평등 / 420
부처의 법신 / 372
부처의 불공법不共法 / 229
부처의 지용智用 / 356, 358
분단고分段苦 / 341
분단생사分段生死 / 102
분리식分離識 / 289, 290
분별발취도상分別發趣道相 / 126
분별사식分別事識 / 246, 276, 289, 290, 321, 338, 340, 342, 346, 371, 374
분별사식의 인 / 320
분별사식훈습 / 345, 346, 357
분별상分別相 / 364
분별성分別性 / 133, 146

분별성과 의타성 / 134
분별성법分別性法 / 134
분별식 / 288
분별의 작의作意 / 445
분별지상응염分別智相應染 / 299, 303
분별추념상分別麤念相 / 194, 206, 212
분제 / 372
분제를 여읜 상 / 377
분제상分齊相 / 355, 371, 375
불가사의 / 113
불가사의한 작용 / 414
불가사의不可思議한 훈습 / 81
불가설불가설不可說不可說 / 417
불각 / 186, 188, 190, 204, 208, 210, 215, 217, 218, 227, 238, 239, 241~243, 271, 272, 288, 294, 337
불각상 / 262, 263
불각심不覺心 / 170, 240
불각의不覺義가 본각本覺을 훈습하기 때문에 모든 염법染法을 / 178
불각의 뜻 / 129, 183, 184, 318, 335
불각의 뜻이란 근본무명 / 320
불각의 망념 / 197
불각의 망상심 / 239
불각의 상 / 263
불각이 없음 / 186
불공 / 161, 162, 233, 234
불공법 / 232
불공불법不共佛法 / 69
불공소의不共所依 / 253, 254
불공여래장不空如來藏 / 124
불공의 / 254, 255
불공의 뜻은 연을 따라 생멸을 짓는 뜻 / 137

불과佛果 / 236, 237, 331
불도佛道 / 97, 411
불도佛道를 넓혀서 / 95
불방일 / 91
불법 / 74, 459
불佛·법法·승僧 / 79
불佛·법法·승僧의 힘 / 402
불사佛事 / 69, 80
불상응 / 297, 307, 309, 310
불상응심 / 326
불상응염심不相應染心 / 242
불상응의不相應義 / 307
불생멸과 생멸 / 172
불생멸심이 생멸심과 심체心體가 둘이 아니며 / 165
불생멸의 알라야식 / 182
불생멸이 생멸과 화합 / 173, 177
불생불멸 / 167, 168
불생불멸의 본성 / 226
불생불멸不生不滅이 생멸과 화합 / 164
불성佛性 / 135, 233, 399
불신佛身 / 374, 375, 448, 463
불심佛心 / 422
불심의 상相 / 422
불음佛音 / 113
불이의문不異義門 / 171
불일의문不一義門 / 171
불종佛種 / 91, 96
불지佛地 / 193, 209, 212, 329, 413
불지佛智 / 212, 493
『불지경』 / 237
불지佛智에 향함 / 194
불체佛體 / 401

불퇴不退 / 90
불퇴위不退位 / 104, 490
불퇴전의 경지 / 448, 455
비량比量 / 253
비무 / 154, 160
비무문非無門 / 484
비발사나 / 440, 441, 444, 445
비발사나관毘鉢舍那觀 / 439
비발사나관을 수순 / 440
비방 / 448
비삼세非三世 / 245
비유 / 154, 160
비유-구非有句 / 157
비유문非有門 / 484
비유비비유구非有非非有句 / 159
비일 / 154
빠짐없이 두루 사찰伺察 / 445
빠짐없이 두루 심사尋思 / 445

사邪 / 475, 476
사견邪見 / 434, 461
사계四階 / 57
『사권능가경』 / 171, 180~182, 217, 246, 276, 317, 320, 322, 323
사념처四念處 / 64
사도邪道 / 459, 474
사리불舍利弗 / 407
사마타 / 424, 440, 444
사마타관奢摩他觀 / 439
사마타관을 수순 / 440

사마타奢摩他의 미세한 상속 / 423
사마타의 연활성軟滑性 / 423
사마타품 / 441
사명외도邪命外道 / 159
사무량四無量 / 62
사무애지四無礙智 / 305
사문沙門 / 84, 431
사바세계娑婆世界 / 487
사법邪法 / 472
사변四辯 / 51
사삼매事三昧 / 477
사상四相 / 194~197, 202, 213, 216, 218
사상邪相 / 469
사상의 일어남 / 217
사상의 일어남은 일심이 유전하는 것 / 200
사섭四攝 / 352
사섭법四攝法 / 62
사수捨受 / 259
사수思數 / 261
사식事識의 분단추고分段麤苦 / 340
사신四信 / 432
사신족四神足 / 64
사邪와 정正 / 467
사위四位 / 202, 203
사정邪正 / 466, 467
사정邪定 / 470
사정事定 / 477
사정근四正勤 / 63
사정事定의 반연하는 경계 / 452
사정취邪定聚 / 396
사제四諦 / 65
사주지四住地 / 298
사지四肢와 몸체 / 468

사집邪執 / 92, 95, 156, 381
사찰 / 445
사천왕四天王 / 66
사취四取 / 340
사품四品 / 145
산란심散亂心 / 424
산선散善 / 471
산심散心 / 355, 377
산심에서 취하는 육진六塵 / 452
살바다종薩婆多宗의 사상 / 195
살바야薩婆若 / 215
살반야薩般若 / 64
살생 / 433
삼계三界 / 272, 386, 437
삼계의 모든 법 / 282
삼계三界의 업業 / 341
삼계三界의 화택火宅 / 83
삼귀의三歸依 / 461
삼대겁아승기야三大劫阿僧祇耶 / 68, 72
삼등三等 / 304, 308
삼마지三摩地 / 444
삼매三昧 / 353, 355, 456, 463, 464, 471, 478
삼매를 얻으면 외연의 모든 소리에 의하여 놀라지 않게 되는 것 / 479
삼무성三無性 / 145, 303
삼보三寶 / 76, 79, 96, 402, 493
삼보의 종자 / 494
삼상三相 / 197
삼성三性 / 134
삼세三世 / 80, 211, 231, 235, 245
삼세상三細相 / 241, 262
삼세의 인과 / 281

삼승인三乘人 / 205, 340
30심三十心 / 212
삼십이상三十二相 / 376
30인三十人 / 301
삼아승기겁 / 411
삼악도三惡道 / 473
삼염三染 / 304, 308
삼유三有 / 262
삼장三藏 / 54
삼천대천세계三千大千世界 / 492
삼천세계三千世界 / 415
삼취三聚 / 395
삼현三賢 / 302, 477
삼현보살三賢菩薩 / 204
삼현위三賢位 중의 수행 / 344
삿된 마구니와 여러 귀신 / 435
상相 / 258, 294
상견常見 / 330, 332
상념 / 419
상대相大 / 73, 118, 123, 124, 365, 366
상常도 아니고 낙樂도 아니며 아我도 아니고 정淨도 아니다 / 365
상락아정常樂我淨의 뜻 / 363
상멸相滅 / 322
상배上輩 / 489
상번뇌上煩惱 / 348, 351
상법常法 / 336
상변常邊 / 169
상분相分 / 197, 286, 287, 347
상분별相分別 / 258
상사각相似覺 / 194, 204, 205
상사견相似見 / 406, 489
상생相生 / 317

찾아보기 • 511

상성常性 / 175
상속 / 210, 229, 249, 302
상속문相續門 / 176
상속방편相續方便 / 442, 453
상속상相續相 / 249, 259, 281, 328
상속식相續識 / 226, 227, 260, 272, 274, 281, 289, 302, 327
상속심相續心 / 226, 259, 281
상속심상相續心相 / 223, 226, 228
상속심의 체 / 226
상속의 멸 / 317, 322
상속의 생멸 / 316
상심常心 / 175
상온想蘊 / 261, 290
상응 / 297, 304, 307, 308, 310
상응과 불상응의 뜻 / 317
상응심 / 321
상응의相應義 / 307
상의 멸 / 317
상의 생멸 / 316
상주 / 174, 210, 294
상주성常住性 / 136
상천上天 / 415
상현현분별相顯現分別 / 258
상호相好 / 211
상호相好가 구족 / 462
상홍불도上弘佛道 / 92
색色 / 258, 380, 389
색경계色境界 / 323
색계의 상천 / 416
색색과 심心 / 373
색관色觀 / 380
색구경처色究竟處 / 414

색구경천色究竟天 / 414
색근色根 / 255, 258
색근과 기세계 / 258
색덕色德 / 79
색덕을 찬탄함 / 81
색법色法 / 384
색상色相 / 264, 374
색·성·향·미·촉의 오진五塵 / 442
색색·심心의 업이 수승 / 107
색음色陰 / 380
색의 본성은 곧 지智 / 373
색의 본체(色體) / 81, 373
색의 분제(色分齊) / 371, 375
색색이 걸림이 없이 자재自在 / 77
색자재지色自在地 / 300, 304
색진色塵 / 255, 380
색진色塵이 밖에 있는 것이 아님 / 324
생각의 이상異相 / 194, 205
생각할 수 없는 훈습(不可思議熏) / 336
생각할 수 있는 훈습(可思議熏) / 336
생기식生起識 / 199, 251, 259
생득과 작득 / 307
생득주지生得住地 / 307
생멸 / 167, 168, 174, 182, 196, 197, 268, 269, 288, 294, 480
생멸과 화합 / 168
생멸문生滅門 / 94, 122, 124, 131, 132, 135, 143, 163, 167, 179, 379, 439, 440
생멸문 내에서는 불공不空 / 136
생멸문 내에서만 말하는 것 / 178
생멸문 안에도 자체自體가 있지만 / 124
생멸문에서는 '사'는 포괄하지만 '이'는 포괄하지 않아야 / 132

생멸문에서는 통틀어 자체·상·용을 / 132
생멸문에서 진여문에 들어감 / 127
생멸문에 체體의 상相·용用이 있다 / 121
생멸문이 되는 것 / 146
생멸문 중에서는 또한 대승의 상·용 / 136
생멸문 중에서는 '자체' / 122
생멸법生滅法 / 182
생멸상生滅相 / 136, 163, 226, 315, 366
생멸식상生滅識相 / 168
생멸심 / 166, 167
생멸심 내의 본각심本覺心 / 122
생멸연 / 269
생멸염生滅染의 뜻 / 385
생멸의 연 / 271
생멸의 인因 / 269, 271
생멸의 인연 / 122, 163, 269
생멸의 체體와 생멸의 인因 / 122
생멸의 추세麤細의 상 / 315
생멸자체生滅自體와 생멸상生滅相 / 129
생사 / 196, 218, 229, 386, 388
생사가 없는 것 / 175
생사를 두려워하며 / 400
생사에 시작이 있다 / 175
생사의 경계 / 235
생사의 고통 / 345, 348, 393, 397
생사의 고통을 싫어하고 열반을 구하기를 좋아하게 하는 것 / 342
생사의 바다 / 92
생사의 염법 / 385
생삼生三 / 197
생상生相 / 197, 198, 202, 208, 212
생의生義 / 178, 333, 336
생生·주住·멸滅 / 317

생生·주住·멸滅의 변이 / 81
생주이멸 / 196
생하는 원인(生緣) / 319, 322
서늘함(凍) / 469
서방 극락세계極樂世界 / 487
서원誓願 / 93, 94, 367
서원관誓願觀 / 482
석가모니불 / 417
선경禪經 / 462
선禪과 해탈 / 62
선교善巧 / 445
선근善根 / 74, 232, 349, 402, 467, 487
선근을 일으켜 증장시키는 방편(發起善根增長方便) / 402
선근의 힘 / 393, 396, 458
선근이 미세한 중생 / 100
선근이 성숙한 중생 / 100
선도善道 / 251
선법善法 / 237
선법禪法 / 473
선성비구善星比丘 / 424
선악善惡 / 470, 471
선禪을 얻는 것 / 465
선善의 허물 / 471
선정禪定 / 90
선정바라밀 / 409
선지식善知識 / 62, 407
선지식을 얻음 / 450
선한 마음이 일어나는 것 / 469
선행 / 401
선현先賢 / 468
설법자說法者와 청법자聽法者가 모두 수승함 / 109

『섭대승론』 / 55, 81, 134, 210, 245, 336, 370, 376, 377, 400, 423, 424
섭의攝義 / 178, 333
성공덕性功德 / 124, 192, 236, 384
성도成道 / 405
성만대성成滿大性 / 72
성만成滿의 덕 / 410
성문聲聞 / 62
성문·벽지불 / 296
성문·연각의 수행 경계 / 180
성문聲聞의 지관법문止觀法門 / 446
「성문지聲聞地」 / 441
성불 / 406
성실종成實宗의 전후사상前後四相 / 195
성언량聖言量 / 253, 258
성염환性染患을 구족한다 / 191
성염환性染幻의 차별 / 264, 267
성정문性靜門 / 245
성정보리性淨菩提 / 266
성정본각性淨本覺 / 223, 225, 233, 236, 336
성종성性種性 / 477
성진聲塵 / 279
성태聖胎 / 301
세세細 / 315
세 가지 뜻(體等·知等·緣等)을 갖추었으며 / 308
세 가지 생상 / 198
세 가지 세상세相 / 262
세 가지의 식 / 276
세간 / 420
세간과 출세간의 착한 인과 / 119
세간법과 출세간법 / 120

세간의 명예나 이익 / 463
세간의 모든 삼매 / 477
세간의 분별지 / 312
세간의 사무事務 / 435
세간의 유위有爲의 법 / 480
세간의 자연업지自然業智 / 311, 312
세간의 지혜 / 313
세계가 무변 / 419
세상세相 / 241, 242, 250
세속법 / 266
세속의 명리名利와 공경 / 100
세속의 묘지妙智 / 439
세속지 / 357
세세와 추麤 / 298
세제世諦 / 240
세제의 경계가 없는 것 / 368
세 중의 세 / 315
세 중의 추 / 315
소견所見 / 284
소귀所歸의 덕 / 77
소기견애훈습所起見愛熏習 / 338, 341, 342
소상所相인 심체 / 205
소승 / 196, 400
소승도小乘道 / 400
소승법 / 121
소승의 멸상이 현재심現在心을 없애 과거에 들어가게 함 / 200
소승의 미래장심未來藏心 / 197
소연경계所緣境界 / 445
소연상所緣相 / 308
소연所緣은 같지만(緣等) / 309
소욕少欲 / 434
소의所依 / 293, 322

소의所依인 심체 / 273
소의所依인 여래장 / 166
소의所依인 연緣 / 274
소의所依인 의근 / 255
소의所依인 인연의 체상 / 268
소의인 지상 / 259
소종所從(원인)이 멸하고 소연所緣(연)이 멸하면 상속이 멸하는 것 / 322
소지所知의 경계 / 314
소지장所知障 / 314, 351
소취所取 / 256
소취所取(진·근·아·식) / 278
소취상所取相을 여의었기 때문 / 155
소훈所熏 / 339
속법俗法 / 151
수기授記 / 491
수다라 / 107
수도연受道緣 / 353, 355
수도위修道位 / 344
수동문隨動門 / 225
수레의 두 바퀴 / 486
수론외도數論外道 / 157
수번뇌隨煩惱 / 443
수법數法 / 201
수분각隨分覺 / 194, 206, 207
수순 / 153
수순행隨順行 / 342
수승한 덕 / 413
수승한 업業 / 77
수식관數息觀 / 452
수연隨緣 / 179
수염본각隨染本覺 / 223, 225~227, 229, 236

수염본각의 신해神解한 성질 / 229
수염환隨染幻의 차별 / 264, 267
수온受蘊 / 260, 261, 290
수용신受用身 / 376
수행 / 390, 431
수행신심분修行信心分 / 98, 105, 106, 429, 486, 491
수행에 장애 / 92
수행자의 장애를 제거하는 방편 / 436
수희隨喜 / 435, 437
숙명宿命 / 463
숙세宿世의 선근 / 466
순경계順境界 / 205
스무 가지 그릇된 선정의 법 / 472
습기習氣 / 278, 279
습기 종자種子 / 280
습기집수習氣執受 / 278
습인習忍 / 398
습인위習忍位 / 398
습종성習種性 / 398, 399, 477
승강乘降 / 52
승론외도勝論外道 / 157
『승만경』 / 200, 251
승발도勝拔道 / 212
승보僧寶 / 88
승의乘義 / 363
승의이취勝義理趣 / 439
승해대성勝解大性 / 71
시각始覺 / 185~187, 190, 192, 229, 236, 332
시각의 차별 / 212, 213, 217
시대성時大性 / 71, 72
시문施門 / 432, 433

시방十方 / 77, 80, 211
시방의 모든 공간과 삼세의 모든 시간에 똑같으며 / 113
시왕十王 / 414
시작施作을 떠난 것 / 368
시종의 생멸 도리 / 326
식識 / 389
식(본식) / 255
식(제8식) / 294
식(현식) / 252
식상識相 / 188
식성識性 / 323, 324
식심識心 / 470
식온識蘊 / 259, 260
식의 자성체自性體 / 323
식장識藏 / 166
식체識體 / 188
신信 / 302
신광信光 / 256
신身·구口의 일곱 가지 악업 / 200, 203
신근信根 / 301
신 등의 선법광 / 256
신력信力 / 356
『신론新論』 / 199
신복信伏 / 473
신상보살信想菩薩 / 397
신상응지信相應地 / 299, 301, 306
신성취발심信成就發心 / 391~393, 400, 429, 489
신심信心 / 391, 396, 397, 431
신심을 섭호攝護 / 487
신심을 수행함 / 429
신심身心의 상 / 409

신심身心의 큰 고통 / 480
신심이 성취 / 397
신위信位 / 204
신통神通을 얻는 것 / 465
신해信解 / 71
신해神解 / 129, 171, 330
실례(喩) / 226, 228, 239, 265, 267, 381
실보신實報身 / 416
실상實相 / 136, 266, 287
실성實性 / 149
실수용신實受用身 / 416
실제實際 / 266
심心 / 201, 380, 389
심과 불각 / 307
심과 심법 / 280, 285
심과 심법의 거칠게 드러나는 상 / 316
심과 심소념법心所念法 / 308
심과 심소법 / 255
심광心光 / 256, 257
심덕心德 / 79
심덕을 찬탄함 / 81
심법心法 / 196, 201
심법心法은 하나 / 121
심법지心法智 / 218, 251
심사尋思 / 443
심사방편尋思方便 / 303
심상心相 / 319, 329, 342, 419
심상心相의 생주이멸 / 213, 216
심생멸 / 122, 163, 164, 166
심생멸문心生滅門 / 127, 128, 133
심생멸인연의 상이 대승 자체의 상相·용用을 잘 보이기 때문 / 118
심성心性 / 147, 196, 209, 297, 364, 381

심성心性을 보게 되어 / 194
심성인心性因의 체상體相 / 296
심수법心數法 / 257
심식心識 / 373
심식이 미혹 / 471
심심深心 / 400, 403
심연상心緣相 / 144
심연상을 여의어서 / 148
심왕心王 / 201
심왕과 심수 / 242
심왕心王·심소법心所法 / 173
심원心源 / 193, 202, 209, 216
심일경성心一境性 / 441
심자재지心自在地 / 300, 305
심지心智 / 319, 330
심지心地 / 418
심지心志 / 471
「심지법문품心地法門品」 / 417
심진여 / 144
심진여문心眞如門 / 127, 128
심진여의 상이 대승의 체를 보이기 때문 / 118
심체心體 / 169, 175, 187, 188, 196, 208, 269, 273, 294, 319, 328, 329, 331
심체가 망념을 여읜 것 / 185, 186
심체心體가 상주하고 심상心相은 생멸 / 173
심체가 생멸 / 174
심체는 상주 / 174
심행心行의 차별도 또한 무변 / 419
심혜心慧 / 156
십견심十堅心 / 301
십계법十戒法 / 398

『십권능가경』 / 170, 171, 180~183, 226, 283, 284, 286, 317, 321, 323, 327
십사번뇌十使煩惱 / 313
십삼주十三住 / 476
십선十善 / 393, 396, 398, 492
십선업十善業 / 62
십신十信 / 203, 301, 354, 391, 396~399
십신위十信位 중의 신신 / 344
십신十身이 서로 작용하는 것(十身相作) / 82
십신해十信解 / 302
십심十心 / 398
『십이문론』 / 54
십이분교十二分敎 / 70
12시十二時의 짐승 / 461
십이인연十二因緣 / 245
십정도十正道 / 398
십종분별十種分別 / 258
십주十住 / 391, 397, 398
십주보살十住菩薩 / 138
십주심十住心 / 398
십지十止 / 301
십지十地 / 344
『십지경十地經』 / 282, 284, 415
십지보살 / 358, 414, 415
십해十解 / 204, 301, 355, 357, 375, 378, 395, 398, 489
십해보살 / 406
십해위十解位 / 303
십해의 초발심주 / 399
십해의 초심初心 / 204
십해十解 이상의 보살 / 377, 489
십행十行 / 301, 392

십행위十行位 / 410
십향十向 / 301
십회향十廻向 / 391, 409

아我 / 205, 252
아견我見 / 198, 382, 464
아견애염번뇌我見愛染煩惱 / 348, 352
아견我見은 견성見性의 작용 / 309
아난阿難 / 457
아라한阿羅漢 / 84, 301
아라한과 벽지불과 일체 보살의 생멸고생 滅苦 / 337
아락猗樂 / 469
아리야행고阿梨耶行苦 / 340
아만我慢 / 198, 448
아미타불阿彌陀佛 / 487
아소 / 252
아소집我所執 / 252
아승기겁阿僧祇劫 / 405, 492
아我·아소我所가 공한 것 / 199
아애我愛 / 198
아애我愛란 애성愛性의 작용 / 309
아我와 아소我所 / 198, 205, 252, 281
아와 아소를 계탁 / 289
아我와 진塵 / 251
아집我執 / 252
아치我癡 / 198
아홉 가지 심주心住 / 441, 442, 447
아흔다섯 가지 외도와 귀신에 의하여 미혹 되거나 어지럽혀지지 않는 것 / 479

아흔다섯 종류의 외도外道 귀신법 / 472
악구惡口 / 433
악도惡道 / 252, 487
악법 / 401
악업의 장애 / 437
악업이 이심異心을 없애 악취惡趣에 떨어 지게 하기 때문에 멸상 / 200
악업장惡業障 / 100
악惡의 허물 / 471
악지식·악인연 / 408
악취惡趣 / 405
안근 / 258
안나반념安那槃念 / 477
안락국安樂國 / 489
안립이취安立理趣 / 439
안마하는 법 / 450
안식 / 254
안식眼識 등의 오식五識 / 289
안주安住 / 442, 453
알라야식 / 164, 169~173, 177, 180, 182, 197, 242, 248, 271, 277, 278, 294, 310, 321, 327, 415
알라야식 내의 근본무명 / 188
알라야식 바다 / 181
알라야식에 의하여 무명이 있다 / 270
알라야식의 생멸하지 않는 뜻 / 181
알라야식의 심체 / 269, 329, 331
알라야식의 체 / 173, 180
알라야의 생멸·불각의 뜻 / 183
암闇의 허물 / 470
애취愛取 / 259
애취번뇌愛取煩惱 / 281
액난厄難·공포·위핍危逼 / 433

양설兩舌 / 433
언설 / 389
언설상 / 144
언설상을 여의었으며 / 141, 148
언설에 의하여 분별함 / 141
언설의 궁극 / 150
업 / 243
업계고상業繫苦相 / 249, 262
업과業果 / 401
업대성業大性 / 69, 80
업력業力 / 196
업번뇌業煩惱 / 172, 247
업상業相 / 170, 197, 208, 226, 227, 243, 245, 247, 248, 329, 331
업상 등의 움직임 / 329
업상의 동념 / 239
업식業識 / 170, 227, 229, 267, 272~274, 276, 305, 306, 334, 338, 341, 346, 347, 366, 371, 372, 375, 378, 413
업식근본훈습業識根本熏習 / 337, 340
업식심業識心 / 339, 411, 413
업식으로 무명을 훈습 / 340
업식의 생멸상 / 364, 366, 387
업식훈습 / 346, 347, 357, 358
업용業用 / 80, 353
업을 짓는 것 / 465
업의 계박 / 405
업의 과보 / 393, 396
업의 뜻 / 274
업장業障 / 402, 450, 464
업혹業惑 / 331
업환業幻 / 263, 265
여如 / 87

여덟 가지로 나타내어 중생을 이익되게 하는 것 / 406
여덟 가지 상 / 246, 276
여덟 가지 인연 / 108
여래如來 / 53, 231, 349, 388, 493
여래가如來家 / 96
여래가 세상에 계실 적 / 107
여래법신如來法身 / 364, 365, 383
여래상 / 462
여래성如來性 / 383, 387
여래의 경계에 대한 믿음이 증장되는 것 / 479
여래의 광대한 성지性智 / 384
여래의 깨끗한 지견知見 / 82
여래의 법륜法輪의 음성 / 112
여래의 색신色身 / 81
여래如來의 지혜 / 81
여래의 평등한 법신 / 185
여래장如來藏 / 118, 122, 124, 129, 166, 167, 181, 182, 217, 218, 295, 364, 365, 385, 386
여래장 내의 훈습력 / 396
여래장식 / 180
여래장식장 / 180
여래장심如來藏心 / 197
여래장알라야식 / 295
여래장에 의하므로 생멸심이 있는 것 / 164
여래장에 한량없는 성공덕을 갖추고 있음 / 366
여래장은 선·불선의 인 / 191
여래장의 불가사의한 업용業用 / 123
여래장이란 바로 장식 / 181
여래장이 무시악습無始惡習에 훈습 / 166

여래장 자체 / 385
여래장 중에 한량없는 성공덕性功德의 상 / 123
여래종如來種 / 393, 399
여래종성如來種性 / 464, 476, 477
여래지如來地 / 300, 306
여량지 / 358
여량지如量智의 각찰覺察하는 작용 / 314
여리지如理智의 적정한 본성 / 314
여섯 가지 대성大性 / 73
여섯 가지 염심 / 307, 312, 314, 316
여섯 가지의 상 / 249, 250
여섯 가지의 이상異相 / 199, 205
여섯 가지의 추상 / 250
여섯 가지 이상 / 205
여소유성如所有性 / 445
여실공 / 153
여실공경如實空鏡 / 231, 234
여실공如實空과 여실불공如實不空 / 141
여실공문如實空門 / 351
여실불공 / 153, 231
여실수행 / 91
여실수행과 불방일不放逸 / 89, 90
여如의 뜻 / 266
여촉餘觸 / 469
역경계逆境界 / 205
역유역비유구亦有亦非有句 / 158
연상緣相 / 307
연의 만남 / 352
연緣이란 자심自心이 보거나 해서 알게 되는 경계의 망상 / 323
연이 멸하기 때문에 상응심이 멸하는 것 / 318, 326

연화대 / 418
연화대장세계蓮華臺藏世界 / 417
연화장세계蓮華藏世界 / 417
연화장세계해蓮華藏世界海 / 418
연훈緣熏 / 237
연훈습경緣熏習鏡 / 232, 235
열 가지 쌍(十雙) / 469
열 가지 이익 / 478
열등한 이와 수승한 이 / 429
열반涅槃 / 68, 86, 146, 202, 266, 345, 346, 348, 386, 388, 405, 463, 493
열반·보리의 법 / 189, 263, 266
열반을 즐겨 구하여 / 348
열반의 과과 / 314
열반의 언덕 / 92
열반의 인因 / 217
열반의 제일의락第一義樂 / 481
열반·진여의 법 / 384, 387
염락厭樂 / 236, 237
염법念法 / 307
염법染法 / 154, 191, 262, 267, 269, 330, 337, 359
염법의 업환 / 264
염법훈습 / 337, 359
염부제閻浮提 / 460
염불삼매念佛三昧 / 424
염불念佛에 전일專一 / 100
염상染相 / 123, 262, 335
염성染性 / 191
염심染心 / 293~297, 299, 300, 311, 313
염심의 뜻 / 312
염연染緣 / 330
염정染淨 / 52, 191, 307, 308, 335

염·정의 본성 / 191
염·정의 인성因性 / 191
염정의 통상通相 / 130
염주念住 / 453
영묘한 알음알이(神解) / 167
영상影像 / 252, 257
영상의 심수 / 257
영향影響 / 52
예토穢土 / 376
예토穢土의 추색麤色 / 304
오개五蓋 / 471
오계五戒 / 461
오력五力 / 64
오문五門 / 432
오문의 행(五門行) / 429
오수五數 / 310
오식五識 / 255, 258
오악五樂 / 157
오안五眼 / 51
오욕五欲 / 409
오음五陰 / 485
오음법五陰法 / 388
오음생멸五陰生滅 / 388
오음五陰의 색色과 심心 / 379, 380
오직 마음뿐(唯心) / 375
오직 식뿐(唯識) / 374
오진五塵 / 258, 272, 275, 276, 459
오행五行 / 432
온 시방 / 77
와기瓦器 / 263, 264
와석瓦石 / 471
왕생往生 / 487, 489
외기상外器相 / 278

외도外道 / 66, 296, 459, 463, 464, 473, 478
외도가 가지는 삼매 / 465
외도경外道經 / 386, 387
외도의 견見 / 464
외도의 단견희론斷見戲論 / 327
외무분별기상外無分別器相 / 278
외진外塵 / 453
욕계 / 415
욕욕·에恚·해害 / 443
욕욕·진瞋 / 244
용用과 체體 / 79
용대用大 / 74, 119, 123, 124, 363, 367
용수보살 / 489
용의 광대함 / 370
용훈습用熏習 / 347, 352
우愚의 과실 / 470
우우愚의 허물 / 471
우지愚智 / 470, 471
우희憂喜 / 470
움직임(動) / 469
원력願力 / 404
원연遠緣 / 353
원음圓音 / 107, 110, 113
원증대성圓證大性 / 73
원지圓智 / 237
위위違·순順의 성격 / 200
위위違와 순順 / 260
유유有 / 160, 389
『유가사지론』 / 55, 72, 116, 172, 201, 247, 277, 279, 280, 309, 310, 438, 439, 441, 477
유구有句 / 157

유량문唯量門 / 247
유루有漏 / 405
유무구有無句 / 160
유사십오踰闍十五 / 56
유색계有色界 / 278
유식唯識 / 256
유식관唯識觀 / 303
유有와 비유非有와 구俱와 비非 / 156
유柔의 과실 / 471
유有의 허물 / 470
유이문唯二門 / 247
유주생流注生 / 317
육근六根 / 78, 290
육도六道 / 371, 375, 376, 433, 496
육도六道에 유전流轉 / 94
육도의 차별의 상 / 377
육도행六度行 / 392, 410
육바라밀六波羅蜜 / 64
육상六相 / 290
육시六時 / 435
육식 / 218, 251, 258
육식신六識身 / 258
육식, 칠식 등의 종자 / 327
육염六染 / 301
육염심 / 299
육정六情 / 78
육종성六種性 / 477
육진六塵 / 78, 253, 254, 272, 289, 290, 334, 380
육진의 경계 / 269, 379
육추상六麤相 / 250, 262
육취六趣 / 202, 262
윤생潤生 / 259

윤생번뇌潤生煩惱 / 281
은밀문隱密門 / 312, 332
음식의 차이와 안색의 변화 / 465
음행 / 433
응신應身 / 226, 229, 236, 371, 374, 376~378
응신·화신의 이신의 용 / 358
응화신應化身 / 229
의意 / 258, 271, 273, 274, 289, 346
의(의근) / 255
의意(의근)가 없어지지 않기 때문에 의식이 생길 수 있다 / 254
의意(의근)가 의식과 반드시 경계를 똑같이 반연 / 254
의가 전변 / 270
의과依果 / 371
의근意根 / 253, 254, 255, 258
'의'란 대승의 명의名義 / 119
의依란 무시의 망상으로 훈습하는 것 / 323
의식意識 / 253, 254, 274, 281, 289, 301, 317, 339, 346, 374
의식과 의(의근) / 258
의식의 견애번뇌 / 341
의식衣食이 구족함 / 450
의식이 전변 / 270
의식훈습 / 357
의심 / 463
의언분별意言分別 / 324
의意와 안眼은 모두 불공소의 / 254
의와 의식 / 270, 271
의와 의식의 훈습 / 356, 357
의요대성意樂大性 / 71
의장문義章門 / 123, 127, 363

의타기법依他起法 / 148
의타기성依他起性 / 151
의타성依他性 / 133, 146
의타성법依他性法 / 134, 148
의혹 / 92, 448
의혹과 사집邪執 / 92
의혹을 일으키는 것 / 465
의훈습意熏習 / 345~347, 357
이異 / 154
이理가 말을 끊었음 / 141
이理가 말을 끊지 않았음 / 141
이理가 정성淨性을 여의었기 / 191
이각二覺 / 187
이공二空 / 206
이근利根 / 116
이근耳根 / 258
이도二道 / 207
이류異類 / 371
이륙異六 / 197
이 무명이 가장 미세하여 능能·소所와 왕王·수數의 차별이 아직 없음 / 298
이문二門 / 59
이문일심二門一心 / 59
이변二邊의 의심 / 95
이理·사事 / 476
이상異相 / 199, 200, 205, 212, 263, 264, 267
이상응已相應 / 356, 358
이상異相의 자리 / 199
이숙법異熟法 / 331
이숙식異熟識 / 172, 247
이승二乘 / 346, 383, 398, 400
이승의 겁약怯弱한 소견 / 483

이승二乘의 관지觀智 / 193, 204
이승二乘의 종자 / 394
이승二乘의 지혜 / 293
이승二乘의 통장通障 / 313
이승二乘의 해탈한 이 / 299
이승인二乘人 / 301, 345, 394
이신二身 / 375
이애二礙 / 312
이유(因) / 253
이익과 손해 / 434
이장二障 / 312, 313
『이장장二障章』 / 298, 312
이정理定 / 475, 476
이지二智 / 303
이천세계二千世界 / 415
이취理趣를 관찰 / 440
이타利他의 덕 / 406
이타행利他行 / 403
이행二行 / 403
인간과 천상(人天)의 부귀와 즐거움 / 103
인공人空 / 302
인공문人空門 / 378, 406
인과因果 / 176, 212
인과因果를 믿지 않는 것 / 396
인무아人無我 / 388
인문忍門 / 432, 434
인人·법法 / 206
인법상人法相을 없애는 것 / 485
인人·법法의 두 가지 그릇된 집착 / 104
인성因性 / 233
인시寅時 / 461
인아견人我見 / 332, 382, 383, 386
인人·아我의 집착 / 206

인아집人我執 / 383
인에 의하며 연에 의하는 것 / 318
인연 / 122, 211, 269
인연(심생멸의 인연) / 268
인연분因緣分 / 98, 99, 117
인연생멸상因緣生滅相 / 439
인연에 여덟 가지 / 100
인연으로 화합 / 133
인연으로 화합한 선악의 업과 고락 등의 과보 / 483
인연의 바다 / 237
인연의 차별 / 293
인연의 체상 / 293
인연의 총상總相 / 100
『인왕경仁王經』 / 215, 301, 387, 398, 477
인욕바라밀 / 409
인욕행忍辱行 / 90
인因의 정법淨法 / 349
인이 멸하기 때문에 불상응심이 멸하고 / 318, 326
인지因地 / 212, 367
인집人執 / 95, 383, 388
인천人天 / 393
인행因行 / 266
인훈습 / 235~237
인훈습경因熏習鏡 / 231, 234, 235
일一 / 154
일곱 가지 식 / 279
일곱 가지 악념 / 204
일곱 가지 악업 / 204
일곱 가지의 대성大性 / 68
일一과 비일非一과 쌍雙과 민泯 / 156
일념一念 / 202, 211, 410

일념一念이 상응 / 194, 207
『일도의一道義』 / 477
『일도장一道章』 / 397
일만 겁 / 397
일미一味 / 364
일법계一法界 / 122, 145, 306
일법계一法界의 대총상법문大總相法門인 체體 / 144
일법계 전체가 진여문이 되는 것 / 146
일상一相 / 456, 457
일식一識 / 174
일신一身이면서 무량신無量身 / 406
일심一心 / 54, 56, 78, 94, 120, 130, 175, 179, 201, 208, 209, 216~218, 231, 282, 419
일심법一心法 / 93, 97, 127
일심의 근원 / 209, 422
일심의 바다 / 94
일심의 수연문隨緣門 / 180
일심의 체體가 본각本覺 / 128
일심이란 여래장如來藏 / 128, 180
일심이문一心二門 / 104
일심이 바로 일법계 / 145
일여一如 / 202, 209
일월성신 / 470
일음一音 / 110, 111
일음과 원음 / 110
일체一體 / 93, 244
일체법 / 178, 333
일체법계一切法界와 허공계虛空界에 똑같으며 / 113
일체법을 낼 수 있는 것 / 178
일체법을 포괄함 / 130, 178

일체법의 차별상을 여읨 / 155
일체음一切音 / 113
일체의 분별은 곧 자심自心을 분별 / 272, 283
일체의 세간법世間法과 출세간법出世間法 / 118
일체의 염법 / 188
일체의 염법과 상응하지 않기 때문 / 155
일체의 염인染因 / 334
일체의 응신여래應身如來와 일체의 화신제불化身諸佛에 똑같으며 / 113
일체의 의심과 모든 나쁜 사고(覺觀)를 없애는 것 / 479
일체종지一切種智 / 414, 419, 420
일체 중생 / 213, 237
일체 중생과 일체의 법에 똑같으며 / 113
일체지一切智 / 431
일체행계一切行界와 적정열반계寂靜涅槃界에 똑같다 / 114
일행一行 / 457
일행삼매一行三昧 / 456, 457
입의분立義分 / 98, 102, 108, 117, 126, 163, 365
입의분의 진여상眞如相 / 136
입파立破 / 59
있지 않으나 없지도 않다(非有而不無) / 288
있지 않음(非有) / 288

자교상위自教相違 / 254

자금광명궁紫金光明宮 / 417
자기를 제도하고 남을 제도하여(自度度他) / 451
자내신自內身 / 323
자량資糧 / 226
자량대성資糧大性 / 71
자력 / 116
자력으로 자세히 듣고서 이해하는 사람 / 116
자류상생自類相生 / 332
자류인自類因 / 324
자리自利 / 370
자리自利의 공덕 / 406
자리自利·이타利他 / 68, 431, 435
자리·이타만을 생각하여 보리에 회향하기 / 433
자리행自利行 / 403
자상自相 / 171, 226, 227, 238, 239, 330, 331, 389, 448
자상(자상의 체) / 227
자상심自相心 / 269
자상심해自相心海 / 321
자상自相의 심체 / 329, 331
자성自性 / 154, 187, 228, 268, 348, 401, 483
자성自性이 청정 / 182, 293, 295, 298
자성청정심自性淸淨心 / 136, 165, 196, 223, 295
자성청정심의 뜻 / 363
자성自性·타성他性 및 공성共性 / 134
자심自心 / 202, 247, 415, 453
자심력自心力 / 107
자심력이 없어서 / 116

자심의 분별 / 460
자심이 섭수한 것 / 324
자어상위自語相違의 허물 / 142
자연업自然業 / 343, 420
자재업自在業 / 356
자재업(의 수행) / 358
자종상위自宗相違의 허물 / 142
자증분自證分 / 255
자진自眞 / 171
자진상自眞相 / 170, 171
자진상식自眞相識 / 170
자체自體 / 218, 384, 420
자체상 / 365
자체상훈습自體相熏習 / 347, 350
자타自他를 떠난 자비 / 84
작득주지作得住地 / 307
작의作意 / 420
잘못 경계를 짓는 뜻 / 318
잘못된 집착 / 261
잡업雜業 / 463
장식藏識 / 170, 247, 323
장식의 바다 / 181
장식의 진상眞相 / 169
장애 / 230
장애를 벗어나게 되어 선근이 증장 / 435
장엄莊嚴 / 371
재가在家의 사람 / 461
재주宰主 / 201
저 여러 가지의 경계와 이 망상 / 321
적멸 / 402
적멸寂滅이라는 것은 일심一心 / 128, 180
적용(合) / 226, 229, 239, 267, 330, 335, 381

적정寂靜 / 196, 243, 297, 312, 442, 443
적정한 위의威儀 / 451
적정해진 마음 / 454
전가좌全跏坐 / 450
전멸상轉滅相 / 171, 183, 295
전상轉相 / 171, 197, 226, 245~248, 275, 339, 378
전상·현상 / 340
전세前世의 선근 / 396
전식轉識 / 169, 170, 227, 272~276, 305, 323, 371, 374, 410, 412
전식과 업식 / 321
전식과 현식 / 339, 413
전식의 견見 / 275
전식의 나타냄 / 375
전식·현식·지식 / 313
전제前際 / 218, 386
전주일취專住一趣 / 442, 444, 454
절사구絶四句 / 156
절상絶相 / 179
점차 깨닫는 것(漸覺) / 215
정定 / 463, 473, 475
정正 / 475, 476
정각正覺 / 411
정공덕淨功德 / 385
정定과 혜慧 / 433
정관正觀 / 152, 153, 381, 440
정근精勤 / 435, 478
정념正念 / 448, 454, 464, 474, 475
정란定亂 / 469, 470
정력定力 / 467
정목천자淨目天子 / 407
정묘궁전淨妙宮殿 / 415

정미신精媚神 / 459, 461
정법淨法 / 191, 334, 342
정법正法 / 393
정법正法을 비방 / 437
정법의 무량한 공덕은 바로 일심 / 365
정법의 본성 / 191
정법의 인 / 191
정법淨法이 만족 / 161
정법훈습 / 342, 359
정삼매頂三昧 / 215
정수靜水 / 165
정승의요지淨勝意樂地 / 71
정식淨識 / 331
정신正信 / 408
정신淨信 / 494
정심靜心 / 168
정심淨心 / 294, 372, 378
정심定心 / 424, 451, 454, 467, 473
정심지淨心地 / 299, 303, 306, 307, 410
정업淨業 / 335
정定에 드는 것 / 465
정용淨用 / 123, 335
정위正位 / 405
정定으로 연마하는 것 / 466
정靜을 움직여 일어나게 한 것 / 331
정定의 사邪와 정正 / 468
정定의 허물 / 470
정인正因 / 349, 393, 399
정정靜定 / 468
정정상正定相 / 469
정정취正定聚 / 393, 396, 429, 488, 489
정지淨智 / 321
정진 / 463

정진관精進觀 / 482
정진대성精進大性 / 68
정진바라밀 / 409
정집情執 / 156
정체지正體智 / 89, 142
정토淨土 / 106, 304, 376
정행淨行 / 445
정혹淨惑 / 445
정훈淨熏 / 343
젖는 본성 / 229
제1아승기겁 / 408, 409
제4선왕第四禪王 / 414
제6·7식 / 275
제7식 / 251, 252, 276, 281, 317, 339
제8식 / 248, 276
제8지 / 304
제9지 / 305
제10지 / 306, 413, 414
제명題名 / 50
제법실상諸法實相 / 478
제불諸佛의 비장秘藏 / 491
제석帝釋과 범천梵天 / 66
제일의공第一義空 / 233, 234
제일의신第一義身 / 110
제일의제第一義諦 / 215, 240, 266, 368
제행諸行 / 425
조달調達 / 424
조순調順 / 442, 443, 453
조적혜照寂慧 / 312
종성種性 / 411, 476
종성種性의 불퇴위 / 455, 476
종체宗體 / 50, 51, 75, 135
죄장罪障 / 473

주문 / 460
주변사찰周徧伺察 / 445
주변심사周徧尋思 / 445
주사住四 / 197
주상住相 / 194, 198, 206, 208, 212
주장(法) / 226, 239, 329
주장(宗) / 253
주장(宗)·이유(因)·실례(喩) / 254
중도관中道觀 / 152
『중론』 / 54
『중변분별론』 / 201, 278~280
중생衆生 / 62, 80, 92, 93, 189, 263, 269, 348, 349, 353, 414, 429, 458, 493
중생계 / 367, 415, 495
중생과 자기의 몸이 진여로서 평등 / 368
중생상衆生相 / 368
중생신衆生身 / 456
중생심衆生心 / 118, 120, 175, 420, 423
중생의 견문見聞에 따라 이익되게 하기 때문 / 368
중생의 고통 / 403
중생의 근기 / 107, 110, 224, 236
중생의 근본인 상속식 / 327
중생의 근행根行이 일정하지 않음 / 115
중생의 마음을 훈습 / 236
중생의 무명망심 / 272
중생의 외연外緣의 힘 / 352
중생의 유념 / 216
중생의 형류상形類像 / 237
중생이 망심妄心이 있음 / 154
중생이 무변 / 419
중죄업장重罪業障 / 448
중죄와 악업의 장애 / 105, 435

증감增減 / 469, 470
증득 / 411
증득대성證得大性 / 69
증득한 도 / 390
증발심證發心 / 391, 392, 410, 429
증상增相 / 470
증상력增上力 / 443
증상만增上慢 / 471
증상연增上緣 / 112, 237
증익增益·손감損減·상위相違·희론戲論 / 160
『증일아함경』 / 84
증장념 / 340
증장념훈습增長念熏習 / 337
증장분별사식훈습增長分別事識熏習 / 337, 341
증장취 / 340
증장취훈습增長取熏習 / 337
증장행연增長行緣 / 353, 355
증지證智 / 412
지止 / 301, 439, 447, 448, 452, 457, 480, 483
지智 / 389
지견知見 / 471
지견知見이 명료한 것 / 469
지계持戒 / 355, 450
지계바라밀 / 409
지·관 / 105, 440, 483, 484
지관문止觀門 / 105, 432, 433, 438, 439
지관의 상 / 447
지·관이 갖추어지지 않으면 곧 보리에 들어갈 수 있는 방도가 없을 것 / 486
지대성智大性 / 68

지말 / 188, 242
지말불각枝末不覺 / 188, 238, 241, 242, 341
지문止門 / 479
지智·비悲의 대방편 / 369
지상智相 / 249, 251, 259, 264, 281
지상知相 / 307
지상地上 / 376, 378
지상과 연상 / 307
지상知相도 같다 / 309
지상보살地上菩薩 / 88
지상에서 보는 것 / 378
지상·연상이 같지 않다 / 310
지상智相의 몸(身) / 368
지상地上의 여실한 수행 / 226
지상이 같다 / 308, 309
지색불공智色不空 / 264
지성智性 / 229, 373
지地·수水·화火·풍風에 의하지 않으며 / 448
지식智識 / 272, 274, 281, 303
지식의 미세한 분별 / 281
지신智身 / 373
지애智礙 / 232, 297, 311, 312, 314
'지'에 전념하는 것 / 481
'지'와 '관'의 두 가지 수행 / 486
지智의 허물 / 471
지자智者 / 295
지장智障 / 230
지전地前 / 376
지전보살 / 377
지전에서 보는 것 / 378
지전地前의 1아승기 / 409

지전地前의 보살 / 357
지정상智淨相 / 223, 225
지족知足 / 434
『지지론地持論』 / 477
지체智體 / 80, 232
지행止行 / 94, 484
지행과 관행을 수습함 / 100, 106
지혜 / 64, 216, 233, 266
지혜가 만족함 / 214
지혜관찰 / 467
지혜광명 / 417
지혜로 관찰하는 것 / 466, 474
지혜를 충분히 채웠으되(滿足智慧) / 91
지혜와 변재 / 457
지혜와 상응 / 205
지혜의 광명이 법계에 두루 비쳐 평등 / 186
지혜의 본성 / 224, 229
지혜의 본성은 없어지지 않기 때문 / 330
직심直心 / 400, 403
진塵 / 280
진眞 / 87
진각眞覺 / 238, 240
진각의 자상 / 238, 240
진공眞空 / 156
진塵과 근根과 아我와 식識 / 278
진과 속을 별체로 보는 집착 / 173
진금眞金 / 466, 467
진망眞妄의 이문二門 / 129
진문進門 / 432, 434
진성眞性 / 131
진소유성盡所有性 / 445
진속眞俗 / 52

진식眞識 / 246, 276, 322
진실성眞實性 / 146, 231
진실하게 아는 뜻 / 363
진심眞心 / 161, 175, 384, 411, 413
진심眞心을 일으키는 것 / 392
진에瞋恚 / 434
진여眞如 / 51, 87, 120, 135, 141, 145, 150, 334~337, 339, 348, 364, 368, 372, 385, 401, 403, 409, 410
진여가 무명을 훈습 / 336, 342
진여가 무명의 훈습을 받아서 변이할 수 없는데도 변이하기 때문 / 320
진여가 일으킨 염상染相 / 123
진여가 일으킨 정용淨用 / 123
진여는 그 체가 평등 / 364
진여는 능能·소所의 분별과 상응하지 않기 때문 / 155
진여를 훈습하여 무명을 멸함 / 356
진여문眞如門 / 94, 121, 122, 131, 132, 135, 141, 143, 147, 379, 440
진여문에서는 다만 대승의 체만 / 132
진여문에서는 '이理'는 포괄하지만 '사事'는 포괄하지 않아야 / 131
진여문 중에서는 오직 공空 / 136
진여문 중의 진여 / 336
진여법 / 238, 239, 337, 339, 342, 348, 359, 371, 378, 400, 403, 408, 409, 431
진여법신 / 384, 487, 489
진여법의 내훈內熏하는 힘 / 226
진여삼매眞如三昧 / 448, 449, 454, 455, 457, 463, 476, 477, 464
진여상眞如相 / 455
진여·생멸의 두 문을 통틀어 포괄 / 145

진여에 순응 / 359
진여(理)에 어긋나 / 359
진여·열반의 본성 / 384
진여의 뜻 / 385
진여의 법 / 401
진여의 성상 / 263
진여의 용 / 367
진여의 이름 / 146
진여의 이언離言 / 146
진여의 자재한 용의 뜻 / 373
진여의 자체상 / 363
진여의 절상絶相 / 146
진여의 체 / 150, 151
진여의 큰 바다 / 87
진여의 훈습 / 344, 347, 350
진여정법 / 123, 335
진여지眞如智 / 410
진위眞僞를 간별하는 것 / 475, 476
진지眞智 / 149
『집량론集量論』 / 285~287
집상응염執相應染 / 299, 301
집취상執取相 / 249, 260
징정방편澄淨方便 / 442, 453

차별연差別緣 / 352, 354
차별을 파괴함이 없이 바로 평등 / 151
차별의 상이 없어서 / 364
차제멸의근次第滅意根(無間滅意) / 254
찰나刹那 / 166, 231, 288
찰나란 식장 / 183

찰나생멸刹那生滅 / 326
참된 지혜 / 389
(참)무 / 287
(참)유 / 287
참회 / 435, 438, 450
참회하여 제멸 / 437
처음의 정신正信 / 293
천마天魔 / 459
천백억의 석가 / 418
천상天像 / 462
첨곡諂曲 / 434
청량淸凉하고 불변하고 자재한 뜻 / 364
청정상淸淨相 / 295
청정한 법신 / 87
체體 / 218, 294
체가 같다 / 308
체는 상常이요, 상相은 무상無常 / 174
체대體大 / 73, 118, 124, 365
체·상의 이대二大 / 363
체와 상응 / 358
체용體用 / 75
체·용의 훈습 / 356
초발의보살初發意菩薩 / 193, 204, 357, 371
초상初相 / 208, 213, 214
초수初修 / 453
초주 / 398
초지 / 303, 307, 354
초지의 견도見道에서 유식관이 이루어짐 / 344
초지 이상 십지十地의 보살 / 206
초지 이상에서 십지까지 / 392
초지 이상의 보살 / 489
초학보살初學菩薩 / 405

총상 / 383, 387
총상법문 / 145
총상인總相因 / 102
총지總持 / 107, 116, 457
최극사택最極思擇 / 445
최극적정最極寂靜 / 442, 443, 454
추麤 / 315
추고麤苦 / 341
추념麤念 / 206, 274
추분별 / 206, 259, 342
추분별집착 / 301
추분별집착상麤分別執著相 / 194, 205, 212
추상麤相 / 241, 242, 250~252
추색麤色 / 371
추麤·세細 / 316
추麤·세細 두 가지의 훈습 / 341
추세의 생멸의 뜻 / 315
추식麤識의 상 / 329
추 중의 세 / 315, 317
추 중의 추 / 315, 317
추한 집착상 / 205
축시丑時 / 461
출가 / 405
출가한 사람 / 461
취락 / 450
취산무이鷲山無二 / 56
취생趣生 / 129
치단治斷 / 301
치달리는 상想 / 453
치혹癡惑 / 211
칠각지七覺支 / 63
칠법七法 / 218, 251
칠식 / 180, 182, 217, 242, 250, 271, 275,

295, 321, 346
칠식은 생멸이 있는 것 / 181
칠식의 경계 / 180
칠식의 물결 / 269
칠식의 파도 / 180, 181
칠종식 / 183
칠주七住 / 407
칠지七地 / 303

타방불토他方佛土 / 487
타수용신他受容身 / 414
타신他身의 이익 / 230
타심지他心智 / 463
탈박脫縛 / 470
탈脫의 허물 / 471
탐광貪光 / 256
탐 등의 번뇌광 / 256
탐욕개貪欲蓋 / 443
탐貪·진瞋 / 205
탐貪·진瞋·치癡·만慢·의疑·견見 / 199
탐·진·치의 삼독三毒 / 442
탐질貪嫉 / 434
통상 / 130
통상과 별상 / 131
통상문通相門 / 323
퇴분退分 / 407
퇴전 / 393, 399, 429
퇴전함이 없을 것 / 487
퇴척귀堆惕鬼 / 459, 460
투랍길지偸臘吉支 / 461

팔상八相 / 80
팔성도八聖道 / 64
팔식 / 275
팔십종호八十種好 / 376
팔자재八自在 / 83
팔종식은 생멸이 있지만 / 182
팔지八地 / 358
팔촉八觸 / 469
평등 / 202, 403, 463
평등공平等空 / 409
평등법계平等法界 / 73
평등성 / 201, 267, 311, 313
평등연平等緣 / 352~355
평등진여 / 148
평등한 진여의 도리 / 149
평성平聲과 상성上聲의 다름 / 111
피안彼岸 / 65, 209
핍박 / 480

하나의 법계 / 297
하수河水를 건너는 비유 / 202
하화중생下化衆生 / 92
한거閑居 / 450
한량없는 공덕을 갖춘 이(無量功德藏) / 88
한량없는 성공덕性功德 / 118
항하의 모래 / 348, 364, 365
해석분解釋分 / 98, 102, 103, 104, 125, 130, 429
『해심밀경』 / 172, 304

해탈 / 230
해태懈怠 / 449
해행解行 / 71, 409
해행발심解行發心 / 391, 392, 408, 409
행근본방편行根本方便 / 401
행대성行大性 / 68
행상行相 / 429
행상行相은 같지 않으며 / 309
행온行蘊 / 261, 290
행해行解의 두 가지 연 / 355
허공 / 81, 231, 383, 387
허공계虛空界 / 185, 235
허공상 / 384
허공의 변제邊際 / 82
허공이 무변 / 419
『허공장경』 / 66
허망한 심념心念 / 154
현량現量 / 285
현료문顯了門 / 312, 332
현상現相 / 197, 246, 248, 262, 276, 339, 378
현색불상응염現色不相應染 / 300, 304, 310
현성賢聖 / 473
현시정의顯示正義 / 104, 126, 127
현식現識 / 246, 248, 250, 252, 272, 275, 275, 276, 304, 310, 321, 324, 339
현식을 망상이라고 하는 것 / 321
현식의 인因 / 320
현식의 행상行相이 미세 / 321
현식이 나타내는 경계 / 320
『현양성교론』 / 70
현재시現在時 / 197
현재와 미래의 고락 등의 과보 / 272

현현의 심심(顯現甚深) / 423
협렬심狹劣心의 허물 / 483
협렬한 마음을 없애는 것 / 485
형상을 나타내는 것 / 465
형색形色에 의하지 않으며 / 448
혜慧 / 445
혜수慧數 / 251
호법護法 / 393
홀연 / 298
화수용신化受用身 / 416
화신化身 / 376, 377, 418, 423
『화엄경』 / 57, 74, 82, 87, 113, 135, 211, 237
『화엄경』「십지품十地品」 / 83
『화엄경』의 세 가지 무애無礙 / 114
화합상 / 232
화합식 / 226
화합식상和合識相 / 223, 226
환의 차별(幻差別) / 268
환희지歡喜地 / 489
회향廻向 / 65
후득지後得智 / 89, 142, 312, 413, 440
후제後際 / 386
훈습熏習 / 73, 148, 237, 335~337, 348, 353, 359, 401
훈습의 뜻 / 334
훈습의 상 / 334
훈습의 힘 / 393, 396
흙덩이와 티끌 / 169
희론戱論 / 86, 227, 323
희열喜悅 / 469
희喜의 과실 / 470

원효元曉
(617~686)

원효는 신라 진평왕 39년(617)에 경상북도 압량군押梁郡에서 태어났고 속성은 설薛씨이다. 대략 15세 전후에 출가한 것으로 전해진다. 특정 스승에게 의탁하지 않고 낭지朗智·혜공惠空·보덕普德 등의 여러 스승에게서 두루 배웠다. 학문적 성향 또한 그러하여, 특정 경론이나 사상에 경도되지 않고 다양한 사상과 경론을 두루 학습하고 연구했다. 34세에 의상義湘과 함께, 현장玄奘에게 유식학을 배우기 위해 당나라로 떠났지만, 상황이 여의치 않아 중간에 되돌아왔다. 45세에 재시도를 감행했으나, 도중에 "마음이 모든 것의 근본이며 마음 밖에 어떤 법도 있지 않다."는 깨달음을 얻고 되돌아왔다. 이후 저술 활동에 전념하여 80여 부 200여 권의 저술이 있었던 것으로 전해지며, 현재 이 가운데 22부가 전해진다. 원효는 오롯이 출가자로서의 삶에 갇혀 있지 않고, 세간을 두루 돌아다니면서 대중과 하나가 되어 불교를 전파하면서, 그들을 교화하는 데 힘을 기울였다. 그의 삶과 사상은 진속일여眞俗一如·염정무이染淨無二·화쟁和諍 등으로 집약할 수 있다. 신문왕 6년(686) 혈사穴寺에서 입적하였다. 고려 숙종이 화쟁국사和諍國師라는 시호諡號를 내렸다.

옮긴이 은정희

고려대학교 법학과를 졸업하고 동대학원 철학과에서 「起信論疏·別記에 나타난 元曉의 一心思想」이라는 논문으로 박사학위를 받았다. 민족문화추진회(現 한국고전번역원) 상임연구원과 서울교대 윤리교육과 교수를 지냈다. 논문으로「元曉의 三細·阿黎耶識說 ― 大乘起信論의 경우」, 「大乘起信論觀에 있어서의 元曉와 法藏의 차이」, 「西山 休靜의 三家龜鑑 精神」, 「元曉의 本體·現象 不二觀」 등이 있고, 역주서로 공역『(원효의) 금강삼매경론』, 『이장의』, 『열반경종요』(근간), 저서로『(은정희 교수의) 대승기신론 강의』, 공저로『(한국의 사상가 10人) 원효』 등이 있다.

교감 및 증의
김성철(금강대학교 HK교수)